THE ECONOMICS of **Imperfect Labor Markets**

노동경제학

제2판

불완전노동시장의 경제학

Tito Boeri *and* Jan van Ours 지음

박병형 · 오민홍 옮김

publishing and culture
피앤씨미디어

역자서문

학부와 대학원에서 노동경제학을 강의해 오면서, 좀더 적절한 교재가 없을까 하는 아쉬움은 항상 있었다. 시중에 나와 있는 노동경제학 교과서들이 적지 않지만, 대개 경제이론에 치우치다 보니 노동시장에서 일어나는 주요 이슈를 제대로 다루는 경우는 드문 것 같고, 있다 하더라도 미국 노동시장 중심의 사례연구에 한정되는 경향이 강하다.

그러던 중 마주치게 된 Boeri and Ours의 교과서는 '노동시장은 불완전하다'는 기본 시각에서 출발한다는 점에서, 강의 시간에 현실감을 더하고 싶었던 역자들에게 강한 인상을 주었다. 인적자본 이론이라든지 노동시장 차별과 같은 노동경제학의 단골 주제뿐 아니라, 최저임금, 노동시간 단축, 법정 정년과 같이 현재 우리나라에서 진행되고 있는 쟁점들에 대한 논쟁도 각각의 장으로 정리되어 있어 학생들의 관심을 끌어내기에 부족함이 없을 것이다.

이 책의 특징은 노동시장의 불완전성을 기본 전제로 한다는 점 외에, 각 장의 구성에서도 나타난다. 먼저 해당 제도 및 현황의 국제비교에서 시작하여 독자의 관심을 유발하고, 본론으로서 관련 이론과 경험적 증거를 제시한 다음, 주요 정책적 쟁점을 다룸으로써 마무리 하는 방식으로 전개된다. 논의의 초점은 항상 현황, 제도, 정책과 같은 현실에 맞추어져 있는 것이다. 가령 적극적 노동시장정책이나 노동보호법제 등과 같은 주제도 정부의 개입과 규제가 왜, 어떻게, 어느 정도까지 이뤄지고 있는지를 가늠하고 비교하는 데 관심을 둔다.

이 책의 주된 독자는 미시경제학 공부를 선행한 학부 학생들이 되겠지만, 주제별로 다양한 기존 연구 사례들이 풍부하게 소개되고 있다는 점에서 대학원 과정에서도 큰 도움이 될 것이라고 믿는다. 또 노동 분야의 정책을 담당하는 실무자들, 나아가서 관련 쟁점들에 관심을 갖는 일반 독자들에게도 유용한 참고자료가 되리라는 것이 역자들의 희망이다.

끝으로 이 책이 나오기까지 수고해 주신 피앤씨미디어의 박노일 대표님과 심성보 이사님, 교정에 도움을 준 박사과정 김은주 선생과 학부 김진영 군을 비롯해서, 오진주 박사, 서울대 박사과정의 이영광 선생에게 감사의 말씀을 드린다. 남아있을 수밖에 없는 번역상의 오류는 전적으로 역자들의 책임이며, 앞으로 꾸준히 개선해 나갈 것을 약속드린다.

2020년 8월
역자 일동

저자서문

2008~2009년의 '대침체기'(the Great Recession)에 일자리 감소를 비교적 잘 막아내는 데 도움이 된 노동시장 제도(labor market institutions)는 어떤 것들인가? 조세의 누진성을 높이는 것이 고용에 도움이 되는가? '적극적' 및 '소극적' 노동시장 정책들을 구분하는 것이 합리적인가? 고용보호 법제는 누구에게 득이 되고 누구에게 해가 되는가? 최저임금이 대개 연령에 따라 다변화되는 이유는 무엇인가?(EU와 같은 통화연합 내에서) 노사 교섭은 분권적인 것이 좋은가 집중적인 것이 좋은가? 이민자들도 복지 혜택을 받을 수 있어야 하는가? 정부가 근로시간을 규제해야 하는가? 여성이나 소수자집단에 대한 노동시장 차별을 기회균등 법제를 통해서 감소시킬 수 있는가?

현재의 노동경제학 교과서에서는 이러한 중요한 정책 이슈들이 빠져 있다. 노동시장 제도의 비용과 편익에 대해서는 괄목할 만한 분석적인 진보가 이루어져 왔지만, 이들 교과서는 제도에 대해 각 장의 마지막 문장에서 언급하거나 마지막 장에 관련 내용을 다루는 식으로 처리하고 있다. 대개의 책들은 노동공급(인간자본 이론 포함), 노동수요, 그리고 두 곡선의 교차점으로 나타나는 경쟁적 균형을 설명하면서 시작한다; 그 다음으로, 적절한 제도적 배경은 배제한 채로 임금 형성과 노동조합, 보상적 임금격차, 실업과 같은 주제들을 다룬다. 노동시장 제도나 정책은 거의 다루어지지 않는다. 노동시장 정책은 여기저기서 약간씩 언급되는 것이 보통이고 노동시장 제도가 체계적으로 다루어지는 경우는 드물다. 이런 제도들에 대해 관심을 두는 경우에도 미국의 제도적 배경이나 경쟁적 노동시장의 맥락에서 다루게 되는(따라서 제도의 왜곡효과에 관심을 두는) 것이 일반적인데, 경쟁적 시장에서는 어떤 정책적 조치라도 왜곡(비효율성)을 초래할 수밖에 없다.

이 책의 새로운 점은 애초부터 불완전 노동시장, 즉 완전경쟁에서 벗어난 시장에서 작용하는 노동시장 제도들에 초점을 둔다는 것이다. 경쟁시장과는 달리, 불완전 노동시장에서는 고용주와 피고용자가 '경제적 지대'(rents)를 향유하게 되며, 따라서 하나의 일자리는 큰 이득의 기회를 만든다. 그런 시장에서는 노동자가 일자리를 잃는 경우나 고용주가 떠나간 노동자를 대체하는 경우에 비용이 초래되는데, 반면에 경쟁적 노동시장에서는 이런 경우에 노동자든 고용주든 어떤 손실도 입지 않을 것이다. 불완전 노동시장은 많은 노동시장 '제도들'이 존재한다는 것도 특징인데, '제도들'이란 개별 노동자나 고용주의 행동을 규정하는 법과 정책들의 체계를 가리킨다. 제도는 (1) 경제적 효율성의 증대와 (2) 일정한 재분배 상태의 달성을 목표로 하는 정치적 과정으로부터 나온다. 효율성은 시장불완전성의 교정을 통해서 추구하게 되는데, 시장불완전성은 과도한 수요독점력(monopsonistic power)을 비롯해서, 도덕적해이와 역선택을 초래하는 정보비대칭성(informational asymmetry), 사회적 관습이나 일자리매칭 과정에 관련되는 외부효과(externalities), 그리고 시장의 규모를 제약하게 되는 거래비용과 마찰(transaction costs and frictions)을 포함한다. 시장불완전성이 존재하지 않는 경우라 하더라도 재분배가 제도의 근거를 제공하기도 한다. 불완전시장에서는 효율성을 추구하면서 동시에 재분배가 달성될 수도 있는데, 가령 최저임금이나 고용보조와 같이 과도한 수요독점력을 중화시키는 제도의 경우이다. 하지만 대개의 경우는 전통적인 효율성과 형평성 간의 상충관계(trade-off)가 발생한다. 실제로 이런 제도에 의한 재분배가 보다 평등한 사회를 조장하거나 중위투표자의 이익을 대변하지 못할 수도 있다. 노동시장 제도의 설계에서 흔히 나타나는 정책실패로 인해서 매우 특수한 이해관계를 가진 특정 압력집단의 목소리가 상황을 압도하게 될 수 있다.

이 책에서는 제도란 고립된 상태로 작동하는 경우가 드물다는 점도 고려한다. 따라서 실증적 관점에서 노동시장의 각 제도의 효과를 살펴보는 경우에, 고용, 실업, 임금 등에 대한 직접효과뿐 아니라 다른 제도들을 통해 나타나는 간접효과도 고려하게 된다. 예를 들어 실업급여 수준의 변화는, 탐색강도의 약화와 구직자 유보임금의 상승을 통해서 직접적으로, 그리고 노동조합의 협상력과 효율임금 수준의 증가를 통해서 간접적으로 실업률에 영향을 미친다. 이런 상호작용은 부수적으로 어떤 제도에 대한 제3의 근거를 제공하게 되는데, 즉 다른 제도의 효과를 상쇄하거나 보충하기 위해서 만들어질 수도 있다는 것이다. 이런 맥락에서도 정책실패가 초래될 수 있는데, 왜곡의 원인이 된 제도들이 개혁되는 경우가 드물기 때문이다. 정치과정을 통해서 왜곡이 연쇄적으로 발생하고 제도들이 떼 지어 만들어질 수도 있으며, 어떤 제도는 다른 제도의 부작용을 보상하기 위해 사용되는 것이다.

우리는 제도를 정확하게 정의하고 적절한 차원(예를 들어, 실업급여의 자격조건, 급여수준, 수혜기간 등)에서 측정하는 데 관심을 둘 것이며, 제도의 목표와 작동방식을 정확히 기술하는 것이 노동시장 효과를 나타내는 데 필수적이라고 믿기 때문이다. 이런 제도들의 장기간에 걸친 진화에 대한 통계적 정보는 OECD의 모든 회원국들을 대상으로 가능한 대로 제공된다. 통념과는 반대로, 이들 제도는 장기적으로 현저한 변화를 보여주고 있다. 또한 우리는 정책 집행의 문제도 논의한다.

관련 문헌에서의 이 책의 위치

앞서 언급했듯이, 노동경제학 교과서들은 제도에 대해 하나 혹은 몇 개의 장을 할애하고 있다. 몇 가지만 예를 들면 다음과 같다: Ehrenberg and Smith(2006), Kaufman and Hotchkiss(2006), McConnell et al.(2008), Borjas(2009) 및 Laing(2011). 이런(제도를 다룬) 장들에서 노동시장 제도와 관련된 주요 왜곡은 간략하게만 다루어져 있고 노동시장이 불완전한 경우에 제도가 어떻게 작동하는지를 살펴보는 시도는 보이지 않는다.

몇 가지 전문적인 책들은 노동시장 제도를 분석하고 있다. 이들은 교과서 성격이 아니므로 여러 제도들을 체계적으로 다루지 않으며 통합적인 관점을 제시하지도 않는다. 부분적인 예외로는 Layard et al.(1991)이 있지만 실업의 분석에 국한된 것이다. Manning(2003)이 또 하나의 예외인데, 수요독점에 관해 모든 차원에서 명확한 개관을 제공한다. 하지만 노동조합과 최저임금을 제외하고는 제도를 충분히 다루고 있지 않다. 끝으로 Cahuc and Zylberberg(2004)는 보다 넓고 깊은 시각에서 노동시장 제도를 다루고 있지만, 통합적인 체계를 제시하고 있지는 않으며, 논의 수준도 대학원 수업에 적합한 것이다.

노동시장 성과에 대한 제도의 효과에 관해서는 방대한 문헌이 있다. 현재 교과서들은 최근 20여 년 간 자료의 현저한 확장을 통해 풍부해진 경험적 문헌을 개관하고 있지 않다. 우리는 각 장마다 거기서 살펴보는 제도의 노동시장 효과에 관한 문헌의 주요 결과들을 설명함으로써 이런 격차를 메우고자 한다. 각 주제에 대한 모든 연구를 설명하려는 것은 아니다. 우리가 보기에 현실의 노동시장에서 중요성이 큰 쟁점과 결과들에 집중한다.

우리는 제도가 존재하는 이유를 논의하기는 하지만, 노동시장 제도의 정치경제학을 모두 다루지는 않으며, 이에 관해서는 가령 Saint-Paul(2000)과 Persson and Tabellini(2000)와 같은 다른 전문적인 책을 참고할 수 있다.

독자층

이 책이 목표로 하는 독자층은 학부에서 노동경제학 과목을 수강하는 학생과 이 분야를 전공하는 대학원 학생이다. 국제기관과 정부기관에서 일하는 경제학자도 다른 잠재적 독자층이다. 이 책은 경제학 전공 프로그램의 학부 수준에서 가르칠 수 있으며, 경영학과나 정치학과에서도 인적자원 관련 과목을 가르칠 때 사용될 수 있다. 제도에 관한 설명은 대학원 노동경제학 강의에서 참고자료로 유용할 것이다.

선수학습 및 기술적 수준

우리가 생각하는 독자층을 감안할 때 이 책이 요구하는 기술적 수준은 높지 않다. 이상적으로는, 미시경제학의 기초과목, 1학기 정도의 미적분 학습, 기초 통계학 과목의 학습이 필요하다. 실제로는 이런 선수학습이 없더라도 읽고 이해할 수 있을 것이다. 여러 가지 숫자 예와 핵심 결과의 도표를 활용하면 될 것이다. 주요 논점과 결과가 수학적인 엄밀성이나 일반성은 없더라도 모두 제시되어 있다.

제2판

2판에는 노동시장 차별을 다루는 제도에 관한 새로운 장(제4장)이 추가되었다. 그리고 제도적 상호작용에 관한 독립된 장은 없어졌는데, 각 장에서 제도적 상호작용에 관한 별도의 절을 두는 편이 더 나은 경우가 많았기 때문이다. 제13장은 급여세를 다루고 있는데, 그것은 여러 제도의 재원이 되는 만큼 당연히 다른 제도들과의 상호작용이 이루어진다.

또 각 장마다 새로운 내용이 더해졌다. 특히 제1장에는 2008~2009년 '대침체'로부터의 교훈과 금융시장과 노동시장 간의 연계에 관한 내용이 들어 있다. 제2장은 최저임금의 결정과정과 청년층에 대한 적용을 더 자세히 살펴본다. 제3장에는 파업행위에 관한 전형적 사실과 이론이 포함되었고, 제4장은 차별금지 법제에 관한 완전히 새로운 장이다. 근로시간 규제에 관한 제5장에는 '대침체기'에 부활된 제도인 단시간 근로 보조정책에 대한 내용이 더해졌다. 조기퇴직에 관한 제6장은 이론적 확정기여 방식에 대한 논의를 포함한다. 가족정책 관련 제7장에서는 노동시장 참여와 출산율 간의 상호작용에 대한 새 절이 생겼고, 가구내 의사결정도 살펴본다. 교육을 다룬 제8장에서는 신호보내기에 대한 새 절이 마련되었다. 이민정책에 관한 제9장은 이민가정 아동의 노동시장 참여에 대한 새 절이 더해졌다. 고용보호 법제에 관한 제10장은 단일 고용계약과 같이, 이중노동시장에 대응하는 해직수당 조치들의 근거를 논의한다. 실업급여에 관한 제11장에는 실업급여 조건과 수준의 경기변동에 따른 차이 및 유동성 제약의 중요성에 대한 절이 포함되었다. 적극적 노동시장 정책에 관한 제12장에서는 '특성분석'(profiling)

을 살펴본다. 끝으로 급여세에 관한 제13장은 상당한 정도로 재구성되어 책의 끝에 오게 되었고, 그래서 조세와 여타 제도들 간의 상호작용에 대한 보다 풍부한 논의가 가능해졌다.

제1판으로 가르치면서 우리는 새로운 연구결과를 이해하는 데 유용한 숫자 예를 사용했는데, 이런 내용이 제2판에 포함되었다. 또 각 장의 끝에 연습문제를 추가했고, 문제의 해답은 웹페이지에서 찾아볼 수 있다(http://press.princeton.edu/titles/10142.html). 끝으로, 교과서의 초판에는 실수, 반복, 불명확한 내용 등이 거의 불가피하게 있다. 많은 학생들과 신중한 검독자들 덕에 이런 문제점을 대부분 찾아내서 처리할 수 있었다.

강사들을 위한 지침

이 책은 개관을 포함해서 13개의 장으로 구성되었다. 첫째 장을 제외하고 각 장은 상이한 제도에 집중한다. 전체를 개관하는 제1장은 통합적인 추론방식과 책의 구성을 제시한다. 이후 여러 제도들이 12개의 장에서 각각 논의된다.

2. 최저임금
3. 노동조합과 단체교섭
4. 차별금지 법제
5. 근로시간 규제
6. 조기퇴직 방식
7. 가족정책
8. 교육과 훈련
9. 이민정책
10. 고용보호 법제
11. 실업급여
12. 적극적 노동시장 정책
13. 사회보장세

각 장은 별개로 다루어질 수 있다.

강사는 제도들을 순서를 임의로 선택할 수 있다. 예를 들어, 가격기반 제도들에 관한 기초과정이라면 2, 3, 4, 13장으로 구성할 수 있다. 수량기반 제도들에 대한 기초과정이라면 5~9장을 사용할 수 있다. 동학적 모형을 요구하는 더 높은 단계의 과정이라면 10~12장에 초점을 맞출 수 있다. 주제별로 더 짧은 과정들도 구성될 수 있는데, 예를 들자면 다음과 같다: 유연안전성(flexicurity)에 관한 과정(10~13장), 임금압착(wage-compressing) 제도에 관한 과정(2, 3장), 인적자본 투자에 관한 과정(8, 9장), 성차별 문제에 관한 과정(4, 5, 7장) 등.

모든 장에서 분석단위는 개인인데, 가구의 노동공급 결정에 집중하는 7장은 예외다. 또 노동공급 결정은 모든 장에서(노동력에의) 참여(participation)라는 외연적 차원(extensive margins)에서 다루게 되는데, 5장(부분적으로 7, 13장)은 예외다. 5장에서는 노동시간이라는 내포적 차원(intensive margins)에서의 조정을 분석한다.

별개의 제도를 다루는 12개 장 각각의 구성은 동일하다.

1. 제도의 정의와 집행되는 방식, 측정 문제, 제도에 관한 전형적 사실들(국가간 비교, 시계열 비교)
2. 이론들(각 제도마다 여러 이론들이 있기 때문에 복수형이 사용됨)
3. 경험적 증거(거시적 및 미시적 증거)
4. 정책 문제(관련되는 상충관계 및 설계 측면)
5. 다른 제도들과의 상호작용
6. 전반적 평가 및 제도의 존립 근거
7. 심화학습 안내
8. 복습 질문 및 연습문제

특징적 측면들

우리 접근법의 두 가지 특정적 측면은 (1) 측정 문제(measurement issues)를 철저히 논의해서, 가능한 대로 제도적 지표들을 실제 집행에 관한 정보를 통해서 보완하려고 노력하며, (2) 각 제도의 배경에 있는 근거와 효율성 및 분배적 성격을 부각시키고 그에 따른 수혜자와 피해자를 확인하려고 노력한다는 점이다.

경험적 연구의 성격은 제도의 특성에 따라 크게 달라진다. 많은 제도의 경우에 노동시장 성과에 대한 효과를 확인하기 위해 변화 요인이 활용될 수 있다. 하지만 노동조합의 경우처럼 어떤 제도는 상대적으로 천천히 달라진다. 차별금지 법제의 경우에 실증분석은 입법이 행동에 어떻게 작용했는지가 아니라 차별의 존재 여부에 관한 것이다. 법제의 효과가 확인될 수 있으려면 먼저 이런 기본적 질문이 다루어져야 한다. 노동시장 제도와 노동시장의 기능 간에 인과효과를 확인하는 일은 쉽지 않다. 이 책에서는 이중차분 접근법과 회귀불연속 설계를 사용한 연구들을 주로 논의한다. 이런 연구들은 식별(identifying)에 관한 가정을 다소 무난하게 만드는 준실험적(quasi-experiment) 설정을 활용한다. 이중차분(difference-in-differences) 접근에서는 특정 집단에만 영향을 주는 정책변화를 활용한다. 그런 정책변화는 전후 비교를 가능하게 한다: 1차 차이. 다음으로, 영향을 받는 처치집단(treatment group)과 영향이 없는 통제집단(control group) 간에 차이가 있다: 2차 차이. 이런 두 가지 차이의 차이가 정책변화의 처치효과를 보여준다. 회귀불연속(regression discontinuity) 방법론은 연령처럼 개인에게 외생적인 변수와 노동시장 제도와의 관계에서 나타나는 하나 이상의 불연속성을 활용한다. 불연속점 양측의 개인들은 제도에의 노출 정도를 제외하고는 별로 다르지 않다고 가정한다. 불연속점에 근접한 양측 개인의 행동 차이는 제도에의 노출 정도의 차이가 행동에 어떤 영향을 주는지에 관해 알려주게 된다.

경험적 증거를 검토할 때는 한두 가지 연구를 선택해서 각 장의 박스에서 상세하게 논의한다. 저자 웹페이지에는 원 연구로 연결되는 링크와 연구결과를 재연하고, 강건성을 시험하고, 연구를 확장하기 위해 사용될 수 있는 자료와 프로그램도 제공되어 있다. 이를 통해 학생들은 제도적 자료와 측정에 대한 지식을 심화하고 이 제도들의 효과를 분석하기 위해 사용될 수 있는 최선의 계량경제학적 기법을 학습함으로써 미시계량경제학 훈련을 보완할 수 있을 것이다. 각 장의 심화학습 안내(suggestions for further reading)는 몇몇 선도적 연구들을 소개해서 심화 학습을 보완한다. 상세한 참고문헌은 권말에 소개되어 있다.

약어(두문자어)

AFP	노르웨이 조기퇴직 제도
ALMP	적극적 노동시장 정책(active labor market policy)
DB	확정 급여(defined benefit)
DC	확정 기여(defined contribution)
ECHP	EC 가구 패널 조사(European Community Household Panel)
ECI	고용조건부 유인(employment-conditional incentives)
EITC	근로소득 세금공제(Earned Income Tax Credit)
EPL	고용보호 법제(employment protection legislation)
EU	유럽연합
FTE	풀타임 기준(full-time equivalent)
GDP	국내총생산
IALS	국제성인문해율 조사(International Adult Literacy Survey)
ILO	국제노동기구
ISCED	국제교육분류체계(International Standard Classification of Education)
ISSP	국제사회조사 프로그램(International Social Survey Program)
MGI	최저 보장 소득(minimum guaranteed income)
NDC	이론적(notional) 확정 기여
NMW	전국 최저임금
OECD	경제협력개발기구
PAYG	'pay as you go'
PISA	국제학생평가 프로그램(Program for International Student Assessment)
STW	단시간 근로(short-time work)
UB	실업급여
UI	실업보험
UNESCO	UN 교육과학문화기구
VAT	부가가치세
WFTC	근로가정 세금공제(Working Family Tax Credit)

차 례

제 4 장 차별금지 법제

제 5 장 근로시간 규제

제 6 장 조기퇴직 제도

제 7 장 가족정책

제 8 장 교육과 훈련

제10장 고용보호 제도

제11장 실업급여

제12장 적극적 노동시장 정책

제13장 급여세

제 1 장

개 관

우리는 2008~2009년 '대침체'(the Great Recession) 기간 동안 노동시장의 대응으로부터 지금까지 무엇을 배웠는가? 이런 변화과정에 비추어 볼 때, 노동경제학을 가르치는 방식을 수정해야 할까? 놀랍게도 이런 질문이 경제학계에서 별로 다루어진 적은 없다. 흔히들 "이번에는 다르다"라든가 "전과 같지는 않을 것이다"라고 하지만, 지금까지 노동경제학 교육에서 혁신은 거의 없었다. 모든 것이 이전과 거의 같아 보인다.

대침체가 노동시장 외부에서 발생한 위기였다는 점은 분명하지만 그것은 노동력이 거래되는 시장에 큰 변화를 가져왔다. 사라진 일자리가 3천만 개 수준이었다. 청년실업은 세계 곳곳에서 여전히 증가세에 있다. 미국의 실업률은 1년 반 동안에 두 배로 되었는데, 일자리가 매 분기에 1백만 개씩 사라진 셈이다. 한편으로, 경기 하락에 따른 실업의 변동은 국가 간에 매우 중요한 차이를 보여주었다. 독일에서는 GDP가 7% 감소하는 매우 심각한 침체에도 실업은 실제로 줄어들었다. 경기침체가 세계적 차원이었다는 점을 감안하면, 각국의 노동시장이 외부 충격에 반응하는 방식에서의 차이를 평가하는 기회가 된다. 이로부터 배울 점이 많다: 산출 감소에서의 국가간 차이를 고려하더라도, [그림 1.1]이 보여주는 것처럼 차이는 상당히 뚜렷하다. 같은 규모의 GDP 감소에도 어떤 나라에서는 실업이 크게 증가한 반면 다른 나라에서는 정점과 저점 사이에 별로 변화가 없었다.

1990년 중반부터 대침체기에 이르기까지 전개된 거시-노동 문헌의 관점에서 [그림 1.1]을 본다면, 산출 변화에 대한 실업의 반응에서 국가 간에 큰 차이가 나는 것

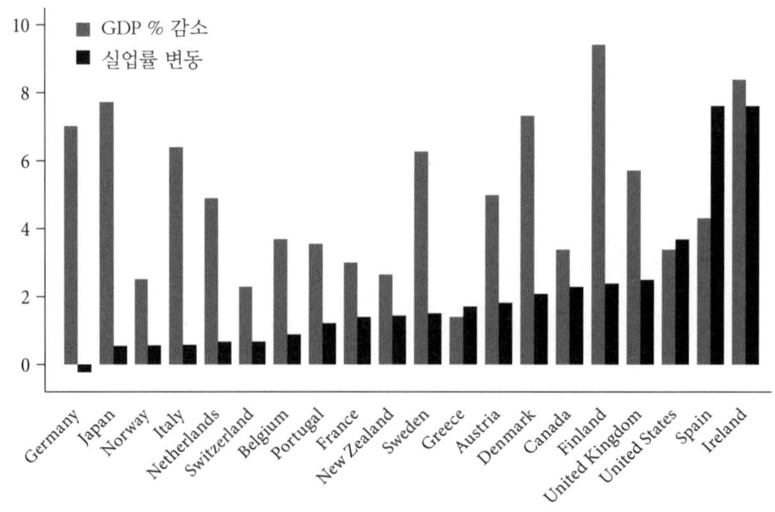

그림 1.1 실업률 변동과 GDP 감소, GDP 2008~2009 정점과 저점

은 전적으로 노동시장 제도 때문으로 보기 쉽다. 많은 학술논문과 정책보고서들이 대침체 이전의 경제적 성과에 대한 노동시장 제도의 영향을 연구했다. 이런 문헌은 제도와 노동시장 간의 관계에 대해 많은 사실과 이론적 통찰을 제공했고 노동시장 제도에 대한 사고방식에 심대한 영향을 미쳤는데, 이 책 초판의 첫 단락에 요약되어 있다. 이 문헌은 국가간 분석에서 촉발되었다. 초점은 고용 및 실업 성과에 대한 대서양 양안(transatlantic)의 비교에 두어졌다: 가장 영향력 있는 정책보고서— G7의 의뢰로 작성된 OECD(1994) 보고서 —는 미국의 "일자리 기적"에 대비되는 유럽의 암울한 고용/실업 성과를 설명하려는 시도였다. 이 보고서 및 이후의 많은 국가간 비교 연구들의 핵심 취지는, 유럽 노동시장에는 미국처럼 많은 민간부문 일자리가 창출되지 못하게 만드는 제도적 "경직성"이 존재한다는 것이다. 많은 학술연구자들이 같은 경로에 따라 이른바 '유럽경화증'(Eurosclerosis)의 다양한 측면들을 분석했는데, 예를 들면 다음과 같다. Bean(1994), Alogoskoufis et al.(1995), Snower and de la Dehesa(1996), Nickell(1997), Nickell and Layard(1999), Blanchard and Wolfers(2000), Nickell et al.(2005), and Blanchard(2006).

이러한 제도적 시각에 따르면, 2008~2009년의 세계적 충격에 대한 대서양 양안에서의 비대칭적 반응을 설명하는 직접적 원인은 특히 유럽에서의 엄격한 고용보호 법제라는 것이다. 높은 해고 비용은 일반적으로 낮은 노동시장 변동성을 수반한다. 이것은 침체기에 실업 증가가 완만함을 의미한다. 하지만 스페인처럼 가장 엄격한 고용보호 법제를 가진 나라들은 최대의 실업 증가를 겪었다. 스페인의 산출 감소는 덴마크의 절반 수준이었는데, '유연안정성'의 나라인 덴마크에서는 고용주의 입장에서 해고 비용이 크지 않으며 대신에 관대한 실업급여(UBs)가 있어서 하강기에 상대적으로 큰 실업 증가를 가져오는 혼합체제인 것으로 보인다. 하지만 대침체기에 덴마크의 실업 증가는 스페인보다 훨씬 작았다.

따라서 이러한 비대칭적이고 거의 전례 없는 상황 전개를 이해하기 위해서는 노동시장 제도의 국가간 분석을 넘어서야 한다. 우선 노동시장 제도의 '비단일성'(non-uniformity)을 인식하는 것이 중요하다. 국가적 규제는 노동시장 제도에서의 국내적 차이를 감안하게 된다. 가령 최저임금 수준은 산업 간에, 지역 간에, 아니면 연령 집단에 따라서도 다르다. 규제가 국내적 차이를 허용하지 않는 상황에서도 동일하게 집행되지 않는 경우가 적지 않다. 상당한 규모의 비공식부문이 있는 경우도 있는데 여기서는 규제의 집행이 약하거나 없는 경우가 많다. 그래서 국가 수준에서 제도를 고려할 경우에 상당한 정도의 국내적 차이가 숨어있게 되며, 같은 노동시장에서 "경직적" 부문과 "유연한"

부문이 공존하면서 양자 간에 적지 않은 상호작용이 수반될 수 있다. 정규 고용계약에 대해 가장 엄격한 고용보호 조항을 둔 바로 그런 나라들에서 경기 악화에 대한 노동시장의 반응이 커진 것은 이러한 이중성 때문이었을 수 있다.

'대침체'에 대한 노동시장의 반응이 비대칭적이었던 사실의 또 다른 핵심 요인은 세계 전반의 산출 감소를 가져왔던 충격의 성격일 것이다. 특히 노동시장과 금융시장의 상호작용을 살펴봐야 하는데, 금융위기는 2008년 가을 리먼사 파산의 여파로 시작되어 세계 전반으로 퍼져나갔었다. 금융시장과 은행부문은 2009년까지도 신용경색을 겪었다. 그러한 세계적 신용경색이 회복기는 아니더라도 하강기의 노동시장 조정에 중요한 역할을 했던 것으로 보인다. 금융시장 충격의 차이가 2008~2009년 실업이 대서양 양안에서 다르게 증가한 사실을 설명하는 데 도움이 된다. 이것은 [그림 1.2]의 오른쪽 부분에서 잘 나타나 있다. 이전 기간에 EU 평균의 절반 수준이던 미국의 실업은 몇 분기에 걸쳐서 유럽의 경우보다 높이 상승했다. 대서양 양안의 주요 차이로 금융심화(financial deepening)의 정도를 들 수 있다. 이런 차이를 나타내는 단순한 경험적 척도가 GDP 대비 주식시장 가치(stock market capitalization)이다. 주식시장 가액의 변화로 측정되는 금융 충격의 크기는 시기든 규모든 유사한 것으로 나타나지만, 놀라운 점은 금융심화의 수준이 현저히 다르다는 사실이다. 미국의 주식시장 규모는 GDP의 100% 수준에 달하는 반면 유럽의 경우는 75% 정도이다. 민간부문 여신 규모를 비교해 보더라도 유사한 사정을 알 수 있다.

노동시장 제도와 거시경제적 충격의 상호작용의 중요성을 이해하기 위해 굳이 '대침체'를 거론해야 할 필요는 없을 것이다. 기억을 조금만 더 연장하는 것만으로도 충분할 것이다. 1990년 중반의 제도 관련 문헌은 유럽과 미국 간에 노동시장 성과가 어떻게 달랐는가에 초점을 두었다. 그렇지만 유럽의 열악한 고용성과의 원인으로 지목되었던 제도들은 30~40년 전에도 있던 것인데, 그 때는 노동시장의 사정이 반대였었다. [그림 1.2]로 돌아가서 이번에는 왼쪽 부분의 추이를 따라가 보자. 유럽의 실업 수준이 미국보다 높아지기 시작한 것은 두 차례의 오일쇼크(그림에서 첫 두 개의 수직선) 이후인 1980년 중반부터이며, 1980년 말의 또 다른 세계적 충격(이자율 급등) 이후에야 두 지역 간에 실업률 격차가 상당한 정도로 커졌다는 것은 분명하다. '닷컴 위기'(2001)가 격차를 줄였고, '대침체'에서 격차가 사라졌다. 이전의 미국 문헌을 보면, 1990년대 중반에 와서는 유럽 실업의 주범으로 지목되는 바로 그 "경직적 제도"가 유럽의 성공담의 배경이 되는 주요인의 하나로 지적되었었다. 예를 들어, 1964년 미국의 한 정책보고서(Robert Myers(1964))는 "유럽 친구들이 어떻게 해 왔는지 부럽게 쳐다보고 있다"고 하

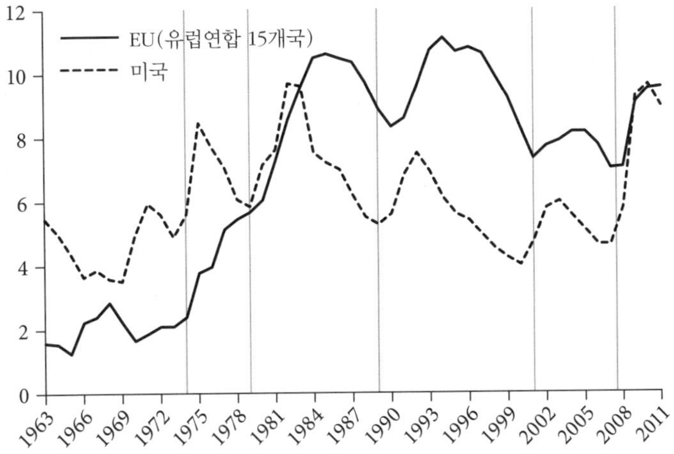

그림 1.2 미국과 유럽연합의 실업률

주: 동유럽 지역으로의 확대 이전의 EU 15개국.

면서 모두가 유럽 제도를 살펴보자고 제안했다: "유럽의 성공적인 실업 억제 성과를 무시하는 것은 정말 단견이 될 것이다." 이로부터 45년이 지나서 대침체를 겪고 난 이후에 유럽의 제도에 대한 새로운 평가가 이루어졌다. 이번에는 노벨상 수상자인 폴 크루그먼이 뉴욕타임즈에 기고문을 실었다(2009년 11월 12일자).

> 독일의 일자리 기적이 이 나라에서는 별 관심을 끌지 못했지만 그것은 현실이고 놀라운 일이다. … 독일이 대침체에 들어갈 시기에 강한 고용보호 법제를 갖고 있었다. 이를 보완한 것이 "단시간 근로 제도"인데, 노동자를 해고하는 대신 근로시간을 줄이는 고용주에게 보조금을 지급하는 내용이다. 이런 조치들이 심각한 침체를 막아내지는 못했지만 독일은 놀라울 정도로 적은 일자리 감소를 겪었다.

대침체는 우리에게, 노동시장 제도는 매우 중요한 것이므로 조심스럽게 다루어야 한다는 것을 말해준다. 그것이 어떻게 작동하는지를 이해하는 것은 근본적으로 중요하다. 먼저 제도적인 세부사항을 이해하고, 노동시장 성과에 대한 영향이라는 경제적 관점에서 어떤 것이 가장 중요한지를 알아낼 필요가 있다. 또 경제적으로 어려운 시기에 이런 제도가 어떻게 작동하는지를 이해하는 것이 무엇보다 중요하다. 제도는 경기변동 과정에서 대칭적으로 작동하는가? 제도는 제품시장 또는 금융시장으로부터의 충격과 어떻게 상호작용 하는가? 제도로부터 누가 가장 큰 영향을 받게 되며, 누가 보호받고 누가 피해를 입는가? 어떤 재분배 효과를 수반하게 되는가?

대침체 이전의 제도적 문헌이 안고 있는 문제는 그것이 노동시장 제도에 대해 공정하지 않다는 점이다. 그 제도가 애초에 왜 만들어졌는지를 설명하지 못한 경우가 많다.(이런 입장에 따르면) 제도란 시장기구의 기능을 왜곡하고 효율적 성과의 달성을 방해하는 무엇인가로 묘사되고 있다. 정부가 그 제도를 폐지할 수 있는 사정이라면 그저 폐지하기만 하면 되는 것처럼 가정한다. 제도의 대부분이 여전히 존재한다는 사실은 시민들, 그리고 민주적으로 선출된 정부의 합리성에 대한 도전이라는 것이다.

이 책의 목표는 노동경제학의 핵심 개념과 분석틀을 소개해 나가면서 노동시장 제도를 포괄적으로 다루는 것이다. 첫 장에서는 우선 우리가 무엇을 얘기하는지를 이해하는 데 관건이 될 몇 가지 정의를 제시하는 것으로 시작한다. 다음에는 표준적 교과서에서 출발점이 되는 노동시장, 즉 경쟁적 노동시장을 논의하는데, 그것은 일상적으로 접하는 노동시장과는 매우 다른 것이다. 경쟁적 노동시장 패러다임을 넘어서 불완전 노동시장을 제시하는 것은 노동시장 제도의 존재 이유를 적절히 이해하는 데 필수적이다. 노동시장의 불완전성은 다른 시장들로부터의 충격과 어우러져서 제도 변화의 압력이 발생하는 이유와 제도적 개혁이 종종 비대칭적인 이유도 설명해준다. 처음부터 이 책은 시간을 두고 변화하는 제도를 다룬다는 점을 인식할 필요가 있다. 제도는 템즈강이나 알프스산맥처럼 우리가 살고 있는 나라의 내재적 모습이 아니라, 비교적 자주, 때로는 의외로 자주 변화하는 것이다. 이 점은 제도 개혁의 분석을 다루는 1.4절에서 살펴보게 될 것이다.

1.1 기본 정의

앞으로 사용되는 몇 개의 핵심적 정의에서부터 시작하자.

- 노동시장(labor market)은 빈 일자리(vacant job)에 상응하는 일정량의 노동서비스 L이 임금 w로 불리는 가격 또는 보상과의 교환으로 제공되는 시장이다. 개인이 제공하는 모든 노동서비스에 보수가 지불되는 것은 아니다. 가령 자신의 집을 청소하는 데 투입된 시간은 보수가 없고, 청소하는 사람이 고용되는 경우에만 시장노동(market work)이 된다. 노동시장 참여는 노동서비스와 임금의 교환을 전제로 한다.
- 국제적으로 통용되는 OECD-ILO(국제노동기구) 정의에 따르면, 생산가능 연령

(15~64세)의 인구는 3가지 주요 노동시장 상태로 분류될 수 있다: 취업, 실업, 비(경제)활동

1. 취업된(employed) 사람은 기준 기간(주 또는 일)에 1시간 이상 보수(현금 또는 현물)를 받고 일했거나 한 일자리에 공식적으로 소속되어 있지만(formal attachment) 일시적으로(질병, 휴가, 출산 등의 이유로) 일을 하지 않는 사람, 또는 군인을 가리킨다.
2. 실업(unemployed) 상태는 생산가능 연령이면서 현행 임금에서 일할 의사가 있는 경우이다. 실업 상태는 다음의 다섯 가지 조건이 충족되어야 한다.
   (a) 현재 일하고 있지 않다.
   (b) 조사 당시 4주 이상 구직하고 있다.
   (c) 적극적으로 구직하고 있다(취업 지원서 제출, 민간 직업소개소 또는 공적 고용사무소 접촉 등).
   (d) 일할 의사가 있다.
   (e) 즉각 일할 수 있다. 즉 인터뷰 후 2주 내에 일을 시작할 수 있다.
3. 비(非)경활(inactive) 상태는 고용 상태도 실업 상태도 아닌 경우이다. 매우 다양하게 구성되는데, 자발적인 비경제활동 상태와 장애로 인해 일할 능력이 없는 상태가 포함된다.

실업자 수, 취업자 수, 비경활자 수를 각각 U, L, O로 표시하자.

- 노동력(또는 경제활동인구) LF는 취업과 실업의 합으로 주어진다.

$$LF = L + U$$

- 생산가능 연령 인구는 취업, 실업, 비경활이라는 3가지 상호배타적인 범주로 구성된다.

$$N = LF + O$$

생산가능 연령 인구 규모가 서로 다른 나라들에 대해서 이런 숫자들을 비교하는 것은 분명히 무의미하다. 이 책에서는 몇 가지 널리 사용되는(항상 잘 이해되고 있는 것은 아니지만) 표준화(normalization) 규칙을 채택한다. 가장 중요한 것은

실업률(unemployment rate) $u = \frac{U}{LF}$

고용률(employment rate) $e = \frac{L}{N}$

경제활동 참여율(participation rate) $p = \frac{LF}{N}$

이 지표들이 서로 독립적이지 않음은 분명한데, 가령 $e=p(1-u)$이다.

- 노동력이 고정되어 있는 경우, 정상(定常)적(steady state) 또는 동태적 균형은 실업으로의 유입과 실업에서의 유출이 같은 경우로 정의된다. 취업자가 실업자로 되는 비율을 δ, 실업자가 취업자로 되는 비율을 μ라고 할 때, 정상 균형은 다음과 같이 정의된다.

$$\delta L=\mu U$$

이로부터 실업률은 다음과 같이 도출된다.

$$u=\frac{\delta}{\mu+\delta}$$

바꿔 말해서, '정상적' 실업률은 일자리를 잃는 비율(job separation rate, 실직률)과 일자리를 얻는 비율(job finding rate, 구직률)을 통해서 정의된다.

- 한 일자리의 가치 y는 기업과 근로자가 생산 활동을 함으로써 얻게 되는 노동생산물의 가치이다. 그것은 일자리로부터의 수입(revenues), 즉 생산된 산출물의 양과 가격의 곱으로 생각할 수 있다. 일자리의 가치와 생산된 산출물의 가격은 고정되어 있지 않고 일자리와 산출물의 양에 따라 변동할 수 있다. 그래서 일반적으로 노동의 한계(marginal) 생산물의 가치라고 부르는데, 즉 추가된 고용으로 인한 산출물의 증가량을 산출물 가격으로 곱한 것이다.
- 노동자의 잉여(surplus) 또는 지대(rent)는 노동자가 실제로 번 임금과 노동자의 유보임금(reservation wage) w^r의 차이인데, 유보임금은 노동자가 일자리를 수용하게 되는 최저 수준의 임금이다. 유보임금은 일하는 것과 일하지 않는 것이 무차별하게 되는 임금 수준으로 정의된다. 이보다 높은 임금은 노동자가 일함으로써 (일하지 않는 것에 비해) 순이득 또는 '잉여'를 얻게 됨을 의미한다. 노동자잉여는 다음과 같이 표시된다.

$$w-w^r$$

- 마찬가지로 기업의 잉여(또는 지대)는 일자리의 가치(산출물의 판매수입)와 비용, 즉 일을 한 근로자에게 지불된 임금의 차이로, 다음과 같이 표시된다.

$$y-w$$

- 한 일자리로부터의 총잉여는 기업잉여와 노동자잉여의 합이다.

$$(y-w)+(w-w^r)=y-w^r$$

임금, 일자리의 가치, 유보임금은 모두 화폐단위(예컨대 유로)로 표시될 수 있음에 유의하자. 따라서 y, w, w^r가 주어지면, 노동자잉여, 기업잉여, 총잉여는 쉽게 구할 수 있다. 또 총잉여에서는 임금이 상쇄되어 버린다는 점도 유의하자.

이런 정의들에 기초하여, 완전경쟁적(줄여서 "완전") 노동시장과 불완전 노동시장의 핵심적 차이를 나타낼 수 있다.

- 완전 노동시장(perfect labor market)은 한계(marginal) 일자리에서 총잉여가 없는 경우이다. 노동자든 기업이든 외부 선택(즉 비고용)의 경우에 비해 어떤 지대도 얻지 못하는 것이다. 달리 말해서, $y=w$이고 $w=w^r$이며, 따라서 $y=w^r$인 시장인데, 균형상태에서 임금은 궁극적으로 중요하지 않으며 단지 고용주 입장에서의 일자리의 가치를 노동자의 유보임금에 맞추고 있을 뿐이다. 바꿔 말하면, 고용주와 노동자는 고용관계를 지속하든 끝내든 무차별한 상태이다. 고용주가 노동자를 잃든 노동자가 일자리를 잃든 의미가 없다. 이윤 또는 후생의 감소 없이 다른 노동자 또는 일자리를 곧바로 구할 수 있다. 시장이 투명해서 노동자와 기업은 다른 기업이 제시하는 임금과 노동서비스에 대한 완전한 정보를 가지며, 노동자와 빈 일자리, 즉 노동의 공급과 수요의 매칭(matching)에 수반되는 마찰이나 비용(예컨대 일자리 탐색 시간이나 면담을 위한 이동비용)도 없다.
- 불완전 노동시장(imperfect labor market)은 주어진 일자리에 지대가 수반되며 그래서 총잉여가 양수(+)인 경우이다. 이런 맥락에서 임금은 지대분배 장치가 된다. 잉여의 어느 부분이 고용주의 몫이 되고 어느 부분은 근로자의 몫이 되는지를 결정한다. 그러므로 불완전 노동시장 상황에서는 임금 책정이 무엇보다 중요해진다. 고용주 또는 노동자의 시장력(market power)에 따라서 임금은 두 가지 잉여의 한 쪽을 영(0)으로 만들어 다른 쪽이 지대를 향유하게 할 수 있다. 고용관계 당사자 중 적어도 한쪽에게는 일자리 파괴가 큰 문제인데, 손실을 초래하기 때문이다. 불완전 노동시장은 마찰, 정보비대칭, 혹은 적어도 일방의 시장력(market power) 등과 관련되어 있다.

끝으로 이 책에서 가장 널리 사용되는 정의가 있다.

- 노동시장 제도(labor market institution)는 법률과 규범, 또는 관습의 체계이다. 여기서 관습은 노동과 보수에 관한 개인적 선택에 영향을 미치는 제약조건 또는 유인을 제공하며, 집단적 선택을 통해서 형성되는 것이다. 개별 노동자나 기업은 각

각 의사결정을 할 때 제도는 주어진 여건으로 본다. 예를 들자면, 근로시간이 집단적 선택 방식으로 결정된 경우에 개인은 몇 시간을 일할 것인지에 대한 선택에서 제한받게 된다. 제5장에서 논의되듯이, 근로시간 규제는 무엇보다도 가구 간 또는 가구 내의 노동, 여가, 가정활동에 대한 시간 배분을 조정하는 것을 목적으로 하는 제도이다. 집단적 선택을 기반으로 하는 만큼, 제도는 정치적 과정의 산물이다. 제도는 법률로 정해지는 경우가 많지만 반드시 그런 것도 아니다. 예컨대 단체교섭 제도(3장)는 공식적 입법보다는 사회적 규범과 관습으로 규제되는 경우가 많다. 중요한 것은 그것이 개인적 선택을 제한한다는 점이다. 예를 들어, 제도가 임금을 개별 노동자나 고용주에게는 외생적인(주어지는) 것으로 만들 수 있다.

노동시장 제도는 기업 입장에서의 일자리 가치와 노동자의 유보임금 간에 "쐐기"(wedge)[1]를 가져옴으로써 작용한다. 바꿔 말해서, 완전 노동시장의 경우에도 제도가 지대를 창출할 수 있다. 동시에 불완전 노동시장에서는 지대를 줄이는 장치가 될 수도 있다. 지대가 이미 존재하는 경우에는 적절한 제도를 통해 이를 감소시킬 수 있다. 일자리란 노동자와 고용주 모두가 '음(−)이 아닌' 잉여를 얻을 수 있을 때에만 창출될 수 있다는 것은 분명하다. 따라서 제도는 노동자의 유보임금을 고용주의 일자리 가치보다 높아지게 만드는지 여부에 따라 일자리를 파괴할 수도, 창출할 수도 있다. 만일 모든 일자리에서 $y<w^r$인 상황이라면 노동시장은 작동할 수 없다.

노동시장 제도가 초래하는 쐐기의 특성을 보려면 기본원리들로부터 유보임금과 일자리가치를 도출해야 한다. 다음 절에서 살펴보기로 한다.

1.2 유보임금과 일자리가치

개인은 노동으로 잉여를 얻을 수 있는 경우에 노동시장에 참여해서 노동서비스를 공급한다. 그래서 그의 유보임금은 노동시장에서 제시되는 임금과 같거나 그보다 낮아야 한다. 유보임금은 어떻게 정의되는가? 효용함수가 소비 c와 여가 l 간에 정의되는 어떤 개인을 생각해보자(소비와 여가는 모두 정상재로 가정): $U(c, l)$, 여기서 편도함수 U_c, U_l은 모두 양수이며($U_c>0$, $U_l>0$), 개인은 주어진 시간 l_0을, 시간당 임금 w를 벌면서

1) (역주): 쐐기는 경우에 따라(둘 사이의) 괴리, 격차, 간격 등의 의미를 갖는데, 상징적 및 편의상 이유로 "쐐기"라고 직역하기로 한다.

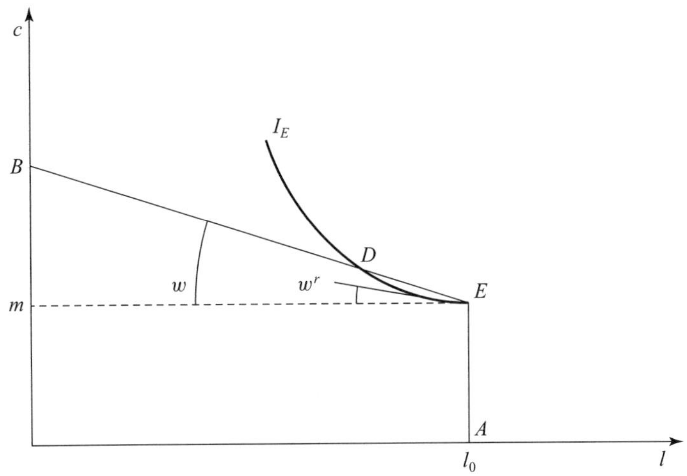

그림 1.3 유보임금

h 시간 일하거나 아니면 쉬는 데 배분한다($h=l_0-l$). 비근로소득(0시간 일할 때의 소득)을 m으로 정의하고, 소비재의 가격을 1로 두기로 하자.

예산제약은 다음과 같이 주어진다.

$$c \leq m + wh$$

소비/여가 공간(평면)에서 이 제약조건은 [그림 1.3]에서처럼 비근로소득 수준에 상응하는 꺾임(kink)이 있다. $m=0$이라면 예산제약선은 l_0에서 가로축과 만나는 직선이 되는데, 여기서는 노동시간이 없으므로 소비재를 살 수 있는 소득은 0이 된다. E점에서 왼쪽 방향으로 소득은 시간당 w로 증가하는데, 1시간 더 일하면 시간임금 w만큼 더 벌 수 있기 때문이다.

효용함수는 무차별곡선의 집합으로 그려서 표시할 수 있다. 각각의 곡선은 동일한 효용 수준을 가져다주는 소비와 여가의 집합을 나타낸다. 무차별곡선은 음의 기울기를 갖는다: 1시간의 여가를 잃는다면 이를 보상하기 위해 더 많은 소비가 필요하며, 반대도 마찬가지다. 이 곡선들이 볼록한 정도는 노동과 여가 간의 대체성이 커질수록 감소한다. 무차별곡선들은 서로 교차할 수 없으며 원점에서 멀어질수록 효용수준은 높아진다.

유보임금 w^r은 소비재 구매에 m을 지출하면서 일은 하지 않는 상태인 예산제약상의 E점을 지나는 무차별곡선의(바로 E점에서의) 기울기로 주어진다. 어떤 임금도 유보임금보다 낮다면 수용되지 않을 것인데, 여가의 한계가치(유보임금)가 여가의 기회비용(시장임금)보다 크기 때문이다. 반대로 [그림 1.3]에서처럼 $w > w^r$인 경우에는 효용극대화를 추구하는 개인이라면 몇 시간은 일하고 나머지 시간을 여가로 보낼 것이다.[2)]

유보임금의 이런 정의는 개인이 몇 시간을 일하고 몇 시간은 여가로 소비할 것인지 자유로이 선택할 수 있는 경우에 적용된다. 현실에서 개인이 h를 제약 없이 선택하는 경우는 별로 없다. 가령 풀타임 일자리와 파트타임 일자리 간의 선택처럼, 가능한 시간들 중에서 선택권을 가질 수 있을 뿐이다. 이것은 집단적 선택 방식을 통해 개인적 결정에 제약을 가하는 제도(의무적 근로시간 법제나 근로시간에 관한 단체교섭협약 등) 때문이다.

근로시간 제약이 있는 경우에는, 유보임금이 예산제약선이 꺾인 지점에서의 무차별곡선 기울기와 일치하지 않게 된다(Box 1.1 참조). 근로시간 제약하의 유보임금은 [그림 1.4]에서 E점과 F점을 연결하는 선분의 기울기로 나타낼 수 있는데, 여기서 F점은 E점, 즉 (m, l_0) 조합을 통과하는 무차별곡선이 시간제약을 표시하는 수직선과 교차하

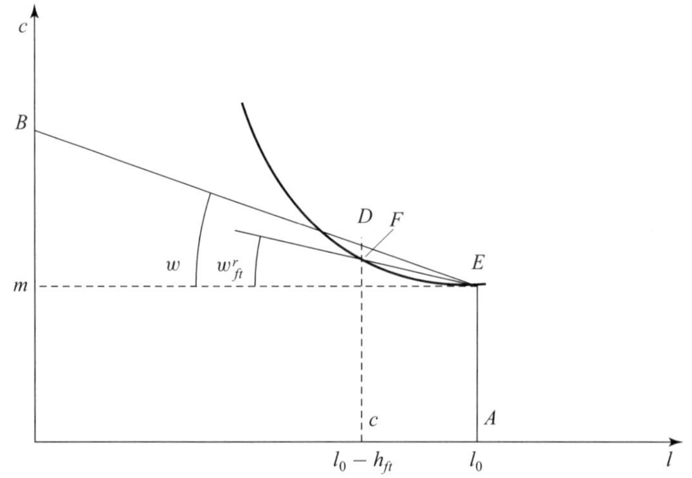

그림 1.4 근로시간 제약이 있는 경우의 유보임금

---

2) 유보임금을 이렇게 정의한다면, 고용은(실업이 아니라) 비고용(nonemployment)과 구분되는 것이다. 유보임금이 시장임금보다 높은 경우에 개인은 일하지 않기로 선택한 것이다. 제10~13장의 동태적 탐색(dynamic search) 모형의 상황에서는 유보임금이 고용과 실업을 구분하게 된다: 제시된 임금보다 유보임금이 더 높은 개인은 일자리 제안을 수용하지 않고 다른 고용기회를 탐색하게 될 것이다. 바꿔 말해서, 정의상 실업상태가 될 것이다.

는 점이다. 시간제약하의 이런 선택은, 제약 없는 선택이 일정 시간을 일하는 것인 경우에는 그 때보다 낮은 수준의 효용을 가져다주며, 그렇지 않는(일을 안 하는) 경우에는 시간제약은 아무 영향도 없다(not binding).[3)]

Box 1.1

근로시간 제약이 있는 경우와 없는 경우의 유보임금

시간선택에 제약이 없는 경우 유보임금은 다음과 같이 정해진다.

$$\left(\frac{U_l}{U_e}\right) = w^r$$

여기서 U_l과 U_c는 각각 여가와 소비의 한계효용을 나타낸다. 그리고 이들의 비율은 소비와 여가의 한계대체율이 된다. 유보임금은 개인의 근로시간이 0이며 비근로소득으로만 소비재를 살 수 있는 지점에서 측정된 한계대체율이다.

노동시간을 자유롭게 선택할 수 있는 경우에 개인은 한계대체율이 시장임금과 같아지는 상황을 선택하게 된다. 따라서 $w^r = w$일 때, 개인은 근로와 비근로 간에 무차별하게 된다. 그리고 $w^r < w$일 때, 최적 선택 h^*는 0보다 커지고, 반대로 $w^r > w$일 때는 h^* $=0$이 된다.

이제 시간선택에 제약이 있는 경우를 고려해 보자. 논의를 단순화하기 위해 개인은 근로시간을 선택할 수 없고 일을 한다면 단지 풀타임 일자리에 상응하는 시간 h_{ft}만을 택할 수 있다고 하자. 이 경우 유보임금은, 정확히 h_{ft}만큼 일하더라도 일을 전혀 하지 않는 경우와 같은 효용을 얻게 되는 임금 수준이라는 의미로 정의될 것이다.

$$U[m + w^r_{ft} h_{ft}, l_0 - h_{ft}] = U(m, l_0)$$

이 조건은, $w = w^r_{ft}$일 때, 제약이 있는 경우의 선택이 근로시간 0인 지점과 동일한 무차별곡선상에 있게 된다는 것을 의미한다. 즉, 개인은 정확히 h_{ft} 시간 일하는 것과 전혀 일하지 않는 것 간에 무차별하게 된다.

보다 중요한 것은 근로시간 제약이 있는 경우의 유보임금(w^r_{ft})이 근로시간을 자유로이 선택하는 경우보다 더 높다는 점이다. 효용함수의 오목성 때문에 무차별곡선의 기울

3) 근로시간 규제와 같은 제도가 개인의 후생을 감소시키는 것은 분명하지만, 그것의 존재 이유는 제5장에서 다룬다.

기는 곡선상에서 북서쪽으로 갈수록 증가한다. 이제 개인의 노동공급 결정은 단순한 규칙에 따르게 된다: 즉 $w \geq w_{ft}^r$이면 h_{ft} 시간을 공급하고, 그렇지 않으면 일하지 않는다(0 시간 공급).

임금이 상승하면 더 많은 사람들이 노동시장에 참여하려고 할 것이다. 따라서 임금 상승은 인원수 차원에서(외연적) 노동공급을 항상 증가시킬 것이다. 이에 반해 개인이 노동시장에 참여한 이후에는 임금 상승의(내포적) 효과는 불분명한데, 두 가지 상보적인 효과 때문이다.

1. 소득효과: 임금이 상승할 경우, 근로시간이 같다면 소득은 증가한다. 여가가 정상재인 경우에 개인은 여가 소비를 늘릴 것이고 따라서 근로시간이 감소한다.
2. 대체효과: 임금이 상승할 경우, 여가의 가격이 상승해서 여가 소비가 감소하고 근로시간이 증가한다.

여가가 정상재(normal good)라고 할 때 임금 상승의 소득효과는 노동공급을 줄이게 되지만, 대체효과는 항상 노동공급을 늘리게 된다. 전체 효과는 양자의 상대적인 크기에 따라 달라진다. 일반적으로 저임금 근로자의 경우 대체효과가 우세한 반면, 소득효과는 고임금 근로자의 경우에 중요하다. 여가가 하급재(inferior good)인 경우에만 소득효과와 대체효과가 상호 보강적이 된다. 그래서 임금 상승은 항상 근로시간 증가를 가져온다. 노동시장 참여 여부에 관해서는 소득효과는 무관하다. 대체효과는 항상 같은 방향이기 때문에, 임금 상승은 노동시장 참여 가능성을 증가시키게 될 것이다.

1.2.1 개인의 근로 선택과 총 노동공급(aggregate labor supply)

이제 소비와 여가에 대한 선호와 비근로소득 수준이 서로 다를 수 있는 다수의 개인들을 생각해보자. 그러면 비근로소득과 여가-노동에 대한 선호 여하에 따라 개인마다 유보임금이 달라질 것이다. 제7장에서 논의하듯이, 근로 외에 쓰는 시간은 가족의 후생을 증가시키는 재화와 용역을 창출하는 가정 내 작업과 같은(무보수) 활동에 투입될 수도 있다. 예를 들어 어떤 사람은 육아를 맡아야 하고, 그럴 경우에 유보임금이 높아질 것이다.

근로연령 집단에서 유보임금이 w 이하인 사람의 비율을 $G(w)$라고 하자. 이 비율에 근로연령 인원수를 곱하면 총(aggregate)노동공급 곡선을 얻게 된다. 노동에 노력이 수반되는 한, 일하려는 사람의 비율은 제시되는 임금에 따라 증가할 것이다. 그래서 $G(w)$는 w에 따라 단조 증가할 것으로 예상된다. $G(w)$가 취할 수 있는 값은 0(최저 유보임금보다 낮은 임금에서는 아무도 일하려고 하지 않음)과 1(아무도 더 높은 유보임금을 갖지 않음)로 제한된다. 복수의 노동자가 같은 유보임금을 가질 수 있음은 분명하고 그럴 경우 총노동공급은 수평영역을 포함하게 될 것이다. 또 부유한 상속인과 같이 어떤 사람은 어떤 임금 수준에도 일하려고 하지 않을 수도 있다.

OECD 국가에 대한 많은 조사들에서는 응답자에게 풀타임 일자리 제안을 수용하게 만드는 최저수준의 임금을 묻는다. 이렇게 보고된 유보임금이 w^r에 대한 경험적 대리변수이다. (동일한 사람들을 상이한 시점에서 관측하는) 장기적인(longitudinal) 자료가 시사하는 바는 응답자들이 이 질문에 상당히 진지하게 대한다는 것이다. 예를 들어 한 시점에서 실업 상태였다가 다음 조사 때 고용된 사람의 경우에 대개 처음에 진술했던 유보임금보다 낮지 않은 임금에서 일하고 있었다(자신의 인적자본이 감퇴했다거나 가정적 의무가 없어졌다고 생각해서 유보임금을 하향 조정하는 경우도 물론 있겠지만 흔한 상황은 아닌 것으로 보인다). 따라서 사람들은 자신의 노동공급을 결정할 때 유보임금 정책을 일관성 있게 따르는 것으로 보인다($w \geq w^r$인 일자리만을 수용함).

1.2.2 일자리의 가치

생산은 노동과 자본의 결합을 통해 이루어진다. 단기에는 자본이 고정되어 있어서 자본으로 노동을 대체할 가능성이 없다. 기업 입장에서 한 유형의 노동자만이 있다고 가정하자. 즉 노동은 동질적이다(homogeneous).[4] 이윤극대화 기업은 한계적 일자리의 가치 y가 노동의 한계비용, 즉 임금과 같아질 때까지 노동자를 고용할 것이다. 경쟁적 시장에서는 모든 기업이 이 임금을 주어진 것으로 받아들인다. 따라서 균형상태에서 모든 기업이 동일한 y를 갖게 될 것이고, 총(aggregate) 노동수요는 그저 각 기업의 일자리 수를 더한 것이 된다. 달리 표현하자면, y는 노동서비스에 대한 기업들의 한계적 지불용의(marginal willingness to pay), 또는 역(inverse) 노동수요함수 $y(L)$이 된다. 노동수요함수를 얻으려면 y에 w를 대치시키고 L에 대해 해를 구하면 된다. 식으로 표현하면, $y(L)=w$로 두고 L에 대해 풀어서 $L^d(w)$를 얻게 된다.

이 노동수요함수의 기울기는 어떤 모습일까? 한계수익 체감의 원칙에 따라 노동의 한계생산은 각 기업의 일자리 수에 따라 감소한다. 노동시장뿐 아니라 제품시장도 경쟁적이라면 각 기업은 노동의 생산물을 산출량 수준과 무관하게 주어진 가격으로 판매할 것이다. 이 경우에 노동수요함수는 노동의(체감하는) 한계생산과 동일한 기울기를 가질

4) 노동자들의 생산성이 상이할 수도 있지만 이런 차이는 임금 차이로 상쇄되며 따라서 각 고용주는 고생산성 노동자와 저생산성 노동자 간에 무차별하다고 가정할 수 있다.

것이다. 즉 노동 고용량 L에 따라 감소한다. 한편, 기업이 제품시장에서 일정한 독점력을 갖는 경우에는 노동의 한계생산 가치는 일자리 증가로 생산되는 추가적인 산출물에 따른 가격의 변화에 총 산출량을 곱한 추가적인 항을 포함하게 된다.[5] 직관적으로, 기업이 우하향의 제품 수요곡선에 직면하고 있다면 생산 증가는 판매 수량 전체의 가격을 하락시킨다. 제품시장의 경쟁이 약할수록 일자리 및 산출량의 증가에 따른 가격 하락은 클 것이다. 마찬가지로, 제품시장에서 경쟁이 강해지면 노동수요곡선은 완만해진다.

요약하면, 제품시장 구조와 무관하게 노동수요 L^d는 임금에 따라 감소하며, 역노동수요 $y(L)$은 L에 따라 하락한다. 제품시장이 비경쟁적인 경우, 노동수요는 임금 변동에 대한 반응이 약해질 것이다(더 가파른 형태의 노동수요).

1.2.3 완전 노동시장 균형

[그림 1.5]는 우하향의 노동수요와 우상향의 노동공급을 보여준다. 완전 노동시장에서 균형임금 w^*는 두 곡선의 교차점에 있다. 이 상황에서 균형임금은 하나뿐임에 유의하자. w^*보다 낮은 유보임금의 노동자는 노동시장에 참여해서 양의 잉여를 얻게 될 것이다. 이런 노동자들의 잉여를 합한 것이 균형임금과 노동공급곡선 사이에 해당하는 짙은 영역(W_S)으로 나타난다. 기업들도 잉여 혹은 이윤을 실현할 것이며, 균형임금과 노동수요곡선 사이에 해당하는 짙은 영역(F_S)로 표시된다.

유보임금이 w^*보다 높은 노동자는 일하지 않기로 할 것이다. 다시 말해서, $L^* = G(w^*)$가 고용률(employment rate, 일자리를 가진 노동연령인구 비율)이고, $1-G(w^*)$가 균형 비고용률(nonemployment rate)이 될 것이다. 균형임금 수준이 노동공급곡선의 수평 영역이 될 수도 있음에 유의하자. 이 경우는, $w^r = w^*$이면서 균형임금에서 일할 의사가 있지만 일을 하지 않고 있는 사람도 있을 것이다. 이들은 일하지 않는다고 해

---

5) 식으로 표현하면, 경쟁적 기업(상첨자 c)의 경우에 노동의 한계생산가치 VMP는

$$VMP^c = pf_L$$

여기서 p는 산출물의(주어진) 가격이고 f_L은 노동의 한계생산이다. 한편 비경쟁적 제품시장의 기업의 경우는

$$VMP = pf_L + p_L f_y$$

여기서 p_L은 추가된 노동에 따른 산출량 증가가 산출물 가격에 미치는 한계효과이며, 따라서 $p_L = 0$, 즉 기업이 제품시장에서도 가격수용자일 경우 $VMP = VMP^c$가 된다. p_L은 음수이기 때문에 독점기업의 노동수요는 경쟁적 기업의 노동수요곡선보다 좌측(하방)에 있게 된다. 나아가서 y^c와 y 간의 차이가 f(따라서 노동고용량)의 증가함수임에도 유의하자. 그래서 독점기업의 노동수요는 경쟁기업의 경우보다 가파를 것이다.

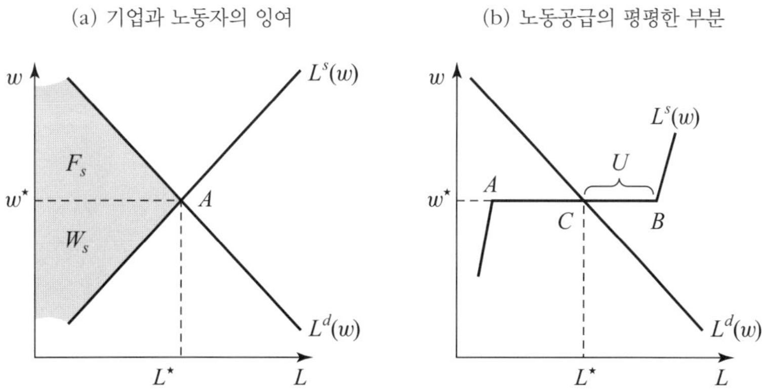

그림 1.5 경쟁적 노동시장 균형

서 후생손실을 겪지는 않지만($w^r=w$는 일하거나 않거나 무차별함을 의미함) 엄밀한 의미에서 실업(unemployed) 상태에 있으며, [그림 1.5]의 오른쪽 그림에서 U 부분으로 표시되었다. 그 외에 고용되지 않은 모두는 1.1절에서 본 노동시장 지위에 관한 국제적 정의에 따를 때 비경활 상태에 있다.

1.3 노동시장 제도

이제 노동시장 제도가 어떻게 작동하는지 살펴보기로 하자. 우리의 정의에 따르면, 그것은 노동서비스와 보수의 교환을 간섭하는 집단적 선택 과정의 결과이다. 그것은 노동자의 유보임금과 일자리의 가치 사이에, 즉 노동공급 및 노동수요 함수 사이에 쐐기를 박아 넣는(괴리를 가져오는) 방식으로 작용한다. 그래서 완전 노동시장의 경우에서도 한계적 일자리가 고용주 또는 노동자에게 지대를 가져올 수 있다.

1.3.1 가격 관련 제도

노동시장 제도의 작동에 대한 몇 가지 예를 살펴보자. 수학적인 표현은 기술적 부록 1.6에 있다. 최저임금(2장)과 같은 제도는 노동자에게 지불되는 임금에 하한 $\underline{w}$를 설정하는 것이다. 그렇게 해서 노동공급 곡선의 기울기를 변화시키는 것인데, 노동자의 유보임금이 최저임금 $\underline{w}$보다 낮은 경우에도 고용주가 $\underline{w}$보다 낮은 임금으로는 고용하지 못하게 막는다. 고용주가 직면하는 실제 노동공급은 [그림 1.6]의 위쪽에 점선으로 표시되어 있다. 노동공급이 유보임금 곡선과 일치하는 것은 $L^s(\underline{w})$의(그림의 C점) 오른쪽뿐이다. 나아가서 $L^s(\underline{w})-L^d(\underline{w})$ 부분은 실업자, 즉 균형임금에서 일할 의사가 있지만 일을 하지 않고 있는 사람을 가리킨다. 이들은 유보임금이 $\underline{w}$보다 낮은 만큼 일하고 않고 간에 무차별하지 않을 것이다. 다시 말해서, 최저임금이 없는 경쟁적 노동시장에서와는 달리 실업에 수반되는 후생손실이 분명히 존재한다. 한편으로 한계적인 노동자(일자리)조차도 지대를 향유하는데, 그 사람의 임금은 유보임금보다 높다($\underline{w}-\underline{w}^r>0$).

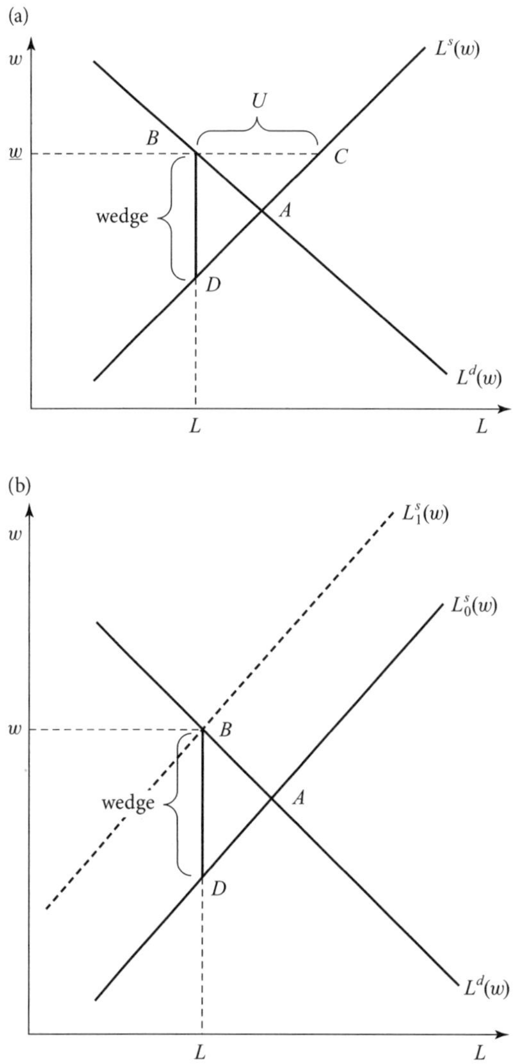

그림 1.6 (a) 가격 기반 및 (b) 수량 기반 제도와 쐐기

최저임금은 여러 가지 방식으로 시행된다. 정부가 법정 최저임금을 정하는 나라도 있다. 산업별로 노동조합(3장)이 단체임금협약을 통해서 최저수준을 지정하는 나라도 있다. 단체교섭 자체가 보수의 최저수준을 정하는 것 외에 평등주의적 임금체계를 부과하는 방식으로 최저수준 이상의 임금에 대해서도 영향을 줌으로써 임금 결정에 간여하는 제도이다. 노동조합이 활동하는 경우에 고용주는 개별 노동자의 유보임금에서 벗어난 노동공급곡선에 직면하게 된다. 노동조합은 고용주에게 노동자의 유보임금보다 높아진(mark-up) 보수를 요구하게 된다. 따라서 균형 상태에서 노동자와 일자리의 한계적 조합에도 지대가 수반된다.

노동에 대한 과세(13장)는 유보임금과 노동생산성가치 사이에 쐐기를 박는(격차를 발생시키는) 또 다른 제도이다. 그것은 노동수요뿐 아니라 노동공급도 감소시키는데, 과세가 없었다면 일하려고 했겠지만 과세 때문에 노동력에서 빠지는 노동자도 있기 때문이다. 이것은 고용과 노동시장 참여를 낮추게 되지만, (세후)순임금이 노동공급곡선의 평평한 부분과 같아지는 경우가 아니라면 경쟁적 노동시장에서는 실업이 없다.

일반적으로 노동과세의 수입은 퇴직제도(6장), 가족수당(7장), 실업급여(11장) 등의 재원으로 사용된다. 모든 비고용 편익(일하지 않음을 조건부로 제공되는 보조금)은 노동공급곡선을 위쪽으로 이동시켜서 고용률과 노동시장 규모가 감소하게 된다. 이러한 고용 감소의 일부는 실업의 증가로 나타나고 나머지는 비경활(inactivity)의 증가로 나타난다. 비경활 및 실업 효과의 크기는 제도의 내용, 특히 비고용 자체가 수급 요건인지 아니면 일정한 일자리탐색 노력이 요건인지 등에 따라서 달라진다(가령 실업급여에는 수혜자에 대해 일자리탐색 노력을 유도하고자 '경제활동(경활) 조사'(work test)를 요건으로 하는 활성화 조치들(12장)이 수반될 수 있다).

1.3.2 수량 관련 제도

최저임금, 노동조합, 과세 및 실업급여는 주로 노동의 가격에 작용한다. 이들은 고용주에게 한계적 일자리의 유보임금보다 많이 지불하게 만들거나 노동자에게 고용주가 지불하는 노동비용보다 적게 수령하게 만듦으로써 직접적으로 y와 w^r 사이에 쐐기를 박는다(괴리가 생긴다). 한편, 노동의 공급 또는 수요의 수량에 작용하는 제도들도 있으며, 이 경우는 단지 간접적으로 쐐기를 박게 되는데, 고용주가 직면하는 실제 또는 유효(effective) 노동공급이 노동자 유보임금의 누적분포로부터 벗어나게 되기 때문이다.

예를 들어 근로시장 규제(5장), 이민 규제(9장), 의무교육 연령 인상(8장) 등은 노동인구의 일부를 줄이게 된다. 이런 제약 하에서는 노동을 공급하지 못하게 되는 사람들(가령 출산 후의 여성, 신규의 일자리 탐색자, 및 이민자 등)이라면 대개 유보임금이 비교적 낮은 수준일 가능성이 크다($w^r < w^*$). 따라서 수량 규제는 [그림 1.6]의 아래쪽에 그려진 것처럼 노동공급의 (주로 w^*보다 아래에 해당하는) 일부를 배제함으로써 전체 공급곡선을 좌측으로 이동시키게 된다. 새로운 균형에서 임금은 더 높고 고용은 더 적은데, 이는 가격에 작용하는 제도의 경우와 똑같다. 다시 한번 노동시장 제도는 노동의 한계생산가치와 유보임금 사이에 사실상 쐐기를(여기서는 간접적으로) 박는 방식으로 작용한다. $w > w^r$에 해당하는 인구 집단이 축소됨에 따라, 노동력 규모와 고용률, 그리고 경우에 따라서는(예컨대 이민규제) 노동연령 인구도 감소하게 된다. 동시에 지대가 창출되는데, 노동시장에서 적어도 일부(고용주 또는 노동자)는 균형상태에서 잉여를 향유하게 되는 것이다.

선진국에서 통상적인 또 다른 수량규제는 고용보호법제(EPL)(10장)이다. 이 법제도는 고용주가 충격에 대한 반응으로 노동자 수를 조정하는 것을 더 어렵게 만든다. EPL은 과세와 이전지출을 수반하는데, 급여세의 경우와는 달리 해고의 경우에만 지급되는 것이다. 고용주는 노동을 고용하려면 사회보장 기여금을 부담해야 하는데, 노동수요가 우하향한다고 할 때 높은 급여세는 고용을 줄이게 만든다. 하지만 고용주는 EPL이 없을 경우의 고용 수준보다 평균적으로 약간 낮거나 때로는 더 높은 수준의 고용을 안정적으로 선택함으로써 해고비용 부담을 피할 수 있다. 그렇다고 그럼으로써 기업이 득을 본다는 것은 아니다: 기업이 한계적 일자리에서 w를 y와 일치시킬 수 없다면 이윤은 줄어들 수밖에 없다. 이런 의미에서 EPL은 고용주에 대한 과세라고 생각하는 것도 일리가 있다. 그렇더라도 EPL로 인해서 이윤이 감소하는 것은 평균 고용수준의 감소 때문이라기보다 거의 같은 고용수준에서 생산성과 임금의 불일치 때문이다.

1.3.3 제도적 상호작용

방금 보았듯이, 해고비용을 부과하는 EPL은 주로 노동시장 흐름에 영향을 준다. 그것은 우선 기업의 해고 유인을 줄인다. EPL이 고용 유인도 줄인다는 것은 직관적으로 이해하기가 어려울 수도 있다: 해고하는 것이 어렵거나 비용이 많이 들 것으로 고용주가 예상하는 경우, 그는 미래의 노동수요 하락이나 임금 상승으로 인해서 필요하게 되는 해고 규모를 줄이려고 할 것이다. 따라서 애초에 고용을 적게 하게 된다. 해고와 고용 모두가 감소하기 때문에 고용과 실업에 미치는 순효과는 불분명하다.

하지만 EPL은 임금협상에서 노동조합의 입장을 강화함으로써 고용에 간접적으로 영향을 줄 수 있으며, 이 경우에 영향은 분명할 것이다. 노동자의 협상력 강화는 고용주가 직면하는 노동공급곡선을 위쪽으로 이동시켜서 균형 임금이 높아지고 총고용은 감소할 것이다. 달리 말해서, EPL은 단체교섭제도와 같은 다른 제도들과의 상호작용을 통해서 고용에 부정적으로 작용하게 된다.

이러한 제도적 상호작용은 복잡할 수 있으며, 제도들의 가능한 조합을 고려하면 상호작용도 많아질 수 있다. 중요해 보이는 상호작용들은 각 장의 말미에서 살펴보겠지만 모두를 다룰 수는 없다. 여기서 기억해야 할 점은 단순히 하나의 노동시장 제도의 직접

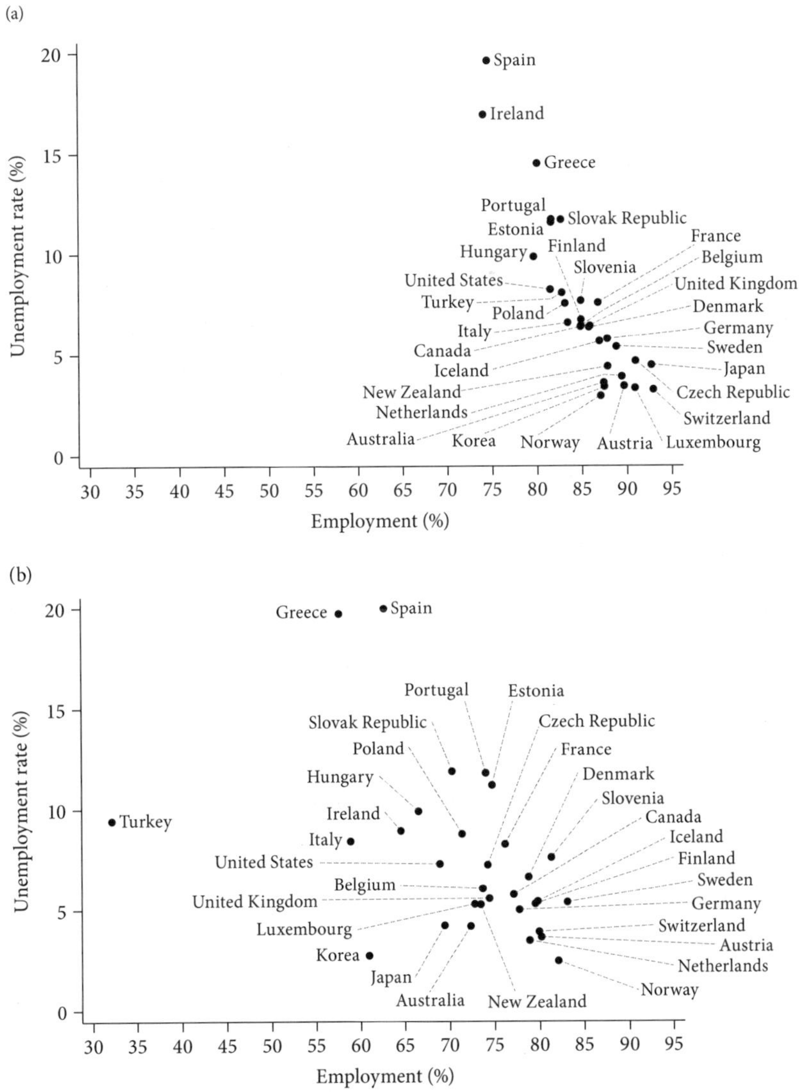

그림 1.7 OECD 국가들의 고용률 및 실업률: (a) 주연령층 남자, (b) 주연령층 여자, 2011

적 영향에만 분석을 한정해서는 안 된다는 것이다. 우리가 보는 노동시장에서 각 제도가 고립적으로 작용하는 경우는 없다.

OECD 국가의 제도적 전경(landscape)은 관행적으로 하나의 '제도 묶음'(cluster of institutions)으로 묘사하게 된다. 예를 들면, 이른바 북구형 모형(Nordic model: 덴마크, 핀란드, 네덜란드, 스웨덴)은 관대한 비고용 편익과 꽤 엄격한 활성화정책, 노조의 실업급여 집행 관여 등의 특징을 가진다. 또 다른 예는 남유럽 모형(Southern model: 그리스, 이탈리아, 포르투갈, 스페인)인데, 전통적으로 엄격한 편인 EPL, 조기퇴직 조항, 노조의 강한 영향력 등이 특징이다.

이처럼 서로 다른 '제도 묶음'은 노동시장 결과에서도 큰 차이를 가져온다. [그림 1.7]에서 보는 바와 같이, OECD 국가들 간에 남녀 모두 고용률과 실업률이 상당히 다르다. 실업률의 국가간 차이는 남녀 간에 매우 유사하지만, 여성 고용률의 국가간 차이는 남성의 경우보다 상당히 크다. 남자의 경우([그림 1.7] 위쪽) 고용률과 실업률 간에 분명한 음의 관계가 나타난다. 여자의 경우에는([그림 1.7] 아래쪽) 국가간 음의 관계가 약하다. 터키는 주연령층(prime-aged) 여성의 고용률이 매우 낮다는 점에서 예외적이다. [그림 1.7]의 아래쪽은 실업률이 5% 이하인 경우나 20% 이상인 경우에도 같은 고용률이 달성될 수 있음을 보여준다. 이것은 특히 여성의 경우에 노동력 참여 효과를 무시해서는 안 된다는 것을 시사한다.

1.3.4 노동시장 제도는 왜 존재하는가?

모든 노동시장 제도가 노동 수요와 공급 간에 쐐기를 초래해서 노동시장 규모를 감소시킨다. 노동시장이 경쟁적인 경우라면, (제도로 인해) 효율성 손실이 초래될 것인데, 원칙적으로 노동시장 규모의 증대와 잉여 재분배를 통해서 모두가 더 행복해질 수 있기 때문이다. 그렇다면 현대의 노동시장에서 이런 제도가 왜 그리 중요할까 의문이 든다. 그것이 하늘에서 떨어진 것이 아님은 분명하며, 민주적으로 선출된 정부에 의해 도입된 것이다. 유권자들이 제도를 원치 않았다면 조만간에 폐지되었을 것이다. 이 제도들이 경제적 파이의 크기를 줄인다면 그것이 없을 때 모두가 더(적어도 같은 정도로) 행복해질 수 있어야 한다.

노동시장 제도의 존재에 대해서는 세 가지 논거가 있다.

1. 효율성(efficiency): 최선의 경쟁적 노동시장 성과는 달성할 수 없다. 차선을 달성하기 위해 제도가 필요하다.

2. 형평성(equity): 왜곡을 초래하지 않는 '과세 및 이전'이 불가능한 상황에서, 유권자들이 지지하는 재분배를 달성하기 위해 제도가 필요하다.
3. 정책실패(policy failures): 소수 이익집단이 자기가 선호하는 제도를 다수에게 강요할 수 있게 한다는 의미에서 정치과정의 실패가 존재한다.

이 3가지 근거는 공존하기도 하지만, 단순성을 위해서 하나씩 따로 논의하자. 여기서는 이 기제들이 어떻게 작동하는지에 관련해서 몇 가지 사례에 국한하기로 한다. 각 제도의 근거에 대한 철저한 논의는 뒤로 미룬다.

효율성(efficiency)

노동시장 제도가 존재하는 것은, 그것이 없을 경우에 경쟁적 균형 결과를 달성하지 못하게 만드는 시장 불완전성(market imperfections) 때문이다. 실제로 완전 노동시장은 존재하지 않는다. 노동시장은 전혀 경쟁적이지 못한데, 고용주와 피고용자 간에 중요한 정보비대칭과 외부효과 때문이다. 두 경우 모두에서 노동시장은 완전 노동시장의 투명성과 완비성을 갖추지 못한다. 이런 맥락에서, 잘 설계된 노동시장 제도는 시장의 실패를 교정하고 파이의 크기도 자유방임의 경우보다 증대시킨다.

형평성(equity)

제도가 경제적 파이의 크기를 감소시키게 되는 경우라 하더라도, 시장의 한 측면(공급측 또는 수요측)을 제도가 없는 경우에 비해 개선시킬 수 있다. 원칙적으로 재분배는, 먼저 자유방임의 결과를 취한 다음 고용주 혹은 피고용자에 과세하고 그 수입을 다른 쪽에 이전함으로써 달성될 수도 있다. 하지만 현실적으로 '정액세 및 이전'(lump-sum taxes and transfers)을 통한 재분배는 불가능한데, 재분배정책은 당사자들이 자의적으로 바꿀 수 있는 정보 또는 신호에 의존할 수밖에 없기 때문이다. 그래서 어떤 유형의 재분배든 간에 왜곡을 초래함은 불가피한데, 왜곡이 수반되는 노동 과세 및 이전과 같은 노동시장 제도가 그나마 가장 효율적인 재분배 수단일 수 있다.

정책실패(policy failures)

제도의 이러한 재분배적 성격 때문에, 어떤 강력한 소수가 다수 시민들에게 일정한 제도를 부과하는 데 성공하는 경우도 있다. 제도의 편익은 일부 소수에게 집중되는 반면에 비용은 다수 대중들에게 분산되는 경우에 특히 그러하다. 이런 조건하에서는 로비를 구성하는 조직된 집단들이 정치적 의사결정에 과도한 영향력을 성공적으로 행사할 수 있게 된다.

몇 가지 사례들

실제로 노동시장 제도는 동시에 여러 기능을 수행한다: 시장실패를 교정하지만 동시에 소득분배에 영향을 주거나 특정 이익집단의 요구에 부응한다. 예를 들어, 자본시장이 완전하지 못한 경우에 위험기피적 개인의 후생은 소득변동의 위험에 대해 보험을 제공함으로써 개선될 수 있다. 일자리 상실은 노동자에게 보호의 혜택을 줄 수 있는 상황 중 하나이다. 하지만 민간 보험사는 실업에 대한 보험을 제공하려고 할 리가 없는데, 도덕적 해이(moral hazard)와 역선택(adverse selection)의 문제 때문에 잠재적인 계약관계가 성사되기 어렵기 때문이다. 노동자가 주어진 시장가격에 보험을 구매함으로써 위험 상황의 부정적 결과로부터 보호받게 되면, 실업을 (사전에) 피하려고 또는 (사후에) 새 일자리를 찾으려고 (보호가 없는 경우만큼) 열심히 노력하지 않게 될 것이며(도덕적 해이), 또 자신이 실업자가 될 위험이 매우 높다는 것을 아는 노동자들 때문에 보험상품은 보험사에게는 이익이 되지 않고 위험도가 평균수준인 노동자들에게는 매력이 없는 것이 되어 버린다(역선택). 이런 이유에서, 아무리 노력해도 보험도 없이 실업상태에 처하게 될 노동자에 대한 노동시장의 불형평성 또는 불공정성을 집합적 행동(제도)을 통해 교정하려고 하는 것이다. UBs와 EPL은 이런 시장실패에 대한 교정수단이다. 하지만 보험을 제공하면 상충관계가 수반된다. 예를 들어, 비대칭정보 상황에서 보험을 제공하면 생산효율성의 감소는 불가피해진다. 사회적 보험이 주어지는 상황에서 노동자들이 일자리탐색 노력을 줄이는 유인은 민간 보험의 경우와 다르지 않으며, 불공정할 수도 있는 상황에 대해 보호가 주어진다면 노동시장의 조정 속도가 떨어지는 것은 불가피하다.

UBs와 EPL은 시장실패를 교정하면서 고용주로부터 근로자에로 자원을 이전한다는 점에서 수직적 소득재분배를 가져온다. 이 책에서 살펴보는 제도의 대부분은 경제적 파이의 더 큰 부분을 노동자나 비노동자에게 배정하고 고용주로부터 잉여를 가져온다는 점에서 분배적 긴장관계를 초래할 수 있다. 최저임금, 근로시간 제한, 단체교섭 제도, 노동조합은 전체 파이가 작아지는 비용을 감수해서라도 파이의 더 많은 부분을 노동자에게 배정함으로써 분배적 관심사에 대응한다. 동시에 이 제도들은 기업의 수요독점력의 존재나 임금결정 과정 및 근로시간 협상에서의 외부효과와 같은 시장불완전성을 교정한다. 이민 규제도 분명한 분배적 목표를 갖는데, 외국인 노동자의 경쟁으로부터 내국인 노동자를 보호하는 것이다. 이것은 다른 제도와의 상호작용에 연관된 시장실패라는 관점에서 설명될 수도 있다. 최저임금제하에서 이민노동자는 내국인 노동자를 구축할 수도 있고, 일자리를 못 구한 경우에는 합당한 기여도 없이 비고용 편익을 수혜함으로써 이민노동자는 내국인에게 부정적인 재정적 외부효과를 끼칠 수도 있다. 노동에 대한 과세는 누진적인 경향이 있는데, 수직적 재분배를 추구한다는 의미이다. 하지만 동시에 다른 제도와의 상호작용에서 합리화될 수 있는데, 누군가는 비고용 편익, 적극적 노동시장정책, 가족 정책, 정규 교육 등의 재원을 부담해야 하는 것이다.

제도의 규모가 항상 최적인 것은 아닌데, 특수이익이 작용하기 때문이다. 예컨대 엄격한 고용보호는 실업자로부터 취업자에로의, 특히 외부자(outsiders)로부터의 경쟁에서 사실상 보호되는 유형의 취업자에로의 상당한 암묵적인 자원이전을 수반한다. 보다 넓은 관점에서, 많은 노동시장에서 존재하는 가격 및 수량 제도의 조합이 내부자(insiders)를 노동시장의 부정적인 상황으로부터 성공적으로 보호하고 있다. 임금은 격차가 적고 안정적일 뿐 아니라 정규직 노동자의 근속기간은 노동시장이 경직적일수록 훨씬 더 길다. 이런 제도의 개혁에 반대하는 것이 내부자들이란 것은 놀랄 바가 아닌데, 그들이 소수자인 경우에도, 그리고 쐐기(수직적 소득분배의 바람직한 정도)의 적정 규모가 더 작은 경우에도 그러하다. 노동시장 제도가 노동력의 소수 일부에게 특권을 주는 경향도 종종 있다. 그런 정책실패는 경제에 충격이 가해졌을 때(Blanchard and Wolfers 2000) 혹은 경제환경이 바뀌었을 때(Ljungqvist and Sargent 2003), 장기간에 걸쳐 나타날 수 있다. 제품시장이 경쟁적인 경우일수록 재분배는 효율성을 더 크게 저하시킨다(Bertola and Boeri 2002). 이런 상황에서는 동일한 분배적 목표를 추구하더라도 노동수요와 공급 간의 쐐기는 가급적 축소되어야 할 것이다. 그러나 정책실패 때문에 이런 조정이 더 어려워지거나 아예 불가능해 질 수도 있다.

1.4 노동시장 제도의 개혁

앞에서 강조했듯이, 제도는 적어도 일부 경제주체의 관점에서 유익한 목적을 추구하려는 것이라는 점을 인식할 필요가 있다. 그렇지 않고서는 그것이 애초에 도입된 이유나 빈번하게 개혁되는 이유를 이해하기 어렵다.

노동시장 제도는 과거 30년 동안 빈번한 정책변화를 겪어 왔다. 이런 활동성은 제도적 강도의 기수적 지표들(특히 OECD에서 고안되어 널리 사용되는 지수들)을 들여다봄으로써 우선적으로 나타낼 수 있는데, 지표들의 특성과 약점들에 대해서는 여러 장들에서 상세히 다루고 있다. [그림 1.8]에서 [그림 1.11]까지는 1980년대 중반 또는 1990년대

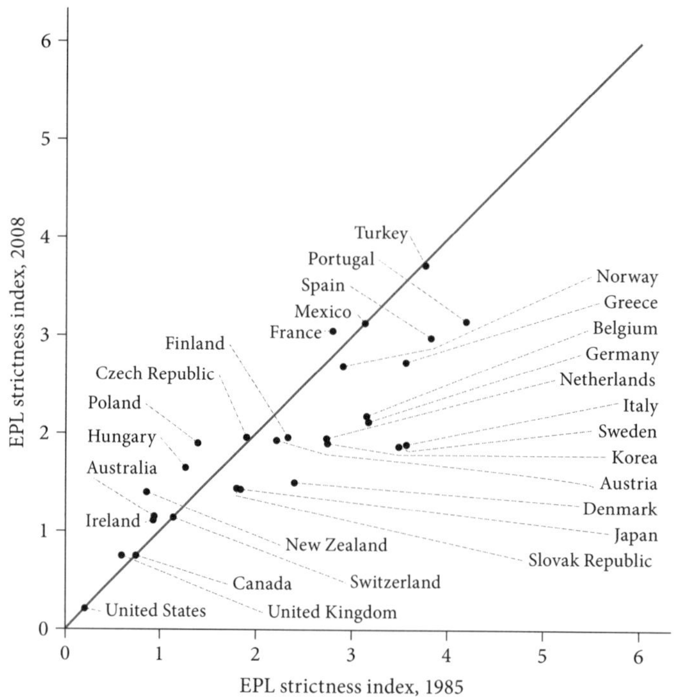

그림 1.8 EPL의 엄격성 지표의 진화(1985~2008)

중반의 이들 지표의 수준(가로축)과 사용 가능한 최근의 관측치(세로축)를 보여준다. 원점을 지나는 이분선(대각선) 아래에 위치한 국가들은 주어진 제도의 수준이 시간을 두고 완화된 것이고 이분선 위에 위치한 것은 강화된 경우이다. 이분선 상에 위치한 국가들만이 제도를 변화 없이 유지하고 있는 것이다.

우리는 다음 4가지 제도적 지표를 살펴본다: EPL의 엄격성(strictness) 지표, UBs에 대한 관대성(generosity) 요약 척도, 적극적 노동시장정책(ALMP) 지출의 GDP 대비 비율, 저임금에 대한 총 조세쐐기(tax wedge). 처음 두 가지 척도는 문헌에서 널리 사용되고 있다: 이들은 각국의 규제에 대한 상세한 정보를 활용한 것이며, EPL이 엄격할수록, UBs가 관대할수록 각각의 지표값이 커진다. OECD의 "EPL의 전반적 엄격성" 지수에 대한 세부사항은 10장에 나와 있다. 관대성 요약 척도는 법률상(de jure) 실업기간 첫 2년 중의 총대체율(gross replacement rates)의 단순 평균으로 정의되는데, 역시 OECD 자료를 활용한다. ALMP 예산은 취업 상담, 일자리 알선, (대개 단기 실업 또는 청년에 대한) 고용 보조금, (구직 불성실에 대한 급여 감축을 통한) 제재 등 다양한 내용의 이른바 '활성화(activation)' 프로그램들을 포함한다(자세한 것은 12장 참조). 끝

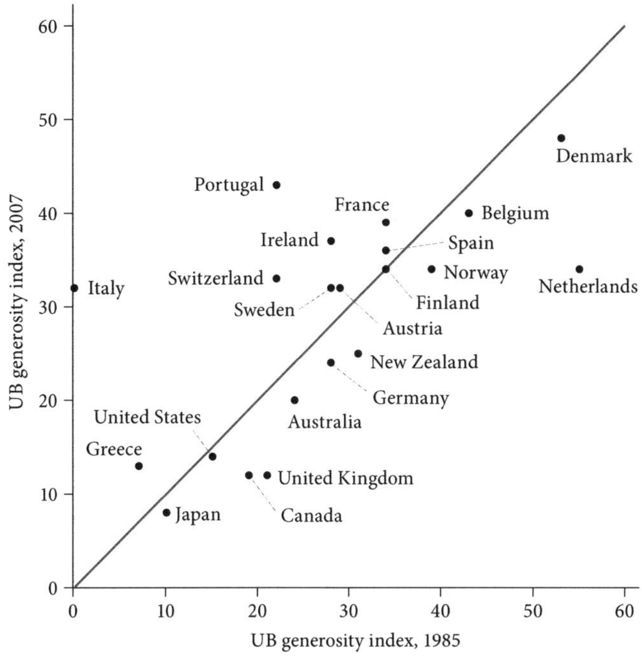

그림 1.9 UBs 관대성 요약 척도(summary generosity measures)의 진화(1985~2007)

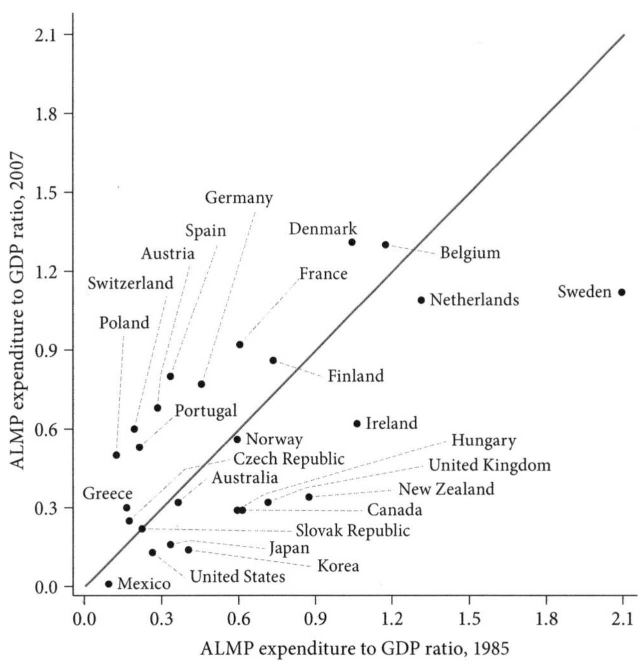

그림 1.10 ALMP 지출의 GDP 대비 비율의 진화(1985~2007)

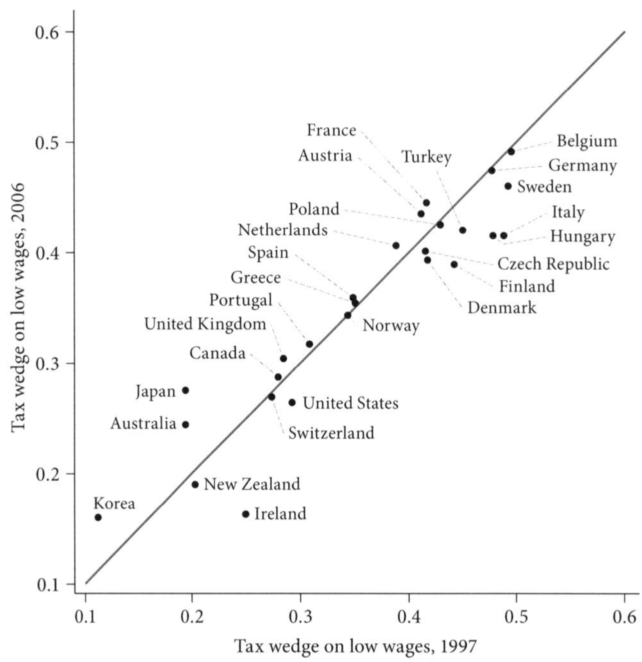

그림 1.11 저임금에 대한 총 조세쐐기(total tax wedge)의 진화(1997~2006)

으로 저임금에 대한 총 조세쐐기는 비교적 낮은 임금에서 일하려는 유인을 높이기 위해 도입되는 다양한 고용-조건부 유인(ECI)을 가리킨다. 이것은 OECD 조세 데이터베이스에 있는 각국의 조세 및 편익체제에 관한 상세한 정보를 활용한다(13장 참조). 평균 보수의 2/3 수준을 버는 독신 노동자를 기준으로 한다.

이 그림들이 보여주는 것은 상당한 제도적 변화(activism)이다. EPL의 변화가 없는 나라는(전체 28개국에서) 셋뿐이고, UB 관대성에 조정이 없는 경우, ALMP 규모에 조정이 없는 경우, 저임 노동자에 대한 조세 및 편익에 조정이 없는 경우(여기서는 비교 기간이 10년임)는 각각(21개국 또는 26개국 중에서) 유일한 것으로 나타난다.

〈표 1.1〉은 1980~2007년 기간 EU에서 노동시장 및 사회정책 분야의 개혁 조치의 수와 특성들에 대한 정보를 제공하고 있는데, Fondazione Rodolfo Debenedetti(최근에는 IZA와 협력)가 EPL, UBs, ALMP, ECI, 조기퇴직제도 등에 관하여 유럽에서 이루어진 개혁조치들을 조사해서 작성한 "사회정책 개혁 목록"를 이용한 것이다.

노동시장 제도에서는 많은 개혁들이 진행되고 있다. 해당 기간에 14개국에서 거의 883개의 개혁조치가 이루어진 것으로 보이는데, 나라마다 매년 2개 이상의 개혁이 있었다는 의미이다. UB와 EPL 및 조기퇴직제도 분야에서는 쐐기의 증가 및 감소, 양 방

표 1.1 노동시장 개혁, 방향과 범위, 1980~2007 유럽

개혁 분야	경우 수	쐐기에의 효과(%)		개혁의 범위(%)	
		감소	증가	이중적	전체적
EPL	199	56	44	52	48
UB	253	55	45	46	54
AP	242	95	5	64	36
ECI	124	91	9	60	40
ER	65	58	42	75	25
Total	883	72	28	56	44

주: AP = 활성화 프로그램; ER = 조기퇴직.

향으로 많은 개혁이 이루어지고 있다. 이는 개혁에 대한 정치적 반대와 관련될 것이다. 활성화 프로그램과 ECI 개혁에서는 일관성이 훨씬 더 크다.

하지만 모든 정책분야에서 쐐기 감소형 개혁이 더 많은 것으로 보인다. 더구나 쐐기 감소형 개혁의 비중은 장기적으로 증가하고 있다([그림 1.12] 참조). 이 추세는 제품시장 경쟁에서 야기되는 압력에 대한 반응으로 설명될 수 있겠는데, 경쟁도가 커지면 노동수요곡선의 기울기가 감소하여 노동시장 제도의 고용편향성이 높아진다(Bertola and Boeri 2002). 한편으로, 제품시장 경쟁이 심화되면 노동시장에 대해 보호주의적 제도를 축소하는 데 대한 정치적 저항이 커진다. 세계화의 시기에는(임금 압착과 같은) 재

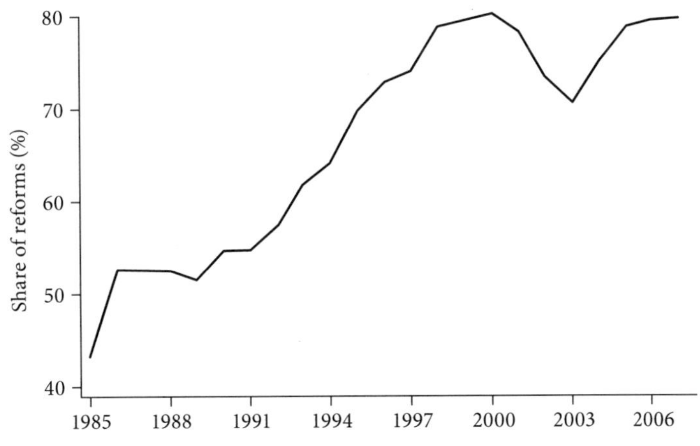

그림 1.12 쐐기 감소형 개혁의 비중

주: 5년 가중 이동평균

분배적 제도를 지지하는 사회규범이나 문화적 요인들의 중요성이 커질 수 있다(Agell 1999). 이것이 제품시장 경쟁 증가로 예상되는 것과 반대 방향으로 가는 몇몇 개혁들에 대한 설명을 도와준다. 나아가서 몇몇 경험적 연구들(가령 Rodrik 1998; Wacziarg and Welch 2003)에 따르면, 제품시장 경쟁에의 노출(무역개방도로 측정)과 재분배적 제도의 존재 사이에는 양의 상관관계가 있는 것으로 확인되었는데, 경쟁적 환경에서 보호에 대한 수요가 강해진다는 것을 의미한다.

개혁은 이중적인지 전체적인지 여부에 따라 유형화될 수도 있다. 특히 '표적률'(target share)을 중시할 수 있는데, 그것은 개혁에 잠재적으로 영향을 받는 사람 중 실제로 개혁이 표적으로 삼았던 사람들의 비중이다. 개혁의 '처치집단'(treatment group)이 잠재적인 적격 모집단에서 차지하는 비율(가령, 전체 노동연령 인구에서 청년층의 비중, 또는 종속형(dependent) 고용 전체에서 임시직(temporary) 노동자의 비중)이 50% 미만인 경우, 그 개혁은 '이중적 개혁'(two-tier reform)으로 분류되었다. 〈표 1.1〉이 보여주듯이, UBs를 제외하고는 모든 제도 영역에서 이중적 개혁이 압도적이다. 이중적 개혁이 기존의 상이한 체제 간 비대칭성을 감소시킬 수도 있는 만큼, 모두가 규제체제의 이중성을 확대시키는 것은 아니다. 하지만 다섯 중 넷의 이중적 개혁이 실제로 규제체제의 비대칭성을 확대시킨다.

노동시장 제도의 개혁은 이유가 무엇이든 간에 매년 많이 실시된다. 이것은 개혁이 노동시장에 미치는 효과를 이해하는 데 좋은 기회가 된다. 이 책에서는 개혁을 '정책 실험'(policy experiments)으로 활용하는 연구들이 종종 언급되는데, 그것은 특정 제도의 노동시장 효과를 분리해내고 배경이 되는 인과관계를 확인하는 데 도움이 된다. 때로는 제도가 노동시장 결과에 영향을 미치는 것만이 아니라 노동시장의 기본적인 조건이 제도에 영향을 미치기도 한다. 노동시장 자체가 제도를 도입하고 유지하고 개혁하려는 정치적 압력을 발생시키는 것이다.

한편으로, 다수의 개혁이 한계적인 것이며, 노동시장 내에 개혁된 부분과 개혁되지 않은 부분이 공존하는 이중적 체제가 초래되는 경향이 있다는 것을 인식할 필요가 있다. 이 부분들 간의 상호작용을 연구하고 실증분석에 지침을 제공하는 이중적 개혁의 이론을 제시하는 것은 아마도 노동경제학 연구에서 가장 도전적인 영역의 하나일 것이다.

복습 질문 및 연습문제

1. 실업이 증가하면 노동력(경제활동) 참여율은 어떻게 되는가?

2. 실망실업자는 누구인가?

3. 비경제활동인구의 경우, 노동공급의 임금탄력성은 왜 항상 양의 값을 갖는가?

4. 임금인상 시 여가가 열등재라면 노동공급은 어떻게 되는가?

5. 유보임금은 근로시간 선택에 제약이 있을 때 왜 더 높은가?

6. 이중적 개혁과 전체적 개혁의 차이는 무엇인가?

7. 노동시장 제도 중 가격과 수량에 기반한 명백한 사례를 들어보시오.

8. 노동시장 제도는 어떠한 조건에서 시장을 보다 효율적으로 만드는가?

9. 노동수요는 왜 파생수요라 불리는가?

10. 노동공급 곡선은 왜 항상 우상향하는 기울기를 가지고 있는가?

11. 안드레의 효용함수는 $U(C,l)=(C-40)\times(l-40)$으로 C는 소비, l은 여가이다. 안드레는 시간당 10유로를 벌며, 주당 많아야 84시간을 일할 수 있으며 비근로소득은 없다.
    (a) 안드레의 예산선을 그려라. 만약 비근로소득이 있다면 예산선은 달라지는가?
    (b) $l=50$일 때 안드레의 한계대체율은 무엇이며, 이 때 안드레는 예산선 상에 있는가?
    (c) 안드레의 유보임금은 얼마인가?
    (d) 안드레의 효용을 극대화하는 최적 소비(C^*)와 여가(l^*)를 계산하시오.

12. 마이크의 소비와 여가에 대한 선호는 $U(C,\ l)=Cl$로 나타난다. 시급은 20유로이며, 주당 168시간이 주어진다.
    (a) 마이크의 예산선 식을 쓰고, 그래프로 그리시오.
    (b) 마이크의 최적 소비와 여가 소비량은 얼마인가?
    (c) 만약 마이크가 매주 200유로의 비근로소득을 받게 된다면, 근로시간과 소비는 어떻게 바뀌는가?

13. (고급) 고용주의 수입은 $f(L)=\dfrac{A}{1-\eta}L^{1-\eta}$ 여기서 $0\leq\eta<1$이며, L은 노동투입량, A와 η는 상수이다. 노동공급은 $L^s=w^{\frac{1}{\varepsilon}}$ 이며 ε도 상수이다.

(a) 정부가 총잉여 극대화를 추구한다면 완전경쟁 노동시장 성과를 얻을 수 있음을 보이시오.

(b) β를 노동자의 협상력이라고 할 때, 시장잉여에 대한 내시협상의 결과를 보이시오.

(c) 협상결과가 완전경쟁 균형 성과와 동일할 때의 조건을 나타내시오.

(d) 고용주 모두가 협상력을 가진다고 가정하자. 이 때 이들의 협상력이 노동공급곡선의 기울기에 따라 결정된다는 점을 나타내시오.

(e) 이러한 결과를 직관적으로 설명하시오.

제 2 장

최저임금

최저임금은 개별 노동자에게 지불되는 임금의 하한을 설정하는 노동시장 제도이다. 미국에서 최저임금이 처음 도입된 것은 1938년인데, 시간당 $0.25였다. 2010년에 연방 최저임금은 $7.25이었으며, 70년 전에 비해 명목값으로는 거의 30배로 커졌지만 실질값으로는 2배가 못 되는 수준이다. 영국에서는 1999년에 와서야 전국적 최저임금이 도입되었다.

대다수 나라들이 일정한 형태의 최저임금을 갖고 있지만, 규모와 적격성 및 운영의 세부사항은 나라마다 달라서, 국가간 비교를 가능하게 하는 최저임금의 정의나 척도를 얻는 것은 쉬운 일이 아니다. 하지만 '중위임금 대비 최저임금의 비율'과 같은 통곗값은 최저임금이 근로소득 분배에 미치는 영향을 국가별로 요약하기 위해서 널리 사용된다. 최저임금이 이후의 장들에서(가령 노동조합 및 단체교섭) 분석하는 다른 가격기반 제도와 핵심적으로 다른 점은, 최저임금은 주로 임금 분포의 하위층에 영향을 준다는 것이다. 최저임금은 임금의 하한을 설정하는 것인 만큼, 임금분포에서 최저임금 지점에서 '급증'(spike)하는 형태를 보일 수 있다. 이 급증(의 높이)은 얼마나 많은 사람이 최저임금의 직접적 영향을 받는지를 보여준다. 영향을 받는 노동자들이 어느 정도인지는 최저임금이 얼마나 제약적인지(binding) 여부에 따라 달라질 것이다.

최저임금의 효과를 분석한 이론적, 실증적 연구는 방대하다. 이론적으로 명확한 예측은 경쟁적 노동시장의 경우에만 가능하다. 실증적 결과는 양방향으로 나타나는데(최저임금이 고용에 긍정적 및 부정적 효과를 미침), 이런 상황은 개별 기업이 우상향의 노동공급곡선에 직면하게 되는 수요독점적 노동시장에서 가능하다.

최저임금을 정부가 일방적으로 설정하는 나라들이 있는 반면에 최저임금이 노동자와 기업 대표들 간의 협상의 결과물인 나라들도 있다. 정부가 법으로 정하는 경우, 최저임금은 원칙적으로 법적 계약을 맺는 모든 노동자에게 적용된다. 단체교섭의 결과물인 경우, 임금교섭 당사자들이 합의한 임금 하한은 조합원이 아닌 노동자들에게도 적용될 수 있다. OECD 국가들에서 적용되고 있는 여러 유형의 최저임금은 그 적용범위 및 결정방식에 따라 다음 3가지로 나누어 분류하는 것이 편리하다.

1. 전국적이며, 정부가(아마도 노동조합 및 사용자 단체와의 협의 이후) 입법한 최저임금
2. 전국적이며, 단체교섭 합의의 결과물이지만 모든 노동자에게 확장되는 최저임금
3. 산업 차원의 단체교섭의 결과물이면서 해당 산업의 모든 노동자에게 확장되는 (산별) 최저임금

최저임금은 시간당, 일당, 주당, 월당 기준으로 설정될 수 있다. 단일의 최저임금에서 벗어나서, 예를 들어 근로경험이 없는 사람이나 청소년과 같은 특정 집단의 노동자에게는 더 낮은 최저임금이나 최저임금 이하의 임금이 적용되는 경우도 있다. 최저임금 이하의 임금이 법률상은 아니더라도 사실상 존재하는 경우도 있는데, 특수한 고용 프로그램에서 청년 노동자에게 더 낮은 임금을 지불할 수 있게 허용하기 때문이다. 노동자의 가변적인 특성을 보상할 수 있도록 최저임금에 할증이 허용되는 나라들도 있는데, 예를 들면 노동자의 경험, 자격, 가족 상황에 따라 최저임금이 상승하게 되는 경우이다. 법정 최저임금이 물가상승에 자동적으로 연동될 수도, 아닐 수도 있는데, 후자의 경우에는 정부가 재량으로 조정할 수도 있다. 최저임금은 상이한 수준에서 병행적으로 결정될 수도 있다. 예를 들어 미국에서는 연방 최저임금이 있지만 주 정부가 자체의 최저임금을 갖는 경우도 있다. 그럴 경우 실제의 최저임금은 둘 중에 높은 쪽이 된다.

2.1 국제 비교

앞에서 지적되었듯이 다양한 차이점이 있기는 하지만, 최저임금의 가치를 임금 분포의 일정한 주요 척도에 대비해서 측정함으로써, 국가간 비교를 시도해 볼 수 있다. 특히 중위임금 대비 최저임금의 비율은 국제비교에서 흔히 사용된다.[1] 원칙적으로, 평균임금은 분포의 최상위의 높은 값들에 영향을 받을 수 있기 때문에 평균임금 대신 중위임금을 분모로 쓰는 것이 더 낫겠지만, 중위임금을 얻기 위한 미시적 자료가 항상 있는 것은 아니다.

중위임금 대비 최저임금 비율은 분자(최저임금)와 분모(중위임금) 각각이 어떻게 측정되는가에 따라 달라질 수 있다. 최저임금은 흔히 누진적인 소득세에서 면제되는 것이 보통이므로 중위임금 역시 세후(after-tax) 임금을 사용하는 것이 바람직할 것이다. 적절한 소득 척도를 사용하는 데에도 특히 주의를 기울여야 하는데, 초과근로 수당이나 상여소득은 제외되어야 할 수도 있다.

중위임금 대비 최저임금 비율만 본다면, 최저임금 설정과 관련된 잠재적 파급효과는 무시될 것이다. 특히 최저임금이 단체교섭의 대상이 되는 경우에, 최저임금 인상은 최

1) 케이츠 지수(Kaitz 1970)는 최저임금 적용범위를 고려한다는 취지로 개발되었다. 산업별 적용범위 요인을 조정한 중위임금 대비 최저임금 비율로 정의된다. 하지만 적격 모집단이 항상 잘 확정되는 것은 아닌 만큼 적용범위 부분은 종종 무시된다.

저 이상 수준에서도 보수 인상을 유발해서 임금분포의 해당 부분을 오른쪽으로 이동시키고, 따라서 중위임금도 상당히 상승할 수 있다. 이런 상황에서는 최저임금이 변해도, 최저임금/중위임금 비율은 분자와 분모가 같은 방향으로 움직이는 만큼 거의 달라지지 않을 것이다.

이 척도의 또 다른 약점은, 노동력 중에서 비공식부문 노동자들처럼 최저임금 적용을 받지 않는 부분이 있음을 감안하지 않는다는 점이다. 대부분 개발도상국과 일부 OECD 국가들(과거 계획경제였던 동유럽 및 남부 유럽)에서는 최저임금이 집행되는 공식 노동시장 외에도 최저임금 법제가 적용되지 않는 비공식 노동시장이 대규모로 존재한다. 모든 사업장을 점검할 수 있는 감독 인력을 가진 나라는 없다. 이러한 집행상의 문제 때문에 최저임금 인상은 역설적으로 최저층 노동자의 임금을 감소시킬 수도 있다. 저생산성 노동자가 최저임금 인상으로 인해 적용 부문에서 쫓겨날 경우, 비적용 부문의 노동공급을 증가시키게 되고 따라서 그 부문의 임금이 하락하는 것이다.

이런 점을 염두에 두어야 하겠지만, 〈표 2.1〉의 첫 3개 열은 OECD가 제공하는 여러 나라들의 최저-중위임금 비율을 보여준다. 표에서 보듯이 지수 값에는 큰 차이가 나타난다. 1990년에 지수는 낮게는 폴란드의 17%에서 높게는 호주의 63%까지 갔다. 2010년에는 멕시코의 19%에서 터키의 67%까지 달라진다. 2010년에 최저임금은 다수의 유럽 국가들에 비해서, 캐나다, 일본, 한국 및 미국에서는 낮은 편이었다. 헝가리, 체코, 슬로바키아 및 에스토니아 등 EU 신규 가입국들은, 스페인 및 영국(전국적 최저임금은 1999년에야 도입됨)과 더불어 EU에서 가장 낮은 편에 속한다.

〈표 2.1〉의 제3열은 1990~2010년 기간에 최저-중위임금 비율의 진화 상황이 국가 간에 크게 다르다는 것을 보여준다. 호주, 멕시코, 그리스 및 네덜란드에서는 비율이 상당히 하락한 반면 터키와 폴란드에서는 현저히 상승했다. [그림 2.1]에서 알 수 있듯이, 미국의 최저-중위임금 비율은 1990년대 후반부터 하락해 오다가 2000년대 후반에 들면서 다시 상승하였다. 네덜란드에서는 1970년 후반부터 감소해온 반면 프랑스에서는 40년 동안 거의 계속적인 증가세를 보인다.

〈표 2.1〉의 제4열은 월 최저임금 수준(유로)을 비교하고 있는데, 차이가 현저하다. 신규 EU 회원국들은 250~350유로 수준으로 임금분포에서 하위에 위치한다. 호주와 룩셈부르크가 1,650~1,750유로 수준으로 최상위에 해당하며, 1,350~1,450유로 수준의 차상위 그룹에는 프랑스, 아일랜드, 네덜란드가 있다.

제5, 6열은 최저임금의 분류를 보여준다. 최저임금의 적용은, 전국적으로, 부문별로, 지역 단위로, 혹은 지방 단위로 이루어질 수 있다. 제6열은 이 장의 첫머리에서 논의된

3가지 분류법을 제시한다. 거의 모든 나라가 전국적인, 정부 입법 최저임금을 갖고 있다. 단체교섭 협약의 결과물이 모든 노동자에게 확장되는 전국적 최저임금은 벨기에와

표 2.1 OECD 국가들의 최저임금

	최저-중위임금 비율(%)			월 최저임금, 2010(유로)	분류		해당 비율 (2005)	청년 최저 이하 임금
	1990 (1)	2010 (2)	차이 (3)	(4)	체제[a] (5)	유형[b] (6)	(7)	(8)
Australia	63	54	−9	1,670	N-S	1	—	Yes
Belgium	56	52	−4	1,388	N	2	—	Yes
Canada	38	44	6	1,187	P	1	—	Limited
Czech Republic	—	35	—	311	N	1	2.0	Yes
Denmark	—	—	—	—	S	3	—	Yes
Estonia	—	41	—	278	N	1	4.8	No
France	52	60	8	1,344	N	1	16.8	Limited
Germany	—	—	0	—	S	3	—	Some
Greece	57	49	−8	863	N	2	—	No
Hungary	44	47	3	257	N	1	8.0	No
Ireland	—	52	—	1,462	N	1	3.3	Yes
Italy	—	—	—	—	S	3		Some
Japan	30	37	7	1,069	R	1	—	Limited
Korea	30	41	11	605	N	1	—	Yes
Luxembourg	37	42	5	1,725	N	1	11.0	Yes
Mexicoc[c]	31	19	−12	—	R	1	—	No
Netherlands	56	47	−9	1,416	N	1	2.2	Yes
New Zealand	52	59	7	1,196	N	1	—	Yes
Poland	17	45	28	318	N	1	2.9	No
Portugal	53	56	3	554	N	1	4.7	No
Slovak Republic	—	46	—	308	N	1	1.7	Yes
Slovenia		58	—	734	N	1	2.8	No
Spain	47	44	−3	739	N	1	0.8	No
Sweden	—	—	—	—	S	3	—	Yes
Turkey	46	67	21	—	N	1	—	Yes
United Kingdom	—	46	—	1,169	N	1	1.8	Yes
United States	36	39	3	949	N-S	1	1.3	Limited

출처: Dolton and Bondibene(2011); OECD 최저임금 데이터베이스.

a. 체제: N=전국적; N-S=전국-주 차원; S =부문별 단체협약; R=지역 단위; P=지방 단위.

b. 유형: 1=전국적, 정부 입법; 2=전국적, 단체교섭; 3=산업별, 단체교섭.

c. 멕시코의 최저-중위임금 비율은 2005년.

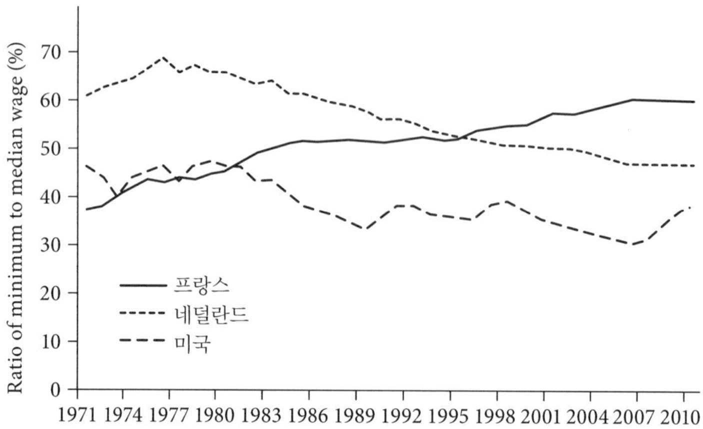

그림 2.1 최저임금-중위임금 비율(1971~2010)

그리스의 경우이다. 산업별 단체교섭에서의 결과가 산업내 모든 노동자에게 적용되는 산업별 최저임금에는 덴마크, 독일, 이탈리아 및 스웨덴 등이 포함된다.

2005년 시점에서 최저임금을 받는 노동자의 비율은 제7열에 나와 있다. 가장 높은 비율을 보이는 것은 프랑스인데, 2005년에 모든 노동자 중에 거의 17%가 최저임금을 벌고 있었다. 다른 극단으로는 스페인을 들 수 있는데, 최저임금을 받는 노동자의 비율이 1% 미만이었다. 각각 8, 11%의 비율을 보이는 헝가리와 룩셈부르크를 제외하면, 모든 다른 나라들의 경우에 비율은 1%에서 5% 사이에 있다.

2.2 이론

2.2.1 완전 노동시장

경제이론에 따르면, 경쟁적 노동시장에서 최저임금의 효과는 명확하게 예측할 수 있다. 시장청산 수준보다 높은 최저임금은 고용을 감소시키고 균형임금 수준을 상승시키는 경향이 있다. 고용주가 실제로 지불하는 임금은 더 높아지고 고용은 줄어들기 때문에, 이전에 더 낮은 임금에서 일하던 노동자 중 일부가 최저임금의 도입에 따라 일자리를 잃게 되는 한편 시장청산 수준이 임금에서는 노동을 공급하지 않던 다른 노동자들이

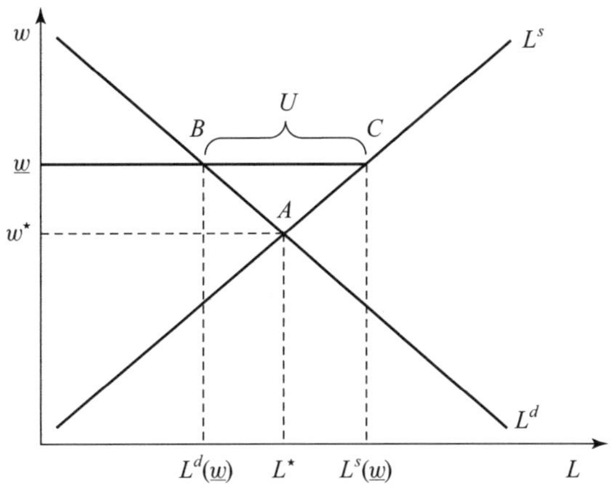

그림 2.2 경쟁적 노동시장에서의 최저임금

최저임금에서는 일하려고 한다. 이런 두 가지 효과 때문에(일부 노동자의 해고 및 노동시장 참여의 증가) 시장청산 수준보다 높은 최저임금의 도입은 실업을 수반하게 된다.

[그림 2.2]는 최저임금 도입이 경쟁적 노동시장에 미치는 효과를 보여준다. 최저임금 도입 이전에 노동시장 균형은 A점인데, 노동공급곡선(L^s)과 노동수요곡선(L^d)의 교차점이다. 최저임금($\underline{w}$)은 노동공급 곡선의 기울기를 변화시키는데, C점까지는 $\underline{w}$ 수준에서 수평이고 C점부터는 원래의 노동공급곡선을 따라 우상향한다. 새로운 노동공급곡선의 경우, 설령 유보임금이 최저임금 $\underline{w}$보다 낮은 노동자가 있더라도 고용주는 $\underline{w}$보다 낮은 임금에서는 노동자를 고용하지 못하게 된다. 나아가서, 선분 BC, 즉($L^s(\underline{w}) - L^d(\underline{w})$)의 차이는 실업자의 수($U$)를 나타내는데, 최저임금에서 노동을 공급할 의사가 있지만 일하지 못하고 있는 사람들이다. 그 유보임금이 $\underline{w}$보다 낮은 만큼, 이들은 노동과 비노동 간에 무차별하지 않을 것이다. 이 경우에 실업이 후생손실을 수반한다는 것은 명백하다.

2.2.2 불완전 노동시장

왜곡이 존재하는 노동시장에서 최저임금 도입의 효과를 예측하는 것은 훨씬 더 어렵다. 어떤 상황에서는(예를 들어, 고용주가 임금 설정에서 수요독점력을 갖는 경우, 특히 일자리 탐색에 매칭 마찰과 외부효과가 존재하는 경우) 비교적 낮은 최저임금의 도입이 실제로 고용 증가를 가져올 수도 있다.

고용주가 임금을 일방적으로 책정할 수 있는 경우에 이윤극대화 선택은 경쟁적 노동시장의 경우보다 고용과 임금 수준을 줄이는 것이다. Stigler(1946)과 Lester(1947)에서 처음 지적되었듯이, 균형수준보다 높게 설정된 최저임금이 고용을 증대시키게 되는 것은 이론적으로 가능하다. 그 이유는 (공급)독점에서의 잘 알려진 상황을 아래위로 뒤집어 보면 쉽게 알 수 있다. (제품시장 공급) 독점자가 우하향의 제품수요곡선에 직면하게 되듯이, (노동시장 수요) 독점자는 우상향의 노동공급곡선에 직면한다. 따라서 이런 특이한 고용주의 입장에서 노동자 고용의 한계비용은 추가되는 노동자의 유보임금보다 높은데, 노동자의 노동 공급을 유발하기 위해 필요한 보수의 증가는 한계적 노동자만이 아니라 전체 노동력에도 주어져야 하기 때문이다(공급독점자의 공급 증가가 한계적 산출물만이 아니라 판매되는 모든 산출물의 가격을 낮추게 되는 것과 똑같다). 수요독점자의 한계노동비용(*MLC*)이 [그림 2.3]에 있다: 그것은 $L^s(w)$ 곡선보다 높이 위치하며 갈수록 더 멀어지는데, 고용을 늘려갈수록 더 많은 노동자들을 대상으로 임금이 증가하기 때문이다. 수요독점자의 이윤극대화 고용량 선택은 한계노동비용과 노동(고용)의 한계수입 $L^d(w)$(노동의 한계생산에 생산물 가격을 곱한 것)가 같아질 때이다. 이것은 그림에서 한계노동비용과 노동수요곡선들이 교차하는 B점이다. 수요독점자는 L^m의 노동자를 고용하게 되는데, 경쟁 시장에서의 L^*와 비교된다. 임금은 경쟁 균형의 경우(w^*)보다 낮은 수준(w^m)을 지불하는데, 수요독점자는 균형에서 노동의 한계생산보다 적게 지불하기 때문이다. 수요독점력의 크기는 노동 수요와 공급의 격차, $y(L^m)-w^m$인 '쐐기' BC로 측정된다. 이 쐐기는 노동공급곡선이 가파를수록 커진다. 더 엄밀히 말하자면, 그것은 임금에 대한 노동공급의 반응도(탄력성)의 감소함수이다.

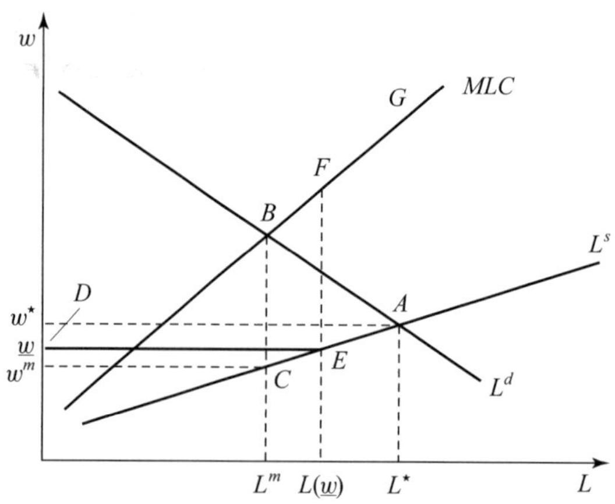

그림 2.3 수요독점과 최저임금

Box 2.1

수요독점력의 정도

[그림 2.3]의 결과는 수리적으로도 나타낼 수 있다. 노동의 한계생산물가치를 $y(L)$이라 하고, 수요독점자가 직면하는 총노동공급을 $L^s = G(w)$라 하자. 총 노동비용 C는 임금과 고용량의 곱인 wL로 표현할 수 있으므로, 노동의 한계비용은 $\frac{dC}{dL} = w + (\frac{dw}{dL})L = w[1 + (\frac{dw}{dL})(\frac{L}{w})]$이다. 따라서 $\frac{dC}{dL} = w(1+\varepsilon)$인데, 여기서 ε는 노동공급 탄력성 $(\frac{dL}{dw})(\frac{w}{L})$의 역수이다. 수요독점 균형에서 노동의 한계생산물가치는 노동의 한계비용과 일치해야 한다.

$$y(L) = w(1+\varepsilon) \quad (2.1)$$

노동수요(노동의 한계생산물가치)와 노동공급(한계노동비용) 간의 괴리(쐐기)를 후자의 비율로 표시하면 기업의 수요독점력의 크기를 나타내는 척도가 된다. 이 식을 정리하면, 수요독점력의 정도는 다음과 같이 나타낼 수 있다.

$$[y(L^m) - w^m]/w^m = \varepsilon \quad (2.2)$$

만약 노동공급의 임금탄력성이 무한히 크다면, 독점력은 0에 가까워진다. 그러므로 수요독점력은 노동공급의 임금탄력성에 감소함수이다. 즉 노동공급 탄력성이 낮을수록 수요독점기업이 일자리에서 얻는 가치와 노동자에게 제공하는 임금 사이의 크기는 더욱 커진다. 역으로 노동공급이 무한탄력적일 때(고용주가 노동시장에서 가격수용자일 때), ε은 0으로 되며 따라서 수요독점력도 0이 된다.

수요독점력이 있는 경우, 수요독점 임금 수준보다 약간 높은 최저임금의 도입은 새로운 한계노동비용곡선을 가져오는데, 그것은 [그림 2.3]에서 선분 *DEFG*로 주어진다(즉 곡선은 처음에는 수평선이다가 원래 노동공급곡선을 만나는 지점 *E*점에서 원래의 한계노동비용곡선의 *F*점으로 도약한다). 새 균형 고용량은 $L(\underline{w})$인데, 그보다 작은 고용수준에는 노동의 한계수입(L^d)이 한계노동비용(*MLC*)보다 크지만 그보다 큰 고용수준에서는 대소관계가 역전되기 때문이다. 경쟁과 수요독점 중간 수준으로 설정되는 최저임금은 임금과 고용을 모두 증가시키는 것이 분명하다.

그렇지만 최저임금이 [그림 2.3]의 *A*점에 해당하는 w^*보다 높아지게 되면 고용수준은 경쟁균형의 경우보다 줄어들게 된다. 그보다도 더 높은(가령 *B*점보다 높은) 최저임금에서는 고용이 수요독점 균형의 경우보다도 줄어든다. 수요독점의 경우, 최저임금과 고용 간 관계는 일정하지 않다: 충분히 낮은 최저임금에서는 최저임금 상승이 고용 증가로 이어지지만 일정 수준을 넘어서면 전통적인 음(−)의 관계가 나타난다.

전반적으로 수요독점하에서의 최저임금 도입은 다음의 효과를 가진다:

1. 최저임금이 수요독점 임금과 경쟁균형 임금의 사이에서 정해지는 경우, 최저임금과 고용의 관계를 결정하는 것은 노동공급곡선이다(즉 최저임금 상승은 고용을 늘리게 된다).
2. 최저임금이 경쟁균형보다 높게 설정되는 경우, 최저임금과 고용의 관계를 결정하는 것은 노동수요곡선이다(즉 최저임금 상승은 고용을 줄이게 된다).
3. 최저임금이 수요독점자의 한계노동비용보다 높게([그림 2.3]의 B점 위로) 설정되는 경우, 고용은 수요독점의 경우보다도 줄어든다.
4. 수요독점 임금보다 높은 최저임금의 도입은 수요독점자의 이윤을 감소시키지만(경쟁균형 수준까지), 총잉여는 증가한다. 따라서 이 영역에서의 최저임금의 도입은 노동시장 효율성을 높인다.
5. 수요독점자의 한계노동비용보다 높은 최저임금의 도입은 총잉여를 감소시키고 노동시장 효율성을 낮춘다.

순수 수요독점하에서의 최저임금은 무시되는 경우가 많은데, 현실적 의미가 별로 없다고 생각되기 때문이다. 고용주가 하나뿐인 노동시장은 찾아보기 드물다. 표준적인 예는 계획경제하에서 회사가 하나뿐인 마을이다. 이런 수요독점자는 산악 고릴라처럼 멸종위기종과 유사하다. 하지만 노동시장에 복수의 고용주들이 존재하더라도 이들이 임금 책정에서 담합하는 경우에는 [그림 2.3]에 그려진 것과 같은 상황이 발생할 수 있다. 고용주들 간의 담합은 단체교섭 제도에서 나타날 수 있지만, 단체교섭은 노동자측도 조직화되어 있음을 의미하며 따라서 고용주가 일방적으로 임금을 책정할 수 없다. 그런 경우는 쌍방독점(bilateral monopoly) 상황이 될 것이다.

그렇지만 개별 고용주 각각의 규모가 시장 전체에 비해 작은 노동시장에서도 고용주가 일정한 수요독점력을 가질 수 있다. 탐색에서의 마찰과 이동비용 때문에 노동자가 일자리를 바꾸기 쉽지 않은 경우에 그러하다. 이런 비용 때문에 (동질적인) 노동서비스에 대한 보수가 고용주마다 다르더라도 경쟁을 통해서 그런 차이가 시장에서 사라지기 어려워진다. 일자리 창출 및 채용에 수반되는 비용도 고용주가 일정한 수요독점력을 갖게 만드는 요인이 된다. 새 일자리를 만들고 채용하는 것에 대해 규제가 강한 경우에는 빈 일자리가 거의 없고 따라서 노동자가 구직 기회를 찾기 어려워진다. 이런 모든 현대적 수요독점 상황은 현실적으로 흔히 나타나며(Manning 2003), 고용주들은 많은데도 일자리 찾기가 매우 어려운 상황이 발생한다.

이러한 현대적 수요독점하에서도 최저임금이 고용을 증대시킬 수 있을까? 최저임금이 너무 높지 않고 노동자의 탐색 노력과 시장참여 결정이 임금에 민감하게 반응하는 경우에는 그렇다. 이유는 단순하다. 마찰이 없는 노동시장에서 최저임금은 한편으로 노동수요를 감소시키지만([그림 2.2]에서 *A*점에서 *B*점으로), 다른 한편으로 노동공급을 증가시킨다([그림 2.2]에서 *A*점에서 *C*점으로). 마찰이 존재하고 개인이 탐색할지 여부와 탐색의 강도를 선택할 수 있는 노동시장에서 일자리를 찾는 데 성공한 사람에게 지불되는 임금이 높아지면 더 많은 사람들이 노동시장에 참여해서 일자리 탐색에 노력하게 된다. 동시에 최저임금은 고용주가 추가 고용에서 얻게 되는 잉여를 감소시킨다. 하지만 더 많은 탐색자의 존재와 각자의 구직 강도의 증가 때문에 일자리가 채워지는 확률은 커진다. 두 번째의 노동공급 효과가 고용주 잉여의 감소에 따른 노동수요 감소 효과보다 크다면, 최저임금이 없을 때의 균형 상태에 비해 최저임금이 도입된 후의 균형 상태에서 구직자와 빈 일자리 모두가 더 많아질 것이다. 노동시장이 더 커졌기 때문에, 각 노동자가 같은 정도로 탐색하더라도 일자리를 구할 확률은 낮아지겠지만 균형 고용량은 더 커질 것이다. 한편 대기업에서 노동자의 생산성 감시가 불완전한 경우에도 최저임금이 고용에 긍정적으로 작용할 수 있다. 이런 효율임금 모형의 맥락에서는 최저임금이 기업 규모를 커지게 할 수 있다(Rebitzer and Taylor 1995). 여기서 기업은 더 높은 임금을 지불하지만 그 대가로 더 높은 생산성을 얻게 되는데, 해고에 따른 기회비용이 더 크기 때문이다.

2차 또는 비공식(secondary or informal) 노동시장에는 최저임금이 적용되지 않는 '이중 노동시장'(dual labor markets)의 경우, 최저임금의 부정적인 고용 효과가 없을 수도 있다. 이런 조건에서는 두 부문 간에 중요한 파급효과가 있다. Mincer(1974), Gramlich(1976), Welch(1976) 등에서 지적되었듯이, 최저임금이 인상된 후에 공식(formal) 부문에서 밀려난 노동자들은 비적용(uncovered) 부문으로 이동한다.

이것이 [그림 2.4]에 예시되어 있다. 처음에 공식 및 비공식 부문은 같은 임금 w_0에서 균형을 이루는데, 왼쪽에서는 *A*점, 오른쪽에서는 *C*점이다. 공식부문에 최저임금이 도입되면 노동수요량이 노동수요곡선을 따라서 *A*점에서 *B*점으로 감소한다. 이제 노동공급이 노동수요보다 크기 때문에 실업이 발생한다. 하지만 실업 상태가 된 노동자들이 공식부문에서 비공식부문으로 이동한다. 공식부문에서는 노동공급곡선이 L_0^s에서 L_1^s으

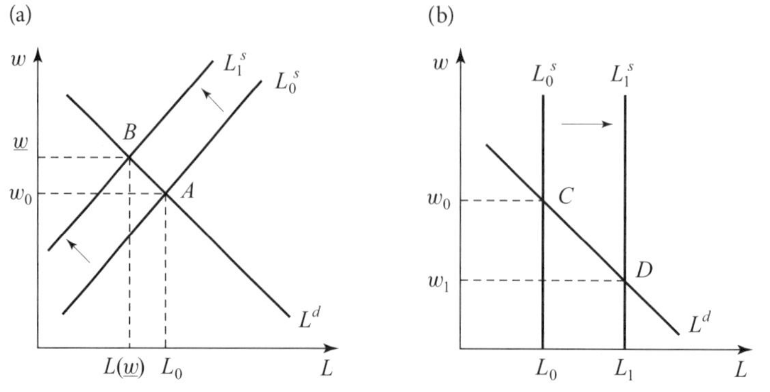

그림 2.4 이중 노동시장과 최저임금: (a) 공식 부문, (b) 비공식 부문

로 좌측 이동하지만, 비공식부문에서는 노동공급곡선이 우측 이동한다. 따라서 비공식부문의 임금은 (w_0에서 w_1으로) 하락한다. 최저임금이 공식부문에서 비공식부문으로 일자리를 재배분해서, 공식부문과 비공식부문 간에 임금격차를 확대시킨다. 이런 조정과정으로 고용 손실이 방지되는 것은 두 부문 간에 노동이동성이 완전할 경우에만 가능하다.

끝으로 노동자의 교육 및 훈련에 대한 투자에 따라 일자리의 생산성이 달라지는 경우에는 최저임금이 긍정적인 후생효과를 가져올 수도 있다(Cahuc and Michel 1996; Acemoglu and Pischke 1999). 이런 상황에서 최저임금은 그 영향을 받는 노동자로 하여금 밀려나지 않기 위해 교육을 받아서 생산성을 높이려고 할 유인을 준다. 그러므로 최저임금하의 균형상태에서 고생산성 일자리가 많아진다. 같은 유형의 효과가 수요측면에서 유발될 수 있는데(Acemoglu 2001), 최저임금으로 인해 고용주가 제공하는 고생산성 일자리의 수가 증가하기 때문이다. 그렇지만 전통적인 견해는, 최저임금이 너무 높게 설정되면 고용주는 저숙련 노동자의 훈련에 들이는 투자비용이 너무 큰 것으로 보게 된다는 것인데, 고용주가 훈련비용을 회수하고자 임금을 낮출 수가 없기 때문이다. 노동자가 인적자본에 투자하려는 유인을 갖지 않을 수도 있는데, 숙련도 여부에 무관하게 최저임금이 보장되기 때문이다.

요컨대, 정작 중요한 것은 최저임금의 존재 여부보다는 그 수준이다. 경제이론의 표준적 예측은 최저임금이 고용을 줄인다는 것이지만, 시장의 불완전성이 존재하는 상황에서는, 비교적 낮은 수준으로 설정되기만 한다면, 최저임금이 고용과 후생의 증대를 가져올 수도 있다.

2.3 경험적 증거

2.3.1 기업수준 자료를 이용한 연구

최저임금의 효과에 관한 많은 연구가 기업수준 자료를 근거로 최저임금이 노동수요에 미치는 영향을 추정하고 있다. 최저임금의 효과는 임금분포 하위 노동자들의 특성들과 실제 집행에 따라서 달라진다. 초기 연구들은 최저임금의 집행이 제한적인 상황을 통제하기 위해서 케이츠 지수를 사용했다. 더 최근의 연구들은 대개, 변화 전후의 최저임금 중간 수준의 임금을 버는 사람들의 비율(Card 1992; Card and Krueger 1995a; Brown 1999), 혹은 최저임금 인상으로 영향을 받는 비율을 측정한다. 집행 상황에 대한 척도로서 점차 사용도가 높아지고 있는 것이 임금분포에서의 '급증'(spike)인데, 정확히 최저임금을 버는 사람들의 비율로 정의된다(Dolado et al. 1996). 최저임금이 적절히 집행된다면, 일반적으로 최저임금이 인상된 후에 '급증'이 증가할 것으로 예상되는데, 더 낮은 임금은 신규의 최저임금 수준으로 맞추어질 것이기 때문이다.

Dolado et al.(1996)은 OECD 국가들에서의 최저임금의 고용효과에 대한 연구를 개관하고 있다. 최저임금은 일반적으로 고용에 부정적인 영향을 미치는 것으로 나타나는데, 효과의 크기는 국가간에 차이가 있으며 적용 받는 범주에 따라서도 달라진다(예를 들면, 일반적으로 청년 대상 최저임금의 경우에 부정적 고용효과가 더 컸다). 더 최근의 개관인 OECD(2006a)에서도 크지는 않지만 부정적인 고용효과가 있음이 확인되고 있는데, 청년층의 경우에 특히 그러하다.

대다수 연구들이 최저임금 법제가 집행되는 공식부문의 자료를 사용하고 있지만 몇몇 연구는 비공식부문의 자료에 같은 방법론을 적용하고 있다. 대체로 이 연구들은 비공식부문이 큰 경향이 있는 개발도상국에 초점을 두고 있다(브라질은 Lemos 2004, 코스타리카는 Gindling and Terrell 2004, 가나는 Jones 1997). 비공식부문의 고용은 측정상에 문제가 있지만, 최저임금 인상 이후에 비공식부문에서도 임금이 올랐다는 의외의 결과를 보여주는 연구도 있다. 공식부문의 최저임금이 경제 전반에 걸쳐 기준 역할을 한다는 해석이 제시되고 있다. 비공식부문에서 기업들이 수요독점력을 갖고 있고 정당한 보상이 고려되는 경우를 가정하면, 공식부문에서 최저임금이 높아지면 비공식부문의 중위임금도 이에 상응해서 높아지게 될 수 있다. 공식부문과 비공식부문 간의 파급효과(전자에서 주어지는 신호의 결과로 후자의 임금이 상승함)는 '등대효과'(lighthouse effect)로 지칭되어 왔다.[2)]

더 최근에는, 개별 기업이 우상향의 노동공급곡선에 직면하고 있는지를 확인하기 위해서 노동자-기업 매칭 자료를 사용하는 연구들이 있다. 이에 따르면 시장력은 존재하며, 최저임금이 잠재적으로 긍정적 효과를 갖는다는 증거가 있다. Staiger et al.(2010)은 미국의 각 병원에서 노동공급은 단기 탄력성이 약 0.1로서 상당히 비탄력적임을 알아냈다. Falch(2010)는 노르웨이 교사 노동시장에서 노동공급 탄력성이 1.0~1.9 정도인 것으로 보았고, Ransom and Sims(2010)는 미국 미주리 주의 공립학교들에서 노동공급 탄력성이 약 3.7인 것으로 추정했다.

2.3.2 자연실험 연구

방금 살펴본 연구들 중 다수는 (최저임금을 준수하기 위해) 임금이 올라가야 하는 노동자의 고용과 임금을, (아마도 최저임금 변화에 영향을 받지 않는) 임금분포 상위 노동자의 경우와 비교한 것이다. 이런 접근법의 문제점은 최저임금을 받는 사람들이 전체 인구를 대표하지 않는다는 것이다. 따라서 임금분포에서 다양한 층위에 속하는 노동자들의 상이한 특성(예를 들면, 노동시장 소속성(attachment)이 낮은 경우)에 관련되는 최저임금 효과를 찾는 결과가 될 수도 있다.

경제학에서 자연실험이라는 실증적 방법론은 이런 선택(selection)의 문제를 감안해서 최저임금의 효과를 더 잘 식별할 수 있게 한다(Meyer 1995; Angrist and Krueger 1999; Blundell and Dias 2000). 그것은 경제 환경의 외생적 변화를 이용해서, 변화를 겪은 경제주체들이 거기에 어떻게 반응하는지를 그 변화를 겪지 않은(선험적으로는 동일한) 다른 이들의 경우와 비교하는 것이다. 실제로는 최저임금의 영향을 받는 사람과 그렇지 않은 사람의 구성적 차이를 통제할 수 있게 하는 가상적인 반(反)사실(counterfactual) 또는 '또 다른 차이'(another difference)를 찾아내는 것을 의미한다. 이런 까닭에 이 방법으로 얻게 되는 추정량은 '이중차분'(difference-in-differences 또는 double-difference) 추정량으로 부르기도 한다.

이중차분 추정법은 미국에서 연방 수준을 넘어서 최저임금을 설정하는 여러 주들 간 차이를 활용하는 방식으로 사용되어 왔다. 특히 Card and Krueger(1994, 1995a)는 1992년 뉴저지 주에서 최저임금이 $4.25에서 $5.05로 인상된 사례의 효과를 살펴보았다. 이들은 펜실베이니아 주를 통제집단으로 사용했는데, 같은 기간에 최저임금이

2) 등대효과에 관한 문헌은 주로 라틴아메리카를 다루고 있다. 예를 들어, Bell(1997), Boeri et al.(2011)를 참조.

$4.25로 유지되었기 때문이다. 뉴저지와 펜실베이니아는 지리적으로 인접해 있고 경제구조도 유사하다. 이 연구는 널리 논쟁의 대상이 되어 왔기에, Box 2.2에서 좀더 상세하게 살펴본다.

Box 2.2 미국 패스트푸드 산업에서의 최저임금 인상의 효과

David Card and Alan Krueger는 주 경계를 서로 마주하고 있고 경제구조도 유사한 뉴저지와 펜실베이니아에 있는 410개 패스트푸드 식당의 고용과 관련된 자료를 수집했다. 두 주의 최저임금은 애초에 시간당 $4.25로 동일했었는데, 1992년 뉴저지 주에서만 최저 시급을 $5.05로 인상했다. 자료는 두 주가 동일한 최저임금을 가지고 있던 1992년 2~3월과 뉴저지에서 최저임금을 인상한 후인 1992년 11~12월의 고용정보가 수집되었다. 두 주의 임금분포의 변화는 [그림 2.5]에 정리되었는데, 뉴저지에서는 새로운 최저임금 수준에 맞추어 임금분포의 급격한 증가가 나타나는 데 반해, 펜실베니아에서는 거의 변화가 없다. 연구자들은 각 주에서 1992년 2~3월과 11~12월 사이의 고용량 변화를 구한 다음, 두 주 사이에 이런 고용량 변화에 차이가 있는지를 확인하는 방식으로 고용에 대한 최저임금의 효과를 추정하였다. 이를 통해서 최저임금 인상 이후 뉴저지 주 패스트푸드 식당에서의 고용량 수준이 펜실베이니아에 비해 더 빠르게 증가했다는 점을 밝혔다. 이들의 결론은, 초기의 임금수준이 충분히 낮을 경우에 최저임금의 인상은 고용량의 증가를 가져올 수 있다는 것이다. 이 사례에서 최저임금의 변화는 80센트였고, 고용량은 아래 표에서처럼 2.7명 증가한 것으로 확인되며, 따라서 최저임금 $1 인상은 각 사업장에서 잠재적으로 약 3.4개(=2.7/0.8)의 일자리를 창출한다는 의미가 된다.

	고용량		가격	
	뉴저지	펜실베이니아	뉴저지	펜실베이니아
1992년 2월~3월	20.4	23.3	3.35	3.04
1992년 11월~12월	21.0	21.2	3.41	3.03
차분	0.6	−2.1	0.06	−0.07
이중차분	2.7		0.07	

주: 고용량=패스트푸드 식당에 근로하는 상시근로자수; 가격=미 달러화로 표기된 특정 세트메뉴 가격

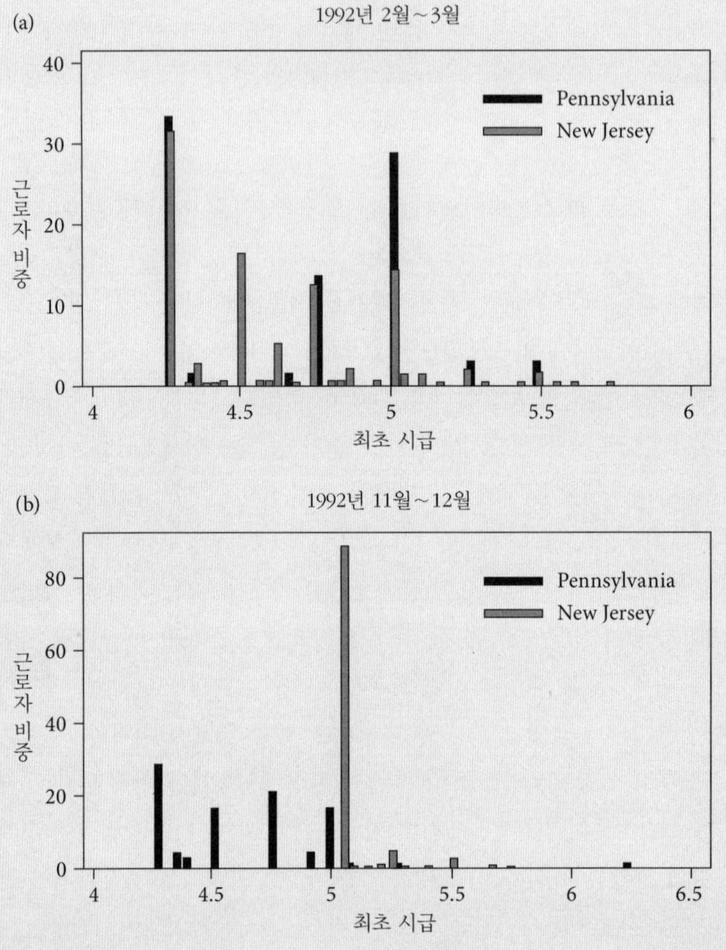

그림 2.5 임금 분포: 최저임금 인상 (a) 전, (b) 후

Card and Krueger의 연구는 3가지 측면에서 유익한 논쟁을 광범위하게 촉발했다. 첫 번째 논쟁은 연구 결과의 해석에 관한 것이었으며, 특히 패스트푸드 소비자가 전체 인구를 대표하는 것으로 볼 수 있는지에 초점이 맞추어졌다. 최저임금을 버는 사람들이 패스트푸드의 전형적인 소비자일 수 있기 때문이다(최저임금 상승이 패스트푸드 소비를 늘리고 따라서 고용도 증가할 수 있음). 두 번째 논쟁은 이론적 관점에서 연구 결과를 해석하는 것과 관련된다. 최저임금의 상승이 고용량 증가로 나타났다면 그것은 패스트푸드 식당이 (고용에서) 수요독점력을 가지고 있다는 의미일 수 있다. 그러나 최저임금의 인상은 (고용 증가를 통해서) 생산량 증가로 이어졌어야 하는데, 이는 생산물

가격의 인하에 의해서만 달성될 수 있는 것이다. 그런데 세트메뉴의 가격은 위 표에서 보듯이 조금이나마 인상된 것으로 나타나며, 따라서 이론적 예측과 합치하지 않는다. 그런데 (노동비용 상승으로) 제품 가격이 인상되는 경쟁시장을 상정한다면 고용량이 증가했다는 점을 설명할 수 없게 된다. 세 번째 논쟁은 자료의 질에 관한 것으로, 이들의 연구가 애초에 행정 자료가 아닌 전화인터뷰로 조사된 자료에 기초했다는 점이다. Card and Krueger(1994)와 Neumark and Washer(2000) 간에 광범위한 논쟁이 있었지만, 이들의 초기 연구결과는 확인된 것으로 보인다.

출처: Card and Krueger(1994); Neumark and Wascher(2000).

이중차분 추정법은 예컨대 Stewart(2004)에서, 영국이 1999년에 전국적 최저임금을 도입하고(성년임금 시간당 3.6파운드), 이후 2000년(3.7) 및 2001년(4.1)에 인상하였던 사례의 효과를 조사하기 위해 사용되었다. 〈표 2.1〉에서 보았듯이, 영국의 최저-중위임금 비율은 유럽 국가들 중에서 거의 중간에 위치한다. Stewart는 최저임금을 겨우 넘은 임금의 노동자와 더 높은 임금을 받는 노동자의 고용성과가 최저임금 도입을 전후해서 어떻게 달라지는지를 비교했다. 그는 여러 인구집단(상이한 연령의 남녀)에 대해 이 작업을 반복했고 경기변동 상황도 통제했다. 영국의 최저임금 도입에서는 어떤 인구집단의 경우에도 부정적인 효과를 찾을 수 없었다.

Draca et al.(2011)도 1999년 영국의 전국 최저임금 도입 사례를 활용해서 이중차분법으로 경제적 결과를 조사했다. 여기서는 기업의 이윤과 생산성에 미친 효과에 초점을 두고 있다. 자세한 것은 Box 2.3에서 살펴본다.

Box 2.3

최저임금과 기업 수익성

Mirko Draca, Stephen Machin, and John van Reenen은 1999년 영국의(전국)최저임금제(NMW) 도입에 따른 변화를 이용해서, 최저임금이 기업의 수익성에 미치는 영향을 분석하였다. 이들은 기업 수준의 자료를 이용해서 이중차분법을 활용할 수 있었다. 기업을 저임금 기업과 비(非)저임금 기업의 두 유형으로 구분하고, 최저임금제 도입 전후를 비교하였다. 최저임금 도입 전 기간은 1996년 4월 1일부터 1999년 3월 31일까지 3년이고, 최저임금제 도입 후 기간은 1999년 4월 1일부터 2001년 3월 31일까지의 3년이다.

저임금기업은 평균임금이 연 12,000파운드 이하인 경우로 정의되었으며, 비저임금기업은 평균임금이 12,000~20,000파운드인 경우로 정의되었다. 일반적인 예측은 최저임금의 도입이 저임금 기업에는 효과가 있지만, 비저임금기업에는 효과가 없거나 매우 제한적이리라는 것이다. 이것은 실제로 연구자들이 분석을 통해 발견한 결과이기도 하다(아래 표 참조).

	log(평균임금)		이윤율	
	저임금기업	비저임금기업	저임금기업	비저임금기업
NMW 이전	2.149	2.775	0.128	0.070
NMW 이후	2.378	2.893	0.089	0.058
차분	0.229	0.118	−0.039	−0.012
이중차분	0.111		−0.027	

주: NMW = 전국 최저임금, 이윤율 = 이윤/매출액.

Draca et al.은 비저임금기업의 평균임금이 제도 도입 이전에 비해서 이후에 11.8 로그 포인트(log point) 더 높다는 것을 발견하였다. 저임금기업의 경우에 이 수치는 22.9 로그 포인트였다. 따라서 최저임금 도입이 저임금기업의 임금을 11.1(=22.9−11.8) 로그 포인트까지 인상시킨 것으로 결론지었다. 나아가서, 비저임금기업의 이윤은 1.2% 포인트 하락한 데 반해, 저임금기업은 3.9%포인트 하락했다는 점도 확인하였다. 이는 최저임금이 저임금기업의 이윤을 2.7(=3.9−1.2)%포인트까지 하락시켰음을 의미한다. 평균임금과 이윤에 대한 효과는 모두 통계적으로 유의하다. 고용과 생산성에 대한 유사한 연구에서는 최저임금의 도입으로 인한 어떠한 유의미한 효과도 발견되지 않았다. 한편으로, 이윤에 대한 최저임금의 부정적 효과는 생산물시장에서 기업이 시장력을 가지는 산업의 경우에 더 크다는 점도 확인되었는데, 재분배의 대상이 되는 경제적 지대는 기업의 시장력이 존재하는 산업에서 발생한다는 점을 감안하면 이치에 맞는 것으로 보인다. 이런 연구 결과는 "행태적 반응 없음(no behavioral response)"에 상응한다는 것이 저자의 결론인데, 즉 기업은 (최저임금 도입에도) 고용을 조정하지 않으며 따라서 최저임금 인상은 이윤 감소로 연결된다는 것이다.

출처: Draca et al.(2011).

2.3.3 노동자의 이력(worker's history)을 이용한 연구

최저임금에 관한 경험적 문헌이 갖는 두 가지 문제점은 (1) 경쟁적 모형의 표준적 예측이 노동시장 전반에 적용되는 것임에 반해서, 주로 특정 산업에 초점을 두고 있다는 점과 (2) 최저임금이 취업자 수 대신에 근로시간에 미치는 잠재적 효과가 무시된다는 점이다.

이런 문제는 대표성을 갖는 노동자 표본에 대한 장기지속적인(longitudinal) 자료를 사용함으로써 대처할 수 있는데, 최저임금이나 그에 근접한 수준의 임금을 받는 사람들의 노동시장 이력을 추정하는 것이다. 이 범주의 최근 연구들에 따르면, 이 그룹의 노동자의 경우에 최저임금의 변동이 상당한 고용 효과를 가져왔음을 보여준다. 그렇지만 변화의 방향에 대해서는 견해가 일치하지 않는다. Abowd et al.(1999)은 프랑스에서 최저임금 1% 인상이 최저임금 수준의 노동자가 일자리를 유지할 확률을 남자의 경우 1.3%, 여자의 경우는 1% 감소시킨다는 것을 알아냈다. 미국에서는 최저임금이 1% 감소하는 경우에 최저임금 수준의 노동자가 일자리를 유지할 확률이 남자는 0.4%, 여자는 1.6% 높아지는 것으로 나타났다. Portugal and Cardoso(2001)은 같은 방법론을 사용해서 다른 결과를 얻었다. 이들은 1987년 포르투갈에서 19세 이하에 대한 최저임금이 법제화됨에 따른 변화를 이용했다. 여기서는 최저임금이 17세에 대해서는 50%, 18~19세에 대해서는 33% 인상되었다. 연구 결과에 따르면, 최저임금 인상으로 고용은 감소했고, 한편으로 노동자가 일자리를 유지하는 경향은 높아졌다. 다시 말해서 고용단절(separations)이 줄어든 것으로 나타났는데, 이에 따라 고용 감소가 부분적으로 상쇄되었다. 이런 결과는 임금이 높아질 때 청년들의 일자리 유지(attachment)도 높아짐을 보여주는 것으로서, 수요독점 모형의 예측과 일치한다는 점에 유의하자. Neumark et al.(2004)은 미국의 최저임금 인상이 최저임금 수준의 노동자의 고용과 근로시간에 부정적 효과를 가져왔음을 확인했는데, 대조적으로 Zavodny(2000)는 최저임금 인상으로 영향을 받는 노동자가 일자리를 유지할 확률은 낮아지지만 일자리를 유지한 노동자의 근로시간에는 긍정적 효과가 있는 것으로 보았다.

전반적으로, 이런 방대한 경험적 연구들은 최저임금이 일자리를 얻거나 잃게 되는 확률에 상당한 영향을 줄 수 있음을 보여준다. 하지만 영향을 받는 집단이 일자리를 잃게 될 확률에 대해 일관성 있는 효과를 보여주지는 않는다. 나아가서 최저임금 연구에서는 논문 게재의 선택편향(publication selection bias)이 있을 수도 있다. Doucouliagos and Stanley(2009)는 그런 편향이 존재한다고 주장한다(Card and Krueger 1995b

도 참조). 이들이 1,474개의 최저임금 탄력성 추정치들을 메타 분석한 결과에 따르면, 부정적인 고용 탄력성 쪽으로 상당한 편향이 존재하지만, 선택효과를 감안하는 경우에는 부정적 고용효과의 유의한 증거가 없는 것으로 나타난다.

2.4 정책적 쟁점

이처럼 최근의 경험적 증거들은 최저임금의 고용효과에 관해 명확한 결과를 제시하지 않는다(Flinn 2007). 특히 Neumark and Wascher(2007)에서 검토된 연구들 중에서 부정적 고용효과를 보여주는 것은 2/3 정도이며 그것도 항상 통계적으로 유의한 것은 아니었다. 일부 연구자들은 최저임금 인상을 지지하는 반면 다른 연구자들은 최저임금 인하를 선호하고 있는 것도 이런 이유에서다.

2.4.1 최저임금은 낮아져야 하는가, 높아져야 하는가?

현실적 조건, 즉 개별 기업의 일정한 수요독점력을 감안하는 최저임금 모형에 따르면, 최저임금 설정은 미세조정의 문제이다: 너무 낮으면 의미가 없고, 너무 높으면 시장실패 상황을 악화시킬 수도 있는데, 여기서 '악화'란 노동시장의 총잉여가 최저임금으로 인해 감소한다는 의미이다.

최저임금 인하를 지지하는 주된 근거는, 노동시장이 제대로 작동하지 못하게 하며 일부 저생산성(가령 청년 및 미숙련) 노동자들의 실업을 증가시킨다는 것이다. 일부 집단의 실업률이 두 자리 숫자로 나타나고 있고, 특히 다른 노동자들의 경우에 노동시장 조건이 열악하지도 않은 상황이라면 이런 주장의 설득력이 높아짐은 분명하다.

최저임금 인상을 지지하는 근거로는, 일부 노동자 집단은 특히 교섭력이 약하며 소득불평등이 지나친 수준인 것으로 보인다는 점이 종종 제시된다. 이런 맥락에서의 최저임금은 풀타임으로 일하면서도 빈곤선에 가까운 생활을 하는 '근로빈곤층'(working poor)의 수를 줄이는 수단으로 간주된다. 이런 견해를 자연스럽게 지지하게 되는 것은 임금 하한으로 인해서 임금이 상승하게 될 사람들이다. 소득재분배의 측면에서 최저임금은 상당히 무딘 수단이다. 극빈층은 아마도 고용 상태가 아니라서 최저임금에 영향을 받지 않을 것이며, 한편으로 최저임금이 적용되지 않거나 비공식적인 부문의 노동자는 최저임금 인상 때문에 오히려 임금 하락을 겪게 될 수도 있다.

최저임금이 빈곤에 미치는 효과에 대해 경제이론이 명확한 결과를 제시하지 못하는 만큼, 이 문제는 경험적으로 연구하는 것이 중요하다. 응용 연구들은 대개 최저임금 근처에서의 임금 분포를 분석함으로써 최저임금의 분배적 효과를 연구한다. 구축효과(crowding out effect)가 중요하게 작용한다면, 법정 최저수준 근처의 임금에서 높은 빈도, 즉 '급증'(spike)이 확인되어야 할 것이다. 급증이 없거나 최저수준보다 높은 곳에 있다면, 최저임금의 '효력'(bite)이 거의 없음을 시사한다. 실제로 다수의 연구들에서(Card and Krueger 1994, Box 2.2 및 [그림 2.5] 참조) 최저임금에 상응하는 임금분포의 급증이 확인되었다. 또 미숙련 노동자가 관심의 대상인 경우에 최저임금의 고용효과는 비교적 명확한 것으로 나타나는데, 여기서는 고용 감소 효과의 증거가 특히 뚜렷하다. 최저임금이 빈곤에 미치는 효과를 연구한 Addison and Blackburn(1999)에 따르면 1990년대 미국의 최저임금 인상이 24세 이하 청년층 및 25세 이상 노동자의 빈곤율 감소에 기여했음을 보여주는데, 다만 그 효과는 학교 중퇴자의 경우로 한정된다. 끝으로 Flinn(2007)은 1997년 미국의 최저임금($4.75에서 $5.15로의) 인상이 청년 복지에 긍정적으로 작용했음을 확인했지만, 1996년($4.25에서 $4.75로의) 인상의 경우에는 긍정적 효과가 나타나지 않았는데 임금분포에서 의미있는 파급효과를 갖지 못한 것으로 보인다.

2.4.2 청년 최저임금이란 것이 필요한가?

최저임금이 노동자 연령과 무관한 나라도 많지만 연령에 따라 달라지는 경우도 있다. [그림 2.6]은 8개국을 대상으로 청년 최저임금과 성인 최저임금의 관계를 연령별로 보여준다. 청년 최저임금의 연령에 따른 기울기에 큰 차이가 있음은 분명하다. 프랑스, 뉴질랜드 및 미국에서는 청년 최저임금이 한 가지만 있지만, 체코와 영국에서는 두 가지가 있고, 호주, 벨기에 및 네덜란드의 경우에는 (거의) 모든 연령마다 최저임금이 다르다. 또한 성인 대비 청년 최저임금 수준은 나라마다 상당히 다르다. 16세의(성인 대비) 최저임금 수준은 미국의 82.5%에서 시작해서, 체코, 프랑스 및 뉴질랜드의 80%, 호주의 50%를 거쳐, 네덜란드에서는 34.5%까지 내려간다.

청년 실업률이 주연령층 노동자의 실업률보다 상당히 더 높은 것은 예외가 없으며, [그림 2.7]에서 확인된다. 하지만 그림은 두 가지 실업률이 (완전하지는 않지만) 강한 상관관계에 있음도 보여준다. 스페인은 두 가지 실업률이 모두 최고수준이다. 한국과 네덜란드는 2010년 주연령층 실업률이 최저수준인 한편 청년 실업률도 최저에 속한다. 일부 나라들에서 매우 높은 청년실업률이 연령 특유적인 정책의 결과물은 아닐 것이다.

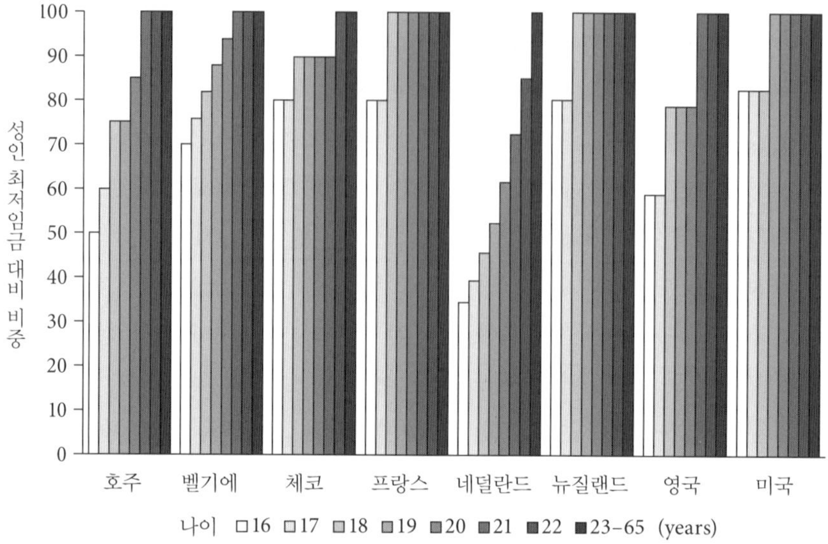

그림 2.6 성년 최저임금 대비 청년 최저임금, 연령별, 2010

성인 실업률이 낮은 나라에서는 우호적인 노동시장 제도들이 존재하며, 이것이 청년 실업률도 비교적 낮은 수준으로 유지하는 것으로 보인다.

최저임금이 연령별로 있어야 하는지를 검토하는 경우, 다른 잠재적 효과도 고려되어야 한다. 특히 훈련과 정규교육의 효과는 중요할 것이다. 별도의 (더 낮은) 청년 최저임금이 없다면, 청년 노동자의 고용은 고용주에게 너무 비싼 것이 될 수 있다(근로 경험의 부족 때문에 생산성이 임금 비용을 보상하기에 충분하지 않다). 또 청년 노동자는 일반훈련을 실시하기에 너무 비싼 것이 될 수도 있는데, 기업이 훈련비용을 임금 인하를 통해 상쇄시킬 수 없기 때문이다. 끝으로 청년 노동자가 학교를 너무 빨리 떠나게 될 수도 있는데, 학교에 계속 남아있기에는 최저임금이 너무 매력적이기 때문이다.

최근에는 청년 최저임금과 청년의 노동시장 지위의 관계를 살펴보는 연구가 수행되었다. 모두 이중차분법을 채택하는 것으로서, 최저임금의 연령별 기울기(age gradient)의 변화를 활용하게 된다. 1987년 포르투갈에서는 18~19세 노동자의 법정 최저임금이 거의 50% 인상되었다. Pereira(2003)는 18~19세 노동자의 고용률을 성인 노동자의 경우와 비교했다. 핵심적 결과는 최저임금 인상이 18~19세 고용을 상당히 감소시킨 반면 20~25세 고용은 증가시켰다는 것이다. 후자는 대체효과 때문인데, 더 젊은 노동자의 최저임금이 상대적으로 상승함에 따라 다음 연령층 노동자의 고용이 더 매력적으로 된 것이다. 뉴질랜드는 2001~2002년에 청년 최저임금의 연령별 기울기를 완만하게 낮

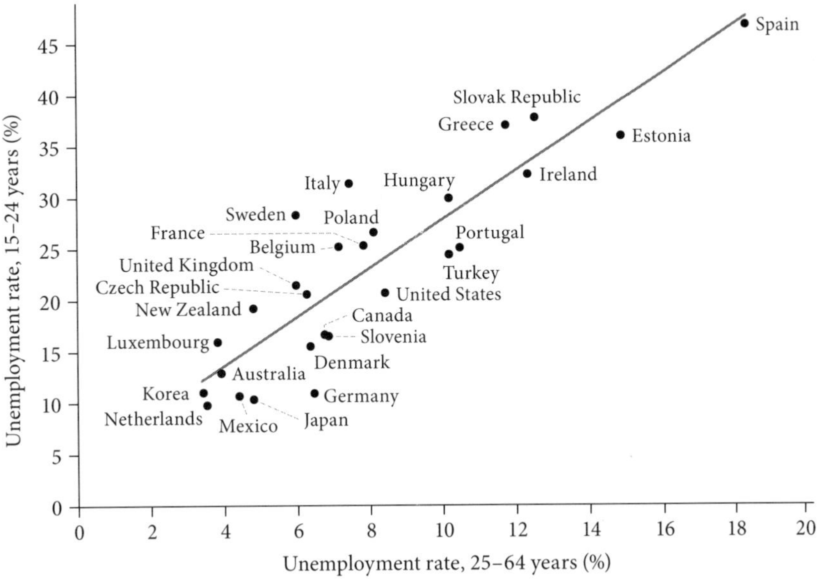

그림 2.7 주연령층 노동자와 청년 노동자의 실업률, 2010

추었다. 2001년의 변화는 18~19세에게 성인 최저임금을 적용하고 16~17세의 최저임금은 성인 경우의 60~70% 수준으로 인상한 것이었다. 2002년에는 최연소 집단에 대해서 성인 최저임금의 80% 수준으로 추가 인상했다. Hyslop and Stillman(2007)은 청년 최저임금 구조의 이러한 변화를 이용해서 고용률과 근로시간에 대한 효과를 알아보았다. 고용률에는 뚜렷한 효과가 없었지만 근로시간에는 상당한 긍정적 효과가 나타났다. 이 연구는 Box 2.4에서 자세히 살펴본다. Pacheco(2011)은 Hyslop and Stillman과 같은 뉴질랜드 사례를 이용하지만 다른 결론을 끌어낸다. Pacheco는 최저임금 인상에 영향을 받을 가능성이 높은 사람들에 초점을 둔다. 이런 경우에 최저임금 인상은 상당한 부정적 고용효과를 보여준다는 것이 결론이다. 1986~1998년 기간에 캐나다의 10개 주 중 6개에서 15~16세 대상의 낮은 최저임금이 폐지되었다. Shannon(2011)은 이러한 주 단위의 변화를 이용해서 최저임금의 고용효과를 살펴보았는데, 결과는 불분명하다. 일부 주에서는 상당한 부정적 효과가 나타난 반면에 다른 주에서는 고용효과가 보이지 않았다. 끝으로 Anton and Munoz de Bustillo(2011)는 유사한 정책 변화를 활용해서 스페인의 경우를 분석했다. 1995~1998년 스페인에서는 16~18세에 적용되는 최저임금이 폐지되었다. 연구 결과에 따르면, 청년 최저임금의 상대적 상승이 청년 고용수준을 낮추었고 청년 실업률을 증가시켰으며 정규교육을 지속할 가능성을 감소시켰다.

Box 2.4

뉴질랜드의 청년 최저임금

2001년과 2002년 뉴질랜드에서는 청년을 대상으로 한 최저임금에 대대적 개혁이 있었다. 2001년 개혁 전에는 16~19세의 최저임금이 성인 최저임금의 60%로 정해졌다. 2001년 3월, 18~19세 최저임금은 성인 최저임금의 100%, 16~17세 경우는 성인의 70% 수준으로 인상되었다. 16~17세에 대해서는 2002년 3월에 성인의 80% 수준으로 다시 인상되었다. Dean Hyslop and Steven Stillman은 청년 최저임금의 변화가 고용과 근로시간에 끼친 영향을 분석하였다. 그들은 20~25세 청년을 통제집단으로 두고, 16~17세와 18~19세 청년을 각각 처치집단으로 구분하였다. 아래 표에서 나타난 것처럼 2000년부터 2003년까지 성인 노동자의 최저임금은 13% 증가했는 데 반해, 16~17세의 최저임금은 50%, 18~19세의 최저임금은 87% 인상되었다.

	최저임금(성인 최저임금 대비 비중)		
	처치집단		통제집단
	16~17세	18~19세	20~25세
2001년 3월 5일 이전	60	60	100
2001년 3월 5일 이후	70	100	100
2002년 3월 18일 이후	80	100	100
2000~2003년 증가율(%)	50	87	13

	처치집단		통제집단
지표	16~17세	18~19세	20~25세
고용률(%)			
전	41.3	53.8	64.0
후	43.2	56.2	65.4
차분	1.9	2.4	1.4
이중차분	0.5	1.0	
주당 근로시간			
전	16.4	27.4	34.8
후	19.0	28.2	33.8
차분	2.4	0.8	−1.0
이중차분	3.4	1.8	

연구자들은 1998년 2분기부터 1999년 3분기까지를 사전 기간으로 두고, 2002년 2분기부터 2003년 3분기까지를 사후 기간으로 정의하였다. 이중차분법을 활용한 결과, 두 처치집단의 고용률이 각각 0.5와 1.0%포인트 상승하였음을 확인하였다. 둘 다 통계적으로 유의한 수준이었다. 청년 최저임금 인상은 근로시간의 확대에도 유의한 영향을 끼치는 것으로 나타났다. 즉, 16~17세 청년의 경우에는 주당 3.4시간, 18~19세 청년은 주당 1.8시간 늘어난 것이다.

또한, 정규교육 등록률의 하락과 함께, 실업과 비경활 및 급여수급률의 상승도 확인되었다. 이상의 결과를 통해 연구자들은 최저임금 개혁이 10대의 노동공급을 증가시켰지만 이러한 증가분이 고용 면에서 상당한 확대와 연계되지는 않았다고 결론지었다.

출처: Hyslop and Stillman(2007)

대체로 이중차분법 연구의 결과들은 일률적이지 않다. 일부 연구는 청년 최저임금의 상대적 상승이 청년 고용에 분명히 부정적인 효과를 끼쳤음을 보여주는데, 연령이 높은 집단의 고용에 긍정적인 파급효과가 수반되는 경우도 있었다. 하지만 양자간에 뚜렷한 관계가 확인되지 않은 연구도 있다. 청년 최저임금의 상대적인 변화는 모두 같은 방향으로의 변화였는데, 때로는 성인 최저임금 수준까지 상승하였으며, 청년 최저임금이 낮아진 경우는 없었다. 이용 가능한 증거를 근거로 해서 볼 때, 별도의 청년 최저임금이 필요한 것인지, 그리고 만일 그렇다면 최적의 연령 기울기(즉 연령별 최저임금 수준)는 무엇인지 등에 관해서 명확한 결론을 내리기는 어렵다.

2.5 다른 제도들과의 상호작용

최저임금은 임금 분포 전체적으로 작용하는 다른 제도들과 긴밀한 관계가 있다. 최저임금이 단체협약에서 설정되고 시행되는 경우에는 노동조합 임금 체계에 통합된다(3장). Boeri(2012)에서는 최저임금이 정부 입법으로 정해지는지 단체협약에서 임금 하한으로 설정되는지 여부에 따라 그 수준이 달라짐을 보여주는데, 단체협약을 통한 경우에 더 높은 것이 보통이다. 최저임금의 잠재적인 고용감소 효과를 완화하기 위해서 ECI 등 적극적 노동시장정책(12장)이 상호작용하기도 한다.

제도적 상호보완성이 정책실패의 결과로서 초래되기도 한다. 너무 높이 설정된 최저임금은 저생산성 노동자의 실업을 가져온다. 이 문제에 대한 해답은 법정 최저임금을 낮추는 것이다. 하지만 최저임금 하락에 대한 강한 정치적 저항에 직면하게 되면, 정부는 고용상태에 있는 저생산성 노동자의 일자리 상실 위험을 낮추려고 오히려 고용보호 법제를 강화할 수도 있다(10장). 이런 식으로, 잘못 도입된 제도가 왜곡을 초래하고 그에 대처하기 위해서 또 다른 왜곡이 창출되는 것이다.

최저임금이 저생산성 노동자의 실업에 미치는 역효과의 일부는 최저임금을 '근로조건부 급여'(in-work benefits)(13장)와 결합시킴으로써 완화될 수 있다. 실제로 최저임금과 근로(조건부)급여의 결합은 효과적인 빈곤해소 장치로서 제시되기도 하는데(Gregg 2000; OECD 2006c), 저소득층에 임금 보험(wage insurance)을 제공하는 것이다. 그런데 가족 내에 다른 소득이 있는 경우처럼 최저임금을 버는 노동자의 상당부분은 빈곤층이 아닐 수도 있다. 따라서 최저임금은 목표 효율성(target efficiency)이 낮을 수도 있는데, 빈곤하지 않는 노동자를 돕는 한편으로 정작 어려운 사람에 대한 지원은 제한적일 수 있다.

2.6 최저임금은 왜 존재하는가?

최저임금은 노동시장 제도에 전형적으로 주어지는 목표를 모두 달성할 수 있다:

1. 과도한 수요독점력에서 야기되는 것과 같은 시장실패를 교정함으로써 효율성을 높일 수 있다.
2. 저숙련 노동자와 같이 상대적으로 보수가 낮은 노동자의 소득을 지원함으로써 소득 불평등을 줄일 수 있다.

어느 목표라도 달성되려면 최저임금의 설정은 신중한 미세조정이 필요하다. 너무 낮으면 효과가 없고, 너무 높게 설정되면 후생을 감소시키고 저숙련 노동자를 노동시장에서 완전히 밀어냄으로써 소득불평등에 역효과를 초래할 수 있다.

최저임금 인상을 위한 가장 강력한 논거는 형평성을 고려하자는 것이다. 그렇지만 경제이론은 최저임금의 빈곤에 대한 효과에 관해 확고한 지침을 제시하지 않는다. 최저임금을 받는 근로빈곤층 노동자는 일자리가 없어지지 않는다면 소득 증가를 경험할 수 있고 그래서 빈곤율(빈곤선 미만의 소득을 버는 사람들의 비율)이 낮아지겠지만, 최저임금으로 인해 일자리가 파괴된다면 일부는 소득 감소를 겪게 될 것이며 따라서 빈곤율 자체는 아니더라도 빈곤의 강도(빈곤선 이상 및 이하의 사람들의 평균소득의 격차)는 심화될 것이다(Brown 1999). 이중 노동시장에서 최저임금의 상승은 역설적으로 소득 불평등을 심화하는 결과를 낳을 수도 있다.

최저임금의 효율성 및 분배적 성격을 개선시키기 위해 정부는 시간적으로 조정할 필요가 있지만 그것은 정치적으로 어려울 수 있다. 최저임금에 관한 정치경제 문헌(Sobel 1999; Saint-Paul 2000; Bacache-Beauvallet and Lehmann 2008)은 어떤 제도적 측면이 최저임금에 대한 정치적 지지를 높이거나 낮추는지에 초점을 두고 있다. 결정적인(중위) 유권자는 일반적으로 최저임금보다 조금 높은 임금을 버는 노동자이다. 최저임금에 대한 정치적 지지를 평가하는 데 관건이 되는 기준은, 이런 핵심 노동자 집단이 (1) 최저임금으로 밀려날 수 있는 노동자들과 충분히 높은 대체성과 (2) 최저임금 도입으로부터 긍정적인 임금 파급효과 또는 자본과의 높은 상호보완성을 경험하게 되는지 여부이다. 최저임금 상승이 저숙련 노동자를 밀어내면서 반(半)숙련 노동자의 한계가치와 임금을 높이는 경우에는 지배적인 중간계급은 꽤 높은 최저임금을 지지할 것이다. 역으로 지배적 중간계급이 저비용 노동자들에 의해 대체되는 것이 우려되는 상황이라면 최저임금 하락에 반대할 것이다.

따라서 최저임금의 미래는 이러한 숙련간(및 자본-노동) 상호보완성에 따라서 그리고 최저임금이 임금분포 전반에 미치는 파급효과에 따라서 달라질 것이다. 3장에서 논의되듯이, 이러한 파급효과는 최저임금을 기점으로 임금 체계를 설정하는 강력한 노동조합이 존재하는 경우에 더 뚜렷해질 것이다.

2.7 심화학습 안내

Card and Krueger(1995a)의 책이 좋은 출발점이다. 이 책은 Box 2.2에서 다룬 이들의 논쟁적인 연구를 요약하고 있으며, 해당 웹사이트(http://press.princeton.edu.titles/10142.html)에서 제공하는 자료를 이용해서 연구결과를 재현해볼 수도 있다. 이들의 시원적 연구(Card and Krueger 1994)에 관련된 논쟁은 매우 유익하며, *American Economic Review*에 같은 편에 실린 Neumark and Wascher(2000)와 Card and Krueger(2000)의 답변도 함께 추천한다. 새로운 최저임금 연구에 대한 조사자료로는

Neumark and Wascher(2007)을 참조하라. 거의 대부분 미국 사례에 초점을 둔 초기 연구는 Kennan(1995)이 정리한 바 있다.

*Economic Journal*의 2004판에 있는 논문들은 영국의 최저임금 도입과 관련한 것들이다(최저임금 도입 사례는 Maetcalf(2004) 참조). 2010년 *Journal of Labor Economics*의 특별판은 수요독점에 대한 실증분석 연구들에 관한 것이다(개요는 Ashenfelter (2010) 참조). 수요독점에 관한 Manning(2003)의 책은 최저임금과의 관계를 비롯하여 이러한 종류의 노동시장에 대한 다양한 측면을 논의하고 있다. 마지막으로 Dolado et al.(1996)은 최저임금의 효과에 대한 국제비교의 결과를 제시하고 있다. 비록 최근 연구는 아니지만, 최저임금의 효과에 관한 일반적 상식의 오류들에 대한 논의가 특히 유익하다.

복습 질문 및 연습문제

1. 케이츠 지수는 무엇인가? 최저임금 측정법으로서 이 지수의 장단점은 무엇인가?

2. 왜 최저임금 수준에서 임금분포의 '급증'(spike)이 나타나는가?

3. 청년 대상 최저임금의 인상은 청년층의 노동시장 지위에 어떤 영향을 끼치나?

4. 최저임금이 고용량을 늘리는 것은 어떤 경우인가?

5. 개별 기업은 왜 우상향하는 노동공급곡선에 직면하는가?

6. 최저임금은 빈곤에 어떤 영향을 끼치는가?

7. 최저임금 인상이 경쟁적 노동시장에서는 확실하게 실업을 늘리는 이유는 무엇인가?

8. 수요독점력의 정도는 노동공급 곡선의 기울기에 의해 결정된다. 설명하시오.

9. Card and Krueger는 왜 패스트푸드 산업을 연구하였나?

10. 최점임금 인상이 고용량을 증대시켰다는 Card and Krueger의 주요 연구결과가 수요독점 이론이나 완전경쟁 시장 이론과 양립하기 어려운 이유는 무엇인가?

11. w는 임금, L은 고용량이라 하자. 저임금 노동자의 노동공급곡선은 $w=10+2L$이고, 수요곡선은 $w=70-2L$이다.
    (a) 균형 수준에서의 임금, 고용량, 실업량을 구하시오.
    (b) 만약 최저임금이 40유로로 도입되었다면 고용량과 실업은 어떻게 바뀌나?
    (c) 최저임금이 60유로로 도입되었다면, 고용량과 실업은 어떻게 바뀌나?

12. 어떤 기업이 단위당 10유로의 가격에 완전탄력적인 수요에 직면하고 있다. 이 기업은 또한 $w=10+2L$과 같은 우상향하는 노동공급곡선에 직면하고 있다. 여기서 L은 시간당 채용된 근로자의 수, w는 시급이다. 노동자는 시간당 5단위의 상품을 생산한다. 기업은 상품생산에 노동만을 활용하며, 이윤극대화를 추구한다고 가정하자.
    (a) 기업은 시간당 몇 명의 노동자를 고용해야 하는가?
    (b) 기업이 제시하는 임금은 얼마이며 이윤은 얼마나 얻는가?
    (c) 최저임금에 대해 기업이 고용량을 조정하지 않는다면 이 기업의 이윤은 어떻게 되는가?

13. (고급) 순수 수요독점자가 이윤을 극대화하기 위해 임금수준을 결정하는 문제를 고려해 보자. $\pi=(p-w)G(w)$ 여기서 p는($p>w$) 한계생산물가치를 나타내며(규모에 대한 수익불변의 상황을 가정한다), w는 임금, $G(w)$는 총 노동공급이다.

(a) 이윤극대화 임금 수준에 대한 1차 조건식을 탄력성의 함수로서 도출하시오.

(b) 이 임금 방정식은 생산성 변화에 어떻게 반응하는가?

노동공급이 $G(w)=(w-b)^2$으로 주어졌다고 가정하자. 여기서 b는 여가의 가치이며, $w>b$이다.

(c) 이상의 노동공급 상황에서 임금 방정식을 도출하고 그 결과를 해석하시오.

(d) b의 최저임금이 도입된다면 어떻게 되는가?

제 3 장

노동조합과 단체교섭

노동조합은 자발적인 회원제 조직이다. 정당이나 교회처럼 구성원의 이익을 대변하며, 구성원들이 원하는 바를 수행한다. 역사적으로 보면, 노동조합은 18세기 영국과 미국에서 조합원들에게 실업, 사망, 때로는 노년에 대해 상호보험을 제공하는 직종별 조직으로서 직인조합(craft union)으로 출현했다. 이후 19세기로 오면서 점차 실업자나 이민자로는 대체하기 어려운 반(半)숙련 지위의 노동자들을 대표하는 산업별 조합이 되었다. 20세기에 들면서 점차 모든 노동자들을 대변하고 정치적 역할을 강화하는 것을 지향하는 전국적 조직이 되었다. 이런 일반적 조합의 구성원은 주로 육체노동자들이었으며, 평등주의적(egalitarian) 임금을 지향한다는 점에서 숙련 노동자들은 가입에 미온적이었다. 오늘날 노조는 공공부문에서 가장 강력해지는 경향이 있다.

노동조합의 잠재적 회원은 단체교섭 체제와도 관련이 있다. 어떤 나라들에서는 교섭이 전국적 수준에서 이루어지며 노조와 고용주의 연합체가 참여하고 정부는 중재자 역할을 하게 된다. 또 다른 나라들에서는 부문별 임금협약만 있거나 보다 분권적으로 사업장 수준의 협약이 이루어진다. 집중식 협약과 사업장 단위의 협약이 공존하는 혼합형 또는 다층적 교섭구조도 있는데 특히 유럽에서 그러하다. 교섭체제의 구조에 따라 산업별 또는 직종별 조합들이 전국 연합 내부에서 상호 조정해 나간다. 때로는 유럽노동조합연합(European Trade Unions Confederation)의 경우처럼 국가 간에 조정하는 경우도 있다.

구성원의 이익과 이념적 원천으로 인해서 노조는 교육이나 숙련 수준에 따른 임금격차를 줄여나가면서 평등주의적 임금정책을 추구하는 경향이 있다. 동시에 노조의 활동이 조합원 구성에 영향을 주기도 한다. 노조는 일반적으로 고숙련 노동자를 모집하는 데는 성공적이지 않으며, 또 노동인구보다 더 빠르게 노후화하는 것으로 보이는데, 노조 활동에 청년들을 참여시키는 것이 점차 어려워짐을 시사한다.

노조는 임금, 근로시간, 초과수당, 부가편익(fringe benefits), 고용안전성(employment security), 건강 및 안전 기준 등, 고용계약의 모든 측면에 대해서 교섭하는 것이 보통이다. 고용주와 단체 차원에서 교섭하게 되며, 단체협약은 개별 고용계약을(상충될 경우) 파기하거나 보완하게 된다. 노조는 다수 노동자의 임금 요구를 조정해서, 노동자의 개별적 유보임금보다 높은 보수를 지불하도록 고용주에게 요구한다. 노조의 교섭력은 노조가 임금 조정을 어디까지 달성하는지, 그리고 노조가 체결한 단체계약이 어디까지 적용되는지에 따라서 정해진다.

3.1 국제 비교

노동조합의 영향력을 국가 간에 비교할 수 있는 척도를 개발하려는 노력은 아쉽게도 아직 부족한 실정이다. 노조가 구성원에 관한 신빙성 있는 수치를 제공하기를 꺼리는 경향이 있고, 노동자도 정보공개에 적극적이지 않아서 설문조사를 통해 정확한 응답을 얻지 못하기 때문이다. 이용가능한 자료에 따르면, 노조의 존재와 영향력은 국가 간에 큰 차이가 있으며 장기적으로 상당한 변화를 보이고 있다. 가장 잘 드러나는 변화는 활동적인 조합원 수로 측정되는 노조의 '존재'(presence)와 노조가 교섭한 협약에 적용을 받는 노동자의 비율로 측정되는 노조의 '영향력'(influence) 사이에 괴리가 커지고 있다는 점이다. 노조의 영향력과 노조의 존재 사이의 격차는 보통 '초과 적용범위(또는 적용률)'(excess coverage)라고 부르는데, 장기적으로 확대되는 추세이다.

3.1.1 노동조합 가입률

노조의 중요성에 대한 가장 직관적인 척도는 '노조 가입률'(union density(or membership) rate)인데, 노조에 등록된 노동자의 비율을 가리킨다. 노조의 구성원에는 비노동 개인도 포함될 수 있다. 예를 들어, 이탈리아의 3대 노조에는 노동자보다 연금수령(퇴직)자가 더 많다(CGIL, CISL, UIL).

〈표 3.1〉의 제2열은 노조 가입률에 대한 근년의 정보를 보여준다(노동연령 조합원만 산정). 2010년에 가입률은 에스토니아, 프랑스 및 터키에서 10% 미만으로 매우 낮으며, 한국(10%)과 미국(11%)도 낮다. 스칸디나비아 제국에서는 가입률이 높은데, 덴마크, 핀란드 및 스웨덴에서 70% 수준이고 아이슬란드는 80%에 근접한다.

지난 10년 간 노조 조합원 수는 상당히 감소하였다. [그림 3.1]은 1960년 이후 5개 OECD 국가에서의 노조 가입률을 추적한 것이다. 이 중에 4개국(프랑스, 네덜란드, 영국, 미국)에서 2010년 가입률은 1960년에 비해 상당히 낮아진 상황이다. 탈노조화(deunionization)는 미국과 영국에서 특히 두드러지는데, 미국은 가입률이 반감되어 10% 미만이며, 영국은 60~70년대에 증가한 이후 대처 정부 시기인 1979~1987년 기간에 4백만 명이 줄었다. 프랑스는 1960년 약 20%에서 2010년에는 8%로 떨어졌고, 네덜란드에서도 가입률이 상당히 줄었다. 스웨덴은 가입률이 현저히 높은데, 1990년 중반에는 85% 가까이 올라갔다가, 이후 하락세를 보여 2008년에는 약 70% 수준이 되었다.

표 3.1 노동조합 적용범위, 가입률, 초과 적용범위, 교섭 수준, 조정, 2010

국가	초과 적용범위[a] (%)	가입률[b] (%)	초과 적용범위 (%)	교섭 수준[c]	조정[d]
Australia	40	19	21	2	2
Austria	99	28	71	2	4
Belgium	96	52	44	4	4
Canada	32	30	2	1	1
Czech Republic	42	17	25	2	2
Denmark	80	69	11	2	3
Estonia	19	7	12	1	1
Finland	90	70	20	2.5	3
France	90	8	82	2	2
Germany	62	19	43	3	4
Greece	65	24	41	3	4
Hungary	34	17	17	2	2
Iceland	88	79	9	—	—
Ireland	44	37	7	1	2
Italy	80	35	45	2	4
Japan	16	18	−2	1	3
Korea	10	10	0	1	3
Luxembourg	58	37	21	2	2
Netherlands	82	19	63	2	4
New Zealand	17	21	−4	1	2
Norway	74	54	20	4	4
Poland	38	15	23	1	1
Portugal	45	19	26	2	3
Slovak Republic	40	17	23	1	2
Slovenia	92	30	62	3	3
Spain	85	16	69	3	4
Sweden	91	69	22	3	3
Switzerland	48	18	30	2	3
Turkey	25	6	19	—	—
United Kingdom	33	28	5	1	1
United States	13	11	2	1	1

출처: Visser(2011).

주: 자료는 2010년 또는 가능한 최근 년도(2008, 2009) 수치임.

a. 교섭권을 가진 전체 피고용자 중에서 임금교섭 협약의 적용을 받는 사람 수의 비율(%)이며, 교섭권이 배제되는 부문 또는 직종의 가능성을 감안해서 조정됨.

b. 노조 가입률 =전체 피고용자 중에서 노조 구성원으로 활동하는 사람 수의 비율.

c. 임금 교섭이 진행되는 주요 수준: 5=전국적 또는 중앙 수준; 4=5에 3 또는 1의 형태가 부가된 경우; 3=부문별 또는 산업별 수준; 2=3에 1의 형태가 부가된 경우; 1=지역적 또는 회사별 교섭.

d. 임금교섭의 조정: 5=경제 전반적 교섭; 4=5와 3의 혼합; 3=산업별 교섭; 2=3과 1의 혼합 또는 교체; 1=기타(주로 회사 단위에서의 분산적 교섭)

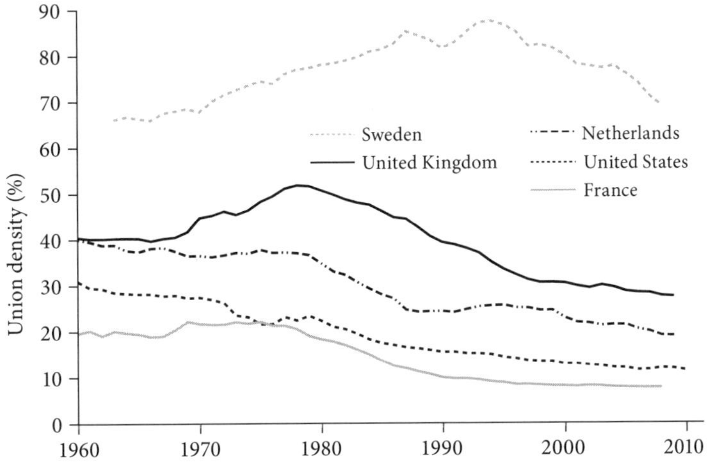

그림 3.1 노동조합 가입률, 5개국 1960~2010
출처: Visser(2011).

노조 가입자 수의 감소는 노조의 고령화와 맞물려서 진행되어 왔다. Eurobarometer 조사에 따르면, 1988~2001년 기간에 유럽 대륙의 4대국(프랑스, 독일, 이탈리아, 스페인)에서 노조원의 중위 연령은 2년 이상 상승했는데, 전체 노동자의 중위 연령은 청년 실업률의 현저한 감소 때문에 하락하고 있다.

하지만 조합원이 항상 같은 의미를 가졌던 것은 아니다. 역사적으로 노조의 조합원은 상호 부조, 회의 참석, 노조 내부 운영에 대한 시간과 노력의 투입 등의 의무가 있었다. 오늘날의 노조원은 내부 안건에 대한 투표와 소액의 자발적 기여금 지불만이 요구될 뿐이다. 예를 들어, 2005년 10월 미국의 AFL-CIO는 웹사이트에서 $5의 회비의 자발적 납부를 촉구하고 있다. 회비의 감소는 가입을 조장하는 효과가 있다. 한편으로 이제는 노조가 조합원에게 더 높은 보수나 더 나은 작업조건 같은 배타적 서비스를 제공하지 않는데, 노조가 교섭한 계약이 비노조원 노동자에게도 확장되어 적용되기 때문이다. 이것은 노조 가입의 유인을 감소시키게 되는데, 조직이 제공하는 서비스에 무임승차하는 것이 가능하기 때문이다. 역사적으로 노조 가입 이유 중 하나는 실업보험 제도와 관련된다. 실업보험이 도입될 시기에 어떤 나라들은 정부가 관리하는 강제적 제도를 선택한 반면에, 다른 나라들은 노조 또는 노조 지배하의 기금이 관리하는, 자발적이지만 공적 지원을 받는 방식을 선택했다(Calmfors 2001). 후자는 첫 협약이 체결되었던 벨기에 도시의 이름을 따라 'Ghent 방식'이라고 부르는데, 여기서는 노조가 실업급여(UBs)의 운영에서 적극적인 역할을 하게 된다. 덴마크, 핀란드, 아이슬란드, 스웨덴 등에서는 여전히 이 방식이 시행되고 있다. 이런 경우에 노동자의 노조 가입 유인이 커질 것임은 자명하다.[1] 실제로, 〈표 3.1〉에서 볼 수 있듯이, Ghent 방식의 실업급여 제도를 가진 나라들에서 노조 가입률이 훨씬 높은 편이다.

3.1.2 적용범위와 초과 적용범위

노조의 교섭력에 대한 더 나은 척도는 노조의 '적용범위'인데, 적격의(교섭권을 가진 피고용자) 노동력 중에서 고용계약이 노조가 체결한 단체협약의 규제를 받는 노동자의 비율을 가리킨다. 〈표 3.1〉의 제1열이 각국의 노조 적용범위를 보여준다. 10%의 한국과 13%의 미국에서부터, 90% 이상의 호주, 벨기에, 핀란드, 프랑스, 슬로베니아 및 스웨덴까지 차이가 매우 크다. 일부 국가들에서는 초과 적용범위(노조 적용범위와 노조 가입률의 격차)가 낮고 심지어 음수인 경우도 있다. 영국에서는 적용범위가 가입률과 유사한 수준인데, 사내의 다수 노동자가 노조원인 경우에만 단체협약이 적용되기 때문이다.

많은 나라의 경우에 적용범위가 가입률보다 훨씬 큰 점도 유의할 만하다. 예를 들어, 총파업의 나라인 프랑스의 경우, 10명 중 9명이 노조가 교섭한 임금을 받고 있지만 노조 조합원은 10명 중 1명도 못 된다. 이러한 노조의 초과 적용범위는 비교적 최근의 현상이다. 그것은 (1) 노조 가입률의 하락과 (2) 적용범위를 노조원 너머로 확장하는 법제 또는 관습의 결과이다. 이런 규제 자체가 적용범위와 가입률의 격차를 확대시키게 되는데, 여하간에 노조가 교섭한 임금이라는 혜택을 얻는 만큼 노조에 가입할 유인은 약해지기 때문이다(이러한 확장 조항이 노조의 이른바 무임승차 문제를 악화시킨다). 협약 적용범위의 법적 확장을 지지하는 노조는 어떤 의미에서 자기파괴적이 된다.

무임승차 문제에 대처하고자 일부 국가의 노조는 조합원에게 배타적인 서비스를 제공하기 시작했는데, 예를 들면 퇴직관련 상담과 세무 지도(벨기에, 이탈리아처럼 정부 활동의 사실상의 외주), 훈련 및 재훈련(덴마크, 프랑스, 독일, 이탈리아), 심지어 금융 서비스(네덜란드) 등이 있다. Ghent 방식을 채택한 나라들에서는 노조가 UBs 관리에 직접 관여하게 된다(Calmfors 2001).[2]

---

1) 실제로는 Ghent 방식에서 비노조원도 실업급여를 받지만 대체율(=급여/임금)은 노조원의 경우보다 낮은 수준이다.

2) Bockerman and Uusitalo(2006)에 따르면, 핀란드에서는 노조가 운영하는 방식과 경쟁관계에 있으면서 노조 가입을 수급 요건으로 하지 않는 실업보험이 도입된 후에 노조 가입률이 하락하였다.

3.1.3 집중화와 조정

〈표 3.1〉의 제5열은 교섭의 수준에 대한 정보를 주고 있는데, 고용계약에 대한 교섭이 진행되는 수준을 가리키며, OECD에 제시한 5단계 분류에 따른 것이다(지역적 또는 회사별 교섭을 나타내는 1에서 전국적 또는 중앙집중식 수준을 나타내는 5까지). 영국이나 미국처럼 어떤 나라들은 교섭이 주로 기업 수준에서 이루어지는 반면 유럽에서는 산업별로 수행되는 경우가 흔하며, 전국적 수준에서(임금 증가에 상한을 두는) 소득정책을 실시하는 '사회적 협약'(social pacts)의 경우도 많다. 분권화된 교섭의 경우에도 산업별 또는 전국적 수준에서 조정될 수 있다. 교섭의 제도적 수준에 대한 정보는(〈표 3.1〉의 마지막 열에 표시된) 단체교섭에서의 조정의 정도에 관한 척도로 보완하는 것이 유익하다. 공식적 집중화(formal centralization)와 전반적 또는 암묵적 조정(implicit coordination)을 구별하는 것도 중요한데, 전자는 임금계약이 실제로 체결되는 수준과 병행적인 조합 조직의 존재에 관한 것이며, 후자는 독립적인 조합들과 고용주들 간의 비공식(묵시적) 조정에서 나오는 것이다.[3)]

[그림 3.2]는 조정과 노조 가입률 간의 관계를 국가 간에 비교한 것이다. 두 지표 간에 불완전하나마 양의 관계가 나타난다. Ghent 방식의 국가들(덴마크, 핀란드, 스웨덴)은 예외적임이 분명하다. 조정과 가입률 간의 양의 관계는 양자 간의 상호작용과 관

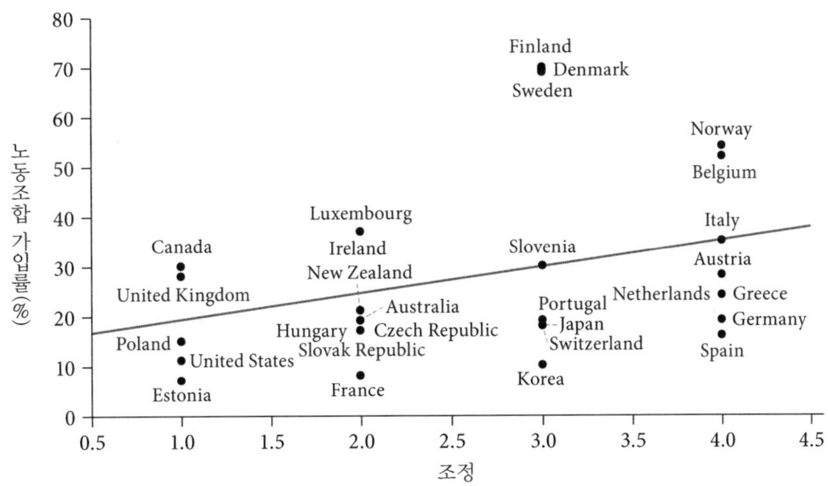

그림 3.2 조정과 조합 가입률, 2010

출처: Visser(2011).

3) 대안적인 조정 방식에 대해서는 Elmeskov et al.(1998), OECD(2004), Nickell and Layard(1999) 등을 참조.

련되는 것으로 보인다. 조정도가 높은 나라에서는 조합에 대한 고용주들의 저항이 약하고 노조가 노동자의 대표라는 인정을 받기도 쉬울 것이며, 한편으로 가입률이 높은 나라에서는 노조가 조정된 방식으로 교섭을 조직하는 것이 용이할 것이다.

3.1.4 파업활동

노조가 갖는 힘의 척도로서 파업시간이나 임금분배분(GDP 대비 총임금소득 비중)이 사용되기도 한다. 하지만 강력한 노조는 파업을 억지수단으로만 사용하며, 임금분배분은 전체 인구가 아니라 노조원들만의 임금 극대화를 추구하는 노조의 목표와 반드시 상응하지는 않는 결과물이다. 그렇지만 유럽에서 파업시간과 임금분배분은 노조 가입률과 대체로 유사한 추이를 보인다. EU 15개국의 경우에 노사분규로 인한 근로일수 결손은(노조 가입률이 최고조였던) 1979년에 8,500만 근로일이던 것이 1990년 말에는 700만 근로일 이하로 줄어들었는데(Calmfors 2001), 한편으로 임금분배분도 같은 기간에 거의 10% 포인트 감소하였다. 유의할 점은, 1980~1990년대에 유럽과 마찬가지로 노조의 호전성 하락을 경험했던 미국에서는 임금분배분이 감소하지 않았다는 것이다(Blanchard and Wolfers 2000).

〈표 3.2〉는 파업활동에 대한 보다 상세한 정보를 보여주는데, 다만 2000~2004년 기간의 자료로 다소 오래된 것이라는 점은 아쉽다. 파업활동에서도 국가간에 사정이 매우 다양한 것을 쉽게 알 수 있다. 전반적인 파업률은 노동자 1천 명당 결손 근로일수로 정의되는데, 아이슬란드가(노동자 1인당) 약 0.6일로 가장 높고, 스페인이 0.23일로 그 다음이다. 독일, 일본, 폴란드 및 스위스와 같은 나라들은 파업률이 매우 낮다. 파업률은 파업의 평균 기간과 관련되는 노동자의 수라는 두 부분으로 나누어 볼 수 있다. 파업기간은 터키에서 가장 길었고(약 38일), 미국에서는 평균 25일 정도 지속되었다. 파업기간이 매우 짧은 경우도 많다. 파업활동의 규모는 가장 큰 것이 이탈리아로서 1천 명당 157명이 파업에 관련되었는데 지속기간은 평균 1일에 그친다. 스페인 역시 규모는 비교적 크지만 기간은 평균 3일 이내이다. 끝으로 작업 중단의 강도는 10만 명당 정지횟수로 정의되는데, 덴마크에서 가장 높다.

단체교섭의 빈도에 관해서, 특히 전국적 단체교섭의 지속기간이 어느 정도이며 이 기간이 어떻게 처리되는지에 대해서 국가간 비교가 가능한 정보가 없다는 점은 아쉽다. 인플레이션과 생산성의 변화에 대한 자동적 조정에 관해서도 자료가 없는데, 경기변동에 걸쳐서 임금의 움직임을 이해하려면 교섭 빈도에 대한 정보가 중요한 만큼 특히 아쉬운 점이다.

표 3.2 파업 관련 정보, 2000~2004

국가	파업률	평균 기간	관련 노동자 수	작업 중단의 강도
Australia	48.6	1.7	29.6	8.7
Austria	80.3	1.8	49.1	—
Belgium	76.1	—	—	—
Canada	171.4	14.8	12.6	2.4
Denmark	39.4	1.3	27.9	37.6
Finland	49.1	1.9	28.8	4.4
France	101.0	—	—	5.9
Germany	3.5	1.4	4.0	—
Iceland	597.5	16.7	22.6	3.4
Ireland	41.7	5.1	11.1	1.8
Italy	140.3	1.0	157.4	4.9
Japan	0.4	2.0	0.2	1.7
Korea	100.6	11.1	9.7	2.2
Mexico	21.6	15.7	1.7	0.2
Netherlands	10.7	2.5	5.5	0.2
New Zealand	16.6	2.6	7.8	2.2
Norway	75.9	13.3	10.9	0.6
Poland	1.6	5.1	0.2	0.2
Portugal	15.7	1.4	11.3	5.4
Spain	234.2	2.7	138.5	5.3
Sweden	34.2	3.6	4.9	0.3
Switzerland	5.6	1.1	4.8	0.2
Turkey	20.2	38.1	0.8	0.3
United Kingdom	28.7	2.7	13.4	0.6
United States	46.8	24.5	1.4	0.0

출처: OECD database.

주: 파업률은 노동자 1천 명당 결손 근로일 수; 평균 기간은 참여 노동자 1인당 결손 근로일 수 평균; 관련 노동자 수는 1천 명당 파업 관련자 및 작업장에서 배제된 노동자 수; 작업 중단의 강도는 노동자 10만 명당 작업 정지 횟수.

3.2 이론

교섭 모형(bargaining model)은 노동조합의 활동이 고용과 임금에 미치는 효과를 보여주는 데 유용하다. 이 모형이 시사하는 바는 노조의 목표 여하에 따라 달라지는데, 모든 노동자가 동일한 선호와 생산성을 갖는다는 가정을 넘어서게 되면, 목표 그 자체가 노조의 구성 여하에 관련되게 된다. 따라서 먼저 동일한 구성원을 가정해서 단체교섭 모형을 살펴본 다음에 내생적 구성원(endogenous membership)의 모형으로 나아가기로 하자.

3.2.1 단체교섭

노조가 임금과 고용에 미치는 영향은, 한편에 노동조합과 다른 한편에 고용주 조직이 참여하는 단체교섭 과정의 결과로 나타내는 것이 효과적이다. 이 과정의 결과는 양 당사자의 교섭력과 교섭의 범위, 특히 임금만이 문제인지 임금과 고용수준 모두가 관련되는지 여부에 따라 달라진다.

단체교섭의 표준적(그리고 현실적) 표현은 노조와 고용주 조직이 임금에 대해 교섭하는 상황인데, 교섭된 임금은 기업의 '경영권'(right to manage)을 갖는 개별 고용주에게는 여건으로 주어진다(Nickell and Andrews 1983). 즉 고용주는 단체교섭에서 합의된 임금을 전제로 해서 기업 이윤을 극대화하는 고용 수준을 선택하게 된다. 노조는 유보임금이 같고 생산성도 같은 균일한 노동자들로 구성된다고 가정한다. 노조는 동질적인 노동자들의 효용을 극대화하며 고용주는 이윤을 극대화한다. 교섭 과정의 결과는 노조의 교섭력에 따라 달라진다. 교섭력은 경쟁균형의 경우처럼 0에서부터 일방적으로 임금을 정하는 독점 노조(Dunlop 1944)의 경우인 1까지의 값을 갖는(Box 3.1의 β와 같은) 매개변수로 표현된다.

Box 3.1 임금 교섭(경영권을 전제한 경우)

교섭이론(Binmore et al. 1986; Osborne and Rubinstein 1990)에 따르면, 경영권을 전제로 한 교섭과정의 결과는 합의가 없을 때의 결과물(the fallback or status quo option)에 비해서 노동자 및 고용주가 얻는 잉여를, 노동조합의 교섭력을 가중치로 해서 서로 곱한 값의 최대 수준으로 주어진다(Nash 1950, 1953). 노동조합원이 위험중립적인 경우에, 즉 그들의 효용은 임금에만 의존하고 그래서 $u(w)=w$인 경우에, 각 노조원의 잉여는 비고용 상태 혹은 유보임금과 같이 교섭된 임금과 효용 간의 차이, 즉$(w-w^r)$로 표현된다. 경영권하의 협상구조에서 노동조합 전체의 잉여는 각자의 잉여를(실업상태의 노조원은 잉여가 없기 때문에) 활동 중인 노조원의 수, 즉 노동수요 $L^d(w)$로 곱한 값이 된다. 만약 합의에 도달하지 못하게 되면, 기업은 생산을 하지 않게 되며 이윤은 없다. 그러므로 고용주의 잉여는 단순히 수입과 비용의 차이인 $\pi \equiv R[L^d(w)]-wL^d(w)$로 주어진다.

그러면 경영권하의 합의에서는 다음의 Nash 방정식을 최대화하는 임금 수준이 도출된다.

$$[L^d(w)\,(w-w^r)]^{\beta}[R(w)-wL^d(w)]^{(1-\beta)} \tag{3.1}$$

여기서 β는 노동조합의 교섭력이다. 이 문제의 해가 되는 임금 수준은 음함수 형태로 나타내면, Nash 방정식의 1차 조건식으로 주어진다.

$$\frac{w-w^r}{w}=\frac{\beta}{\frac{\beta}{\eta}+(1-\beta)\varepsilon_w^{\pi}} \tag{3.2}$$

여기서 η와 $\varepsilon_w^{\pi}=\left|\frac{\partial \pi}{\partial w}\frac{w}{\pi}\right|$는 각각 역(逆)노동수요와 이윤의 임금에 대한 탄력성이다. 그러므로 노조의 교섭력이 클수록 실업 대비 노조원이 향유하는 잉여는 더 커진다. 이러한 노조의 임금 인상(mark-up)은 노동수요 및 이윤의 탄력성 절댓값이 커짐에 따라 감소하며, 후자의 중요성은 노조 교섭력이 감소할수록 더 커진다. 즉, β가 0에 접근함에 따라 노조의 임금프리미엄의 크기도 0에 접근하는데, 이는 노동자가 경쟁적(그리고 순수 수요독점) 균형에서처럼 그들의 유보임금을 받게 되는 것을 의미한다. 한편, β가 1에 접근할 때(노조 교섭력이 매우 강할 때)에 그들의 프리미엄은 역노동수요의 탄력성이 된다. 그 때 노조에 의해 결정된 임금은 공급독점 상태의 노조 임금(상첨자 u로 표시)이 되며 임금 프리미엄은 다음과 같다.

$$\frac{w^u-w^r}{w^u}=\eta \tag{3.3}$$

위 식은 노동수요가 탄력적일수록(예를 들어 강력한 경쟁압력이 있는 경우) 노동조합이 얻는 프리미엄은 더 작아진다는 점을 시사한다.

이 모형에 따르면, 노조의 교섭력이 강할수록, 노조가 유보임금 위에 더하는 쐐기 혹은 인상폭(mark-up)이 커지고 그에 따라 고용 수준은 낮아지게 된다(Box 3.1). 이런 예측은 [그림 3.3]에서처럼 그림으로 나타낼 수 있다(곡선 *IC*는 노조의 무차별곡선(indifference curve)으로, 노조의 목적함수에서 임금과 고용이 어느 정도 대체성을 가짐을 나타낸다). 고용수준 *L*은 경영권을 갖는 고용주가 정하는 만큼, (경영권을 전제로 하는) 단체교섭의 결과는 우하향의 노동수요곡선 L^d 상에 나타나야 한다. 또 달성될 수 있는 임금(및 고용) 수준의 영역에는 제한이 있다. 임금이 유보임금보다 낮아질 수는 없는데, 유보임금 즉 비고용의 효용이 임금보다 높은 경우에는 아무도 일하지 않을 것이기 때문이다. 이러한 임금교섭 하한선은 경쟁균형 수준인 w^*에 상응하게 될 것이며, 그것은 노동수요 및 (노조가 없을 때의) 노동공급 곡선이 작용하는 상황이다.

임금교섭 상한은 노동수요곡선 상에 있어야 한다는 제약하에 노조원의 잉여를 극대화하는 임금 수준 w^u이다. 노조는, 더 높은 임금을 요구할수록 개별 노동자가 실업상태의 효용(유보임금)에 비해 더 많은 잉여를 누릴 수 있는 반면에 고용 수준이 낮아져서 잉여를 향유하는 구성원의 수가 줄어든다는 점을 고려해야 한다. Box 3.1에 나타나 있듯이, 노조가 경쟁균형 임금보다 높이 요구하는 임금 인상은 노동수요의(임금)탄력성이 클수록, 즉 임금인상이 고용에 미치는 비용이 클수록 감소하게 된다. 중간 영역에서는($0<\beta<1$ 경우), 이윤의(임금)탄력성, 즉 노조가 고용주에게 끼치는 비용도 교섭 결과에 중요하게 작용한다.

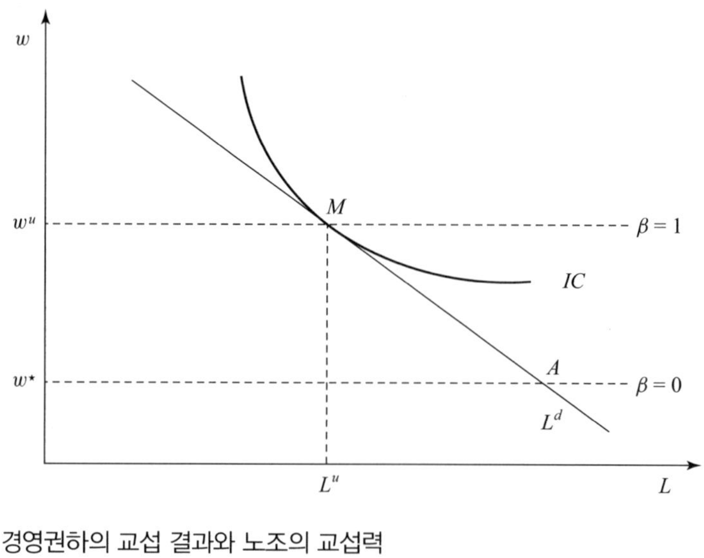

그림 3.3 경영권하의 교섭 결과와 노조의 교섭력

요약하자면, 경영권하의 단체교섭에서 임금은 노조의 교섭력이 강할수록 상승하고 노동수요와 이윤의 임금에 대한 반응도가 클수록 하락할 것이다. 이 두 가지 탄력성은 제품시장의 경쟁이 심할수록 커진다. 따라서 제1장에서 논의한 결과와 마찬가지로, 제품시장 경쟁이 심화될수록 노동시장 제도로 인한 노동공급과 노동수요 간의 쐐기는 감소하게 된다.

경영권하의 단체교섭에서는 고용이 교섭과정에서 빠진다는 점에서 비효율적이다. 균형은 기업의 노동수요곡선 상에서 나타나야 하고, 따라서 누군가의 후생을 감소시키지 않고 적어도 한 교섭당사자의 상황을 개선시킬 수 있는 임금 및 고용 조합이 배제될 수 있다. 바꿔 말해서, 파레토 개선(Pareto-superior) 균형이 있을 수 있는데, 경영권 모형에서는 임금만이 교섭 대상이라는 가정 때문에 이 점이 무시된다. [그림 3.3]에서 균형점은 파레토 최적 배분점들의 집합인 '계약곡선'(contract curve) 상에 있지 않을 수 있다.

'효율적 계약'(efficient contract), 즉 임금과 고용을 모두 포함하는 단체교섭의 결과는 임금만이 교섭 대상이 되는 경우에 비해서 고용은 더 많고 임금은 더 낮아지는 것이 일반적이다(McDonald and Solow 1981; Ashenfelter and Brown 1986; MaCurdy and Pencavel 1986).[4] [그림 3.4]는 경영권 모형의 결과(노동수요곡선 상 *AM* 영역)뿐 아니라 계약곡선(선분 *AB*)도 보여주고 있다. 그림에 나타나듯이, 독점 노조의 경우인 *M* 점에서, 노동수요곡선의 기울기가 노조의 무차별곡선의 기울기와는 일치하지만, '등이윤(isoprofit) 곡선'(예컨대 곡선 *PC*)과는 접하지 않는다. 여기서 무차별곡선은 더 높은 임금과 더 적은 고용이 서로 대체될 수 있음을 나타내고, 등이윤곡선은 기업에게 동일한 이윤을 가져다주는 임금과 고용의 조합들을 나타낸다(선택된 수준보다 고용을 늘리거나 줄이면 이윤이 감소하지만 그것은 임금이 낮아진다면 보상될 수 있음을 보여준다). 노동수요곡선이 기업의 등이윤곡선들의 정점을 연결한 것이라는 점에 주목하자. 독점 노조의 *M* 점에서 노조의 무차별곡선과 기업의 등이윤곡선이 접하지 않고 교차한다는 사실은 '거래 이익'(gains from trade)이 존재한다는 것을 의미한다. 예를 들어 [그림 3.4]의 *M* 점에서 *B* 점으로 이동한다면, 동일한 등이윤곡선 *PC* 를 떠나지 않으면서도(즉 *M* 점과 동일한 이윤을 유지하면서도) 더 높은 무차별곡선으로 갈 수 있다. 사실 [그림 3.4]의 무차별곡선 IC_1과 등이윤곡선 *PC* 사이의(볼록렌즈 모양) 영역에서는 노조와 기업이 교섭을 통해 *M* 점의 경우보다 우월한 결과를 얻을 수 있다. 하지만 교섭이 효율

4) 효율적 교섭이 경영권 모형에서보다 더 적은 고용을 가져오는 것은 노동자가 위험선호적일 경우가 유일한데, 경험적으로는 별 의미가 없는 경우이다.

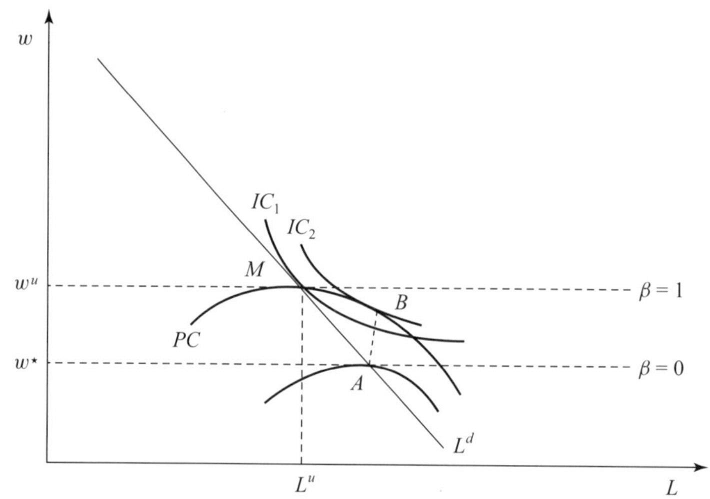

그림 3.4 효율적 교섭 결과

적이 되는 것은 그것이 무차별곡선과 등이윤곡선의 기울기를 일치시킬(양자가 접하게 될) 때에만 성립한다. 이 조건이 성립할 경우, 더 이상의 거래이익은 존재하지 않으며, 일방의 입장은 상대방의 희생을 통해서만 개선될 수 있다. 접점들의 궤적을 나타내는 [그림 3.4]의 선분 *AB*는 이 조건으로 정의된다.

계약곡선은 완전경쟁 노동시장을 나타내는 *A*점에서 시작한다. 여기서는, 고용수준에 관계없이, 노동자는 노조 가입에서 아무런 편익도 얻지 못한다. 그러므로 노조의 무차별곡선은 수평선이 되며, *A*점은 등이윤곡선과 무차별곡선의 접점이 된다. 계약곡선 *AB*는 양(+)의 기울기를 가진다(*A*점을 벗어나면, 고용과 임금이 모두 완전경쟁 노동시장의 경우보다 높다). 교섭은 효율적이라 해도 고용 결과는 그렇지 못하다. 그러므로 이런 상황은 '약(弱) 효율적'(weakly efficient) 교섭이라고 부르기도 한다.[5] 계약곡선이 우상향인 효율적 교섭 상황에서는 노조의 교섭력 상승이 고용 감소를 의미하는 것은 아니다. β가 커질수록, [그림 3.4]의 *AB*선 상에서 *B*쪽에 가까워지게 되며, 고용 수준은 경영권하의 교섭에서의 어떤 경우보다도 높아질 수 있다. 그림에서 노조가 북동쪽으로 이동함으로써 구성원들의 효용은 더 높아지겠지만, 기업의 이윤은 임금이 상승할수록 감소한다. 따라서 계약곡선 상에서의 위치는 상대적인 교섭력에 따라 달라진다. 경영권 체제에서는 계약곡선에서 *A*점만이 달성될 수 있는데, 그것이 노조의 교섭력이 없는 경

5) 기업이 경쟁노동시장의 경우보다 많은 노동자를 고용하는 이런 상황은 "과잉고용"(featherbedding)이라 부르기도 한다.

우에 이루어지는 경쟁균형 결과이기 때문이다. 끝으로 계약곡선의 길이(즉 선분 *AB*의 길이)는 고용주와 노동자가 나누게 되는 지대의 크기에 따라 달라진다. 제품시장 경쟁이 강할수록 계약곡선의 길이는 짧을 것이다.

계약곡선 *AB*가 수직형인 경우는 특별한 상황이다. 이 경우 교섭은 '강(强)효율적'이다. 계약곡선 상에서 이루어진다는 점에서 효율적이며, 동시에 고용 수준이 완전경쟁 노동시장의 경우와 같다. 수직적 계약곡선은 노조(즉 노조 구성원)의 위험중립성에서 기인한다. 계약곡선이 음(−)의 기울기를 가질 수도 있다. 효율적 교섭은 분권화된 교섭 수준에서만 가능하다는 점에 유의하자. 전국적 또는 중앙집중식 교섭의 경우 임금과 고용을 동시에 높이는 방식은 시행이 불가능하다. 중앙집중적 수준에서는 경영권 모형이 적용될 것이다.

효율적 교섭 모형의 흥미로운 응용은 임금과 표준 노동시간(workweek hours)에 대해서 교섭이 이루어지는 경우이다(Booth and Ravallion 1993; Contensou and Vranceanu 2000). 이 경우에 노조는 시간당 임금 인상과 근로시간 단축을 교환할(trade off) 수 있다. 제5장에서 살펴보듯이, 여가에 부여하는 가치가 상대적으로 높을수록 더 적은 근로시간으로 합의가 될 가능성이 크다. 근로시간 단축이 반드시 '일자리 나누기'(work sharing), 즉 "더 많은 사람이 더 짧게"(less hours – more workers)라는 교섭 결과를 수반하는 것은 아니다. 일자리 나누기가 성사되려면, 시간당 노동생산성과 근로시간이 강한 음의 관계를 보여야 하며, 노조의 협상력은 비교적 약해서 시간당 임금의 하락을 수용하거나, 적어도 시간당 임금이 노동생산성 증가보다는 적게 상승하는 것을 수용할 수 있어야 한다.

3.2.2 노동조합 구성원

앞에서 논의한 단체교섭의 결과는, 모든 노조 구성원의 선호가 같고 생산성도 같다고 가정한 것이다. 노동자의 선호가 다르다면, 노조 구성원의 총잉여 극대화는 개인간 효용 비교를 수반하게 된다. 예를 들어, 각 개별 노동자의 잉여를 단순히 합한다고 한다면, 모든 구성원에게 소득수준에 무관하게 동일한 가중치를 둔다거나 또는 노조가 보다 평등주의적 목적함수를 선택한다는 의미가 된다(가령 최저 수준 노동자의 후생을 극대화하는 최소최대(maximin) 규칙). 이런 점에서, 이질적인 선호를 노조의 목적이라는 단일 척도로 바꾸는 함수를 임의적으로 정의한다는 것은 몇 가지 규범적 가정을 전제로 하는 것이다.

노조 목적의 모형화에 대한 실증적 접근을 위해서는 노조의 내부적 의사결정 구조를 분석해야 한다. 노조는 구성원의 자발적 연합체이므로 그 목적은 궁극적으로 참여자, 특히 회비를 지불하는 자의 선호에 따라 달라진다. 노조가 민주적 의사결정 절차를 따르는 경우, 그 목적은 다수결 투표절차의 결과일 것이다. 구성원이 진지하게 투표한다고 가정할 때, 하나의 결정이 주어지고(가령 임금 강령), 이 선택변수에 대한 개인들의 선호는 단봉(single-peaked) 형태가 된다. 그러면 노조의 목적함수는 중위 구성원의 그것과 일치하게 된다. 따라서 내생적 구성원 모형은 노조의 목적을 나타내는데도 유용하다. 가입과 비가입 간에 무차별한 한계적 구성원의 정체를 정의하는 구성원 방정식을 더함으로써 독점노조 모형에 편입시킬 수 있다. 그러면 중위 구성원을 찾아내어 그의 선호를 독점 노조가 극대화하려는 목적함수로 간주할 수 있다.

내생적 구성원 모형은, 노조활동의 결과가 노조 가입 여부와 무관하게 모두에게 무료로 제공되는 경우에도 노동자가 회비 납부를 감수하면서 노조에 가입하는 이유를 제시한다. '노동조합 무임승차 수수께끼'(union free-rider puzzle)라고 하는 이 문제에 대한 해답은, 현장 훈련(Acemoglu et al. 2000), 퇴직 및 세금 관련 상담(Booth 1995), UBs, 또는 연착륙 퇴직 계획(Brugiavini et al. 2001) 등과 같은 사적 재화를 노조원에게 배타적으로 공급한다는 것에서 찾을 수 있다. 단체협약이 법적으로 확대 적용되는 체제에서의 노조 가입에 대한 대안적 설명으로, 가령 "선량한 사회적 가치"(good societal values)와 같은 평판을 노조원에게 부여하는 사회규범을 지적하기도 한다(Akerlof 1980; Naylor and Cripps 1993; Corneo 1997).

노조가입에 관한 문헌은 노조가 대개 평등주의적 임금정책을 추구하는 이유를 설명하는 데도 도움이 된다. 이념적 요인 외에도, 이런 평등주의는 위험기피적 개인들에게 임금 변동에 대한 보험을 제공하려는 취지이거나(Agell and Lommerud 1992), 혹은 엄격한 EPL 상황에서 재협상 비용을 절감하고 저숙련 노동자의 상대적 지위를 개선시키는 수단일 수도 있다(Kramarz et al. 2008). 노조는 기회균등 법제의 집행에 관여할 수도 있는데, 여성들이 노조 구성원으로서 점점 중요해지는 상황에서는 특히 그러하다.

노조의 구성이 노조의 목적에 영향을 주게 되지만 노조의 임금 강령이 노조 가입에 영향을 주기도 한다. 최저임금과는 달리, 노조는 임금분포 전체에 걸쳐 활동하면서, 시장이 노동자간 생산성 차이를 보상하는 방식에 개입하게 된다. 예를 들면, 이탈리아가 두 자리 수 인플레이션을 겪던 시기에 노조는 모든 노동자에게 절대적으로 같은 크기의 인플레이션 조정을 적용하는 임금(물가지수)연동제를 지원했는데(이른바 "punto unico di contingenza"), 그것은 임금분포를 상당히 축소시킬 수 있다. 가령 인플레이션이 10% 수준이며 균일한 조정금액은 100유로라고 하자. 애초에 1천 유로 이하를 벌던 사람은 자동조정 방식의 결과로 실질임금이 증가하거나 적어도 동일하게 유지될 것이지만, 애초에 1천 유로 이상을 벌던 사람은 실질임금의 하락을 경험하게 될 것이다.

노조는 임금격차를 축소하는 평등주의적 임금정책을 추구하는 경향도 있다. 이로 인해서 임금분포 최저층에 위치하는 최저 숙련층 노동자는 밀려나게 될 수 있고, 노조가 없는 경우에 존재하던 숙련 할증은 줄어들 것이다. 그러면 고숙련 노동자들이 노조에서 이탈하게 될 수도 있다(이탈리아에서는 중간 관리자 및 고숙련 노동자들이 노조에 반대하는 파업을 실행한 적도 있다). 최고 숙련층은 노조에 가입하지 않으며 최저 숙련층은 다수가 실업 상태이므로, 노조 구성은 중간 숙련층으로 집중되는 경향이 있다. 중간 숙련층의 중위 노조원은 자신의 상대적인 보수 수준을 높이는 임금 강령을 지지하는 경향이 있다. 노조 임금과 구성원 간의 이러한 상호작용에 대해서는 연구가 거의 이루어지지 않고 있다.

3.2.3 파업

파업은 드문 현상이지만 흥미로운 연구 대상이다(Kennan 1986 참조). 그것은 교섭과정이 적어도 일시적으로 교착상태에 빠졌음을 보여주는 지표이다. 교섭과정에 관한 최초의 모형은 Hicks(1932)가 개발한 것인데, [그림 3.5]의 위쪽에 예시되어 있다. 모형은 기업과 노조가 임금에 대해서만 교섭하는 것으로 가정한다. 노조는 기업이 제시하는 수준보다 높은 임금을 원해서 파업에 들어간다. 파업 시초에 노조는 w_0를 원하지만 기업은 w_e를 제시한다. 파업의 경우, 노조는 포기해야 하는 소득이라는 비용을, 기업은 포기해야 하는 생산이라는 비용을 각각 부담한다. 따라서 파업 지속기간은 노조가 요구

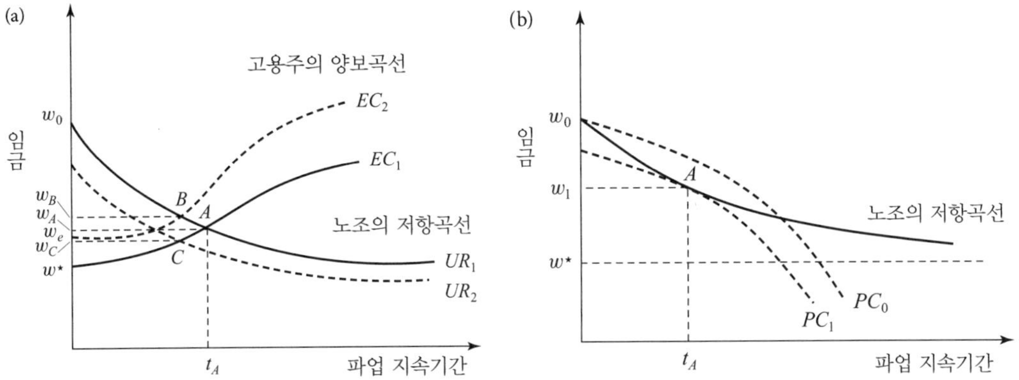

그림 3.5 노조의 저항곡선, 고용주의 양보곡선, 파업: (a) 힉스 역설, (b) 고용주 최대 이윤

하는 임금과 기업이 제시하는 임금 모두에 영향을 미친다.

파업 중에 노동자의 소득은 평시에 벌던 소득보다 현저히 낮으므로, 파업이 지속됨에 따라 노동자는 요구하는 임금을 낮춘다. 이 과정이 노조의 저항곡선 UR_1로 예시되어 있다. 기업 역시 생산 중단이라는 비용을 부담하므로, 제시하는 임금을 높이게 된다. 이 과정이 고용주의 양보곡선 EC_1로 예시되어 있다. [그림 3.5] (a)에서 저항곡선과 양보곡선이 A점에서 교차한다. 재밌는 점은, 만일 교섭과정의 양 당사자가 저항곡선과 양보곡선의 위치와 형태를 알고 있다면, 양자 모두 균형 결과를 예측할 수 있고 따라서 파업은 시작되지도 않았을 것이라는 점이다. 파업 없이 임금 w_A에 합의함으로써 파업의 비용을 피하는 것이 합리적이다. 힉스 모형에서 파업의 비합리성은 '힉스의 역설'로 알려져 있다. 그렇지만 비대칭정보(asymmetric information)의 경우에 파업이 발생할 수 있다. 노조가 고용주의 양보곡선을 EC_2라고 생각한다면 균형임금은 w_B일 것으로 예상할 것이다. 한편 고용주가 노조의 저항곡선을 UR_2라고 생각한다면 균형임금은 w_C일 것으로 예상할 것이다. 이런 경우, 예상의 차이 때문에 사전에 합의가 이루어질 가능성은 없고 파업이 발생할 것이다.

Ashenfelter and Johnson(1969)에 따르면, 정보의 비대칭은 기업의 재무상태에 대한 노조의 정보가 불완전하다는 것을 의미한다. 고용주는 노조의 저항곡선을 알고 있으며, 이 곡선 상에서 이윤이 극대화되는 점을 선택한다는 것이다. [그림 3.5] (b)에 예시되어 있다. 노조의 저항곡선은 위 그림과 같으며, (다른 기업 또는 산업에서 벌 수 있는) 유보임금 w^*가 더해져 있다. 노조의 저항은 파업이 지속됨에 따라 하락해서 w^*에 수렴해 간다. 기업이 w_0를 지불한다면 이윤은 등이윤곡선 PC_0 수준이 될 것이다. 이 이윤곡선은 동일한 이윤을 가져다주는 임금과 파업기간의 조합을 보여준다. 낮은 위치의 등이윤곡선이 더 높은 이윤을 의미한다. 노조 행동을 조건부로 하는 극대이윤은 A점에서 얻어지는데, 여기서 이윤곡선은 저항곡선에 접하고 있다.

이 모형의 결과는 단순한 상충관계로 결정된다. 기업이 너무 빨리 양보하면 더 높은 임금을 지불하게 되며, 너무 늦게 양보하면 생산 중단의 비용이 증가한다. 이 모형에서는 기업의 재무상태를 노조에게 드러내기 위해서 파업이 필요하다. 초기의 높은 요구임금 w_0은 정보 비대칭의 결과임에 유의하자. 노조가 정확한 상황을 파악했다면 더 낮은 임금을 요구했을 수도 있지만, 기업은 진정한 재무상태를 드러내지 않으려는 유인을 가진다. 노조가 파업하지 않는다는 보장만 있다면, 기업으로서는 재무상태가 나쁘다고 (따라서 임금을 올려줄 여력이 없다고) 주장하려는 유인이 있다.

3.3 경험적 증거

노동조합이 노동시장에 미치는 효과에 관한 경험적 문헌에는 두 가지 주요 연구 방향이 있다.[6]

1. '노조 임금 격차'(union wage gaps), 즉 비노조원에 대비해서 또는 전체 임금분포에서 노조원의 임금에 노조가 미치는 효과를 추정하는 것으로, 주로 개인 자료를 이용함.
2. 노조 가입률과 교섭 조정이 고용, 실업 및 인플레이션에 미치는 효과를 추정하는 것으로, 주로 거시경제적 시계열 자료를 이용함.

3.3.1 임금 효과

노조 가입은 득이 될 수도 있으며, 노조원과 비노조원 간에 임금 격차가 발생한다(Box 3.2). 관련 문헌을 검토한 Booth(1995)에 따르면, 노조 임금격차는 미국의 경우 12~20%, 영국에서는 3~19% 수준으로 추정되고 있다. 다른 나라들에서의 추정치는 큰 의미가 없다고 하겠는데, 단체교섭 적용범위의 법적 확장을 감안한다면 노조원이 아니어도 노조 계약의 적용을 받기 때문이다. 관련 문헌에 따르면 노조 가입률이 고임금과 연관되는 것이 사실이지만 노조 임금격차의 추정치는 매우 부정확할 수 있다. 먼저 측정오차가 크게 작용할 수 있는데, 비노조 부문의 노동자는 보수에 대한 정보가 적다거나 일부 노조원은 자기 소속을 밝히기를 원치 않기 때문이다. 또한 회귀분석에서 추정되는 노조 임금격차가 큰 경우, 고용주와 나눌 수 있는 지대가 많고 따라서 임금이 더 높은 산업 또는 기업이기 때문에 노동자가 노조에 가입하려고 결정한다는(기술적으로 표현하면, 노조 가입 쪽으로 자기선택(self-select)한다는) 사실을 반영하는 것일 수도 있다.(노조는 자발적 단체인 만큼) 가입하는 쪽으로의 자기선택이 임금과 노조 가입 사이에 역(逆)인과관계로 인한 양의 상관관계를 초래할 수 있는데, 그 직장이나 직종에서 임금이 높기 때문에 노조가 결성되는 것이지, 그 반대가 아니라는 것이다.[7]

---

6) 지난 몇십 년 동안 노조가입률과 파업활동은 감소 추세를 보여 왔다; 미국에서의 노조의 쇠락에 대해서는 Hirsch(2008), 영국에서의 파업활동의 감소에 대해서는 Godard(2011)을 참조.

7) 이러한 내생성(endogeneity) 문제는 내생적 가입 방정식을(임금 방정식과 동시에) 추정함으로써 대처할 수도 있는데, 그것은 노조 가입 결정 여부를 가입비, 산업 수준의 노동생산성(또는 기업과 노동자가 분배하게 될 파이의 크기를 포착하기 위한 제품시장 시장력의 척도), 그리고 숙련도와 같은 몇 가지 공변량(covariates)과 관련짓는 것이다. 이 접근법은 노조의 평등주의적 임금정책이 특정 숙련층을 주로 유치하게 된다는 점을 감안할 수 있다.

Box 3.2

노동조합 임금 격차

경제이론에 따르면, 노동조합은 개인의 유보임금 수준 이상으로 임금을 인상시킴으로써 고용주로부터 경제적 지대를 가능한대로 얻어낸다. 이러한 예측이 소위 노동조합 임금 프리미엄을 추정하는 다양한 실증연구를 유발했다. 이 이론을 자료에 적용하는 경우에, 모든 노동자와 일자리가 동일하게 생산적이지 않다는 점을 이해해야 하며, 노조의 존재와는 무관한, 급여 차이의 속성들을 통제할 적절한 변수를 찾아내야만 한다.

따라서 노조의 임금격차는 다음과 같은 임금함수의 횡단면 추정으로 확인할 수 있다. (단순화를 위해서 여기서는 오차항과 상수항을 제외한다.)

$$\log w_i = \beta_m D_i + X_i'\gamma \tag{3.4}$$

여기서 D_i는 노동조합 조합원을 나타내는 가변수이다(개인 i가 노조원이면 1, 그렇지 않으면 0의 값을 갖는다). X는 나이, 교육수준, 근속 등 임금에 영향을 끼치는 개인 특성들의 벡터이다. w^u와 w^n을 각각 노조원과 비노조원의 임금이라고 한다면, 추정된 노조의 임금격차는 매개변수 β_m이 된다.

$$\frac{w^u - w^n}{w^n} \approx \log w^u - \log w^n = \beta_m \tag{3.5}$$

일부 연구자들은 D_i와 개인 특성변수들이 상호작용할 수 있게 함으로써, 노동조합이 평균임금뿐만 아니라 고용주가 연령, 성별, 연공서열 등의 특성을 보상하는 방식에도 영향을 미칠 수 있게 한다. 노조의 임금격차는 실제로 두 부문 간에 개인의 특성을 보상하는 방식에서의 차이와 노조원 대 비노조원의 특성 차이를 모두 반영한다.

단체교섭의 적용범위가 노조원을 훨씬 넘어서 확장되는 나라의 경우에는 노조가 임금에 미치는 효과를 평가하기 어려운데, 가상적인 반(反)사실적(counterfactual) 임금분포를 알 수 없기 때문이다(노조 부재의 경우에 임금이 무엇인지에 관한 지표가 없음). Di Nardo et al.(1996)는 노조가 전체 임금분포에 미치는 효과를 식별하기 위한 기발한 방법을 개발했다. Blau and Kahn(1996), Kahn(1998, 2000), Card(2001) 등도 노조의 결성(또는 해산)이 임금분포 전반에 미치는 효과에 대한 추정치를 제시했다. 노조 가입과 단체교섭 적용이 긴밀하게 연관되는 나라들에서도 노조의 존재는 전체 임금분포에 파급효과를 미칠 수 있다. 몇 가지 이유가 있는데, 노조는 비노조원의 교섭력도 증가시킬 수 있고, 노동력의 숙련도 구성과 그에 따라 노동과 자본의 대체가능성을 바꿀 수 있으며, 노동수요의 부문간 구성에도 영향을 미칠 수 있다. 이런 파급효과가 중요하다면, 노조 활동의 임금 효과를 평가하려면 임금분포 전반을 고려해야만 할 것이다. 노조가 생산성, 근로시간 및 고용에 미치는 효과를 평가하는 (훨씬 소규모의) 문헌에서도 유사한 문제가 발생한다. 노조가 전체 임금분포에 미치는 효과를 평가하는 실증적 문헌에 따르면, 대체로 노조는 임금분산을 축소시키는데, 교섭의 집중도 또는 조정도가 높은 나라들에서 특히 그러하다.

3.3.2 교섭 조정, 노조 가입률, 실업

한편으로 노조 가입률 및 교섭의 구조와 다른 한편으로 실질임금 및 실업 간의 관계를 다룬 연구들도 있다.[8)] 이 문헌은 3.1.3에서 언급했던 교섭구조에 관한 매우 불완전한 척도를 이용하고 있다. 이 척도들은 시계열적 변동에서도 제한적이다. 패널자료를 이용해서 국가간 및 시간적 변동을 모두 설명하려고 한다는 점에서 이것은 심각한 약점일 수 있다.

이런 한계는 있지만 거시적 실증분석의 일관된 결과는, 조정에 관한 넓은 척도를 사용할 때 조정의 정도와 실업 간에는 단조적인 음의 관계가 나타나며, 높은 조정도가 실업률을 낮춘다는 것이다. 대신에 중앙집중도의 척도가 사용되는 경우, 봉우리 모양의 관계가 나타나는데(Calmfors and Driffil 1988), 집중도가 낮거나 높은 경우에 실업률이 낮고, 혼합형의 중간적 교섭체제에서는 실업률이 높다. 하지만 보다 최근에 Di Tella and MacCulloch(2005)는 높은 교섭 집중도와 높은 실업률이 관련된다는 것을 발견했는데, 이것은 OECD 지역에서 교섭의 분권도가 높아지는 추세를 이해하는 데 도움이 되는 결과이다(3.4.2 참조).

교섭 조정에 관한 결과와 노조 가입률 및 단체협약 적용범위를 설명변수로 하여 추정한 결과를 비교하는 것도 관심사다. 대체로 후자의 경우에 전자보다 설명력이 낮다. 다수의 연구가 보여주는 바는, 실업률 차이를 설명하는 데 전자보다 후자가 제한적이라는 것이다. 거시경제적 결과에 대해서는 교섭 조정에서의 차이가 가입률이나 적용범위의 차이보다 더 중요하다는 것으로 해석해 볼 수 있다. 그러나 가입률/적용범위와 교섭 조정이 상호 독립적인 것으로 볼 수 있는지는 불확실하다. 가입률과 적용범위가 높은 경우에 노조 부문에서의 높은 조정도 용이할 수 있는데, 조정의 편익은 해당 노동자의

---

8) 적용범위, 가입률, 집중도, 조정 등이 균형 실업률에 미치는 영향에 관한 계량경제학 증거의 개관으로는 OECD(2006a), 제3장을 참조.

수가 많을수록 커질 것이기 때문이다(Holden and Raaum 1991).

전반적으로, 이런 거시경제적 문헌에서의 (취약한) 추정값이 시사하는 바는, 다른 조건이 일정할 때, 교섭 조정도와 노조 결성률이 높은 경제의 고용 성과가 그것이 낮은 경제에 비해 양호하다는 것이다. 또한 조정이 없는 경우에는 집중적이거나 분권적인 체제에서 거시경제적 성과가 더 좋고, 중간적인 체제에서는 성과가 나쁜 것으로 나타난다.

3.4 정책 이슈

3.4.1 조합은 효율성을 높이는가?

적어도 Hirschman(1970)과 Freeman and Medoff(1984)의 시원적 연구 이래로, 경제학자들은 노동조합을 두 얼굴을 가진 조직으로 제시해왔는데, 즉 좋은(효율성 개선) 면과 나쁜(지대추구) 면이 공존한다는 것이다. 노조의 좋은 면은 원자적 개인들의 집단적 목소리(voice)로 기능하는 것과 관련된다. 그런 목소리가 없다면 생산성이 높아져도 보수 인상 요구에 실패하면 현재 일자리를 떠나서 더 나은 보수의 다른 일자리를 찾아나갈 수밖에 없을 것이다(퇴장(exit)을 선택함). 노조는 노동자에게 계속 남아서 보수 인상의 목소리를 높이는 선택을 제공하는데, 퇴장의 선택은 이동에 수반되는 생산 단절 때문에 더 큰 비용을 수반한다는 점에서, '목소리'가 적어도 '퇴장'만큼은 효과적이다. 노조는 노동자의 불만, 고충, 요구를 전달함으로써 근로관계를 개선하고 교정할 수도 있고, 그래서 기업내 생산성을 향상시킬 수도 있다. 예들 들면, 노조는 고용주에게 현장 훈련을 늘려달라고 요구할 수 있다. 나아가서 노조는 개별 교섭에 수반되는 거래비용을 절감함으로써 효율성 향상에 도움이 될 수도 있다.

불완전 시장에서는 노조의 효율성 제고(efficiency-enhancing) 역할을 할 수 있다는 차선이론적 논거가 몇 가지 있다. 예를 들어 노조는 수요독점의 경우에 최저임금과 같은 역할을 할 수 있다(Robinson 1989). 사실, 역사적으로 노조는 과도한 수요독점력에 대한 대응으로 만들어졌고, (2장 논의에서 도출하듯이) 고용주의 과도한 교섭력을 중화시키는 경우에 적어도 어느 정도까지는 효율성이 높아질 수 있다. 또한 노조는 임금격차를 줄임으로써, 그리고(특히 Ghent 방식의 국가들에서처럼 노조가 UBs 운영에 관여하는 경우에) 실업자에게 일정한 소득을 제공함으로써, 사후적 재분배를 통해서 보험이 없는 노동시장 위험에 대한 보호를 제공할 수도 있다(Jones and McKenna 1994; Agell 2000). 노조가 국가보다 효율적으로 실업보험을 제공한다는 논리적 근거가 있는 것은 아니다. 끝으로 노조는 임금구조를 압축함으로써 경제적 효율성을 개선할 수 있다.

노조의 나쁜 면은 지대추구(rent-seeking) 행동이다. 〈표 3.3〉은 미국의 단체교섭 적용범위, 노조 가입률, 따라서 초과 적용범위를 산업별로 개관하고 있다. 산업 내부적으로 적용범위와 가입률 간에 큰 차이가 없어서 초과 적용범위가 작다. 하지만 산업 간에는 가입률에서 현저한 차이가 있다. 노조 가입률은 (국제경쟁에 노출된) 제조업에서 낮고,(소규모 사업자가 많은) 도소매 업종에서 낮다. 가입률이 비교적 높은 경우는 교육, 공공 행정, 공익산업, 교통 등이다(이 산업들은 국제경쟁 압력이 거의 없다). 〈표 3.3〉이 시사하는 바는 노조는 대체로 경쟁이 약하고 따라서 노동자와 기업 간에 나눌 지대가 많은 산업들에서 강하다는 것이다. Eurobarometer 조사에 따르면, 모든 EU 국가의 경우에 노조는 민간부문보다 공공부문에서 더 강하다. 경쟁이 이윤을 잠식하는 시장에서는 노조가 기업으로 하여금 퇴출이나 고용감축을 강요하지 않고서는 한계생산 이상의 임금을 얻어낼 수 없다. 달리 말하자면, 경쟁이 심할수록 [그림 3.4]에서 선분 AB의 길이는 짧아진다. 노조 구성원과 기업 특성에 관한 미시적 자료가 장기 시계열로 존재하는 소수의 나라 중 하나인 영국의 경우를 보면, 노조 가입률은 제품시장 경쟁이 많이 강화된 산업들에서, 그리고 그런 시기에 더 현저하게 하락했다(Pencavel 2003). Blanchflower(2007) 역시 유사한 결과를 보여주는데, 캐나다, 영국, 미국에서의 탈노동조합화(deunionization)는 민간부문에 집중적으로 나타났고, 공공부문의 노조 가입률

표 3.3 미국의 업종별 단체교섭 적용범위, 노조 가입률, 초과 적용범위, 2011

산업	적용범위(%)	노조 가입률(%)	고용 비중(%)
공익산업	28.7	27.5	1.0
제조업	11.3	10.6	10.9
건설업	16.1	15.2	5.3
교통운수업	30.5	28.8	4.3
도소매업	5.4	4.8	14.5
교육	37.0	33.3	10.1
보건의료 및 사회보조	10.7	9.5	14.0
공공 행정	36.3	32.7	5.4
기타	3.9	3.3	34.5
전체	13.0	11.8	100.0

출처: Hirsch and Macpherson(2003).

은 민간부문 경우의 5배로 높았다.

기업에 수요독점력을 부여하는 바로 그 이동비용(2장)이 노동자에게도 교섭력을 부여해서 고용주로부터 지대를 짜낼 수 있게 만든다. 이런 상황은 고용주가 노동자 훈련과 같은 비가역적인(irreversible) 투자를 해야만 하는 경우에 주로 발생한다. 이런 비가역적 투자가 (투자가 이미 완료된) 현직 노동자와 (현직자와 유사한 생산성을 가지려면 훈련이 필요한) 외부자 간에 상당한 비대칭성을 초래한다. 현직자는 이런 비대칭성을 이용해서 고용주로부터 일정 수준의 잉여를 짜낼 수 있게 된다. 바꿔 말해서, 훈련투자가 완료되면 노동자는 임금 재협상을 통해 보수 인상을 얻어낼 수 있다. 이와 같은 '구속(hold-up)의 문제'는 인적자본에 상당한 투자가 필요한 혁신적 부문에서 특히 심각할 수 있다(Williamson 1975; Grout 1984). 노조가 사전에 협상된 임금구조에 대해 신빙성 있게 약속할 수 없다면 사후적 임금 재협상의 위협 때문에 혁신기업의 창업과 일자리 창출이 억제될 수 있다.

저숙련 노동자에게 유리한 재분배는 형평성 차원에서 바람직하겠지만, 구성원의 이익을 추구하는 노조는 (일자리가 없어서) 노조에 참여하지 못하는 사람들의 고용 기회를 줄이는 결과가 초래할 수도 있다. 특히 평등주의적 임금체계는 최저숙련 노동자들을 노동시장에서 쫓아낼 수도 있다. 노조는 또 EPL(10장)을 지지하는 것이 일반적인데, 그로 인해 노동시장으로의 진입과 재진입이 더 어려워지게 된다. 그래서 노조가 노동시장 규모를 줄이고 신규 진입자와 저숙련 노동자를 배제할 수 있다.

끝으로 노조의 나쁜 면은 구조조정 계획에 대한 반대나,(해외경쟁에 덜 노출된 서비스 분야의 지대를 축소시켜서) 경제적 효율성을 높이려는 개혁조치에 대한 반대로 나타날 수 있다. 때로는 고용주와 노동자 조직이 연합해서 해당 부문의 경쟁 제고를 위한 규제개혁에 반대하기도 한다.

3.4.2 단체교섭은 분권화되어야 하는가?

이러한 경험적 결과들은 대다수 노동자를 포함하는 노조가 교섭의 거시경제적 효과를 더 잘 고려할 수 있다는 견해와 합치한다. 구체적으로, 중앙집중식 임금 협약은 과도한 임금 요구와 관련된 인플레이션 효과를 고려하고(Calmfors and Driffil 1988), 소비자물가 상승과 관련된 총수요 외부효과(Alesina and Perotti 1997; Soskice and Iversen 2000), 또는 UBs 지급과 관련된 재정적 외부효과(Flanagan 1999)를 내부화(internalize)할 수 있다. 하지만 OECD 국가들에서 교섭체제는 최근 분권화 쪽으로 진화해가고 있으며, 이 추세는 일반적으로 정부가 주도한 것이라기보다 노조와 고용주 단체에

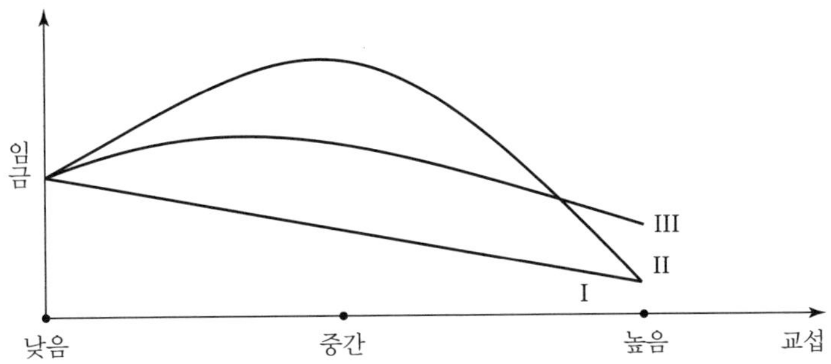

그림 3.6 교섭 조정과 교섭 결과의 관계

주: I = 부정적 외부효과의 내부화의 효과; II = 경쟁이 제한적인 경우의 봉우리 형태의 관계; III = 보다 경쟁적인 시장에서의 봉우리 형태의 관계.

의해 선택된 것이다(다만, 호주는 정부가 적극적으로 분권화를 장려해왔다). 이런 분권화 강화 추세와 집중식 임금교섭의 장점에 관한 이론적 예측 및 경험적 증거는 어떻게 양립될 수 있을까?

[그림 3.6]은 교섭의 조정과 교섭 결과(가령 실질임금 또는 실업) 간의 가능한 관계를 보여준다. 교섭에서의 조정은 오른쪽으로 갈수록 커지는데, 두 가지 효과가 있다. 첫째, 조정이 많아지면 교섭의 부정적 외부효과가 내부화되어 임금 압력을 낮추는 경향이 있다(곡선 I). 둘째, 조정이 많아지면 교섭력이 커져서 임금 압력을 높이는 경향이 있다. 처음에는 교섭력 증가 효과가 우세하고 후반에는 외부효과의 내부화가 더 중요해진다. 이것이 조정의 정도와 실질임금 및 실업 간에 봉우리 형태의 관계를 가져온다(곡선 II). 그러므로 중간 수준의 교섭에서 실업이 가장 높아진다(Calmfors and Driffil 1988). 노조의 힘은 제품시장 경쟁에 의해 제한된다. 그러므로 보다 경쟁적인 시장에서는 교섭 조정과 교섭 결과 간에 더 평탄한 관계가 나타난다(곡선 III).

교섭 집중도와 실업 간에 봉우리 형태의 관계가 나타난다는 것은 중간 정도의 집중화(산업 수준 교섭)를 가진 나라는 임금 결정에서 분권화를 강화함으로써 고용(및 인플레이션) 성과를 개선시킬 수 있음을 시사한다. 산업 간, 지역 간에 상당한 생산성 격차가 존재하는 경우에는 분권화를 지지하는 강력한 이론적 논거가 제시될 수 있다. 집중식 임금협약은 이러한 생산성 격차에 임금이 반응하지 못하게 만들어서 저생산성 산업이나 지역에 실업을 증가시킬 수 있다. 혼합형 교섭구조에 비해 분권화 교섭이 우월한 거시경제적 성과를 가지는 데 대한 다른 설명은 분권화 교섭이 생산성에 연계된 보수체계와 같은 방식으로 효율성 제고의 유인을 더 잘 수용할 수 있다는 것이다.

중앙집중식 또는 산업 수준의 임금협약이 경영권 모형의 결과와 같아지는 것은, 노조가 전체(또는 산업 차원의) 임금 수준에 대해 고용주 단체와 합의하고 고용 수준은 개별 고용주가 결정하게 하는 경우에만 가능하다. 경영권 모형은 집중형 또는 산업 수준의 교섭에서 벌어지는 단체교섭의 모습을 보다 현실적으로 보여준다. 그것은 고용주 단체가 참여 고용주들에게 계약에 명시된 고용수준을 지키도록 하기 어렵기 때문이다. 더구나 효율적 고용수준의 선택은 생산기술에 대한 현장 정보를 필요로 하며, 불확실한 경우에는 조건부 계약을 설정해야 할 것이다. 그래서 임금과 고용이 동시에 합의되는 효율적 교섭 결과는 사업장 수준에서만 실현될 수 있다. 그러므로 [그림 3.4]에 나타나 있듯이, 교섭을 분권화함으로써 경영권 모형의 경우보다 잠재적으로 더 많은 고용과 더 높은 임금을 수반하는 보다 효율적 결과를 달성할 수 있게 된다.

교섭 체제에 대한 결정이 실제로 정부에 속하는 것은 아닌데, 노조와 고용주 단체가 합의해야 하는 것이기 때문이다. 정부는 임금협상에서 잘해야 중재자 역할을 하게 된다. 하지만 정부가 단체협약의 비노조원에 대한 법적 확장을 허용할 수도 않을 수도 있는데, 이것이 교섭의 집중도에 영향을 줄 수 있다. 이러한 확장을 지지하는 일부(다소 약한) 논거로서, 그것이 임금 협상 비용과 잠재적으로 노사분규를 줄일 수 있다는 점이 제시될 수 있다. 노조가 지원하는 평등주의적 임금구조의 법적 확장에 대해 고용주가 지지하는 경우도 있는데, 그것이 활동의 장을 평탄하게 하며 숙련 노동자의 임금 비용을 줄이는 장치로 보는 것이다. 하지만 법적 확장의 경우에는 일부 노동자의 이익을 대변하는 자발적 단체가 전체 노동력에 영향을 줄 수 있게 되는데, 노조 지도자는 노조 구성원에 대해서만 책임을 지는 것이다. 단체협약의 법적 확장은 기업 간에 생산성 수준이 이질적인 경우에는 적합하지 않다.

3.5 다른 제도들과의 상호작용

전국적 수준의 노동조합은 최저임금(2장), EPL과 같은 노동법(10장), 퇴직 연령(6장), 가족정책(7장), UBs(11장), 급여세(13장) 등에 대해서 정부와 협상한다. 역사적으로 일부 국가에서는 노조가 실업보험 도입에 일정한 역할을 했다. 이런 경우에 UBs는 노조가 관리하는, 자발적이면서도 공적 지원을 받는 제도로서 도입되었다. 현재 이 Ghent 방식이 시행되는 나라는 소수이다. 노조가 소득격차를 축소하는 경우, 그것이 교육의 수익성을 낮추게 되어 교육 투자의 매력을 떨어뜨린다(8장).

3.6 노동조합은 왜 존재하는가?

노동조합은 나쁜 얼굴과 좋은 얼굴이 있다. 한편으로 노조는 노동시장의 효율성을 높일 수 있다. 고용주의 힘이 너무 강하면 임금소득뿐 아니라 전반적인 경제효율도 감소시킨다. 노조가 고용주의 수요독점력을 줄이는 길항력으로 작용해서 경제적 효율성을 높일 수 있다. 다른 한편으로 노조는 지대추구자이며, 더 높은 임금을 추구하는 과정에서 실업을 악화시킬 수 있다.

노조는 가입률이 하락하고는 있지만, 특히 유럽의 많은 나라들의 경우에 임금 협상(그리고 더 넓게 재분배정책)에서 상당한 영향력을 계속 행사하고 있는데, 단체교섭의 적용범위는 가입률과 함께 감소하지 않았기 때문이다. 이러한 노조의 초과 적용범위 확대가 의미하는 것은, 흔히 가입률 또는 노조의 존재와 같이 단순한 척도는 판단 착오를 초래할 수 있다는 사실이다. 바꿔 말하면, 노조의 영향력은 그 존재 자체보다 상당히 더 클 수 있다.

다른 자발적 조직의 경우처럼 노조도 일정한 사회경제적 집단에게 인기가 있기 때문에 존재한다. 이 장에서는 노조의 존재로부터 누가 이익을 얻는지 살펴보았다. 수혜자가 반드시 저숙련 노동자인 것은 아닌데, 이들은 노조가 요구하는 상대적으로 높은 최저임금 때문에 실업상태가 될 수도 있다. 노조가 추진하는 평등주의적 임금정책에 대한 지지는 주로 중간 숙련도의 노동자들로부터 나올 수 있는데, 이들은 고숙련 노동자 대비 임금격차를 줄일 수 있게 된다. 숙련 노동자의 고용주도 노조 임금을 노조의 존부를 넘어서 확장하는 것에 찬성할 수 있는데, 특히 노조가 협상비용을 줄이는(즉, 노조가 재분배뿐 아니라 효율성 제고 기능도 하는) 경우에 그러하다. 여하간에, 일부 EU 국가들에서 나타나듯이, 초과 적용범위가 확대되는 이유에 대해선 더 많은 이론적 연구가 필요하다.

노조가 구성원의 연령 분포에 대한 정보의 공표에 적극적이지는 않지만, 가계조사에 따르면 노조원의 중위 연령이 (전체) 중위 노동자의 경우보다 빠르게 상승하고 있다. 일부 국가에서 중위 노조원의 빠른 고령화가 의미하는 것은, 노조가 구성원 고령화와 활동적인 청년층에 대한 매력의 감소 간에 악순환에 빠졌을 수 있다는 점이다. 노조원 중 퇴직자의 비중은 어디에서나 증가하고 있는데, 이탈리아에서는 이미 과반을 넘었다. 그래서 공적 연금 설계와 같은 세대간 갈등에서 노조는 점점 더 고령자 편을 들고 있다. 노조가 이러한 세대간 문제를 해결하지 않는다면, 무덤으로 향하고 있는 것인지도 모른다.

3.7 심화학습 안내

노동조합에 관한 초기의 이론적이고 실증적 연구에 대한 조사는 1995년에 출판된 Alison Booth의 저서에 잘 정리되었다. Calmfors, Brugiavini and Boeri(Calmfors 2001)가 편찬한 '21세기 노동조합의 역할'이라는 책의 첫 부분은 탈노동조합화에 대한 보다 최근의 연구결과를 다루었다. 세계 노동조합의 활동에 관한 개요는 2005년 *Journal of Labor Research*에 등재된 Richard Freeman의 "What Do Unions Do?"와 2004 *OECD Employment Outlook*(OECD, 2004)의 3장에서 제공된다. '*Handbook of Labor Economics*'에서 Manning(2011)은 임금결정 모형과 지대나누기(rent splitting) 추정에 대한 개관을 제시한다.

복습 질문 및 연습문제

1. 기존 연구에서 활용되어 온 노동조합 영향력에 대한 다양한 척도들의 장단점은 무엇인가?
2. Hicks 역설은 무엇인가?
3. 생산물시장의 경쟁이 상대적으로 약한 산업에서 노동조합의 힘이 강한 이유는 무엇인가?
4. 노동자의 교섭력이 커질 때 경영권 모형에는 어떤 일이 벌어지는가?
5. 경영권 모형에서의 교섭 체계는 왜 비효율적인가?
6. 노동조합은 왜 평등주의적 임금 정책을 추구하는가?
7. 경쟁은 어떠한 방식으로 효율적 교섭에 영향을 끼치는가?
8. 초과 적용범위는 왜 존재한다고 생각하는가?
9. 때로는 임금 협약이 이뤄지기 전에 파업을 허용하는 것이 기업에 득이 되는 이유는 무엇인가?
10. 경제 및 노동시장 성과에서 지역 간(within-country)에 상당한 불균등이 존재하지만 Kumbekistan에서 임금은 전국적 수준에서 결정된다. 동부 Kumbekistan의 노동수요는 $L_e^d = 1{,}000{,}000 - 20w$($w$는 연봉)인데 반해, 서부 Kumbekistan의 노동수요는 $L_w^d = 800{,}000 - 20w$이다. 노동공급은 $L^s = 700{,}000 + 10w$로 두 지역 모두 동일하며, 노동력의 지역간 이동은 없다. 주로 동부 지역의 노동자와 고용주가 간여하는 단체교섭이 동부 Kumbekistan에서 시장을 청산하는 임금을 결정한다고 가정하자.
    (a) 두 지역의 고용량과 실업량은 얼마인가?
    (b) 부유한 지역으로의 이민과 같이 노동시장에 외부충격이 발생했다고 가정하자. 그래서 동부지역의 노동공급은 $L^s = 790{,}000 + 10w$이고, 그에 맞춰 전국 임금 협약은 변경된다. 각각의 지역에 고용량과 실업량에는 어떠한 변화가 생겼는가?
    (c) 이제 임금결정이 분권화되고 서부지역의 노동자와 기업이 지역노동시장을 청산하는 임금을 결정할 수 있다고 하자. 그러면 두 지역의 임금격차는 얼마인가? 그리고 이 임금격차를 '0'으로 만들기 위해 서부 지역에서 동부지역으로의 노동자 이동규모는 얼마나 되어야 하는가?

11. 기업의 노동수요 곡선은 $w=120-0.02L$이며, 여기서 w는 시급, L은 고용수준이다. 노동조합의 목적함수가 $U=wL$이라고 주어졌다고 가정하자.

(a) 독점노조는 임금을 얼마나 요구하나?

(b) 노조 계약하에서 얼마나 많은 노동자가 고용되나?

노동조합의 목적함수를 다르게 설정해보자. 노조의 효용함수는 $U=(w-w^*)L$로 주어졌으며, w^*는 시간당 50유로와 같은 경쟁임금을 의미한다.

(c) 독점노조는 임금을 얼마나 요구하나?

(d) 노조 계약하에서 얼마나 많은 노동자가 고용되나?

(e) 여러분의 답은 앞서 제시된 노조 목적함수의 경우와 다른가? 그 이유는 무엇 때문인가?

12. 파업은 기업의 이윤 $\pi=(60-2s)(20-w)$(s는 파업기간, w는 임금)를 감소시킨다. 노동조합의 저항, 즉 파업기간은 임금의 감소함수이다.

$$s=40-w$$

고용주가 정확히 노조의 저항을 안다고 가정하면, 기업은 얼마의 임금을 제시해야 하는가?

13. (고급) 기업은 생산물에 대해 단위당 1,500유로의 고정비가 소요된다고 가정하자. 그 기업은 산출량 q를 생산하기 위해 w의 일급으로 L명의 노조원을 고용한다. 여기서 생산함수는 $q=\sqrt{L}$이며, 이 생산함수에 상응하는 노동의 한계생산은 $1/\sqrt{L}$이다. 노동조합에는 324명의 노동자가 있다. 이 기업에서 일하지 않는 노조원은 일당 50유로를 지급하는 노조가 없는 일자리를 구할 수 있다. 노조는 조합원의 총소득을 최대화하고자 한다.

(a) 기업의 수요함수는 무엇인가?

(b) 만약 기업이 w를 결정할 수 있고 노조가 그 다음 w 일급 수준에서 원하는 만큼(최대 324명) 노동자를 공급할 수 있다면, 기업이 선택할 임금 수준은 얼마인가?

(c) 노조가 w을 결정할 수 있고 다음에 기업이 w 수준에서 원하는 만큼(최대 324명) 노동자를 채용할 수 있다면 324명 노동자의 총소득을 최대화할 수 있는 임금 수준은 얼마인가? 그리고 기업은 몇 명의 노동자를 채용하겠는가? 산출량, 기업의 이윤, 324명 노동조합 노동자의 총소득을 계산하시오. 이것을 (b)의 답과 비교하시오.

제 4 장

차별금지 법제

개인의 노동시장 지위는 교육, 훈련, 근로경험 등 개인적 특성에 따라 달라진다. 어떤 사람은 취업할 가능성이 더 높고, 취업하면 더 높은 임금을 받을 것이다. 이런 차이가 생산적 특성과 관련되어 있다면 경제적 비효율성은 없다. 하지만 때로는 노동시장 지위의 차이가 (노동자의 생산성과는) 무관한 특성에 관련되기도 한다. 그러면 차별이 존재한다. 차별은 "생산성과 무관한 노동자의 개인적 특성이 시장에서 갖는 가치의 평가"로 정의된다(Arrow 1973). 차별은 성, 인종, 민족, 성적 취향, 연령, 미모 등등에 따라 발생할 수 있다.

합리적 노동자와 이윤극대화 고용주는 한계 임금비용이 한계생산 가치와 일치해야 한다는 최적 규칙에서 벗어나지 않는다. 차별은 상이한 시장력, 편견, 정보 부족, 고용 장벽 등으로부터 나올 수 있다. 고용주는 상이한 노동자 집단에 대해 상이한 시장력을 가질 수 있으며, 이런 시장력을 이용해서 집단 간 차별을 만들어낼 것이다. 편견을 가진 고용주는 여자보다 남자에게, 흑인보다 백인에게 더 지불하려고 할 수 있다. 고용주가 개인의 생산성에 대해 잘못된 신호를 보고 따라서 집단 특성을 개인 생산성의 지표로 사용하는 경우에는 정보 부족이 문제가 될 수 있다. 어떤 업종은 특정 집단의 노동자에게 진입장벽이 있을 수 있다. 이런 업종의 노동공급은 제한되게 되고, 해당 집단이 다른 업종으로 진출하게 되어 그곳의 임금을 낮추게 된다.

이 장에서는 노동시장 차별과 차별(금지) 법제를 다룬다. 개인이 노동시장에 진입하기 전에, 가령 교육제도에서 발생할 수도 있지만, 여기서는 노동시장에서의 차별에 초점을 둔다.[1] 이 장의 관심사는 주로 성 차별에 있지만, 제시된 이론은 인종이나 민족 등에 따른 차별에도 적용될 수 있다. 또한 (예를 들어 고용과 해고, 승진, 근로조건 등에서의 차별처럼) 많은 유형의 차별이 있음도 알 수 있지만, 여기서는 고용 및 소득에서의 노동시장 차별에 초점을 둔다.

4.1 국제 비교

모든 OECD 국가들이 성별 혹은 민족별 노동시장 차별을 규제하는 법적·제도적 체제를 마련하고 있다. 관련법의 명칭은 국가별로, 또 차별의 유형별로 다르다. 예를 들

1) 시장 이전 단계의 차별과 시장에서의 차별은 서로 얽혀 있음을 알 수 있다. 가령 차별 받을 것을 예상하는 사람은 인적 자본에 대한 투자에 소극적일 것인데, 투자의 예상 수익이 낮다는 점에서는 합리적인 결정이다.

면, 성차별법, 인종차별법, 동등처우(equal treatment)법, 동등보수(equal pay)법 등과 같다. 모든 법의 기본은 생산성과 무관한 특성에 따른 노동자 차별은 금지된다는 것이다. 법제가 얼마나 유효한지 여부는 노동자가 필요한 행동을 취하는 것이 얼마나 어려운지, 고용주의 위반행위가 얼마나 강하게 처벌되는지에 따라 달라진다. 〈표 4.1〉은 노동자가 법원에 제소할 유인과 고용주가 규제에 순응할 유인에서의 국가간 차이를 개관하고 있다. 노동자의 유인(worker incentives)은 원고가 직면하게 되는 입증 책임(proof)과 (보복 등) 피해로부터의 원고 보호(protection)로 나눌 수 있다. 고용주의 유인(employer incentives)은 위반에 대한 제재(sanctions)로서 3가지 유형이 있는데, 공표(publicity), 벌과금(fines) 및 징역(prison sentences)이다.[2)]

〈표 4.1〉의 제1열 입증부담은 고용주의 차별을 고발하는 원고가 부담해야 하는 입증요소를 보여준다. 차별의 추정(presumption)은 그로부터 차별 추정이 가능한 차별적 처우 사실을 피고용자가 제시해야 하는 경우이다. 대다수 나라에서 추정 또는 강한 추정이 주어지고 있지만, 호주, 캐나다, 일본 및 미국과 같이 일부 국가에서는 차별의 입증(proof)이 요구된다.

〈표 4.1〉의 제2열은 보복의 피해로부터 원고를 보호하는 것을 보여준다. 피해로부터의 제한적(limited) 보호는 원고(또는 증거를 제공하는 모든 피고용자)가 부당한 면직(해고)에 대해서만 보호받는 경우이다. 피해로부터의 보호에서는 상당한 차이가 나타난다. 많은 나라들이 원고 보호 장치를 마련하고 있지만, 보호가 제한적인 경우도 많다. 핀란드, 이탈리아 및 한국과 같은 경우에는 성차별인지 민족(인종)차별인지에 따라 보호 여부가 달라진다.

〈표 4.1〉의 제3~5열은 고용주가 차별금지 법제에 순응할 유인에 대한 정보를 제시한다. 제3열은 공표가 제재로 활용되는지 여부인데, 즉 법원(혹은 관련 당국)이 차별사건의 기명 공표를 명하거나 해당 기업 외부에 공지하는 것을 가리킨다. 공표가 제재로 사용될 수 있는 경우가 많다. 제4열은 차별금지 법제 위반에 대한 제재로서 행정절차적(administrative), 민사적(civil), 또는 형사적(penal) 벌과금이 사용될 수 있는 여부를 나타낸다. 벌과금이 부과되는 나라가 많지만, 아닌 경우도 있다. 끝으로 제5열(prison)은 징역형이 사용될 수 있는지 여부를 보여주는데, 대략 절반 정도의 나라들에서 징역이 제재수단이 될 수 있다.

2) OECD(2008)은 노동자 및 고용주에 대한 더 많은 유인들도 언급하고 있다. 노동자 유인에서는, 원고에게 제공되는 제도적 지원(법적 조언 및 상담, 조사, 법정 대리), 금전적 보상, 증인 보호 등이 있고, 고용주 유인에서는 여타의 민사적, 행정적 제재와 적극적 행동(affirmative and positive action) 등이 있다.

표 4.1 노동자의 제소 유인과 고용주의 차별금지 법제 준수 유인

	노동자 유인		고용주 유인		
	입증 부담	보호	공표	벌과금	징역
Australia	Proof	Yes	Yes	Penal	Yes
Austria	Strong presumption	Yes	No	Penal, rare, low	No
Belgium	Presumption	Yes	Yes	Gender: none Ethnicity: penal, low	Gender: no Ethnicity: yes
Canada	Proof	Limited	No	None	No
Czech Republic	Strong presumption	Limited	No	Administrative	No
Denmark	Gender: presumption Ethnicity: strong presumption	Limited	No	Penal	No
Finland	Presumption	Gender: yes Ethnicity: limited	No	Penal	Yes
France	Presumption	Limited	Yes	Penal	Yes
Germany	Presumption	Yes	Yes	Administrative and penal, low	No
Greece	Presumption	Yes	Gender: yes Ethnicity: no	Administrative	Yes
Italy	Gender: strong presumption Ethnicity: proof	Gender: no Ethnicity: limited	Yes	None	No
Japan	Proof	Yes	Yes	Penal	Yes
Korea	Gender: presumption Ethnicity: proof	Gender: yes Ethnicity: limited	Yes	Penal	Yes
Mexico	Strong presumption	Limited	Yes	Labor law	Yes
Netherlands	Presumption	Limited	Yes	Penal	Yes
Norway	Presumption	Yes	No	Administrative	Gender: no Ethnicity: yes
Poland	Presumption	Limited	No	None	Yes
Portugal	Presumption	Yes	Yes	Some	No
Spain	Strong presumption	Yes	Yes	Some	Yes
Sweden	Presumption	Yes	No	None	No
Switzerland	Presumption	Limited	Yes	Some	No
United Kingdom	Strong presumption	Yes	Yes	None	No
United States	Proof	Yes	Yes	Some	No

출처: OECD(2008).

주: 노동자 유인 = 제소할 유인; 입증 = 원고가 제시하는 증거; 보호 = (보복)피해로부터의 원고의 보호; 고용주 유인 = 위반에 대한 제재(공표; 행정적/민사적/형사적 벌과금; 징역)

4.2 이론

차별은 생산성과는 무관한 개인적 특성에 대한 가치 평가를 가리킨다. 성별 임금격차는 교육이나 근로경험 같은 생산적인 특성에서 남녀가 다를 때(에도) 발생할 수 있다. 사회심리학적 연구에 따르면 남녀는 심리적 특성과 선호에서도 다를 가능성이 있다. 이런 차이로 인해서, 어떤 유형의 일자리는 여자에게, 그리고 다른 유형의 일자리는 남자에게 더 매력적인 것이 될 수 있다. 가장 널리 통용되는 개인 특성은 5가지다(the "big five"): 외향성, 친화성, 성실성, 신경성, 경험에의 개방성. 이들 5가지 특성에서 성별 차이가 발견된다는 실험적 연구도 있지만, 현실 자료에서의 경험적 중요성은 아직 분명하지 않다(Bertrand 2010).[3)]

남녀간 잠재적인 사회심리적 차이는 제쳐두고, 차별 현상을 분석하는 몇 가지 이론이 있다. 이론에서 전제되는 것이 경쟁적 노동시장인지, 비경쟁적 노동시장인지에 따라서 구분될 수 있다. 경쟁적 노동시장의 맥락에서는 기호 기반(taste-based) 차별 모형이 주가 된다. 비경쟁적 노동시장의 맥락에서는 3가지 이론이 있는데, 수요독점 기반 차별, 통계적(statistical) 차별, 직종별 혼잡(crowding)에 따른 차별 등이다.

4.2.1 완전 노동시장

Becker(1971)는 편견에 따른 차별(즉 기호 기반 차별)의 성격과 결과를 분석할 수 있는 틀을 제시한다. 논의의 편의를 위해, 노동은 동질적이고 노동시장은 경쟁적이라고 가정하자(즉 모든 노동자의 생산성이 균일하며 모든 기업과 노동자가 임금 수용자임). 또 차별이 있다면, 여자에게 불리하고 남자에게 유리한 것으로 가정한다. 차별은 여성 노동자의 임금을 남성 노동자의 임금 w_m보다 낮은 w_f로 낮추게 된다. 두 임금 모두 시장 차원에서 결정된다.

4.2.1.1 고용주 편견(employer prejudice)

편견을 가진 고용주는 남성 노동자를 선호한다. 고용주가 노동자를 고용해서 얻는 효용 U는 이윤 Π와 여성에게 지불되는 임금비용에 따라 정해진다:

3) Mueller and Plug(2006)는 개인특성의 소득에 미치는 효과를 성별로 분석한 결과를 보여준다. 이들이 사용한 미국 자료에 따르면, 소득의 성별 격차에서 개인특성의 성별 차이로 설명되는 것은 3~4%에 그친다.

$$U = \Pi - \omega w_f L_f \qquad (4.1)$$

여기서 L_f는 고용된 여성 노동자의 수이고, ω는 '고용주 특유의 차별 계수'(employer-specific coefficient)이다. 차별계수는 고용주에 따라 달라지며, $0 \le \omega \le \omega^{max}$ 구간에 분포한다. 편견 없는 고용주의 경우는 $\omega = 0$, 편견이 최대인 고용주는 $\omega = \omega^{max}$이다. 남성 노동자에 대한 임금비용은 $w_m L_m$이고, 여성 노동자에 대한 '인지된'(perceived) 임금비용은 $(1+\omega)w_f L_f$이다. 남자와 여자는 생산에서 완전 대체재이므로 기업은 남자든 여자든 고용할 수 있다. 효용극대화를 추구하는 편견적 고용주는 $w_m \le (1+\omega)w_f$이라면 남자만을 고용할 것이고, $w_m > (1+\omega)w_f$이라면 여자만 고용할 것이다. 따라서 노동력은 분리될(segregated) 것이다. 주어진 여성 임금의 경우에, 차별계수(ω)가 클수록 고용되는 여자의 수는 줄어들 것이다. 편견적 고용주의 존재 때문에, 균형상태에서 여성 임금이 남성 임금보다 낮아질 수 있다. '시장 차별계수' Ω는 남성 임금과 여성 임금의 비율 격차에 따라 달라진다:

$$\Omega = (w_m - w_f)/w_f \qquad (4.2)$$

시장 차별계수는 시장과정의 결과이지만, 차별계수(ω)는 개별 고용주의 주관적 매개변수라는 점에 유의하자. 둘이 연관된 것은 물론이다. [그림 4.1]은 노동시장의 균형상황을 보여준다. 세로축은 상대임금 w_f/w_m을, 가로축은 여성 고용을 각각 표시한다. L_0^d는 편견 없는 기업의 노동수요이다($w_f = w_m$일 때의 수요). 곡선 BCA는 여성에 대한 노동수요곡선이다. 남자와 여자가 임금이 같다면 여자에게 주어질 수 있는 일자리는 L_0^d뿐이다. 여성 고용은 상대임금이 하락할 경우에만 증가할 수 있다. A점은 0의 임금에도 여성 노동자를 고용하지 않을 정도로 극도의 편견을 가진 고용주에 해당한다. L_f^s는

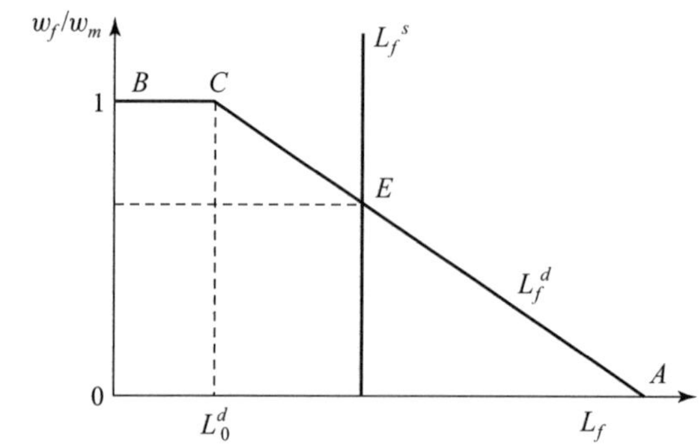

그림 4.1 고용주 차별과 성별 임금격차 균형

여성의 노동공급곡선으로, 여기서는 완전 비탄력적인 것으로 가정되어 있다. 균형은 수요와 공급이 교차하는 E점이 되는데, 이 때 $w_f^* < w_m^*$이다.

이런 단순 모형은 다음과 같은 예측을 제시한다.

1. 여성을 고용하는 기업은 모두(편견 없는 고용주조차도) 동일하게 더 낮은 임금 $w_f^* < w_m^*$을 지불한다. 임금은 시장과정의 결과이며 개별 고용주의 영향을 받지 않는다.
2. 임금 차별의 균형수준은 평균적인 고용주가 아니라 한계적인 고용주에 의해 결정된다. 편견을 가진 고용주가 많다고 해도 편견 없는 고용주의 수가 증가하면(C점이 우측으로 이동해서 선분 CA의 기울기가 커지면 상대임금은 상승한다) 성별 임금격차는 줄어들 것이다. $L_0^d > L_f^s$인 경우에는 편견 고용주가 많이 있어도 차별의 임금 효과는 없다. 또한 여성 노동공급의 증가는 여성의 상대임금을 감소시키므로, 노동시장 차별의 균형수준은 증가할 것이라는 점에 유의하자.
3. 여자를 일부라도 고용하는 기업의 이윤은 남자만을 고용하는 기업의 경우보다 높을 것이다. 이윤과 차별계수의 관계는 [그림 4.2]에 예시되어 있다. 기업은 자신의 차별계수 ω가 시장 차별계수 Ω보다 작은 경우에만 여자를 고용할 것이며, 그렇지 않다면($\omega > \Omega$) 남자만을 고용할 것이다.[4] 이윤은 고용주의 편견이 없는 A점에서 최대가 된다. 편견 없는 기업은 이윤극대화를 위해서 여자만을 고용하게 된다.

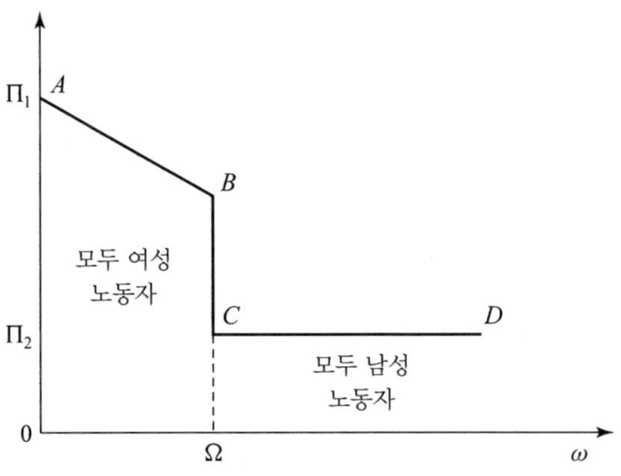

그림 4.2 이윤과 차별계수

4) 기업이 여성만을 고용하는 것은 $w_m > (1+\omega)w_f$, 따라서 $\omega < \Omega$일 때뿐이다. 마찬가지로 $\omega > \Omega$이면 남자만을 고용할 것이다.

차별계수가 양(+)인 경우에는 이윤이 감소한다. 고용주는 여전히 여자만을 고용하지만 고용되는 여성의 수는 줄어드는데, 그것은 단지 이윤이 아니라 (비)효용에 따라 결정하기 때문이다. $\omega=\Omega$ 위치에서 이윤은 B에서 C로 감소하는데, 거기서부터 기업은 남자만을 고용하기 때문이다. 여기서 편견이 더 커진다고 해도 이윤이 더 감소하지는 않는데, 고용되는 남자의 수에 변동이 없기 때문이다.

4. 편견적 기업의 이윤은 편견 없는 기업의 경우보다 작다. 이것은 단기적인 현상이다. 경쟁적 시장에서 편견 기업은 장기적으로 존속할 수 없다. 편견 없는 기업에 의해 인수합병 당하거나 편견 없는 기업의 시장 진입에 따른 경쟁 때문에 시장을 떠날 수밖에 없을 것이다.

4.2.1.2 동료 편견(co-worker prejudice)

남성 노동자가 여성 동료와 함께 일하지 않기를 선호하기 때문에 여성 차별이 생길 수도 있다. 편견을 가진 남성 노동자가 자신의 임금에서 얻는 효용 U_m은 여성 동료의 존재 여부에 따라 달라진다:

$$U_m = w_m(1-\omega I_f) \tag{4.3}$$

여기서 ω는 동료 차별의 계수이고, I_f는 여성 동료가 있는지 여부를 나타내는 지표이다. 편견을 가진 남자는 여성 동료의 존재로부터 얻는 비효용(disutility)에 대해 보상받기를 원할 것이다. 보상 없이 임금이 주어지는 것이라면 그는 남자만 있는 기업에서 일하기를 선호할 것이다.

이 모형은 다음과 같은 예측을 제시한다.

1. 남녀가 협력하는 기업에서는, 남성 노동자가 여성 동료에 대한 기피를 극복하기 위해 그만큼 더 벌어야만 한다. 그러므로 기업은 남자만 또는 여자만 고용하게 되며, 노동력은 분리될(segregated) 것이다.
2. 고용주가 편견이 없다면, 모든 남자가 편견을 갖는다고 하더라도 성별 임금격차는 없을 것이다. 이것은 단기적으로도 성립한다.

4.2.1.3 고객 편견(customer prejudice)

고객이 여성에 의한 서비스를 좋아하지 않는다면 재화 또는 서비스의 '인지된' 가격은 실제 가격과는 다를 수 있다. 특정 재화의 인지된 가격 p_w가 생산 또는 거래 현장에서의 여성 노동자의 존재 여부에 따라 달라진다면 차별이 발생한다:

$$p_w = p(1+\omega I_f) \tag{4.4}$$

여기서 p는 실제 가격, ω는 고객 차별의 계수이다. 주어진 가격에서, 편견을 가진 소비자는 여성 노동자가 없는 기업에서만 구매하려고 할 것이다. 한편으로, 가격이 충분히 낮다면 여성 노동자가 있는 기업에서만 구매할 것이다.

이 모형은 다음과 같은 예측을 제시한다.

1. 기업은 각자의 한계생산에 따라 지불하기 때문에, 고객차별이 있는 환경에서는 여성 임금이 더 낮을 것이다.
2. 기업들은 분리될(segregated) 것이다. 여자만 있는 기업에서는 제품가격이 낮을 것이며 따라서 남자를 고용할 여유가 없다. 남자만 있는 기업에서는 제품가격이 높은데, 여성 노동자가 고용되는 경우에는 낮아질 것이다.

4.2.1.4 기호에 따른 차별 유형의 비교

기호에 따른 차별이 고용주, 동료, 고객 중 어디에 관련된 것인지 여부와는 무관하게, 단기 균형에서 노동력은 '분리될' 것이다. 고용주 차별이 있는 노동시장에서는 시장의 힘(market forces)이 경쟁을 통해 차별을 소멸시키게 되겠지만, 고객 차별이 있는 노동시장에서는 그러한 시장기능이 존재하지 않는다. 동료 차별은 성별 임금격차를 초래하지 않는다. 고객 차별과 동료 차별의 경우에는 노동력이 분리된 상황이 지속될 수 있다.

기호에 따른 차별은 경쟁적 노동시장의 맥락에 근거한 이론들이다. 물론 불완전 노동시장에서도 기호에 따른 차별이 발생할 수 있다. 불완전 노동시장에서는 고용주 차별이 존속할 수 있다. 탐색 마찰과 고용주 차별이 존재하는 시장에서는 여자가 일자리를 찾기가 더 어려운데, 편견 있는 고용주에의 취업은 성공적이지 않을 것이기 때문이다. 여자가 남자보다 일자리를 찾기 위해 더 많이 지원해야 한다면 여자의 일자리 탐색 비용은 더 커질 것이고 교섭력이 저하될 것이다. 편견 없는 고용주가 이 점을 이용해서 여자에게는 더 낮은 임금을 제시할 수 있다(Black 1995). 이 경우에 차별의 균형수준은 한계적인 고용주가 아니라 평균적 고용주의 주관적 차별계수에 따라 달라진다는 점에 유의하자.

4.2.2 불완전 노동시장

고용주가 일부 노동자 집단에 대해 시장력을 갖고 이를 이용해서 경쟁적 노동시장의 경우보다 낮은 임금을 지불할 수도 있다. 성별 임금격차에 관한 초기의 설명은 여성 노동시장에서 고용주가 수요독점력을 갖는 경우에 기초한 것으로, 아래에서 상세히 살펴본다. 비경쟁적인 노동시장에서 존재하는 다른 유형의 차별에는 통계적 차별과 직종별 혼잡에 관련된 차별이 있다.

4.2.2.1 수요독점과 성별 임금격차

Joan Robinson(1933)의 수요독점 이론이 성별 임금격차에 대한 한 가지 설명을 제시한다. 고용주는 남자들보다 여자들에 대해서 더 큰 수요독점력을 가질 수 있다. 일반적인 차원에서 남성 노동시장은 완전경쟁적인 반면에 여성 노동시장은 예를 들어 여자들의 이동비용이 더 커서 수요독점적이며 따라서 여성의 노동공급곡선은 우상향한다고 가정하자. [그림 4.3]이 이를 예시하고 있다.

여성의 고용 수준 L_f는 여성의 우상향 한계노동비용곡선 MLC_f와 수평인 남성 노동공급곡선의 만나는 곳으로 결정된다. 여기서 남녀의 한계노동비용이 같아진다. 하지만 L_f의 여성이 고용되려면($w_f < MLC_f = MLC_m = w_m$) 고용주가 지불하는 임금은 $w_f < w_m$이어야 한다(기술적 부록 4.9.2 참조). 전체 고용은 남성 노동공급곡선 L_m^s과 노동수요곡선 L_d가 교차하는 곳에서 결정된다. 따라서 고용되는 남자의 수는 $L_m - L_f$이다. 성별 임금격차는 여성의 노동공급이 비교적 비탄력적이라는 점에서 발생한다.

경험적 연구에 의하면 여성의 노동공급은 보통 남성의 경우보다 탄력적인 것으로 나타난다. 그렇다면 성별 임금격차에 대한 수요독점 설명은 성립하지 않는다는 것인가? 반드시 그렇지는 않다. 여성의 노동공급은 개별기업 수준에서보다 시장 수준에서 더 탄력적일 수 있다(Manning 2003, 2011). 예를 들어 Hirsch et al.(2010)에 따르면, 독일

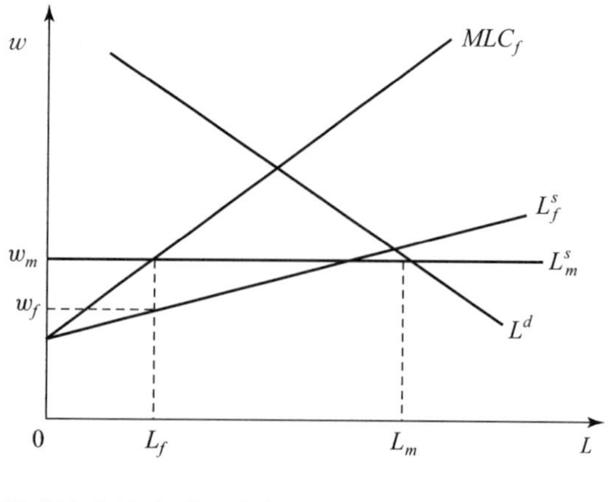

그림 4.3 수요독점 모형에서의 성별 임금격차

기업들에서 여성의 노동공급은 남성의 경우보다 비탄력적이다. 이들은 노동공급 탄력성 추정치를 이용해서, 성별 임금격차의 적어도 1/3은 수요독점적 고용주의 임금 차별에 기인한다는 결론을 내렸다.

4.2.2.2 통계적 차별

통계적 차별 이론은 고용주가 갖는 정보가 불완전하다는 가정에 입각하고 있는데, 고용주가 개별 노동자의 진정한 생산성 수준에 대해 불분명한(noisy) 신호를 받는다는 것이다(Aigner and Cain 1977). 개인의 생산성을 가늠하기 위해서 고용주는 각각의 "시험점수"(test scores)를 이용할 것이다. 여기서 시험점수는 실제로 어떤 시험의 점수일 수도 있지만, 유사한 노동자에 관련된 과거 경험, 지원서의 해석, 또는 이력서의 검토 등에 따른 점수일 수도 있다. 시험점수는 불완전하기 마련이며 따라서 지원자가 속하는 집단에 관한 정보와 결합된다. 개별 노동자의 인지된 생산성은 개별 시험점수와 인지된 집단 생산성(즉 개인이 속한 집단의 평균 시험점수)의 가중평균이다:

$$q_{ji} = \alpha_j T_j + (1 - \alpha_j) T_i \qquad (4.5)$$

여기서 q_{ji}는 집단 j에 속하는 개인 i의 인지된 생산성이고, T는 시험점수, α는 집단 생산성 정보에 주어지는 가중치이다.[5] 통계적 차별에는 두 가지 유형이 있다. 첫째 유형은 고용주가 인지한 집단 생산성은 상이하지만 가중치에는 차이가 없는 경우이다($\alpha_j = \alpha$). 상이한 집단에 속하는 개인은 다른 모든 면에서 동일한 특성을 가진다 하더라도 달리 취급될 수 있다:

$$q_{ji} = \alpha T_j + (1 - \alpha) T_i \qquad (4.6)$$

이 유형의 통계적 차별이 [그림 4.4] (a)에 예시되어 있다. 선 1과 2는 평행하며, 시험점수가 두 집단에서 같은 정확도를 가진다는 의미이다. 하지만 평균 생산성 T_1과 T_2는 다르다. 시험점수가 T_2인 경우, 집단 2에 속하는 개인은 q_2의 생산성을 가진 것으로 인지되지만, 집단 1에서 개인의 인지된 생산성은 q_1이므로 고용되지 않거나 고용되더라도 임금이 더 낮을 것이다. 이런 유형의 차별은 고정관념(stereotyping)에 따른 것일 수 있는데, 집단 간에 인지된 생산성의 차이는 편견이나 정보 부족 때문에 생긴다. 집단 간에 인지된 차이가 실제와 같다면 평균적으로는 집단 간에 차별이 존재하지 않을 것인데, 인지된 생산성이 실제 생산성과 평균적으로는 일치하기 때문이다.

5) 평균적으로 시험점수는 인지된 생산성과 같아진다는 점에 유의하자.
$\Sigma_i q_{ji} = q_j = \alpha_j T_j + (1 - \alpha_j) \Sigma_i T_i = T_j$

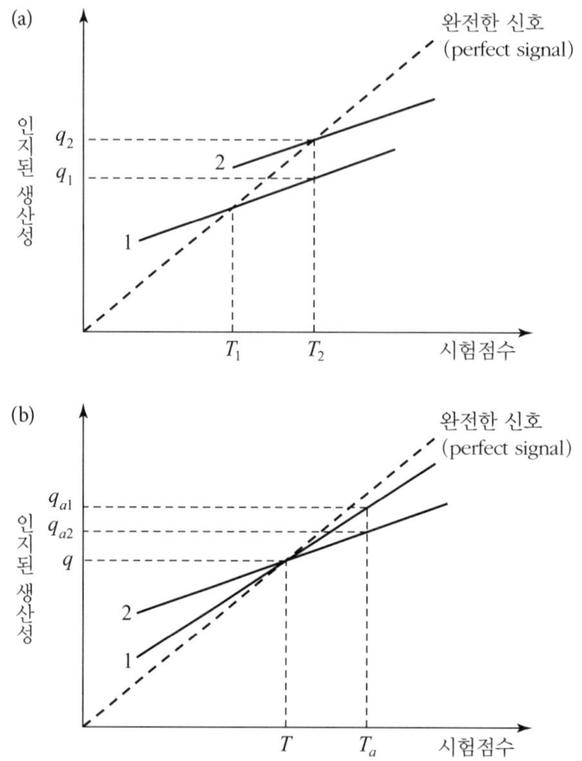

그림 4.4 통계적 차별

통계적 차별의 둘째 유형은, 두 집단의 평균 생산성은 같은 것으로 인지되는데도($T_j = T$) 고용주가 한 집단의 개인 점수를 다른 집단의 경우보다 높이 평가하는 경우에 나타난다:

$$q_{ji} = \alpha_j T + (1 - \alpha_j) T_i \tag{4.7}$$

이 유형의 통계적 차별이 [그림 4.4] (b)에 예시되어 있다. 인지된 생산성의 평균값은 두 집단 간에 동일하지만, 시험점수가 같은 개인의 예상된 생산성은 다른데, 시험점수의 정확성이 다르기 때문이다. 시험점수가 T_a인 경우, 집단 1의 개인이라면 q_{a1}의 생산성을 가진 것으로 인지되지만, 집단 2의 개인은 q_{a2}의 생산성을 가진 것으로 인지된다. 여기서도 시험점수가 같더라도 집단 1의 개인은 고용될 가능성, 그리고 높은 임금을 받을 가능성이 더 크며, 평균적으로는 집단 간에 차별이 없다.

4.2.2.3 직종별 혼잡(occupational crowding)

직종별 혼잡 이론에 따르면, 직종간 임금 격차는 어떤 노동자 집단이 특정 직종에 진입하는 데 제약이 있기 때문에 발생한다. 임금 차별이 직종 또는 산업 내부적으로 존재하는 것이 아니라 직종간 또는 산업간에 존재하는 것이다. 이 이론은 남녀간 소득격차에 초점을 둔다. 특정 직종에 여성이 진입하는 것이 허용되지(혹은 예상되지) 않는 경우에, 이들은 다른 직종으로 갈 것이고 그곳에서 임금을 낮추게 된다. 특정 직종에서 여성에 대한 진입장벽이 존재하는 것은 노조나 관습에 기인할 수도 있고 자기선택(self-selection)의 결과일 수도 있다. 역사적으로, 주로 교직과 사무직을 포함하는 일부 업종에는 기혼 여성의 고용을 막는 "결혼 장벽"(marriage bars)이 있었다. 고용 상태의 미혼 여성이 결혼하게 되면 곧바로 직장을 그만두어야 했다. 결혼 후에도 일을 계속하려면 결혼장벽이 있는 직종 외에서 일자리를 찾아야 했다. 결혼장벽은 고숙련 여성이 저임금 일자리에서 일하게 만드는 요인이었다. 미국의 경우, 결혼장벽은 1800년대 후반부터 1950년대까지 지속되었다(Goldin 1988). 네덜란드에서는 실업률이 높았던 1937년에 기혼여성의 정부서비스 업종 취업을 막는 법을 제정했다. 일부 대기업은 법적인 의무가 있었던 것이 아닌데도 정부의 예를 따랐고, 여성이 결혼하거나 임신을 하면 곧바로 해고했다(Portegijs et al. 2008).

[그림 4.5]는 직종별 장벽이 노동시장에 미치는 영향을 보여준다. 직종별 혼잡이 없는 경우, 노동시장은 임금 w_0에서 균형을 이루며 "남성형 일자리"와 "여성형 일자리"라는 명칭은 의미가 없다. 여성이 남성형 일자리에서도 일할 수 있고 그 반대도 마찬가지라는 의미에서, 남녀간 일자리 구분은 인위적이다. 여성의 남성형 일자리에의 진입에 장벽이

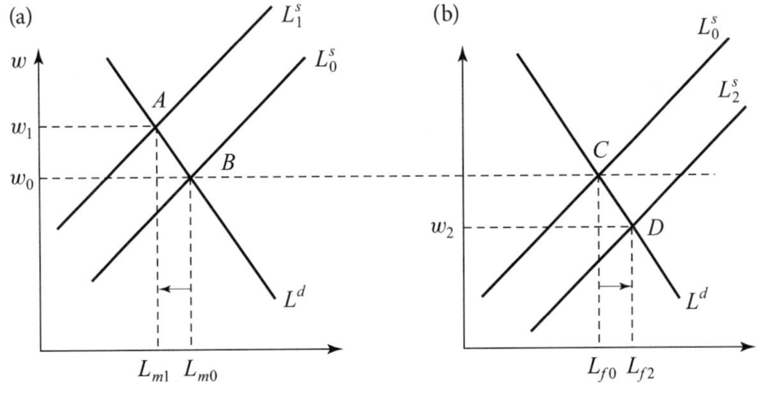

그림 4.5 직종별 혼잡: (a) 남성형 일자리, (b) 여성형 일자리

도입되면 상황이 바뀐다. 남성형 일자리의 공급곡선은 좌측으로 이동하게 되어, 고용은 감소하고 임금은 w_1로 상승한다([그림 4.5] (a) 참조). 여기서 장벽에 부딪친 여성이 여전히 일하기를 원한다고 가정한다면, 여성형 일자리에서 일할 수밖에 없다. 따라서 여성형 일자리의 공급곡선은 우측으로 이동하게 되고 임금은 w_2로 하락한다([그림 4.5] (b) 참조). 임금은 일자리 유형에 따라 결정되는 것일 뿐 노동자의 성별에 따라 정해지는 것은 아님에 유의하자. 이렇게 해서 직종에 따른 소득격차가 발생한다(즉 남자가 여성형 직종에서 일하면 남성형 직종에서보다 소득이 적어질 것임). 따라서 여자는 남자보다 평균적으로 적게 벌게 되는데, 하지만 산업 내에서는 남녀간에 소득격차가 없다.

직종별 혼잡 모형에서의 핵심적 가정은 여성형 일자리에서 일하는 남자가 임금격차에 대응해서 남성형 일자리로 이동하지 않는다는 것이다. 선호 차이 또는 이동비용 때문일 수 있다.

4.2.2.4 차별과 경제적 효율성

차별은 경제적 관점에서 비효율적이다. 직종별 혼잡의 경우에 이것은 [그림 4.5]로 보여줄 수 있다. 직종별 혼잡 때문에 남성형 일자리에서의 시장의 잉여는 $ABL_{m0}L_{m1}$ 영역만큼 감소하는 한편 여성형 일자리에서의 시장 잉여는 $CDL_{f2}L_{f0}$ 영역만큼 증가한다. 남성형에서의 시장잉여 손실이 여성형에서의 시장잉여 이득보다 크다. 균형상태에서 남성형 일자리는 여성형 일자리보다 생산성이 더 높다. 따라서 남성형 일자리에서는 생산이 과소하고 여성형 일자리에서는 과다한 것이다. 이런 결과는 직종별 혼잡에 따른 임금 차별의 경우에 한정되는 것이 아니고 더 일반적으로 성립한다. 예를 들면, 편견을 가진 고용주는 이윤을 극대화하는 최적 수준보다 적은 수의 여성을 고용할 것이다.

4.3 경험적 증거

먼저 남녀 노동자 간에 고용 및 소득에서의 조건 없는 격차를 보여주는 경험적 증거를 개관한다. 그런 다음, 임금 차별에 대한 연구들을 살펴본다. 이런 유형의 연구는 대개 임금방정식의 추정을 통해 이루어진 것이다. 이런 추정치를 이용해서 임금격차에서 인적자본의 차이에 의한 것으로 볼 수 있는 부분을 분리해 내고 나면, 나머지(residual) 임금격차는 임금 차별의 존재에 대한 증거로 간주된다. 그러므로 차별은 종종 "무지의 척도"(measure of ignorance)와 같은 것이 된다. 끝으로 고용 격차에 대한 경험적 연구를 논의한다. 여기서는 취업 지원자에 대한 정보를 무작위화(randomizing)함으로써 준실험적(quasi-experimental) 접근법을 활용할 수 있다.

4.3.1 고용 및 임금의 성별 무조건적 격차

고용과 소득에서 추정되는 무조건적인 격차는 잠재적 차별을 시사하는 증거가 될 수도 있다. 이런 격차에 관한 통계적 정보는 남녀 모두에서 쉽게 얻을 수 있다. 성별 고용격차는 인구 대비 취업자 비율의 남녀간 차이로 정의된다. 성별 소득격차는 소득분포의 중위 또는 평균 수준에서 남자소득 대비 남녀간 소득 차이로 추산한다. 이러한 무조건적 격차 그 자체가 성별 차별에 대한 증거를 제시하는 것은 아닌데, 관련되는 노동시장 특성에서 남녀간에 차이가 있을 수 있기 때문이다. 조건적 격차, 즉 (가령 교육 수준에 따른) 특정 범주 노동자들에서의 격차 역시 착오를 초래할 수 있는데, 특성의 차이가 노동시장 이전 단계의 차별에서 기인할 수도 있기 때문이다. 사전적인 임금차별이 중요한 경우에는 무조건적 임금격차가 조건적 격차보다 더 많은 정보를 줄 수 있다.

〈표 4.2〉는 두 가지 격차에 관한 국가간 차이를 개관하고 있다. 제1열은 2010년 시점의 주연령층(25~54세) 노동자의 성별 고용격차를 보여준다. 고용격차는 터키(50% 포인트)와 멕시코(38% 포인트)에서 매우 크고 북구 제국에서는 상대적으로 작다. 핀란드와 노르웨이에서 격차는 5%포인트 수준이다.

〈표 4.2〉의 제2~4열은 2009년 풀타임 고용 노동자의 성별 소득격차 $(E_m - E_f)/E_m$를 소득분포의 중위수(제2열) 및 제2와 제8(10)분위(제3~4열)에서 추산한 것을 보여준다. 중위수준에서 소득격차는 한국(39%)과 일본(28%)의 경우에 특히 크고 헝가리(4%)에서는 비교적 작다. 벨기에, 뉴질랜드 및 노르웨이의 성별 소득격차는 10% 이하이다. 〈표 4.2〉의 제3~4열은 성별 소득격차가 소득분포 영역에 따라 크게 다르지 않은 나라도 있고, 상당히 다른 나라도 있음을 보여준다. 캐나다, 체코, 덴마크 및 네덜란드 등에서는 소득격차의 제2와 제8분위 간 차이가 1%포인트 이하이다. 소득분포에 걸쳐서 차이가 있는 나라들에서는 고소득층에서 소득격차가 훨씬 큰 경우가 많다. 예를 들어 한국의 경우, 성별 소득격차가 제2분위에서 29%인데 제8분위에서는 41%이다. 포르투갈과 스페인은 예외인데, 제2분위의 성별 소득격차가 제8분위의 경우보다 훨씬 크다.

[그림 4.6]은 고용 및 소득에서의 성별 격차의 국가간 분포를 보여준다. 두 가지 격차 간에는 양의 상관관계가 나타나는데, 10~20%의 비슷한 격차를 가진 다수의 나라들과 두 가지가 모두 큰 한국과 일본의 경우가 주로 작용한 것이다. 그리스와 이탈리아는 양의 관계에서 예외인데, 비교적 높은 고용격차와 비교적 낮은 소득격차를 보여준다.

표 4.2 성별 고용격차 및 소득격차

	고용격차 2010(%)	소득격차 2009(%)			격차의 변화(%)	
		중위수	제2분위	제8분위	고용 (1994~2010)	중위임금 (1980~2008)
Australia	15	16	7	20	−6	−7
Austria	9	19	26	22	−12	—
Belgium	11	9	12	10	−15	—
Canada	7	20	21	20	−7	—
Czech Republic	17	18	24	23	48	—
Denmark	5	12	14	15	−5	—
Finland	5	20	16	25	2	−5
France	10	13	9	17	−9	−8
Germany	10	22	25	22	−11	—
Greece	24	10	9	5	−18	—
Hungary	11	4	2	13	−2	—
Iceland	6	14	11	20	−4	—
Ireland	8	10	12	16	−25	—
Italy	25	12	7	−4	−14	—
Japan	23	28	26	36	−9	−11
Korea	26	39	29	41	−12	—
Luxembourg	19	—	—	—	−20	—
Mexico	38	—	—	—	−15	—
Netherlands	11	17	18	19	−17	—
New Zealand	15	8	7	14	−4	—
Norway	5	9	5	16	−5	—
Poland	11	10	8	3	−2	—
Portugal	9	16	14	9	−11	—
Slovak Republic	11	—	—	—	−2	—
Spain	12	12	13	5	−26	—
Sweden	6	15	—	—	4	1
Switzerland	13	15	20	22	−11	—
Turkey	50	—	—	—	−6	—
United Kingdom	11	20	17	21	−4	−14
United States	12	20	14	24	−4	−16

출처: OECD.

주: 고용격차는 주연령층의 고용/인구 비율의 차이. 사용된 소득 추정치는 풀타임 노동자의 총소득.

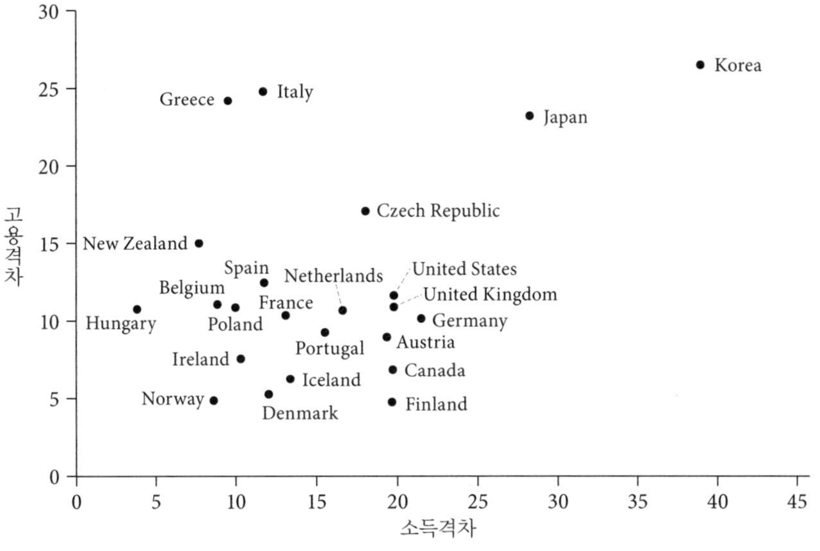

그림 4.6 성별 소득격차와 고용격차

출처: 표 4.2의 첫 두 열의 자료.

〈표 4.2〉의 마지막 두 열은 고용격차 및 소득격차의 시간적 변화를 보여준다. 체코, 핀란드, 스웨덴을 제외한 모든 나라들에서 성별 고용격차는 감소하였으며, 특히 1994~2010년 기간에 아일랜드와 스페인의 경우에 특히 그러하다(약 25%). 소득격차의 변화에 관한 정보는 소수 국가들에서만 구할 수 있다. 약간의 증가세를 보인 스웨덴을 제외하면, 1980~2008년 기간에 중위소득에서의 격차는 상당히 감소하였다.

4.3.2 노동시장 차별에 관한 경험적 증거

성별 임금격차는 회귀분석에서 남녀간에 관측된 특성의 차이를 통해서, 그리고 이 특성들의 수익성 차이를 통해서 설명될 수 있다. 두 번째 유형의 차이가 차별의 증거로 간주된다(자세한 것은 Box 4.1과 4.2 참조). 하지만 이런 접근법은 임금차별의 정도를 과소평가할 수도 과대평가할 수도 있다(Altonji and Blank 1999). 관측된 특성의 일부는 차별 그 자체로부터 영향을 받을 수 있다. 여성은 교육의 수익성을 감소시키는 임금차별을 예상하는 경우에 교육에 대한 투자를 줄일 것이다. 그러면 차별의 진정한 효과는 과소평가된다. 하지만 회귀분석에서 인적자본 변수와 개인적 기호와 관련된 탈락변수(omitted variables)의 문제가 있을 수도 있다(4.2 참조). 그러면 차별의 정도는 과대평가될 수 있다.

Box 4.1

Blinder–Oaxaca 분해(decomposition)

두 집단의 노동자(예를 들어 남성과 여성) 사이에 임금차별의 크기를 확인하는 일반적인 방법은 임금방정식 추정을 이용하는 것이다. 즉 남성과 여성의 임금방정식을 분리하여 추정한다.

$$\log w_j = \alpha_j + x_j \beta_j, \quad \text{with } j = m, f$$

여기서 w는 시간당 임금, x는 개인 및 일자리의 특성을 나타내는 벡터이며, α와 β는 매개변수의 벡터이다. 편의상 통계적 오차항은 무시한다. 위 두 식을 차분하면, 남녀 노동자 간 임금격차는 특성의 차이와 주어진 특성에 대한 보수의 차이에 의해 결정된다.

$$\log w_m - \log w_f = \alpha_m - \alpha_f + (x_m - x_f)\beta_m + x_f(\beta_m - \beta_f) \qquad (4.8)$$

차별과 직접적으로 관련된 부분은 $(\beta_m - \beta_f)$항으로서, 동일한 특성에 대해 보수를 차등 적용하는 것을 보여준다. 그러나 만약 여성 스스로가 차별받을 것이란 기대 때문에 인적자본에 대한 투자를 덜 하게 된다면 $(x_m - x_f)$ 역시 차별에 의한 것으로 볼 여지가 있다. 그리고 $(\alpha_m - \alpha_f)$ 또한 차별과 관련될 수 있는데, 가진 특성도 같고 관측된 특성에 대한 보수도 같다면 여성이라고 해서 더 낮은 임금을 받을 이유가 없기 때문이다. 임금격차가 이러한 방법으로 정확하게 측정되었는지 여부는 모든 개인적 및 일자리의 특성이 적절히 모형에 포함되었는지에 따라 결정된다. 만약 직업에 대한 동기부여 정도나 열정과 같은 변수가 생략되었다면, 임금분해 결과는 성별 임금격차를 과대평가하게 된다. 예를 들어, 아주 낮은 임금에서는 일하려는 여성이 거의 없다면 매우 낮은 임금을 받는 여성은 관측되지 않게 되며 따라서 임금격차는 과소평가될 수 있다. 또한 식(4.8)은 달리 분해될 수도 있는데, 즉 남성의 특성을 기준으로 차별의 크기를 평가할 수도 있다는 점에 유의하자.

$$\log w_m - \log w_f = \alpha_m - \alpha_f + (x_m - x_f)\beta_f + x_m(\beta_m - \beta_f) \qquad (4.9)$$

이처럼 분해할 경우, 차별의 크기에 대한 추정값은 다르게 될 것이다.

출처: Blinder(1973), Oaxaca(1973).

Box 4.2

Blinder-Oaxaca 분해의 민감도 분석

Blinder-Oaxaca 분해의 민감도는 Joseph Altonji와 Rebecca Blank가 '*Handbook of Labor Economics*'의 인종과 성에 대해 개관하는 장에서 보여주고 있다.

	임금격차, 1979(%)		임금격차, 1995(%)	
비교그룹	Model 1	Model 2	Model 1	Model 2
남성 - 여성				
특성	2.6	12.6	0.8	7.6
추정계수	43.8	33.5	27.9	21.1
백인 - 흑인				
특성	6.3	10.8	8.2	11.4
추정계수	10.2	6.1	13.4	9.8

주: 표의 숫자는 남성과 여성 간 그리고 백인과 흑인 간 임금격차 비중을 나타낸다. 모델 1의 추정식에는 교육, 잠재적 일경험, 지역이 통제되었으며, 모델 2의 추정식에는 추가로 직종, 업종 그리고 일자리 특성이 통제되었다.

이들은 1979년 Current Population Survey 자료를 활용하여, 교육, 잠재적 일자리 경험, 지역 변수를 포함하는 모형(모형1)을 분석한 결과, 성별 임금격차에서 2.6%포인트는 특성의 차이로, 43.8%포인트는 추정계수의 차이(즉, 특성에 대한 보수의 차이)로 설명된다는 것을 보였다. 그러나 후자의 차이를 차별 탓으로 돌리는 것은 옳지 않다. 모형2에서는 모형1의 변수에 더하여, 직종, 산업, 일자리 특성을 추가해서 분석했는데, 이 경우에 특성 차이의 기여도는 12.6%포인트로 증가한 반면에 추정계수 차이의 기여도는 33.5%포인트로 감소했다. 1995년에는 성별 임금격차는 축소되었으며, 임금 격차에서 두 요소의 중요성도 감소한 것으로 나타났다. 한편, 흑인과 백인 노동자 간의 임금격차 분석에서도, 설명변수를 추가로 넣게 되면 추정계수의 기여도(즉, 차별에 기인한 임금 부분)가 줄어들었다.

출처: Altonji and Blank(1999).

자연실험에서 얻는 정보를 이용해서 차별의 정도를 확인할 수 있는 경우는 드물다. 미국 교향악단 오디션의 경우에 수행된 자연실험은 드문 사례로서, Box 4.3에 소개되어 있다.

Box 4.3

채용에서의 성 차별

Claudia Goldin과 Cecilia Rouse는 미국의 관현악단 오디션 자료를 분석하여, 채용에서의 성 편향성을 연구하였다. 이들 관현악단은 지원자가 가림막 뒤에서 연주하는 방식의 블라인드(blind)형 오디션 절차를 도입했다. 지원자는 자신이 누군지를 심사자들이 모르는 상태에서 연주할 수 있었다. 관현악단마다 서로 다른 시점에 블라인드 채용 절차를 도입했기 때문에, 마치 자연실험의 결과인 것처럼 신규 채용 단원의 성별 구성에 대한 블라인드 채용의 효과를 비교할 수 있었다. 연구자들은 1950년대부터 1995년까지 8대 주요 관현악단의 오디션 표본을 수집했다. 저자는 블라인드 및 비(非)블라인드 채용절차를 거친 연주자들을 구분하는 방식을 통해 다음과 같은 채용 확률을 확인하였다.

그룹	채용방법: 블라인드 전형	채용방법: 비블라인드 전형
여성	2.7	1.7
남성	2.6	2.7
차분	0.1	−1.0
이중차분	1.1	

표에서 보듯이, 여성의 경우에 블라인드 오디션을 통해 채용될 가능성은 2.7%로 나타났으나, 비블라인드 오디션을 통하는 경우에서는 1.7%에 불과했다. 남자 연주자의 경우는 어떤 채용과정을 거치든 거의 차이가 없었다. 가림막의 사용은 마치 자연실험인 것처럼 해석될 수 있기 때문에 채용절차 변화의 효과를 설명하는데 이중차분법이 활용될 수 있다. 여성의 채용 가능성 증가는 1.1%포인트로서 65%(=1.1/1.7) 커졌음이 명백하다. 신규 채용된 여성의 비중은 표본기간 동안에 점진적으로 증가했는데, 부분적으로는 여성 지원자의 규모가 증가했기 때문이기도 하다. 그러나 Golddin과 Rouse에 따르면, 신규 채용자 중 여성 비중의 증가에서 1/3 정도는 블라인드 채용절차의 도입 때문이라고 할 수 있다.

출처: Golddin and Rouse(2000).

차별의 정도는 이른바 '시청 및 교신 연구(audit and correspondence studies)'에서 현장실험(field experiments)을 통해 조사되기도 한다. 시청 연구에서는 "실연"(live) 지원자들(배우)을 활용하는데, 이들은 차별을 유발할 수 있는 특성을 빼고는 다른 차이가 없어야 한다. 고용주에게는 동일하게 보이는 상이한 집단의 실연 지원자들을 모집하기가 사실상 불가능하다는 점에서, 시청 연구는 비판받아 왔다. 실연 지원자는 지원 자체가 가짜(fake)임을 알고 있고 지원을 하는 이유(고용주가 차별을 하는지 여부를 확인하는 것)도 알고 있다. 따라서 실제의 지원 상황에서와는 달리 행동할 수 있다. 교신 연구에서는 가공의 지원서를 이용한다. 서류로 (또는 인터넷으로) 개인 특성과 이력을 여러 집단 간에 동일하게 만들기는 쉽다. 다른 면에서는 동일한 특성을 갖는 상이한 집단들 간에 회신율(callback rates)을 비교함으로써 집단들이 받는 차별의 정도에 대한 정보를 얻을 수 있다. 그렇지만 교신 연구 역시 한계가 있다는 비판을 받았다(Heckman 1998). 회신율이 집단 간에 달리 분포되는 관측되지 않는 특성에 의해 영향을 받는다면, 교신 연구까지도 차별 또는 차별의 부재에 대한 가짜 증거를 만들어낼 수 있다(기술적 부록 4.9.3 참조). 더구나 지원자가 차별행위를 인지해서 차별하는 고용주를 회피하게 된다면,(이런 점을 배제한) 무작위 지원은 차별의 정도를 과대평가할 수 있다.

Riach and Rich(2002)는 초기의 교신 연구들을 개관하고 있고, Neumark(2012)는 시청 연구 및 교신 연구에 대한 비판을 상세히 논의하고 있다. 〈표 4.3〉은 성별, 인종, 이민자 지위, 성적 취향, 및 미모 등의 차원에 따른 잠재적 차별을 조사한 최근의 교신 연구들에 대해서 개관하고 있다.

표 4.3 차별을 찾아서: 교신(correspondence) 연구

연구	대상	회신(%)	국가	표본 수
Booth and Leigh(2010)	Male	32	Australia	3,365
	Female	25		
Bertrand and Mullainathan(2004)	White	10	United States	2,435
	African-American	6		
Carlsson and Rooth(2007)	Swedish	29	Sweden	1,552
	Middle Eastern	20		
Ahmed et al. (2011)	Male heterosexual	30	Sweden	1,978
	Male homosexual	26		
	Female heterosexual	32		2,018
	Female homosexual	26		
Ruffle and Shtudiner(2010)	Male plain	9	Israel	2,656
	Male attractive	20		
	Female plain	14		2,656
	Female attractive	13		

주: 교신 연구는 우편이나 인터넷으로 가짜 취업원서를 제출하는 것이다.

- 성별: Booth and Leigh(2010)는 2007년 호주의 3개 대도시(브리즈번, 멜버른, 시드니)에서 구인하는 고용주에게 지원서를 보냈다. 여성 지배적인 직무 유형으로 4가지를 선택했다. 각 직무 유형마다 4가지의 가짜 이력서를 적절히 작성했다. 이력서에는 남자 이름과 여자 이름을 무작위로 배정했다. 전형적인 여성 지원자는 회신율이 32%인데 반해서 전형적인 남성 지원자는 25% 수준이었다. 이런 유형의 일자리를 찾는 남자는 여자와 동일한 정도의 회신을 받기 위해서 28% 정도 더 많이 지원해야만 할 것이다. 여성 지배적인 일자리에 남자가 들어가는 것은, 아마 그 반대의 경우에도 그렇듯이, 쉽지 않은 것으로 보인다.
- 인종: Bertrand and Mullainathan(2004)는 2001~2002년 기간에 보스턴과 시카고의 주요 신문에 실린, 판매, 행정지원, 사무 및 고객서비스 분야의 모든 고용 광고를 수집했다. 각 광고마다, 두 개는 높은 수준으로, 다른 두 개는 낮은 수준으로 4가지의 이력서를 보냈다. 흑인처럼 들리는 이름과 백인 경향의 이름을 무작위로 배정했다. 백인 이름의 이력서가 받은 회신율은 10% 수준이었다. 내용은 같지만 흑인 이름의 회신율은 6%였다. 백인 지원자는 10번 지원하면 한 번 회신을 받을 수 있는 반면, 흑인이 같은 결과를 얻기 위해서는 약 15번은 지원해야 할 것이다.
- 이민자 지위: Carlsson and Rooth(2007)은 스웨덴에서 내국인과 이민자 간에 채용에서 차별이 존재하는지를 조사했다. 두 대도시에서 12개 직종의 빈 일자리에 대해 지원서를 보냈다. 동일한 숙련도의 지원서에 스웨덴 이름과 중동식 이름을 무작위로 배정했다. 스웨덴 이름의 지원서는 29%가 인터뷰하자는 회신을 받았는데 비해서 중동식 이름의 지원서는 20%만이 회신을 받았다. 이 연구에서는 회신율을 고용주 및 채용담당자와 연계시킬 수 있었다. 예를 들면, 여성인 채용담당자는 차별의 경향이 약한 반면에, 소기업과 이민자가 많이 고용된 직종에서는 차별 가능성이 더 높다는 점이 확인되었다.
- 성적 취향: Ahmed et al.(2011)은 스웨덴의 경우에 동성애자가 채용과정에서 차별을 경험하는지를 조사했다. 가짜 지원서에는, 배우자/동거자의 성별을 표시하고 동성애 성향의 조직 또는 중립적 조직에서의 자원봉사활동에 관한 정보를 추가하는 등, 지원자가 게이, 레즈비언, 또는 이성애 성향인지를 간접적으로 표시했다. 평균적으로 게이는 이성애 남자에 비해 회신율이 4% 낮았고, 레즈비언은 이성애 여자에 비해 회신율이 6% 낮았다. 또 이런 유형의 차별은 직종마다 차이가 있고 민간부문에서만 나타난다는 점도 확인되었다. 게이 지원자는 남성 위주의 직종에서 차별 당했고, 레즈비언 지원자는 여성 위주의 직종에서 차별 당했다.

• 미모[6]: Ruffle and Shtudiner(2010)는 이스라엘에서 취업 지원서를 짝을 지워 보냈는데, 하나는 사진 없이, 다른 하나는 매력적이거나 또는 수수한 사진을 첨부해서 보냈다(그 외는 동일한 내용). 잘 생긴 남자가 평범한 남자보다 훨씬 더 많은 회신을 받았는데, 여성의 경우에는 미모와 수수함 간에 회신율의 차이가 작았다.

4.4 정책 이슈

역사적으로 여성은 대개 직장에서 모종의 차별을 경험해 왔다. 일부는 여성에 대한 보호에서 유래된 것도 있다. 1900년대 초에는 여성이 하루에 일할 수 있는 시간을 제한하는 법도 있었는데, 여성이 과도하게 일할 경우에 출산 관련 건강에 나쁘다고 믿어졌기 때문이다(Hoffman and Averett 2010). 1960년 이후, 입법 방향은 보호에서 기회균등 쪽으로 이동했고, 성별, 인종, 연령, 성적 취향 및 기타 다른 차원에 따른 차별을 방지하는 법이 도입되었다. 여기서는 차별금지 법제의 전형적 요소들인 동등보수 법제와 적극적 차별철폐 행동(affirmative action)에 대해 좀더 자세히 살펴본다. 완전경쟁적 노동시장에서는 동등보수 법제나 적극적 차별철폐 행동이 불필요한데, 고용주 간의 경쟁이 차별을 소멸시킬 것이기 때문이다. 불완전 노동시장의 경우, 동등보수 법제는 차별 문제에 대한 해답이 되기 어렵지만 적극적 행동은 유용할 수 있다.

4.4.1 동등보수(equal pay) 법제

동등보수('동일노동 동일임금') 법제는 같은 일자리에 있는 남녀는 같은 임금을 받아야 한다는 의미이다. 이론적으로나 실제적으로나 그것은 효과가 없는 것으로 생각된다. 동등보수가 임금차별을 없애기 위한 단계일 수도 있겠지만 여성이 일자리를 쉽게 얻을 수 있게 하는 시장기능을 억압하는 면도 있다. 여성의 임금이 더 낮다면 고용주에게는 더 매력적이 될 것이며, 차별하는 고용주는 이윤 감소의 피해를 보게 될 것이다. 동등보수는 이러한 경쟁의 장점을 제거한다. 실제적 관점에서 동등보수는 시행하기도 어려운데 '동일 노동'(equal work)을 측정하기 어렵기 때문이다. 남녀간 차별을 원하는 고용주라고 해서 동등보수 법제 때문에 상당한 곤란을 겪지는 않을 것이다. 노동시장 차

6) 미모에 관한 초기 연구로는 Biddle and Hamermesh(1994)를 참조. 최근의 개관으로는 Hamermesh(2011)를 참조.

별을 없애려면, 생산성이 동일한 사람들에게 고용과 승진에서 동등기회와 동등보수를 규정하는 법제가 필요하다.[7)]

이것이 1963년 미국에서 동등보수법(Equal Pay Act)이 만들어져서, 기업이 동일 노동을 하는 남녀에게 별개의 보수체계를 적용하는 것을 위법으로 규정한 배경이다. 이 법은 한 기업 내 같은 일자리에서의 임금 차별에만 적용되는 것으로, 고용, 승진, 훈련 프로그램 등에서의 차별은 대상이 아니었다. 1964년에는 민권법 7장이 제정되었는데, 이 법은 고용주, 고용기관, 노동조합이 고용, 임금, 훈련, 조합 가입 등에서 차별하는 것을 명시적으로 금지했다.

동일노동 동일보수 원칙의 목표는 '비교가치'(comparable worth) 접근법을 통해서 실행되기도 한다. 비교가치 정책을 위해서는 다양한 직함이나 승진 단계에 따르는 보수 격차를 결정하거나 정당화하기 위해 일자리를 평가하는 체계가 필요하다. 각 일자리에 점수를 매기는 절차가 중요한 것은 당연하다. 비교가치 원칙이 의미하는 바는, 여성이 자기 직무의 내재적 가치에 따라 보수를 받아야 한다는 것이다.[8)] 비교가치 접근법에 대한 주요 비판은 그것이 노동시장 상황(즉 특정 노동자에 대한 수요와 공급)을 무시한다는 것이다. 특정 시장에서 임금이 낮은 이유는 차별 때문이 아니라 수요가 적고 공급이 많기 때문일 수도 있다.

4.4.2 적극적 차별철폐

적극적(차별철폐)행동(affirmative action) 정책은 교육, 고용, 또는 사업계약에서의 희소한 기회의 배분을 규제함으로써, 특정 집단에 속하는 사람들이 차지하는 비중을 늘리는 것이 목적이다(Fryer and Loury 2005). 적극적 행동은 사전행동적(proactive) 절차를 요건으로 한다는 점에서 다른 차별금지 정책과는 구별될 수 있다(Holzer and Neumark 2000). 그것은 여성과 소수자의 과소 참여(underutilization)의 정도를 분석해서 이를 시정하는 계획을 강구하는 것이다. 적격성이 높은 백인 남자 대신에 적격성이 낮은 여성이나 소수자를 고용하는 식으로, '역차별' 또는 "적극적"(positive) 차별까지 갈 수 있다. 역차별(reverse discrimination)은, 과거 차별의 역사를 교정하기 위해서는

---

7) 여성은 "유리천장"(glass ceiling)에 직면하는 것으로 알려져 있는데, 그것은 여성 및 소수자가 기업, 정부, 학계에서 상층으로 진출하지 못하게 막는 것으로 생각되는 미묘한 장벽들을 가리킨다.

8) 비교가치를 실행하기 위해서는 여성 임금에 대한 조정이 필요한데, 그 조정의 크기를 추정하는 한 가지 방법은 전통적인 소득 방정식에 직종별 여성 비율을 측정하는 변수를 포함해서 확장하는 것이다.

그럴 필요가 있다는 주장이 근거가 된다.

고용할당제(quota)와 같은 형태의 적극적 행동은 문제가 될 수 있다. 기업이 일반적으로(또는 특정한 직무에 대해서) 소수자 집단에 속하는 노동자의 비율을 늘리려고 하거나 늘려야만 한다면 쉽지 않을 수 있다. 이직률이 낮은 경우라면 목표 달성에 장기간이 소요될 것이다. 또 어떤 나라에서는 할당이 위법인데, 그것이 '적극적' 차별이든 아니든 차별은 불법으로 간주되기 때문이다. 할당을 맞추려다 보면 할당이 없는 집단에 대해서 의도치 않은(또는 의도한) 차별을 초래할 수도 있다.

적극적 행동은 차별하는 기업뿐 아니라 차별하지 않는 기업에도 영향을 미칠 수 있다. [그림 4.7]에 예시되어 있는데, 여기서는 남녀 노동자가 생산과정에서 불완전 대체관계에 있다고 가정한다. 곡선 $\bar{y}$는 $\bar{y}$의 생산량을 달성하는 남녀 노동자 수의 모든 조합을 표시하는 등량곡선이다. 차별이 없는 기업의 경우에 $\bar{y}$ 생산을 위한 최소비용은 A점으로 주어져 있는데, 등비용선 BC가 등량곡선에 접하고 있다. 등비용선의 기울기는 남녀 임금의 비율($\frac{w_f}{w_m}$)과 같다. 여성 임금이 하락하면 여성 고용은 늘어날 것이다. 적극적 행동은 기업으로 하여금 사전에 주어진 비율의 여성을 고용하도록 강요하는 것인데, 여기서 여성 비율은 OG 선으로 주어져 있다. 그러면 최소 생산비용은 새로운 등비용선 EF 위의 D점에서 달성된다. 차별하지 않는 기업이 적극적 행동이라는 규제 때문에 같은 생산량을 더 높은 비용으로 생산하도록 강요받고 있는 것이 분명하다.

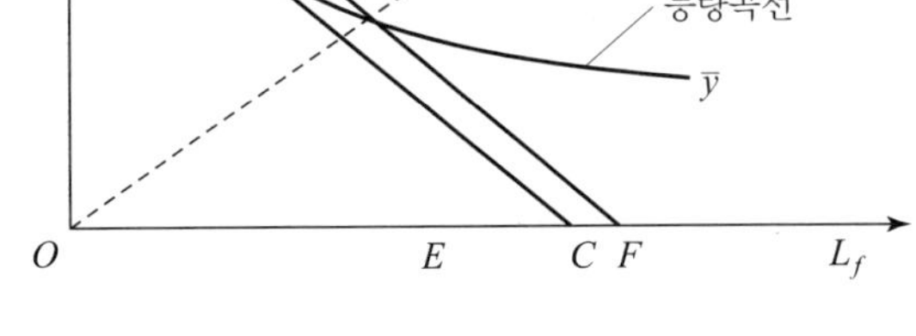

그림 4.7 차별 없는 기업과 적극적(차별철폐) 행동

4.5 다른 제도들과의 상호작용

차별금지 법제는 교육과 훈련, 가족정책, 근로시간 법제, EPL 및 노동조합과 같은 다른 제도들과 상호작용하는 제도이다. 시장 이전 단계에서 차별이 존재한다면, 아마도 이른 연령에서의 개입이 필요할 것이다. 이것은 주로 인종/민족 차별에서 문제가 되겠는데, 소수자 집단은 어린 연령에서 이미 불리한 입장에 있기 때문이다. 이들이 미래의 차별을 예상한다면 그 때문에 교육에 대한 투자를 줄일 수도 있다. 기대 이익이 적을수록 투자는 줄어들 것이다. 가족정책과 관련해서, 성별 임금격차는 여성의 노동시장 참여를 방해할 수 있다. 차별금지 정책은 여성의 노동력 참여 증대를 목표로 하는 가족정책을 보강할 수 있다. 나아가서 차별금지 법제와 근로시간 법제는 시간제 근로를 통해 상호작용할 수 있다. 시간제 근로를 방해하는 법제는 특히 여성의 노동력 참여에 영향을 끼치며 따라서 차별적인 효과를 초래할 수 있다. 또 차별금지 정책과 EPL 간에도 상호작용이 있다. 해고가 차별적으로 이루어진 경우에 복직의 근거가 될 수 있다. 노동자가 사실 여부를 떠나서 차별을 이유로 고용주를 제소하는 법적 행동이 가능한 경우에는 해고의 비용이 증가할 것이다. 노조는 차별에 대항하지만, 동시에 특정 집단의 노동자를 주로 대변하는 경향이 있다. 예를 들면, 노조가 시간제 근로에 반대할 수 있는데, 이런 반대가 평균적으로 시간제 근로의 경향이 강한 여성에게는 유해한 것이 될 수 있다.

4.6 차별금지 법제는 왜 존재하는가?

차별금지 법제에는 형평성과 효율성이라는 두 가지 이유가 있다. 세계인권선언 제23조에 따르면, 모두가 차별 없이 동일 노동에 대해 동일 보수를 받을 권리가 있다. 경제적 관점에서, 차별금지 법제는 노동자를 일자리에 더 잘 배분함으로써 노동시장 효율성을 향상시킨다. 효율성 평가를 위해서는 경쟁적 노동시장과 불완전 노동시장을 구분할 필요가 있다. 경쟁적 노동시장에서 차별적 고용주는 징벌을 받게 된다. 불완전 노동시장에서는 이와 다른데, 일정한 시장력을 사용해서 여성이나 소수자 집단에 대한 차별을 지속할 수 있다. 노동시장의 경쟁적 성격은 고용주에 의한 차별의 정도를 결정하기도 한다. 경쟁적 노동시장에서 차별의 의미를 결정하는 것은 한계적 고용주이다. Heckman(1998)에 따르면, “기업의 심성에는 완전한 시장거래에서는 결코 나타날 수 없는 악이 잠복해 있을지 모른다." 그렇지만 불완전 노동시장에서 차별의 정도를 결정하는 것은 평균적인 고용주이다.

Blau et al.(2010)은 노동시장 차별의 직접적 효과가 남녀간 보수 격차의 40% 이상을 설명할 수 있다는 결론을 내리고 있다. 차별에서 초래되는 효과의 크기를 확인하기는 어려운데, 여기에는 피드백 효과의 존재도 작용한다. 직접적 차별은 생산성 차이와는 무관하게 나타나는 임금, 고용 지위 또는 승진과 같은 경제적 결과에서의 차이와 관련된다. 각자가 차별의 존재를 인지하는 한, 인적자본 투자를 줄이는 방식으로 반응할 수 있다. 그러한 피드백 효과를 감안하면, 차별의 직접적 효과에 대한 추정치는 전체 효과의 하한선에 가까울 것이다(과소평가의 가능성).

4.7 심화학습 안내

OECD(2008)에서 제3장 "The Price of Prejudice: Labor Market Discrimination on the Grounds of Gender and Ethnicity"는 차별금지 법안을 이해하는 데 유익하다. '*Handbook of Labor Economics*'는 노동시장 차별에 대해 여러 장을 할애하고 있다. 특히 Altonji and Blank(1999)는 노동시장의 인종과 성별에 대한 이론적 작업과 함께 실증적 연구를 개관하고 있다. Bertrand(2010)은 성별 이슈에 대한 새로운 관점을 다룬 장을 통해, 남녀의 심리적 특성 차이에 대한 최근 연구를 논의한다. Fryer(2010)는 인종간 불평등에 대한 장에서 미국 흑인과 백인노동자 사이에 나타난 차별의 중요성이 감소하고 있다는 점을 논의하고 있다. Lang and Lehmann(2012)는 인종 차별에 대한 최근의 이론적 및 경험적 연구를 개관하고 있다.

복습 질문 및 연습문제

1. 직종별 혼잡 현상에 따른 차별을 가정해 보자. 성별 임금격차에 대한 가장 중요한 경험적 예측은 무엇인가?

2. 경쟁적 노동시장에서 기호에 기반한 차별을 가정해 보자. 단기와 장기 효과의 주된 차이는 무엇인가?

3. 통계적 차별은 무엇인가? 통계적 차별이 차별받은 노동자의 임금에 주는 충격은 무엇인가? 만약 어떤 시험이 흑인 노동자보다 백인 노동자의 생산성을 보다 더 잘 반영한다면 어떠한 일이 벌어지는가?

4. 임금차별 때문에 여성이 남성에 비해 소득이 낮다. 때때로 이러한 차이는 일자리의 종류와 관련이 있다. "여성 일자리"에서 일하는 남성이 "남성 일자리"에서 일하는 남성에 비해 소득이 낮다. 그 이유를 설명하시오.

5. Becker의 기호(taste)에 따른 차별 이론을 설명하시오. 그리고 이와 같이 차별을 하는 기업이 왜 경제적으로 비효율적인지 설명하시오.

6. 흑인과 백인 근로가 불완전 대체재인 생산함수를 사용하여, 적극적 차별철폐 행동이 인종차별을 하지 않는 기업의 생산비용을 어떻게 증가시키는지 그래프를 활용하여 설명하시오.

7. Becker의 차별이론에서는, 기업, 노동자 혹은 소비자가 여성에 대해 편견을 가질 수 있다. 성별 임금격차에 대한 효과 측면에서 이 세 가지 가능성 사이의 주요 차이점을 논하시오.

8. 차별계수와 시장 차별계수의 차이점을 설명하고, 두 계수가 크기가 다르면 어떻게 되는지 설명하시오.

9. 임금차별의 수요독점모형에서 성별 임금격차를 가져오는 주요 메커니즘은 무엇인가?

10. 한 기업이 제품을 생산하기 위해 백인 혹은 흑인 노동자를 고용할 수 있다. 이 기업이 직면하는 생산함수는 $q=10L_w+10L_b$로 q는 산출량, L_w는 백인 노동자 수, L_b는 흑인 노동자수이다.

    (a) 만약 백인 노동자의 시장임금이 $W_w=40$, 흑인 노동자의 시장임금은 $W_b=35$이며, 이들 노동자에 의해 생산된 산출물은 6의 가격으로 팔린다고 하자. 만약 기업이 산출물 100단위를 생산하고 비용최소화를 추구한다면 기업이 고용하는 노동자는 각각 몇 명인가?

(b) 만약 기업이 차별적이고 차별계수가 0.2라면, 이 기업이 고용하는 노동자 수는 각각 몇 명인가?

(c) 이 기업의 차별적 행동으로 발생하는 비용은 얼마인가?

11. 한 기업의 생산함수는 $q=10\sqrt{L_m+L_f}$로 L_m과 L_f는 각각 남성 및 여성 노동자 수이다. 여성 노동자의 시장임금이 4이고, 남성은 5, 그리고 산출물의 단위가격은 8이라고 가정하자. 이 기업은 생산에 노동만을 투입한다.

(a) 차별하지 않는 기업이 고용한 여성과 남성 노동자의 수는 몇 명인가? 이 때 기업은 얼마의 이윤을 얻는가?

(b) 기업이 여성 노동자를 차별하고 차별계수는 0.2이다. 이 기업이 고용할 여성과 남성 근로자는 각각 몇 명인가?

(c) 여성과 남성 노동자 간에 무차별한 수준이 되는 차별계수는 무엇인가?

(d) 기업이 차별계수 0.5로 여성 노동자에 대해 차별한다. 이 기업이 고용할 여성과 남성 노동자는 각각 몇인가?

12. 남성(w_m)과 여성(w_f)의 임금은 s의 교육연수와 e의 노동시장 경험에 의해 결정된다.

$$w_m=200+10s+5e$$

$$w_f=200+5s+3e$$

남성은 평균 교육연수 10년 및 시장경험 14년이며, 여성은 평균 교육연수 9년 및 시장경험 10년이다.

(a) 성별 임금격차는 얼마나 크나?

(b) Blinder-Oaxaca 분해를 활용하여 성별 임금격차 중 얼마가 차별에 기인하는지 계산하시오.

(c) 만약 노동시장 경험을 무시한다면, 성별 임금격차 중 차별에 의한 부분은 얼마인가?

13. (고급) 고용자는 여성에 대해서만 수요독점력을 가진다고 가정하자. 여성의 노동공급곡선은 $L_f=w_f^{1/\eta}$이며 남성의 노동공급곡선은 w^*에서 수평이다. 노동수요는 $L_d=(\frac{A}{w})^{1/\eta}$이며, 남성과 여성은 완전 대체가능하다.

(a) 남성과 여성의 균형 고용량과 임금은 얼마인가?

(b) 남성의 임금이 상승한다면, 여성 고용량과 임금이 모두 증가한다는 것을 보이시오.

(c) 여성에 대한 수요독점력이 커진다면, 여성 고용량과 임금에는 어떠한 변화가 생기는가?

제 5 장

근로시간 규제

근로시간은 오래전부터 노동조합과 고용주가 격한 논쟁을 벌여 왔던 주제이다. 1886년 5월 1일은 미국에서 8시간 '노동일'(working day)의 도입을 두고 파업과 유혈 폭동이 있었던 날이다. 노조와 고용주 간의 근로시간 투쟁을 기념하고자 5월 1일은 노동절로 선포되었고, 여전히 휴일로 지정된 나라가 많다.

노동일(1일 노동시간)의 최적 길이에 대한 논의는 임금, 여가, 생산성과 관련된다. 수십 년에 걸쳐 몇 가지 뚜렷한 추세가 나타났다. 주간(weekly) 근로시간은 1950~1990년 40년 동안 완만하게 감소해 왔는데, 이후에는 변화 없이 유지되는 나라가 많았다. 평균 근로시간의 감소에는 표준 근로시간의 감소뿐 아니라 파트타임 근로도 작용하였다. 파트타임 근로는 대다수 나라에서, 특히 여성의 경우에 증가해 왔다.

근로시간 규제는 주요 3가지 측면이 있다. 첫째, 표준 근로시간의 규제다. 일반적으로 1주일에 일할 수 있는 최대 노동시간 및 정규(normal) 근로시간에 대한 제약이 주어지며, 정규 근로시간을 넘는 경우에는 더 높은(초과시간) 보수가 주어진다. 둘째 차원은 풀타임 대신 파트타임을 선택하려는 경우에 노동자와 고용주가 직면하는 장벽에 관한 것이다. 파트타임 근로자의 비율에(가령 단체교섭으로 정해지는) 제약이 있을 수 있고, 파트타임 일자리 제공을 억제하는 금전적 유인이 존재할 수 있다. 셋째 차원은 단시간 근로(short-time work)에 관련되는데, 고용주가 부정적 충격을 경험하는 경우에 근로자 수 대신 근로시간을 줄이도록 권장하는 방식이다. 이런 규칙과 규제는 사적 계약에의 정부 개입이나 노조와 고용주 간의 단체협약을 통해 이루어진다.

근로시간에서는 국가 간에 큰 차이가 있는데, 예를 들면 미국의 노동자는 유럽의 노동자보다 평균적으로 15% 정도 더 많은 시간을 일한다. 시간 배분에서의 이처럼 큰 차이는 이 장에서 논의되는 규제의 결과인 것만은 아니다. 선호와 사회적 관습도 작용한다. 이러한 비제도적 요인의 중요성에 관한 정보는 시장노동에 투입되지 않는 시간의 배분에 대한 심층적 분석에서 얻게 된다. Burda et al.(2008)에 따르면, 시장 외에서의 가사노동이나 정원 가꾸기 및 보육과 같은 활동을 고려하더라도 미국인은 유럽인보다 더 많이 일한다. 노동도 여가도 아닌 데에 쓰는 시간이라고 정의되는 가정생산(home production)에 대해서는 제7장에서 살펴본다.

5.1 국제 비교

노동공급의 내포적 경계(intensive margin)에 대한 통상적 척도는 평균 '주간 근로시간'(average number of working hours per week)이다. 이것은 모든 노동자에 대한 평균을 볼 수도 있고, 풀타임 및 파트타임에 대해 별도로 볼 수도 있다. 파트타임 근로자의 주간 근로시간은 풀타임 노동자의 약 절반으로 나타나는 경우가 많다. 주간 근로시간에 대한 선택은 노동자의 선호에 따라 결정되지만, 선택 대상의 범위(menu)는 입법이나 단체협약으로 정해진다. 뒤에서 자세히 논의하는 바와 같이, 연간 근로시간은 연간 몇 주를 일하는지에 따라서도 크게 좌우되는데, 나라마다 휴가 기간이 상당히 다르기 때문이다.

〈표 5.1〉은 주간 근로시간에 대한 법적 제한을 개관한 것이다. 많은 경우에 정상적 '노동주'(working week), 즉 주간 근로시간의 법적 상한은 40시간인데, 덴마크에서는 37시간으로 더 낮다. 주간 초과근로시간의 상한은 스페인의 2시간에서 스위스의 16시간까지 상당히 다양하며, 초과시간에 법적인 제한이 없는 경우도 있다. 주간 총(정상+초과) 노동시간의 상한에서도 상당한 차이가 있다. 이러한 법정 한도가 법정 정상시간과 법정 초과시간의 합이 아닌 경우도 있는데, 단기간에 대해서는 최대 초과시간이 더 높을 수도 있기 때문이다.[1] 초과시간에 대해서 고용주는 대개 25~50% 할증임금을 지불하는데, 할증이 100%까지 가거나 주말 야간 근로에 대해서는 더 높아지는 경우도 있다. 초과시간 할증 때문에 고용주는 정규 근로시간을 지키려는 유인을 갖게 되지만, 초과시간은 고용주가 상황의 일시적 변동에 대처할 수 있게 해 준다. 〈표 5.1〉의 제4열은 단체협약에 의한 주간 정상근로시간이 법정 상한의 경우보다 상당히 낮은 경우도 있음을 보여준다.

노동자당 평균 근로시간은 파트타임 일자리의 비중의 변화에 따라 달라진다. 파트타임 근로의 국가간 차이는 임금과 승진 기회 혹은 현장 훈련과 같은 파트타임 일자리의 특성에 의해 결정된다. 이런 요인이 파트타임 일자리 지원자를 늘리거나 줄이게 된다. 노동수요 역시 파트타임 비중의 결정요인이 되는데, 서비스 업종과 같은 부문에서는 파트타임 고용의 확산이 더 잘 수용될 수 있다. 나아가서 조세와 사회보장기여가 사내 파트타임 일자리의 수에 대한 고용주의 선택에 영향을 줄 수 있다. 이탈리아 같은 나라에

1) 예컨대 오스트리아의 경우, 주당 초과시간의 통상적인 법정 한도는 5시간이지만, 연간 12주에 대해서는 10시간이다.

표 5.1 주간 정규 근로시간 및 초과 근로시간의 법정 상한

국가	법정 최대 근로시간			교섭된 정규 근로시간	초과시간 임금 할증(%)
	정상	초과	최대		
Australia	38~40	None	None	35~40	50
Austria	40	5	50	36~40	50
Belgium	40	10	50	38	50
Canada	40~48	None	None	35~40	50
Czech Republic	40.5	8	51	—	25
Denmark	37	None	48	37	50
Finland	40	5	45	37.5~40	50
France	39	9	48	39	25
Germany	48	12	60	35~39	25
Greece	40	8	48	40	25
Hungary	40	12	52	—	50
Ireland	48	12	60	38~40	25
Italy	48	12	60	36~40	10
Japan	40	None	None	40~44	25
Korea	44	12	56	—	50
Luxembourg	40	8	48	40	25~50[a]
Mexico	48	9	57	—	100
Netherlands	45	15	60	36~40	b
New Zealand	40	None	None	40	b
Norway	40	10	50	37.5	40
Portugal	40	12	54	35~44	50
Spain	40	2	47	38~40	b
Sweden	40	12	52	40	b
Switzerland	45 or 50	16	61 or 66	40~42	25
Turkey	45	—	—	—	50
United Kingdom	None	None	None	34~40	c
United States	40	None	None	35~40	50

출처: OECD(1998).

주: 교섭 정규 근로시간은 단체협약으로 정해진 정상 주간근로시간을 가리킴.

a. 룩셈부르크의 경우, 블루칼라 근로자는 25%, 화이트칼라 근로자는 50%임.

b. 초과시간 임금할증에 관한 법규정이 없음.

c. 단체협약에 의한 임금할증이 있음.

서는 사회보장기여가 수년간의 고정비용을 수반하게 되어, 파트타임 일자리의 시간당 비용이 풀타임 일자리의 경우보다 더 커지게 된다. 이런 규제는 파트타임 고용의 확산을 억제하는데, 비교적 열악한 것으로 여겨지는 파트타임 일자리에 반대하는 남성 지배적인 노조의 지지를 받는다. 최근에는 대다수 나라들에서 사회보장 관련 제도는 파트타

임과 풀타임 일자리 간의 선택과 관련해서 중립적이다.

2008~2009년 대침체기에 대다수 나라들이 '단시간 근로'(short-time work, STW)를 활성화했는데, 이전에는 독일, 이탈리아, 일본에서만 비교적 큰 규모로 존재했었다. STW는 시간당 임금을 보조함으로써 부정적 충격에 대한 대응으로(고용 감축이라는 외연적 변동 대신에 근로시간 단축이라는) 내포적 변동에 따라 조정하는 것을 장려하게 된다. 따라서 근로자의 소득 감소가 근로시간 감소보다는 적어진다. STW의 적합성(eligibility) 기준, 즉 STW의 적용을 위해 요구되는 범주적 또는 절차적 조건은 그 엄격성의 정도에서 나라마다 다른데, 실제로 후생손실을 줄이기 위해서는 기업이 부정적 수요충격에 직면하고 있음을 입증할 필요가 있다.

이러한 국가간 차이가 〈표 5.2〉에 요약되어 있다. 대다수 나라에서 사회적 동반자 간의 명시적 협약 또는 적어도 근로자와의 협의가 요구되는데, 독일과 같이 일부 국가에서는 근로자협의체가 STW를 시작할 수 있다. 어떤 나라들은 고용 지위에 관계없이 모든 근로자에게 STW를 제공하는 나라도 있지만(덴마크, 핀란드, 아일랜드, 스페인, 영국), 최소한의 기여 기록이 있는 근로자만 STW 자격을 갖는 나라들이 많다. 이런 경우에, 고정기간(fixed-term) 계약 근로자나 근로시간이 적은 파트타임 근로자는 다수가 STW 적합성을 갖추지 못하게 된다. 이런 적합성 기준은 대침체기를 거치면서 특수한 계약하의 근로자에 대하여 완화된 나라들이 많다.

적합성 기준 외에, STW 사용자에게는 자격(entitlement) 조건을 부과하는 나라가 많은데, STW 체제에 참여하는 기업 및 노동자에게 행태적 요건을 설정하는 것이다. STW 혜택을 받는 노동자는 의무적인 훈련 조치에 참여해야만 하는 경우도 있고(체코, 헝가리, 네덜란드, 포르투갈), 훈련계획에 참여하면 보조금을 주는 경우도 있다(독일). 나아가서, 사회보장기여금으로 STW 재원을 마련하는 다수의 나라들에서는 UBs 수급자의 경우와 마찬가지의 규칙에 따라 일자리 탐색에 참여하는 의무가 주어진다(덴마크, 핀란드, 독일, 아일랜드, 노르웨이, 스페인). STW에 참여하는 기업에게는 수혜기간 중에 노동자를 해고하지 못하게 하는 경우도 있고(오스트리아, 프랑스, 헝가리, 네덜란드, 폴란드), 참여 기업으로부터 사업계획을 요구하는 경우도 있다(벨기에, 이탈리아, 룩셈부르크, 폴란드, 스페인).

일부 국가는 STW 사용에 관해서 단체협약을 거친다거나 적어도 사무직근로자에 대해 노조의 승인을 요구하고 있다. 독일 같은 나라에서는 근로자 협의회가 STW를 시작할 수 있다. 실업보험 자격을 갖춘 근로자로서 최소한의 기여 기록이 있는 경우에만 참여할 수 있게 하는 나라도 있다. 이런 경우에 고정기간 계약자나 근로시간이 적은 파트

표 5.2 STW의 적합성 및 자격 조건

국가	적합성 조건		자격 조건			
	경제적 필요성 해명	사회적 동반자 협약	의무적 훈련	해고 금지	일자리 탐색 요건	회복 계획
Austria	Yes	Yes	No	Yes	No	No
Belgium	Yes	BC: No WC: Yes(or busines plan)	No	No	No	BC: No WC: Yes
Canada	Yes	Yes	No	No	No	No
Czech Republic	Yes	Yes	Yes	No	No	No
Denmark	No	Yes	No	No	Yes	No
Finland	Yes	Consultation	No	No	Yes	No
France	Yes	Yes	No	Yes	No	No
Germany	Yes	Yes	No	No	Yes	No
Hungary	Yes	No	Yes	Yes	No	No
Ireland	No	No	No	No	Yes	No
Italy	Yes	CIGO: No CIGS: Consultation	No	No	No	Yes
Japan	Yes	Yes	No	No	No	No
Luxembourg	Yes	Yes	No	No		Yes
Netherlands	No	Yes	Yes	Yes	No	No
Norway	Yes	No	No	No	Yes	No
Poland	Yes	Yes	No	Yes	No	Yes
Portugal	—	—	Yes	No	—	No
Slovak Republic	Yes	Yes	No	No	No	No
Spain	Yes	No	No	No	Yes	Yes
Switzerland	Yes	Individual Agreement	No	No	No	No
United States	Yes	Yes	No	No	No	No

출처: Hijzen and Venn(2011).

주: 경제적 필요성 해명(justification of economic need) = 기업은 생산 또는 사업활동이 최소한도 이상으로 감소했음을 입증해야 함; 사회적 동반자 협약(social partner agreement) = 사회적 동반자 간의 명시적 협약이 요구됨; 의무적 훈련(compulsory training) = 근로자가 특별 훈련계획에 참여할 의무; 해고 금지(no dismissal) = STW 참여 기간 중 해고 금지 의무; 일자리 탐색 요건(job search requirement) = STW 참여 기간 중 일자리를 탐색할 의무; 회복 계획(recovery plan) = 기업이 회복계획을 강구해야 할 의무. BC = 육체노동; WC = 사무직노동; CIGO와 CIGS는 이탈리아의 노동조합들 명칭.

타임 근로자는 다수가 STW 적합성을 갖지 못하게 된다. 다른 적합성 조건은 STW가 전체 근로자의 상당한 비율에 대해 적용되어야 한다거나(일자리 나누기의 수단이 되어야 함), 근로시간 단축이 표준 근로시간의 최소 비율을 넘어야 한다는 요건에 관한 것이다. 이런 최소수준 요건의 근거는 심각한 수요 감소에 직면한 기업만이 STW를 이용할 수 있게 하려는 것이다. STW를 시행하는 20개국 중 10개 나라에서 최소시간 요건을 두고 있다. 공식적인 "경제적 필요성의 해명"(justification of economic need)이 요구되는 경우도 종종 있는데, 기업은(생산 또는 판매가 일정 수준 감소했다는 기록을 보여줌으로써) 부정적 수요충격에 직면하고 있음을 입증해야 한다. 남용행위와 그에 따른 후생손실을 줄이려는 취지이다.

STW는 자격 기준의 엄격성 차원에서도 나라마다 다른데, 기업이나 노동자가 STW 적합성을 '유지하기 위해서' 충족해야 하는 조건에 관한 것이다. 이 조항에는 고용주가 단축 근로자에게 훈련을 제공할 의무(체코, 헝가리, 네덜란드, 포르투갈), 구조조정 계획의 확정(벨기에, 이탈리아, 룩셈부르크, 폴란드, 스페인), STW 실시기간 중 해고의 금지(오스트리아, 프랑스, 헝가리, 네덜란드, 뉴질랜드, 폴란드) 등이 있다. 일부 조건은 근로자에게도 적용되는데(덴마크, 핀란드, 독일, 노르웨이, 스페인), 예를 들면, 공식적으로 실업상태는 아니지만 UBs 수급자 요건과 유사한 일자리 탐색 요건이 주어진다. 물론 이런 조건들의 집행 수준은 다소 빈약한데, 일자리 탐색 요건이 특히 경기하강 시기에 실행되는 경우는 드물다.

STW의 세 번째 특징은 제도의 집행에서 고용주가 부담하는 비용이다. STW의 재원이 주로 일반 조세수입인 경우도 있지만, 사회보장기여금으로 조달되는 경우도 있다. 감축된 근로시간의 일부를 지불한다거나(프랑스, 독일, 헝가리, 일본, 네덜란드, 폴란드, 포르투갈, 슬로바키아), 초기의 임금 전체를 지불하는(노르웨이, 스웨덴) 방식으로, 기업이 STW 혜택의 비용을 분담한다. 감축된 근로시간에 대한 사회보장기여금의 전체 또는 부분을 지불하는 의무를 기업이 지는 경우도 있는데(독일), STW의 남용을 억제할 수 있다(이탈리아, 미국 등). 어떤 나라는 '상응 부담'(bonus-malus) 방식을 채택하기도 하는데, 이런 경우에 STW를 사용하는 고용주는 더 높은 기여금을 지불해야 한다. 이 방식은 STW에 관련된 재정적 외부효과를 부분적으로 내부화하는 것으로서 '경험 평가'(experience-rating)라고 하기도 한다. 대개의 경우는, 감축되는 근로시간에 대한 대체율(STW에 의해 절감된 임금 중 보조금으로 대체되는 비율)이 UBs에서의 대체율과 같은 수준이다(11장). 보통 평균적인 근로시간 단축은 100%보다는 훨씬 작으므로 STW에 참여하는 근로자는 실업상태인 경우에 비해서 나은 입장이며, 공식적으로 기업에 소속된 상태를 여전히 유지하게 된다. 어떤 경우에는 감축 시간이 100%까지 가서 근로자는 휴가나 일시해고와 유사한 상태가 될 수도 있지만, 여전히 기업에 고용된 상태이다.

5.2 이론

5.2.1 완전 노동시장

경쟁적인 노동자와 기업으로 구성되는 완전 노동시장의 경우부터 시작하자. 고용주가 때로는 근로자로 하여금 더 일하게 하려고 초과시간 할증을 지불하는 이유를 살펴보자. 이것은 제1장에서 분석한 노동–여가 선택 모형으로 나타낼 수 있다. 그 다음, 고용주가 고정된 근로시간의 일자리를 제시하는 경우의 결정요인, 즉 노동투입을 시간과 근로자수 간에 어떻게 배분할 것인가에 대한 선택을 살펴본다.

5.2.2 노동공급: 초과근로 보수와 파트타임 일자리

제1장에서 살펴본 바와 같이, 개인은 시간당 임금과 여가, 소득 및 가정생산에 대한 선호를 바탕으로 원하는 노동시간을 선택한다. 선호되는 노동시간은, 1일 근로시간, 주간 근로시간, 연간 노동주(週) 및 생애기간 노동년(年)에 관련해서 정해진다. 개인은 소득과 '비시장시간(non-market time)'의 최적 조합을 얻는 방식으로 노동을 공급한다. 여기서 비시장시간은 가정생산(비시장재)과 여가에 쓰이는 시간을 묶은 것이다. 개인은(소득의 한계가치 대비) 비시장시간의 한계가치가 임금률(시간당 임금)과 같아질 때까지 노동시간을 공급할 것이다. 이것이 [그림 5.1]에 그려져 있는데, 가로축은 왼쪽에

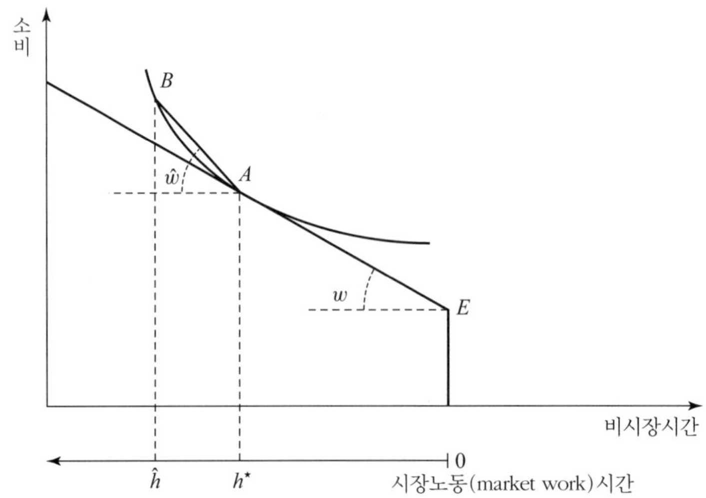

그림 5.1 노동시간 선택과 초과시간 할증

서 오른쪽으로 비시장시간을 나타내고, 오른쪽에서 왼쪽으로는 노동시간을 측정한다. 세로축은 총소득을 나타내는데, 노동소득과 그 외에 달리 얻어지는 소득의 합이다. 최적 시간 선택은 무차별곡선이 예산제약선에 접하게 되는 h^* 수준이다.

이제 고용주는 근로자가 더 많은 노동시간, 가령 $\hat{h}$까지 공급하기를 원한다고 가정하자. 그러자면 근로자에게 더 높은 보수를 주어서, 추가적인 시장노동시간으로 살 수 있는 재화의 양을 증가시켜야 한다. 이것이 [그림 5.1]에 선분 *AB*로 나타나 있는데, 예산제약선보다 가파른 것은 분명하다. 이처럼 *A*점 왼쪽에서 지불되어야 할 더 높은 임금률 $\hat{w}$는 근로자가 더 많은 시간을 일하게 되더라도 원래의 최적 선택과 동일한 무차별곡선상에 있을 수 있게 한다. $\hat{w}$와 w의 비율(예산제약선 기울기 대비 선분 *AB*의 기울기)은 근로자에게 더 많은 노동시간을 공급하도록 설득하기 위해서 지불되어야 할 초과시간 할증(overtime premium)이다.

현실에서의 노동시간 선택은 주어진 형태로 제한되는 경향이 있는데, 대개 풀타임 근로, 파트타임 근로, 비시장 근로로 주어진다. 이런 조건하에서는 노동자가 [그림 5.1]에 그려진 제약 없는 선택의 경우와 같이 효용을 극대화할 수 없다. 그가 보수를 받고 일하는 것은 그렇게 함으로써 노동소득이 없는(예산제약선이 꺾이는) 점을 지나는 곡선보다 더 상위의 무차별곡선에 도달할 수 있는 경우뿐이다.

노동자가 풀타임으로 일하거나 아니면 무노동(일하지 않기)만을 선택할 수 있다면, 그가 노동시장에 진입하기에는 유보임금이 너무 높을 수 있는데, [그림 5.2] (a)에 나타나 있다(*EC* 연결선의 기울기). 시장노동을 안 하는 노동자(비참여자)는 효용이 U_{np}인 부존점 *E*점에 있다. 그가 풀타임(h_{ft})으로 일한다면(기울기가 임금을 나타내는) 예산선 *EA* 상의 *A*점에 도달할 수도 있는데, 효용은 U_{ft}이다. 노동시장에 풀타임 일자리만 있는 상황이라면 그는 일하지 않으려고 할 텐데, $U_{ft} < U_{np}$이기 때문이다. 이 사람이 풀타임으로 일하려면 예산선의 기울기가 적어도 *EC* 연결선과 같아질 때까지 임금이 올라야 할 것이다.

하지만 노동자가 풀타임, 파트타임, 무노동 중에 선택할 수 있다면, 임금은 노동자가 노동시장 진입을 유도하기에 충분한 수준이 될 수 있다. 이것은 [그림 5.2] (b)의 경우인데, *B*점에서 노동자는 파트타임(h_{pt}) 일과 그에 따른 노동소득의 결합으로부터 *E*점과 *A*점보다 더 높은 효용을 얻을 수 있기 때문이다. 이런 노동자는 파트타임으로 일할 수 있기만 하면 곧바로 노동시장에 진입하려고 할 것이다. 이런 경우에 노동자는 특별히 파트타임 일자리를 찾을 것이며, 선분 *BD*는 풀타임이냐 무노동이냐의 선택을 강요받는 대신에 파트타임 일을 할 수 있다면 기꺼이 수용하게 될 임금 하락의 크기를 나타낸다.

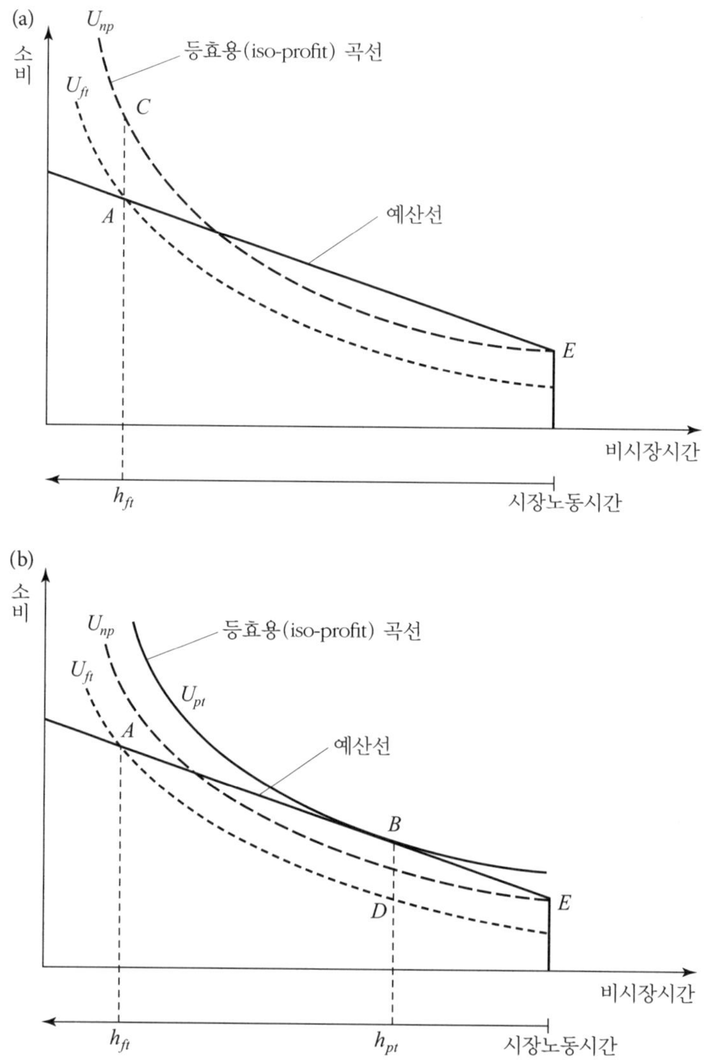

그림 5.2 노동시간 선택: (a) 풀타임만 가능하면 비참여를 선택함, (b) 파트타임도 가능하면 참여를 선택함

이런 사정이 일반적으로 파트타임이 가능해지면 노동시장 참여율이 높아지는 이유를 설명해주는데, 파트타임 일은 유보임금이 높은 사람으로 하여금 일하기와 일하지 않기 간에 비교적 편리한 조합을 가질 수 있게 한다. 많은 나라에서 고용의 여성화(womenization of employment, 여성 고용의 증대)는 파트타임 고용의 확산과 연관되는데, 어디서든 여성이 가정생산과 관련된 비시장 노동을 남자보다 더 많이 수행하기 때문이다.

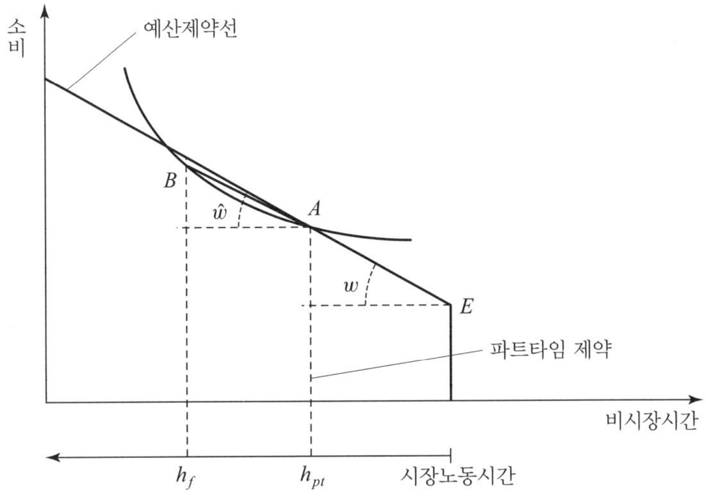

그림 5.3 비자발적 파트타임 노동

가족의 주 소득원이 되는 주연령층 남자의 경우처럼 유보임금이 비교적 낮은 노동자에게는 파트타임이 비자발적 선택이 될 수도 있다. 예들 들어 [그림 5.3]에서 노동자는 파트타임 일과 무노동 간의 선택만 할 수 있다. 만일 그가 풀타임으로 일할 수 있다면, 무노동(예산제약선이 꺾이는 E점)이나 파트타임 노동(예산제약과 파트타임 제약이 만나는 A점)의 경우보다 더 높은 무차별곡선에 도달하게 될 것이다. 이 경우에는 임금이 할인된다고 하더라도 풀타임 일로 이동하려 할 것임에 유의하자. 실제로 더 낮은 임금 $\hat{w}$(선분 AB의 기울기)에서도 그는 여전히 파트타임에서 풀타임으로 기꺼이 이동할 것이다. 이런 상황은 '과소고용'(underemployment) 혹은 '비자발적(involuntary) 파트타임'이라고도 부르며, 시장임금 w와 $\hat{w}$의 차이가 이 경우에 파트타임 노동자의 후생손실의 척도가 된다.

5.2.3 노동수요와 시간-인원 선택

고용주는 이윤극대화를 위해서 추가적인 노동시간의 한계가치가 임금비용과 같아질 때까지 노동을 투입하는데, 목표 노동량을 달성하려면 근로자의 수를 늘릴 수도 있고 근로자당 근로시간을 늘릴 수도 있다. 따라서 시간(hours)과 인원(workers) 간의 선택을 명시해서 제1장에서 제시된 단순 노동수요 분석틀을 확장하는 것이 중요하다.

기업은 노동만을 사용해서 산출량 y를 생산하며, 노동량은 근로자 L과 노동시간 h의 일정한 결합으로 표시된다고 가정하자. 구체적으로 생산함수는 곱하기 차원에서 분

리가능하며 다음과 같다고 하자:

$$y=Lh^{\alpha}$$

단 $0<\alpha<1$. 이 함수형태는 시간이든 근로자든 0이 되면 생산도 0이 됨을 의미하며, 근로시간의 한계수익 체감을 나타내고 있다(근로시간 증가의 생산성은 한계적으로 감소함). 생산성 차원에서 동일한 노동투입을 나타내는 곡선, 이른바 '등노동 곡선'(isolabor curve)이 [그림 5.4]에 그려져 있다. 특수한 경우로서, 생산기술적 관점에서 1인당 근로시간의 감소와 근로자 수의 감소의 효과가 같다고 가정한다면($\alpha=1$ 인 경우), 등노동곡선은 직각쌍곡선이 되며 시간과 인원에 대한 노동투입량의 탄력성은 항상 1이다.

등노동곡선이 주어진 목표 산출량을 달성할 수 있게 하는 시간과 인원의 모든 결합을 표시하는 데 비해서, '등노동비용' 곡선(isocost of labor curve)은 동일한 비용을 초래하는 시간과 인원의 모든 결합을 나타낸다. 노동비용 C는 대개 변동비용(시간임금 w 곱하기 근로시간 h)뿐 아니라 근로자당 고정비용 F(실제 근로시간과 무관하게 제공되는 의료보험 또는 부가편익)를 포함한다:

$$C=L(F+wh)$$

기업의 최적 선택은 목표 산출량을 최저 비용으로 달성할 수 있는 시간과 인원의 조합이며, 목표 산출량에 상응하는 등노동곡선이 등노동비용곡선과 접하는 점으로 주어진다.

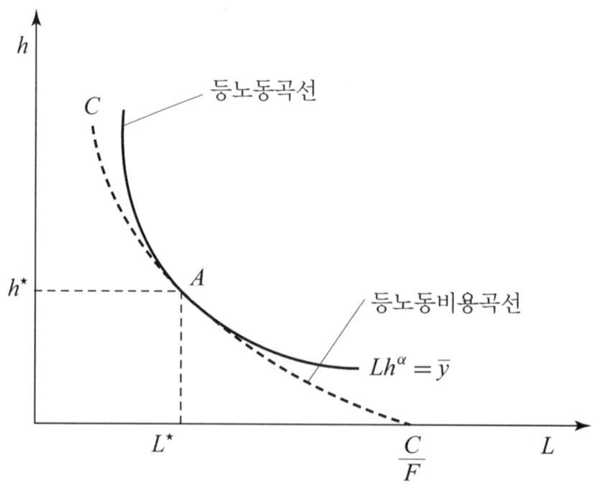

그림 5.4 등노동곡선(실선)과 등노동비용곡선(점선)

최적 근로시간은 대체로 목표산출량 수준과 독립적이지만 최적 인원수는 그렇지 않다. 바꿔 말해서, 산출량 수준의 변동은 인원수에는 영향을 주지만 1인당 근로시간과는 무관하다. 이것은(기업들이 대체로 같은 유형의 기술을 채택하고 있는) 서비스 산업에서 기업 규모와 무관하게 1인당 근로시간이 대체로 같다는 사실과도 합치한다. 같은 맥락에서 부정적인 충격에 의해 목표 산출량이 감소할 경우에 비용 감축은 근로시간 단축보다는 인원수 감축을 통해서 이루어질 것이다. 이런 결과는 시간과 인원 간의 대체가능성을 수용하는 생산기술과 근로자당 고정비용이 존재하는 상황에서 나온다. 이러한 노동 조정의 특성은 노동시장 불완전성과 함께 STW 체제 및 근로시간 제한에 대한 근거가 된다.

5.2.4 불완전 노동시장

완전 노동시장의 경우, 고용주는 부문특유적 또는 기업특유적 기술에 따라서 시간과 인원의 상이한 조합을 제시하고, 완전 정보를 가진 노동자는 자기 선호에 따라 이런 조합들 중에서 선택하게 될 것이다. 한 기업이 제시하는 근로시간 수준이 노동자에게 맞지 않아 보이면 그는 자기 선호에 더 맞는 일자리 특성을 가진 다른 기업으로 쉽게 이동할 수 있다. 달리 말해서 일자리의 시간 요건이 고용주에 의해 일방적으로 정해진다고 해도 노동자는 항상 다른 곳으로 가는 선택권이 있다. 이런 의미에서 근로시간에 관한 균형에서도 개인의 노동공급과 선호는 중요하다.

하지만 현실의 노동시장은 일자리 간에 이동비용이 존재한다. 이 때문에 고용주는 근로시간 설정에서 일정한 정도의 수요독점력을 갖게 되고, 노동시장의 규모가 줄어들어 많은 잠재적 노동자를 노동시장 밖에 머물게 만든다. 노동조합은 공급독점력을 통해서 노조 구성원의 선호를 최적화하는 시간과 인원의 조합을 제시함으로써 수요독점력에 대응할 수 있는데, 여기서 다른 선호를 가진 노동자는 시장 밖으로 밀려나게 될 수도 있다. 나아가서 불완전 노동시장에서는 실업이 존재할 수 있는데, 이런 실업은 개인에게는 후생손실의 원천이 되며, 실업자에게 UBs가 제공되는 경우에는(11장) 재원을 부담해야 하는 납세자에게도 후생손실을 끼친다. 이런 불완전성하에서 근로시간 대신에 전적으로 인원수를 통해서 이루어지는 노동 조정은 경제적으로는 몰라도 사회적으로 매우 큰 비용을 초래할 수 있다. STW와 근로시간 상한 규제는 이런 문제에 대처하는 제도이다.

5.2.5 단시간 노동(STW)

STW는 내포적 경계(intensive margin)에서의 조정을 고용주와 근로자에게 덜 부담스럽게 만듦으로써 근로시간의 감축을 조장한다. 그것은 기본적으로 노동자가 근로시간 단축에 따라 주급 또는 월급에서 "너무 큰" 피해를 입지 않도록 보조금을 지불하는 방식으로 이루어진다. 바꿔 말하면, STW는 기업이 근로시간 단축을 통해 상당한 비용 절감을 얻는 것을 막지 않으면서 동시에 근로시간 단축을 겪는 노동자의 시간임금은 사실상 상승하도록 하는 것이다. [그림 5.5]에 나타나 있듯이, 시간임금이 w에서 w_{st}로 상승한다면 근로시간 단축 이전에 시간-여가 선택을 최적화하고 있던 노동자에 대한 보상도 원칙적으로 가능할 것이다. 그것은 개별 기업에 가해지는 일시적인 부정적 충격이나 경기침체와 같은 총체적 충격에 대처하는 정책수단이 될 수 있음이 분명하다.

앞에서 논의했듯이, 대체로 일반적인 생산기술 및 비용 상황하에서 고용주는 부정적 충격에 대해 평균적 노동자의 근로시간 단축보다는 근로자의 해고로 대응하는 경향이 있다. 인원수 감축, 즉 외연적 경계(extensive margin)에서의 고용 조정에 집중하는 이런 경향은 경기침체나 특정 산업 또는 기업의 수요를 감소시키는 일시적 충격의 경우에 "과도한" 일자리 감소로 연결된다(Hall and Lazear 1984; Farber 1993; Hall 1995). 그 대신에 모두의 근로시간을 줄이는 것이 "더 높은 형평성과 효율성"을 가져올 것이다(Reid 1985). 근로자 수라는 외연적 경계에서의 조정이 가져오는 비효율성은 노동자

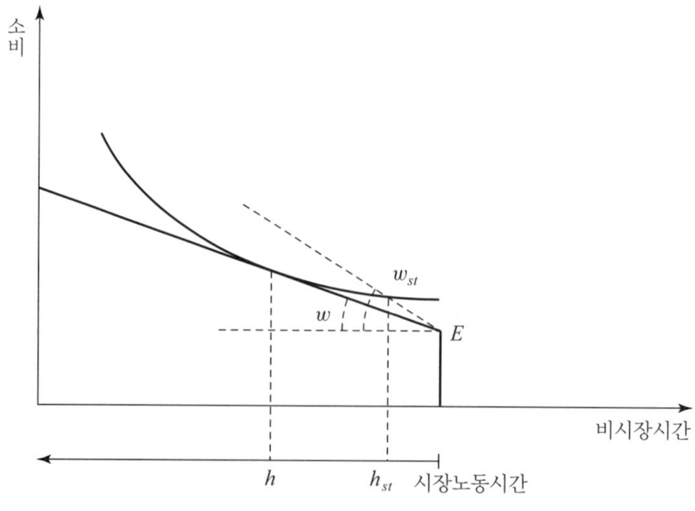

그림 5.5 STW: 근로시간 감소에 대한 보상

와 기업의 상이한 위험기피성(risk aversion)과 관련된다. 노동자는 위험기피적이며 따라서 경기가 나쁠 때는 적게 일하(고 적게 벌)더라도 해고를 피한다면 더 좋을 것이다. 자본시장을 이용할 수 있는 고용주는 위험중립적이며 따라서 원칙적으로 임금을 낮추는 대신에 해고를 피한다는 의미에서의 일종의 보험을 근로자에게 "판매"할 수 있을 것이다.

노동 조정이 내포적 경계가 아니라 외연적 경계에서 진행됨으로써 발생하는 또 하나의 비효율성은 해고의 재정비용과 관련된다(Burdett and Wright 1989; van Audendrode 1994): UBs가 존재하는 상황에서 근로자를 해고하는 고용주는 UBs에 대해 더 큰 지출을 부담시킴으로써 재정에 부정적인 외부효과를 끼친다.[2)]

5.2.6 주당 노동시간의 규제

정부가 기업의 결정에 제약을 가함으로써 근로시간을 규제하기도 한다. 5.1에서 보았듯이, 이런 규제는 주간 근로시간의 상한으로 주어지는 것이 보통이다. '정규 근로시간'을 지정하고, 그 이상에는 초과근로 할증을 적용하는 경우도 많다. 때로는 규제가 단체교섭에서 이미 이루어진 결정에 단지 법적 지위(따라서 강화된 집행)를 부여하는 경우도 있다. 근로자 조직은 더 많은 임금을 더 많은 여가시간과 교환하는 것이다; 어떤 상황에서는 근로시간 단축이 노동의 한계생산을 증가시켜서(Marimon and Zilibotti 2000) 근로자의 협상력을 높이고 따라서 임금도 증가시킬 수 있다. 물론 개별 근로자는 협약에서 이탈해서 더 높은 임금에 더 많은 시간을 일하려고 할 수 있는데, 생산자가 카르텔 협정에서 이탈하려는 유인을 가지는 것과 마찬가지다. 법정 최대 및 정규 근로시간을 설정하는 것이 전적으로 정부에 달려 있는 경우도 있다. 예를 들어, EU의 근로시간 지침은 초과시간 포함해서 주간 48시간을 한도로 부과하고 있는데, 단체교섭에 따른 한도가 없는 나라에도 상당히 많은 업종에 걸쳐 적용되는 것으로 보인다.

규제는 근로시간에 상한을 부과하는 것이므로, 규제가 없을 경우에 고용주가 요구하게 되는 수준보다 낮게 근로시간을 줄이도록 강제하는 경우에만 의미가 있다. 이러한 감축은 일반적으로 고용주의 수요독점력과 착취적 행동을 줄이는 조치로서 합리화된다. 이런 조건하에서는 단축된 근로시간이 노동자의 생활수준을 그의 선호에 맞추어 증가시킬 수 있다. Manning(2004)에 나타나듯이, 수요독점 상황에서는 임금이 한계생산

2) 미국이나 덴마크처럼, UBs가 '경험 – 요율'(experience-rated)을 적용하는(해고가 많은 고용주에 대해 사회보장기여 부담을 높이는) 경우에는 부정적 외부효과는 줄어든다. 11장 참조.

가치보다 낮을 뿐 아니라 기업은 근로자에게 수요독점 임금하에서 최적인 수준보다 더 많이 일하도록 유도할 수도 있다. 최저임금이 수요독점의 경우에 후생을 증대시킬 수 있는 것과 같이, 근로시간 단축도 이런 맥락에서 후생을 개선시킬 수 있다.

한편, 근로시간 단축은 기업이 근로자의 시간 선택에 따른 최적화와는 다른 수준을 생산하도록 강제하는 성격도 있다. 이것은 정책결정자의 의도와는 관계없이 고용의 손실을 유발할 수 있다: 근로시간 단축의 일반적인 목적은 고용주에게 해고 대신에 근로시간 단축으로 대체하게 만드는 것이다.

근로시간 단축이 고용 증가를 조장한다는 생각의 문제점은 "노동 총량"(a lump of labor) 같은 것은 존재하지 않는다는 것인데, 그것은 기업이 수요하는 총 근로시간은 정부 규제나 그에 따른 노동공급의 반응과는 무관하게 고정되어 있다는 견해이다(Box 5.1 참조).

Box 5.1 노동총량설의 오류(The Lump of Labor Fallacy)

노동총량설은 Mayhew(1851)의 'London Labour and the London Poor'로 거슬러 올라간다. 이 책에서 그는 (일자리당) 근로시간 단축은 더 많은 일자리를 창출하고 실업을 줄이게 될 것이라고 주장했다. 이러한 주장은 경제이론의 지지를 받지 못하며, 대체로 경제학자들은 이른바 '노동총량설의 오류'라고 생각한다. 이 문제를 설명하기 위해 노동시간과 노동자가 동일하게 생산적이며, 노동자당 고정비용이 없는 상황을 고려해 보자. 이러한 조건하에서, 등노동곡선과 등노동비용곡선은 쌍곡선이며, 다음 그림의 (a)에서처럼 서로 겹칠 것이다. 이 경우 고용주에게는 노동자 수와 1인당 근로시간의 조합은 중요하지 않고, 단지 이 두 변수의 곱만이 중요하다. 실제로 고용주의 비용을 최소화하는 근로시간과 노동자수의 조합은 무수히 많을 것이다. 따라서 고용주는 아무런 추가 비용도 없이 그리고 생산의 손실도 없이 1인당 근로시간과 노동자 수의 한 가지 조합에서 다른 조합으로 이동할 수 있다. 초기에 모든 근로자가 h_1시간을 일하고, 따라서 기업은 산출량 목표를 달성하기 위해 L_1의 노동자를 필요로 하는 경우를 고려해 보자. 만약 근로자당 노동시간이 정부 규제로 h_2로 줄어들게 되면, 기업은 L_2의 노동자를 필요로 할 것이다. 이 때 근로시간 단축은 새로운 일자리를 창출하게 되는데, 이것이 노동총량설이 주장하는 핵심이다.

불행하게도, 근로시간의 법정 단축에 대해서 기업이 이처럼 간단히 조정하지 못하게 만드는 몇 가지 요인이 존재한다. Calmfors and Hoel(1989)는 정부규제에 따라 근로시간 단축을 강요받을 때 기업이 동일한 등노동곡선 상에 머물지 못하게 방해하는 5가지 경로가 있음을 지적했다. 첫째, 노동자는 그의 실질소득을 보호하고자 하기 때문에 시간임금이 증가한다는 점이다. STW에 대한 설명에서처럼, 노동자는 근로시간 단축을 받아들이는 대가로 시급 인상과 같이 어떤 보상을 요구하는 것이 일반적이다. 둘째, 시간임금이 변하지 않더라도 단위시간당 노동비용은 증가하게 되는데, 노동자당 고정비용이 존재하기 때문이다. 예를 들어, 회사 자동차나 핸드폰과 같은 부가급여(fringe benefits)는 근로시간과는 독립적이다.

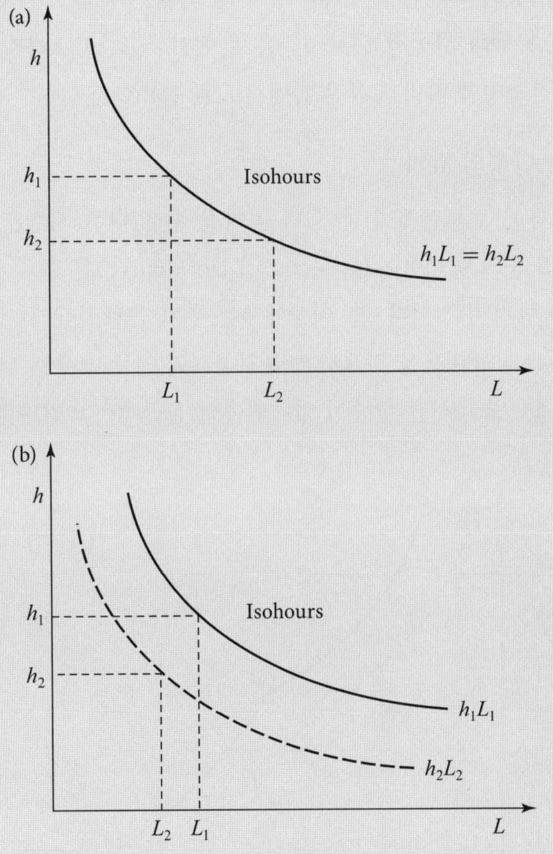

표준 근로시간의 변동($h_1 \rightarrow h_2$): (a) 노동총량설, (b) "공짜는 없다"

셋째, 작업 준비나 종료에서와 같이 비생산적인 시간이 일정하게 유지된다면, 실제로 노동생산성은 근로시간 단축에 따라 하락한다. 이처럼 근로시간과 노동자수는 기술적 관점에서 결코 완전 대체적일 수 없다. 넷째, 내포적 및 외연적 경계에 따른 조정의 상대적 비용은 규제의 경제 전반에 걸친 총체적 효과에 따라 달라질 수 있다. 특히 정규 근로시간이 단축되는 경우, 근로시간 연장의 비용에 비해서 신규채용 비용은 증가할 수 있다. 끝으로, 근로시간 단축에 따라 자본의 가동시간도 감소하게 된다면 자본의 가동률이 하락할 수 있다. 자본과 노동이 보완재인 경우에는 대체로 그럴 것이다.

이처럼 근로자당 근로시간의 법정 단축은 거의 불가피하게 총 근로시간의 감소를 수반하게 되어, '등노동곡선'을 낮은 수준으로 이동시킬 것이다. 이런 상황이 Box 5.1의 그림 (b)에 나타나 있다. 1인당 근로시간은 h_1에서 h_2로 감소하지만, 총 근로시간이 h_1L_1에서 h_2L_2로 감소함에 따라 고용은 L_1에서 L_2로 감소한다.

정규 근로시간 단축의 효과

지금까지는 초과 근로시간에 임금이 더 높아질 수 있다는 사실은 무시했다. 초과시간이 있는 경우, 노동의 등비용곡선(isocost of labor curve)은 표준 근로시간에 상응하는 꺾임 점(kink)을 가질 것이다. 그 이상에서는 추가 근로시간에 더 높은 임금이 지불되어야 하며 따라서 노동비용을 일정하게 유지하려면 근로자 수는 더 크게 줄어들 것이다([그림 5.6] 참조). 초과시간 할증이 없다면 등비용곡선은 ABC이다. h_1이 표준 근로

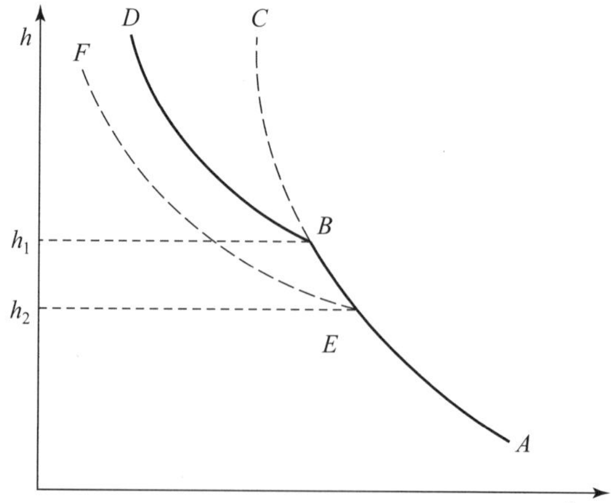

그림 5.6 초과시간 할증과 등노동비용곡선

시간이고 초과근로 임금이 있다고 가정하면, 등비용선은 B점에서 꺾임이 생길 것이고 새로운 등비용곡선은 ABD가 될 것이다. 정부 규제로 정상(표준) 근로시간이 감축되면 꺾임은 B에서 E로 이동하고 등비용곡선은 AEF로 된다.

초과시간 할증이 있는 경우, 표준 근로시간의 의무적 감축은 등노동비용곡선 상의 초기 위치에 따라서 기업에게 상이한 효과를 미칠 것이다. 3가지 경우를 생각해 보자:

1. 근로시간이 처음에 [그림 5.6]의 E점 우측에 있었다면, 정책 변화는 기업의 결정에 어떤 영향도 주지 않는다. 실제로 기업에 의미 있는 등비용선 부분에 변화가 없다.
2. 근로자들이 처음에 초과근로 상태, 즉 B점 좌측에 있었다면, 표준 근로시간의 감축은 근로자 수를 줄이게 되는데, 각 근로자의 고용비용이 더 커진 반면에 한계시간의 임금에는 변화가 없기 때문이다. 따라서 기업은 생산수준을 줄이게 된다.
3. 모든 근로자가 정확히 표준 근로시간을 일하고 있다면(즉 등비용선 상 B점에 있다면) 규제가 실시되는 경우에 기업은 등비용선의 초과시간 부분에 있게 된다. 한계시간에 대한 임금이 상승하기 때문에 등비용선의 기울기에 따라서(즉 시간과 인원의 한계생산성에 따라) 기업은 고용이나 시간, 또는 둘 다를 줄일 수도 있다. 기업이 작업조직을 새로운 꺾임점으로 이동시키거나 아니면 초과시간 할증을 지불하기로 결정하거나에 따라서 고용 수준을 늘릴 수도 줄일 수도 있다. 바꿔 말해서 효과는 불확실하다. 이론적으로는 결론이 불확실한 만큼, 의무적 근로시간 단축이 표준 근로시간에 미치는 효과에 관한 경험적 증거를 살펴보는 것이 매우 중요하다.

5.3 경험적 증거

5.3.1 근로시간

〈표 5.3〉은 연간 근로시간에 대한 장기적 조망을 제시한다. 모든 나라에서 1950~2010년 기간에 연간 근로시간이 현저히 감소했다. 1950년 아일랜드 노동자는 최장 시간(2,762) 일했는데 비해서 스웨덴 노동자는 최단 시간(1,871) 일했다. 2010년 한국 노동자는 여전히 연간 2,204시간 일했는데 비해서 네덜란드 노동자는 1,381시간을 일했을 뿐이다. 60년 기간에 연간 근로시간의 감소는 룩셈부르크에서 가장 컸는데, 평

표 5.3 평균 연간 근로시간(1950~2010)과 전형적인 연간 근로시간의 분해(2010)

국가	평균 연간 시간		연평균 변화 (시간)	연간 근로시간의 분해, 2010	
	1950	2010		주간 근로시간	연간 근로주
Australia	2,023	1,693	−5.5	36	48
Austria	2,405	1,663	−12.4	38	41
Belgium	2,337	1,546	−13.2	37	41
Canada	2,063	1,713	−5.8	—	44
Czech Republic	—	1,795	—	41	42
Denmark	2,145	1,536	−10.1	34	38
Finland	2,035	1,690	−5.8	37	39
France	2,098	1,439	−11.0	38	39
Germany	2,387	1,408	−16.3	36	41
Greece	2,712	2,017	−11.6	42	45
Hungary	—	1,947	—	40	43
Iceland	2,483	1,698	−13.1	39	40
Ireland	2,762	1,804	−16.0	35	43
Italy	2,469	1,778	−11.5	38	41
Japan	2,076	1,735	−5.7	—	—
Korea	2,358	2,204	−2.6	46	—
Luxembourg	2,492	1,504	−16.5	37	41
Mexico	2,217	2,077	−2.3	43	—
Netherlands	2,299	1,381	−15.3	31	42
New Zealand	2,045	1,700	−5.8	37	—
Norway	2,136	1,424	−11.9	34	36
Poland	—	2,050	—	41	43
Portugal	2,290	1,942	−5.8	39	42
Slovak Republic	—	1,749	—	41	44
Spain	1,960	1,674	−4.8	39	41
Sweden	1,871	1,624	−4.1	36	37
Switzerland	2,225	1,628	−10.0	—	43
Turkey	2,712	1,877	−13.9	49	—
United Kingdom	2,201	1,650	−9.2	36	41
United States	1,909	1,695	−3.6	—	46

출처: 연평균 근로시간: Groningen Growth and Development Center and the Conference Board; 연간 시간의 분해: OECD(2010, p.35).

주: 연평균 근로시간 추정치에는 초과근로가 포함되고 병가나 휴가는 제외되었음. 연간 근로주는 52주에서 휴가, 휴가 외 이유의 결근, 병가나 출산휴가에 의한 결근을 뺀 것임.

균적으로 매년 16.5시간씩 감소한 셈이다. 감소가 가장 작았던 것은 멕시코로서, 매년 전년에 비해 평균 2.3시간 적게 일했다.

연간 근로시간은 주간 근로시간과 연간 근로주(workweek)에 따라 달라진다. 〈표 5.3〉은 2010년의 평균적인 근로주의 분해도 보여준다. 주간근로시간에서는 네덜란드 31시간에서 터키 49시간까지 차이가 크다. 네덜란드의 적은 근로시간은 파트타임 고용의 비중이 크다는 점과 관련된다. 연간 근로주에서도 큰 차이가 있는데, 최저 36주의 노르웨이에서 최고 48주의 호주까지 다양하다.

일부에서는 표준 근로시간의 감축이 의무적이었다. 독일은 단체협약을 통해 표준 주간근로시간이 1984~1994년 기간에 40에서 36시간으로 줄었다(Hunt 1999). 1985년 (서)독 노조는 표준시간을 산업별 차원에서 줄이기 시작했는데, 실업을 줄이려는 목적임을 천명했었다. 1970년대 후반에서 1980년대 전반까지 노조는 근로시간 단축을 위한 파업을 실시했다. 1984년 노조가 성공을 거두어서, 금속 부문에서의 주간근로시간(working week)는 40에서 38.5시간으로 단축되었다. 근로시간 단축의 대가로 노조는 표준 근로시간 사용에서의 신축성 확대에 동의했는데, 주간 요일별로, 주별로, 근로자별로 다르게 적용될 수 있었다. 기간 및 근로자 평균으로 주간근로시간은 38.5시간으로 제한된 것이다. 일자리 나누기가 고용에 미친 영향을 확인하기 위해서, Hunt(1999)는 1984~1994년 기간에 대한 독일 사회경제 패널의 개인 수준의 자료와 산업 수준의 표본을 이용했다. 표준 주간근로시간 1시간 감소의 효과에 대한 결과는 다음과 같다. 실제 근로시간은 0.9시간 감소했고, 시간임금은 2.2% 상승했으며, 여성 고용은 0.2% 증가한 반면 남성 고용은 1.2% 감소했다. 따라서 실제 근로시간은 표준시간에 상당히 근접했다. 월간 임금은 근로시간 단축에도 거의 변화가 없었는데, 근로시간 감소를 보상하기에 충분한 정도의 시간임금 인상을 교섭을 통해 얻어낸 것이다. 끝으로 표준시간 감축이 남성 고용의 감소를 가져왔음이 확인되었다.

프랑스에서는 1982년에 표준(의무) 주간근로시간이 40에서 39시간으로 감소했다(Crepon and Kramarz 2002, 및 Box 5.2 참조). 관련 연구에 따르면, 표준 주간근로시간의 감소가 실제 근로시간도 감소시켰고, 평균 임금은 상승했으며 전체 고용은 감소하였다. 다시 말해서, 일자리 나누기가 주간 소득은 비교적 변함없이 유지했으나 실업은 증가시켰다. 1998년 사회당 정부는 실업 감소라는 의도적 목표를 갖고 근로시간에 대해 새로운 의무적 제한을 도입했다. 근로시간을 줄이는 기업에 대한 정부의 대규모 이전지출을 통해서 고용 감소가 부분적으로 완화되었지만 이 시도 역시 성공적이지 못했다(Estevao and Sa 2008, 및 Box 5.3 참조). 프랑스는 정부 주도로 근로시간 단축을 시행한 반면, 독일은 노조와 기업 간 교섭의 결과로 규정되는 근로시간 단축이 시행되었다. 보다 최근에는 교섭을 통해 근로시간 연장의 가능성을 열어 놓았다(Kramarz et al. 2008). Andrews et al.(2005)은 근로시간 단축의 효과를 조사하기 위해 사업장 수준 자료를 이용해서 독일 노동시장을 분석했다. 주간근로시간 단축이 일자리를 늘린다는 의미에서의 일자리 나누기의 증거는 발견되지 않았다. 이런 결과는 근로자가 표준시간을 일하는지 초과근로를 하는지 혹은 혼합적인지 여부와는 무관하다. Kapteyn et al.(2004)은 일자리 나누기로 해석되는 실제 근로시간 감소는 표준 근로시간의 변화로 인해서 나타난다는 가정 하에, 실제 근로시간의 수준과 변화에서의 국가간 차이를 분석하였다.[3] 일자리 나누기가 장기적으로 임금률에는 긍정적 효과를 보인 반면에 고용 효과는 유의하지 않았다. Kawaguki et al.(2012)은 한국에서의 표준 근로시간 단축 사례를 분석했는데, 그것이 가정생산에의 투입 시간을 늘리지는 않았다.

Box 5.2

프랑스의 근로시간 의무 감축

1982년 초반 프랑스에서는 주간 근로시간이 40에서 39시간으로 축소되었다. Bruno Crepon and Francis Kramarz는 노동력조사(labor force survey) 자료를 활용하여 이러한 근로시간 단축의 효과를 연구하였다. 근로시간 단축 효과를 검증하는 한 가지 방법은 두 개의 노동자 그룹의 고용손실을 비교하는 것이다. 첫째 그룹은 주당 40시간을 근무한 노동자로 구성되며, 둘째 그룹은 39시간 근무한 노동자로 구성된다. 첫째 그룹은 근로시간 의무 감축에 영향을 받는 데 반해 둘째 그룹은 그렇지 않았다. 2년에 걸친 고용손실은 다음과 같았다.

고용 손실 (%)			
주간 근로시간	1982~1984	1985~1987	차분(%)
40시간	16.5	11.9	4.6
39시간	12.6	12.1	0.5
차분	3.9	−0.2	4.1

3) 실제 근로시간이 표준 시간을 따라간다는 경험적 증거는 풍부하다. Kapteyn et al.(2004)의 분석은 1960~2001년 기간의 OECD 16개국 자료를 이용한 것이다.

39시간 근로시간이 도입된 직후에 첫째 그룹이 16.5%의 고용손실을 경험한 데 반해, 둘째 그룹은 3.9% 포인트 차이인 12.6%의 고용손실을 입었다. 2년이 지난 1985년에 두 그룹 간 고용손실 차이는 단지 0.2% 포인트에 불과했다. 이중차분법을 적용하면 이러한 결과는 근로시간 의무 감축이 주당 40시간을 근로하는 노동자에게 4.1%의 고용손실을 유발했음을 보여준다. 종합해 보면, Crepon and Kramarz(2002)는 매년 2~4% 포인트의 고용손실 충격이 있었음을 밝혀낸 것이다. 프랑스 사례의 중요한 특징은 근로시간 단축 직전에 시간당 최저임금이 인상되었다는 점이다. 이미 고용된 최저임금 근로자에게 있어서 명목 주급은 고정되었지만, 신규 채용된 최저임금 근로자의 경우에 주급은 바뀐 근로시간인 39시간에 적용되었고, 따라서 이들의 근로소득은 기존 근로자에 비해서 2.5% 더 적었다. 최저임금 근로자가 근로시간 단축에 큰 영향을 받았음은 분명하다. 저자의 결론은, 저임금 근로자가 일자리를 잃을 가능성이 연간 8.4% 포인트 증가했다는 것이다.

출처: Crepon and Kramarz(2002).

Box 5.3

주 35시간 노동의 효과

Estevao and Sa(2009)는 1998년 프랑스 정부가 추진한 주간 35시간 근로 정책의 효과를 조사하였다. 당시 노동장관인 Martine Aubry에 의해 적극적으로 추진된 이 정책은, 실업을 줄이기 위한 목적으로 제재와 장려책을 혼용하여 기업으로 하여금 주당 35시간으로 근로시간을 단축하도록 유도하였다. 이 정책은 새로운 규범의 점진적 확대를 도모했는데, 1998년 6월에 이른바 Aubry I 법이 제정되어 주당 35시간을 규정하였고, 이후 2000년 2월부터 근로자가 20명을 넘는 기업에 대해, 그리고 2002년 1월부터는 그 이하 규모의 기업에 대해서 적용되었다. 2000년 1월에 제정된 두 번째 법인 Aubry II 법은 소기업을 대상으로 초과근로수당을 줄임과 동시에 초과근로시간의 연간 허용치를 대기업에 비해서 확대하였다. 따라서 소기업은 축소된 초과근로수당과의 차액을 지불하면서 39시간 기준을 지켜나갈 수 있었다. 이런 법규정이 노동비용에 주는 효과를 억제하기 위해서 사회보장기여금도 축소되었다. 연구자들은 정책효과를 분석하기 위해, 규제가(기업규모별로 적응기간을 두는 방식으로) 점진적으로 시행된 사실을 활용하였다.

기존 연구(예를 들어 Crepon et al. 2005)와는 달리 여기서는 단순한 고용효과 외에도 정책변화가 야기한 여러 가지 효과를 살펴볼 수 있었다. 구체적으로, 복수 일자리, 임금, 기업 규모의(하향) 이행 등에 대한 효과도 검토되었다. 사용된 자료는 1993~2000년 기간의 프랑스 노동력조사였다. 근로자 20명 이하의 기업을 통제집단으로,(20명 초과 49명까지의) 중규모 기업을 처치집단으로 사용하였다. 아래 표는 두 집단에서 35시간 미만을 일하는 근로자의 비중을 나타낸다.

연도	소기업(%)	중규모 기업(%)	차분(%)
1997	25.5	24.6	−0.9
1998	26.3	25.9	−0.4
1999	27.1	27.6	0.5
2000	31.4	43.6	11.2
2001	34.3	52.1	17.8
2002	57.3	64.4	7.1

예상된 대로, 35시간 일한 근로자의 비율이 처치집단에서는 2000년에, 통제집단(소기업)에서는 2002년에 각각 증가한 것으로 나타났다. 이는 처치집단과 통제집단의 선택이 정확했음을 보여준다. 연구자들은 임금(시급 혹은 월급), 고용(수준, 유입 및 유출), 복수 일자리, 그리고 일자리 만족도 등에 대한 정책효과를 조사했다. 연구결과는 아래 표에 1997년 수준과의 차이로 표시되어 있는데, 이 법으로 인해서 복수의 일자리를 가진 근로자의 비중이 증가했으며, 기업규모가 줄어드는 경우도 증가한 것으로 나타났다. 저자들의 표현대로, 이런 결과는 "근로시간 단축이 프랑스 근로자에게 이익이 되었는지에 대해 심각한 의문을 던지고 있다."

연도	고용 → 실업		복수일자리 근로자 비율(%)		시급(%)		월급(%)	
	남	여	남	여	남	여	남	여
1998	0.8	0.1	0.1	−1.1	0.9	−0.4	0.2	−0.4
1999	3.9	−0.5	−0.1	0	2.1	−1.7	0.6	0.2
2000	2.7	0.6	0.7	−0.03	3.4	1.3	0.5	−0.4
2001	1.0	2.1	−0.1	−0.2	3.7	2.0	1.1	−0.8
2002	1.4	−1.2	0.04	−0.03	3.0	0.0	0.3	0.1

주: 모든 값은 1997년 수준에 대비한 차이로 표현됨.

출처: Estevao and Sa(2008).

5.3.2 파트타임 근로

〈표 5.4〉는 파트타임(여기서는 PT로 약칭함) 고용 상황을 개관한다. 2011년 남성 PT 일자리는 네덜란드에서 가장 흔했는데 남성 근로자의 17% 이상을 차지했다. 덴마크, 아일랜드, 호주 등에서도 많은 남자들이 PT 상태로 일한다. 체코, 슬로바키아, 헝가리 및 룩셈부르크에서는 PT 상태로 일하는 남자가 별로 없다. 여성의 경우에 PT 사정은 훨씬 다양하다. 여성 근로자 중 PT 비율은 체코, 슬로바키아, 헝가리에서는 10% 미만인 반면 네덜란드는 60%를 넘는다.

이론적으로는 PT 고용은 노동자와 고용주 간에 교섭으로 정해진다. 비표준적인 근로시간이 양측에 유연성을 제공하게 되듯이, PT 고용은 고용주에게는 인력 및 생산을 필요에 맞출 수 있게 하고, 근로자에게는 근로시간을 가정생활에 맞출 수 있게 한다. PT 일자리가 고용주에게 매력적인 것은 그것이 임시(temporary) 일자리인 경우가 많아서 노동력의 조정에 유연성을 제공하기 때문이다. Jaumotte(2003)에 따르면 기업이 PT 일을 제공하는 데는 적어도 3가지 이유가 있다. 첫째는 인원계획의 최적화에 관한 것인데, PT 일은 기업이 하루나 한 주 중의 수요 급증으로 인한 작업부담 변동에 대응하기 쉽도록 해 준다. 둘째는 저렴하고 신축적인 노동자를 갖는 것인데, PT 근로자는 대개 시간임금이 낮고 고용보호도 적다. 셋째는 빈 일자리와 관련되는데, 만일 PT 자리가 없다면 채워질 수 없는 자리도 있고 또 붙들어 둘 수 없는 근로자도 있다.

하지만 모든 나라에서 그런 것은 아니다. 어떤 나라에서는 PT 일자리가 풀타임(여기서는 FT로 약칭함) 일자리의 모든 요소를 갖추고 있지만 주간 근로시간만 다른 경우도 있다. 그렇지만 PT 일의 선택이 근로자에게 반드시 자발적인 것은 아니다. 어떤 근로자는 FT 일을 하고 싶지만 비자발적으로 PT 일을 하고 있다. 〈표 5.4〉는 PT 근로자 중 비자발적인 경우의 비율을 보여준다. 남녀 모두, 네덜란드는 비자발적 PT 비율이 낮지만, 스페인과 슬로바키아는 사정이 정반대다. 미국은 비자발적 PT의 비율이 비교적 낮은데, FT 근로자들이 대다수 국가보다 더 오래 일하기 때문일지도 모른다. 〈표 5.4〉는 FT 및 PT 근로자가 어느 정도로 개인 선호에 따른 것인지도 나타내고 있다. PT 근로자가 FT을 선호하고 있다면 과소고용(underemployment) 상태인 것이고, FT 근로자가 PT 일을 원하는 상황이라면 과대고용이라는 의미이다. 여기서도 국가 간에 차이는 상당히 크다. 포르투갈에서는 남성 PT 근로자 모두가 FT 일을 원하고 있는 반면, 네덜란드에서는 여성 PT 근로자 중 7%만이 FT 일을 선호한다. PT 일을 선호하는 FT 근로자의 비율에서는 남녀 사이에 차이도 크다.

표 5.4 파트타임 고용(%)

국가	PT 고용		비자발적 PT		FT를 선호하는 PT근로자		PT를 선호하는 FT근로자	
	남	여	남	여	남	여	남	여
Australia	12.6	37.4	37.9	26.8	—	—	—	—
Austria	5.9	32.8	11.9	7.3	—	—	—	—
Belgium	7.1	33.6	16.0	9.7	31	25	9	36
Canada	11.9	25.6	29.4	26.1	—	—	—	—
Czech Republic	1.6	6.1	12.4	17.6	—	—	—	—
Denmark	14.3	25.4	10.4	12.8	69	8	7	21
Finland	8.2	15.2	19.5	30.5	—	—	—	—
France	5.7	22.4	26.6	28.4	69	35	11	25
Germany	8.1	38.3	20.8	12.9	52	12	5	10
Greece	6.8	15.1	41.7	34.9	33	25	8	9
Hungary	3.4	6.3	35.1	31.5	—	—	—	—
Ireland	12.8	39.2	38.0	22.7	78	30	8	12
Italy	6.2	32.6	44.8	39.6	83	42	22	32
Japan	—	—	22.0	19.2	—	—	—	—
Korea	—	—	—	—	—	—	—	—
Luxembourg	4.3	29.6	8.1	8.1	—	—	—	—
Netherlands	17.1	61.6	6.7	5.0	25	7	13	23
New Zealand	10.6	32.6	27.2	18.7	—	—	—	—
Norway	10.9	30.1	6.1	5.9	—	—	—	—
Poland	3.6	11.1	15.6	14.6	—	—	—	—
Portugal	3.1	9.9	22.0	39.8	100	40	7	2
Slovak Republic	3.2	6.0	68.7	53.4	—	—	—	—
Spain	5.6	22.6	67.5	54.9	36	37	8	14
Sweden	8.6	17.8	21.0	21.9	—	—	—	—
Switzerland	8.3	44.1	—	—	—	—	—	—
Turkey	2.7	8.0	—	—	—	—	—	—
United Kingdom	10.5	38.1	27.0	12.2	72	22	3	9
United States	8.4	17.1	13.7	10.3	—	—	—	—

출처: OECD database.

주: 파트타임 고용은 주된 일자리에서 주간 30시간 미만으로 일하는 사람 수로 측정한다. ★ dependent employment의 비율(2011)로 측정한다; 비자발적 PT는 FT 일자리를 찾지 못해서 PT로 일하고 있다고 답한 PT 근로자의 비율(2011)이다; FT 일을 하고 싶어하는 PT근로자와 PT 일을 하고 싶어하는 FT근로자는 1994년 자료이다. FT= 풀타임, PT= 파트타임.

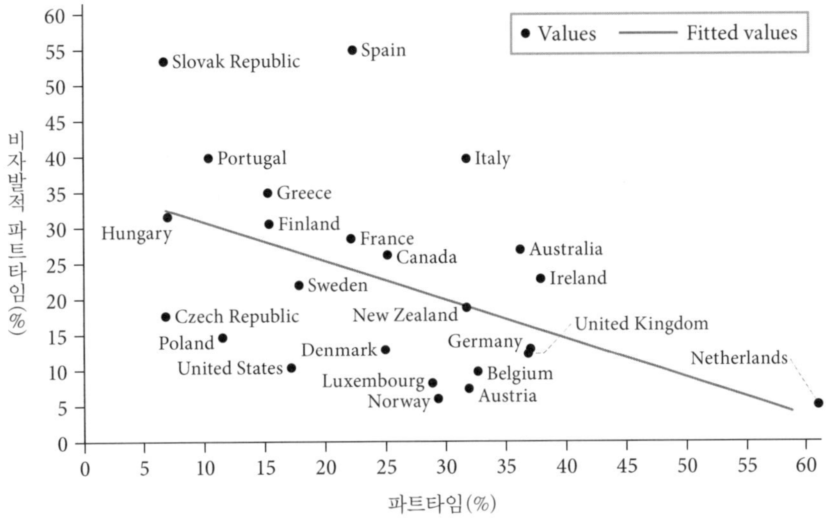

그림 5.7 여성의 파트타임 근로와 비자발적 파트타임 근로

여성이 PT 일을 하는 빈도와 PT 일을 비자발적으로 하는 여성의 비율 간에는 명확히 음(−)의 관계가 나타난다. 이것은 [그림 5.7]에 나타나 있다. 2011년 핀란드에서는 여성 근로자의 15%만이 PT 일을 했는데, 이 중에 30%는 비자발적인 PT였다. 61%가 PT인 네덜란드에서는 비자발적 PT은 5%밖에 안 된다. PT 근로자가 많은 상황에서 PT 근로의 매력이 더 큰 것으로 나타난다. PT 수가 충분히 많아지게 되면 노조가 PT 근로자를 대변하는 데 더 큰 관심을 가진다는 점과 관련될 수도 있다. 혹은 PT 근로는 그것이 매력적인 경우에만 많아질 수 있는 것인지도 모른다.

PT의 비중이 큰 경우에 비자발적 PT의 비율이 낮다는 사실에 대한 또 다른 이유는 PT 일이 주어진 노동수요에 대해 노동공급을 증가시켜서 균형 임금률이 낮아진다는 점이다. 이런 상황에서는 이전에 FT 일을 하던 사람이 PT 일로 이동하기로 할 수 있다. 그렇지만 PT 일자리가 임금과 혜택에서 빈약하고 경력기간도 짧으며 훈련도 없는 편인 노동시장의 경우에는 PT 일이 여성을 한계적 상황으로 밀어내어 여성의 승진 가능성을 낮추고 노동력에서 탈락될 위험을 높이게 될 수도 있다.

OECD(2001)가 PT에 관한 국제적 개관을 통해서 내린 결론에 따르면, PT 일의 시간당 소득은 FT에 비해 낮고 고용주가 제공하는 훈련도 FT에 비해 적다. 하지만 특히 여성 중에서, FT 일을 할 생각이 없는 PT 근로자도 적지 않다. 마찬가지로, PT 일을 원하면서도 그럴 기회가 없는 FT 근로자도 적지 않다.

Garibaldi and Mauro(2002)는 21개 OECD 국가들에서의 고용 증가 상황을 조사했는데, 많은 경우에 PT 일자리의 증가가 총 근로시간의 순증가와 연관되지 않음을 발견했다. 예외는 고용이 상당힌 증가했던 네덜란드인데, 고용 증가의 대부분이 서비스 부문에서 25~49세 여성들의 PT 일자리의 순증가를 통해 설명되었다. 이런 결과는 van Lomwel and van Ours(2005)에 의해서 확인되었다. 이들은 네덜란드에서 PT 일자리 증가와 총고용의 증가 간의 관계를 조사하고, 두 가지가 강하게 연관되어 있음을 발견했다: PT 근로의 증가가 "네덜란드 고용 기적"을 적어도 부분적으로 설명해 준다는 것이다.

Manning and Petrongolo(2005)는 PT 일자리에 따르는 보수 하락(pay penalty)에 관해서 EU 국가들을 비교하는 분석을 수행했다. 보수 하락이 수반됨은 확인되었는데, PT의 보수 감소가 가장 큰 것은 영국이었으며, 여성이 직무상의 하향 이동 없이 FT에서 PT 일로 이동하기는 어려운 것으로 나타났다. 또한 영국에서는 다른 나라의 경우보다 PT 일에 따른 직무만족의 증가가 더 크다는 사실도 확인되었다. 여성이 보상적 임금격차(compensating wage differentials)가 있는 PT 일을 경험하는 것으로 보인다. PT 일이 여성으로 하여금 일과 육아를 조화시킬 수 있게 하며, 따라서 PT 일에서의 낮은 임금이 일자리 불만을 야기하지 않는 것일 수 있다. 이것은 [그림 5.1]에서 제시된 분석틀과 합치한다: 더 일하려면 보상이 필요하듯이, 노동과 비노동 시간(가정생산 및 여가)을 더 잘 조화시킬 수 있다면 시간임금의 하락을 감수할 수도 있다는 것이다.

Buddelmeyer et al.(2005)은 EU 국가들에서의 PT 일자리의 최근 상황을 조사하고, PT 고용이 제도와 정책에 크게 영향을 받는다는 점을 확인했다. PT 지위에 영향을 주는 법제도와 PT 일자리 수용에 대한 금전적 유인(보조금 및 사회적 보험 강화)의 제공이 중요한 역할을 했다. Booth and van Ours는 일련의 연구에서, 배우자가 있는 여성의 PT 일에 대한 선호를 조사했다. 많은 나라에서 PT 일은 배우자 있는 여성에게 통상적인 것이다. 다수의 여성이 PT 일을 하는 상황의 효율성에 대해서는 두 가지 상반되는 견해가 있다. 부정적 견해는, 많은 PT 여성의 교육수준이 높은 만큼, PT 일은 자원의 낭비와 인적자본 투자의 과소활용을 의미한다는 것이다. 긍정적 견해에 따르면, 일을 하려면 FT 상태로 할 수밖에 없는 상황에 직면하는 여성은 후자를 선택할 수도 있다는 점에서, PT 일이 없다면 여성의 노동시장 참여율은 현저히 낮아질 수 있다.

Booth and van Ours(2008)는 영국의 경우에 PT 일과 근로시간 만족도, 일자리 만족도, 삶의 만족도의 관계에 대해서 조사했다. 남자들은 초과근로 없는 FT 일에서 최고의 근로시간 만족도를 보였는데, 하지만 직무 만족도나 삶의 만족도는 근로시간에 영향을 받지 않았다. 여성의 경우는 의문점을 제시한다. 시간 만족도와 직무 만족도에서는 여성이 일의 내용에 무관하게 PT 일을 선호하는 것으로 나타나지만, 삶의 만족도는 근로시간과 사실상 무관하였다. Booth and van Ours(2009)는 호주의 경우에 PT 일과 가족 행복의 관계를 조사했다. PT 여성이 FT 여성에 비해서 근로시간 만족도가 높았고, 여성의 삶의 만족도는 배우자가 FT로 일할 경우에 상승했다. 남자의 삶의 만족도는 배우자의 시장노동 시간과는 무관했지만 자신이 FT로 일할 경우에 상승했다. Booth and van Ours(2013)는 배우자 있는 여성의 다수가 PT 일을 하는 네덜란드에서, PT 일은 다수의 여성이 FT 일을 하는 상황으로 가는 과도기적 단계일 가능성 여부를 조사했다. 배우자 있는 PT 여성은 직무만족도가 높고 근로시간 변경 의사가 낮으며 가정생산이 매우 여성화된 관계에서 살고 있는 것으로 나타났다. 종합해 보면, PT 일자리는 다수의 네덜란드 여성이 원하는 것임을 시사한다.

5.4 정책 이슈

5.4.1 정부가 노동시간을 규제해야 하는가?

근로시간 규제는 노조와 고용주 간의 교섭협약 혹은 정부 개입에서 나온다.[4] 만일 규제가 단체협약에 의한 것이라면 정부가 개입할 이유는 없는데, 노조가 구성원의 이질적 선호를 조정하고 상이한 근로시간 체제에 따른 외부효과를 내부화할 것이기 때문이다. 그런 단체협약이 없는 경우에는 정부가 개입해서 근로시간 규제를 도입하는 것이 효율성 차원에서 필요할 수 있다. 고용주가 수요독점력을 갖는 경우에 그러하다. 최저임금이 소폭 상승하면 긍정적인 고용효과를 가질 수 있지만 대폭 상승하면 고용이 감소하게 되듯이, 근로시간 규제에서도 소규모 단축은 고용을 증대시킬 수 있는 반면 대규모 단축은 고용을 감소시킬 것이다. 이런 현상은 노동시장의 불완전경쟁 상황에서 설명될 수 있다. 수요독점력 또는 교섭력 때문에 노동시장이 불완전해지며, 이것은 정부 개입을 통해서 교정될 수밖에 없다(최저임금의 경우처럼, 2장 참조).

4) 여기서는 하루 중 또는 주중 근무시간대가 아니라 근로시간 수에 대한 규제만 다룬다. 근무시간대 문제는 가령 개점시간에 관한 것이며, 개인 간 여가활동의 조정과 관련된다. 정부규제는 경제적 효율성과 자유시간의 향유에 따른 복지 사이의 상충관계에 직면하게 된다(Burda and Weil 2008 참조).

그런데 정부가 근로시간에 영향을 주려는 취지가 근로시간을 단축함으로써 노동자에 대한 수요를 증가시켜서 실업을 줄이려는 것일 수도 있다. 이것이 목적이라면 정부가 개입할 긴급한 필요성은 없다. 경제학자들이 합의를 이루는 소수의 쟁점 중 하나가 고용과 관련하여 비용 없이 재분배될 수 있는 '노동 총량'과 같은 것은 없다는 사실이다. 그 반대로, 의무적인 근로시간 단축은 고용 감소를 수반하는 경우가 적지 않다.

백년쯤 전에는 정부가 근로시간 단축을 통해서 고용주의 수요독점적 위치에 대응할 이유가 충분히 있었을 것이다. 오늘날에는 정부 개입에 강력한 근거를 찾기 어렵다. 근로시간의 의무적 단축이 여전히 실업 감소의 수단으로 제기되고 있는데, 이 정책이 '공짜점심'인 것처럼 보이기 때문일지도 모른다. '노동총량' 이야기가 사실이라면 정부는 어렵지 않게 실업을 줄일 수 있을 것이다. 그것은 사실이 아니며, 따라서 정부가 노동시장에 개입해서 근로시간을 규제할 중요한 이유로 보이지는 않는다.

5.4.2 정부가 STW를 보조해야 하는가?

대침체기 동안에 많은 나라가 STW 방식 등을 도입했다. 〈표 5.5〉는 자료가 허용하는 한도에서 국가간 비교를 수행할 수 있는 나라를 대상으로 대침체기 이전과 도중의 STW 규모에 관한 정보를 제시하고 있다. 구체적으로 STW의 규모에 대한 3가지 척도가 제시되었다. 첫째는 모든 근로자 중 참여자의 비중이다. 일부 단시간 근로자는 근로시간 단축이 매우 소폭이었을 수 있는데, 이 척도에서는 근로시간 100% 감소에 해당하는 경우처럼 산정될 것이다. 둘째 척도는 실제 단축시간을 감안하는 것으로서, 이 방식에 참여한 '풀타임 상응'(full-time equivalent, FTE) 일자리 수의 추정치에 기초하고 있고 풀타임 근로자 수로 표준화하게 된다. FTE 추정치는 Hijzen and Venn(2011)이 여러 STW 방식의 평균 단축시간에 관해 수집한 정보를 이용한다. 셋째 척도는 이전 5년간의 총근로시간(전체 수준에서의 표준 근로시간의 대리변수) 대비 STW 근로시간을 측정한다.

표에서 보듯이, STW가 2007년에 미미한 수준이었지만 2009년에는 비교적 높은 수준으로 오른 경우가 많았다. 벨기에, 독일, 이탈리아 및 일본의 경우, 침체의 저점에서 STW 참여율은 2.5에서 6% 수준이었다. 핀란드와 스위스도 1에서 2% 수준을 보인다. 이런 제도가 침체기에 일자리 감소를 줄이는 데 성공적이었는가? Boeri and Brueck-er(2011)는 특히 독일과 이탈리아의 경험에 초점을 두고 대침체기 중에 STW의 고용효과를 살펴보았다. 이에 따르면, 심각한 침체기에 STW는 일자리를 지키는 데 기여한 것으로 보인다. Cahuc and Carcillo(2011)도 유사한 결과를 보여준다. 하지만 일반적으로, 유지된 일자리 수는 참여한 사람 수보다는 적었으며, 약한 침체기에는 후생손실 비용

표 5.5 STW 프로그램 규모

국가	평균 분기별 참여율(%)					
	총고용 대비 참여자 비율		풀타임 근로자 대비 FTE		총근로시간 대비 STW 근로시간	
	2007	2009	2007	2009	2007	2009
Austria	0.0	0.7	0.0	0.2	0.0	0.2
Belgium	3.2	5.6	1.8	3.0	1.4	2.4
Canada	0.0	0.3	0.0	0.1	0.0	0.1
Finland	0.4	1.7	0.4	2.0	0.4	1.5
France	0.4	0.9	0.1	0.2	0.1	0.2
Germany	0.1	3.2	0.2	1.8	0.0	1.1
Italy	0.7	3.3	0.7	3.2	0.4	2.0
Japana	0.0	2.7	0.0	1.1	0.0	0.7
Norway	0.1	0.6	0.1	0.2	0.1	0.7
Switzerland	0.0	1.1	0.0	0.5	0.0	0.4

출처: 단시간 근로 자료는 Hijzen and Venn(2011); 총근로시간 및 고용 자료는 OECD.

주: FTE 참여율=(참여자수×평균 감축시간)/(풀타임 근로자+STW 풀타임 상응값).
총근로시간 대비 STW 근로시간=총 STW 시간/(전체 총근로시간의 이전 5년 평균+총 STW 시간),
여기서 총 STW 시간=(STW FTEs×풀타임 근로자의 연평균 근로시간). FTE=풀타임 상응값.

이 상당히 커지는 경향도 보인다. 따라서 STW는 거시경제적 상황 변화에 대응해서 시행되는 것이 매우 중요하다. 이런 점에서 고용주에 대한 경험-평가(experience rating)와 관련 비용의 상당 부분을 공동 부담(cofinancing)하는 것이 매우 중요하다. 한편으로, 고용주의 비용 부담이 높아지면 참여율을 낮추게 되고 특히 기업의 고용활동을 장려해야 할 시기에 조세부담을 가중시키는 결과가 될 수도 있다. 이 문제에 대한 한 가지 해결책은, 호황기에는 평균 기여율이 높아지도록 해서 잉여를 축적하고, 이후 하강기에 기여율을 낮추는 재원으로 사용될 수 있게 하는 것이다. 도덕적 해이 문제는 대다수가 노동투입을 줄여야만 하는 침체기에는 중요성이 줄어드는 경향도 있다. STW의 규모를 정하는 차원에서는 구체적인 설계의 측면도 중요하다. 따라서 중요한 정책 이슈는 STW의 도입 여부가 아니라 어떤 유형의 STW를 채택할 것인가이다. 아무튼 다수의 OECD 국가들이 이미 일정한 형태의 STW 방식을 시행하고 있다.

5.5 다른 제도들과의 상호작용

근로시간 규제는 단체교섭 제도(3장)와 관련 있음이 분명한데, 일반적으로 노동조합은 근로시간과 임금에 대해 교섭하며, 임금 인상과 근로시간 조정의 상충관계를 고려한다. 예를 들어 주연령층 남자를 주로 대변하는 노조는 파트타임 일자리 도입에 반대할 것인데, 그로 인해 노동공급이 증가하고 시간임금이 낮아지면 노조 구성원의 선호에 배치되기 때문이다. 교섭 수준도 근로시간 규제에 영향을 미친다. 분권적인 교섭구조를 가진 나라에서는, 사실상 보수만이 교섭 대상이 되는 전국적 협약의 경우와는 달리, (효율성 교섭 모형에서처럼) 시간과 고용도 임금과 함께 단체교섭에 포함된다. 단체교섭이 분권적인 경우에는 정부가 근로시간을 규제할 근거가 줄어들 것이다.

근로시간 규제는 가족정책(7장)과도 강한 관련성을 갖는데, 파트타임 일의 존재가 노동과 가정적 의무의 조합을 가능하게 하기 때문이다. 근로시간 규제와 EPL(10장) 사이에도 분명한 관계가 있는데, 강한 EPL은 기업으로 하여금 외연적 차원(인원)보다는 내포적 차원(시간)에 따른 고용 조정을 유도하게 된다. Boeri and Bruecker(2011)에 따르면, 단시간 근로의 참여율은 해고비용이 높은 나라일수록 커지는데, 고용주로서는 근로자를 해고하는 것보다 근로시간을 단축하는 것이 더 편리하기 때문이다. Boeri and Bruecker는 STW가 UBs(11장)의 관대성과 음(−)의 관계에 있다는 것도 확인했는데, 외연적 경계에 따른 노동 조정에 수반되는 고용주의 비용이 실업보험에 의해 감소하기 때문이다. 이와 함께 STW는 UB의 기간 연장으로 작용할 수도 있어서 부분적으로는 대체재가 되기도 한다.

끝으로 강조할 점은, 최대 근로시간, 초과근로 보수 및 STW 등을 넘어서 많은 다른 규제도 근로시간에 영향을 줄 수 있다는 것이다. 예를 들어, Prescott(2004), Ohanian et al.(2006) 및 Rogerson(2009)에 따르면, 대서양 양안 간에 근로시간의 차이는 대체로 세율의 차이에 의해 설명된다는 것이다. 미국인이 유럽인보다 장시간 일한다는 사실을 이렇게 해석하는 것은 외연적 차원에서의 조정(가령 유럽의 높은 청년실업률)을 무시하는 것이고 노동공급의 임금 탄력성을 과대평가하는 것이지만(Blundell et al. 2011), 급여세(13장)가 문화 및 사회관습(Blanchard 2004)과 더불어 내포적 차원에서의 선택에 상당한 영향을 미친다는 것은 의심할 여지가 없다.

5.6 노동시간 규제는 왜 존재하는가?

근로시간의 결정은 시장과정의 산물이라고 보기는 어렵다. 시장실패는 여러 이유로 발생하는데, 특히 노동자와 고용주의 상충적인 선호나 제도적 마찰 때문에 그러하다. 예컨대 주간 근로시간에 대한 개인의 선호는 크게 다를 수 있어서 개별적 계약 체결은 고용주에게 너무 큰 비용이 될 수 있다. 고용주로서는 생산과정에서의 수요 급변 때문에 근로시간이 주중에 상당히 변할 수 있기를 바라겠지만 노동자가 수용하기에는(사회적 이유에서라도) 너무 큰 비용이 될 수 있다. 노조와 고용주가 주간 근로시간에 대해 교섭하고, 연간 휴가일 수에 합의하고, 혹은 근로자의 조기 퇴직 기회를 제공해 왔기 때문에, 근로시간에 대한 제도적 제약이 존재할 것이다. 노조가 구성원의 이익만을 대변하는 경우에는, 근로시간에 관한 협상을 노조에게 맡겨둘 수는 없다. 정부는 사회적 이유에서(가족생활), 혹은 실업의 수준이나 구성(조기퇴직 제도)에 관련된 이유에서, 근로시간에 영향을 미치게 된다.

5.7 심화학습 안내

Garibaldi and Mauro(2002)는 파트타임 근로가 고용 성장에 중요한 역할을 했다는 분석결과를 제시하였다. Manning and Petrongolo(2005)는 OECD 회원국 간 일자리 만족도와 파트타임 근로의 임금을 비교하였다. 놀라운 사실 중의 하나는 영국에서 파트타임 근로를 하는 여성이 저임금에도 불구하고 높은 일자리 만족도를 보였다는 점이다. Boeri et al.(2008)이 편집한 '*Working Hours and Job Sharing in the EU and USA: Are Europeans Lazy? or Americans Crazy?*'라는 책은 노동-여가 선택, 노동시간, 파트타임 근로, 노동시장의 기능에 대한 유익한 정보를 제공한다. OECD(2010) '2010 Employment Outlook'의 4장은 파트타임 근로를 논의하고 있다. 마지막으로 Brusentsev and Vroman(2012)은 OECD 회원국의 STW 방식에 대해 개관하고 있다.

복습 질문 및 연습문제

1. 어떤 조건에서 일자리 나누기가 고용을 늘리며, 이러한 조건은 얼마나 현실적인가?
2. 기업이 풀타임 근로자 대신 파트타임 근로자를 고용하는 이유는 무엇인가?
3. 채용의 고정비용은 근로시간과 노동자수 간의 상충관계에 어떤 영향을 끼치는가?
4. 초과근로는 근로시간과 노동자수 간의 상충관계에 어떤 영향을 끼치는가?
5. 노동자가 초과노동을 하는 상황에서 주간 정규 근로시간이 줄어든다면 어떠한 상황이 벌어지는가? 그리고 노동자가 정규근로만을 한다면 어떻게 되는가?
6. 파트타임 일자리의 시간당 소득이 풀타임 일자리에 비해 낮다면, 이유는 무엇인가?
7. 초과근로수당은 왜 존재하는가?
8. STW는 침체기 동안 고용량 조절에 어떠한 영향을 끼치는가?
9. 국가간 비교에서, 비자발적인 파트타임 근로의 비중과 파트타임 근로의 총고용 비중 간에 부의 상관관계가 나타나는 이유를 설명하시오. (파트타임 비중이 클수록 비자발적 파트타임 비중은 작음)
10. 근로시간과 노동자수 간 상충관계를 그리시오.

    (a) 초과근로수당이 존재할 때에 무슨 일이 벌어지는가?

    이제 근로시간 선택은 할 수 없다고 가정하자.

    (b) 이 경우 개인의 유보임금이 어떻게 되는지 그래프로 보이시오.

    (c) 이 유보임금은 파트타임 일자리가 도입되었을 때 어떻게 변하는가?

    (d) 이것이 노동조합이 파트타임 일자리 도입에 반대하는 이유를 설명하는가?
11. 한 기업에서 근로시간과 노동자 수는 등노동함수 $y=L\sqrt{h}$와 같이 결합된다. 여기서 L은 노동자 수, h는 근로시간을 의미한다.

    (a) 등노동곡선을 그림으로 나타내고, 노동량의 L과 h에 대한 탄력성을 계산하시오.

    노동비용은 $C=L(F+wh)$로 주어졌다고 가정하자. 여기서 w는 시급, F는 노동자당 고정비용을 나타낸다.

    (b) 주어진 산출량 수준 $\bar{y}$에서 비용을 최소화하는 근로시간과 노동자수를 구하시오.

    (c) 이 결과, 특히 2요소 노동수요함수와 생산 규모와의 관계를 설명하시오.

12. (고급) 등노동곡선을 $y=g(L, h)=Lh^{\alpha}$라 하자. 여기서 L은 노동자 수, h는 근로시간, y는 임의의 상수이다. 초과근로수당 w가 있으며, 생산비용은 다음과 같이 주어졌다.

$$C = \begin{cases} (F + wh)L & \text{if } h \leq \bar{h} \\ [F + \omega(h - \bar{h})]L & \text{if } h < \bar{h} \end{cases}$$

여기서 $\bar{h}$는 정규근로시간을 의미한다.

(a) 초과근로수당이 없을 때 최적의 h와 L 수준을 도출하시오.

(b) $w>0$일 때 최적의 h와 L 수준을 도출하시오.

(c) $h^* < \bar{h}$, $h^* = \bar{h}$, $h^* > \bar{h}$의 상황을 그래프로 나타내시오.

제 6 장

조기퇴직 제도

조기퇴직은 아직 근로연령에 있는 사람이 퇴직하는 경우이다. 고용에서 비경활(inactivity)로 이동하는 다른 경우와는 달리 퇴직은 비가역적인(irrevesible) 경향이 있어서 주어진 인구집단에서 노동력의 영속적 감소로 이어진다. 역사적으로 볼 때, 노동자의 대규모 퇴직은 비교적 최근의 현상이다. 20세기 초까지만 해도 퇴직하는 사람이 많지는 않았다. 할 수 있는 한 일을 했고, 일을 멈추는 경우에는 생애 종반 몇 년간 자식에게 의존하는 상태로 이어졌다. 20세기가 진행됨에 따라 모든 산업국가들에서 퇴직 프로그램이 도입되었다. 오늘날 퇴직은 대개 상당기간 자력으로 독립과 여유를 누리는 것을 의미하며, 의무적 퇴직 연령을 이유로 퇴직을 강요당하는 경우도 많다. 많은 나라에서 조기퇴직 프로그램이 존재함에 따라 의무 퇴직연령보다 훨씬 전에도 퇴직할 수 있게 되었고, 따라서 법정 퇴직연령과 유효 퇴직연령 간에는 격차가 있다. 이런 격차는 여러 가지 이유로 발생하는데, 조기퇴직 프로그램의 존재, 공식 퇴직연령이 표준 연령보다 낮은 직종들(공무원, 교사, 경찰, 군인, 소방수 등), 실업보험 및 장애급여 프로그램의 활용 등이 있다(Pestieau 2003).

많은 연구에서 중고령 근로자(older workers)는 조기퇴직의 유인에 강하게 반응하는 것으로 나타난다. Gruber and Wise(1997)의 11개 선진국에 대한 분석에 따르면, 퇴직급여 수령 가능 연령과 노동력 이탈(퇴직) 간에는 강한 상관관계가 나타난다. 퇴직 의사결정은 개인이 제도적 구조로 주어지는 제약조건하에서 최적화하는 상황의 전형적인 예이다.

많은 나라에서 중고령 근로자의 노동시장 소속도(attachment)는 낮다. 조기퇴직은 중고령 근로자에게 중요한 노동시장 퇴장 경로이지만 유일한 경로인 것은 아니다. 중고령 근로자는 장애나 질병 상태가 될 수도 있고 실업 상태가 될 수도 있다. UBs(핀란드, 스페인), 장애급여(호주, 오스트리아, 아일랜드, 네덜란드, 노르웨이, 영국), 장기질병 급여(체코, 노르웨이, 스웨덴) 등이 조기퇴직의 경로로 사용되기도 한다(OECD 2006c). 어떤 나라에서는 중노년 실업자에 대해서 일자리 탐색 요건이 느슨하거나 면제되는 경우도 있다.

6.1 국제 비교

조기퇴직은 'PAYG'(pay-as-you-go) 체제로 재원이 조달되는 것이 보통이며, 현재 근로자로부터 거둔 세금 수입으로 현재 퇴직자에게 지불하는 상황을 의미한다. 이 방식에서는(현재의 근로자로부터 현재의 연금수급자에로) 세대간 이전(intergenerational transfer)이 수반된다. PAYG 방식은 장래의 인구구조에 적합하지 않은데, 많은 나라에서 인구 고령화가 진행 중이기 때문이다(개인이 스스로 노후를 위한 저축을 하는 개인 재무계정처럼). 확정재원 방식과는 달리, PAYG 방식은 수명이(따라서 연금 지급기간이) 길어지는 경우뿐 아니라 출산율이 낮아지는 경우에도 곤란해진다. 연금 프로그램은 '확정급여'(defined benefit, DB) 방식 아니면 '확정기여'(defined contribution, DC) 방식을 취한다. DB 방식은 대개 최종 연금을 고용기간과 최종 소득의 함수로 정의한다. 여기서는 연금 급여가 제공하는 소득 대체(replacement of earnings)와 관련해서 (고용기간을 줄이게 되는) 실업의 위험 외에 다른 위험은 없고, 대체 수준이 보장된다. DC 방식에서는 연금기금에의 기여금은 확정되지만 퇴직 급여의 수준은 생애기간 기여금에 따라 달라진다. DC 방식은 대개 퇴직 시에 확보된 금액을 연금 지급으로 전환하도록 되어 있다. 이러한 '연금률'(annuitization) 역시 일성한 위험을 수반하는데, 그것이 현재의 이자율 수준과 연관되기 때문이다. 연금화에 영향을 주는 또 다른 요인은 퇴직 연도인데, 늦게 퇴직할수록 연금율이 높아진다. 이런 이유로 DC 체제에서는 DB 체제에 비해 퇴직연령을 늦추도록 하는 경향이 있다(Box 6.1 참조).

Box 6.1 **DC 및 DB 체제와 퇴직 의사결정**

연금자산은 예상되는 연금급여 흐름의 현재가치이다. 개인이 퇴직일부터 사망일까지 급여를 수급하는 전체기간 동안 연금급여가 B 수준으로 일정하다고 가정하고(조기) 퇴직일을 a라고 하면, 연금자산 PW는 다음처럼 나타낼 수 있다.

$$PW(a) = \sum_{t=a}^{T} \frac{B(a)}{(1+i)^{t-a}} = B(a) + \sum_{t=a+1}^{T} \frac{B(a)}{(1+i)^{t-a+1}} \tag{6.1}$$

여기서 i는 미래 연금급여의 할인율을 의미한다.

대신에 만약 1년을 더 일해서 $a+1$까지 근무한다면, 연금총액은 다음과 같다.

$$PW(a+1) = \sum_{t=a+1}^{T} \frac{B(a+1)}{(1+i)^{t-a+1}} \tag{6.2}$$

따라서 연금 증가액 BA는 다음과 같다.

$$BA(a+1) = PW(a+1) - PW(a) = -B(a) + \sum_{t=a+1}^{T} \frac{B(a+1) - B(a)}{(1+i)^{t-a}} \tag{6.3}$$

이제 연금급여가 최종 임금의 고정비율로 정해지는 *DB* 방식으로 주어지며, 개인은 근속기간 동안 임금이 일정한 소득체계의 적용을 받는다고 가정하자. 이 경우에는

$$B(a+1) = B(a) = B \tag{6.4}$$

이므로, 다음과 같아진다.

$$BA(a+1) = -B \tag{6.5}$$

달리 표현해서, 노동자는 은퇴를 늦춤으로써 연금자산의 손실을 겪게 된다. 이제 다음과 같은 DC 방식의 경우를 생각해보자.

$$B(a+1) = B(a)(1+\zeta) \tag{6.6}$$

여기서 ζ는 1년 더 일해서 얻게 되는 연금율(annuitization) 변화이다. T가 커지면(즉 연금수령기간이 길어지면), $BA(a+1) \simeq -B + \frac{\zeta B}{i}$가 된다. 따라서 $BA(a+1)$가 양수가 되는(즉, 연금액이 증가하게 되는) 충분조건은 $\zeta > i$인데, 이것은 1년 더 일해서 얻게 되는 연금율의 증가가 시장이자율보다 더 높아야 한다는 것을 의미한다.

최근에는 몇 개국에서(이탈리아, 라트비아, 스웨덴, 폴란드 등) '이론적 확정기여'(notionally defined contribution, NDC) 방식이 도입되었다. 노르웨이처럼 도입을 진행 중인 나라도 있고, 독일처럼 일부 특성을 채택한 나라도 있으며, 프랑스에서도 찬반론이 제시되고 있다. 또 국제기구가 청사진으로 추천하고도 있다(Holzmann and Palmer 2012, Whitehouse 2011). NDC 퇴직제도의 취지는, 근로자가 근로기간 동안 기여를 하고 퇴직 후에(확정)급여를 인출한다는 재무계정(financial account) 방식을 모방하는 방향으로 PAYG 방식을 가져가자는 것이다. 하지만 재무계정 방식과는 달리, NDC 체제에서의 기여는 금융자산에 투자되지 않으며, 따라서 기여금에 대한 수익은 주식시장이나 채권수익률에 의존하지 않는다. 기여금이 국가의 사회보장 관리자에로 유입되어 현재의 연금 급여의 재원으로 사용된다는 점에서 이 방식은 명목적(이론

적)이며, 여전히 PAYG 방식인 것이다. 이러한 확정기여에 대한 수익은 제도의 존속을 보장할 수 있는 방식으로 결정되는데, 그것은 대개 GDP 또는 임금(현재 연금의 재원인 사회보장기여가 임금의 일정 비율로 지불된다는 점에서, NDC의 세원임)의 성장률에 근사적인 수준이다. 근로자가 퇴직하게 되면, 생애 기여금의 자본화 가치 총액이 실질 연금(real annuity)으로 전환됨으로써 연금급여가 된다. 이 연금은 무엇보다 퇴직 시의 기대수명에 따라, 즉 퇴직연령에 따라서 달라진다. NDC 체제의 구체적인 특성, 그리고 노동시장과의 관계는 Box 6.2에서 좀더 상세히 다룬다.

Box 6.2 '이론적(notionally) 확정기여'와 노동시장

NDC 시스템은 일종의 PAYG 방식으로서, 근로기간 동안 지불한 기여금이 자산에 투자된 연금기금에 축적되는 것처럼 이해된다. 기여금은 (기여에 상한과 하한이 적용될 수 있지만) 근로소득에 비례하는 것이 보통이다. 그러나 이러한 기여분이 그대로 실제 기금이나 개인 계정으로 가는 것은 아니며, 따라서 시장 수준의 수익을 얻는 것도 아니다. 기여금은 단지 이론적으로만 기금에 저축되는 것으로 간주되며, 기여금에 대한 수익은 대개 경제성장률이나 연금재원 증가율에 연계되어 제도의 존속을 유지하는 방식으로 법률로서 정해진다. 퇴직하는 개인은 근로기간 동안 축적된 연금자산에 대해서 연금을 받을 권리를 갖게 된다. 연금자산은 연금 공식에 따라 연금 지급액으로 변환된다. 아래의 두 식은 NDC 연금 체제에서 연금액이 산정되는 기본적 방식을 보여준다.

$$B = \tau \sum_{t=t_0}^{a-t_0} w_t \prod_{j=t_0+1}^{a-t_0-1} (1+r_j^w)\frac{1}{\gamma} \tag{6.7}$$

$$\gamma = \sum_{t=a}^{T} (1+\delta)^{a-t} \tag{6.8}$$

여기서 B는 연금지급액, τ는 근로소득 w_t에 대한 기여율, $a-t_0$는 기여 연수(퇴직연령 a에서 근로시작 연령 t_0를 뺀 값)이다. r^w는 기여금의 수익률이며, γ는 변환(연금화) 계수의 역수, δ는 귀속된 물가연동률, T는 기대여명이다.

식(6.7)은 연금급여가 축적된 연금자산과 변환계수에 의해 결정된다는 것을 보여준다. 연금자산은 매년의 기여금 τw_t가 기여금 수익률 r^w에 따라 축적되어 형성된다. 퇴직하게 되면, 이렇게 축적된 기여금이 변환계수(의 역수)인 γ를 통해 소득(연금급여)

의 흐름으로 변환된다. 식(6.8)에서처럼, 이 계수는 퇴직 시의 평균 기대여명과 연금 수익률을 규제하는 물가연동률 δ에 의해 결정된다. 끝으로, 퇴직연령이 퇴직기간의 길이뿐 아니라 근로연수를 조정하는 방식으로 두 식 모두에 영향을 미치고 있다는 점을 유의하자.

근로자의 연금자산(pension wealth)은 기대 연금급여의 흐름을 현재가치로 바꾼 것이다. 퇴직연령 a와 $a+1$에서의 연금자산의 격차가 '급여 증분'(benefit accrual)이다. 순임금소득 대비 급여증분의 비율이 소득에 대한 암묵적 조세(증분이 음수일 경우) 또는 암묵적 보조금(증분이 양수일 경우)이 된다. 음의 증분은 퇴직을 조장하는 반면 양의 증분은 근로 계속의 조장하게 된다.

〈표 6.1〉은 공적 노령연금 수급 자격의 최초 연령(첫 3열)이 대다수 나라에서 2001년까지도 낮아지거나 변함없이 유지되어 왔음을 보여준다. 하지만 이후 10년 간 몇 나라는 공적 연금 지출을 통제하려는 노력으로 퇴직의 최초 연령을 높여 왔다. 강화 추세는 표준 퇴직연령(다음 4열)에서 더 뚜렷하게 나타난다. 공적 노령연금 수급자격과 관련해서 가장 보편적인 표준 연령은 여전히 65세이다. 여자에 비해 남자의 경우에는 차이가 적다. 2011년 표준 퇴직연령은 영국이 가장 높고(68), 프랑스와 폴란드가 가장 낮다(60). 퇴직의 유인은 국가간에 현저하게 다르다. 평균 소득수준의 완전 경력자의 경우에 공적 노령연금(의무퇴직 프로그램)의 순(純) 대체율은 그리스, 아이슬란드 및 네덜란드에서는 100%를 초과하는 반면, 아일랜드, 일본 및 멕시코에서는 40% 수준이다.

OECD 국가들에서의 유효 평균 퇴직연령의 장기간 진화 상황은 [그림 6.1]에 나타나 있다. 개인의 실제 퇴직 의사결정은 조기퇴직 규칙의 진화과정을 밀접하게 따라 왔다. 1970년대 및 1980년대의 최초 퇴직연령의 감소가 실제 퇴직연령의 극적인 하락을 촉발시켰는데, 남자의 경우 68세에서 63세로, 여자의 경우 66세에서 61세로 약 5년 정도 하락하였다. 1990년대 중반 이후 많은 나라에서 법정 퇴직연령이 증가함에 따라서 유효 퇴직연령도 특히 여자의 경우에 상승하게 되었다.

표 6.1 공적 노령연금 자격에서의 표준연령과 최소연령 및 연금 대체율

국가	퇴직연령							연금 대체율(%)	
	최초(남자)			표준(남자)		표준(여자)			
	1969	2001	2011	1969	2011	1969	2011	남자	여자
Australia	65	55	60	65	67	60	67	65.9	63.2
Austria	65	65	62	65	65	60	65	89.9	89.9
Belgium	60	60	60	65	65	60	65	66.0	66.0
Canada	66	60	60	66	65	66	65	61.5	61.5
Czech Republic	—	58.3	60	—	65	—	62/65	72.5	72.5
Denmark	67	65	n.a.	67	67	67	67	94.5	94.5
Finland	65	62	62	65	65	65	65	64.8	64.8
France	60	60	56	65	60	65	60	60.8	60.8
Germany	65	63	63	65	67	65	67	58.4	58.4
Greece	60	60	60	60	65	55	65	110.3	110.3
Hungary	—	62	63	—	65	—	65	99.5	99.5
Iceland	67	65	62	67	67	—	67	111.7	111.7
Ireland	70	65	n.a.	67	66	70	66	40.8	40.8
Italy	55	57	61	60	65	55	60	76.2	63.0
Japan	60	60	60	65	65	65	65	41.4	41.4
Korea	—	55	60	—	65	—	65	51.8	51.8
Luxembourg	62	60	57	65	65	62	65	96.2	96.2
Mexico	—	65	60	—	65	—	65	46.9	46.9
Netherlands	65	60	n.a.	65	65	65	65	103.3	103.3
New Zealand	60	65	n.a.	65	65	65	65	49.6	49.6
Norway	70	67	62	70	67	70	67	62.3	62.3
Poland	—	65	n.a.	—	65	—	60	68.2	50.7
Portugal	65	55	55	65	65	65	65	65.5	65.5
Slovak Republic	—	60	60	—	62	—	62	72.9	72.9
Spain	65	60	61	65	65	55	65	84.5	84.5
Sweden	63	61	61	67	65	67	65	53.3	53.3
Switzerland	65	63	63	65	65	62	64	66.4	65.5
Turkey	60	60	n.a.	65	65	55	65	98.0	98.0
United Kingdom	65	65	n.a.	65	68	60	68	48.0	48.0
United States	62	62	62	65	67	65	67	53.4	53.4

출처: Duval(2003); OECD(2011a).

주: 연금 대체율은 평균 소득수준의 완전경력 근로자의 의무 퇴직 프로그램에서의 순 대체율을 가리킨다. n.a.=조기퇴직은 연금제도 어디에서도 허용되지 않음.

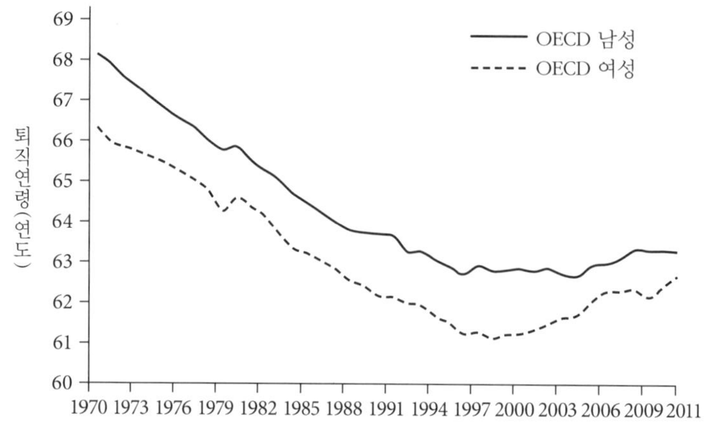

그림 6.1 OECD 국가들의 평균 유효 퇴직연령

출처: OECD.

주: 포함된 국가는 오스트리아, 벨기에, 캐나다, 덴마크, 핀란드, 프랑스, 독일, 그리스, 아이슬란드, 아일랜드, 이탈리아, 일본, 룩셈부르크, 네덜란드, 노르웨이, 포르투갈, 스페인, 스웨덴, 스위스, 터키, 영국, 미국.

6.2 이론

최적 퇴직에 대한 이론적 문헌에서는 '선택가치'(option value)의 개념이 자주 사용된다. 연금제도는 근로자가 조기퇴직 연령처럼 일정한 연령까지 일할 경우에 큰 보너스를 제공할 수 있다. 근로자가 그 연령 이전에 퇴직할 경우, 향후의 보너스라는 선택이 사라진다. 일을 계속함으로써 선택이 유지되며, 따라서 "근로의 선택가치"라고 표현된다. 선택가치 모형의 주요 특성은, 일을 계속함의 기대 현재가치가 당장 퇴직함의 기대 현재가치보다 크다면 어떤 연령에서든 일을 계속할 것이라는 점이다(Stock and Wise 1990). 개인은 일함의 선택가치가 양수이면 퇴직을 미룰 것이고, 선택가치가 음수가 되면 바로 퇴직할 것이다. 바꿔 말해서, 근로자는 일을 계속함의 가치가 퇴직함의 가치보다 낮아지면 퇴직할 것이다. 일함의 선택가치는 개인의 연령이 최적 퇴직연령에 가까울수록 감소할 것이다. 선택가치의 하락이 평탄해야 하는 것은 아니다. 예를 들어, 특정 연령이 되면 조기퇴직을 선택할 자격이 주어지는 경우, 그 연령에서 일함의 선택가치가 음수로 바뀔 수 있다. 퇴직 결정을 할 때 사람은 근로와 퇴직으로부터의 미래 소득을 고려하게 된다.

퇴직 의사결정의 요인은 압박 및 견인 요소의 혼합이다(OECD 2006c). '압박'(push) 요소는 중고령 근로자에게 주어지는 매력적인 일자리 기회의 집합을 제한하게 되며, 임금과 생산성 간의 실제의 또는 인지된 불균형, EPL로 인해서 기업이 노동력 조정에서 직면하는 문제, 숙련의 노후화를 회피함에 따른 인적자본 투자 유인의 결여, 건강 악화, 근로시간 변경에서의 제약 등으로 구성된다. '견인'(pull) 요소는 주로 퇴직을 매력적으로 만드는 금전적 유인으로 구성되는데, 노령연금과 조기퇴직제도 모두에 관련된다.

퇴직 결정은 개인이 제도적 환경 내에서 최적화한 결과이다. 연금의 유형이 퇴직연령에 미치는 효과는 비교적 간단하다. DB 체제에서 계속 일하는 개인은 2가지 방식으로 연금 급여의 수준을 높인다. 첫째, 노동시장 참여 기간이 증가한다. 둘째, 임금이 노동시장 경력에 따라 증가한다면 최종 봉급도 증가한다. 미래의 연금급여의 증가는 근로자를 노동시장에 머물게 유도한다. 개인이 표준 또는 조기 퇴직연령에 도달하는 시점에서 기대 연금급여는 더 이상 증가하지 않게 되는 한편, 계속 일할 경우 연금 수급기간은 짧아지게 된다. 이것이 퇴직의 강한 유인을 제공한다.[1] DC 체제에서는 일을 계속하면 더 높은 급여로 이어지는데, 연금 기금에 대한 기여가 추가되고 연금률이 증가하기 때문이다. DB와 DC 체제에서의 퇴직 유인은 구체적인 설계 여하에 따라 달라지는데, 여기서도 문제는 세부사항에 있는 것이다(Banks and Smith 2006). 하지만 평탄한(혹은 하락세의) 임금-경력 관계(즉 퇴직이 가능한 연령대에서는 임금이 증가하지 않는) 상황에서는 DC 체제가 DB의 경우보다 더 높은 퇴직연령을 조장하는 경향이 있다. 이런 차이는 Box 6.1에 분석적으로 설명되어 있다. [그림 6.2]는 Boeri and Brugiavini(2008)에서 인용한 것으로, 이탈리아에서 DB에서 DC로의 전환을 수반했던 1996년 연금개혁의 이전과 이후에 중위소득 여성의 연금자산과 경력의 추이를 보여준다. 그림에 나타나 있듯이 개혁 이전의 연금자산이 이후의 경우보다 모든 연령에서 더 높다. 또 DB 체제에서는 60세 이후에 연금자산이 극적으로 하락하는 만

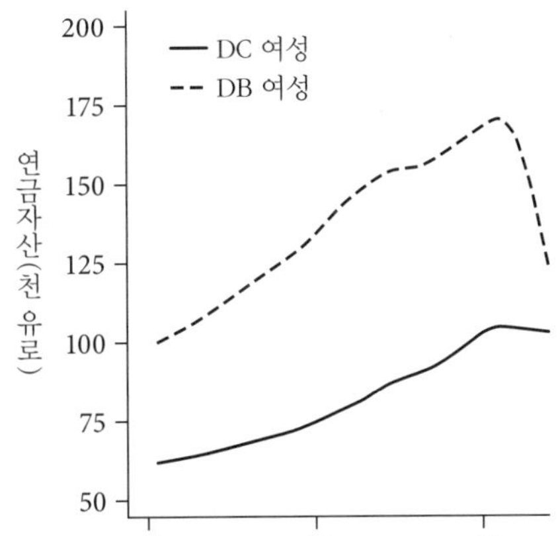

그림 6.2 이탈리아 근로 여성의 개혁 전(DB) 및 개혁 후(NDC)의 연령별 연금자산

출처: Boeri and Brugiavini(2008).

1) 연금급여 수준이 최종 봉급에 의존하는 한, 퇴직 직전에 주간 근로시간을 줄이려는 유인은 없을 것임에 유의하자.

큼 그 나이가 되기 전에 퇴직하도록 부추겼던 반면, DC 체제에서는 60세 이후에도 비교적 평탄해져서 퇴직연령에 대한 결정과 관련하여 거의 중립적이 되고 있다.

6.3 경험적 증거

6.3.1 연령과 고용

〈표 6.2〉는 지난 수십 년 간의 조기퇴직제도 도입의 효과를 보여주는데, 비경활(inactivity)로 전환하는 평균 연령이 상당히 내려갔다. 1967~2002년 기간에 이 연령이 터키에서는 14.8년 하락했는데, 헝가리와 폴란드 같은 나라에서도 남성 퇴직연령이 하락이 현저했다. 여성의 경우는 헝가리와 폴란드에서 가장 크게 하락했다. 비경활 전환의 평균 연령이 상승한 것은 한국뿐인데, 여성의 경우는 이탈리아도 유사하지만 애초에 낮은 수준이었다. 이런 모든 변화가 일어난 기간에 수명은 10년마다 약 2.5년씩 늘어났다는 점에 유의하자. 바꿔 말해서, 수명은 점점 길어졌는데 근로기간은 점점 짧아진 것이다.

[그림 6.3]은 주연령층(25~54세)과 중노년층(55~64세) 남녀의 2010년 고용률을 보여준다. 주연령층의 경우에 두 가지 전형적인 사실이 그림에서 확인된다. 첫째, 고용률의 범위가 여자에 비해 남자의 경우에 훨씬 작다. 둘째, 모든 나라에서 남자 고용률이 여자의 경우보다 높다. 그 차이는 여성 고용률이 높은 스칸디나비아 국가들에서 가장 작고, 여성 고용률이 상대적으로 낮은 남부유럽 국가들에서 가장 크다. 남자의 경우는, 주연령층과 중노년층의 고용률 간에 뚜렷한 상관관계가 보이지 않는다. 조기퇴직 정책은 나라마다 상당히 다른 것으로 보인다. 실제로 중노년 고용률은, 낮게는 헝가리의 40%에서 높게는 아이슬란드의 85%까지, 국가 간에 현저한 차이가 있다. 여성의 경우에도 조기퇴직 제도에서 차이가 있지만, 주연령층과 중노년층의 고용률 간에 분명한 양의 상관관계가 존재하는데, 그림에서 우상향의 회귀선으로 나타난 바와 같다.

일하기를 그만두기 원하는 중고령 근로자에게는 다양한 경로가 있는데, 조기퇴직 이전에 근로를 끝내는 형태로 장애, 질병, 혹은 실업 상태가 될 수 있다. 다양한 퇴장 경로의 중요성을 보여주는 예가 Bratberg et al.(2004)에 나와 있는데, 노르웨이에서 조기퇴직제도의 변화의 효과를 연구한 것이다(자세한 것은 Box 6.3 참조). 대체로 조기퇴직제도는 중노년층 고용을 감소시켰으며, 한편으로 장애, 질병, 실업과 같은 다른 방향으로의 유출도 감소시켰다.

표 6.2 비경활로의 이동의 평균 연령

	남자(연령)			여자(연령)		
	1967	2002	Change	1967	2002	Change
Australia	67.3	63.2	4.1	67.7	60.6	7.1
Austria	—	62.6	—	—	59.4	—
Belgium	64.2	61.2	3	63.5	61.9	1.6
Canada	66	63.1	2.9	61.4	61.4	0
Denmark	—	63.2	—	—	61.4	—
Finland	69.3	62.3	7	62.2	61.1	1.1
France	67.3	60.3	7	66.8	59.8	7
Germany	—	62.6	—	—	61.9	—
Greece	68.1	61.3	6.8	64.5	61.6	2.9
Hungary	70.5	60.1	10.4	69.5	58.7	10.8
Iceland	—	69.5	—	—	67.8	—
Ireland	—	63.5	—	—	64.7	—
Italy	64.3	60.8	3.5	59.6	59.8	−0.2
Japan	72.2	69.6	2.6	68.9	65.7	3.2
Korea	67.1	68	−0.9	65.5	66.7	−1.2
Luxembourg	66.1	58.1	8	66.1	57	9.1
Netherlands	—	63.9	—	—	63.1	—
New Zealand	—	64.2	—	—	62.2	—
Norway	68	63.0	5	69.2	63.3	5.9
Poland	73.4	61.4	12	72.4	57.5	14.9
Portugal	—	62.9	—	—	62.3	—
Spain	—	61.2	—	—	63.4	—
Sweden	69.3	64.7	4.6	67	64.0	3
Switzerland	72.5	64.8	7.7	73	62.2	10.8
Turkey	77.3	62.5	14.8	63.1	61.8	1.3
United Kingdom	—	64.1	—	—	62.0	—
United States	69.9	65	4.9	68.6	62.9	5.7

출처: European and National Labor Force Survey들로부터 도출된 OECD 추정치. 비교연도는 국가별로 2002년, 2003년, 2006년, 2007년 등 차이가 있음.

주: 평균 유효 퇴직연령은 40세 이상 5년 단위의 노동자 집단들(cohorts)을 대상으로 노동력 참여율의 5년간 변화를 관측하여 도출되었다.

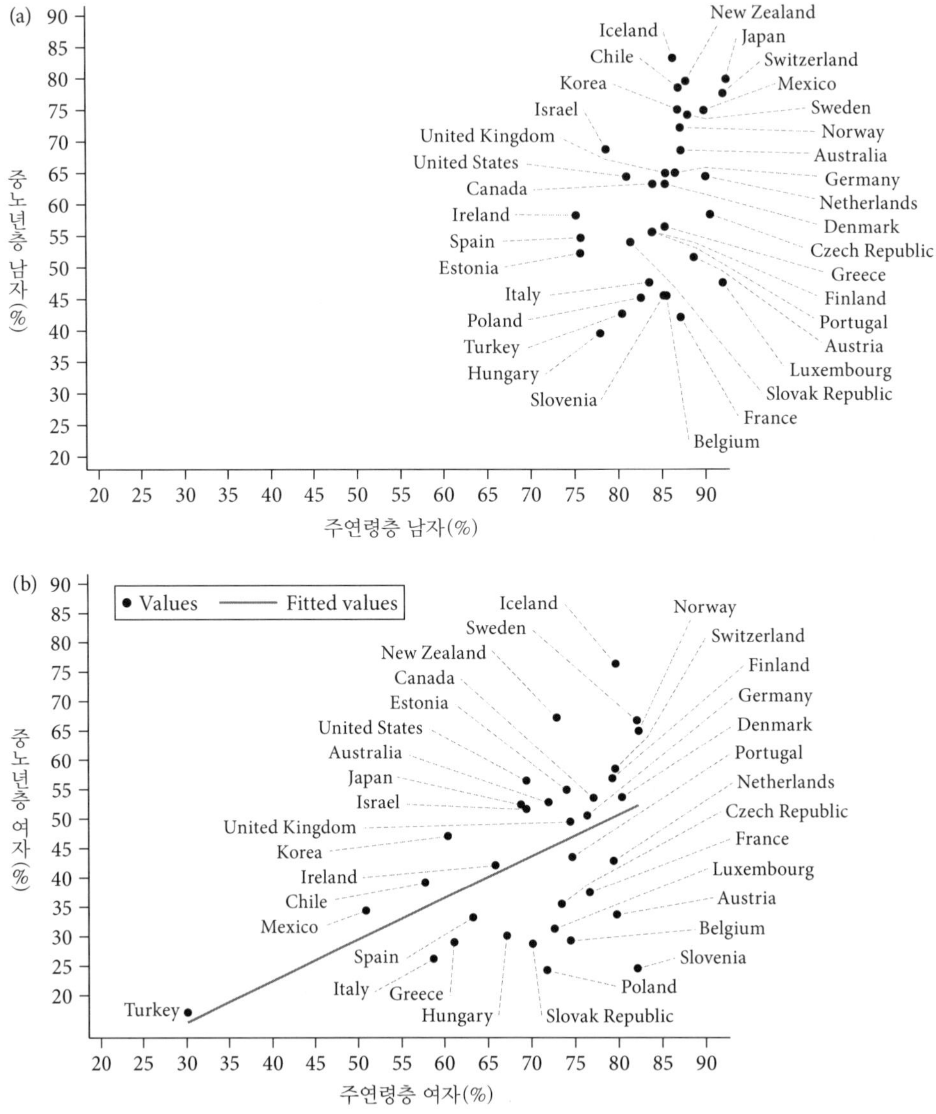

그림 6.3 고용률: (a) 남자, (b) 여자, 2010

출처: OECD 노동력 통계.

주: 주연령층=25~54세, 중노년층=55~64세.

Box 6.3

Norway의 조기퇴직 촉진 사례

노르웨이에서 표준 퇴직연령은 67세다. 1989년에 AFP라 불린 꽤나 관대한 조기퇴직 제도가 도입되었다. 자격연령이 처음에는 66세로 정해졌지만, 1990년 65세, 1993년 64세, 그리고 1998년부터는 62세로 점차 낮아졌다. 관련 협정에 참여한 기업만이 근로자에게 조기퇴직을 제공할 수 있었기 때문에 민간부문의 모든 기업에게 AFP가 적용되지는 않았다. 해당 기업의 근로저는 과거 근로경험과 임금 등에 관한 다소 느슨한 조건을 충족하면 조기퇴직이 가능했다. AFP 시스템은 재정적인 면에서 다수 노동자에게 매력적이었다. 67세가 되는 근로자는 통상의 공적 연금을 받을 수 있는데, 이는 근로자가 67세까지 계속 일했다는 가정하에 설계된 것이었다. AFP 도입 이전에는 상당수의 고령 근로자가 장애급여, 실업급여의 연장, 혹은 질병급여처럼 비공식적 경로를 통해 조기에 퇴직했었다.

AFP 개혁을 지지하는 논거는, 일부 근로자는 어차피 67세까지 노동시장에 머물러 있지도 않을 것이며, 새 프로그램의 주된 효과는 고령 근로자로 하여금 '품위를 유지하며' 노동시장에서 퇴장할 수 있게 한다는 것이었다. 제도 변화는 자연실험의 특성을 갖는 부분도 있다. 1993년 10월, AFP 연령 제한은 65세에서 64세로 낮아졌다. 제도의 수혜를 받은 첫째 그룹은 1993년 1월 1일부터 3월 1일 기간 동안 64세가 되었다. Espen Bratberg, Tor Helge Holmas, and Oystein Thogerson은 이들 근로자의 생일 3개월 이후 시점에서 노동시장 지위를 분석하였다.

근로자 지위	64세, 1993년 1~2월(%)			64세, 1994년 1~2월(%)			이중차분
	AFP기업	비AFP기업	차분	AFP기업	비AFP기업	차분	
여전히 근로	82.6	83.8	1.2	64.7	86.0	21.3	−20.1
AFP	—	—	—	26.0	—	−26.0	26.0
기타	17.4	16.2	−1.2	9.3	14.0	4.7	−5.9
합계	100.0	100.0	0.0	100.0	100.0	0.0	0.0

약 83%는 여전히 일하고 있었지만, 약 17%는 장애, 장기 질병 및 기타와 같이 다른 시장지위에 있었다. AFP 기업과 비AFP 기업 간에는 약간의 차이가 있었다. 둘째 그룹에 속한 근로자는 1994년 1월 1일부터 1994년 3월 1일 기간에 64세가 되었으며, 이 중

일부는 생일에 AFP 시스템의 가입자격을 갖추었다. 표에 나타난 것처럼, 생일 3개월 이후에 26%가 AFP 시스템에 들어왔지만 약 9%는 다른 상태에 있었다. AFP가 적용되지 않는 기업의 근로자는 86%가 생일 3개월 후에도 여전히 일하고 있는 것으로 나타났다. 두 그룹을(이중차분법으로) 비교해보면, AFP 시스템이 고령 근로자의 고용률을 상당한 정도로(26%) 줄였지만, 기타 경로에 의한 퇴장은 약간(6%) 줄였을 뿐이다.

출처: Bratberg et al.(2004).

중노년층의 노동력 참여율이 낮다는 점은 항상 문제로 인식되어 왔던 것은 아니며, 실제로 청년실업에 대처하는 의도적인 정부정책이나 중고령 근로자에 대한 배려에서 유발된 면도 있다. OECD(2006a)에서 지적되듯이, "중노년층 일자리의 감소가 청년 일자리의 증가를 가져온다는 주장은, 근거는 없지만 아주 끈질기게 제기되어 왔다." 또 다른 관점은 "중고령 근로자는 일을 계속하기에는 단지 '너무 지친' 상태다"라는 것이다. 조기퇴직 정책은 정부가 노동공급을 줄이기 위해 지지했고, 고용주는 보조를 받아서 노동력을 젊게 만들거나 감축하는 수단으로 활용했고, 노조는 나이든 노조원의 다수가 쉬기를 열망하기 때문에 지지했다. 중노년층의 노동력 참여의 하락은 장기적인 현상으로, 부분적으로는 1980년대에 많은 유럽 국가들에서 나타난 고실업률도 작용하였다. 실업을 줄이고 청년 근로자에게 여지를 주기 위해서 중고령 근로자는 조기퇴직이라는 매력적인, "거절할 수 없는 제안"을 받은 것이다.

중고령 근로자가 일단 실업자가 되면 다른 일자리를 찾는데 오랜 시간이 걸린다. 중노년층의 장기 실업률은 주연령층과 청년층보다 높다. 실업이 조기퇴직에 대안적인 퇴장 경로일 수 있다는 측면을 제외하면, 중노년층 실업에 대한 연구는 상대적으로 적었다. 많은 중고령 근로자에게 일자리 상실은 노동력에서 퇴장하는 일방통행로이다(Gielen and van Ours 2006 참조). 고용주에게 중노년층 채용을 장려하는 것보다는 현재의 기업-근로자 관계를 연장하는 편이 더 쉽다. 하지만 중노년층은 일자리를 지키기에도 어려움이 있는데, 고용주가 기술적 및 조직상의 변화에 대한 그들의 적응력을 부정적으로 인식하기 때문일 수도 있고 그들의 생산성보다는 임금비용이 더 가파르게 상승하기 때문일 수도 있다. 장시간 근로를 포함한 근로조건이나 건강 상태가 작용할 수도 있다. 아마도 더 중요한 것은, 일자리를 잃은 중노년층이 새 일자리를 얻기는 매우 어렵고 얻더라도 잠재적 임금 손실이 크다는 점이다. OECD 국가 전반의 평균으로 볼 때, 50세 이상의 채용률(hiring rate)은 25~49세 근로자의 절반에 못 미친다. 중노년층은 고용주가 채용하기를 꺼린다는 점도 있겠지만, 일자리 탐색 유인이 약하고 공적 고용서비스의 지원이 제한적이라는 점도 관련이 있을 것이다(OECD 2006c).

Chan and Stevens(1999)는 미국에서 경력 후반(late-career) 일자리 상실이 어떤 경제적 결과를 가져오는지를 연구했는데, 임금, 자산, 고용 예상, 및 실제 고용에 대해 크고 지속적인 효과를 미치는 것으로 나타났다. Chan and Stevens(2001)에 따르면, 55세에 일자리를 잃고 2년이 지나면 남자는 60%, 여자는 55%만이 고용으로 복귀하는데, 일자리를 유지한 55세 근로자의 고용률 80%에 대비된다. 그 격차는 4년이 지나도 여전히 약 20% 수준으로 나타났다. 이런 차이의 원인은 두 가지가 있는데, 해고된 근로자가 새 일자리로 복귀하는 것이 느리다는 점과 새 일자리를 떠나는 확률이 다른 경우보다 더 높다는 점이다.

Daniel and Heywood(2007)는 Hutchens(1986)를 언급하면서, 중고령 근로자를 고용하고 있는(employ) 기업은 많지만 이들을 채용하는(hire) 기업은 거의 없다는, 널리 관측되는 현상에 대해서 두 가지 설명이 가능하다고 주장한다. 첫째 설명은 훈련 문제에 관련된다. 중고령 근로자는 경험, 기업특유적 숙련 및 지식을 보유하고 있는 만큼 사내 훈련 기능에서 중요하다. 만일 회사를 떠나게 된다면 이런 이점을 잃게 되므로 신규채용 대상으로는 적합하지 않게 된다(고비용). 둘째 설명은 생산성과 임금의 관계에 관련된다. 더 많은 노력을 유발하기 위해서 후반기에 보수를 후하게 주는(back-loading of the compensation profile), 이른바 '이연 보수' 방식을 사용하는 경우, 그것은 근로자가 기업에 오래 머무는 상황을 전제로 한 것이다. 새로 채용되는 중고령 근로자는 더 열심히 일할 유인이 없으며, 따라서 상대적으로 고비용 근로자가 된다. Daniel and Heywood(2007)는 중고령 근로자의 채용이 적다는 사실에 대한 두 가지 설명을 영국 자료를 사용해서 살펴보았다. 이연보수(deferred compensation)와 내부노동시장(internal labor market)을 활용하는 기업은 중고령 근로자를 채용할 확률이 낮다는 사실이 확인되었다. 또 약간의 금전적 유인으로는 많은 고용주의 채용 관행을 바꾸기에 불충분하며, 이연보수를 적용하고 특유적 인적자본을 필요로 하는 고용주의 경우에 특히 그러하다는 결론을 내렸다. 그렇지만 Behahel et al.(2004)은 금전적 유인이 프랑스 기업들의 채용 행태에 영향을 준다는 증거를 확인했다. 50세 이후에 채용된 근로자에 대해서는 (고용주에 대한) 해고 과세가 철폐되자 중노년층 채용이 증가한 것이다.

Duval(2003)은 중노년층 노동참여율과 관련해서 다양한 유인의 효과를 조사했다. 1967~1999년 기간에 OECD 22개국을 대상으로, 55~59세, 60~64세, 65세 이상이라는 3가지 연령 집단에 대한 정보를 담고 있는 불균형패널 자료가 사용되었다. 노령연금과 조기퇴직에 내재된 암묵적 세율(implicit tax rates)의 효과가 주된 관심사였다. 암묵적 세율과 표준 퇴직연령의 변화는 중노년층의 노동력 참여율 하락 추세의 많은 부분을 설명하는 것으로 나타났다.

Dorn and Sousa-Poza(2005)는 자발적 및 비자발적 조기퇴직에 대한 국가간 비교 분석을 수행했다. 이에 따르면 관대한 조기퇴직 규정이 조기퇴직을 보다 매력적인 것으로 만들었을 뿐만 아니라 기업들이 근로자의 조기퇴직을 조장하게 되는 유인도 제공했다. 특히 침체기에 근로자를 해고하려는 상황에서 EPL을 회피하기 위해 조기퇴직제도를 이용하려는 유인을 제공한 것이다.

의무 퇴직연령 철폐의 효과에 관한 연구도 연령 관련 정책이 전체 노동시장 성과에 미치는 효과를 이해하는 데 도움이 된다. 미국에서는 연령차별을 없앤다는 취지에서 의무퇴직(mandatory retirement), 즉 정년제가 폐지되어 왔는데, 1967년에는 65세 이전의 정년이, 1978년에는 70세 이전의 정년이, 그리고 1986년에는 모든 정년이 철폐되었다. Adams(2004)는 의무퇴직 금지가 중노년층의 채용 확률에는 영향을 주지 않았지만, 퇴직은 감소하였고 그래서 근로자-기업 관계가 연장되었다는 것을 확인했다. Neumark and Stock(1999)는 의무퇴직 철폐 이후에 연령-임금 추이가 완만해지는 대신 더 가파르게 되었음을 보여주는데, 장기적 근로자-기업 관계가 강화되었음을 의미한다. 또 의무퇴직 철폐가 중노년층의 고용률을 7%포인트까지 증가시켰다는 것도 확인되었다. Von Wachter(2002)도 미국의 의무퇴직 철폐의 노동시장 효과를 분석했다. 그에 따르면, 의무퇴직이 적용되는 근로자는 65세에 퇴직하는 빈도가 매우 높았음에 비해서, 적용 외 근로자의 경우에는 65세 퇴직 빈도가 훨씬 낮았다. 두 집단 간의 차이는 의무퇴직이 끝난 이후에는 점차 사라졌다. 65세 이상의 노동력은 의무퇴직 철폐로 인해서 10~20% 증가한 것으로 추정되었다.

Ashenfelter and Card(2002)는 미국에서 대학교수에 대한 의무퇴직 철폐가 노년층 교수의 노동시장 참여도(attachment)를 현저히 증가시켰음을 확인했다(자세한 내용은 Box 6.4 참조). 하지만 Banks and Smith(2006)는 영국에서 의무퇴직 철폐의 고용효과는 작은 편이라는 결론을 내렸다. 의무 퇴직연령이 아니라 조기퇴직제도가 고용률의 결정요인으로 더 중요하기 때문이라는 것이다. 이에 따르면 영국에서는 퇴직의 1.5%만이 65세 이전의 의무퇴직 때문인 것으로 보인다.

Box 6.4

미국의 의무 퇴직연령 폐지

1986년 미국에서 대학교수는 의무 퇴직제의 일괄적 폐지로부터 면제받은 몇 안 되는 직종에 속했다. 고등교육기관(postsecondary institutions)은 70세 정년퇴직 시행에 대해 한시적으로 면제되었는데, 1994년 1월 1일 이 면제제도는 종료되었다. Orley Ashenfelter and David Card는 1980년대 중반에 50세 이상이었던 정규 교수들을 이후 10~11년간 추적한 자료를 사용해서 의무퇴직제 폐지가 교수의 퇴직에 어떠한 영향을 끼쳤는지를 분석하였다. 해당 자료는 DC 연금을 제공하는 대학들의 교수를 대상으로 한 것이다. 분석 결과를 이용해서, 다음의 확률값이 추정되었다.

지표	의무 퇴직		차분
	예	아니오	
70세까지 일할 확률(%)			
60세부터	26.1	25.4	0.7
65세부터	39.2	38.6	0.6
70세 근무 시의 고용 상태(%)			
70세 퇴직	76.6	29.6	47.0
71세에도 근무	23.4	70.4	−47.0
72세에도 근무	8.4	51.6	−43.2
73세에도 근무	6.3	39.4	−33.1

의무퇴직제의 폐지는 70세 이하 교수의 퇴직율에는 효과가 없는 것으로 나타났다. 하지만 70대까지도 일하는 교수의 비중은 상당한 정도로 증가했다. 의무퇴직제가 존재할 때에는 70세 교수 중에서 72세에도 여전히 일을 하는 비율이 10% 미만이었다. 의무퇴직제가 폐지된 이후에는 그 비율이 약 50% 수준으로 증가한 것이다. 저자는 연봉이 높거나 연금자산이 적은 교수는 연령에 관계없이 퇴직할 가능성이 낮다는 사실도 확인했다.

출처: Ashenfelter and Card(2002).

6.3.2 연령과 생산성

노화는 여러 가지 이유로 생산성에 영향을 준다. 한편으로 나이든 근로자(older workers)는 평균적 근로자에 비해 신뢰성이 높고 숙련도도 높은 것으로 생각된다. 다른 한편으로 나이든 근로자는 의료비용이 높고 새 과업의 수용에서 유연성이 낮으며 훈련에의 적합성도 낮을 수 있다(Barth et al. 1993). 연령 자체가 노동생산성에 어떤 영향을 주는지는 확인하기 어려운데, 생산성은 매우 개인적이며 부문 특유적이라는 점 외에도 연령, 집단 및 선택효과의 상호작용 때문이기도 하다. 연령 자체로는 개인의 성과를 예측하기 어렵다. 경우에 따라 크게 다르겠지만, 나이든 근로자는 일반적으로 보다 일관성 있고, 신중하며, 느리고, 양심적인 것으로 여겨진다. 나아가서 나이든 근로자는 사고가 적으며 퇴사할 확률이 낮아서 채용비용을 절감시킨다.

연령-생산성 관계는 노동시장 제도에 외생적인 것이 아니다. 과거에는 노동시장 제도가 조기퇴직을 조장하는 방향으로 조정되어 왔다. 인적자본을 최신으로 유지하기 위한 투자가 없다면 개인의 생산성은 퇴보하게 된다. 따라서 나이든 근로자의 생산성 하락은 자기충족적 예언의 성격이 있다. 근로자가 조기퇴직을 예상하고 있다면 생산성 하락을 방지하기 위한 훈련에 대한 투자에 미온적일 것이다. 고용주가 근로자의 조기퇴직을 예상하고 있다면 생산성 유지를 위해 투자할 유인이 없을 것이다. 현재의 중노년 세대는 조기퇴직 가능성을 예상하고 인적자본 투자에 소극적이었을 수도 있다. 그렇다면 연령과 생산성 간의 오목한(concave) 관계는 의무퇴직 때문에 생긴 것이며, (생산성 하락이 퇴직을 유발하는) 반대의 경우가 아닐지도 모른다.

Johnson(1993)에 따르면, 대다수 고용주는(아마도 근로자 역시) 40~50세 이후에는 평균 노동생산성이 하락한다는 경험칙을 믿고 있는 것처럼 보인다. 이 가정은 매우 보편적이어서 이를 뒷받침할 증거를 찾는 노력은 거의 없었다. 뻔한 것을 증명할 필요가 있겠는가? 그렇지만 성과의 차이는 다른 연령 집단 간에서보다 같은 연령 집단 내에서 더 큰 것이 보통이다. 대개의 연구는 장기추적(longitudinal) 분석이 아니라 횡단면적 비교에 따른 것이다. Warr(1998)은 연령과 생산성의 관계에 관한 다양한 연구에 대해 광범위한 개관을 제시하였다. 이에 따르면, 나이든 근로자가 젊은이에 비해 일을 못한다고 믿을 만한 이유는 없다. 전반적으로 연장자와 연소자 간에 직무 성과에서 뚜렷한 차이는 없다는 것이다.

Avolio et al.(1990)에서는 개인 특성, 능력, 직무, 근로 성과 등에 관한 개별적 정보가 담긴 미국의 자료를 이용해서, 연령보다 직무경험의 기간이 근로성과를 더 잘 예측하며, 복잡한 직무의 경우에 특히 그렇다는 것을 확인했다. Hellerstein et al.(1999)은 미국의 근로자-기업 연결 자료를 이용해서 임금, 생산성 및 근로자 특성의 관계를 분석했는데, 주연령층 및 나이든 근로자의 경우에 생산성과 소득은 생애주기에 걸쳐 같은 정도로 증가한다는 것을 확인했으며, 이런 사실은 일반적 인적자본 모형처럼 임금이 생산성에 따라 증가한다는 모형의 예측과 거의 합치한다는 결론을 내렸다. Crepon et al.(2003)은 이와 유사한 방식으로 프랑스의 근로자-기업 연결 자료를 사용한 분석에서 반대의 결과를 얻었는데, 나이든 근로자의 보수가 상대적으로 과도하다는 것이다. 연령에 따른 임금 추이는 오목한 형태를 보이며, 생산성은 일정한 경험(연령) 수준을 지나면 더 이상 증가하지 않고 감소하는 것으로 나타났다. 이들의 결론은, 35세 이후에서는 임금 상승이 인적자본 축적을 반영하지 않는다는 것이다.[2] Ilmakunnas and Maliranta(2005)는 핀란드 기업 자료를 이용해서 임금과 생산성 관계를 조사했다. 임금-생산성 격차는 연령에 따라 증가하는 것으로 나타났고, 임금 결정에 강하게 작용하는 연공(seniority) 효과 때문인 것으로 보았다. Dygalo and Abowd(2005)는 프랑스 자료를 사용해서 고용기간에 걸쳐 경험-소득 및 경험-생산성 추이를 비교했다. 여기서도 고용기간 중에 소득은 생산성이 하락하는 단계에서도 증가하는 것으로 나타났는데, 근로자는 상승하는 소득 추이를 선호하며 기업도 이런 선호에 호응하기 때문인 것으로 보았다. 하지만 Aubert(2003)는 역시 프랑스의 근로자-기업 연결 자료를 사용해서, 나이든 근로자가 젊은 근로자보다 생산성이 낮다는 뚜렷한 증거가 없다는 결론을 내렸다. 생산성은 연령에 따라 증가하며 오목한 추이를 보이는 것으로 나타났다. 제조, 건설, 유통 부문의 경우, 생산성 증가는 40세 이후에 둔화되고 50세 이후에는 0에 가깝지만 감소하지는 않았다. 서비스 부문에서도 생산성 증가가 40세 근처에서 둔화되기는 하지만 이후에도 유지되었다. Dostie(2006)는 캐나다 자료를 이용한 분석에서, 임금과 생산성 추이가 모두 오목한 형태이지만, 55세 이후에는 생산성이 임금보다 더 빨리 하락한다는 결과를 얻었다.[3]

연령과 생산성 간에 객관적인 관계를 확립하기는 어렵겠지만, 고용주가 나이든 근로자의 생산성에 대해 강한 의견을 가진다는 점은 여전해 보인다. Remery et al.(2003)은

2) 저자들은 프랑스의 조기퇴직 정책이 이런 증거와 합치하는 것이며, 나이든 노동자의 빈약한 노동시장 성과를 고려한다면 의무 퇴직연령을 높이는 것은 문제가 될 수 있다고 결론짓고 있음에 유의하자. 이들은 근로자와 기업의 연결이 장기적으로 지속되는 경우에는 연령-생산성 추이가 변화할 수 있다는 가능성을 고려하지는 않았다.

3) Dostie는 근로자의 구분은 연령, 성별, 교육수준만으로 가능하다는 점을 지적한다. 가령 관리직과 생산직의 차이는 구분할 수 없었다는 것이다.

네덜란드에서 연령 문제에 대한 고용주의 의견을 보고하고 있다. 이에 따르면, 사내에 나이든 근로자의 비율이 높을수록 고용주의 견해는 부정적이 된다(임금은 높고 생산성은 낮다는 것). 인원이 부족한 상황이라 해도 나이든 근로자의 채용은 고려하지 않겠다는 고용주가 약 40%였다.

6.4 정책 이슈

6.4.1 의무 퇴직연령은 높아져야 하는가?

의무퇴직의 존재에 대한 이론적 동기는 Lazear(1979)가 제시한 바 있다. 그에 따르면, 연령-소득 추이는 우상향 형태인데, 그것이 근로자의 태만(shirking)을 억제할 것이기 때문이다. 근로자와 기업은 장기적 관계에 들어가며, 여기서 근로자는 처음에는 (생산성보다) 적은 보수를 받지만 나중에 더 많은 보수를 받는다. 이러한 이연보상 계약에 따라 근로자는 해고당하지 않고 장기간(높은) 임금을 향유하기 위해서 태만하지 않으려고 할 것이다. 그렇지만 한편으로, 이런 계약에서는 기업이 근로기간(고용계약기간) 전반에 걸쳐 평균적으로 한계생산가치보다 더 많은 임금을 지불하게 되는 상황을 피하려면 의무퇴직이 필요하게 된다. Lazear의 이론에 의하면 근로자와 기업은 장기적 관계를 맺기를 원한다. 임금은 경력에 따라 상승하며, 생산성은 일정 연령 이후부터 하락하기(또는 일정하기) 때문에 소득 증가가 생산성 하락(또는 불변)과 병행하게 된다.

위의 논의가 의미하는 바는, 임금을 생산성의 대리변수로 사용하는 것은 특히 나이든 근로자의 경우에 잘못될 수 있다는 것이다. 연령-임금 추이로부터 연령의 생산성 효과를 추정하려는 경우에 또 하나 복잡한 요소는 현재의 생산성-연령 관계는 적어도 부분적으로는 고용 변화의 선택적 과정(selective attrition from employment)에 의해서 결정된다는 것이다. 생산성이 최저인 근로자는 먼저 퇴직할 가능성이 클 것이다. 이런 점이 무시되면, 선택효과 때문에 연령의 생산성 하락 효과가 과소 추정(downward bias)될 가능성도 있다. Von Wachter(2002)는 미국에서 의무퇴직 법제의 변화가 나이든 근로자의 근속기간이나 임금 추이에 영향을 주지 않았음을 확인했다. 이 사실로부터 의무퇴직이 기업과 근로자 간의 장기적 관계를 끝내는 유일한 수단이 아니라는 결론을 내렸다. 종합하자면, 의무 퇴직연령을 높이거나 혹은 아예 철폐하면 안 된다고 할 만한 이유가 없어 보인다. 하지만 의무 퇴직연령의 증가가 나이든 노동자의 노동력 참여율을 높이는 데 필요한 것도 충분한 것도 아니라는 점에도 유의해야 한다. 필요조건이 아니라는 것은, 나이든 노동자의 노동시장 참여를 막는 다른 장벽도 있기 때문이다. 충분조건이 아니라는 것은, 공식적인 퇴직 외에도 근로자가 노동력에서 퇴장하게 되는 다른 경로도 있기 때문이다.

6.4.2 조기퇴직 제도는 점차 사라져야 하는가?

조기퇴직을 줄이기 위한 연금 관련 정책이 기본적으로 3가지 있는데(OECD 2006c), 조기퇴직 급여의 관대성을 줄이는 것, 퇴직을 연기하는 데 대한 보상을 개선시키는 것, 그리고 최소 퇴직연령을 늦추는 것이다. OECD 국가 중 모두는 아니지만 대다수가 이런 가능성을 이용해서 연금제도를 개선해 왔다. 이런 개혁조치의 효과를 평가한 연구에 따르면, 사람은 유인에 반응한다는 것이다. 따라서 퇴직연령의 상승은 법정 조기퇴직 연령을 늦추는 것뿐 아니라 조기퇴직자에 대한 연금 급여를 줄임으로써도 달성될 수 있다. 예를 들어 Hanel(2010)에 따르면, 1997년 독일의 연금개혁은 온전한 연금을 받기 전의 연금 신청에 대해서 급여를 0.3% 포인트 감축했는데, 이를 통해 퇴직연령이 상당히 늦추어졌다고 한다.

또한 연금 외에도, 예컨대 장기질병, 장애, 또는 실업과 같은 대안적 퇴장 경로에 따른 조기퇴직 유인이 있을 수 있다. 이런 제도들은 퇴직으로 가는 통로 혹은 연착륙 방식을 제공하는데, 잉여인력의 사회적 비용을 완충하려는 취지로 널리 사용되어 왔다. 예를 들어, 벨기에에서는 55~59세의 근로자는 실업보험을 통해서 3가지 방식으로 노동력에서 퇴장할 수 있다: 첫째, 비교적 낮은 실업급여를 받을 수도 있고, 둘째, 실업급여와 함께 정부 동의하에 고용주로부터 추가 보상을 받는 조기퇴직 방식으로 퇴장할 수도 있으며, 셋째, 실업을 수용하면서 고용주로부터 봉급과 실업급여의 차이의 일부를 보충하는 부가금을 받을 수도 있다(Pestieau 2003). 여기서도 OECD 국가들은 예를 들어 장애급여 신청 심사를 강화하는 등, 이런 유인을 줄일 수 있는 다양한 정책을 시행했거나 하는 중이다.

끝으로 일부 국가는 파트타임 연금을 통해서 퇴직에의 신축적인 통로를 장려하기도 한다. 퇴직 시점은 부분적으로 근로자가 결정할 수 있겠지만 특히 일자리가 없어진 후의 노동시장 참여 기회는 주로 고용주가 결정하게 된다. OECD 국가들은 대규모 정보제공 활동을 포함해서 고용주의 행동에 영향을 주는 다양한 정책을 사용하고 있다. 많은 나라가 미국의 예를 따라, 연령차별을 금지하는 법제를 도입했다. 이 법제가 일종의 EPL로 기능한다면 효과는 불확실하다. 나이든 근로자를 해고하는 비용이 상승하면 해고는 줄겠지만 채용도 줄게 되어 순효과는 예측하기 어렵다. 나이든 근로자의 해고 비용을 높이는 정책은 조기퇴직 연령의 상향 조정을 수반하는 경우에 효과가 있을 것으로 보인다(Box 6.5). 나이든 근로자의 고용을 촉진하기 위한 정부 정책의 또 다른 방향은 비용을 생산성에 맞추는 것이다. 많은 나라에서 나이든 근로자의 채용 또는 유지를 위해서 임금보조(wage subsidy) 제도를 도입했다. 이런 제도에 관련되는 중요한 문제는 후생손실과 (창출하는 것이 아니라 단순히 대신한다는 의미의) 대체효과이다(12장). 이러한 연령 관련 임금보조는 해당 근로자에게 추가적인 낙인효과(stigmatization)를 초래할 수도 있다.

Box 6.5 해고비용이 고령 근로자의 고용에 미치는 효과

조기퇴직 결정은 노동공급 결정뿐만 아니라 고령 근로자에 영향을 미치는 노동수요 감축과도 관련이 있다. Mario Schnalzenberger and Rudolf Winter-Ebmer는 오스트리아에서 1996년에 도입되고 2000년에 강화된 조세의 효과를 분석하였는데, 50세 이상 근로자를 해고하는 기업에 부담을 지우는 내용이었다. 과세의 취지는 고령근로자의 실업률을 줄이고 이들이 조기퇴직을 위한 값비싼 연착륙 방식으로 대량유입 되는 것을 막겠다는 것이었다.

구체적으로 1996년의 과세는 임금에 비례적이며 근속기간 및 퇴직까지 남은 기간에 따라 증가하는 것으로, 최대 월급여의 170%까지 갈 수 있었다. 2000년부터는 조기퇴직 연령이 약 18개월까지 증가됨에 따라 세금 규모가 급격히 늘어났는데, 최고세율이 남자의 경우에 약 1/3 높아졌으며, 여자의 경우는 2배가 되었다.

이들은 사회보장 기록을 추적하면서 조세의 해고율에 대한 효과를 분석하였다. 규제가 적용되는 연령 경계선 직전과 직후의 연령대를 선택해서, 50~52.5세 노동자를 처치집단으로, 47.5~50세 노동자를 통제집단으로 정의하였다. 다음 표는 1996년과 2000년의 처치집단과 통제집단에서의 해고율에 대한 결과를 보여주면서 대략적인 이중차분 분석도 제시하고 있다.

연령대	해고율			
	남		여	
	2000	1996	2000	1996
50~52.5	0.86	0.83	1.59	1.34
47.5~50	0.85	1.27	1.27	1.14
차분	0.02	−0.44	0.32	0.20
이중차분	−0.46		−0.12	

결과적으로, 2000년의 법개정이 고령 노동자의 해고율을 상당 부분 줄인 것으로 나타난다. 그러나 저자들도 강조했던 것처럼, 두 관측 시점 간의 긴 간격 때문에 1996년과 2000년의 제도 변화 각각에 대해서 해고 직전 및 직후 4분기의 해고율을 검토하는 것이 바람직할 것이다. 이런 분석에 따르면, 1996년의 변화는 해고율에 대한 유의한 효과가 없었지만, 2000년 변화는 조기퇴직 연령을 연장하고 세수를 늘리면서 고령자 해고율을 줄인 것으로 나타난다. 고령 근로자들이 자발적으로 기업을 떠나도록 압력을 가하기 위한 괴롭힘(mobbing)이나 뇌물 제공(bribing)의 증거는 없었던 것으로 보인다. 그러나 근속기간이 짧고 과세가 적용되지 않는 젊은 근로자를 고령 근로자가 대체한 부분은 있는 것으로 보이는데, 젊은 근로자의 해고율은 2000년 개정 이후 증가하였다.

출처: Schnalzenberger and Winter-Ebmer(2009).

많은 나라에서 조기퇴직 정책은 단기적인 정책조치로 도입되었는데, 정부가 노동공급의 감축을 통해 실업문제에 대처하고자 한 것이다. 경제 상황이 변화함에 따라 이런 정책은 갈수록 시대착오적인 것으로 보인다(Walker 1998). 조기퇴직은 실업을 줄이기보다는 특히 퇴직연령에 가까운 노동자에 대한 일자리 부족을 심화시킨다. Hairault et al.(2010)은 조기퇴직이 퇴직에 가까운 사람의 탐색활동에 부정적인 영향을 줌으로써 이들의 고용률을 낮춘다는 것을 확인했다. 더 큰 문제는, 조기퇴직 제도가 나이든 근로자의 잠재적 생산성에 대한 고용주의 인식에 영향을 주었을 수도 있다는 점이다. 많은 근로자들이 표준 퇴직연령보다 훨씬 전에 노동력을 떠난다면, 남아있는 사람들도 너무 늙은 것으로 인식될 수 있다. 그래서 나이든 근로자는 확실한 경험적 근거도 없이 인식의 악순환에 빠져버리게 된다. 종합하자면, 조기퇴직 제도를 철폐하지 말아야 할 이유는 찾기 어렵다.

6.5 다른 제도들과의 상호작용

앞에서 논의했듯이, 조기퇴직 제도는 EPL과 분명한 관계가 있다(10장). 조기퇴직은 기업이 비교적 긴 경력의 근로자를 해고하는 비용을 줄여주는데, 이 비용은 납세자에게로 외부화(externalizing)된다. 그래서 엄격한 EPL이 있는 나라에서 고용주는 일반적으로 조기퇴직 제도를 지지한다. UBs(11장)도 역시 조기퇴직과 보완관계에 있는데, 나이든 근로자는 UBs를 조기퇴직 직전 단계의 제도로 활용하기도 한다. 나이든 근로자가 일자리를 잃고 실업상태가 되면 새 일자리를 찾기가 어렵다.

조기퇴직 제도는 또한 교육정책과도 밀접한 관계를 가진다(8장). 근로기간이 길수록 인적자본 투자의 매력이 커지는데, 수익을 향유할 기간이 길어지기 때문이다. 한편 조기퇴직이 젊은 근로자의 부담으로 나이든 근로자에게 지불하는 방식인 데 비해, 무상의 공교육은 나이든 세대로부터 젊은 세대로의 이전지출이 된다. 조기퇴직이 교육에 대한 공적 지출과 음의 상관관계를 가지는 데에는 분명한 경제적, 정치적 이유가 있다. 이런 상호작용은 8장에서 더 상세히 다룬다.

6.6 조기퇴직 제도는 왜 존재하는가?

의무 퇴직의 철폐에 대한 중요한 반론은 그것이 젊은이의 실업을 초래할 수 있다는 것이다. 과거에 일부 국가들에서 조기퇴직 제도는 청년 실업을 줄이는 목적으로 도입되었다. 이러한 이론적 및 경험적 입장은, 늙은이로부터 젊은이에게로 비용 없이 재분배될 수 있는 노동총량이 주어져 있다는 잘못된 가정에 근거하고 있다. Boldrin et al.(1999)은 청년실업과 퇴직연령 간에 양의 상관관계가 없다는 것을 보여주는데, 즉 나이든 근로자의 조기퇴직이 청년 실업의 감소를 가져오지 않는다는 것이다. 이와 유사하게, [그림 6.4]는 국가간 비교 차원에서 중노년(55~64세) 근로자의 고용률과 청년(20~29세) 근로자의 실업률 간에는 오히려 음(−)의 상관관계가 있음을 보여준다.

조기퇴직 제도를 지지하는 또 다른 주장은 나이든 근로자는 건강문제가 있어서 노동시장에서 활동하기 어렵다는 것이다. 이것 역시 잘못인 것으로 보인다. 과거 수십년간 기대수명은 현저히 증가했을 뿐 아니라 노인 건강도 크게 향상되었다. 고용주는 조기퇴직을 지지할 수도 있는데, 나이든 고비용의 근로자를 치워버리기가 쉬워지기 때문이다.

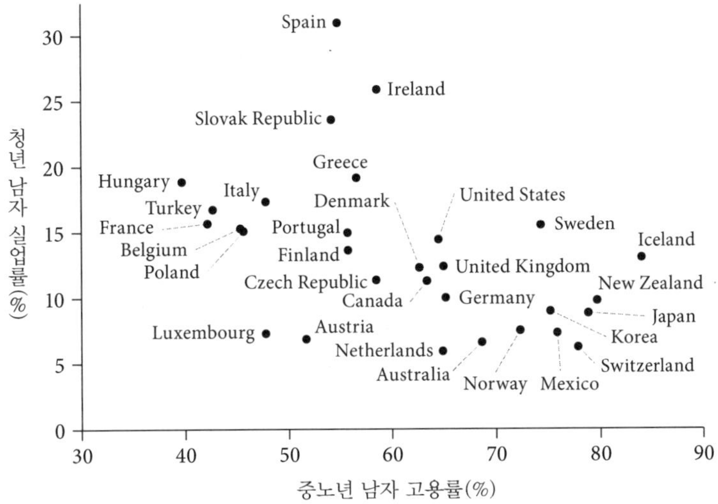

그림 6.4 중노년(55~64세) 남자 고용률과 청년(20~29세) 남자 실업률

출처: OECD Labor Force Statistics.

고용주는 특히 엄격한 EPL이 있는 경우에 조기퇴직을 지지할 것이다. 노조도 조기퇴직을 지지할 수 있는데, 그것이 애초에 협상을 통해서 얻어낸 혜택이기 때문이다. 이런 정책실패의 대가를 지불하는 것은, 수명은 길어지는데도 빨리빨리 퇴직하는 사람의 연금 재원을 부담해야 하는 젊은 근로자이며, 또 사회보장 재원의 결손을 메워 나가야 하는 일반 납세자이다.

6.7 심화학습 안내

퇴직계획과 그에 따른 노동공급 효과에 대한 문헌은 상당수 존재한다. 퇴직 유인의 국제적 차이에 대한 개관은 Gruber and Wise(1999)에서 확인할 수 있다. 인구고령화와 관련된 제도적 특징은 'Live Longer, Work Longer'라는 제목의 고령화와 고용정책에 관한 OECD(2006c)에서 검토되었다. 앞서 논의된 주된 정책이슈는 어떻게 고령 근로자의 노동시장 참여를 확대시킬 것인가이다. Garibaldi et al.(2008)의 책 '*Ageing, Health and Productivity: The Economics of Increased Life Expectancy*'과 "고령 노동력"에 관한 *De Economist*의 2011년 특별판은 연령, 건강, 생산성 간의 관계에 대한 유익한 정보를 제공한다. 마지막으로 Gruber and Wise(2010)의 National Bureau of Economc Research(NBER) 책 역시 청년고용에 대한 조기퇴직 정책의 부정적 효과를 논의하고 있다.

복습 질문 및 연습문제

1. DB 연금체제와 DC 연금체제의 차이는 무엇인가?
2. 일반적으로 DB 체제보다 DC 체제에서 퇴직이 점진적으로 이루어지는 이유는 무었인가?
3. NDC 체제의 주요 특징은 무엇인가?
4. 연금 기여금은 조세와 얼마나 다른가?
5. 조기퇴직이 청년실업을 줄이는 좋은 수단이 되지 못하는 이유는 무엇인가?
6. 임금이 근속에 따라 증가하는 이유는 무엇이며, 그것이 퇴직제도에 어떤 영향을 미치는가?
7. 표준 퇴직연령의 증가는 고용주와 노동자의 행태에 어떤 영향을 미치는가?
8. 때때로 나이와 생산성의 관계는 생애주기에 걸친 임금 변화를 통해 연구하기도 한다. 이 전략이 바람직하지 않은 이유는 무엇인가?
9. 고령 근로자를 고용하고 있는 기업은 많지만 고령 노동자를 채용하는 기업은 거의 없는 이유를 설명하시오.
10. 일의 '선택 가치'(option value) 이론의 핵심 내용은 무엇인가?
11. 조는 60세까지 일을 했다. 현재 그가 가진 옵션은 두 가지다. 첫 번째는 5년을 더 일하면서 연간 40,000유로를 벌고 65세에 은퇴하는 것으로 이후 15년 동안 연간 10,000유로의 연금을 받을 수 있다. 두 번째 옵션은 지금 당장 은퇴를 하고 향후 20년 동안 X유로의 연간 연금을 받는 것이다. 오늘 받을 유로의 가치를 내년 받을 금액의 1.05유로라고 가정하자.
    (a) 두 옵션의 순현재가치에서 노동자가 동일한 총소득을 얻기 위해서 X의 값은 무엇이어야 하나?
    (b) 동일한 연금자산을 얻기 위해서 X의 값은 무엇이어야 하나?
    (c) 65세까지 근무할 때 정부가 무료 의료보험을 제공한다고 가정하자. 일을 할 수 없는 65세 이하의 사람은 연 5,000유로로 이 건강보험을 살 수 있다. 만약 조가 60세에 은퇴하는 것을 65세에 은퇴하는 것에 비해 200,000유로의 가치를 둘 때, 조가 60세에 은퇴할 때 X의 값은 얼마인가?

12. 현재 65세의 노동자가 85세까지 생존한다고 가정하자. 그녀의 현재 그리고 미래의 임금은 연간 25,000유로이다. 그녀는 지금 당장 은퇴하거나 혹은 70세까지 은퇴를 미룰 수 있다. 그녀가 만약 지금 당장 은퇴한다면, 그녀는 연간 10,000유로의 연금을 받을 수 있다. 그리고 그녀가 66세까지 은퇴를 미룬다면, 더 많은 연금을 받을 수 있는데, 예컨대 연간 12,000유로를 받을 수 있다고 하다. 67세에 은퇴한다면 그녀는 14,000유로를 받고, 68세에는 16,000유로, 69세에는 18,000유로, 그리고 (어떤 경우라도 퇴직하는) 70세에는 연간 20,000유로의 연금을 받게 된다. 퇴직이후 연금은 유일한 소득원이고 효용함수는 $U=R^{\alpha}Y^{1-\alpha}$로 주어졌다고 가정하자. 여기서 R은 총 퇴직년이고, Y는 그녀의 (남아있는) 생애소득의 현재가치이며, $0<\alpha<1$이다. 논의를 단순화하기 위해 시장 할인요소는 1이라고 가정한다.

(a) R이 다른 값을 가질 때 이 사람의 소득과 연금자산의 현재가치를 표로 나타내시오.

(b) 여가(은퇴) 소득의 상충관계를 나타내되, 가로축에 은퇴 연령을 두시오.

(c) α가 얼마일 때 65세에 은퇴를 결정하는가? 70세에 은퇴할 경우에 α는 얼마인가?

(d) $\alpha=0.9$라고 가정하자. 노동자로 하여금 70세까지 은퇴를 보류하게 하는 연금증가율(한 개인이 은퇴를 1년 지연한다면 발생하는 연간 연금액의 증가액)은 무엇인가?

13. (고급) 1996년 이탈리아와 스웨덴 양국은 NDC 연금제도를 도입했다. 하지만 두 제도 간에는 중요한 설계상의 차이가 있다. 스웨덴에서는 소위 변환계수가 이탈리아에 비해 높았다. 그러므로 이탈리아의 연금은 임금 성장과 독립적으로 실질가치에서 동일했다. 이에 반해 스웨덴에서 연금은 임금성장이 특정 수준(현재 이 값은 1.6%) 이하로 떨어질 때 인플레이션에 충분히 연동되지 않았다.

(a) 당신의 관점에서 연금제도의 설계상의 차이 이면에 있는 논거는 무엇인가?

(b) 각국의 은퇴 유도연령이 함의하는 바는 무엇인가?

(c) 이들 국가는 경기변동에 대응하여 GDP 대비 연금지출에 어떠한 영향을 끼쳤나?

제 7 장

가족정책

인구고령화에 대처하기 위해서, 많은 나라가 단기적으로 여성의 노동력 참여율 증대라는 과제와 장기적으로 출산율 증대라는 과제에 직면하고 있다. 가족정책의 목적은 부모의 근로활동을 육아 의무와 조화시키는 것이다. 가족정책에는 두 가지 주요 유형이 있는데, 부모 휴가와 육아(보육) 보조이다.

부모휴가(parental leave) 제도는 일하는 엄마에게 출산에서 회복하고 아기와 유대를 갖는 기간을 제공하는 것뿐 아니라 육아와 함께 노동시장 참여를 지속하기 쉽게 만드는 것이다. 실제로 휴가기간은 부모에게 일자리 보호하에 (특히 학령 이전 아동의) 육아를 위한 시간을 가질 권리를 부여한다. 대다수 나라에서 부모의 휴가기간 임금도 일부 또는 전부 보전된다.

육아보조(subsidized childcare)는 육아와 근로 간의 시간배분에 관한 엄마의 선택에 영향을 주는 것으로서 가구의 다른 구성원의 노동공급 결정에도 영향을 미친다. 보육의 이용가능성(availability)과 품질을 높이고 비용을 낮추어 육아 비용을 줄이는 사회정책은 노동공급뿐 아니라 아이를 가질 것인지에 대한 결정에도 영향을 준다. 이런 선택은 공식적(formal) 육아의 가능성과 가족 지원을 포함하는 비공식적(informal) 육아의 가능성 모두의 영향을 받는다.

가족정책은 나라마다 현저한 차이가 있다. 어떤 경우에는 정부가 부모휴가를 보조함으로써 부모의 보육활동을 강력히 지원한다. 다른 경우에는(예컨대 미국) 정부가 주로 시장 기반의 해결책에 의존하는데, 일자리는 보호되지만 보조는 없는 의무적 부모휴가가 단기로 주어지며, 고용주가 자발적으로 단축 근로의 기회를 제공하고 보육서비스는 시장을 통해 제공된다(Gornick and Meyers 2003). 가족휴가 정책은 적어도 두 가지 추가적 차원에서도 나라마다 다른데, 출산모에게 주어지는 휴가의 관대성 정도와 남자의 육아 참여를 장려하는 정책 설계의 정도에서 차이가 있다. 나아가서 영유아교육 및 보육은 모성 전담 육아에의 대안을 제공함으로써 여성 고용을 강화할 수 있으며, 고품질의 유아교육 및 보육은 아동 복지도 증대시킬 수 있다. 근로와 가족 의무의 조화는, 주간 정규 근로시간을 40시간 이내로 제한하고, 연간 최소 휴가일수를 보장하며, 또 파트타임 고용 확대를 장려해서, 부모에게 육아를 위한 여유를 줄 수 있는 근로시간 규제를 통해서 이루어진다.

이 장은 근로와 가정생활의 조화를 위한 정책을 분류하는데, 보육보조(childcare facilities)와 부모 휴가에 초점을 둔다. 또 노동공급, 여가, 육아에 대한 부모 의사결정의 상호작용과 이런 결정이 선호와 노동시장 조건(임금과 일자리 기회)뿐 아니라 가족정책에 의해서도 어떻게 영향을 받는지를 살펴보는 분석틀을 제공한다.

7.1 국제 비교

보육보조와 부모휴가에 관한 국제적인 정보가 〈표 7.1〉에 제시되어 있다. 보육 지출에서 국가 간에 큰 차이가 있는데, 북구 제국은 대략 GDP의 1% 정도를 보육에 지출하는데 비해, 오스트리아, 캐나다, 폴란드 및 스위스 등의 지출은 1/3 이하 수준이다. 3세 미만 아동에 대한 공식 보육제도의 적용범위에서도 차이는 상당한 편이다. 체코와 슬로바키아 같은 나라에서는 적용 받는 아동이 5% 미만인데 비해, 덴마크, 아이슬란드, 네덜란드 및 노르웨이 등에서는 50% 이상 아동이 공식 보육 대상이다. 적용범위에서의 이런 국가간 차이가 반드시 공급 측면, 즉 보육시설의 비용과 이용가능성의 차이를 나타내는 것은 아니다. 운영 시간도 국가간에 상당히 달라서 엄마가 풀타임 일과 가족의무를 조화시키기 어려운 경우도 있다. 예를 들어 스페인에서는 유아 보육시설이 하루에 5시간 운영되며, 덴마크에서의 10.5시간과 비교된다(De Henau et al. 2007). 적용범위의 차이는 수요측면의 차이를 나타내는 것일 수도 있다. 어떤 나라에서는 보육이 실제로 할머니와 친척에 의해 비공식적으로 이루어진다. 예를 들어 이탈리아의 경우, 비공식 보육의 이용가능성(그리고 0~2세 아동을 보육소에 맡기는 엄마에 대한 사회적 낙인)이 공식 보육의 이용도가 낮은 주된 이유인데, 주당 이용시간이 30시간 이상인 경우에 특히 그러하다(Boeri et al. 2005). 네덜란드 같은 나라에서는 양질의 파트타임 일의 기회가 많은 점이 여성이 근로와 모성을 조화시키기 쉽게 만들며 따라서 보육 수요도 줄어든다. 3세에서 의무 정규학령까지의 아동에 대해서는 공식 보육제도 이용도가 훨씬 높다. 이 연령대에서의 보육 이용은 많은 유럽 국가들에서 100%에 근접하는 수준인데, 가장 낮은 그리스에서는 여전히 50%에 가깝다. 터키만이 공식 보육 이동도가 현저히 낮다.

〈표 7.1〉은 부모휴가에서도 국가 간에 차이가 크다는 점을 보여주는데, 기간의 한도와 기초(의무) 기간 중에 지불되는 급여의 수준 모두에서 차이가 크다. 스페인, 포르투갈 및 일부 동유럽 국가들에서는 총(의무 및 선택) 부모휴가 기간이 약 3년까지 연장되는 반면, 미국과 같은 다른 경우에는 급여가 주어지는 모성(maternity) 휴가는 없으며 일자리가 보호되는 휴가는 12주만 제공된다. EU의 고용주는 1992년 EU 지침에 따라서 모성휴가를 미국보다 많은 14주 이상 제공할 의무를 가진다. 미국(및 최근까지의 호주)의 예에서 분명해지듯이, 모성휴가에는 해당 기간에 상실된 소득에 대한 공적 이전이 반드시 수반되지는 않는다. 모성휴가 급여가 있는 나라에서도, 아일랜드와 영국처럼 임금의 16~25% 수준인 경우도 있지만 100% 수준인 나라도 많다. 하지만 모든 경우

표 7.1 공식적 보육의 적용범위와 모성 휴가에 관한 요약 지표

국가	보육 지출 (GDP 대비, %)	공식 보육을 받는 유아(%)		기초 모성 휴가기간 (주)	기초 모성 급여 (평균임금 대비, %)	전체 휴가기간 (기초+선택) (주)
		Age<3	Age≥3			
Australia	0.39	29	55	6	0	52
Austria	0.30	12	78	16	100	112
Belgium	0.80	48	99	15	77	15
Bulgaria	0.76	15	71	63	90	63
Canada	0.16	24	57	17	49	35
Czech Republic	0.44	2	80	28	60	164
Denmark	1.32	66	92	18	50	46
Estonia	0.26	18	89	20	100	172
Finland	0.90	29	74	18	66	157
France	1.01	42	100	16	100	159
Germany	0.39	18	93	14	100	162
Greece	0.12	16	47	43	59	43
Hungary	0.63	9	87	24	70	136
Iceland	0.85	55	96	13	80	26
Ireland	0.26	31	56	42	16	42
Israel	0.74	23	87	26	54	—
Italy	0.62	29	97	20	80	26
Japan	0.33	28	90	14	60	58
Korea	0.34	38	80	13	100	46
Latvia	0.63	16	81	19	100	52
Lithuania	0.60	14	65	21	100	104
Luxembourg	0.36	39	86	16	100	26
Malta	0.60	7	94	13	46	13
Mexico	0.60	6	83	12	100	12
Netherlands	0.72	56	67	16	100	26
New Zealand	0.75	38	94	14	71	38
Norway	0.96	51	94	9	80	91
Poland	0.28	8	47	18	100	156
Portugal	0.36	47	79	17	100	17
Romania	0.76	14	73	21	75	21
Slovak Republic	0.38	3	74	28	55	156
Slovenia	0.47	34	78	15	100	37
Spain	0.45	37	99	16	100	162
Sweden	1.09	47	91	9	80	51
Switzerland	0.23	—	47	14	80	14
Turkey	—	—	24	16	70	26
United Kingdom	1.09	41	93	52	25	52
United States	0.38	31	56	12	0	12

출처: OECD Family Database 2011.

주: 보육 적용범위 관련 정보(앞 3열)는 2007~2008년; 모성휴가 관련 정보(뒤 3열)는 2008년.

에 일자리 보호는, 유급이든 무급이든, 의무적이든 선택적이든, 상관없이 전체 휴가기간 동안 주어진다. 더구나 여성은 출산 직후 대신에 아동이 나이가 들 때까지 휴가를 연기하는 선택권을 가질 수도 있다. 〈표 7.1〉에 보고된 내용에 더해서, 양질의 일자리 매치와 직무 특유적 인적자본을 유지하기 위해서 고용주가 자발적으로 유급 또는 무급 모성휴가를 제공할 수도 있다.

양성평등이 부모휴가 정책을 통해서 추구되는 경우도 있다. 예를 들어 스웨덴 같은 나라에서는 전체 부모휴가의 1/3까지를 아빠가 이용할 수 있게 하고 있다. 핀란드에서는 아빠가 이용하는 경우에 총 유급 부모휴가를 2개월까지 연장할 수 있다. 2010 EU 지침에 따르면, 고용주는 남녀 공히 모든 근로자에게 출산 또는 입양에 따른 부모휴가를 최소 4개월 제공할 의무를 진다. 이 모든 것은 가족의무를 배우자 간에 보다 평등하게 분담하도록 조장함으로써, 고용주가 인식하는 노동비용에서의 양성 비대칭을 줄이고, 모성이 숙련 퇴보와 승진 및 훈련 기회의 상실로 이어지는 상황을 피하기 위해서이다.

전반적으로 모든 나라가 부모의 보육을 가능하게 하는 유급휴가와 부모 외의 보육을 지원하는 보조정책을 통해서 일정한 유형의 육아지원을 제공하고 있지만, 이 두 가지 지원을 조합하는 방식에서, 그리고 보육 및 부모휴가 제도의 구체적인 설계 내용에서는 국가 간에 차이가 있다. 독일과 같은 일부 나라에서는 유급 부모휴가를 강조하는 한편 부모 외 보육에 대한 지원은 거의 제공하지 않음으로써 엄마가 스스로 자녀를 보육하도록 권장한다(Gregg and Waldfogel 2005). 미국은 부모휴가 지원은 거의 없이 보육지원을 강화함으로써 엄마가 근로와 유아 보육을 결합시키도록 조장하려고 한다. 다른 (스칸디나비아) 나라들은 부모 및 부모 외 보육을 모두 지원함으로써 보육 관련 선택을 부모에게 맡긴다.

7.2 이론

7.2.1 육아 보조

육아 보조가 여성의 노동공급에 미치는 효과는 단순한 정태적 효용극대화 모형으로 분석할 수 있다. 엄마는 소비로부터, 그리고 자녀와 함께함으로부터 효용을 얻는다. 달리 말해서, 엄마가 자녀를 보살피는 경우, 정상재인 여가활동처럼 효용이 증가하는 것으로 가정한다. 보육에는 고정비용이 수반된다(가령, 실제 이용 여부와는 무관하게 유아원 진입비용을 일정 수준 부담해야 한다). 이러한 소득효과는 노동참여 및 근로시간에 비대칭적인 효과를 가진다. 비용과 비노동소득에 따라서, 어떤 엄마는 계속 일하면서 소득 손실을 보상하기 위해 근로시간을 늘리게 되는 한편, 다른 엄마는 고용을 떠남으로써 진입비용을 피할 것이다. 이러한 고정비용을 줄여주는 보육보조는 분명히 반대 방향으로 작용해서 더 많은 여성이 (보다 적은 근로시간으로) 일을 계속하도록 유도할 것이다. 보육에는 변동비용도 있는데, 엄마가 일하는 매 시간은 육아시간의 희생을 수반하며 따라서 공식 보육의 제공이 필요해진다.[1] 이것은 여성의 순임금을 감소시켜서 근로시간이라는 내포적 차원에서 노동공급에 부정적인 대체효과를 초래한다. 이 경우에 육아보조는 근로시간을 증가시킬 것이다. 이런 효과가 [그림 7.1]에 예시되어 있다.

[그림 7.1]은 자녀 및 보육보조 제도의 존재가 여성의 개인적 노동공급 행태에 어떻게 작용하는지를 예시한다. 먼저 자녀가 없는 여성이 시장(노동)시간과 비시장시간(정상재라고 가정) 간에 배분해서 효용을 극대화하는 상황을 상정한다. 1장에서 제시된 노동－여가 선택 모형에서처럼, 이 사람은 효용극대화 시간 배분(가령 A점)을 선택해서 h_A시간 일할 것이다. 이제 자녀가 생겼다고 가정하면, 근로시간과는 무관하게 부담하는 고정비용 $F_{c_{\text{low}}}$만이 수반된다. 이것은 일해서 얻을 수 있는 소비 수준의 집합을 분명히 감소시킬 것이다. 예산선은 아래로 이동하지만, 근로시간 0인 지점에서는 E점이 되는데, 일하지 않는다면 육아비용을 지불하지 않기 때문이다. 두 가지 경우가 있다. 고정비용이 너무 크지 않다면, 이 사람은 출산 후에도 여전히 일하면서 시장근로와 소비의 새로운 조합을 선택할 것이다([그림 7.1] (a)의 B점). 출산 전보다 근로시간이 늘어났으며, 그것은 육아비용 지불로 인한 소득 손실을 보상하기 위한 것임에 유의하자. 그렇지만 만일 육아비용이 [그림 7.1] (b)에서 $F_{c_{\text{high}}}$처럼 너무 크다면, 이 사람은 전혀 일하지 않는 쪽을 선호할 것이다. 주어진 상황에서 도달할 수 있는 가장 높은 무차별곡선은 근로시간 0의 경우인 E점과 만날 때이다. 따라서 고정비용이 있는 경우의 보육보조는 여성의 노동시장 참여에 긍정적인 효과를 갖겠지만 근로시간에는 부정적으로 작용할 가능성이 크다.

하지만 실제로 육아에는 고정비용뿐 아니라 변동비용도 수반되는데, 시장근로는 매 시간 시장에서 보육서비스를 구매하는 비용을 전제로 한다. 편의상 육아비용에는 변동비용 c_c만 있다고(즉 고정비용은 없다고) 가정하자. [그림 7.1] (c)가 이런 상황을 나타낸다. 변동육아비용은 엄마의 순임금을 감소시키므로, 예산선의 기울기가 작아진다. 새

1) (가령 다른 가족구성원에 의한) 비공식 보육은 편의상 배제하기로 한다.

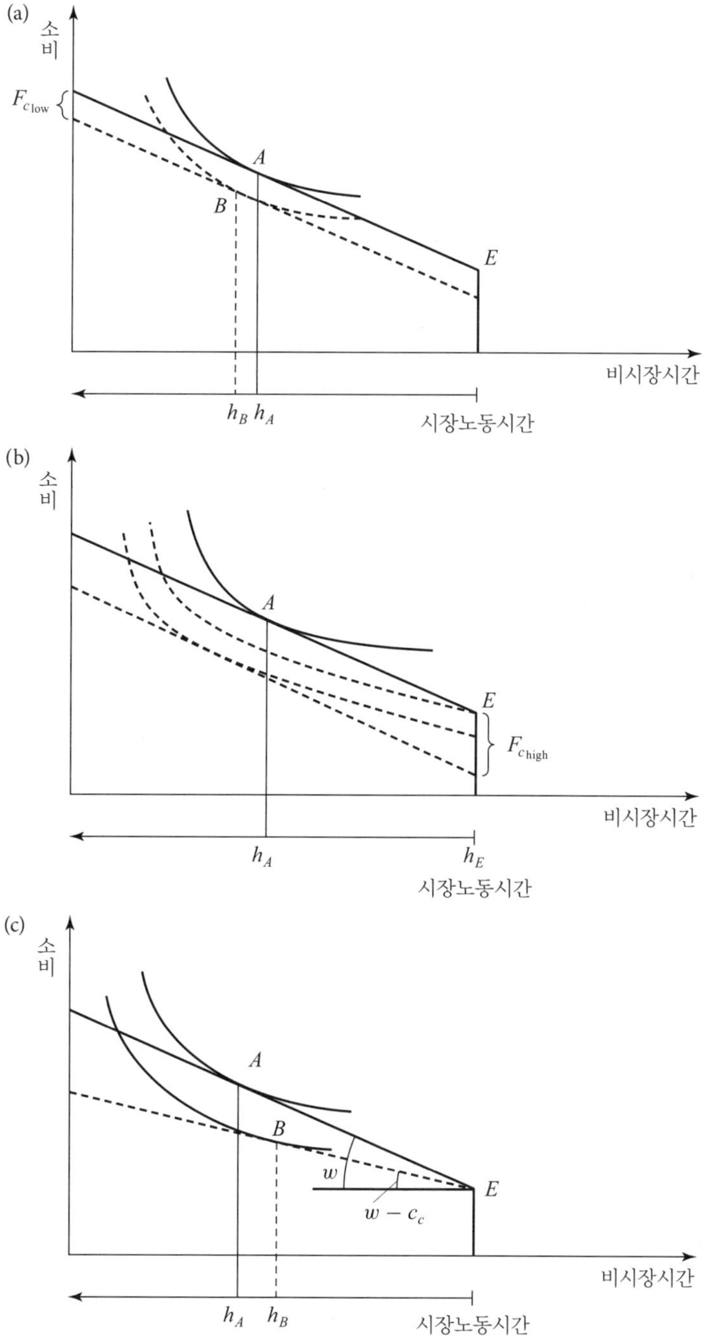

그림 7.1 여성의 노동공급: (a,b) 육아의 고정비용, (c) 육아의 변동비용

로운 최적은 B점인데, 근로시간은 h_A에서 h_B로 줄었다. 달리 말해서, 육아비용 때문에 순임금이 감소해서(시장근로의 기회비용이 증가해서), 시장에서 노동공급을 줄이게 한 것이다.[2] 따라서 고정비용 대신 변동비용에 작용하는 보육보조는 일하는 여성의 수를 늘릴 뿐 아니라, 대체효과가 소득효과보다 크다면, 근로시간도 늘리게 될 것이다.

이상의 논의는 일하는 여성에게만 주어지는 보육보조를 가정하고 있다. 무조건적으로, 즉 (일부 국가에서 제공되는 아동수당의 경우처럼) 엄마가 일하는지 여부와 무관하게 제공되는 아동급여는 소득증대 효과만 수반하게 되어, 전체(E점 포함) 예산제약선을 위로 이동시켜서 여성의 노동공급을 확실하게 감소시키게 될 것이다.

7.2.2 의무 부모휴가

부모휴가는 일반적으로 의무적 모성휴가의 확장으로 이루어지는데, 모성휴가는 고용주가 여성 근로자에게 출산에서 회복할 수 있게 제한된 기간의 휴가를 허용하는 것이다. 부모휴가 제도는 부모 모두에게 영유아 보육을 위해 추가적인 휴가를 허용하는 것이다. 기본적으로 부모휴가는 육아보조의 형태를 띠며, 외부서비스가 아니라 스스로 보육하는 부모에게 보조가 제공되는 것이다. 고용 조건부의 보육보조처럼, 의무 부모휴가는 여성의 노동공급을 외연적으로 증가시키지만 근로시간은 감소시킬 수 있다.

부모휴가가 작동하는 방식은 표준적인 노동-여가 선택모형을 약간 확장함으로써 나타낼 수 있다. 지금까지는 노동과 여가(즉 시장 대 비시장 활동)에 대한 부모의 선호가 자녀 출산과 무관하다고 가정했다. 하지만 출산이 엄마의 선호를 변화시켜서 적어도 일시적으로 시장근로의 기회비용을 높인다고 가정하자. 이럴 경우, [그림 7.2]에서처럼 여성의 유보임금이 증가하게 된다. 출산 후 첫 주에 유보임금 w^r는 기존 직장에서의 임금 w_0보다 높아질 수 있다. 하지만 자녀가 나이듦에 따라 유보임금은 하락하게 되는데, 엄마가 자녀와 지내는 시간의 가치는 어릴 때일수록 크기 때문이다.[3] 그래서 자녀가 일정한 나이가 되면(가령 a_1) 엄마는 유보임금이 시장임금보다 낮아져서 원래 일자리로 복귀하고 싶어질 것이다. 부모휴가가 충분히 길다면 엄마는 휴가를 a_1까지 갖고 나서 직장에 복귀할 것이다. 대신에 부모휴가가 충분히 길지 않거나 아예 없다면 엄마는 원래 일자리를 떠날 것이다. 모성휴가 직후에 얻는 새 일자리는 보수가 대체로 이전 일자

---

2) 1장에서 분석한 임금 하락의 경우처럼 이 경우에도 소득효과와 대체효과는 반대 방향으로 작용할 것이다. [그림 7.1] (c)의 경우에는 (근로시간을 줄이는) 대체효과가 (노동공급을 늘리는) 소득효과를 압도하고 있다.

3) Lalive et al.(2011)은 가정생산의 가치가 자녀 연령이 높아짐에 따라 감소한다는 직접적 증거를 제시한다.

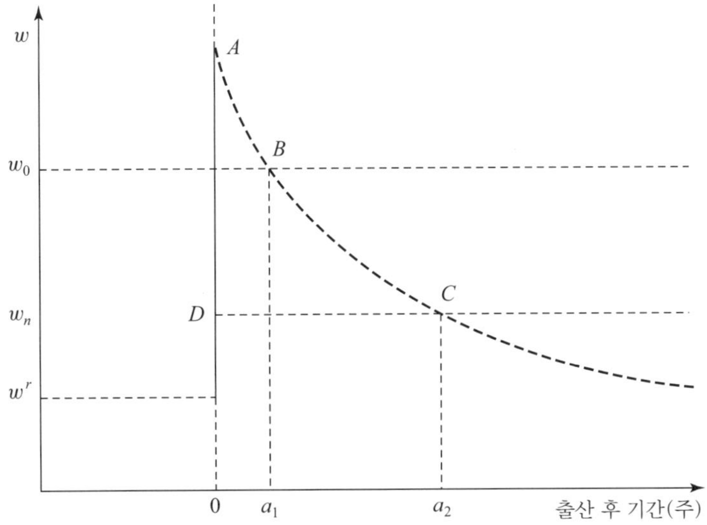

그림 7.2 부모휴가와 출산 후 근로의 수익

리보다 낮다. 새 직장의 보수가 [그림 7.2]에서처럼 $w_n < w_0$ 수준이라고 가정하자. 그러면 여성의 일자리 복귀는 의무적 부모휴가가 없을 경우에 더 늦어질 것이다. 좀 역설적이지만, 부모휴가가 있을 때보다 없을 때 엄마가 일하지 않는 기간이 길어지는 것이다. 이렇게 길어진 비노동 기간이 여성의 경력 발전을 방해하고 숙련의 퇴보를 초래할 수도 있다(Ronsen and Sundstrom 2002). 고용주가 법적 의무는 없는 상황에서도 대체로 부모휴가를 제공하는 이유이기도 하다. 하지만 고용주가 제공하는 휴가는 자녀와의 시간에 강한 선호를 갖는 엄마의 경우에는 너무 짧은 것일 수 있다. 정부 개입이 휴가를 연장함으로써 이런 여성의 인적자본 손실을 방지할 수 있다. 사실 정부는 개별 고용주와는 다른 상충관계에 직면한다. 부모휴가의 사적 편익(private benefits)은 일반적으로 사회적 편익(social benefits)보다 작다. 부모휴가가 부족해서 생기는 인적자본의 손실은 해당 기업보다 정부 입장에서 더 중요하다.

이상의 논의는, 엄마가 '현장시장'(spot market)에서처럼 아침마다 시장임금을 자신의 유보임금과 비교하는 것으로 가정하고 있다(Blau and Ehrenberg 1997). 하지만 여성은 실제로 아이를 갖기 훨씬 전 어느 단계에서 부모휴가의 선택을 고려하게 될 가능성이 크다. 이로 인해 추가적인 노동공급 증가가 이루어질 수 있는데, 여성이 일자리를 수용할 때 출산 후 더 높은 효용 증가가 있을 것을 예상하는 만큼 의무적 부모휴가가 일자리의 가치를 높이게 된다. 따라서 여성의 노동공급을 근로시간 대신 인원수로 측정한다면, 의무적 부모휴가는 노동공급을 증가시키게 된다.

위의 모형은 가족정책이 여성의 노동공급을 증가시키는데 별 효과가 없을 수 있음을 이해하는 데도 도움이 된다. 부모들은 흔히 외부의 보육제공자보다 친척(가령 자기 부모)을 더 신뢰하는데, 자녀가 매우 어릴 때는 특히 그러하다. 공식 보육뿐 아니라 비공식 보육도 보조를 받게 된다면, 출산 후 여성이 일을 재개하도록 만드는 데 적은 이전지출로도 충분할 수 있다. 가격이 낮은 보육 유형이 부모가 가장 선호하는 것이 아닌 경우에는, 보육보조에 따라 근로의 시간가치가 증가하더라도 여성의 유보임금 상승에 의해 부분적으로 상쇄될 수 있다.

부모휴가는 여자뿐 아니라 남자가 가질 수도 있다. 하지만 남자보다는 여자 근로자가 휴가를 원할 가능성이 훨씬 더 크다. 의무적 부모휴가는 고용주에게 비용 부담이 되는 만큼, 여성 노동에 대한 수요에 부정적인 효과를 가질 가능성이 크다(Ruhm 1998). 의무적인 또는 유인이 제공되는 '부성'(paternity) 휴가를 도입하는 나라가 점점 많아지고 있는 것도 의무적 부모휴가가 여성의 고용과 임금에 미치는 부정적 효과를 피하기 위한 것이다. 이런 제도의 목적은 고용주가 인식하는 남녀 노동비용의 비대칭성을 줄임으로써 채용정책에서의 남성 선호를 피하려는 것이다.

7.2.3 출산율 효과

지금까지는 자녀수는 여건으로 두고 가족정책이 여성의 노동공급에 미치는 효과를 검토했다. 하지만 모성 정책은 출산계획과 가족의 자녀수에도 영향을 준다. 실제로 이런 정책은 출산 장려를 명시적 목표로 해서 도입되는 경우도 많은데, 근년에 세계 전반의 출산율이 저하된 이후에는 더욱 그러하다. 노동시장 제도가 출산율에 미치는 효과는 이 책의 범위를 넘어서는 것이지만, 가족정책이 출산계획에 어떤 영향을 주는지를 검토하는 것은 필요할 것이며, 출산율 자체가 노동공급에 중요한 영향을 주기 때문이다.

출산율은 가족의 소득과 자녀의 '가격'에 영향을 받는 경향이 있다. 다른 조건이 같다면, 자녀수는 가족 소득에 따라 증가한다. 이런 관계는 맬서스(Thomas Malthus)의 비관적 견해를 대표하는 것으로 경제학이 "암울한 과학"(the dismal science)으로 불리는 결과를 가져왔다.[4] 하지만 소득효과는 이야기의 일부일 뿐이다. 원하는 자녀수는 비용

4) 인구 증가가 식량공급 증가율을 앞지르게 되면 기아가 초래된다고 예측했던 맬서스의 저작에 대한 반응으로, 토머스 카알라일(Carlyle)이 경제학에 "암울한 과학"이라는 별명을 붙였다고들 한다. 하지만 다른 주장에 따르면, "암울한 과학"이라는 표현은 1849년 카알라일의 소책자, "흑인 문제에 대한 시론"에서 처음 나왔다고 하는데, 여기서 그는 서인도제도의 노동시장을 규제하는 수단으로

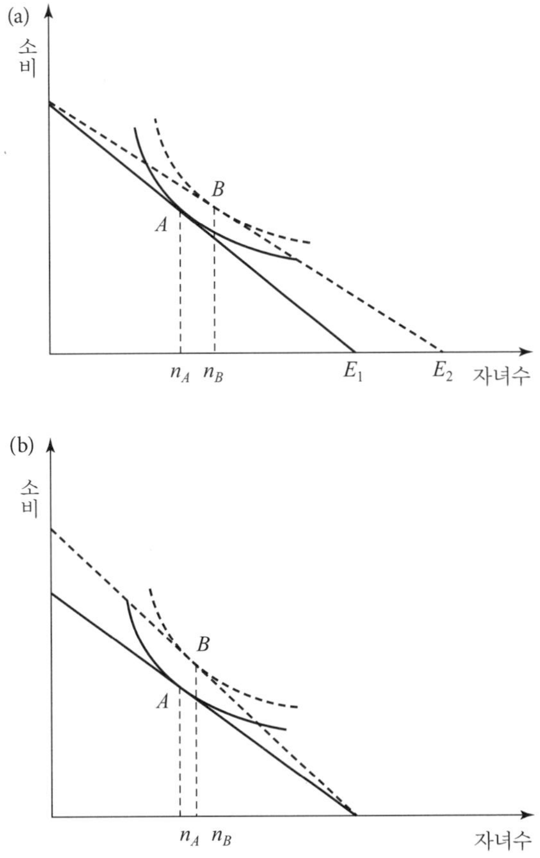

그림 7.3 출산율과 가족정책: (a) 부모휴가 및 보육보조와 출산율, (b) 여성의 소득능력 향상과 출산율

에 따라서도 달라진다. 육아를 주로 담당하는 부모의 임금 상승은 자녀를 더 비싼 존재로 만들 것이며, 따라서 여성 고용과 출산율 간에는 음의 관계가 형성된다.

여성의 소득과 가족정책이 출산율 결정에 미치는 이러한 효과는 단순모형으로 그려서 예시될 수 있는데, [그림 7.3]에서처럼 자녀수 n에 대한 가족의 선택은 소비와 출산율의 상충관계(trade-off)에서 정의된다. 부모는 자녀로부터 효용을 얻는다. 하지만 자녀는 가족 구성원 1인당 소득을 감소시키는데, 직접적인 비용 부담 때문에 혹은 간접적

서 노예제의 재도입을 주장했었다. 노예제는 경제학자들이 지지하는 수요-공급의 시장기능에 비해서 사실상 도덕적으로 우월하다는 것인데, 그의 견해에 따르면, 노예 해방으로 노동시장이 자유화됨에 따라서 실제로 이전 노예들의 삶이 도덕적 및 경제적으로 타락하게 되었다는 것이다.

으로 부모의 근로시간을 줄이기 때문에 그러하다. 따라서 자녀수가 많아지면 가족 각자의 소비가능성은 감소하는데, 그림에서 예산제약선으로 나타나 있다. 자녀와 소비에 대한 선호 여하(무차별곡선의 기울기) 및 상충관계의 기울기에 따라서 부모는 자녀수를 늘리거나 줄이기로 결정할 것이다. 자녀를 전혀 갖지 않기로 결정할 수도 있다. 가족정책으로 인해 육아와 근로소득의 조화가 가능해진다면, 소비와 출산율의 상충관계가 개선되어서 보다 평탄한 형태를 갖게 될(즉, 소비에 변화가 없이도 더 많은 자녀를 가질 수 있게 될) 것이다. 이것은 출산율 증가로 이어지는데, 그림에서 A점에서 B점으로 의사결정이 이동하는 것이다. 이 경우에 정책의 효과에는 불확실성이 없는데, 소득효과(예산제약의 바깥쪽으로의 이동)와 대체효과(예산제약의 기울기 감소)가 같은 방향으로 작용하기 때문이다. 하지만 여성의 소득능력 향상은 출산율에 대해 양(+)의 소득효과와 음(−)의 대체효과를 수반하는데, [그림 7.3] (b)에 나타나 있다. 이 효과는 여성의 출산율과 고용의 관계를 국제적으로 비교한 경험적 증거를 평가하는 데 중요하다.

가족정책이 출산율에 미치는 효과가 이런 제도의 구체적인 설계 내용과 이런 제도를 앞으로도 유지하겠다는 정부 입장의 신뢰도에 따라 달라진다는 것은 분명하다. 사실 자녀를 갖겠다는 결정은 투자결정과 유사한데 그 결정의 편익이 장기적으로만 실현되기 때문이다. 자녀 출산 이후 제한된 기간 내에 새 자녀를 갖는 경우에는 부모휴가를 연장할 수 있게 함으로써 출산 결정을 예상하는 데 목표를 두는 정책도 있다.

7.3 경험적 증거

전후 OECD 노동시장을 특징짓는 전형적 사실이 있다면 그것은 노동력의 여성화(womenization)이다. 성별 고용격차, 즉 남녀 간 고용률 차이는 아직 어디서도 소멸되지 않고 있는데, 다만 일부(특히 북유럽) 국가들에서는 격차가 거의 사라지고 있다. 여성 고용률이 남성의 경우에 비해 현저히 낮은 나라도 많다. 이런 차이는 일과 가족 돌보기에 대한 선호와 관련이 있지만 또한 가족정책이나 노동시장 차별에도 영향을 받는다(4장).

가족정책이 여성 고용과 가족의무를 조화시키는 역할에 관한 지표는 각국의 출산율과 여성 고용률 사이의 상관관계를 분석함으로써 얻을 수 있다. 지난 몇십 년 간 놀라운 현상은 이런 국가간 상관관계에서의 변화이다(Boeri et al. 2005). 1980년대까지 이 상관관계는 음의 관계로, 시장근로와 육아 간의 시간적 상충관계를 시사하는 것이었다. 1980년대 후반부터는 양의 상관관계가 나타났는데, 여성 고용률이 높은 나라가 출산율도 높다는 것이다. 이런 변화는 보다 관대한 부모휴가, 보육활동의 확대, 유연시간제 및 파트타임 고용 기회의 확대 등과 관련되는 것으로 보인다.

실제로 [그림 7.4]에서 보듯이, 합계 출산율과 주연령층 여성 고용률 간에는 양의 상관관계가 나타난다. 관대한 보육서비스 제공과 모성 휴가가 마련되어 있는 북유럽 국가에서는 높은 출산율과 높은 여성 고용률이 병행한다. 이런 장치가 상대적으로 빈약한 남부유럽 국가에서는 낮은 출산율과 낮은 여성 고용률이 병행한다. 양의 상관관계가 나타나는 것이 어느 정도는 이탈리아, 그리스, 스페인 및 한국 때문이라고 할 수 있겠는데, 이들 나라는 모두 낮은 여성 고용률과 낮은 출산율의 조합을 보여준다. 그렇지만 이들 나라를 제외하더라도 여전히 약한 양의 상관관계가 나타난다. 양의 상관관계가 나타날 수 있는 다른 가능성은 여성 고용률이 높으면 그만큼 사회정책을 위한 세원이 더 클 것이므로 더 관대한 가족정책을 시행할 여유가 있다는 것이다. 상당한 보육보조와 부모휴가 정책을 가진 나라에서 높은 고용률과 출산율이 공조하는 상황에 대한 또 다른 해석은 일하는 엄마들을 지원하는 데 우호적인 사회적 관습이 정책과 노동시장 성과에

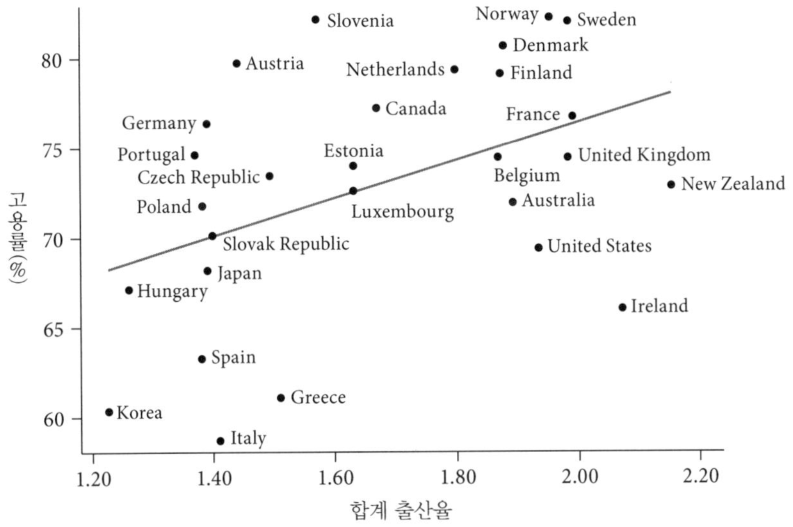

그림 7.4 합계 출산율과 주연령층 여성 고용률, 2010

출처: OECD (2012b).

주: 합계 출산율은 여성이 가임기간 끝까지 생존하면서 연령별 출산율에 상응해서 임신을 한다고 가정할 때 태어나게 될 자녀수의 평균.

표 7.2 여성 고용률과 자녀의 존재

국가	여성 고용률, 파트타임 및 풀타임(%)							여성 고용률, 파트타임(%)				
	자녀수				전체	배우자 유무		자녀수				전체
	0	1	2	3+		무	유	0	1	2	3+	
Australia	68.4	55.3	—	43.2[a]	66.8	63.0	60	40.8	54.1	—	63.1[a]	41.8
Austria	82.8	81.8	76.3	59.9	79.7	80.2	76.2	30.3	54.7	65.8	66.6	45.4
Belgium	74.1	76.1	78.6	62.1	74.4	63.7	78.4	32.9	40.2	49.5	54.1	41.3
Bulgaria	75.5	76.1	70.1	34.8	73.6	—	—	1.6	—	—	—	1.6
Canada	76.5	74.9	—	68.2[a]	74.0	73.2	64.9	17.0	22.9	—	30.7[a]	21.4
Denmark	79.8	85.2	84.3	88.1	83.0	—	—	24.4	23.0	24.7	26.6	24.3
Finland	82.2	79.2	81.0	67.5	79.6	73.7	77.1	10.3	11.5	11.9	18.1	11.7
France	80.0	78.5	78.4	58.2	76.7	73.2	76.1	20.9	26.7	36.9	47.5	29.0
Germany	82.9	74.7	69.1	50.1	76.3	68.6	69.3	31.8	59.5	74.3	78.3	47.6
Greece	63.0	59.8	60.9	52.1	61.1	71.5	59.8	8.6	9.1	10.1	13.3	9.3
Hungary	75.3	66.0	65.5	39.4	67.1	71.1	59.7	5.0	6.5	6.9	15.3	6.4
Iceland	89.1	89.3	—	80.8[a]	87.4	—	—	—	—	—	—	28.4
Ireland	77.5	66.7	60.4	47.6	65.7	48.9	61.3	15.5	34.5	43.2	51.4	30.5
Italy	63.2	58.8	54.3	40.4	58.7	74.1	56.5	22.6	32.7	37.1	40.2	29.4
Japan	—	—	—	—	62.7	—	85	—	—	—	—	8.7
Luxembourg	77.5	74.5	70.5	57.9	72.4	88.7	68.0	18.2	37.2	54.1	57.8	36.1
Netherlands	81.4	78.4	81.6	69.7	79.5	69.3	79.7	55.3	82.4	89.2	91.1	74.0
New Zealand	80.7	66.9	—	58.9[a]	70.6	—	—	20.6	37.6	—	50.8[a]	32.4
Poland	74.3	73.2	70.4	62.4	71.7	71.6	71.2	6.8	7.7	8.9	14.0	8.3
Portugal	74.4	76.2	74.7	62.5	74.6	77.5	76.6	11.6	8.6	7.6	11.3	9.6
Slovak Republic	76.4	68.8	68.5	51.1	70.1	77.0	65.8	4.5	3.9	4.0	7.9	4.4
Spain	67.6	63.3	60.1	47.8	63.2	72.1	60.4	17.1	24.2	29.7	30.2	22.9
Sweden	81.2	80.9	86.8	74.5	82.0	—	—	25.4	35.6	40.5	45.0	33.7
Switzerland	84.3	75.5	—	65.5[a]	76.8	—	—	34.2	58.0	—	66.5[a]	47.1
Turkey	37.0	32.5	26.9	22.9	30.1	33.4	25.2	16.3	17.7	26.6	40.0	23.0
United Kingdom	81.7	75.4	71.1	49.2	74.3	58.8	72.2	21.5	45.4	60.1	65.6	39.0
United States	78.6	75.6	—	64.7[a]	74.1	73.0	72	10.1	15.8	—	23.6[a]	14.6

출처: OECD(2002); Eurostat(2010).

주: 25~54세 여성. 1~5열 및 8~12열은 일부는 2000년 자료, 나머지는 2010년 자료. 6,7열은 일부 2005~2007년, 나머지는 2008년 자료.

a. 자녀 둘 이상의 여성에 대한 추정치.

(동시에) 영향을 줄 수도 있다. 가족정책의 효과에 관한 인과적 추론을 위해서는 국가 간의 상관관계를 넘어설 필요가 있다.

〈표 7.2〉는 자녀의 존재 및 수에 따른 여성 고용에 관한 국가별 정보를 제공한다. 특히 자녀가 없는 경우와 자녀가 하나, 둘이거나 그보다 많을 경우에 고용률의 차이를 보여준다. 적어도 일부 국가에서는 자녀의 유무가 고용률에 강한 영향을 주는 것으로 나타난다. 많은 경우에 자녀가 없는 경우와 하나인 경우에 고용률에 거의 차이가 보이지 않는다. 자녀가 둘 이상인 경우에만 고용률이 꽤 하락한다.

〈표 7.2〉는 보육 부담에 관한 정보도 제공한다. 표에는 6세 미만 자녀를 하나 이상 둔 엄마의 고용률이 제시되어 있는데 배우자 유무에 따라 구분되어 있다. 많은 나라들에서 배우자가 없는 경우에 고용률이 더 높지만, 오히려 현저히 더 낮은 나라도 있다. 배우자 또는 동거자 유무에 따라 노동시장 지위에서 차이가 나는 것은 생계를 책임질 필요성과 육아의무를 분담할 가능성 간의 상충관계에서 기인한다. 끝으로 대다수 나라에서 여성들의 파트타임 일의 비중은 자녀수에 따라 증가하는 것으로 나타난다.

가족정책이 고용과 출산에 미치는 효과에서는 많은 미시경제학적 문헌이 있다. 부모휴가와 보육보조가 노동공급 결정에 미치는 효과는, 가족정책이 사회문화적 관습의 영향을 받기도 한다는 점을 감안하는 경우에 더 잘 확인할 수 있다. 보육이 노동시장 행동에 미치는 효과를 연구한 자연실험의 예는 Piketty(1998)에 제시되어 있다. 그는 프랑스에서 보육수당의 도입이 여성 고용률을 상당히 낮추었음을 확인했다(자세한 것은 Box 7.1 참조). Naz(2004)는 노르웨이의 경우에 유사한 형태의 자연실험을 소개하고 있다. 여기서 정부는 정부 보조 보육시설을 이용하지 않는 아동의 부모에게 현금 급여를 도입했다. 이러한 정책 변화는 보육시설 이용을 더 부담스럽게 만들었고 어린 자녀를 둔 엄마의 노동공급을 감소시켰다(자세한 것은 Box 7.2 참조).

Box 7.1 프랑스의 유아를 둔 엄마

1986년 프랑스에서는 부모(대부분 엄마)가 자녀를 양육하는 데 도움을 주기 위한 목적으로 APE(부모 교육 수당, Allocation Parentale d'Education)라는 제도가 도입되었다. 자녀가 셋 이상이며 그중 하나가 3세 이하인 경우에 엄마에게는 중위임금의 약 40%(최저임금의 60%)에 해당하는 수당이 지급되었다. 1994년에 이 보조금이 두 자녀(하나는 3세 이하) 가구로까지 확대되었다. 둘째 자녀를 출산한 엄마도, 1994년 7월 1

일 이후 출산한 경우에, 수급 자격을 갖게 되었다. 이런 요건 때문에 시간이 감에 따라 점점 더 많은 두 자녀(3세 이하 포함) 엄마들이 수급 자격을 갖게 되었다. 1997년에 이르러서는 이런 엄마들 모두가 수급 자격을 갖게 되었다. Thomas Piketty는 두 자녀 가정을 처치집단으로, 그리고 수급 자격이 전혀 없거나 1994년의 제도 변경에 관계없이 수급자격을 가진 집단을 통제집단으로 두는 자연실험을 통해서, APE 도입의 효과를 연구하였다. 각 집단에 속하는 엄마들(배우자, 55세 이하, 1994~1997 기간 유자녀)의 고용률은 표와 같이 나타났다.

자녀수	3세 이하	APE 수급자격		1994.3.	1997.3.	차분	이중차분
		1994 이전	1994 이후				
2	yes	no	yes	59	47	−12	
1	yes	no	no	62	64	+2	−14
3	yes	yes	yes	31	34	+3	−15
2	no	no	no	68	69	+1	−13

표에 따르면, 1994년에 수급 자격을 갖추게 된 엄마의 고용률은 59%에서 48%로 하락한 것으로 나타난다. 그런데 통제집단, 즉 '두 자녀 및 3세 이하 포함'의 조건을 충족하지 못해서 수급자격이 없는 경우나, '세 자녀 및 3세 이하 포함'에 따라 1994년 이전에 이미 수급자격을 갖춘 경우에는 고용률 하락이 나타나지 않았다. 애초에 수급자격이 있던 집단에서는 고용률이 1994년 31%에서 1997년 34%로 오히려 증가하였다. 이중차분법을 활용한다면, 두 자녀 엄마에 대한 APE의 확대가 이 집단의 고용률을 13~15% 포인트 하락시켰다는 결론을 내릴 수 있다.

출처: Piketty(1998).

Box 7.2

노르웨이의 보육과 근로시간

스칸디나비아 여성의 노동시장 참여율은 다른 대부분의 유럽 국가들에 비해 높다. 노르웨이에서 기혼이며 동거하는 엄마의 노동시장참여율은 막내가 3세 이하이면 75%, 3~6세이면 83%였다. 취학 전 자녀를 가진 여성의 노동시장 참여율이 높은 한 가지 이유는 높은 수준의 공공 보육 때문이다. 공공과 민간의 보육시설 비용은 정부, 지방정부 및 부모가 분담한다. 보육에 대한 부모의 지출은 지역의 규칙에 따라 다른데, 기준선

이하의 소득과 자산을 가지고 있는지 여부, 즉 수입조사에 따라(means tested) 결정된다. 1998년 노르웨이 정부는 정부보조를 받는 보육시설을 이용하지 않는 1~3세 자녀의 부모에게 현금급여 제도를 도입하였다. 제공된 금액은 보육시설에 주어지는 아동 1인당 정부 보조금과 거의 같은 수준이었다. 제한된 시간 동안만 보육시설을 이용한 부모에게는 비례적으로 낮은 현금급여를 받을 자격이 주어졌다. 현금급여라는 개혁을 도입한 주된 이유는 부모에게 자녀양육에서의 선택의 자유를 줌으로써 보육보조의 대안을 제공하기 위함이었다. 유아의 존재는 여성의 가정에서의 시간가치를 높이고, 따라서 노동시장 참여를 줄이게 된다. 현금급여 제도는 엄마의 가정에서의 시간가치를 높였는데, 그래서 부모로서는 보육시설의 상대 비용이 높아지고 시장근로의 가치는 낮아지게 되었다.

근로시간	1~3세 자녀			3~6세 자녀			이중차분
	이전	이후	차분	이전	이후	차분	
엄마	24.4	23.7	−0.7	24.5	26.5	2.0	−2.7
아빠	40.9	41.3	+0.4	40.8	40.8	0.0	+0.4
합계	65.3	65.0	−0.3	65.3	67.3	2.0	−2.3

Ghazala Naz는 부모의 노동시간에 대한 효과를 분석하기 위해서, 1~3세 자녀의 부모(처치집단)와 3~6세 자녀의 부모(통제집단)의 노동공급을 비교하였다. 제도 개정 전에는 어느 집단도 현금급여 수급 자격이 없었지만, 개정 후에는 처치집단이 자격을 갖추게 되었으나, 통제집단은 자격이 없었다. 표는 주당 평균 근로시간에 어떤 변화가 생겼는지를 보여준다. 1~3세 자녀의 엄마는 근로시간이 주당 0.7시간 줄어든 데 반해, 3~6세 자녀의 엄마는 주당 근로시간이 2.0시간 늘어나서, 현금급여가 −2.7시간의 효과를 가져온 것으로 나타났다. 다만 아빠의 노동공급은 거의 변하지 않았다.

출처: Naz(2004).

Ruhm(1998)은 1970년대부터 1990년대 초까지 기간에 9개 유럽 국가들을 대상으로 유급 부모휴가 권리의 경제적 효과에 대한 경험분석을 제시한다. 그는 부모휴가 의무화가 여성의 노동공급 곡선을 우측 이동시키는 한편 노동수요 곡선은 좌측 이동시킬 것이라고 주장한다. 휴가급여가 주로 정부 재원이라면 수요곡선 이동 효과는 작을 것이다. 따라서 여성의 고용은 늘어나고 임금은 낮아질 것이다. Ruhm의 경험분석은 유급 부모휴가 정책에서의 변화를 활용한 것이다. 결과에 따르면, 단기 유급휴가 권리가 여성의 고용률을 3~4% 증가시켰지만 임금에는 거의 영향이 없었다. 또 휴가기간의 연장도 여성 고용률을 같은 정도로 증가시켰는데, 시간임금은 3%가량 감소했다.

Tanaka(2005)는 (유급 및 무급의) 부모휴가와 아동 건강의 관계에 대해서 국가간 시계열 분석을 제시한다. 이에 따르면, 유급 휴가가 영아 사망률을 감소시켰지만, 일자리 보호가 없는 (유무급) 휴가의 경우에는 그렇지 못했다. Dustmann and Schonberg(2011)는 장기 모성휴가의 혜택을 얻은 여성의 자녀의 장기적 성과를 평가했다. 결과는 휴가 범위의 확대가 아동의 성과를 개선시킨다는 가설을 매우 약하게 지지할 뿐이었다. 교육성취도와 임금에 대한 효과는 작았으며, 대학 입학에 대한 준비 측면에서는 약하게 부정적이었다. Baker and Milligan(2010)은 캐나다에서 모성휴가 정책의 광범위한 차이를 이용해서 가족정책의 효과를 조사했는데, 출산 직후 시기의 여성의 노동시장 행동에 초점을 두었다. 이 연구의 방법론과 결과는 Box 7.3에서 자세히 다룬다.

Box 7.3 **캐나다의 모성휴가 기간과 근속기간**

부모휴가가 노동공급에 미치는 영향을 분석한 연구가 직면하게 되는 주요 문제는, 육아휴직을 선택하는 것은 엄마이며, 이런 결정이 본인 및 가족과 일자리의 특성 등에 의해 영향을 받을 것이라는 점인데, 이러한 특성은 자연실험의 맥락에서 측정하기도 통제하기도 쉽지 않기 때문이다. 바꿔 말하자면, 모성휴가에 대한 결정은 어떤 집단은 해당되고 다른 집단은 해당되지 않는 외생적 요인(exogenous treatment)으로 볼 수 없다는 것인데, 두 집단의 관측 가능한 특성들을 통제하더라도 마찬가지이다.

Michael Baker and Kevin Milligan은 캐나다 사례를 통해서, 엄마들이 출산 후 직장에서 떠나 있는 기간과 이전 직장에로 돌아올 가능성에 대한 효과를 연구해 왔다. 캐나다 자료를 활용하는 이유는, 의무적 부모휴가의 범위와 관련 개정에 있어서 주들 간에 차이가 컸기 때문이다. 모성휴가의 자격요건이 특정 직장의 선택 여부보다는 주로 시간적 및 공간적 차이에 따라 달라지며, 따라서 엄마들의 선택이 그들의 관측되지 않은 특성과 상관관계를 가질 가능성은 작았다. 두 연구자는 2가지 정책 변화를 고려했다. 첫째는 몇 개 주정부에서 도입한 상대적으로 짧은(최대 17~18주) 의무 휴가였다. 둘째는 이런 휴가가 29~70주까지로 장기간 확장된 점이다. 저자들은 규제의 유무에 따라 지역을 구분하고, 시기적으로 정책 변화의 전후를 구분하는 방식으로, 엄마가 가정에서 자녀와 보낸 시간을 비교하였다. 또한 노동을 재개하는 경우에 고용주를 바꾸었는지, 그래서 직장 특유적 인적자본을 상실했는지 여부도 살펴보았다. [그림 7.5]가 이런 접근방식의 배경이 되는데, 온타리오주와 퀘백주 각각에서 출산 1개월 전에 모성휴가를 떠난 엄마의 비중을 나타내고 있다. 두 주는 경제구조가 유사하지만, 1978년에 퀘백주에서만 (처치집단) 18주간의 의무 모성휴가가 도입되었고(그림의 수직점선이 개혁 시점을 나타냄), 관측기간 내내 온타리오주에서는 규제에 변화가 없었다. 초점은 출산 전 한 달에 맞추어지는데, 출산 전에 휴가를 주는 민간기업은 거의 없었기 때문이다. 위의 제도 개혁으로 출산 전 휴가가 허용된 것이며, 따라서 출산 전 한 달을 살펴보는 경우에 기존 민간기업의 제도에 대한 "구축효과"의 결과일 가능성은 거의 없는 것이다.

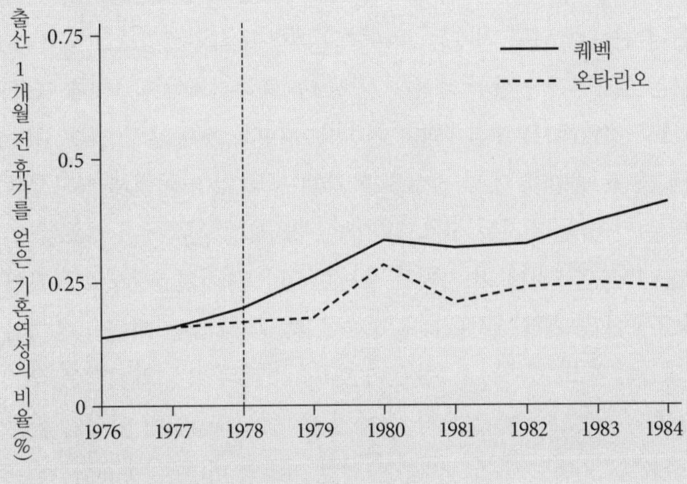

그림 7.5 고용 및 출산 전 휴가 상태의 기혼여성

출처: 노동력 조사의 패널 기반 표본.

주: 표본은 출산 1개월의 20-39세 기혼 엄마들로 구성된다. 온타리오주와 퀘백주만 대상으로 한다.

그림은 개정 이후 두 지역 간 격차가 확대되고 있음을 보여주는데, 이는 모성휴가의 도입으로 인해 휴가를 갖는 여성의 비중이 실제로 증가했음을 의미한다. 모성휴가 기간의 확장이 엄마가 가정에서 자녀와 보내는 시간을 증가시켰음도 확인되었다. 이 효과는 (29~79주 지속되는) 유럽 방식 부모휴가의 도입 이후에 더 강하게 나타난다. 중요한 것은, 휴가의 길이와 관계없이 의무적 모성휴가는 노동을 재개하는 여성이 (새 직장이 아니라) 이전 직장으로 복귀하는 확률을 높인다는 점이다. 이는 7.2.2에서 소개한 부모휴가 모형의 시사점과 합치된다.

출처: Baker and Milligan(2010).

Lalive and Zweimuller(2009)는 모성휴가가 출산율 결정에 미치는 효과를 조사했는데, 터울이 짧은 둘 이상 자녀들을 대상으로 하나의 장기휴가를 얻을 가능성이 도입된 이후 적어도 한 자녀를 더 갖는 여성의 비율에 대해 이 정책이 유의한 양의 효과가 있음을 확인했다. 접근법과 결과는 Box 7.4에 요약되어 있다.

Box 7.4 오스트리아 부모휴가의 출산율 효과

Rafael Lalive and Josef Zweimuller는 부모휴가의 기간이 첫째 자녀를 가진 직후에 둘째 자녀를 갖는 결정에 미치는 효과를 분석하였다. 이 연구는 출산율을 여성당 2.1자녀라는 대체수준까지 끌어올리기 위한 가족정책의 유효성을 평가하는 차원에서도 중요하다. 정책효과를 확인하기 위해 저자는 1990년의 개혁을 자연실험으로 활용하였는데, 여기서 중요한 점은 휴가기간 연장의 혜택을 얻으려면 충족시켜야 할 (첫째 출산과 둘째 임신의) 간격이 (15.5개월에서) 27.5개월로 길어진 것이다. 첫째 출산 이후 주어진 기간 내에 둘째를 갖게 되면, 중간에 이전 직장에 복귀할 필요 없이 연속해서 모성휴가 연장의 혜택을 얻게 되는 것이다. 저자는 오스트리아의 사회보장 기록에서 자료를 추출하였다. 정책변화 직후인 1990년 7월에 첫 자녀를 출산한 엄마를 처치집단으로, (정책변화 직전인 1990년 6월에 출산을 했기 때문에) 새 정책이 적용되지 않는 여성을 통제집단으로 사용하였다. 이 연구의 주요 결과는 [그림 7.6] (a)에 정리되었다. 세로축은 1990년 6월 혹은 7월 이후 36개월(≃27.5+임신기간) 내에 둘째 아이를 출산한 여성의 비중을 측정하였다. 첫째 출산 이후 36개월 내에 둘째를 출산한 여성의 비중은, 통제집단의 경우에 1/3이 못 되는데, 처치집단에서는 거의 36.7% 수준이다. 이처럼 정책효과는 적지 않은 것으로 평가되는데, 추가로 아이를 출산하는 비율에서는 집단 간에 거의 5% 차이가 난다. 이 연구에서는 정책의 출산율 효과가 지속적이라는 점도 확인되었는데, 3%의 여성이 정책변화 때문에 첫째 출산 후 10년 안에 또 아이를 가진 것으로 나타나기 때문이다.

저자는 이 정책이 단기 및 장기적으로 일자리 복귀의 가능성에 미치는 효과도 분석하였다. 휴가 연장 혜택을 받은 여성과 통제집단의 여성 간에, 출산 9개월 후의 고용과 소득 수준에서는 차이가 거의 없는 것으로 나타났다. 하지만 출산 후 15.5개월 내에 일자리로 복귀한 여성의 비중은 처치집단에서 더 낮았는데, 이들이 부모휴가의 연장선택권(renewal option)을 활용했기 때문이다([그림 7.6] (b) 참조). 하지만 이런 선택이 고용과 소득에 지속적인 효과를 갖지는 않는 것으로 보인다.

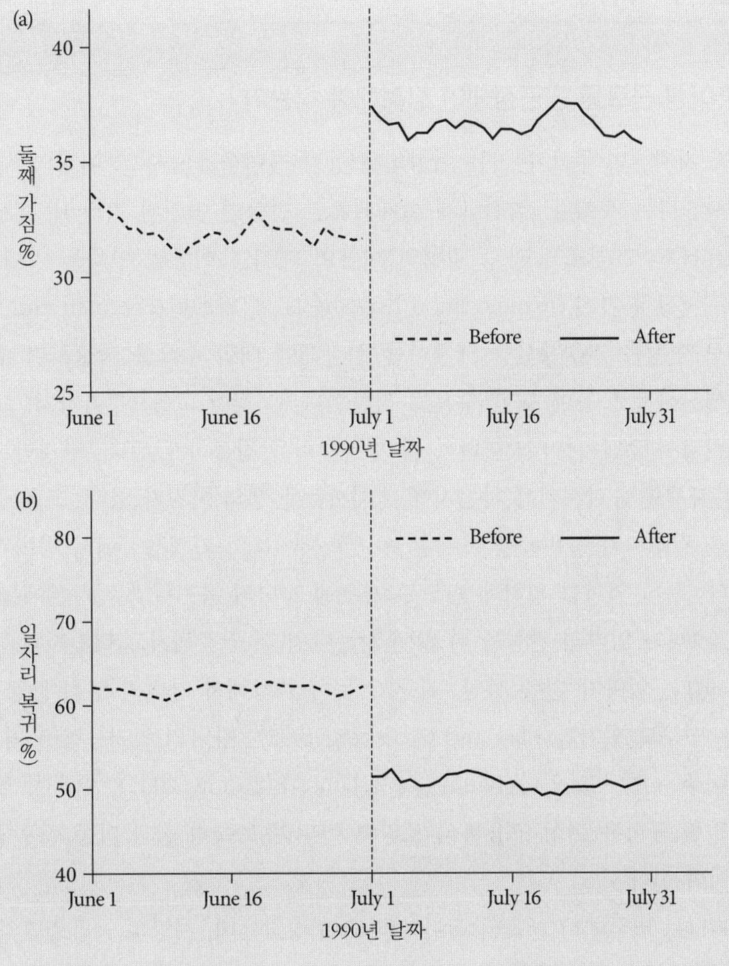

그림 7.6 연장된 부모휴가: (a) 3년 내 둘째 아이를 가지는 비율, (b) 3년 내 일자리로 복귀하는 비율

출처: Lalive and Zweimuller(2009).

7.4 정책 이슈

7.4.1 기혼여성 근로를 공공정책이 장려해야 하는가?

가족정책 지지론의 주요 논거는 여성의 노동력 참여율을 높이고 여성의 직장 내 지위를 향상시킨다는 것이다. 적절하게 설계되기만 한다면 여성의 가정 내 협상력도 개선될 수 있다(7.4.2 참조). 근로 여성의 비율이 커지면 이중의 이득을 기대할 수 있다: 이른바 '시장화 가설'(marketization hypothesis)에 따르면(Freeman and Schettkat 2005), 근로 여성은 가정생산을 대체하는 시장재에 대한 수요를 창출하며 따라서 그 대체재를 생산하는 노동에 대한 수요도 창출한다. 이것이 고용, 부가가치, 그리고 세원을 증가시켜서, 보육서비스 재원이 될 재정수입을 창출하게 된다. 하지만 공공정책이 고용 그 자체를 증가시켜야 하는지에 대해서는 논쟁의 여지가 있다. 고용 증가는 개인의 후생을 감소시키는 비용을 초래할 수 있는데, 특히 가정생산에서 잉여가 발생하는 경우이다. 특히 엄마를 일하게 만드는 경우에 자녀의 복지나 인적자본에는 해가 될 수 있는데, 자녀가 엄마의 관심을 더 많이 받는다면 더 건강해지고 비인지적 능력이 향상될 수도 있다. 엄마가 일을 하면, 가구 소득이 증가해서 자녀의 성취에 긍정적으로 작용한다는 연구도 있지만(Blau and Grossberg 1992), 자녀의 인지능력이 퇴보한다는 결과를 보여주는 연구도 있다(Baum 2003; James-Burdumy 2005). 따라서 일과 가족생활의 적절한 균형은 여성 고용률의 조장뿐 아니라 보육의 질과 아동의 후생도 고려하는 것이어야 한다.

Blau(2001)는 미국에서 보육의 질이 낮다고 주장하는데, 시장의 공급측면의 실패 때문이 아니라 질 좋은 보육에 대한 지불을 꺼리는 부모가 많기 때문이라고 한다. 미국에서 보육보조의 다수는 보육의 질에 제약을 두지도 않고, 질 높은 보육을 이용하려는 유인을 제공하지 않으며, 고용된 부모만이 보조를 받을 수 있다. Blau에 따르면 보육보조는 양친 있는 가정에서 양쪽의 고용을, 홀부모 가정에서는 홀부모의 고용을 장려하지만 사회가 이런 역할을 해야 하는 것인지는 분명치 않다. 보육보조 제도가 양친이 모두 고용된 가정의 복지를 증가시키기는 하지만 부모 한쪽이 육아를 위해 집에 머무는 가정에는 편익을 제공하지 않는다. 노르웨이 보육보조에 관한 Box 7.2에서 보듯이, 보육이 실제로 이용되는지에 상관없이 보조가 주어지는 경우에는 많은 부모가, 특히 여성은 스스로 보육하기를 원한다. 보육보조가 부모의 고용을 조건부로 제공된다면 보육 수요가 양적으로는 증가하겠지만, 반드시 질 높은 보육에 대한 수요는 아니다.

Blau(2001)는 양친 있는 중산층 가정에서 부모 양쪽의 고용을 장려할 경제적 또는 도덕적 이유가 없다고 주장한다. 홀부모 가정의 경우에는 보육보조의 이유가 있을 수도 있겠지만, 잘해야 간접적인 방법이 될 뿐이며, 잘못되면 효과도 없는 정책수단이 된다. 정부가 육아비용을 보조한다고 하더라도, 육아를 위해 직장을 포기한 부모의 소득의 기회비용 이상으로 보육의 시장비용을 우대하지 않고도 이루어질 수 있다.

정책은 문화적, 사회적 관습도 고려해야 한다. 일부 국가에서 외부 보육시설 이용이 적은 것은, 그것이 사회적 낙인으로 작용하기 때문일 수도 있다. 경제적으로 본다면, 보육시설 이용에는 (주로 심리적인) 고정비용이 수반된다는 것을 의미한다. 이런 상황에서는 여성 고용을 장려하는 정책이 사회적 규범과 조화되기는 어려울 것이다.

[그림 7.7]은 엄마의 근로에 대한 여론과 주연령층 여성의 고용 간에 음의 관계가 국가 간에 나타남을 보여준다. 학령 전 아동은 엄마가 일할 경우에 피해를 입는다는 진술에 많은 사람이 동의하는 나라에서는 주연령층 여성의 고용률이 낮았다. 많은 사람이 이 진술에 동의하지 않는 덴마크에서는 여성 고용률이 상당히 높은 편이다. 이탈리아에서는 다수가 동의하며 여성 고용률은 낮다. 하지만 예외도 분명히 있다. 오스트리아에서는 다수가 학령전 아동의 고충이 있다고 생각하지만 그래도 여성 고용률은 높으며, 아일랜드와 스페인에서는 걱정하지 않는 사람이 많지만 여성 고용률은 높지 않다. 사회문화적 규범과 여성 고용 간에 1대1 관계는 없음이 분명하다. 그렇지만, 일부 국가에서처럼 낮은 여성 고용률이 사회문화적 선호를 반영하는 것이라면, 여성 고용의 장려는 후생의 관점에서 최적이 아닐 수 있다.[5] 물론 문화적 규범이란 것이 단지 기존 상황을 지지하는 것일 수도 있다. 그렇다면 여성 고용률의 상승이 엄마의 노동력 참여에 대한 의견을 바꿀 수도 있다.[6] Fernandez(2004)에 의하면, 엄마가 일을 했던 남자의 아내는 일을 할 가능성이 상당히 높은 것으로 나타났다. 가까이에 일을 하는 엄마들이 존재하는 환경도 모성과 고용의 조화에 대한 선호 형성에 중요하다(Fogli 2011). 또한 일하는 여성의 증가는 가정에서의 여성의 협상력을 높이게 될 수 있으며, 엄마의 고용과 아동의 복지를 조화시킬 가능성에 대해서도 일반적으로 여자가 남자보다 덜 부정적이다.

출산율은 모든 OECD 국가들에서 (인구)대체 수준에 못 미치는데, 일부에서는 겨우

5) 상세한 것은 Algan and Cahuc(2005) 참조.

6) 예를 들어, 1965년 네덜란드에서는 17~70세 응답자의 84%가 학령 아동을 둔 기혼 여성이 일하는 것에 거부감을 표시했다. 1970년에는 44%였고, 1980년 36%, 1991년 20%를 거쳐 1997년에는 18%였다. 이러한 의견 변화는 여성 노동참여율이 강한 증가세를 보이는 점과 상응하는 것이다(Sociaalen Cultureel Planbureau 1998).

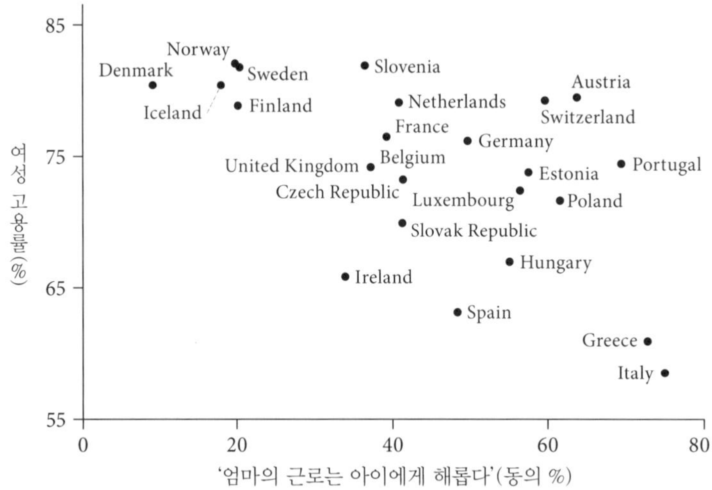

그림 7.7 여성 근로에 대한 규범과 주연령층 여성의 고용률, 1990

출처: World Values Survey (www.worldvaluessurvey.org); OECD (2001).

절반 수준이다(OECD 2001). 거의 모든 OECD 국가들이 여성 고용률과 출산율에서 유사한 추이를 보여준다. 최근 몇십 년 동안 동년배 여성 집단들이 (세대별로) 연속적으로 더 높은 고용률과 더 낮은 출산율을 보여주었다. 더구나 고용률 증가의 확대는 출산율 감소의 확대와 관련되어 왔다. 앞으로 많은 OECD 국가들에서 노동연령 인구는 감소할 것으로 보인다. 여성의 노동참여율 증가는 이러한 노동연령 인구의 감소를 완화시킬 수 있다. 하지만 여성의 노동력참여율의 증가가 출산율을 낮춘다면 미래의 노동연령 인구는 감소하게 될 것이다. 한편으로 여성의 높은 고용수준이 비교적 높은 출산율과 양립 불가능한 것은 아니다. 실제로 [그림 7.4]에서처럼, 이제는 출산율과 주연령층 여성의 고용률 간에 양(+)의 상관관계까지 나타난다. 따라서 미래의 노동연령 인구 규모와 관련해서, 여성 고용률과 출산율 간에 상충관계가 있는 것으로 보이지는 않는다.

종합해보면, 엄마의 노동시장 참여를 장려하기 위해 보육보조를 지지하는 주장의 논거는 고령화 사회와 줄어드는 세원의 문제에 대처하자면 노동력 참여가 증가해야 한다는 것이다. 아동에게 무엇이 최선인가의 관점에서 본다면, 보육보조의 제공이 질 좋은 보육제도를 보장해주는 것은 아니다.

7.4.2 가족 중 누가 보조를 받아야 하나?

정부는 외부 아동보육에 대해 지원할 때 공급자를 보조할 수도 있고 소비자를 보조할 수도 있다.[7] 아동보육 제공자는 일정 기준을 맞추어야만 보조 대상이 되기 때문에 유아원이나 유치원 같은 공식적 공급자만이 보육보조 정책의 혜택을 얻는다. 이로 인해 정부보조에서는 공식적 보육 쪽으로 편향이 발생하며, 아동복지의 관점에서는 더 나을 수도 있는 비공식적 보육수단이 구축될 수도 있다.

그래서 특정 유형의 보육 제공자에만 국한되지 않는 아동보육 조세 감면 또는 공제를 통해서 소비자 보조를 제공하는 나라가 많아지고 있다(Blau and Grossberg 1992). 공식 및 비공식 보육제공자 간의 선택에서 중립적인 대안은 어느 쪽에서도 사용될 수 있는 바우처(vouchers)를 부모에게 제공하는 것이다.

이런 맥락에서 발생하는 핵심 쟁점은 가족 중에 누가 보조금을 받아야 할까 하는 것이다. 이 장에서 제시된 단순한 이론모형은 가족을 하나의 단일체(monolith)로 본다는 점에서 별 도움이 안 되는데, 즉 가족은 동일한 선호를 가지며, 선택은 마치 단일한 의사결정자가 모두의 이익을 위해 행동하는 것처럼 이루어진다고 보는 것이다. 소득은 일정한 분배규칙에 따라 배정되는 것이 아니라 가구의 구성원 간에 합쳐진다. 이른바 '가구 행동의 단일체 모형'(unitary model of household behavior)이라는 이런 상황에서, 가족 중 누가 보조를 받는지는 중요하지 않다. 중요한 것은 이전의 규모와 성격이지, 가구 내에서 누가 제도의 목표가 되는지 여부는 관심사가 아니다. 이런 접근법의 문제는 가구내 소득 및 노동-여가 시간의 배분에서의 차이를 설명할 수 없다는 것이다. 이런 차이는 가구 구성원 모두가 기꺼이 원하는 것으로 간주된다.

'가구 행동의 집합체 모형'(collective model)은 가구내 선호의 이질성, 따라서 소득, 소비, 과업의 배분을 정하는 가구내 협상(intrahousehold bargaining)을 상정한다(Chiappori and Bourguignon 1992). 이런 집합체 결정은 '파레토 효율적', 즉 가구내 다른 누군가의 악화 없이는 누구의 상황도 개선시킬 수 없는 상태여야 한다. 파레토 효율적인 시간-소비 배분의 가능성은 많다. 계약곡선 상의 모든 점이 이 조건을 만족시킨다. 균형 해는 가구 구성원 간의 비노동 시간의 분배에 따라 달라질 것이다. Browning et al.(1994)에서 제시되었듯이, 이러한 분배규칙은 가정에서 부와 비노동시간이 초기에 어떻게 배분되는지 여부에 따라 크게 달라질 수 있다.

---

7) 보조금 외에도 정부는 아동수-직원수 비율이나 제공자의 자격 등에 관한 규제를 통해 보육시설에 영향을 줄 수 있다.

이런 접근의 장점은 정책결정자가 이전지출의 가구내 배분에 관심을 가져야 하는 이유를 이해할 수 있다는 점이다. 예를 들어 1970년대 중반 영국 정부가 아동급여는 엄마에게만 지불될 수 있게 하는 결정을 내렸을 때, 여자들은 좋아하고 남자들은 싫어할 것으로 예상되었다(Lundberg et al. 1997). 특히 개도국을 대상으로 하는 많은 경험적 연구에 따르면, 이전소득이 엄마에게 제공되는 경우에 자녀들에게 혜택이 큰 행동을 유도할 가능성이 크다.[8] 나아가서, '단일체 모형이냐 집합체 모형이냐'에 대한 경험적 검증에 따르면, 특수 상황과 특수 유형의 개인의 경우를 제외하면, 일반적으로 후자를 지지하고 있다(Fortin and Lacroix 1997). 따라서 정책을 설계할 때에는, 가구내 노동공급 결정은 상호연관적이며, 개인의 소득 변동은 그 사람의 노동공급뿐 아니라 배우자나 가구내 다른 구성원의 노동공급에도 영향을 줄 것이라는 점을 항상 감안하는 것이 안전하다. 제13장에서 보다 광범위하게 논의하겠지만, 정책 설계에서 이러한 상호연관성을 무시하는 것은 잘못될 가능성이 적지 않다.

7.5 다른 제도들과의 상호작용

남녀간에 노동비용에서의 비대칭성을 증가시키는 가족정책은 고용주가 여자보다 남자를 우선적으로 채용하도록 유도하게 될 수 있는데, 동등기회 법제(4장)는 이런 위험을 줄이는 데 중요한 역할을 한다. 가족정책 제도는 또 근로시간(5장)과도 분명한 관계를 갖는데, 근로시간 규제, 특히 파트타임 고용의 전개는 부모가 일과 보육을 조화시킬 수 있게 만든다. 실제로 국가간 비교를 보면, 파트타임 일을 하는 여성의 비율과 유아보육보조의 적용률 간에는 음(−)의 관계가 나타난다([그림 7.8] 참조).

가족정책은 ALMPs와 상호작용하는데(12장), 출산 및 육아 이후에 일자리로 복귀하는 여성을 대상으로 하는 경우에 특히 그러하다. 끝으로 급여세 제도(13장)도 가족정책 요소들, 특히 가구에 대한 소득이전과 노동공급 결정에서의 상호연관성과 관련된다. Del Boca and Wetzels(2008)는 EU에서 가족정책과 다른 제도들 간의 상호작용에 대해 논의하고 있다.

8) 이에 대한 개관을 위해서는 Alderman et al.(1994)을 참조.

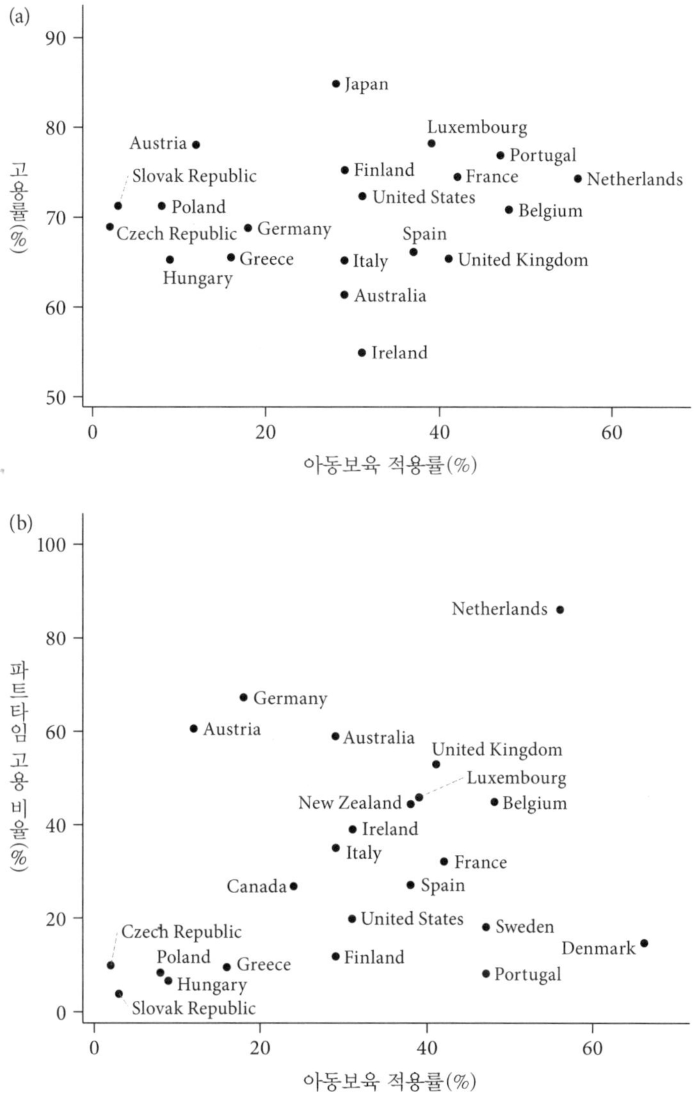

그림 7.8 3세 미만 아동의 보육 적용률과 유자녀 여성의 고용률 2010 (a) 및 파트타임 고용 비율 (b)

출처: OECD Family Database, 2011; Eurostat.

주: 파트타임 고용 비율은 유자녀 여성의 전체 고용에서 파트타임 고용이 차지하는 비중.

7.6 가족정책은 왜 존재하는가?

정부가 의무적 부모휴가를 도입하는 이유는 일반적으로 부모의 육아의 사회적 순편익이 사적 순편익보다 크기 때문이다(외부효과). 부모 양쪽이 일하는 경우에 중요한 문제는 아이는 누가 돌보며 누가 그 부담을 지불할 것인가 하는 점이다. 많은 유럽 국가들은 많은 보조를 받는 공적 보육을 제공하고 있다. 일부 국가에서는 아동보육 시장이 존재한다. 미국에서만 보육정책이 주로 사적인 성격을 가진다. Blau(2001)는 보육제도의 조직에 관한 두 가지 차원을 구분한다. 첫째 차원은 제도의 고용(취업) 요건으로, 극단적으로 요건이 전혀 없거나 아니면 부모의 풀타임 취업이 요구된다. 둘째 차원은 보조 대상이 되려면 갖추어야 할 보육의 질적 수준이다. Blau에 따르면, 1999년 미국에서는 제도의 1/3만이 질적 수준에 초점을 둔 반면 다른 2/3는 질은 거의 무시하고 부모의 고용 여부만 강조하는 것이었다. 유럽 국가에서 아동보육은 수준과 적용범위에서 비교적 관대하게 공적으로 제공되는 경우가 많으며, 질적 수준이 크게 강조된다.

아동보육 보조가 제공되는 이유는 보육 시장에서의 불완전성의 존재 때문이기도 한데, 부모는 (보육서비스의) 질에 대한 정보가 불완전하다. 이것이 도덕적 해이와 역선택을 초래할 수 있다. 도덕적 해이(moral hazard)는 공급자에 비해서 부모는 질에 대한 정보가 부족하며 질을 관리하는 것은 비용을 수반하기 때문에 발생한다. 공급자의 역선택(adverse selection)은 비공식 보육 부문에서 발생할 수 있다. 주간보육(daycare)은 저임금 직종이기 때문에 다른 직종에서 높은 임금을 받을 수 있는 여성은 주간보육 부문을 선택할 가능성이 작다. 고품질 보육을 대상으로 한 보조는 부모에게 더 높은 질의 보육을 선택하도록 유도할 수 있다. 이것이 비대칭정보의 문제를 해결하는 것은 아니지만, 사회적 관점에서 일정 수준을 갖춘 보육을 부모가 선택하는 쪽으로 유도할 수는 있다. 이러한 외부효과 문제는 교육 보조(8장)에 대한 한 가지 논리와도 연관되어 있다. 고품질 아동보육은 아이가 고등교육을 받게 될 확률을 높이며, 그래서 교육수준 부족에 따른 사회적 비용, 즉 저임금, 고용 불안, 장기 실업, 사회보장 의존성 등을 줄일 수 있다. 부모가 이런 편익을 충분히 인식하지는 못할 것이므로, 사적 및 사회적 할인율 사이에는 차이가 있다.

7.7 심화학습 안내

OECD(2001)의 한 장인 "Balancing Work and Family Life: Helping Parents into Paid Employment"는 가족정책에 있어서 국가간 차이와 관련하여 매우 유익하다. Blau and Grossberg(1992)와 Blau(2000)는 미국 사례를 통해 보육지원 프로그램에 대해 논의하였다.

복습 질문 및 연습문제

1. 홀부모 가정은 왜 평균 이상의 빈곤위험에 직면하는가?
2. 일부 국가가 일하지 않는 이들에게만 가족수당을 제공하는 이유는 무엇인가?
3. 일부 국가가 의무적 부성휴가를 도입한 이유는 무엇인가?
4. 정부가 보육시설에 보조를 제공하는 경우에, 그것이 후생을 개선시키는 이유는 무엇인가?
5. OECD 국가간에 여성의 노동시장참여율과 출산율의 상관관계가 음(−)에서 양(+)으로 바뀐 이유는 무엇인가?
6. 보육지원은 어떻게 여성의 유보임금에 영향을 끼치는가?
7. 부모휴가는 어떻게 고용과 임금에 영향을 끼치는가?
8. 오랜 기간 경제학은 맬서스의 사상 때문에 '암울한 과학'으로 불렸다. 그의 사상은 무엇이 잘못되었는가?
9. 정부는 어떻게 보육시장에 영향을 줄 수 있는가? 이러한 정책의 장단점은 무엇인가?
10. 가족정책의 가구 내 표적성(targeting)은 정책 설계에서 얼마나 중요한가?
11. 보육시설 비용은 어떻게 개별 여성의 노동공급에 영향을 끼치는지 고정비용과 가변비용을 구분하면서 그래프로 나타내시오. 어떠한 종류의 정책이 여성의 노동시장 참여를 증가시킬 수 있는가?
12. 다음과 같은 효용을 가진 부부를 가정하자. 재화 및 용역 C와 D는 각각 구매한 것과 가내 생산된 것이다.

$$U = CD \tag{7.1}$$

여기서 D는 '규모에 대한 수확 감소' 기술, 즉 $f(h_D) = \sqrt{h_D}$에 따라 생산된다. h_D는 가내 생산에 투입되는 시간이고 h는 시장노동시간이다. 개인은 주당 100시간을 시장노동 혹은 가내 생산에 배분할 수 있다고 가정하자.

(a) 임금이 시간당 10유로일 때 시장과 가정생산 간 최적 시간배분은 각각 얼마인가?

(b) 이제 자녀가 있고, 자녀와 소비한 시간이 특별한 가치를 준다고 하자. 결합효용은 다음과 같다고 가정하자.

$$U = CD^2 \tag{7.2}$$

또 자녀와 떨어져 지내면, 시간당 5유로가 유모에게 지불된다. 이것은 가족의 시간배분에 어떤 영향을 주는가?

(c) 만약 가내 생산기술이(예를 들어 1회용 기저귀나 전자렌지의 도입으로) 개선됨에 따라서 가정의 생산함수가 $f(h_D) = h_D^{0.8}$가 된다면 위의 답은 바뀌는가?

13. (고급) 남편이 시간당 25유로의 시장임금을 받거나, 가정에서 10유로에 상응하는 생산을 할 수 있는 가정을 고려하자. 아내는 대신에 시간당 20유로를 벌거나, 가정에서 15유로에 상응하는 생산을 할 수 있다. 이 가정의 두 구성원은 시장 근로 혹은 가정생산에 주당 총 50유로의 시간을 배분할 수 있다.

(a) 부부 모두 임금근로를 하는 게 합당한가?

(b) 아내의 임금 인상이 그녀의 의사결정에 영향을 끼치는가? 이는 남편의 의사결정에 영향을 끼치는가?

이제 각자의 생산성이 배우자의 가내생산 투입 시간에 따라 달라된다고 하자. 이것은 부부의 시간배분에 어떤 영향을 주는가?

(a) 남편과 아내가 가내 생산에서 대체적이라면?

(b) 남편과 아내가 가내 생산에서 보완적이라면?

(c) 그들의 결정이 가정 내 교섭(bargaining)에 기초한다면?

제 8 장

교육과 훈련

대다수 나라에서 정부는 교육에 상당한 자원을 투입하고 있으며, 대체로 늘려가고 있는 추세다. 예를 들어, 1880년 미국은 공적인 초중등교육에 GDP의 1%를 지출했었다. 1920년에 오면 이 숫자가 2배로 되며, 1980년에는 4.1%에 달하게 되었다. 1870~1970년 기간에, 학교 수업일수는 2배가 되었고, 10~19세 중 등록률도 40%에서 90%로 상승하였다(Rangazas 2002).

정부의 교육지출은 인적자본(human capital)에 대한 투자로서 이루어지는데, 이 개념은 '국부론'(*the Wealth of Nations*)의 시절까지 거슬러 올라간다.[1] 노동력의 교육수준은 한 나라의 경제발전 정도에 대한 유력한 예측수단이다. 국가간 횡단면 회귀분석에 따르면, 노동연령 인구의 평균 교육연수가 12년인 나라는 6년인 나라에 비해서 1인당 소득수준이 8배까지 되는 것으로 나타난다. 하지만 Bils and Klenow(2000)에 따르면, 이러한 상관관계에서 교육과 성장 간의 인과효과로 볼 수 있는 부분은 1/3 이하이다. 또한 시험성적으로 측정되는 교육의 질이 양(즉, 평균 학교교육 연수)보다 더 중요하다. 성장회귀분석에 기초한 Hanushek and Woessmann(2011)에 추정에 의하면, 모든 OECD 국가에서 학생 수준을 교육성과에 관한 국제적 시험에서의 최상위국과 같은 수준까지 올리는 경우, 장기적으로 전체 GDP를 거의 14% 증가시킬 수 있을 것으로 보인다.

교육 성취도는 미시적 수준에서 노동시장 성과에 대한 유력한 예측수단이기도 하다. 교육수준이 높은 사람은 낮은 사람에 비해서 대개 소득이 더 많고 고용될 확률도 더 높다. 이처럼 능력을 얻는 데 소요되는 노력과 (Adam Smith의 표현에 따라) '실질 비용'은 가시적인 금전적 수익을 가져오는데, 개인적 수준에서는 물론이고 나라 전체 차원에서도 그러하다.

하지만 Gary Becker(1964)가 인적자본 투자에 대한 이론을 개발할 당시에는, 그것은 천박한 생각으로 간주되었고, 다수의 동료들조차 회의적으로 받아들였다. 일부 구식의 경제학자들은 물론이고 많은 사회학자와 정치학자가 보인 반응 중 가장 친절한 것이 "당신은 모든 걸 측정하려고 하고, 무형적인 것도 금전적으로 계산하려고 한다!"라는 지적이었다. 그의 이론을 "인간 가축"(human cattle)이라 부른 이도 있었는데, "당신

1) "교육, 연구 및 수련의 과정에서 얻어지는 재능은 항상 실질적인 비용을 수반하지만 그것은 당사자에게 주어져서 실현되는 자본이 된다. 그러한 재능은 자신의 번영의 일부를 만들어내지만 그가 속한 사회의 번영에도 기여한다. 노동자의 개선된 기술은, 기계나 도구가 노동을 보조하고 절약함으로써 비용은 들지만 이윤 증가로 보상하는 것과 같은 맥락에서 이해될 수 있다." [Adam Smith, 1997]

은 인간에 대한 투자를 소에 대한 투자와 같이 생각한다; 더 좋은 소를 얻기 위해서가 아니라 더 많은 우유를 얻어서 돈을 벌 수 있기 때문에 소를 키운다는 얘기다." 그렇지만 Becker의 접근법을 의문시했던 바로 그 동료들도 자녀를 어느 대학에 보낼지 결정할 때는 각 대학의 졸업자의 소득에 관한 정보를 열심히 찾아서 등록금 수준과 비교하고 있었다. 공적으로는 인적자본 투자 이론의 의미를 부정하면서도, 사적으로는 그 이론이 상정하는 바로 그런 유형의 계산을 하고 있었던 것이다.

학교 교육과 훈련은 개인과 기업이 행하는 투자이며 그 비용은 예상되는 미래 이익과 교환된다. 개인의 인적자본은 타고난 능력, 학교 교육에 대한 투자, 그리고 현장 훈련에 대한 투자에 영향을 받는다. 인적자본과 물적 자본 간의 주된 차이점은 소유권과 관련된다. 물적 자본은 팔 수 있지만, 인적자본은 자신에 체화된다(embodied). 따라서 기업이 인적자본을 사용하려면, 노동자와 기업이 사용조건에 합의해야 한다.

학교 교육은 생산적 투자인데, 교육기간이 길어질수록 임금이 높아지고 고용전망도 향상된다. 현장 훈련 역시 생산적 투자인데, 그것은 노동자의 일반적(general) 또는 기업특유적(firm-specific) 생산능력을 증가시킨다. 정규 학교교육은 대개 노동시장 진입 이전에 이루어진다. 개인은 능력에 따라 비용과 예상편익을 견주어서 원하는 교육수준을 선택하는데, 여기서 편익은 교육 성취도를 통한 생산성 증가에 따라 높아지는 임금과 고용기회를 가리킨다.

훈련은 대개 노동시장 진입 이후에 이루어진다. 학교교육과 훈련은 보완적일 수도 있다: 기술이 변화하고 지식의 갱신이 요구됨에 따라 현장훈련이 필요해진다. 훈련은 일반적일 수 있는데, 많은 기업들에서 쓰일 수 있는 경우이다. 또한 훈련은 기업특유적일 수도 있는데, 그것이 기업 내부에서만 생산성을 높일 수 있으며 다른 기업에서는 쓰일 수 없는 경우이다. 학교교육에 대한 문헌은 교육수준의 선택에 관한 개인의 결정에 초점을 두는 한편, 훈련에 관한 문헌은 노동자와 기업 중 누가 비용을 지출하는지에 초점을 맞춘다. 표준적인 인적자본이론에 따르면, 일반적 현장훈련은 노동자가 비용을 부담해야 하며 기업특유적 훈련은 기업이 비용을 부담해야 할 것이다. 여기서 중요한 요소는 노동시장의 특성, 즉 그것이 경쟁적인지 여부이다.

교육과 훈련에 관련되는 주요 시장실패는 4가지 유형이다. 첫째, 개인은 불완전한 자본시장에 직면하므로 최적의 의사결정에 제약을 받게 되어 투자 결정이 최적 수준에 못 미칠 수 있다. 둘째, 교육과 훈련의 사적 수익률은 사회적 수익률과 다를 수 있다. 셋째, 교육 의사결정에서부터 성과가 나올 때까지는 긴 시차가 존재한다. 넷째, '억류'(holdup)의 문제가 있는데, 일단 고용주가 훈련 투자를 하고 난 후에 노동자는 그

기업을 떠나 다른 곳에서 더 높은 임금을 협상할 수 있다. 혹은 일단 노동자가 인적자본 투자를 하고 난 후에 해고당해서 투자의 편익을 얻지 못하게 될 수 있다. 이러한 시장실패 때문에 정부는 교육과 훈련에 영향을 주게 되는데, 개인이 인적자본에 투자해서 생산성을 향상시킬 수 있도록 부담을 덜어주는 방식이 흔히 사용된다.

8.1 국제 비교

정규 교육의 조직은 나라마다 매우 다르다. 개인은 비용과 편익을 따져서 원하는 교육의 유형과 양을 선택할 것이다. 정규교육을 받는 것은 투자 결정이며, 그에 따른 수익과 관련된다. 사내 훈련의 제공에서도 나라마다 상당히 다르다.

〈표 8.1〉은 GDP 대비 교육제도 지출에 관한 정보를 국가간 비교 차원에서 보여주고 있다. 지출 수준은 3.8~4.1% 수준인 터키, 슬로바키아 및 그리스에서, 7%를 넘는 덴마크, 미국, 노르웨이, 한국 및 아이슬란드까지 상당한 차이가 있다. 〈표 8.1〉에는 평균 정규교육 연수를 기준으로 교육성취도에 대해서도 개관하고 있다. 남녀간 차이도 있지만, 국내 차이는 국가간 차이보다 훨씬 작다. 정규교육 기간은 포르투갈에서 가장 짧은데, 남자는 8.3년, 여자는 8.7년이다. 가장 긴 경우는 노르웨이인데, 남녀 모두 평균 13.9년의 정규교육을 받는다. 교육지출과 교육성취도 간에는 양의 상관관계가 있지만 불완전한 형태로서 기울기도 완만하다. 포르투갈과 멕시코는 예외에 속하겠는데, 지출이 비교적 높으면서도 성취도는 낮다.[2)]

교육과정과 질적 수준도 나라마다 현저한 차이가 있다. 따라서 상이한 교육제도 간에 일정한 등가기준을 얻기 위해서는 학교교육 연수를 넘어서야 한다(Freeman 1999). 1997년 UNESCO는 교육통계의 국가간 비교가능성을 개선하기 위해 ISCED(국제교육표준분류)를 도입했다. 그것은 교육의 수준 및 분야에 따라 정의된 6가지 범주를 제시하였다. 〈표 8.1〉은 3수준(상위 중등교육) 이상 또는 5수준(초기 고등교육)에 해당하는 인구 비율을 보여준다. 〈표 8.1〉은 교육의 질에 관한 정보, 특히 수학성적에 대한 개관, 즉 PISA 조사 결과도 제시하고 있다.[3)] 여기서도 국가간 차이가 큰데, 스위스가 최고수

2) 교육지출과 교육성취도의 비교가 완전한 것이 될 수 없음은 물론인데, 지출은 2011년 특정 연도의 것인 한편, 교육성취도는 25~64세 연령층에 대한 수치이며, 대다수는 오래전에 학교에 다닌 사람들이다. 그렇지만 포르투갈은 젊은층도 교육성취도가 낮은 편이다.

3) PISA는 주요 선진국들의 15세의 지식과 능력을 3년마다 조사한 것이다. 학생들이 충분한 사회참여

표 8.1 교육 지출과 성취도

국가	교육지출 (% GDP)	정규교육 연수		교육성취도		PISA 수학 성적
		남	여	ISCED 3	ISCED 5	
Australia	5.2	12.8	12.5	30	37	514
Austria	5.4	12.3	11.7	54	19	496
Belgium	6.6	11.4	11.4	34	33	515
Canada	6.0	13.2	13.3	26	49	527
Czech Republic	4.5	12.6	12.4	76	16	493
Denmark	7.1	13.5	13.3	42	33	503
Finland	5.9	10.9	11.4	44	38	—
France	6.0	11.7	11.4	31	30	497
Germany	4.8	13.7	13.2	52	26	513
Greece	4.1	11.0	10.7	33	24	466
Hungary	4.8	11.8	11.6	59	19	490
Iceland	7.9	9.7	11.4	30	33	507
Ireland	5.6	12.9	13.1	23	36	487
Italy	4.8	10.2	10.0	40	14	483
Japan	4.9	12.6	12.1	56	44	529
Korea	7.6	12.5	11.4	41	39	—
Luxembourg	—	13.6	13.0	45	35	489
Mexico	5.8	9.1	8.6	19	16	419
Netherlands	5.6	11.4	11.1	37	33	526
New Zealand	6.6	12.6	12.6	28	40	519
Norway	7.3	13.9	13.9	41	37	498
Poland	5.7	11.6	11.9	63	21	495
Portugal	5.2	8.3	8.7	15	14	487
Slovak Republic	4.0	12.5	12.4	75	16	497
Spain	5.1	10.6	10.6	22	31	483
Sweden	6.3	12.4	12.8	46	33	494
Switzerland	5.7	13.5	12.5	50	35	534
Turkey	3.8	9.9	9.2	18	13	445
United Kingdom	5.7	12.7	12.4	52	37	492
United States	7.2	13.2	13.4	47	41	487

출처: OECD online statistics, 2011; OECD(2012a).

주: 교육제도 지출은 모든 교육수준에 대해 GDP 대비 %로 나타냈고(2011), 그리스와 터키는 2005년 수치다. 정규교육 평균 연수는 25~64세 인구에 대한 것이다(2011). 교육성취도는 성인 인구 중 %로 나타냈다(2011). PISA 표준 점수는 15세 수학성적이다(2009). PISA=Program for International Student Assessment(국제학생평가 프로그램).

표 8.2 고용주가 제공하는 연속적 직업훈련 과정에서의 국가간 차이

국가	IALS 자료		ECVTS 자료	
	참여율 (%)	연간 규모 (1인당 시간)	참여율 (%)	연간 규모 (1인당 시간)
Australia	24	15	—	—
Austria	—	—	31	9
Belgium	13	10	41	13
Canada	28	17	—	—
Czech Republic	16	13	42	10
Denmark	45	36	53	22
Finland	42	23	50	18
France	—	—	46	17
Germany	—	—	31	9
Greece	—	—	15	6
Hungary	14	13	12	5
Ireland	10	9	41	17
Italy	14	8	26	8
Luxembourg	—	—	36	14
Netherlands	24	21	41	15
New Zealand	34	23	—	—
Norway	45	35	—	16
Poland	11	8	16	4
Portugal	—	—	17	7
Spain	—	—	25	11
Sweden	—	—	61	18
Switzerland	14	9	—	—
United Kingdom	44	22	49	13
United States	33	18	—	—

출처: OECD(2003).

주: 제1~2열은 IALS(International Adult Literacy Survey)에 의한 것으로, 고용주가 26~65세 근로자에게 제공하는(혹은 부분적으로 부담하는) 직무관련 교육 및 훈련을 가리키며, 경우에 따라 1994년, 1996년, 1998년 자료이다. 제3~4열은 ECVTS(European Continuing Vocational Training Survey, 1999)에 의한 것으로, 근로자 10인 이상의 기업을 대상으로 한다. 참여율은 총고용 대비 훈련 참여 인원 비율이다. 연간 규모는 근로자 1인당 시간이다.

준이고 멕시코가 최저이다. 또한 교육지출과 수학성적 간에도 약한 양의 관계가 나타난다. 스위스는 수학성적이 최고이지만 교육지출은 별로 높은 편이 아닌 반면, 미국은 교

에 필요한 인지적 능력을 어느 정도 습득했는지를 평가한다. 구체적으로, 읽기와 수학 및 과학 지식을 시험한다.

육지출이 매우 높은 편에 속하면서도 수학성적은 최저수준에 가깝다.[4] PISA 성적은 교육 산출(output)의 척도를 제공한다. PISA가 실시되지 않는 나라의 경우에 교육의 질에 관한 척도는 학생-교사 비율이나 1인당 GDP 대비 교사 봉급의 평균 수준, 혹은 학교교육 연수 등과 같은 교육 투입(input) 차원에서 얻을 수도 있다.

〈표 8.2〉는 고용주가 제공하는 훈련 프로그램에서의 국가간 차이를 개관하고 있다. 이런 유형의 정보가 없는 나라도 많다. 응답자가 근로자인지(1, 2열), 근로자 10인 이상의 기업인지(3, 4열)에 따라서도 수치에 차이가 있다.[5] 예를 들어 벨기에의 경우, 고용주 제공 훈련에 대한 참여율이 근로자에 따르면 13%, 기업에 따르면 41%로 나타난다. 이런 차이는 인식의 문제일 수도 있고, 영세규모 기업은 기업 조사에서 빠졌기 때문일 수도 있다.[6] 정보가 있는 나라들 간에도 차이가 크다. 근로자 제공 정보에 따르면, 아일랜드에서의 참여율은 10%밖에 안 되지만 노르웨이의 경우는 45%이다. 1인당 연간 훈련시간에서도 국가간 차이가 큰데, 이탈리아와 폴란드는 연간 8시간이지만 덴마크는 36시간이다. 기업 제공 정보에 따르면, 참여율의 범위는 낮게는 헝가리의 12%에서 높게는 스웨덴의 61%까지 걸쳐 있다. 평균 훈련시간은 폴란드 4시간에서 덴마크 22시간까지 달라진다.

8.2 이론

8.2.1 완전 노동시장

완전 노동시장에서는 고용주가 근로자 각자의 생산성을 알고 있고 임금은 이런 생산성 차이를 반영해서 자유롭게 조정될 수 있다. 개인은 능력, 즉 인적자본의 축적에 투자한다. 투자에는 비용이 드는데, 정규교육의 등록비용 외에 이동, 숙박, 교재 구입 등의 비용(교육의 직접적 비용)뿐 아니라 돈을 벌 수 있는 시간이 학교교육에 들어가는 만큼 기회비용도 있다. 현장 훈련에도 노력이라는 비용이 드는데, 다만 여기서는 교육

4) 이것은 고등교육에 대한 지출이 크다는 점 때문일 수도 있는데, 15세 연령층은 아직 시작도 않은 단계일 것이다.

5) 이런 차이에 더해서, 조사에 견습생(apprenticeship)이 빠지는 점에서 기업특유적 훈련이 과소평가될 수도 있는데, 예를 들어 독일에서는 그것이 기업특유적 훈련의 매우 중요한 일부가 된다.

6) 기업규모와 근로자의 훈련 참여율 간에는 양의 관계가 나타난다. 벨기에의 경우, 훈련참여율이 근로자수 10~50명인 기업에서는 20%인 데 비해 1,000명 이상인 기업에서는 66%이다.

과 돈벌이 간의 상충관계는 없다. 인적자본에의 투자는 생산성 향상과 장래 소득의 증가라는 형태로 득이 된다. 이처럼, 인적자본에 얼마나 투자할 것인가에 대한 각자의 결정은 교육의 비용과 편익을 비교해서 이루어진다.

교육에 대한 인적자본 모형(Becker 1964)의 3가지 기본 가정은 완전 노동시장에서 충족된다:

1. 더 많은 교육은 생산성을 높인다.
2. 더 높은 생산성은 임금을 높인다.
3. 개인은 금전적 고려에 기초해서 교육 수준을 결정한다.

학교교육 투자

이 모형에 따르면 학교교육의 최적 수준은 그에 따라 예상되는 편익과 비용에 따라 정해진다. 예상 편익은 교육성취도 증가에 따른 임금 상승과 고용기회 증가에 의해서, 또 교육의 수익을 실현할 수 있는 예상 기간(교육성취와 퇴직 사이의 기간)에 따라서 결정된다.

[그림 8.1]은 개인의 선택을 나타낸다. 중등 또는 초등 교육으로 의미하는 초기 상황은 0의 시점으로 주어진다. 두 가지 선택을 비교해야 한다. 첫째는 당장 일을 시작해서 연간 소득 w_0를 버는 것인데, 그것은 T 시점에서 퇴직할 때까지 일하는 기간 중에는 일

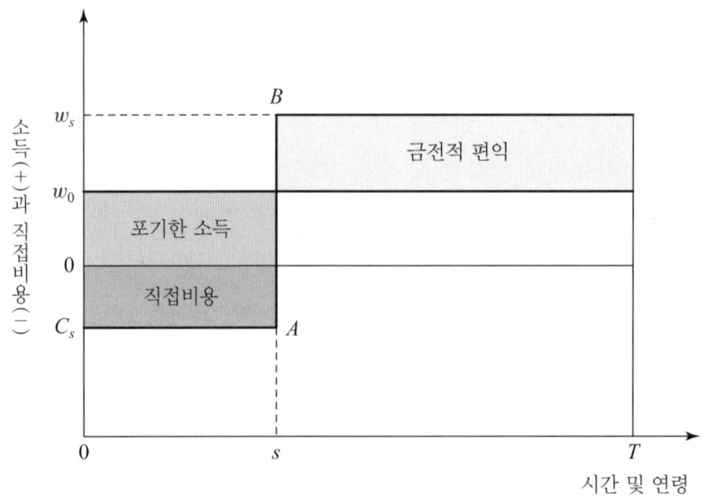

그림 8.1 교육의 편익과 비용

정하다고 가정하자.[7] 둘째는 s년 동안 학교교육을 받는 것인데, 그동안 교육의 직접비용을 지출해야 하지만 이후 임금은 $w_s > w_0$가 될 것이다. s년 동안의 학교교육의 총비용은 직접비용 C_s와 0에서 s까지 기간에 포기한 소득이 되며, 금전적 편익은 s에서 T까지의 기간에 더 높아진 소득이다. 교육을 받는 것의 현재가치가 교육 받지 않는 것의 현재가치보다 크다면 그 때까지 교육을 받을 것이다.

특정 수준의 학교교육 참여는 예상되는 수익기간이 길어질수록 매력적이 된다. 따라서 대개는 젊은이들이 학교에 가게 된다. 특정 연수의 학교교육 여부에 따른 미래의 소득흐름의 순현재가치를 비교함으로써 학교교육의 수익률이 얼마나 되는지를 알 수 있다. 시장의 투자수익률(외부수익률)이 교육의 수익률(내부수익률)보다 높다면 교육기간을 줄여야 하고, 더 낮다면 교육기간을 늘여야 한다.

개인은 교육을 받기 이전에 상이한 인적자본 수준을 가질 수 있다. 달리 말해서, 타고난 내재적 능력, 즉 어떤 투자도 없는 상태의 생산성에서 차이가 있을 수 있다. 교육비용의 조달, 교육의 심리적 비용, 동기, 성취욕 등에서도 차이가 날 것이다. 따라서 상이한 노동자는 교육의 수익률에서 다를 것이고 따라서 다른 수준의 교육을 선택할 것이다. 이러한 (개인간) 이질성을 설명하는 것이 경험적 연구에서 가장 힘든 과제의 하나이다.

일반적 및 기업특유적 훈련

정규교육을 마친 후에도 개인은 현장훈련을 통해서 인적자본을 축적하고 생산성을 높일 수 있다(이에 관한 개관으로는 Leuven 2005 참조). 인적자본 투자 수준에 대한 선택을 다루기 전에, 누가 비용을 부담할 것인지를 밝힐 필요가 있다. 고용주가 부담할 수도 있고, 근로자가 부담할 수도 있다. Becker(1964)는 '일반적 훈련'과 '기업특유적 훈련'을 구분한다. 일반적 훈련은 기업내 생산성을 증가시키지만 다른 기업이 사용할 수도 있는 것이기 때문에 고용주의 입장에서 소유권의 문제를 야기한다. 근로자는 떠나갈 자유가 있으므로, 기업은 일반적 훈련에 대한 투자의 수익을 회수하지 못할 수도 있다. 따라서 근로자가 그 비용을 부담해야 하는데, 예를 들면 훈련기간 중에 생산성보다 낮은 임금을 수용하는 방식으로 부담할 수 있다.

일반적 훈련의 최적 수준을 선택하는 문제는 [그림 8.2]에 예시되어 있다. 일반적 훈련의 수준 τ는 생산성을 높여서 근로자의 생산물 $v(\tau)$를 증가시키며, 따라서 $v(\tau)$는 우상향하게 된다(그림의 위쪽). 하지만 투자의 수익률은 체감한다. 증가된 생산성에 대한

7) 실업 기간은 무시하기로 한다.

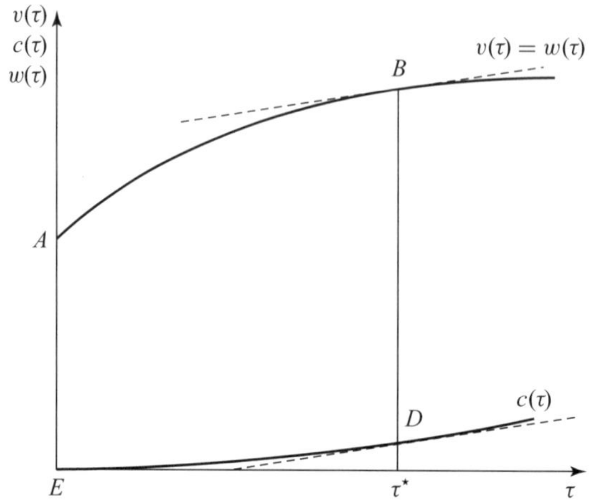

그림 8.2 훈련: 완전 노동시장 — 근로자의 선택

보상으로서 임금도 일반적 훈련의 수준에 따라 상승하며, 따라서 임금 $w(\tau)$는 우상향하게 되고 체감한다. 훈련비용 c 역시 훈련 수준에 따라 상승하지만 체감한다.

완전 노동시장에서 기업은 노동자의 노동서비스를 두고 경쟁하며 따라서 $w(\tau)=v(\tau)$이고, 기업이 일반적 훈련으로부터 얻는 편익은 없다. 그렇다면 기업이 훈련비용을 지불하지는 않을 것이며 근로자가 비용을 부담해야 한다. 근로자의 선택은 [그림 8.2]에 나타나 있다. 근로자는 훈련의 수입과 비용의 차이가 극대가 되는 수준을 선택하게 될 것인데, 즉 훈련의 한계비용과 한계편익이 일치하는 수준이다. 이것은 비용과 편익 곡선의 기울기가 일치하게 되는 $\tau=\tau^*$ 수준이다. 이 상황에서 근로자는 훈련으로부터 편익을 얻으며, 따라서 그로서는 비용을 부담하는 것이 최적이다. 하지만 근로자의 선택에는 제약이 있을 수 있다. 투자를 하려면 투자에 들일 자원을 확보할 수 있어야만 한다. 완전 노동시장에서 자금 신용에 제약이 없다면(not credit constrained), 훈련에 의한 사적인(또한 사회적인) 순편익을 극대화할 때까지 투자할 것이다. 바꿔 말해서 훈련에서 시장실패가 없는 것이다(Acemoglu and Pischke 1999).

그러나 현실은 다를 수 있다. 신용시장 제약이 존재하는 경우에는 근로자가 투자를 하지 못할 수 있다. 고용주도 투자할 입장이 아닌 만큼, 시장실패가 발생하는 것이다. 그렇다면 설령 노동시장이 경쟁적이라 하더라도 정부가 개입해서 일반적 훈련을 보조하려고 할 수 있다. 문제는 이런 유형의 시장실패가 노동시장이 아니라 금융시장에서 발생하는 것이라는 점이다. 하지만 경직적 임금이 문제를 심화시킬 수 있는데, 그것이 근로자가 더 낮은 임금의 형태로 훈련비용의 일부라도 부담하는 것을 막기 때문이다.

기업특유적 훈련의 경우에는 소유권 문제가 없다. 따라서 기업은 투자로부터 순편익을 향유하게 되며 따라서 부담도 기꺼이 하려 할 것이다. 일반적으로 신용제약은 개별 근로자보다 기업이 경우에 덜 심각하다. 따라서 완전 노동시장에서는 사회적 관점에서 최적 수준의 기업특유적 훈련 투자가 이루어지는 것이 보통일 것이다. 그렇다면 앞서 언급된 억류의 문제는 발생하지 않게 된다.

8.2.2 불완전 노동시장

신호보내기(signaling) 장치로서의 학교교육

정보비대칭 상황의 노동시장에서는 잠재적 고용주가 근로자를 채용할 때 그 능력을 보고 장래의 생산적 효율성을 예측할 수 있는 상황이 아닐 수 있다. 이런 상황에서 고용주는 개별 근로자의 교육에 대한 투자를 보고 그 생산성을 추정하는 데 이용할 수 있다. 바꿔 말하면, 교육이 노동자의 능력에 대한 '신호'(signal)로 이용되는 것이다(Spence 1973). 이에 따라 노동자의 교육 성취도와 임금 간에는 양의 상관관계가 나타나는데, 인적자본 투자 자체는 생산성을 증가시키지 않는 경우에도 그러하다.

인적자본 투자에서의 신호보내기의 중요성을 가늠하기 위해서, 인적자본 모형의 기본가정 3가지 중 첫째가 위배되는 경우를 상정해보자. 먼저 교육은 노동자의 생산성에 영향을 주지 않는다고 가정하자. 생산 효율성은 오로지 개별 근로자의 내재적 능력에 따라서만 달라지는데, 그것을 잠재적 고용주가 알 수는 없고 취업을 원하는 노동자 자신은 알고 있다. 또 내재적 능력이 높은 사람은 낮게 타고난 사람에 비해 일정 수준의 교육을 받는 것이 더 용이하다(비용이 적다)고 가정하자. 이런 상황에서 고생산성 노동자는 교육수준을 신호 장치, 즉 고용주에게 자신의 능력을 알리는 수단으로 사용할 수 있다. 이런 상황에 벌어지려면, 고생산성 노동자는 저생산성 노동자에 비해 더 많이 교육에 투자하게 되는 '분리균형'(separating equilibrium)이 존재해야 한다(Box 8.1 참조). 고용주가 교육을 근로자 선별 목적으로 사용한다면, (이미) 능력을 가진 사람이라도 높은 교육수준을 달성할 가치가 있게 되는데, 그에 따르는 신호로부터 이익을 얻을 수 있기 때문이다. 따라서 완전 노동시장에서와 마찬가지로 교육은 사적 수익을 가져다준다. 하지만 교육의 사회적 수익률은 훨씬 낮을 것이다. 교육이 생산성을 증가시키지 않는다면 교육제도에는 자원의 낭비가 수반된다. 이런 투자에 따른 유일한 편익은 그것이 고용주가 원하는 근로자를 찾아낼 수 있게 도와주고 그래서 자원배분이 개선된다는 것뿐이다. 이러한 교육의 사회적 편익은 교육의 비용에 비해 상대적으로 작을 것이다. 따라서 노동자의 능력에 관한 정보가 비대칭적인 경우, 교육에 대한 투자가 사회적 관점에서 과다해질 수 있으며, 고학력자로부터 저학력자에게로의 교차보조를 통해서 교육투자를 억제하자는 주장도 가능해진다.

Box 8.1

분리 균형

신호보내기 모형의 배경이 되는 직관은 Spence(1973)의 간단한 숫자예로 파악할 수 있다. 하나의 고용주와 생산성 면에서 상이한 두 노동자 집단이 있다고 가정하자. 첫째 집단의 생산성은 100유로 수준이며, 둘째 집단의 생산성은 240유로이다. 개별 노동자의 생산성은 개인 정보로서 노동자 자신은 알고 있지만, 고용주는 알 수가 없다. 고용주는 두 가지 생산성 수준과 두 집단이 인구에서 차지하는 비중만을 알고 있다. 첫째 집단은 인구 비중이 q이고, 둘째 집단의 비중은$(1-q)$라고 가정하자. 고용주는 저생산성 노동자가 실제 생산성에 대해 항상 속일 것임을 알고 있고, 실제 생산성을 알게 되는 데에는 꽤 긴 시간이 소요된다. 따라서 고용주는 두 생산성의 가중평균만큼의 임금을 제안할 수 있을 뿐이며, 이 가중치는 두 집단의 인구비중에 의해 결정된다.

$$\bar{w} = 100q + 240(1 - q) = 240 - 140q$$

이 임금은 저생산성 노동자의 인구비중 q에 비례하므로, 고생산성 노동자에게는 낮은 임금이 될 것임이 분명하다. 그렇지만 고생산성 노동자는 정규교육에 대한 투자를 통해서 고용주에게 자기 생산성에 대한 신호를 보낼 수 있다. 고생산성 집단의 교육비용이 저생산성 집단의 그것보다 충분히 낮다고 한다면(예를 들어 저생산성 집단의 노동자는 개인지도 교사를 이용하기 위해 추가 비용을 지불해야 한다), 정규교육은 실제 생산성에 대한 신호가 될 수 있다. 이런 조건하에서는 교육 투자에 의해 발생하는 분리균형이 실제로 존재한다. 가령, 연간 교육비용이 첫째 집단에서는 25유로인 반면, 둘째 집단은 20유로가 필요하다고 가정하자. 이런 상황이라면 고용주는 보수가 240유로이며 최저 교육수준 $\bar{s}$가 요구되는 일자리를 공고하고, 그런 요구조건이 없는 일자리에 대해서는 100유로를 지불한다. 이를 통해 고용주는 저생산성 노동자로부터 고생산성 노동자를 분리해 낼 수 있다. 교육수준 기준이 왜 두 집단을 구분하게 되는가? 먼저 고생산성 노동자의 경우에, 만약 교육에 투자하지 않는다면 100유로를 받게 되지만, $\bar{s}$만큼 투자한다면 240유로에서 소요된 교육비용 $20\bar{s}$를 뺀 만큼을 얻을 수 있게 된다. 다음의 방정식을 풀면, 고생산성 노동자가 자신의 능력을 보이기 위해 기꺼이 취득하려는 최대 학력수준을 얻을 수 있다.

$$100 = 240 - 20\bar{s}$$

따라서 고생산성 노동자는 7년까지 기꺼이 교육에 투자하려 할 것이다. 이것이 분리 균형 상태가 되려면 저생산성 노동자는 교육에 $\bar{s}$만큼 투자할 의향이 없어야만 한다. 그러면 저생산성 노동자의 문제를 생각해 보자. 그들이 취득하려는 최대 교육수준은 다음 식을 풀면 얻을 수 있다.

$$100 = 240 - 25\bar{s}$$

여기서 $\bar{s} = 5.6$이다. 달리 말해서, 6년 이상 7년 이하의 교육을 요구하는 일자리는 고생산성 노동자가 교육을 받고 고임금 일자리에 지원하게 하는 반면 저생산성 노동자는 교육 받기를 포기하고 저임금 일자리에 지원하게 하는 적절한 유인을 제공한다.

저생산성 노동자로부터 고생산성 노동자를 분리하는데 필요한 교육의 최저 및 최대 수준은 그림에 나타나 있다. 그림에서 *AB*(저임금 일자리의 보수)와 *CD*(고임금 일자리 보수에서 교육비용을 뺀 것)를 비교하면 된다.

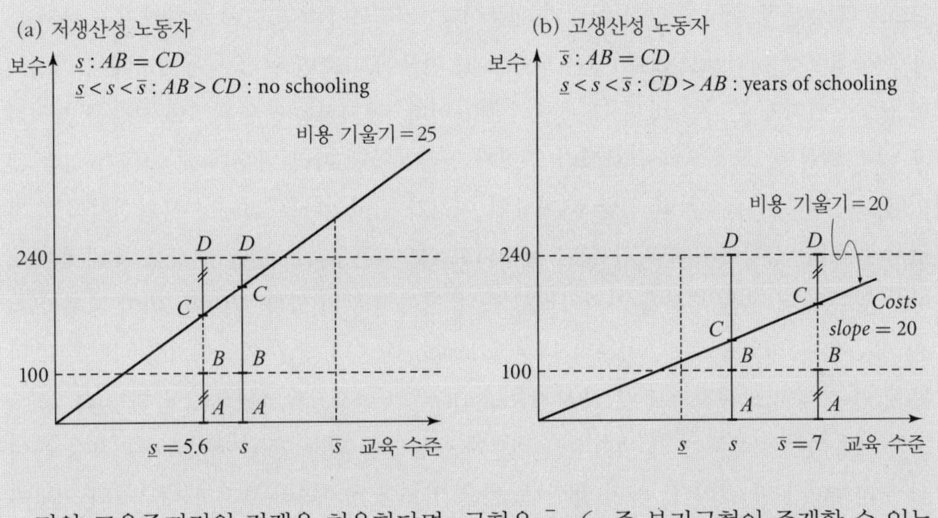

만약 고용주끼리의 경쟁을 허용한다면, 균형은 $\bar{s} = 6$, 즉 분리균형이 존재할 수 있는 최저의 교육수준이 되는데, 고생산성 노동자는 가급적이면 낮은 교육비용을 요구하는 일자리에 지원하려고 할 것이기 때문이다.

출처: Spence(1973).

'과잉교육'(overeducation)이 비대칭정보 모형의 결과가 되는 것은, 채용은 근로자가 교육을 완수한 이후에야 이루질 수 있다고 가정할 때에만 가능하다. 학생이 긴 교육과정에 등록하는 바로 그 시점에서 채용이 실시될 수 있다면 교육은 더 이상 신호장치로 사용될 수 없을 것이다(Weiss and Ching-to 1993; Swinkels 1999). 신호보내기 이론의 또 다른 문제는, 그것이 교육투자를 통해 드러나는 내재적 능력이라고 하는 생산 효율성의 한 가지 차원만을 고려한다는 점이다. 경제학과 심리학에 걸치는 분야의 연구에 따르면, 주어진 교육수준에서 생산성과 임금에 영향을 주는 요인에는 인지적 능력뿐 아니라 비인지적 능력(noncognitive skills)도 있다고 한다(Borghans et al. 2009). 비인지적 능력 중에서도, 동기, 인내심, 자존감 등은 특히 노동시장 진입 이전의 비교적 이른 시기에 개인간 능력 격차가 만들어지는데 중요하다. 그러한 비인지적 능력의 형성에는, 가족 및 사회적 환경이 교육(특히 신호보내기 이론에서 고려되는 고등교육) 이상으로 매우 중요하다.

억류 문제(holdup problem)와 특유적 훈련에의 과소투자(underinvestment)

앞서 논의했듯이, 과잉교육 주장의 근거는 제한적이다. 대체로 시장불완전성은 인적자본에 대한 (과다투자보다는) 과소투자를 초래한다. 그것은 인적자본 투자의 주체가 그로부터 충분한 수익을 얻기 어렵기 때문이다. 기업특유적 훈련에 투자하려고 하는 고용주의 경우를 생각해보자. 이것은 Becker의 이론에 따르면 완전 노동시장에서 기업이 비용을 부담하게 된다는 바로 그 유형의 투자이다. 여기서는 불완전 노동시장을 가정하고 있기 때문에, 고용주와 근로자가 주어진 임금계약에 따라 나누게 될 지대가 있을 것이다. 이 계약은 사후적인 임금 재협상의 여지가 남아있다는 점에서 불완전하다고 가정하자. 이런 상황에서 투자가 일단 실행되고 나면, 근로자는 임금 인상을 통해 투자에 따른 잉여의 더 많은 부분을 가져가려고 할 유인이 충분히 있다. 기업이 이미 지불한 비용 때문에, 사내의 근로자, 이른바 내부자(insiders)는 더 낮은 임금에서도 일하려고 하는 실업 상태의 노동자와 같은 외부자(outsiders)의 경쟁으로부터 보호받게 된다. 외부자를 채용하는 고용주는 그 생산성을 내부자 수준만큼 되게 만들려면 추가 비용을 들여서 투자해야만 할 것이다. 바꿔 말해서, 많은 비용의 비가역적 투자가 내부자와 외부자 간에 '쐐기'(격차)를 발생시키는 것이다(Lindbeck and Snower 1988). 이 모든 것이 고용주의 특유적 훈련에 대한 투자 유인을 저하시켜서 인적자본 투자를 감소시키게 된다. 투자 주체가 근로자인 경우에도 유사한 문제가 발생한다. 다른 곳에서는 사용될 수 없는 투자로부터의 잉여를 고용주가 사후적으로 가져갈 것임을 아는 상황에서는 투자할 이유가 없을 것이다.

이런 예가 보여주듯이, 투자 주체가 아닌 당사자의 협상력으로 인해서 투자 주체의 투자수익이 감소하기 때문에 발생하는 '억류'의 문제가 있다. 이런 협상력이 커질수록, 불완전 노동시장에서는 인적자본의 과소투자라는 의미의 비효율성이 커질 것이다.

고용주가 일반적 훈련에 투자하는 이유는 무엇인가?

Becker의 인적자본 이론의 또 하나의 주요 예측은 고용주는 기업특유적인 훈련에 대해서만 비용을 부담한다는 것인데, 일반적 훈련에서 나오는 지대는 가져갈 수 없기 때문이다. 이런 예측은 기술(skills)이 기업특유적 경우는 드물고 대부분 산업특유적인 경향이 있다는 경험적 사실과는 조화되기 어렵다.[8] 나아가서, 많은 훈련 프로그램이 일반적 성격의 것이지만 그 비용의 대부분을 기업이 부담한다는 증거도 있다. Acemoglu(1997)에 따르면, 노동시장 불완전성 때문에 고용주는 일정한 수요독점력을 가지며(2장), 그래서 일반적 훈련에 의한 편익의 일부를 가질 수 있는데, 따라서 임금구조는 압축되게(compressed) 된다. 그 논리는 다음과 같다(Acemoglu and Pischke 1998).

Becker(1964)에서처럼, 일반적 훈련 τ가 생산성을 높이고 근로자의 생산량 $v(\tau)$를 증가시키며, 따라서 $v(\tau)$는 체감률로 우상향하는 경우를 상정하자. 임금도 투자에 따른 생산성 증가만큼 오르게 되는 상황 대신에, 수요독점적 시장을 가정하자. 이런 시장에서 기업은 생산성보다 낮은 임금을 줄 수 있으며, 격차가 발생한다:

$$\Delta(\tau)=v(\tau)-w(\tau)$$

구체적으로, 노동생산성 가치와 임금의 격차는 훈련이 증가할수록 확대되는 것으로 가정하자. 훈련에 따른 근로자의 수익은 경쟁시장에서의 경우보다 작은데, 임금구조가 압축되는 것이다. 이 상황이 [그림 8.3]에 그려져 있다. 이제 기업은 투자 유인을 갖게 된다. 생산성과 임금의 격차는 훈련 수준에 따라 증가하며 훈련비용도 마찬가지다. 최적화 기업은 한계비용과 한계수입이 일치하게 되는 훈련 수준을 선택할 것이며, 그것은 $\tau=\tau^f$일 때이다. 이처럼 불완전 노동시장에서는 기업이 일반적 훈련을 부담하려고 하는데, 그것이 이익이 되기 때문이다. 비경쟁적 시장에서 근로자의 보수는 한계생산보다 적으며, 그의 기술이 일반적 성격의 것이더라도 그러하다. 즉 일반적 기술에 대한 보상도 특유적 기술의 경우와 같아진다는 의미이다.

2장에서 논의되었듯이, 기업은 여러 가지 이유로 수요독점력을 가질 수 있다. 매칭 및 탐색의 마찰 때문에 노동시장에는 거래비용이 존재할 수 있다. 그러면 노동자는 일반적 훈련으로부터 충분한 보상을 얻으려고 현재 일자리를 떠나 새 고용주를 찾아 나서

8) Loewenstein and Spletzer(1999)에 따르면, 기업이 제공하는 훈련을 받은 근로자의 63%가 훈련에서 배운 기술의(거의) 대부분이 다른 기업에서도 유용한 것이라고 답했다.

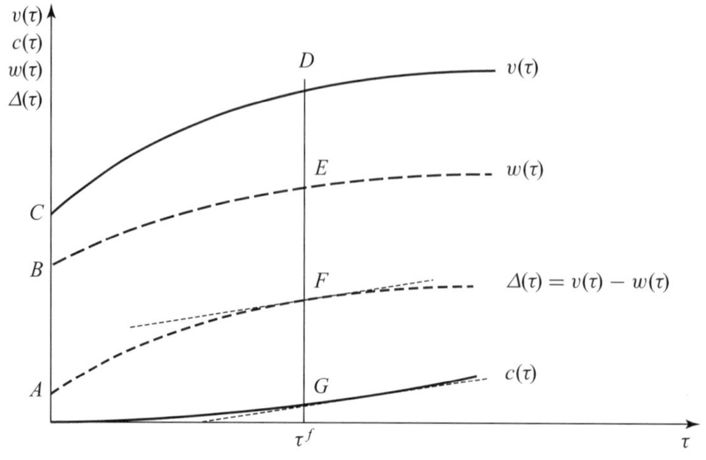

그림 8.3 훈련: 불완전 노동시장에서 — 기업의 선택

기가 어려워진다. 또한 현재 고용주와 다른 기업 간에는 정보가 비대칭적일 수도 있다. 현 고용주는 훈련의 내용을 정확히 알지만 다른 기업의 정보는 불완전하다. 따라서 다른 기업은 노동자의 한계생산에 따른 보수를 지불하려고 하지 않을 것이다. 파견근로알선업체(temporary work agencies)가 소속 노동자에게 일반적 훈련을 제공하고 그 비용을 부담하는 이유도 비슷한 맥락에서 설명할 수 있다(Autor 2001). [그림 8.3]에서 우상향의 $w(\tau)$는 현 고용주에서의 임금을 가리키는 것일 뿐이며, 노동시장에서의 $w(\tau)$는 수평선이 될 것이라는 의미이다. 결국 기업의 수요독점력이 일반적 훈련 투자의 수익성을 가져온다는 것이다.

8.3 경험적 증거

8.3.1 학교교육의 수익

〈표 8.3〉은 교육 수준과 노동시장 지위 간에 강한 관계가 있음을 보여준다. 고등(tertiary) 교육을 받은 노동자의 고용률이 훨씬 높다. 교육수준이 낮은 노동자의 고용률은 국가 간에 큰 차이가 나타난다. 교육수준 낮은 여성의 고용률은 낮게는 터키의 19.1%에서 높게는 아이슬란드의 72.9%까지 퍼져 있는 한편, 교육수준 낮은 남성의 경우에는 42%인 슬로바키아에서 89.9%인 멕시코까지 있다. 교육수준 높은 경우에는 국가간 고

표 8.3 교육수준에 따른 고용률 및 상대적 소득, 25~64세 남녀

국가	고용률(%)						상대적 소득(%)					
	남			여			남			여		
	1	2	3	1	2	3	1	2	3	1	2	3
Australia	80.6	89.6	88.1	62.5	72.3	77.1	81	100	134	84	100	147
Austria	64.1	80.7	86.6	50.0	70.9	84.5	48	100	106	54	100	134
Belgium	66.4	79.4	87.3	46.4	63.7	81.4	91	100	133	76	100	126
Canada	67.3	—	84.1	50.1	—	79.0	72	100	132	75	100	151
Chile	83.2	88.4	86.5	36.6	57.6	67.9	—	—	—	—	—	—
Czech Republic	55.4	81.5	—	39.6	60.9	—	—	—	—	—	—	—
Denmark	70.7	82.7	87.1	58.8	76.9	82.6	94	100	155	96	100	148
Estonia	55.1	65.8	82.1	42.8	55.9	77.0	—	—	—	—	—	—
Finland	71.6	76.3	82.2	61.2	72.4	82.6	92	100	163	98	100	146
France	73.8	83.4	89.5	57.7	69.0	81.8	88	100	159	81	100	146
Germany	67.9	80.7	88.3	51.5	70.1	82.2	79	100	130	63	100	128
Greece	83.3	86.8	83.9	46.7	59.7	75.1	71	100	140	42	100	109
Hungary	47.7	70.5	85.2	34.0	54.9	76.1	59	100	193	59	100	161
Iceland	80.7	87.5	84.9	72.9	81.7	88.6	—	—	—	—	—	—
Ireland	68.2	—	83.8	44.2	—	75.1	79	100	154	81	100	180
Israel	64.0	80.1	85.7	41.9	63.2	72.8	61	100	115	63	100	141
Italy	75.0	82.5	81.1	40.9	60.2	65.2	74	100	162	78	100	147
Japan	—	—	92.0	—	72.4	64.9	—	—	—	—	—	—
Korea	79.6	85.8	89.2	58.0	55.7	60.7	70	—	127	—	100	176
Luxembourg	77.2	78.9	89.8	49.2	57.1	75.8	77	100	179	35	100	93
Mexico	89.9	—	—	46.2	—	—	—	—	—	—	—	—
Netherlands	81.3	82.7	85.9	55.8	71.9	76.1	72	100	131	63	100	137
New Zealand	74.4	86.0	88.9	57.3	72.2	77.6	82	100	126	89	100	136
Norway	70.6	86.0	88.1	62.3	79.8	93.9	65	100	109	66	100	113
Poland	53.4	78.1	—	31.0	59.1	—	75	100	168	62	100	139
Portugal	83.2	83.8	—	71.8	76.8	—	76	100	200	59	100	163
Slovak Republic	42.0	84.5	88.7	27.1	67.8	67.0	—	—	—	—	—	—
Slovenia	66.8	80.1	86.2	48.8	73.1	82.8	—	—	—	—	—	—
Spain	72.0	76.3	83.1	49.3	65.3	72.5	68	100	115	62	100	145
Sweden	77.7	83.9	85.4	63.0	77.9	83.4	74	100	119	76	100	123
Switzerland	78.8	84.6	93.8	61.3	73.0	87.2	74	100	131	58	100	119
Turkey	74.2	76.1	—	19.1	26.0	—	—	—	—	—	—	—
United Kingdom	56.2	83.9	86.3	34.2	71.2	78.7	73	100	151	70	100	180
United States	59.6	72.9	80.5	42.8	64.8	75.2	67	100	189	70	100	177

출처: Educational attainment and relative earnings: OECD(2011a).

주: 교육수준은 ISCED 기준에 따른 최고 완료 수준; 1=상급 중등교육 미만; 2=상급 중등교육; 3=고등교육(2011). 상대적 소득은 상급 중등교육 수준의 평균 연소득 대비 각 계층의 소득수준, 다수는 2009년, 한국은 2003년.

용률 차이가 상당히 작은 편이다. 남자의 경우, 미국 80.5%에서 스위스 93.8%까지이며, 여자의 경우는 한국 60.7%에서 노르웨이 93.9%까지이다.

〈표 8.3〉은 교육수준 높은 집단에서 고용률이 높을 뿐만 아니라 소득 역시 현저히 높다는 사실도 보여준다. 남자의 경우에 미국은 교육수준 간 소득격차가 가장 큰 편에 속하는데, 상급 중등교육 수준을 기준으로 보면 그 미만의 남자는 33% 적게 버는 것으로 나타난다. 헝가리에서는 고등교육의 남자가 상급 중등교육의 경우보다 93% 더 번다. 다른 나라에서는 격차가 더 작다. 덴마크의 경우 교육수준 낮은 남자의 소득이 평균 수준의 경우보다 6% 적을 뿐이다. 오스트리아에서 고등교육 받은 남자의 소득은 평균 수준의 경우보다 6% 많을 뿐이다. 여성의 경우에도 교육수준 간 소득격차가 분명한데, 남자의 경우처럼 격차의 크기는 나라마다 상당히 다르다.

전후의 교육 확대 경향 덕분에 노동력의 교육수준이 상승함에 따라서 교육수준의 고저에 따른 소득 및 고용 격차도 커졌다. 고등교육 노동자의 경우에 노동공급 증가가 노동수요 증가에 제대로 못 따라간 것으로 보인다. 교육받은 노동력에 대한 수요의 증가는 일반적으로 '숙련편향적 기술변화'(skill-biased technological change) 때문인 것으로 평가되는데, 그런 변화가 일상화된(routinized) 일을 기계로 대체하는 한편, 많은 교육을 요구하는 추상적 일에 대한 수요를 증가시킨 것으로 보인다(Krueger 1993). (교육수준 자체보다) 직종의 숙련 내용에 대한 정보를 이용한 보다 최근의 분석에 따르면, 일상화된 일에 대한 수요는 실제로 감소했다는 견해를 지지하고 있다(Autor et al. 2006). 동시에 일부 국가에서는, 숙련 분포의 양극단에서 고용이 증가하는 '일자리 양극화'(job polarization)가 나타났는데, 고숙련 일자리는 증가하고, 중숙련 일자리는 크게 감소하고, 저숙련 일자리는 다소 감소한 것이다(Goos et al. 2009).

8.3.2 교육수익률의 추정

교육수준과 소득 및 고용 간의 양의 상관관계는 〈표 8.3〉에서 나타나지만 인과적 해석을 하기는 어렵다. 실제로 교육이 생산성을 높이고 따라서 임금과 고용을 증가시킬 수도 있다. 혹은 방향이 그 반대일 수도 있다: 낮은 교육수준을 요구하는 일자리에서 자본이 노동을 대체하게 되면 상대적으로 높은 숙련도의 노동자는 노동시장 성과가 향상될 수 있다. 상관관계는 내재적 능력과 같은 제3의 요인이 교육수준과 소득을 함께 증가시킨 것일 수도 있다.

교육과 생산성 간의 인과관계를 확인하기 위해서는 거시적 자료를 넘어서 소득과 교육수준에 관한 개인적 자료를 분석해야 한다. 인적자본 투자의 수익률에 대한 경험적 증거는 전통적으로 학교교육 수준과 훈련을 설명변수로 하는 임금 회귀분석을 통해 도출된다. Mincer식의 소득함수를 이용해서 교육 수익률을 추정하는 많은 연구가 지난 30여 년 간 이루어졌는데, 임금을 근로자의 교육수준 및 근로경험에 대해 회귀분석 하는 것이다. 표준적인 Mincer식 임금방정식은 다음과 같다:

$$\log(w)=\alpha+\beta s+\gamma_0 x+\gamma_1 x^2+\varepsilon \tag{8.1}$$

여기서 s는 교육 연수, x는 근로경험 연수, ε은 교란항이다. 이 방정식은 회계적 항등식으로부터 도출될 수 있는데, 관측된 소득은 잠재적 소득에서 인적자본 투자 비용을 뺀 것이다. 핵심 모수는 교육의 수익을 측정하는 β이다.

이런 접근법의 문제는 개인들이 인적자본 투자 이전에 전혀 동질적이지 않으며 높은 교육수준은 일반적으로 높은 내재적 능력과 관련된다는 점이다. 능력과 교육 간의 이러한 상관관계는 신호보내기 이론(8.2.2)뿐 아니라 완전 노동시장에서의 인적자본투자 모형(8.2.1)과도 양립하는 것이다.

예를 들어 내재적 능력이 다른 두 사람이 있고 같은 교육 수준에서 고능력자의 임금이 더 높다고 하자. 그림으로 나타내자면, 두 사람의 교육의 수익은 [그림 8.4] (a)에 표시된 바와 같을 것이다: A의 교육과 소득의 관계는 B의 그것보다 아래에 있다. 임금 방정식은 두 사람 모두 직선이 아님에 유의하자.

인적자본투자 이론에 따르면, 각자는 추가적인 교육의 한계수익이 한계비용과 같아

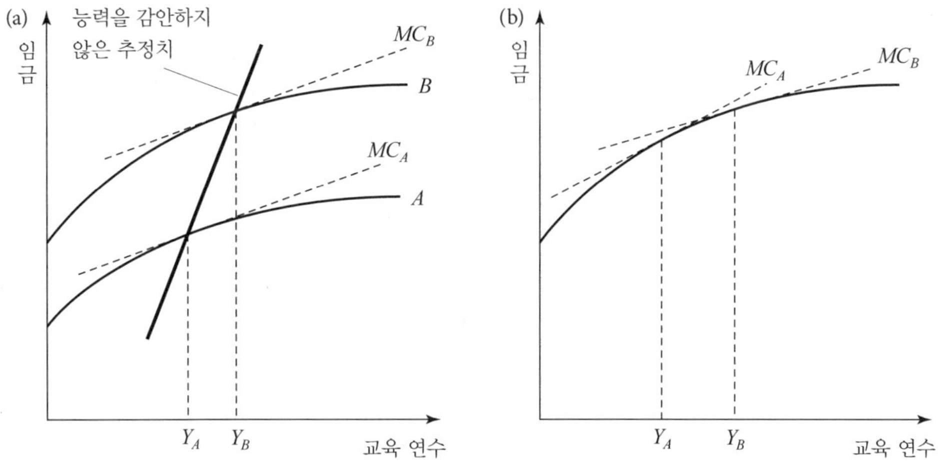

그림 8.4 (a) A와 B는 상이한 소득-교육 관계에 직면한다. (b) A와 B는 상이한 교육비용에 직면한다

지는 교육수준을 선택할 것이다. 교육(취득)의 한계비용이 교육 연수와는 독립적이며 두 사람 간에 동일하다면(직선 *MC*로 주어짐), *A*는 Y_A년의 교육을 선택하는 한편 *B*는 Y_B년을 교육에 투자할 것이다. 그렇다면 임금 차이 $w_B - w_A$는 교육의 효과만으로 볼 수는 없고 고능력자가 더 많은 교육을 선택했다는 사실과도 관련된다. 이런 능력 차이를 감안하지 않고 관계식을 추정한다면 [그림 8.4] (a)의 굵은 선과 같은 회귀선을 얻게 될 것이다.

능력의 차이는 교육의 비용에도 영향을 미칠 수 있다. 예를 들어 [그림 8.4] (b)에서처럼 A는 B보다 더 높은 한계비용에 직면한다고 가정해보자(가령 교육에 필요한 노력이 다르다면 교육투자에서의 선택도 달라지게 될 것임). 능력 편향(ability bias)이 수익에서의 차이와 비용에서의 차이 모두를 수반한다면, 소득격차에서 내재적 능력에 관련된 부분은 더욱 커질 것이고 교육의 수익에 대한 추정치를 과장하는 편의(偏倚) 또는 편향을 초래할 것이다. 이러한 능력편향은, 교육수준의 차이가 보수에서의 차이를 가져온 것이라기보다는, 고능력자의 경우에 교육 증가에 따른 수익이 더 많은 한편 "지불"해야 할 노력비용은 더 적기 때문에 결국 교육 투자를 늘리게 된다는 사실에 기인하는 것이다.

교육의 수익을 올바로 추정하기 위해서는, 이런 잠재적 '선택편향'(selectivity), 즉 임금에 영향을 줄 수 있는 상이한 (미관측) 특성을 가진 사람들이 상이한 수준의 교육을 선택할 수 있다는 점을 감안해야 한다. 교육의 소득에 대한 효과를 확인하기 위해 흔히 사용되는 방법은, 개인의 선택과는 무관한, 교육수준에서의 (외생적) 차이를 이용하는 것이다. 개인의 선택 집합 외에 속하는 요인들과 관련된 교육수준의 차이는 이러한 식별(identification) 전략에서 좋은 수단이 된다. 특히 자연실험이 일반적으로 활용되는데, 가령 의무교육기간의 증가나 교육 중단을 가져오는 병역 제도의 변화와 같이, 교육연수에 외생적 변화가 발생하는 경우이다. 혹은(개인 능력과는 무관하게 교육(취득) 비용의 차이를 초래하는) 학교까지의 거리의 차이가 이용되어 왔다.

교육의 수익을 확인하는 또 다른 접근은, 교육 투자 이전 능력 수준에서의 관측되지 않는 이질성을 포착해서 통제하는 것이다. 개인간의 내재적인 차이를 고려하기 위해 쌍둥이를 이용한 연구도 있다. 일란성 쌍둥이는 선택과 성과에 영향을 줄 수 있는 가족 및 사회적 환경이 같고 내재적 능력도 같은 것으로 간주된다. 따라서 쌍둥이 형제간의 임금 차이는 모두 교육수준에서의 차이에 기인하는 것으로 볼 수 있다. 이런 전통은 미국에서 쌍둥이 사이의 임금 차이를 연구한 Ashenfelter and Rouse(1998)에서 시작되었다. 이 연구에 따르면, 능력편의는 매우 작으며 능력 차이를 무시한 횡단면 추정치는 약간의 상방 편의(과대평가)를 가져올 뿐이다(Box 8.2 참조). 스웨덴에서 일란성 쌍둥이의 개인적 특성과 교육 연수의 수익을 비교한 Isacsson(1999)의 결과도 유사하였다. 여기서는 2가지 생리적 차원(체중과 신장)과 2가지 심리적 차원(내성적 및 감성적 성향)이 사용되었다. 쌍둥이 간의 교육 수익률은 4.6%로 추정되었는데, 이것은 스웨덴 인구 전체에 대한 표본에서 추정된 4.5%와 거의 같은 수준이다. 스웨덴의 경우에도, 교육 선택에서의 선택편향 효과는 중요하지 않는 것으로 보인다.

Box 8.2

교육의 수익: 일란성 쌍둥이 자료

정규교육의 수익률을 파악하기 위해서는 교육 연수에서의 잠재적 선택편향을 고려해야 한다. 고능력자는 저능력자에 비해 교육을 더 많이 받을 수 있다. 이것이 사실이라면, 단순한 임금 회귀분석에서 측정된 교육의 효과는 교육과 능력의 조합을 대변한다. 이러한 편의(bias)를 교정하기 위해 일부 연구는 일란성 쌍둥이에 대한 정보를 활용하였다. 일란성 쌍둥이의 경우 선천적으로 동일한 능력을 가졌다고 가정할 수 있기 때문이다. 쌍둥이 간 소득 차이는 교육의 차이에 의한 것이지 능력의 차이에 의한 것이 아닐 것이다. 일란성 쌍둥이를 기초로 한 임금 회귀분석은 교육의 순수익률을 추정하는데 사용될 수 있다. Orley Ashenfelter and Cecilia Rouse는 미국에서 340쌍의 쌍둥이를 표본으로 하여 이를 시도하였다. 만약 표본의 각 관측값이 쌍둥이라는 사실을 무시한다면, 교육 수익률은 10.2%로 추정된다. 그러나 쌍둥이 비교를 이용해서 추정한다면, 교육의 평균 수익률은 연간 8.8%로서 능력편의는 단지 1.4%포인트에 불과하다. 능력 차이를 무시하는 횡단면 분석에 따른 추정은 단지 한계적으로 상향 편의를 가져오는(only marginally upward biased) 것으로 나타난다. 이 쌍둥이 연구의 잠재적 문제점은 일란성 쌍둥이가 동일한 능력을 가졌다는 기본적 가정이 충족되지 않을 수 있다는 점이다. 하지만 그렇다고 볼 만한 증거는 없었다. 저자들에 따르면, 교육 수익률의 추정에 활용될 수 있는 무작위 편차를 제외하면 유전적으로 동일한 개인의 교육투자는 동일하다고 볼 수 있다.

출처: Ashenfelter and Rouse(1998).

Angrist(1990)은 베트남 전쟁 기간에 미국 정부가 시행한 징병 추첨제를 활용했다. 추첨 숫자가 낮은 집단은 우선적으로 징집 대상이 되는 반면, 추첨 숫자가 높은 집단은 징집이 면제되는 사정이었다. 낮은 숫자를 뽑았지만 베트남에 가기는 싫은 경우에 대안으로 대학 입학을 선택할 수 있었다. 두 집단이 추첨으로 정해졌고 따라서 평균적으로 능력은 같다. 따라서 추첨 숫자는 낮고 교육수준은 높은 남자들과 추첨 숫자는 높고 교육수준은 낮은 남자들을 비교한다면 교육의 진정한 수익률을 보여주게 된다. Angrist and Krueger(1991)는 미리 정해진 연령이 될 때까지는 학교에 머물도록 의무화하는 의무교육 법령을 활용했다. (의무교육의 적용 여부에 따라) 상이한 체제에 속하게 된 개인들은 교육 연수에서 달라질 수 있지만 능력에서는 관측상으로 동등하다. 이런 개인들을 비교하면 교육 수익률에 대한 불편(unbiased) 추정치를 얻을 수 있다. Card(1995)는 학교교육에 관한 결정에서의 선택편향을 교정하기 위해서 학교까지의 거리를 이용했다. 기본 가정은, 부모가 가족이 살 곳을 결정할 때 학교까지의 거리를 고려하지는 않다는 것이다. 따라서 학교까지의 거리에서 나는 차이는 자녀의 능력과는 무관하다. 하지만 학교 인근에 사는 아이가 학교에 머무를 가능성이 크다. 따라서 학교까지의 거리가 다른 개인들을 비교하면 교육 수익률에 대한 불편 추정치를 얻을 수 있다.

교육의 수익률 β에 대한 추정치는 시간적으로 및 국가 간에 상당히 다르게 나타난다. 대체로 0.05~0.15 범위에 드는데, 교육이 1년 추가되면 임금이 5~15% 증가하게 된다는 의미이다. 이 수치는 대체로 낮게 나타나는 금융투자의 수익률과 비교된다.

그런데 능력편향을 통제하지 않은 추정치가 선택편향을 감안해서 얻어진 추정치보다 낮은 경우도 있다. 예를 들면, Angrist(1991)는 β의 추정치에서, 능력편향을 통제하지 않을 경우에 5~7%를 얻었고 통제한 경우에는 6~10%를 얻었다. 유사하게 Card and Krueger(1995a)는 능력편향의 통제 없이는 7%, 학교까지 거리를 도구변수로 사용해서는 13%의 추정치를 얻었다. 능력이 교육 기간을 늘리도록 유도한다면, 능력편향을 통제했을 때의 추정치가 그렇지 않은 경우보다 낮아야 할 것이다. 그런데 일부 연구에서는 그 반대 상황이 나타났는데, 교육의 소득효과를 제대로 식별하는 경우에 효과가 더 큰 것이다. 편향을 교정하는 경우에는, 교육의 평균적인 효과가 아니라 자연실험에 영향을 받는 (대개 교육수준이 비교적 낮지만 교육을 계속 받도록 강요된) 사람들에 대한 효과를 보여주기 때문일 수도 있는데, 이들의 교육 수익률은 ([그림 8.4]에서처럼) 교육 연수에 따라 감소하게 된다. 또 다른 해석은 부정적 선택(negative selection)이 작용할 수도 있다는 것인데, (첫 소프트웨어의 판매 후에 Harvard 대학교를 중퇴한 Bill Gates라든가, Rolling Stones 그룹을 결성하고는 London School of Economics를 떠난 Mick Jagger와 같이) 재능이 출중한 사람은 일정 기간이 지나서도 학교를 계속 다닐 경우에 포기해야 할 소득이 너무 커지기 때문이다. 아마도 좀더 그럴듯한 설명은 교육 연수 자료에는 어느 정도 측정 오차가 있으며, 이것이 외생적 변동을 활용하지 않는 추정치에 하향 편의를 가져왔을 수도 있다. Oreopoulos(2006)는 능력편향의 통제 여부에 따른 교육 수익률 추정치의 차이를 설명하는 여러 가지 주장들의 상대적인 중요성에 대해 시사점을 주는데, Box 8.3에 요약되어 있다. 이전 문헌에 비해 이 연구가 갖는 장점은 인구의 큰 부분의 행동에 영향을 주는 도구변수를 사용한다는 것이다. 따라서 이전 연구와는 달리, 능력편향을 통제한 추정치가 인구의 비교적 적은 부분에 한정되지 않는다.

Box 8.3

영국에서의 교육 수익률의 추정

1944년 영국(북아일랜드 제외)에서는 1947년부터 의무교육 연령을 14세에서 15세로 상향 조정하는 새 교육법(Education Act)이 통과되었다. 교사, 건물, 가구의 공급 확대와 함께 시행된 이 개혁은 1950대에 14세 연령 인구의 거의 절반을 학교에 1년 더 머물게 만들었다. Philip Oreopoulos는 이 자연실험을 활용하여 능력편향을 통제한 교육 수익률의 추정값을 제시하였다. 기존 연구에 비해 그의 연구의 강점은 인구의 상당히 큰 비중이 개혁에 반응했다는 점이다. 기존 연구는 인구의 비교적 작은 부분을 대상으로 교육 편차의 외생적 요인을 도출하여 능력편향을 통제하는 방식을 통해서 교육 수익률을 추정해 왔다. Oreopoulos는 1957년까지 의무교육 연령에 변화가 없었던 북아일랜드를 통제집단으로 활용하였다.

이 분석은 영국과 북아일랜드의 일반가구조사(General Household Survey)의 몇 개의 조사층(wave)으로부터 자료를 추출하여 수행하였다. [그림 8.5]는 교육법의 변화(수직선으로 표시) 전후에 영국 본토(Great Britain) 및 북아일랜드 집단의 교육수준을 보여준다. 구체적으로, 세로축은 정규교육을 떠나는 평균연령을, 가로축은 동년 집단(세대)을 나타낸다. 1947년 정책변화 전후로 교육수준에서 명백한 차이를 확인할 수 있다. 교육수준의 차이는 1957년 북아일랜드도 같은 정책을 도입한 후에 줄어든다. 이런 결과는 저자의 식별(identification) 전략이 적절했음을 시사한다. [그림 8.5] (b)는 Oreopoulos가 얻은 핵심 결과를 보여준다. 구체적으로, 1983~1988년 기간에 로그 연소득의 평균값을 연령대(각 집단이 14세가 된 연도로 표시)에 따라 나타낸 것이다. 그림은 의무교육이 15세로 확대됨에 따라 평균적으로 소득이 유의미하게 증가했음을 보여준다. 그 정도는 평균 5.5~7.0%의 수준이었다. 또 저자는 제도(정책변화)에 영향을 받은 인구의 규모가 실제로 교육 수익률 추정값에 중요한 역할을 하는지 살펴보기 위해 영국의 추정값을 미국과 캐나다(의무교육연령의 확대가 인구의 훨씬 적은 부분에만 영

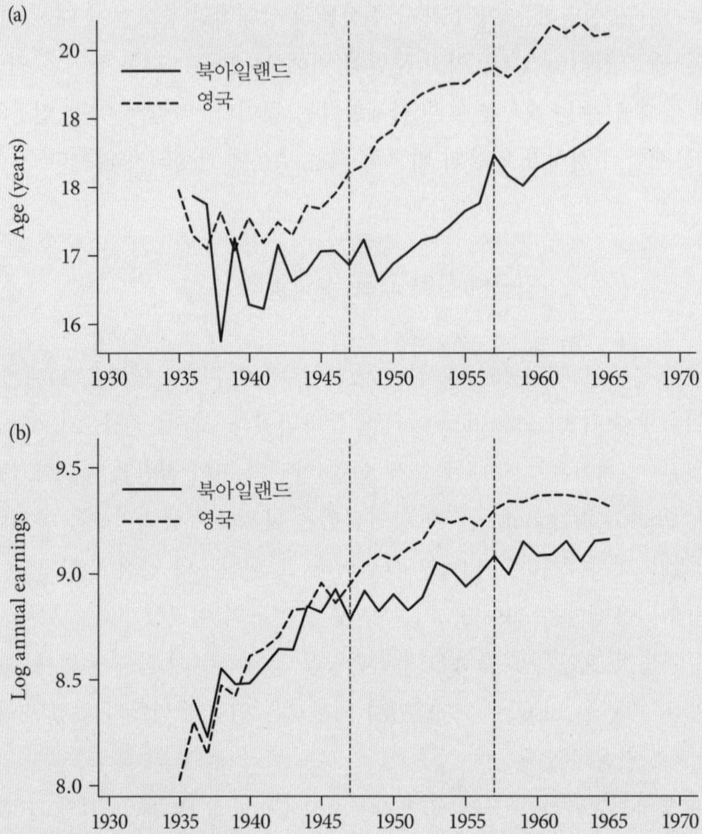

그림 8.5 (a) 정규교육 졸업 연령, (b) 해당 연도에 14세였던 집단의 로그 연소득의 평균값

출처: 일반가계조사, 1983-98.

주: 32~64세 성인 대상 자료. 수직선은 영국(1947)과 북아일랜드(1957)의 교육개혁 연도를 표시함.

향을 끼친 국가)의 추정값과 비교하였다. 고무적인 점은 저자의 지적처럼 "의무교육으로부터의 이익은 법 적용 대상이 인구의 대다수인지 일부분인지 여부에 상관없이 상당히 크다"는 것이다. 이 결론은 교육 수익률에 관한 초기 문헌에서의 결과를 설명하는 데 중요하다.

출처: Oreopoulos(2006).

8.3.3 현장 훈련

인적자본 이론의 예측처럼 노동자의 임금은 훈련에 대한 과거의 투자와 양의 관계를 가진다. 하지만 훈련의 대부분이 일반적 성격의 것인 경우조차도(Loewenstein and Spletzer 1998) 훈련비용은 거의 항상 고용주가 지불한다. 교육의 수익에 관한 경험적 분석과는 달리, 훈련의 수익률을 추정하는 연구는 많지 않다. Frazis and Loewenstein(2005)은 미국 자료를 이용해서 정규 훈련의 수익률에 대한 추정치를 도출했다. 이에 따르면, 훈련량의 중위값인 60시간의 정규 훈련의 경우에 임금이 34% 증가하는 것으로 나타났다. 이것은 수익률로는 150~175% 수준에 해당하지만, 승진, 훈련의 직접 비용, 임금 증가 및 수준에서의 이질성 등을 감안하고 나면 수익률은 상당히 낮아져서 30~40% 수준이 된다.

직종간에도 이질성이 큰 것으로 보이며, 관리직 및 전문직은 육체노동의 경우보다 수익률이 높다. Booth and Bryan(2005)은 영국에서 훈련의 임금 효과를 조사했는데, 고용주가 부담하는 훈련의 경우에만 임금에 양의 효과가 나타났으며, 노동자가 다른 기업으로 옮긴 경우에도 마찬가지였다. 구체적으로, 고용주가 부담하는 훈련은 임금을 약 10% 상승시켰다. 이전 고용주에 의한 훈련이 중요한 효과를 가진다는 것은 그것이 일반적 훈련이었음을 의미한다. 노동자 자신이 부담하는 훈련은 임금에 효과가 없다는 점도 확인되었다.

Acemoglu and Pischke(1998, 1999)의 훈련에 관한 연구에 따르면, 노동시장 불완전성의 존재(특히 임금구조를 압착하는 노조와 같은 제도의 존재)가 일반적 훈련의 비용을 기업이 부담하는 이유를 설명해준다(Box 8.4 참조). Picchio and van Ours(2011)는 네덜란드 제조업에서의 노동자 및 기업 자료를 이용해서, 제품시장 경쟁과 노동시장 불완전성이 기업이 부담하는 훈련에 어떻게 작용하는지를 조사했다. 이에 따르면, 기업의 훈련 지출에 대해서 제품시장 경쟁은 영향이 없었고, 대신에 노동시장 불완전성이 영향을 미쳤다. 노동시장 유연성의 증가는 기업의 훈련투자 유인을 유의하게 감소시키기는 하지만, 그 크기는 작았다. Picchio and van Ours(2013)는 현장훈련이 노동자의 고용가능성에 영향을 주는지를 조사했다. 네덜란드 자료를 이용한 연구 결과, 기업이 부담하는 훈련은 장래의 고용 전망을 상당히 개선시키는 것으로 나타났다. 이것은 나이든 노동자의 경우에도 적용되는데, 기업 부담의 훈련이 나이든 사람을 계속 일할 수 있게 하는 중요한 수단이 됨을 시사한다.

Box 8.4

독일의 현장 훈련

독일에서 기업들은 노동시장에 진입하는 노동자에게 자발적으로 도제훈련(apprenticeships)을 제공한다. 훈련 중인 견습생은 사전에 정해진 교육과정을 따라야 하며 도제훈련의 말미에는 엄격한 외부 시험을 치른다. 기업은 산업별 또는 직종별 위원회의 허가 없이 견습생을 훈련할 수는 없다. 훈련은 기업 내 노동자위원회의 감독을 받는다. 대개 훈련 내용에 대한 기업의 영향력은 제한적이다. 따라서 도제기간 동안 배운 기술의 대부분은 일반적 훈련으로 여겨진다. 그럼에도 표준적 인적자본이론이 예측하는 바와는 반대로, 도제훈련의 금전적 부담은 기업이 대부분 담당하게 된다. Daron Acemoglu and Steve Pischke는 이러한 현상을 노동시장의 불완전성으로 설명한다. 즉, 노동자의 이동은 제한적이고 따라서 고용주는 훈련된 노동자에 대해 경제적 지대를 얻게 된다. 기업이 노동자의 한계생산의 일부를 얻을 수 있으므로, 기업은 노동자의 인적자본에 투자해서 생산성을 높이려는 유인을 가지게 된다. 기업의 수요독점력 때문에 노동자는 일반훈련에 대해 비용을 지불할 의사가 없게 되는데, 노동자는 훈련으로부터 나온 수익의 대부분을 기업이 가져간다는 점을 알고 있기 때문이다.

저자들은 기업에 잔류한 약 5,000명의 견습생과 군 입대와 같은 외생적인 이유로 퇴사한 이들의 임금을 비교하였다. 모형의 예측에 따르면, 군입대로 퇴사한 사람이 기업에 남은 사람보다 더 높은 임금을 받을 것인데, 외생적 이유에 따라 퇴사하는 만큼 기업의 수요독점력으로부터 자유롭게 되기 때문이다. 군은 신체검사 외에 입대자격을 결정하는 다른 테스트는 없기 때문에 선택편향의 문제는 존재하지 않는다. 또 민간 노동시장에서의 평가로 볼 때 입대자의 군복무는 인적자본을 증가시키지 않는다. 저자들은 각 집단의 세전 소득을 비교한 결과, 회사를 자발적으로 퇴직한 사람을 기준으로 할 때, 잔류 근로자는 1.2%, 군입대 퇴사자는 4.5% 더 높다는 것을 확인하였다. 이들의 모형은 복수 균형(multiple equilibrium)을 포함하는데, 한 균형에서는 퇴사자의 임금이 더 낮다. 따라서 기업은 상당한 정도의 수요독점력을 가지며 높은 수준의 훈련을 지원할 것이다. 한편 다른 균형에서는 퇴사자의 임금이 더 높다. 기업의 수요독점력은 제한적이 되고 따라서 훈련 투자는 적어질 것이다. 역설적으로 일자리에 대한 노동자의 매칭이 개선되는 경우(이직률이 높은 균형) 효율성이 더 낮은데, 훈련 수준이 더 낮기 때문이다.

출처: Acemoglu and Pischke(1998).

8.4 정책 이슈

8.4.1 의무교육 연령(compulsory schooling age)이 있어야 하는가?

모든 OECD 국가에서 개인이 일정한 최소연령에 이를 때까지 학교에 다니도록 강제하는 의무 학령을 두고 있다. 문제는 그런 의무학령이 후생을 향상시키는지 여부이다. 여하간에 개인이 학교를 일찍 그만둔다면 그럴 이유가 있을 것인데, 즉 추가적인 학교교육의 순 수익이 음(−)이기 때문일 수 있다. 하지만 개인이 근시안적이어서 추가적 교육의 장래 수익을 모두 고려하지 않는다면 의무학령을 통해서 후생이 개선될 수도 있을 것이다. 개인의 할인율은 너무 클지도 모르는데, 예를 들어 교육수준과 평생 실업률 간의 음의 상관관계가 무시되는 경우이다. 의무학령은 학생이 중퇴하는 것을 막을 수 있다. 학생이 학자금 조달에서의 제약 때문에 중퇴할 수도 있다. 이런 경우에도 교육의 사회적 수익은 사적 수익보다 클 수 있다. 더 많은 교육을 받은 인구집단은 긍정적 외부효과를 가진다. 예를 들면, 교육이 정치적 참여도, 시민적 태도, 더 넓게는 사회적 자본, 무역, 범죄율 등에서 긍정적 효과를 가진다는 증거가 있다(Lochner 2004). 그런 의미에서 의무학령의 도입은 합리적이다. 의무교육의 기간은 학교 입학 연령의 변화에도 영향을 받는다. 정규교육 연기의 결과를 평가하는 경험적 문헌의 결론은 전혀 명확하지 않지만, 일부 국가는 입학연령을 높이고 있다. 이런 상황에서는 의무학령의 증가가 반드시 의무교육 기간의 증가로 연결되는 것은 아니지만, 교육의 질에는 상당한 영향을 줄 수 있다.

8.1절에서 논의했듯이, 학교의 질은 국가들 간에 그리고 국가 내부적으로도 상당한 차이가 있다. 학생들이 학교들 간에 어떻게 분포되어 있는가에 따라서, 교육수준의 증가는 한 나라의 인적자본 부존량에 상당히 다른 효과를 미칠 수 있다. 원칙적으로 학교 선택은 최선의 학교에게 유리하다. 하지만 자녀가 다녀야 할 학교에 대한 부모의 선택은 (학생을 주거지 학군에 따라 공립학교에 배정하는) 행정규칙뿐 아니라 정보나 금전적 제약에 의해서도 중대한 제한을 받는다. 나아가서 (적성별) 학급편성(school tracking)이 학교 선택을 제한한다. 일부 교육체제는 학생들이 비교적 일찍부터 주어진 교육과정에 따라 전문화하도록 강제하는데, 이것이 학생들을 특정 경로로 분리시킬 수도 있다.

학교 바우처(school voucher)[9]는 원칙적으로 부모의 학교 선택을 확대하고 학교간

9) 학교 바우처는 정부가 발행하는 증명서로서, 자녀가 배정된 공립학교 대신에 사립학교의 등록금을 (혹은 확장해서, 자가 학습 비용의 보상을) 부모가 신청할 수 있게 하는 것이다.

경쟁을 심화해서 학교의 질을 개선시킬 유인을 강화하게 된다. 주어진 도시 내의 학교 수를 대리변수로 해서, 경쟁이 학교의 질에 영향을 주는지 여부를 평가하는 많은 문헌이 있다. "개울 전투"(Box 8.5) 사례는 경쟁이 학교의 질에 미치는 효과를 평가함에 있어서 방법론 및 측정상의 문제를 예시해준다.

Box 8.5

"개울 전투"(The Battle over Streams)

경쟁과 학교의 질 간의 관계를 실증분석 하는 연구는 경쟁의 척도로서 어떤 도시지역 내의 학군의 수를 활용해왔다. 좀 더 많은 학군이 있을 때, 부모는 어디에 살지 그리고 자녀를 어디에 입학시킬지에서 선택의 폭이 커진다. 그리고 미국 도시들은 학군의 수 차원에서 비교적 큰 차이를 보인다. 예를 들어, 보스톤과 같은 대도시 지역은 수십 개의 학군을 가지고 있는데 반해 라스베가스와 같은 지역은 오직 하나의 학군만을 가지고 있다. 이러한 학교 경쟁의 척도가 가진 문제점은 도시 내 학군 수 자체가 내생적이며 학교의 질에 따라 달라질 수 있다는 것이다. 학교의 질이 낮은 학군은 다른 학군과 쉽게 통합할 수 없기 때문에 질적 수준이 학군 수에 영향을 미치게 된다.

Caroline Hoxby(2000)는 이 문제로부터 벗어날 수 있는 방법을 찾았다. 미국에서 주어진 도시 지역 내에 있는 개울(학군의 자연적 경계를 형성하는 지리적 특성)의 수를 학군 수의 도구변수로 활용한 것이다. 실제로 개울이 많은 도시는 개울이 별로 없는 도시에 비해 학군 수가 많은 것이 확인되었다. 또 개울의 수가 학교의 질에 직접적인 영향을 줄 수는 없다. 개울 수를 학군 수의 도구변수로 활용함으로써, 경쟁과 학교의 질 간의 인과관계를 밝히는 방법을 찾았다는 것이 저자의 입장이었다. 분석 결과는, 학군 수가 (표준화된 시험에서의 학생들의 성과로 측정된) 학교의 질에 긍정적 영향을 끼친다는 것이다.

이 결과에 대해 Rothstein(2007)은 도구변수의 선택과 측정에 의문을 표하면서 반론을 제기했다. 이에 따르면 개울은 학군의 수뿐만 아니라 지역의 경제발전과 따라서 학교의 질에도 영향을 미친다는 것이다. 배가 다닐 수 있는 큰 개울(하천)은 지역의 상업과 부 그리고 유입되는 인구 유형에도 영향을 줄 수 있다. 작은 개울의 수는 이 문제로부터 자유로운 만큼, Hoxby는 그래서 개울을 큰 것과 작은 것으로 나누고 회귀방정식에서 별도의 변수로 다루었다. 미국지질조사(U.S. Geological Survey)에서 발간된 자세한 지도를 분석해서 수백 개의 대도시 지역에 있는 수역의 규모를 측정했는데, 여기서도

Rothstein의 도전이 이어졌다. 경쟁과 학교의 질 간의 관계에 관한 계량경제학적 논쟁이 큰 개울과 작은 개울을 구분하는 기준에 관한 지질학적 논쟁으로 둔갑해버렸다. 한 정치학자가 지적한 것처럼, 이 논쟁은 개울의 수를 세고 그 폭을 측정하는 최선의 방법에 대해서 의견이 충돌하는 "개울 전투"가 된 것이다. 이 논쟁은 경제학에서 가설 검증에 요구되는 가정을 예시해 준다. Rothstein 같은 학자가 많지는 않겠고 이런 유형의 논쟁을 게재하려는 학술지는 거의 없겠지만, 인과 추론을 위해서 요구되는 식별 가정(identification assumptions)을 자세히 검토하는 것은 언제나 중요하다.

출처: Hoxby(2000), Rothstein(2007).

8.4.2 정부가 사내 훈련을 보조해야 하는가?

정부는 직접적 보조 또는 조세 감면을 통해서 기업 내 훈련을 장려할 수 있는데, 기업의 훈련 제공 부담을 덜어주는 것이다. 문제는 그런 지원이 후생의 관점에서 바람직한가 하는 것이다. 많은 기업이 훈련을 제공하려 한다면 후생손실이 커지고 투자의 사회적 수익은 낮아질 것이다. 질문에 대한 해답은 기업의 시장력에 따라 달라질 것이다. 불완전경쟁의 노동시장에서 기업은 정부 보조 없이도 훈련을 제공할 만큼 충분한 시장력을 갖고 있을 수도 있다. 보다 경쟁적인 시장에서는 고용주가 훈련 투자를 꺼릴 수 있는데, 다른 경쟁기업이 투자 편익의 일부 또는 전부를 가져갈 수도 있기 때문이다. 사내 훈련이 생산성을 증가시킨다면 사회적 수익이 발생한다. 따라서 사회적 수익이 사적 수익보다 크다면 정부가 개입해서 훈련을 보조할 수 있다.

8.5 다른 제도들과의 상호작용

의무교육 기간, 입학 연령, 공적 교육의 제공 범위, 등록금 상한, 훈련 보조금 등을 정하는 교육과 훈련 관련 법제는 노동시장에서 다른 제도와 연관되어 상호작용을 하게 된다. 가장 분명한 상호작용은 급여세(13장)와의 관계인데, 교육의 공적 공급의 재원은 적어도 부분적으로 조세수입에서 나오기 때문이다. 나아가서 교육과 훈련에 관한 결정은 과세 후의 잠재적 수익에 영향을 받으며, 누진세제는 고등교육 투자 유인을 감소시킬 수 있다.

또한 노동조합(3장)과의 상호작용도 있는데, 노조가 시도하는 임금 압착은 교육 및 훈련 투자의 수익성을 감소시킬 수 있기 때문이다(이에 관한 증거는 Acemoglu and Pischke 1998 참조). EPL(10장)은 현장훈련 투자를 조장할 수 있는데, 고용주가 근로자를 해고하는 대신 재배치하기 위해 내부노동시장을 이용하려고 할 것이기 때문이다. 고용보호가 없는 경우에는, 일할 기간이 짧을 것으로 예상하는 근로자로서는 그런 투자에 참여하기를 꺼릴 수도 있으며, 특히 기업특유적 기술인 경우에 그러하다.

또 퇴직 프로그램과도 상호작용이 있을 수 있다. 근로 기간이 길수록 근로자가 교육 할증을 누릴 수 있는 기간도 길어지게 되어 교육의 평생 수익성이 증가한다. 인적자본 이론의 이러한 예측은 경험적 증거로 뒷받침된다(Box 8.6). 또 현장훈련은 노화(6장)에 따르는 생산성 저하를 줄임으로써 나이든 근로자에 대한 수요를 증가시킬 수 있다.

Box 8.6

연금과 훈련

2006년 네덜란드의 공공부문은 두 개의 매우 유사한 근로자 집단을 상이하게 처우하는 연금개혁의 주요 대상이 되었다. 이 개혁은 1949년 12월 31일 이후 태어난 모든 사

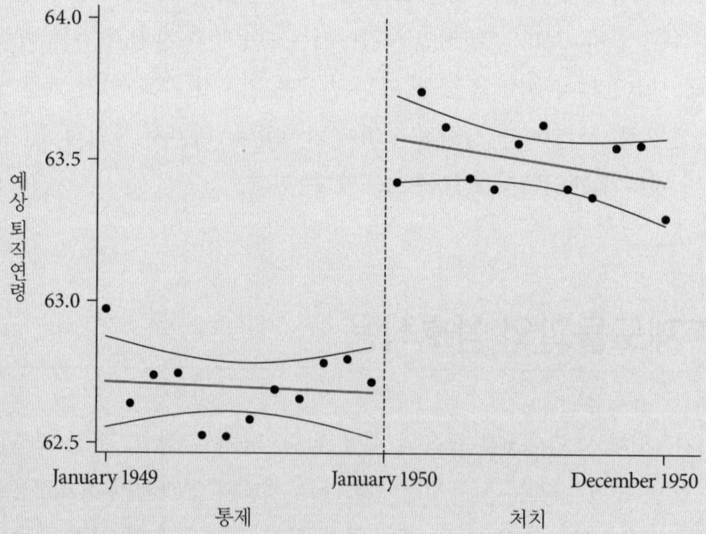

그림 8.6 기간별 예상 퇴직연령, 네덜란드

주: 그림은 1949.1.에서 1950.12.까지 '생월'별로 예상 퇴직연령의 평균값을 나타낸다. 표본은 2개의 동년배 집단(cohort)으로 구성되는데, 1949년생 근로자는 구 연금규칙이 적용되며, 1950년생 근로자는 신 연금규칙이 적용된다. 수직선은 통제집단(control)과 처치집단(treatment)을 구분하는 경계선이다.

람들에 대해서 연금이전 제도들을 단계적으로 폐지하는 것이었다. 만약 근로자가 1950년 이전에 태어났고 1997년 4월 이후 지속적으로 공공부문에서 근무해왔다면, 이들은 62세 3개월에 은퇴가 가능하며, 70% 대체율로 제공되는 연금을 받을 수 있다. 대신에 1950년 이후 태어난 근로자는 관대성이 약화된 새로운 연금제도의 적용을 받았다. 이들은 앞의 집단과 같은 대체율로 1년 늦게(63세 4개월) 연금을 받을 수는 있지만 연금 혜택은 현저히 낮아졌다. (예상) 퇴직연령은 개혁으로 인해서 평균 1년 정도 늦추어지게 되었다([그림 8.6] 참조).

Raymond Montzaan, Frank Corvers, and Andries De Grip은 공공부문에서 근무하는 남성 근로자의 고용주(설문자료)와 근로자(연금기금 행정자료) 자료를 병합하였다. 자료는 새로운 연금체계가 도입된 1년 후 수집되었고, 고령 근로자의 개인 연금권리, 퇴직 후 예상 소득원, 그리고 훈련 참여 등에 관련된 자세한 정보를 통합하였다. 아래의 표는 처치집단의 기준시점(즉, 1949년 출생) 직후 태어난 근로자의 훈련참여와 구 연금체계하에 있던 통제집단의 훈련참여를 비교하였다. 이중차분 추정의 결과는 아래 표와 같다.

훈련 참여	1949년생(통제)	1950년생(처치)	차분(%)
2006	0.54	0.57	3
2005	0.50	0.50	0

퇴직 연기가 훈련 참여에 긍정적인 효과가 있음을 보여준다(근로자 및 기업 특성의 통제 없이, 3% 포인트). 이 효과는 다변량분석에서도 확인되었다. 저자에 따르면 "처치집단에 있는 노동자는 통제집단에 비해 장기훈련과정에 약 7.3% 더 참여했다."

출처: Montizaan et al.(2010).

교육과 퇴직 정책 간의 상관관계는 정치경제적 차원에서 나타날 수도 있다. 두 제도 모두, 방향은 반대일지라도 세대간 재분배로 작용하게 된다. 교육정책은 교육의 양과 질을 증가시켜서 젊은 세대의 후생을 개선시키게 되는데, 현재 근로자에 대한 과세를 통해 충당되는 것이 보통이다. 교육 재원의 공적 조달을 통해서, 청년층은 인적자본 투자를 위한 빚을 중년층으로부터 지는 것이다. 그 대신, 관대한 PAYG 퇴직제도는 노년층의 연금을 지불해야 하는 청년세대의 희생으로 중노년층의 복지를 개선시키게 될 가능성이 크다.

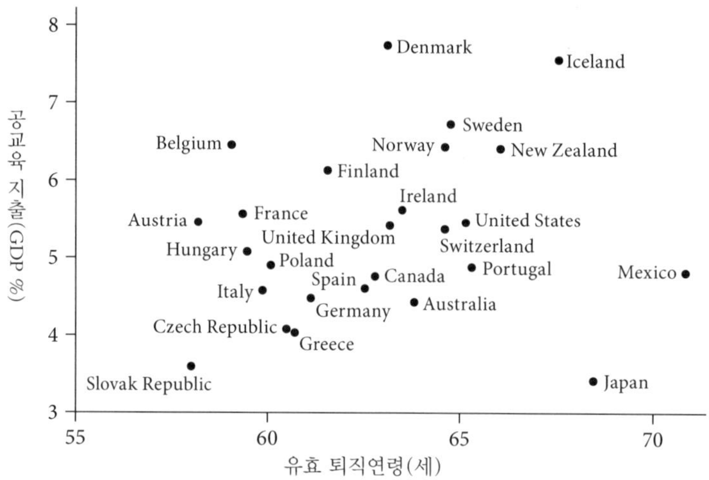

그림 8.7 공적 교육과 조기 퇴직

출처: OECD online statistics 2011; World Bank (2011).

주: 세로축은 공교육 지출의 GDP 비중(2009)을 나타내고, 가로축은 6장에서와 같은 유효 퇴직연령을 측정한다 (2011).

일반적으로 고령화 사회는 보다 관대한 퇴직제도에 유리하고(Galasso 2006) 대규모 공교육 제도에는 불리한 방향으로의 정책 변화를 경험한다. [그림 8.7]은 OECD 국가를 대상으로, 세로축에 공교육 지출의 GDP 비중을, 가로축에 유효 퇴직연령을 나타내고 있다. 두 제도 간에는 양의 상관관계가 있다. 북유럽 국가는 대개 비교적 긴 근로기간과 높은 교육지출을 보여주는 반면 남유럽 국가는 짧은 근로기간과 낮은 교육지출을 보여준다. 하지만 일본처럼 비교적 긴 근로기간과 낮은 교육지출을 가진 나라도 있다.

8.6 정부는 왜 교육과 훈련을 보조하는가?

교육과 훈련은 노동생산성을 증가시킨다. 학교교육에는 사적 수익이 따르는데, 교육에 투자하는 사람은 생산성이 높아져서 평생 더 높은 소득을 얻게 된다. 생산성 향상 효과 때문에 교육은 사회적 수익도 가져온다. 교육 투자를 통해서 국민소득이 높아진다. 좋은 교육과 훈련을 받은 노동력은 경쟁력에 중요한 자산이 된다. 정부가 교육과 훈련에 개입하는 주된 이유는 시장의 불완전성과 교육받은 노동력의 긍정적 외부효과 때문인데, 외부효과에는 건전한 시민의식, 높은 정치 참여도, 낮은 범죄율, 강한 신뢰감과 낮은 거래비용, 그에 따른 거래이익의 증가 등이 포함된다. 교육을 받고 싶은 개인이 자금을 항상 쉽게 얻는 것은 아니다. 자본시장의 불완전성 때문에 대출이 불가능하거나 혹은 어려울 수 있다. 따라서 인적자본 투자가 부족해질 수 있다. 개인이 신용 제약에 직면하는 경우, 정부가 정규교육 제도를 보조해야 할 강한 이유가 생긴다. 보조가 없다면 교육 투자는 과소해질 수 있다.

긍정적 외부효과는 정부가 훈련을 지원할 이유도 제공한다. 훈련이 외부 기업들에도 생산적 효과를 갖는 경우에 기업은 훈련에 투자하기를 꺼릴 수 있다. 기업은 투자 편익의 적어도 일부를 거두어들이기에 충분한 시장력을 가진 경우에만 훈련에 투자할 것이다.

8.7 심화학습 안내

OECD 보고서 시리즈인 '*Education at a Glance*'(OECD 2005a)는 교육제도에서의 국가간 차이에 대한 흥미로운 개관을 제공한다. Card(1999)는 교육과 소득 간의 인과관계에 대한 문헌을 정리하였다. '*Handbook of the Economics of Education*'(Hanushek et al. 2011)은 이 분야의 저명한 학자들이 교육과 노동시장 성과 간의 관계에 대한 풍부한 조사와 통찰력을 제공한다. Brunello et al.(2007)은 유럽의 교육과 훈련에 대한 이론적, 실증적 분석을 제공한다. 마지막으로 '*Handbook of Labor Economics*' 4판에서 Acemoglu and Autor가 작성한 장은 교육경쟁을 배경으로 해서 숙련 집단의 실질임금 추세에 대해 논의하고 있다.

복습 질문 및 연습문제

1. 일반적 훈련을 받은 노동자는 다른 기업에서도 유용한데도 그 비용을 기업이 부담하는 이유는 무엇인가?
2. 교육은 학생 자신이 이후 삶에서 이익을 얻게 되는 투자인데 정부가 장학금을 지급하는 것은 무슨 이유인가?
3. 의무교육 연령이 정해지는 것은 무엇 때문인가?
4. 사회전체의 관점에서 과잉교육이 존재하게 되는 것은 어떤 상황에서인가?
5. 교육 수익률을 측정하는 것이 어려운 이유는 무엇인가?
6. 교육 수익률의 불편추정값을 도출하는 데 의무교육법이나 학교로부터의 거리가 사용되는 이유는 무엇인가?
7. 모든 학생이 학위를 취득할 필요가 없는 이유는 무엇인가?
8. 교육은 다소간에 개인의 타고난 내재적 생산성의 신호이기도 하다. 그 정도가 개인의 교육수준 결정에 중요한가?
9. 정부가 현장훈련에 보조해야 하는가?
10. 어떤 학생의 임금-학력 관계는 다음과 같다.

교육 연수	소득(유로)
6	12,000
7	15,360
8	19,200
9	22,200
10	24,420
11	26,400
12	27,720
13	28,680
14	28,800

(a) 한계수익률을 그림으로 나타내시오. 할인율이 5%라면 언제 학업을 중단하는가? 만일 할인율이 15%라면 어떻게 되는가?

(b) 정부가 노동소득과 이자수입에 대해 25%의 소득세를 부과한다고 가정하자. 교육 선택에 소득세가 미치는 효과는 무엇인가?

11. 18세인 어떤 학생이 학업을 몇 년 더 해야 할지 결정해야 한다. 학업을 지금 중단하면 임금은 $w_0=1,200$이 되는 한편, s년을 더 교육 받는다면 임금은 $w_n=w_0+600\log(1+s)$가 될 것이다. 만약 학업을 계속하기로 한다면, 매년 120의 학비를 지불해야 한다.

(a) 이 자료에 따르면, 얼마나 더 공부를 할까? 주어진 선택에서 기대임금은 얼마인가?

교육제도 개혁이 시행되었다고 가정하자. 학비는 매년 75 로 낮아졌지만, 교육의 질 또한 낮아졌다. 그래서 n년의 학업 후 기대임금은 이제 $w_n=w_0+300\log(1+s)$이다.

(b) 이 교육개혁이 교육 연수에 대한 최적투자 결정에 어떠한 영향을 미치는가?

(c) 몇 년을 더 학업에 투입하겠는가?

(d) 현재 기대임금은 얼마인가?

12. 저생산성 노동자(인구의 75%)와 고생산성 노동자(25%)와 같이 두 종류의 노동자가 있다고 가정하자. 생산성은 저생산성 노동자는 300유로인 반면, 고생산성 노동자는 500유로이다. 고용주는 각 집단의 비중과 상대적 생산성을 알고 있지만, 채용과정에서 두 집단의 노동자를 구별해 내지는 못한다.

(a) 경쟁적 고용주라면 얼마의 임금을 지불하겠는가?

이제 교육을 고려하자. 저생산성 노동자에게 연간 교육비는 25유로이지만 고생산성 노동자는 단지 16유로이다. 교육은 생산성에 어떠한 효과도 없다.

(b) 고용주 입장에서 오직 고생산성 노동자만이 지원하는 것을 확신할 수 있는 최소 교육 수준은 얼마인가?

(c) 교육이 전혀 필요 없는 일자리도 있다고 가정해 보자. 고용주에 의한 이런(교육에 따른 선별) 정책의 수혜자는 누구이고, 피해자는 누구인가?

13. (고급) 16세인 어떤 학생이 학업을 중단하고 일을 할지 아니면 1년 더 공부할지 결정해야 한다. 만약 학교를 떠나면 그는 일하는 기간 동안 매년 45,000유로를 벌 수 있다. 만약 1년 더 공부하면서 교육수준을 높인다면 그는 같은 기간 동안 매년 50,000유로를 벌 수 있다. 1년을 더 공부하는 데 드는 비용은 30,000유로이다. 그는 70세까지 일을 할 계획이며, 연 할인율은 5%이다.

(a) 1년 더 공부하는 것이 이익임을 보여라.

(b) 교육을 계속해서 1년 더 받을 때마다 연 소득이 5,000유로씩 높아진다고 가정해보자. 하지만 교육이 추가됨에 따른 비용 또한 $15,000s^2$에 따라서 증가하는데, 여기서 s는 교육 연수를 의미한다. 몇 년을 공부해야 하겠는가?

제 9 장

이민정책

세계화 시대에 막상 국가간 이민은 자유롭지 않다. 국제무역과 자본이동에의 장벽은 이미 상당부분 제거되었지만, 노동자의 흐름은 엄격히 규제되고 있다. 몇십 년 전까지만 해도 유럽의 많은 나라가 인구의 대량 유출국이었다. 역사를 보면, 1820~1940년 기간에 약 6천만 명의 유럽인이 구대륙을 떠났다. 그중 2/3는 미국으로 갔다. 오늘날 유럽은 인구 대비 유입 이민이 미국보다 많다. 20세기 초에 매년 10~20만 명을 미국으로 보내던 이탈리아가 이제는 매년 35만 수준의 이민을 받고 있다. 유럽에서 이민 정책은 갈수록 엄격해지고 있다. 동시에 이런 규제의 부실한 집행 덕에 불법이민의 수가 급증하고 있다. 어떤 추정에 따르면, 유럽으로의 이민에서 40%까지가 불법이라고 한다.

이민정책은 사람의 국경간 이동에 대해서 복잡한 제약들의 집합을 도입한다. 이민제한에는, 일정 기간에 외국인에게 발급되는 노동 및 거주 허가에 상한을 두는 수량할당(quota)과 같은 직접적 유형도 있고, 허가기준을 통해서 접근을 제한하는 간접적 유형도 있다. 할당은 흔히 선착순으로 배정되기도 하지만, 점수제(points system)를 채택하는 나라가 많아지고 있는데, 점수제에서는 교육수준, 경험, 언어능력 등을 우대하는 명시적 기준에 따라 이민신청 건마다 일정한 점수가 주어지게 된다. 인력이 부족한 직종이나 지역의 고용에 대해서는 보너스 점수가 주어질 수도 있다. 이민자나 그 고용주에게 부과되는 행정적 부담을 증가시킴으로써 이민이 저지되기도 한다. 따라서 허가절차(admission procedures)에 관련되는 관청의 수가 이민정책의 입장을 보여주는 또 다른 지표가 된다. 이민 법제의 한 가지 중요한 요소는 체재기간(length of stay), 즉 거주허가 또는 노동허가의 최대 기간과 관련된다. 이민자의 동화(assimilation)에 관한 정책도 이민정책의 엄격성을 결정하는 요인이다. 이런 맥락에서 유용한 지표는 시민권(citizenship) 신청에 요구되는 최소 기간이다. 끝으로 망명 신청자(asylum seeker)에 대한 특별 규칙이 있다. 망명자 정책은 대개 비경제적인 고려에 따르게 되지만, 실제로 망명 신청자들도 대다수가 다른 이민자처럼 경제적 유인에 반응한다. 따라서 한 나라의 국제이민에 대한 입장의 엄격성을 평가할 때에는 망명자 정책도 포함하는 것이 중요하다.

경제이론에 따르면, 이민은 생산성과 실업에서의 국가간(이동성이 낮은 경우에는 지역간) 차이가 사라지게 만듦으로써 효율성을 증가시킨다. 이처럼 '차익 이동'(arbitrage)이 효율성을 높이게 될 여지는 크다. 국제 상품시장 및 국제 금융자산 시장에서는 가격 차이가 2배가 넘는 경우가 드문데 반해서, 자격이 비슷한 사람이 선진국과 저소득 국가에서 받는 임금은 10배 이상으로 차이가 크다. 이것은 국가간 노동이동을 자유화할 경우에 얻게 될 이득은 막대하며, 재화와 자본 같은 전통적 영역의 자유화에서 얻는 것보다 훨씬 더 크다는 사실을 의미한다. 그렇다면 왜 이민은 그토록 엄격히 제한되는 것인가? 이민정책이 본질적으로 재분배적 수단이기 때문인데, 그것은 이민이 내국인의 임금과 실업에 미치는 부정적 효과를 억제하는 것을 목적으로 한다. 더구나 이민은 파동처럼(연속적으로) 발생하는 경향이 있다. 이민 제한은 이민의 흐름에 점진성을 더함으로써 특정 집단의 소득과 고용에 부정적으로 작용하게 될 공급충격을 완화한다.

Box 9.1

미국의 이민

Roger Daniels(2002)의 책 '*Coming to America*'는 미국으로의 이민의 특성과 이민정책에 영향을 받은 이민의 규모와 구성에 대해 기술한다. 그에 따르면, 1820~1920년 기간은 "이민의 세기"이다. 1820년 미국 인구조사에 따르면 주민 수는 천만 명에 못 미치는 것으로 나온다. 그 후 3천6백만 명의 이민자가 미국으로 유입되었고, 주로 독일(500만), 아일랜드(450만), 이탈리아(450만), 폴란드(250만), 영국(250만) 및 스칸디나비아(200만) 등 유럽으로부터 3천만 명 이상이 유입되었다. 이민의 세기 대부분에 걸쳐, 이민은 대체로 정부규제에 의해 속박 받지 않았지만, 반(反)이민 활동은 존재했다. Daniels는 이를 반가톨릭, 반아시안, 반(모든)이민의 3가지 국면으로 구별하였다. 두 번째 국면은 1882년 중국인 차단법(Chinese Exclusion Act)을 가져왔는데, 중국인 이민자 다수의 입국을 정지시킨 것이다. 세 번째 국면은 1921년 최초의 할당제(quota system) 도입으로 이어졌다. 이 할당제는 1910년 당시 미국에 거주하는 구성원 수를 기준으로 국적별 할당량을 설정하였다. 이후 1924년의 이민법(Immigration Act)은 이탈리아와 동부유럽의 할당량은 줄이고, 영국, 독일 및 아일랜드의 할당량은 늘리는 내용을 담고 있다. 1924년의 법은 이민을 상당히 줄였으며, 1965년 이민 및 국적법(Immigration and Nationality Act) 개정으로 국적별 할당량이 폐지될 때까지 유효하였다. 1965년부터는 매년 동반구에 대해 17만 개, 서반구에 대해 12만 개의 이민비자를 배분하였다. 입국비자의 다수는 미국에 가족이 거주하는 사람들에게 배정되었다. 일부 비자는 유용한 기술을 가진 이민자에게 배분되었다(earmarked). 1978년의 개정은 동·서반구별로 분리된 할당량을 폐지하고 전체 할당량은 연 29만 명으로 정하면서 1국의 이민자 수를 2만 명으로 제한하였다. 1990년 이민법은 연간 할당량을 최대 약 67만5천 명으로 확대하였다. [그림 9.1]은 미국으로의 이민 규모를 보여주는데, 정책의 변화 양상이 이민의 수준 및 변동 상황을 통해서 명확히 나타나고 있다.

출처: Daniels(2002), Clark et al.(2007), Laing(2011)은 미국 이민정책을 잘 개관하고 있다.

이민정책은 이민의 규모를 통제하는 목표 외에, 가령 숙련도를 기준으로 해서 이민을 장려함으로써 이민의 구성에도 영향을 줄 수 있다. 이런 이유로, 많은 나라에서 이민정책은 매우 논란이 많은 주제이다. 한편으로 이민자가 빈 일자리를 채워주기를 간절히 바라거나 연금을 부담해 주기를 원해서 이민 증대를 지지하는 사람들이 있고, 다른 한편으로 이민자가 결국 자신의 일자리를 뺏고 범죄율을 올리며 자기가 부담하는 사회적 이전지출을 남용할 것이라고 우려하는 사람들도 있다. 한 사람이 동시에 이민을 지지하면서 반대하는 상황도 있을 수 있다. 근로시간 중에만은 이민자를 원하면서 그 나머지 시간에는 이민자를 보기 싫어하는 고용주도 있을 수 있다. 스위스로의 이민에 대해서 Max Frisch가 남긴 유명한 경구에 따르면, "우리가 원한 것은 무력(용병)인데, 우리가 받은 것은 사람이다."

9.1 국제 비교

역사적 맥락에서 수치를 확인하는 것이 도움이 될 것이다. [그림 9.1]은 1820~2010년 기간에 미국으로의 이민의 진행 과정을 절대적인 측면과 상대적인 측면에서 보여준다(Box 9.1도 참조). 20세기의 첫 10년 동안에 미국으로 온 이민은 880만 명이었는데, 21세기 첫 10년 동안에는 1,050백만 명으로 늘었다. 하지만 통상 알려진 바와는 달리, 세계화의 시대에 이민의 흐름은 증가하지 않았다. 현재 미국은 20세기 초에 비해 내국민 대비로 훨씬 적은 규모의 이민을 받고 있다. 1900년 미국 인구는 약 7천5백만 명이었는데 2010년에는 3억1천만 명이 되었다. 인구 비중으로 보면, 미국은 20세기 첫 10년 동안 연평균 약 1%의 이민을 받았지만, 21세기 첫 10년 동안은 연평균 0.4% 수준이었다.

유럽은 2차 대전 및 탈식민화라는 강력한 정치적 단절 이후의 시기에 지난 20년 동안보다 더 많은 이민 흐름을 경험했다. 2차 대전으로 쫓겨난 사람 수는 약 3천만 명으로 추산되는데, 여기에 체코, 폴란드 및 러시아에서 쫓겨난 독일인 1천3백만 명은 포함되지 않았다. 영국에서는 전후에 영연방 지역으로부터 이민이 증가하는데, 카리브해 국가에서 시작해서 나중에는 인도에서 왔다. 프랑스에서는 프랑스 국적의 알제리인 1백만 명 이상이 독립 후의 알제리로 돌아갔다. 벨기에, 네덜란드, 나중에는 식민지 해체 후의 포르투갈에서도, 유사한 상황이 벌어졌다.

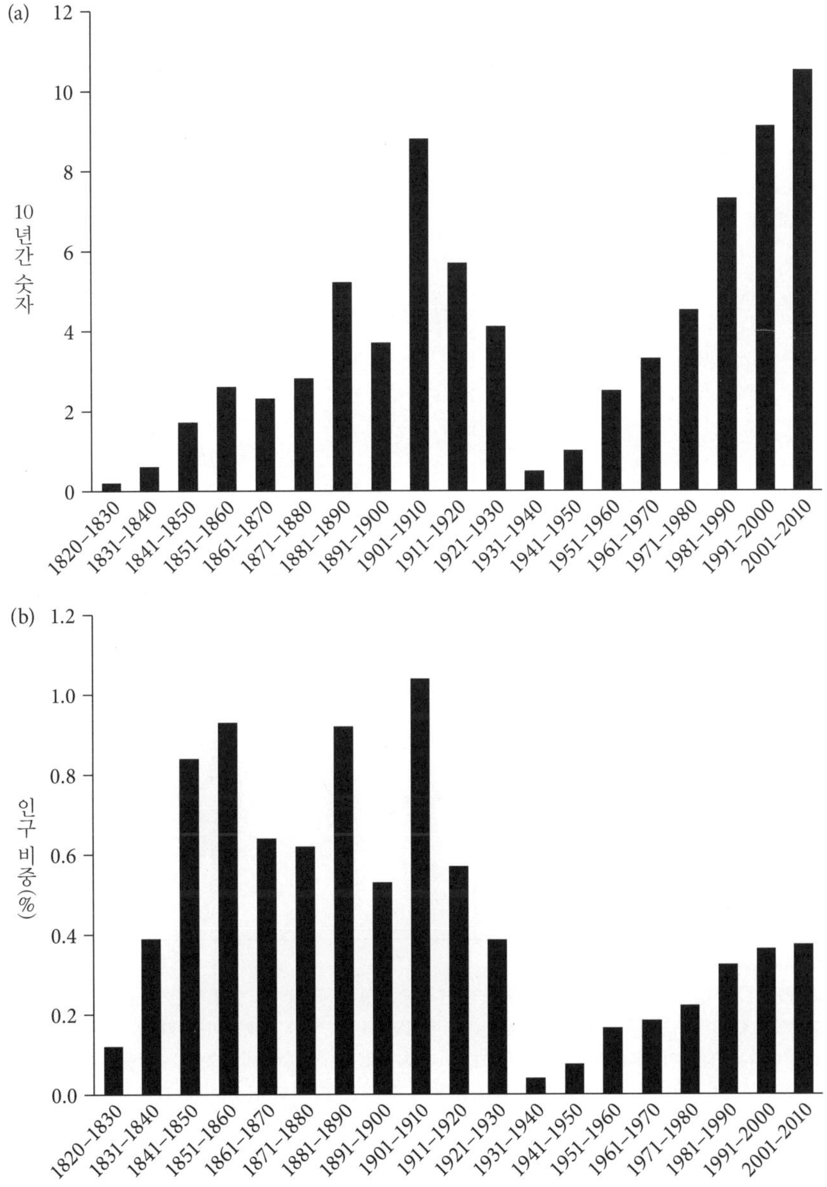

그림 9.1 미국으로의 이민, 1820-2010: (a) 매 10년간 이민자 수, (b) 인구 비율(연간 %)

출처: US 이민통계청(2011).

표 9.1 이민자 통합 정책 지수(MIPEX) 2010

국가	지수의 차원			
	노동 이동성[a]	가족 재결합[b]	장기 거주[c]	시민권 접근성[d]
Australia	58	81	61	77
Austria	56	41	58	22
Belgium	53	68	79	69
Canada	81	89	63	74
Czech Republic	55	66	65	33
Denmark	73	37	66	33
Estonia	51	65	67	16
Finland	71	70	58	57
France	49	52	46	59
Germany	77	60	50	59
Greece	50	49	56	57
Hungary	41	61	60	31
Ireland	39	34	43	58
Italy	69	74	66	63
Japan	62	51	58	33
Luxembourg	48	67	56	66
Netherlands	85	58	68	66
Norway	73	68	61	41
Poland	48	67	65	35
Portugal	94	91	69	82
Slovak Republic	21	53	50	27
Slovenia	44	75	69	33
Spain	84	85	78	39
Sweden	100	84	78	79
Switzerland	53	40	41	36
United Kingdom	55	54	31	59
United States	68	67	50	61

출처: MIPEX: www.mipex.eu.

주: 모든 숫자는 다음 4가지 차원의 평균을 가리킨다: 적격성, 획득 조건, 지위 안전성, 관련 권리. 점수는 비우호적이면 0-20; 약간 비우호적이면 21-40; 중간 정도면 41-59; 약간 우호적이면 60-79; 우호적이면 80-100.

a. 이민자는 일부 일자리로부터 배제되는가? 이민자가 노동시장 수요에 적응하는 것을 돕기 위해 정부는 무엇을 하는가? 이민자는 노동허가를 쉽게 잃게 될 수 있는가? 이민자는 근로자로서 무슨 권리를 갖는가?

b. 어느 이민자가 친척을 후원할 수 있는가? 그는 어느 친척을 후원할 수 있는가? 이민자가 가족과 살 권리가 요건, 시험, 과정 등에 조건부로 주어지는가? 이민자가 가족과 정착할 권리를 정부가 보호하는가? 가족도 후원자와 같은 권리를 갖는가?

c. 장기거주 자격을 얻으려면 얼마나 오래 기다려야 하는가? 제한적인 요건의 충족이 강요되지는 않는가? 장기거주 허가는 얼마나 쉽게 잃을 수 있는가? 장기거주자는 많은 생활영역에서 내국인과 같은 접근성을 가지는가?

d. 시민이 되려면 얼마나 오래 기다려야 하는가? 자녀나 손자녀가 태어나면 내국인이 되는가? 제한적인 요건의 충족을 강요당하지는 않는가? 시민권을 얻고 나서 얼마나 쉽게 잃을 수 있는가? 누가 철회로부터 면제되는가? 시민권을 얻는 이민자나 그 자녀는 이중 시민권자가 되는가?

1950년대 유럽에서는 이민을 용인했을 뿐 아니라 장려하기도 했다. 완전고용이 달성된 후의 노동력 부족이 일부 국가로 하여금 노동시장을 개방하고 나아가서 외국인 노동자를 채용하게 만들었다. 주요 유출국은 남유럽(이탈리아, 그리스, 포르투갈, 스페인, 터키, 유고슬라비아)과 북아프리카(모로코, 튀니지)였고, 주요 유입국은 프랑스, 독일, 영국, 스위스, 벨기에 및 네덜란드 등이었다. 유럽에서 해외출생자 수는 1950년 4백만에서 1970년 1천만 수준으로 증가했는데, 약 5백만이 남유럽에서 이들 나라로 이주한 것이다(Zimmermann 2005).

이처럼 이민에 대한 개방적이던 입장은 유럽이 실업이 증가하던 1970년대 초에 폐기되었다. 그 이후로, 특히 지난 20여 년 간, 북유럽뿐 아니라 남유럽에서도 이민정책은 점점 더 엄해졌다.

이민자 통합 정책(migrant integration policy)을 0(매우 비우호적)에서 100(매우 우호적)까지의 지수로 표시해서 국가별로 개관한 것이 〈표 9.1〉이다. 여기서는, 노동 이동성, 가족 재결합, 장기 거주, 시민권 접근성 등, 4가지 유형의 정책으로 구분되어 있다. 국가간에 상당한 차이가 있음은 분명하다. 이민자에 대한 노동시장 정책이 가장 우호적인 것은 스웨덴, 포르투갈, 네덜란드, 스페인 및 캐나다 등이며, 다른 스칸디나비아 국가들도 비슷하다. 가족 재결합이 가장 용이한 것은 포르투갈인 반면 가장 어려운

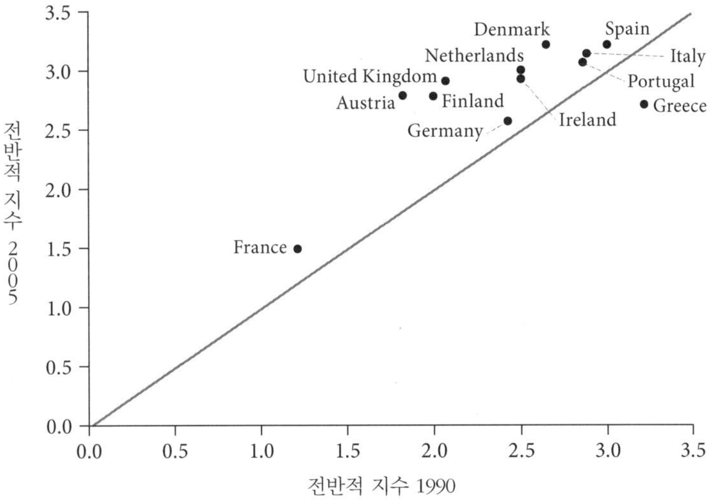

그림 9.2 EU 15개국의 이민정책의 엄격성 지수의 진화

출처: www.frdb.org

주: 선상의 점은 1990년부터 2005년 사이에 정책변화가 없음을 나타낸다.

것은 아일랜드이며, 장기 거주가 가장 쉬운 것은 벨기에인 반면 가장 어려운 것은 영국이다. 시민권 취득 가능성이 가장 큰 것은 포르투갈인 반면 가장 어려운 것은 에스토니아이다.

[그림 9.2]는 이민이 많은 EU 국가들의 입국관련 정책에 대한 정보를 제공한다. 규제 정도는 나라마다 상당히 다르다. 허가요건이 많은 나라가 영주권 취득을 위한 기간도 길다. 일부 국가는 명시적인 할당제를 채택하고 있으며, 주로 북아프리카로부터의 이민에 직면하고 있는 남유럽 국가들이다. 각각의 정책 영역마다 0~6점 척도로 표준화한 다음 단순평균을 취해서 이민정책의 엄격성 지수를 구성했다. 덴마크와 스페인이 가장 엄한 편이고 프랑스가 가장 자유로운 것으로 나타난다. [그림 9.2]는 이민정책에 관한 이 요약지표가 시간을 두고 어떻게 변했는지를 보여주는데, 대다수가 원점을 지나는 이분선 위에 위치하고 있으며, 이는 이민 제한이 강화되고 있음을 의미한다.

9.2 이론

경쟁적 노동시장에서 이민은 내국인의 임금에 부정적으로 작용하게 된다. 이 효과는 노동수요곡선이 우하향의 형태를 갖기 때문이다. 노동공급이 경직적이지 않다면, 이민은 내국인의 고용도 감소시키게 된다. 이런 효과의 크기, 그리고 이민이 임금과 고용의 감소로 수용되는 정도는 해당 영역에서의 노동공급의 탄력성에 따라 달라진다. 고용과 임금의 조정을 방해하는 노동시장 제도는 이런 맥락에서 중요하다. 먼저 노동시장 조정을 방해하는 (이민제한 외의) 다른 제도가 없는 경쟁적 노동시장의 경우부터 살펴본 다음, 보다 현실적인 제도적 상황으로 나아가기로 하자.

9.2.1 완전 노동시장

[그림 9.3]은 노동공급이 수직인 경우([그림 9.3] (a)) 또는 우상향하는 경우([그림 9.3] (b))에, 이민이 경쟁적 노동시장에 미치는 효과를 보여준다. 우선은 내국인과 이민자가 완전대체관계에 있어서 서로 교체될 수 있다고 가정하자. 이민자와 내국인 간의 숙련의 차이 및 상호 보완관계가 노동수요곡선을 이동시킬 수 있는 경우는 나중에 보기로 하자. 또한 여기서는 이민의 단기 효과에만 초점을 두고, 임금 하락에 따른 자본량의 변화는 무시할 것이다.

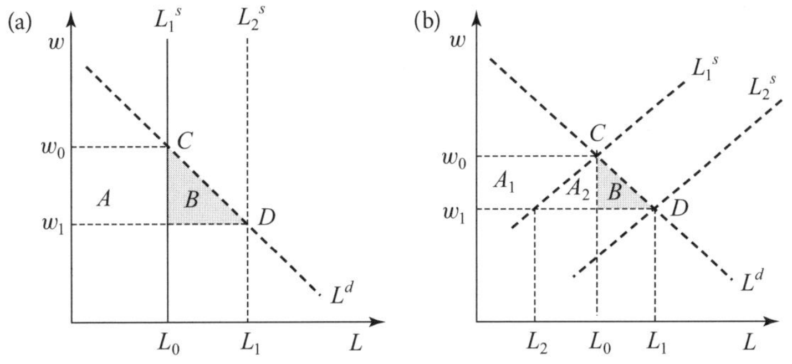

그림 9.3 경쟁적 노동시장: (a) 비탄력적 노동공급, (b) 탄력적 노동공급

이런 맥락에서 이민은 노동공급에 충격으로 작용하여, 노동공급이 내국인만으로 이루어지는 L_0에서 내국인과 이민자 모두가 참여하는 L_1로 총공급곡선을 이동시키게 된다. 노동공급이 경직적이라면(수직형), 내국인 고용은 감소하지 않고 조정은 전적으로 임금 하락으로 이루어질 것이다. 대신에 노동공급이 우상향한다면, 내국인 고용의 감소도 수반될 것이다. 여기서 내국인 고용의 감소는 이민에 따른 공급충격 이전의 임금 수준에서만 일하려고 하는 내국인들이 노동시장에서 빠져나가기 때문이라는 점이 중요하다. 조정과정에서 실업은 수반되지 않는다.

두 경우 모두, 노동자들은 후생손실(노동자 손실은 [그림 9.3] (a)에서 영역 A로, [그림 9.3] (b)에서는 A_1으로 나타남)을 겪게 되는 한편, 고용주들이 얻는 이득([그림 9.3] (a)에서 $A+B$, [그림 9.3] (b)에 A_1+A_2+B)이 노동자의 손실보다 크다. 따라서 두 경우에 모두 총후생은 증가한다. 또한 내국인의 국민소득은 증가하게 되는데, 바로 그 '이민 잉여'(immigration surplus)는 그림에서 B로 주어진다(Borjas 2003). [그림 9.3]에서처럼, '이민잉여'는$(w_0-w_1)(L_1-L_0)/2$로 추정될 수 있는데, 그것은 이민에 따른 내국인 임금의 변동이 클수록, 또 이민의 규모가 클수록, 커지게 된다. 이런 맥락에서, 이민정책을 두고 내국인 노동자와 고용주 간에 이해상충이 발생한다. 이민자가 어떠한 자본도 가져오지 않는 경우, 노동생산성과 1인당 노동소득은 감소한다. 나아가서, 비탄력적 노동공급의 경우에는 내국인 노동자의 고용에 변동이 없지만, 탄력적 노동공급의 경우에는 내국인 노동자의 고용은 감소하게 된다([그림 9.3] (b), L_0에서 L_2로). 하지만 이것은 순수히 노동공급 효과이다. 임금 하락은 노동을 공급하는 내국인 노동자가 원하는 바가 아니지만, 현재의 임금 수준에서 일하려고 하는 내국인은 모두 일을 하고 있다. 탄력적 노동공급의 경우에 이민 노동자의 고용은 L_1-L_2이다.

9.2.2 임금경직성

이민은 어떤 방식으로든 임금경직성(wage rigidity)을 보이는 나라에도 발생한다. 임금결정 관련 제도 때문에 임금의 하향 조정이 제한되는 경우가 다음 그림에 나타나 있다. [그림 9.4] (a)는 최저임금이 시장청산 수준으로 정해진 경제를 보여준다. 따라서 처음에는 실업이 없다. 이민에 따른 공급충격은 모두 일자리 손실로 수용될 수밖에 없다. 내국인 노동자의 손실은 이민 노동자의 시장침투 정도에 따라 달라질 것이다. 최저임금이 작용하는 경우, 경제 내의 일자리 수는 사실상 고정되게 되고(L_0), 이민 이후에는 L_1-L_0만큼의 실업이 나타난다. 실업의 어느 부분이 내국인 노동자인지 또는 이민 노동자인지는 분명하지 않다. 일자리를 갖게 되는 이민자가 많을수록 내국인 실업률은 높아질 것이다. 실업에 따른 외부효과(가령 실업급여 지불에 관련된 재정적 외부효과)가 없다면, 고용주가 얻는 잉여는 이민의 유무와 관계없이 동일하겠지만, 내국인 노동자는 손실을 입는다. 결과적으로 내국인의 총소득은 감소하며 내국인 노동자 중에 실업이 나타난다.

보다 현실에 가깝게, 임금경직성이 부분적인(임금조정이 있기는 하지만, 이민 후에도 시장청산이 가능할 만큼 충분하지는 못함) 상황이 [그림 9.4] (b)에 나타나 있다. 이 경우에 이민과 실업 간에 1대1 대응관계는 없어지며, 고용주는 이민 유입에 따른 이득을 일정 수준 얻게 된다. 처음에 노동시장은 균형 상태에 있다(w_0, L_0). 이민 이후에 임금은 w_1으로 떨어지는데, 시장청산에는 불충분하다. 고용은 L_2로 증가하지만 총 노동공급이 L_1이므로, 노동수요와 노동공급의 격차만큼(L_1-L_2) 실업이 발생하게 된다. 이런 경우에는 이민 유입국은 이민으로부터 순이득을 실현하게 되는데, 이민자를 채용하는 고용주의 잉여의 증가가 임금 하락을 겪는 내국인 노동자의 후생 감소보다 크기 때문이다. 다만 순이득은 경쟁적 노동시장의 경우보다는 작을 것이다.

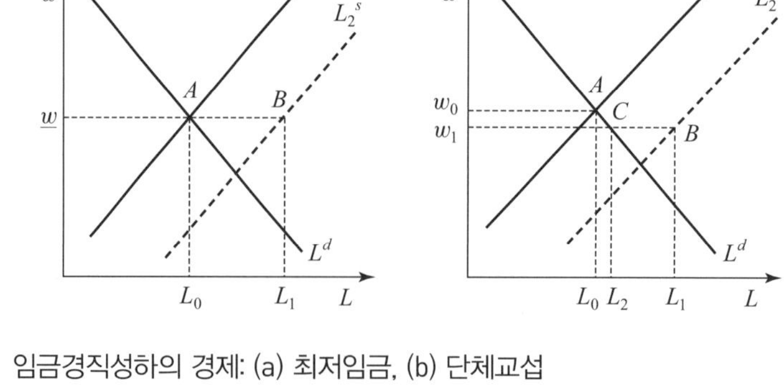

그림 9.4 임금경직성하의 경제: (a) 최저임금, (b) 단체교섭

9.2.3 이민 결정 요인

이민은 무작위적인 것이 아니며, 두 가지 의사결정을 수반하는 합리적 선택이다. 첫째는 이민할 것인가에 관한 것이며, 둘째는 어디로 이주할 것인가에 관한 것이다. 두 가지 결정이 서로 연관된 것임은 분명하지만, 편의를 위해서 순차적인 선택으로 나타낼 수 있다.

이민 여부에 대한 결정부터 살펴보자. 선택은 이민에 관련된 비용-편익분석에 따른다. 대개 이민의 비용은 당장 발생하는데, 거주를 옮기는 시점에서 모두 지불하게 된다. 이런 이민비용은 매우 클 수 있는데, 이동 및 정착에 비용이 수반될 뿐 아니라 친지와 인맥을 떠남에 따른 심리적 비용도 크다. 이민에 따른 편익의 흐름은 출신지와 목적지 간의 소득 격차에서 나온다. 소득격차의 현재가치가 당장의 이민비용보다 큰 경우에 이민이 발생한다. 따라서 이민의 가능성은 다음과 같은 조건에서 더 커진다:

1. 출신국과 목적국 간의 소득격차가(즉 이민에 따른 편익이) 클수록;
2. 이민비용이 작을수록;
3. 예상되는 근로기간이(즉 소득격차의 편익을 얻을 수 있는 기간이) 길수록;
4. 할인율이 작을수록(즉 편익이 실현될 미래에 부여하는 가치가 클수록);

조건 3과 4는 젊을수록 이민 가능성이 클 것임을 의미하는데, 소득격차라는 수익을 얻게 될 기간이 길기 때문이며, 청년의 할인율이 노년의 할인율보다 작은 것이 일반적이기도 하다.

두 번째 결정은 어디로 이주할 것인지에 관한 것이다. 편의상 이동비용이 최종 목적지와는 무관하다고 가정한다면, 어디로 갈 것인지는 전적으로 상이한 목적지의 잠재적 소득에 따라 달라질 것이다. 가령 이민자가 국가 1과 2 중에서 선택할 수 있으며, Roy(1951) 모형에서처럼 잠재적 소득에 관련된 유일한 기준은 숙련도뿐이라고 가정해보자. 이민자의 선택이 [그림 9.5]에 예시되어 있는데, 가로축은 당사자의 숙련도, 세로축은 당사자의 (이민비용을 뺀) 순소득을 나타낸다. [그림 9.5] (a)에서 보듯이, (s^*의 숙련도 수준을 기준으로) 고숙련 노동자는 숙련에 대한 보상이 큰 1국으로 갈 것이고, 저숙련 노동자는 보수가 더 많은 2국으로 갈 것이다.

여기서 1국은 소득이 빈곤수준 b 밑으로 떨어지지 않도록 최소소득을 보장하는 복지제도를 도입한다고 가정해보자([그림 9.5] (b) 참조).[1] 이제는 (숙련도가 s^{**}보다 낮

1) 최저임금은 이민자의 소득이 b 밑으로 떨어지는 것을 막는다는 보장이 없는데, 실업의 경우에는 작용하지 않기 때문이다.

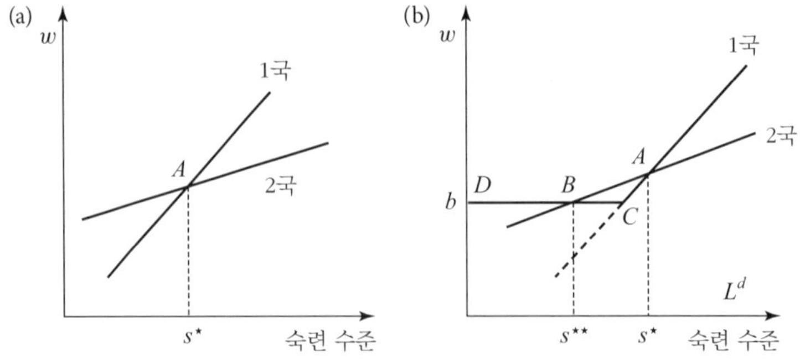

그림 9.5 이민국 선택: (a) 숙련 이민자는 1국으로 가고, 미숙련 이민자는 2국으로 간다,
(b) 1국의 사회안전망하에서 저숙련자도 1국으로 간다

은) 미숙련 노동자도 1국으로 이민하려고 할 것이다. 그러므로 복지국가의 존재는 이민의 숙련도 구성에 영향을 미치며, 일부 노동자는 자신의 숙련도가 가장 생산적이 되는 곳으로 가지 않게 될 수도 있다.

9.2.4 숙련편향 이민의 소득분배 효과

사회안전망의 도입은 미숙련 이민자의 비율을 증가시킴으로써 이민의 숙련도 구성을 바꿀 수 있다. 이민자의 숙련도 구성의 변화는 재정적 효과뿐 아니라 소득분배 효과 차원에서도 중요한 의미를 가진다.

이 점을 예시하기 위해서, 노동에는 숙련 및 미숙련, 두 가지 유형만 존재하며, 각각의 숙련도 집단 내에서 이민자와 내국인은 완전한 대체가능성을 가진다고 가정하자. 또 생산되는 재화는 한 가지뿐이며, 숙련 및 미숙련 노동이 고정비율로 결합된다고 가정하자. 따라서 숙련 및 미숙련 노동은 보완재이다.

이민이 내국인의 숙련 구성을 완전하게 복원할 수 있다면(숙련 및 미숙련 노동자의 비율에서 이민자와 내국인이 동일하다면), 이민은 상대임금을 변화시키지 않을 것이며 따라서 소득분배에도 변화가 없을 것이다. 대신에, 내국인은 일부가 숙련 노동자인데 이민자는 모두 미숙련 노동자라고 가정해 보자. 미숙련 내국인 노동자의 임금에 대한 효과는 앞서 언급된 바와 같을 것이다: 미숙련 임금은 하락하고, 임금경직성의 유형 및 정도에 따라서 미숙련 노동자의 실업은 증가할 것이다. 동시에 미숙련 노동자의 수가 증가함에 따라 숙련 노동자에 대한 노동수요가 증가할 것이고 따라서 임금도 상승할 것이다. 이렇게 해서, 미숙련 노동자의 이민의 결과로 숙련 및 미숙련 노동자 간의 임금격차는 커질 것이다. 이민자가 숙련 노동자만으로 이루어질 경우에는 정반대 상황이 될 것이 분명하며, 소득격차는 이민으로 인해서 줄어들 것이다.

이런 결과는 상당히 안정적이다. 숙련 및 미숙련 노동 간에 일정한(불완전한) 대체성을 허용하는 경우에도 상대임금은 위와 같은 방향으로 변할 것이다(Dustmann and Glitz 2005). 국제무역의 대상이 되면서 숙련–미숙련 노동의 결합비율이 다른 두 가지 재화를 가정할 때, 숙련도간 대체성은 숙련편향 이민의 장기적인 소득분배 효과를 감소시킨다. 이런 경향이 나타나는 것은, 가령 미숙련 노동자의 수가 증가하는 나라는 미숙련노동 집약적인 산업의 생산을 점차 늘리게 되기 때문이다(Leamer and Levinsohn 1995). 그렇지만 적어도 단기적인 주요 효과는 여전한데, 미숙련 이민은 소득불평등을 증가시키는 반면에 숙련 이민은 소득불평등을 감소시킨다는 것이다. 상대적으로 희소해지는 유형의 노동은 이민으로부터 이득을 얻고, 다른 쪽은 손실을 입는다. Card et al.(2012)에 따르면, 이민은 지역의 인구 구성을 변화시키며 그 때문에 사람들은 이민에 대해 우려하게 되는 것이다. 숙련편향 이민에 대한 우려가 세금이나 임금에 대한 관심보다 더 중요할 수 있다.

9.3 경험적 증거

9.3.1 노동시장

이민이 내국인의 고용과 임금에 미치는 효과를 추정한 연구들의 다수가 미국 자료를 이용하고 있다(이에 대한 개관으로는 Borjas 2003). 유럽의 이민에 대한 경험적 문헌은 보다 최근의 것인데, 이민, 특히 불법이민에 대한 자료가 여전히 부족하기 때문이다(개관은 McCormick 2002). 상이한 제도적 환경에서의 이민의 효과를 좀더 잘 이해하기 위해서는 미국 외에서의 경험적 연구가 더 많이 필요한 실정이다.

〈표 9.2〉는 OECD 국가들에서 해외 및 국내 출생 남녀의 고용률 및 실업률을 비교하고 있다. 노동력에서 해외 출생자가 차지하는 비중에서도 국가 간에 큰 차이가 있음을 알 수 있다. 룩셈부르크에서는 노동력의 거의 절반이 해외출생자인데, 호주, 캐나다, 뉴질랜드 및 스위스 등에서도 20% 이상을 차지하고 있다. 해외출생 노동력 비율이 10% 이하 수준으로 낮은 쪽에는 동유럽 국가들과(스웨덴을 제외한) 스칸디나비아 국가들이 포함된다.

표 9.2 국내 및 해외 출생 노동자의 고용률 및 실업률, 해외출생자의 노동력 비율, 2010, 2009

국가	고용률(%)				실업률(%)				해외출생자의 노동력 비율 (%)
	남		여		남		여		
	국내출생	해외출생	국내출생	해외출생	국내출생	해외출생	국내출생	해외출생	
Australia	79.2	77.0	68.5	60.3	5.3	5.1	5.2	6.1	26.9
Austria	77.9	73.5	67.9	59.8	3.8	8.8	3.6	7.6	16.3
Belgium	68.4	60.8	58.4	44.6	6.7	17.5	7.3	17.7	13.8
Canada	74.3	74.5	70.5	63.3	8.6	10.0	6.6	9.9	21.2
Czech Republic	73.2	78.7	56.1	55.5	6.7	5.7	8.6	9.9	—
Denmark	76.6	67.6	72.6	60.0	7.7	15.1	6.0	12.1	6.9
Estonia	60.2	57.5	60.8	57.9	21.1	26.5	13.8	23.3	13.8
Finland	69.6	66.7	67.6	55.6	9.2	18.9	7.6	16.3	4.6
France	68.5	66.4	61.5	49.7	8.4	13.6	8.7	15.8	11.6
Germany	76.4	72.7	68.0	55.8	7.0	12.6	6.0	10.7	—
Greece	70.8	77.2	48.0	51.7	8.8	14.7	15.6	16.9	11.8
Hungary	60.1	68.8	50.3	63.6	11.9	19.2	10.9	7.9	2.3
Ireland	63.9	65.4	56.5	54.4	16.5	19.2	8.8	12.6	19.0
Italy	66.7	76.3	45.6	49.8	7.3	9.7	9.1	13.2	11.3
Luxembourg	68.6	78.5	53.2	62.0	2.4	5.3	3.0	6.8	48.6
Netherlands	81.9	72.0	72.6	58.8	3.8	8.5	3.8	7.7	11.5
New Zealand	79.1	75.8	68.6	61.1	6.2	7.2	6.8	7.7	23.8
Norway	77.8	72.7	74.3	64.8	3.5	9.8	2.5	7.0	9.5
Poland	65.4	59.0	53.1	42.8	9.6	—	10.1	—	0.3
Portugal	69.7	74.3	60.8	64.5	10.2	12.7	12.0	17.2	9.4
Slovak Republic	65.0	74.7	52.2	38.7	14.4	—	14.8	—	—
Slovenia	69.7	70.5	63.0	60.4	7.3	9.3	6.7	9.5	8.7
Spain	65.6	60.0	52.0	53.8	17.3	31.1	19.1	26.7	18.5
Sweden	76.6	67.3	73.5	56.0	7.4	15.9	6.8	16.7	11.2
Switzerland	84.5	84.1	75.0	66.5	3.0	6.2	3.7	9.1	26.3
Turkey	79.0	75.4	68.5	45.2	2.8	7.9	4.0	14.7	—
United Kingdom	74.4	74.4	65.7	58.0	8.8	9.2	6.6	9.0	12.9
United States	68.2	77.4	62.2	57.4	10.9	10.0	8.7	9.5	16.2

출처: OECD(2011a).

주: 15~64세 노동자. 고용률 및 실업률은 2010년. 해외출생 노동력 비율은 일부 국가를 제외하고 2009년.

[그림 9.6]과 [그림 9.7]은 해외출생 노동자와 노동시장 성과의 관계를 국가간 비교를 통해 예시한다. [그림 9.6]은 해외출생자의 노동력 비중과 국내출생자의 실업률 간에 음(−)의 관계가 있음을 보여준다. 하지만 이러한 음의 관계는 해외출생자 비율은 매우 높고 국내출생자의 실업률은 매우 낮은 룩셈부르크의 영향이 크다. 룩셈부르크를 제

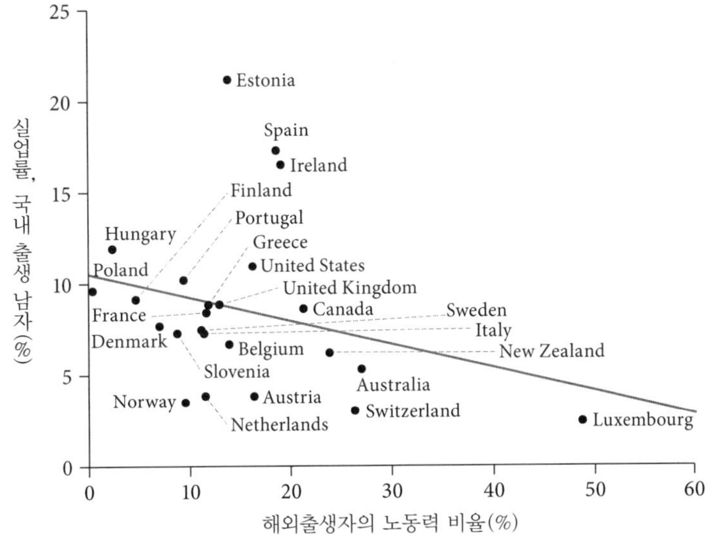

그림 9.6 해외출생자의 노동력 비율(%)

출처: OECD(2011a).

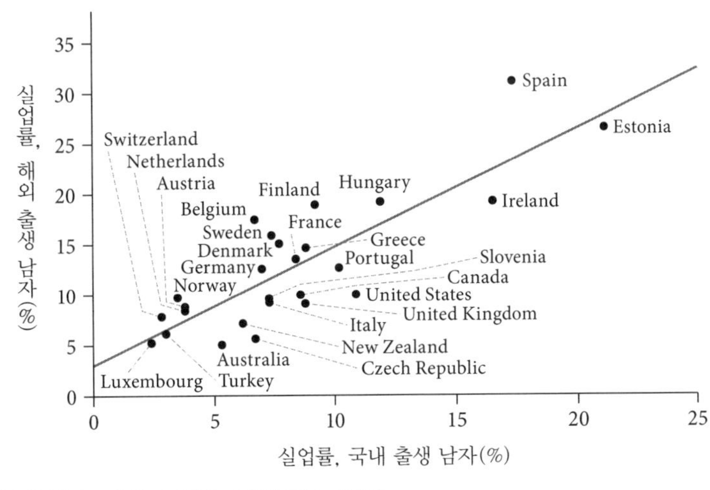

그림 9.7 국내 및 국제적 순이민, 이탈리아, 2003

출처: OECD(2011a).

외하면 두 변수 간에 상관관계는 없는 것으로 보인다. 예를 들어, 스페인과 아일랜드는 국내출생자 실업률이 매우 높지만, 해외출생자 비중이 거의 같은 캐나다는 국내출생자 실업률이 상당히 낮다. [그림 9.7]은 국내 및 해외 출생 남자의 실업률의 국가간 관계를 보여준다. 미국과 호주는 두 집단의 실업률이 거의 같다. 대부분 유럽 국가들은, 해외출생자 노동력 비중이 매우 낮은 체코를 제외하고, 해외출생자의 실업률이 국내출생자의 경우보다 높다. 또한 두 변수 간에는 강한 양의 관계가 나타난다. 이런 경향은 거시경제적 조건과 노동시장 제도가 국적에 상관없이 모든 노동자에게 중요하다는 것을 의미한다. 모든 노동자가 직면하는 이런 조건들이 해외출생 남자의 실업에 더 크게 작용했다. 아마도 해외출생 남자는 국내출생자에 비해서 평균적으로 낮은 교육수준과 같이 불리한 노동시장 특성을 가졌을 것이다.

Okkerse(2008)은 이민의 노동시장 효과에 관한 비교적 최근의 개관을 제시하는데, 주요 결론은 두 가지이다. 첫째, 저숙련 노동자와 이전 이민자의 임금에 부정적으로 작용했다. 둘째, 이민자가 실업을 증가시킬 가능성은 단기적으로 낮고 장기적으로는 없다. 이런 결론은 최근 연구에서도 확인되었다. 예를 들어 Bauer et al.(2011)에 따르면, 독일로의 이민이 독일 내국인의 노동시장 성과에 미친 영향을 미약하거나 거의 없었다. D'Amuri et al.(2010)은 독일로의 이민이 내국인의 임금과 고용에 대해서는 부정적 영향이 거의 없었던 반면, 이전 이민자에 대한 부정적 효과는 고용에서 상당하였고 임금에서는 작은 수준이었다.

미국과 유럽에 대한 연구는 주요 관심사에서 차이가 있다. 미국 문헌은 주로 이민의 임금효과를 다루는 한편, 유럽의 연구는 대개 고용효과를 분석하고 있다(Kerr and Kerr 2011). 그렇지만 미국과 유럽의 비교는 이민의 노동시장 영향에 대해서 꽤 많은 정보를 줄 수 있다. 이런 연구에서 채택되는 전형적인 분석방식은, 주어진 지역에서 내국인의 임금 또는 고용과 이민 규모의 관계를, 종종 숙련도 범주별로, 조사하는 것이다. 이러한 지역 관련 분석방법은 이민이 특정한 통로(gateway) 지역에 쏠린다는 사실에 근거를 두고 있는데, 해당 지역에서는 노동시장의 조정을 관측하기가 용이하다.

앞에서 보았듯이, 경제이론에 따르면 이민과 내국인 임금 및 고용 간에는 음의 상관관계가 나타나게 된다. 하지만 경험적 문헌에서는 최근까지도 기껏해야 약한 효과만이 확인될 뿐이다. 전형적인 추정치는 한 지역의 이민자 구성비가 10% 증가하면 내국인 임금은 1% 이하로 감소하는 것이다(유의성이 없는 경우도 적지 않다). 이런 사실은 관련 연구들의 검토를 통해 내려진 "이민이 내국인의 노동시장 성과에 미친 영향은 작다"(Friedberg and Hunt 1995)라거나, "이민이 경쟁관계에 있는 내국인 노동자의 임금에 미친 효과는 작다는 경험적 증거가 많다"(Smith and Edmonston 1997)라는 결론에 잘 요약되어 있다. 유럽 국가에서의 경험적 증거도 이민의 효과가 미약하다는 쪽으로 나타난다. Dustmann et al.(2013)은 이민이 내국인 임금 분포에 미치는 영향을 발견했다. 영국으로의 이민은 임금 분포에서 최저 5분위 노동자의 임금을 낮춘 것이다. 하지만 전반적으로는 내국인 임금에 약한 긍정적 효과를 미친 것으로 나타났다. 이민자가 자격에 비해서 수준이 낮은 일자리를 얻는 경우도 있다. 내국인과 이민자가 같은 임금을 받는다면, (교육수준이 높은) 이민자가(교육수준이 낮은) 내국인보다 생산성이 높은 만큼 잉여가 창출된다. 이러한 잉여가 고용의 증가를 가져올 수 있다. Ottaviano and Peri(2012)는 미국으로의 이민이 내국인 노동자의 임금에 약한 효과를 미치는 반면 이전 이민자의 임금에는 상당히 부정적 효과를 미친다는 결과를 얻었다. Manacorda et al.(2012)도 영국에서의 이민의 노동시장 효과와 관련하여 유사한 결론을 내고 있다. Card(2012)는 미국에서 이민이 내국인 임금에 미치는 전반적 효과는 작다는 결론을 내렸는데, 신기술, 제도 변화, 부정적인 거시경제 상황 등과 같은 다른 요인에 비하면 효과가 훨씬 작다는 것이다.

이러한 경험적 결과는 다음 3가지 요인을 감안하는 경우, 경제이론과 적어도 부분적으로 조화될 수 있다:

1. 이민자의 고임금 지역으로의 자기선택(self-selection)
2. 내국인 노동자의 이동
3. 지역적 산출 구성의 변화

첫째 요인은 이민자의 노동시장 간 분포가 무작위적이지 않다(non-random)는 것이다. 앞에서 언급했듯이, 이민자는 일정 지역에서 제시되는 소득과 고용 기회를 감안해서 이동할지를 결정하게 된다. 임금이 높거나 실업률이 낮은 지역이 더 많은 이민자를 끌어들이게 될 것이고, 그래서 이민과 내국인 임금 간에 양의 상관관계가 나타날 수 있다. 이 경우에 인과관계의 방향은 반대가 되는데, 내국인의 임금이 이민의 수준과 구성에 영향을 주는 것이지, 그 반대가 아니다. 이러한 내생성(endogeneity)의 문제를 해결하기 위한 적절한 계량경제학적 방법이 필요하다.

둘째 요인은 내국인 노동자의 반응에 관한 것이다. 일정 지역에 많은 이민자가 들어오면, 내국인은 대응책으로 노동이나 자본을 다른 지역으로 옮길 수 있다. 지역간 노동이동성이 비교적 높고(Topel 1986; Blanchard and Katz 1992) 경제적 유인에 민감하게 반응하는 미국의 경우에 이런 효과가 중요할 것이다. 대조적으로 유럽은 지역간 노동이

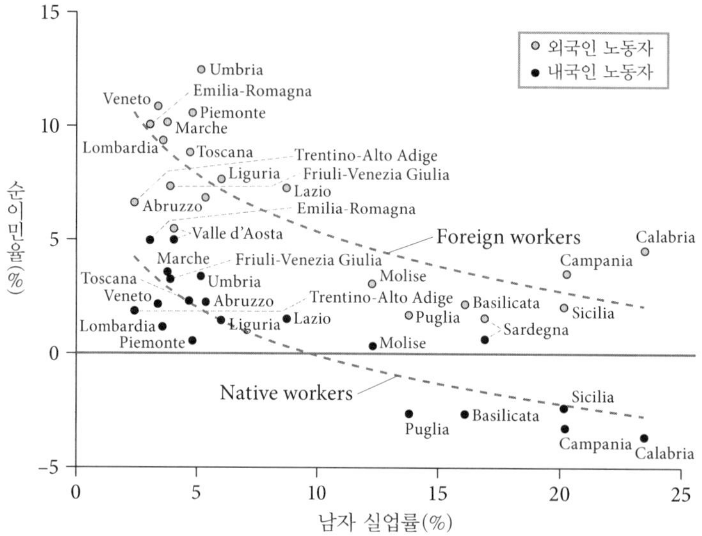

그림 9.8 국내 및 국제적 순이민, 이탈리아, 2003

동성이 상당히 낮으며(McCormick 2002), 내국인의 이동성 부재를 해외 이민자가 대신하는 편이다. [그림 9.8]이 이 사실을 보여준다. 이탈리아에서 고실업 지역에서 저실업 지역으로의 이동은 거의 대부분 해외 노동자의 순이동을 통해서 나타나고 있다. 하지만 Hatton and Tani(2005)는 이민 유입에 대한 반응으로 내국인 유출이 일부 있다는 증거를 발견했다.

끝으로 셋째 요인은 노동공급의 증가에 대해 임금이나 고용을 조정하기보다는 그 편익을 실현할 수 있는 방식으로 생산기술이나 생산물 구성을 변경함으로써(Lewis 2005; Gonzalez and Ortega 2011) 이민에 대응하는 개방경제의 조정 능력을 가리킨다. 이러한 생산특화에서의 조정에는 시간이 걸리는데, 따라서 저빈도(low-frequency) 자료에서는 이민의 임금 및 고용 효과가 약하게 나타나는 이유가 될 수 있다.

이런 3가지 이유 때문에, 이민이 내국인의 노동시장 성과에 미치는 효과는, 전국적 차원에서(Borjas 2003), 그리고 내국인 임금 및 고용을 숙련 이민자 비중과 관련시키는 경우에 더 잘 확인될 수 있다. 이런 방법을 통해서 미국, 캐나다 및 멕시코의 경우를 분석한 결과에 따르면(Borjas 2009), 이민이 내국인의 임금에 상당한 부정적 효과를 미치는 것으로 나타나는데, 자본이 고정된 상황의 경쟁적 노동시장 모형의 예측에 상응하는 결과이다. 하지만 이러한 전국적 노동시장 연구는 대개 상이한 숙련도 집단들의 상대적 크기가 아니라 전체 규모에 초점을 두고 있고, (대개 10년 주기로 수행되는) 센서스에 의한 저빈도 자료를 사용하고 있다. Card(2005)는 미국의 고졸 미만 중퇴자의 임금에 관한 고빈도 자료를 이용해서, 미숙련 이민자의 상당한 유입이 이루어진 경우에도 상이한 교육수준 집단들 간의 임금격차는 거의 변화 없이 유지되었음을 발견했다.

이민의 노동시장 효과를 분리해내기 위해서 이중차분법(difference-in-differences)을 사용한 연구는 아쉽게도 많지 않다. 예외적인 몇 가지 연구를 보면, Card(1990)는 국경 개방에 따른 쿠바로부터 플로리다로의 이민 사례를 분석했고, Hunt(1992)는 알제리 독립 이후의 프랑스로의 이민을 연구했으며, Carrington and de Lima(1996)는 앙골라 및 모잠비크 식민지 상실 후의 포르투갈로의 60만 귀향민 유입 효과를 조사했다. 특히 Card는 1980년 '마리엘 긴급해상수송'(Mariel boatlift)이 마이애미 지역 노동시장에서 노동공급을 4개월 만에 7% 증가시켰지만 이 충격이 그 지역 내국인의 임금과 고용에 가시적인 영향을 주지 않았음을 확인했다(Box 9.2). Bodvarsson et al.(2008)은 임금 효과가 없었다는 Card의 결과는 새로운 쿠바 이민이 지역의 노동수요를 크게 증가시켰기 때문일 수 있다고 보았다. 이 효과는 노동공급 증가로 인한 하향 압력을 상쇄하기에 충분히 강했던 것으로 보인다.

Box 9.2

마리엘 해상수송

1980년 4월 20일 Fidel Castro는 미국으로 이주하고자 하는 쿠바 국민은 마리엘(Mariel) 항에서 자유롭게 떠날 수 있다고 선언하였다. 1980년 9월까지 약 125,000명이 주로 마이애미로 떠났으며, 이들 대부분은 저숙련 노동자였다. 하룻밤 사이에 마이애미의 노동력은 7%까지 증가하였다. 1980년 4월에서 7월까지 마이애미의 실업률은 5.0%에서 7.1%로 상승하였다. David Card(1990)는 실업률의 상승이 마리엘 이민자의 유입과 관련된 것인지 분석하기 위해서 마이애미 노동시장을 애틀랜타, 로스앤젤레스, 휴스턴, 탬파-세인트피터스버그 등 다른 4개 도시와 비교하였다. 이들 4개 도시는 상대적으로 흑인 인구 비중이 높고, 1970년대 후반에서 1980년대 초반까지 마이애미와 유사한 경제성장 패턴을 보였기 때문에 선정되었다. (마리엘 전인) 1979년과 (이후인) 1980년 마이애미와 비교대상 도시의 실업률을 비교하는 방식으로 이중차분 분석을 수행할 수 있었다. 흑인노동자의 경우 마이애미에서의 실업률은 1.3%포인트 증가한데 반해, 다른 도시에서는 2.3%포인트 증가하였다. 이러한 결과는 마리엘 사건이 흑인의 실업률에 음(−)의 영향을 끼쳤음을 보여준다.

집단	실업률			
	흑인		백인	
	전	후	전	후
마이애미	8.3	9.6	5.1	3.9
비교 도시들	10.3	12.6	4.4	4.3
차분	−2.0	−3.0	+0.7	−0.4
이중차분	−1.0		−1.1	

동일한 방법론으로 분석한 결과, 백인근로자의 실업률은 1.1%포인트 하락하였다. 그리고 쿠바인을 제외한 저숙련 노동자의 임금이 영향을 받지 않았다는 점도 확인되었다. Card는 마이애미 노동시장이 아무런 역효과 없이 어떻게 노동력의 7% 상승분을 흡수할 수 있었는지에 대해 여러 가지 설명이 가능하다고 했다. 마리엘 해상수송이 없었더라도 1980년대 초반에 어떻게든 마이애미로 이주했었을 사람들이 마리엘을 통해서 옮겨왔던 것일 수 있다. 또는 상대적으로 저숙련 노동을 사용하는 산업의 성장이 많은 마리엘 출신을 흡수한 결과일 수도 있다.

출처: Card(1990).

De Silva et al.(2010)은 2005년 말 허리케인 카트리나 때문에 발생한 뉴올리언즈에서 휴스턴으로의 이민의 임금 효과를 분석했는데, 이주로 인해 휴스턴 광역권의 인구가 3% 증가했다. 휴스턴에 남게 된 이주자는 기존 주민보다 젊고 교육수준이 낮았으며 따라서 상대적으로 저숙련 노동의 공급을 증가시켰다. 이중차분법을 이용한 분석에서, 휴스턴 노동시장을 처치집단으로, 댈러스 노동시장을 통제집단으로 고려했다. 휴스턴 지역에서 저숙련 임금은 고숙련 임금에 비해 하락했음이 확인되었는데, 댈러스에서는 그런 효과가 없었다.

이민 연구에서 이중차분법을 적용하는 데에는 문제가 따르는데, 이 경우에 처치집단과 통제집단을 어떻게 정의해야 할지가 명확하지 않기 때문이다(Box 9.3).

Box 9.3

발생하지 않은 마리엘 해상수송

1994년 여름, 수만 명의 쿠바인들이 미국으로 이민하기 위해서 마이애미로 가는 배를 탔는데, 이 두 번째 마리엘 수송은 1980년에 있었던 것만큼이나 큰 규모였다. 미국 정부는 해군에게 이민 희망자들을 관타나모만(Guantanamo Bay)의 미군 기지로 보내라는 명령을 내렸다. 소수의 쿠바인들만이 마이애미에 도착할 수 있었다. Joshua Angrist and Alan Krueger(1999)는 이 사건을 "발생하지 않은 마리엘 해상수송"이라 불렀다. 이들은 David Card(Box 9.2 참조)와 동일한 연구 설계를 사용하여 이 "비(非)사건"(nonevent)의 효과를 분석하였다. 여기서 1993년은 이전 상황이고 1995년은 이후 상황이 된다. 마이애미의 노동시장이 처치집단이고, 4개의 비교대상 도시들이 통제집단이다. 1993년에 마이애미의 흑인 실업률은 비교도시에 비해 1.4%포인트 더 낮았는데, 1995년에는 마이애미의 흑인 실업률이 비교도시에 비해 4.9%포인트 더 높은 것으로 나타났다. 따라서 흑인 실업률에 대한 '비사건'의 처치효과는 6.3%포인트였다.

집단	실업률			
	흑인		백인	
	전	후	전	후
마이애미	10.1	13.7	4.9	3.9
비교 도시들	11.5	8.8	5.4	4.1
차분	−1.4	+4.9	−0.5	−0.2
이중차분	+6.3		+0.3	

백인 노동자의 실업률에 대한 처치효과는 0.3%포인트 수준이었다. 이들의 분석이 Card의 발견을 반드시 무의미하게 만드는 것은 아니겠지만, 비실험자료에서의 관련성을 이용해서 인과관계를 증명하는 경우에는 신중해야 한다는 점을 보여준다.

출처: Angrist and Krueger(1999).

9.3.2 이민의 재정 효과

이민이 유입국의 재정균형에 미치는 순효과를 평가하려고 한 연구들도 있다. 이 문헌은 이민이 노동과세를 통해 노동시장에 미치는 효과를 평가하는 것에 관련된다.

이 문헌은 대체로 미국의 경우에 한정되어 있다. 미국 National Academy of Science의 의회 보고서에서 이민이 내국인 납세자의 재정비용을 증가시키는지 여부가 분석된 바 있다. 이 연구의 결과는 Smith and Edmonston(1997)에 요약되어 있는데, 뉴저지와 캘리포니아를 기준으로 한 것이다. 개념 및 자료에서 문제가 다소 있지만, 내국인과 이민자 간의 이전지출에 관한 비교적 포괄적인 개관을 제시하고 있다. 1996년 이민의 연간 순재정부담은 지역 및 전국 수준에서의 모든 이전지출을 감안할 때 가구당 $166~$226 수준으로 추정되었다. 이처럼 상당한 규모의 이전지출은 주로 가족구조와 소득수준에서의 차이 때문인데, 이민자 가족은 공립학교에 다니는 자녀수가 많고 대체로 가난해서, 이전소득은 많고 납세액은 적은 편이다. Smith and Edmonston(1997)에 따르면 이전지출은 주마다 상당한 차이가 있는데, 그것은 인구구조 및 복지제도의 차이로 설명될 수 있다. 이민자의 연령 구조와 민족 구성도 이민의 재정적 효과에 매우 중요하다. 캘리포니아의 평균적 이민자 가구의 경우에, 라틴아메리카 출신이면 $4,977의 순편익을 받고 있지만 유럽이나 캐나다 출신이면 $1,308을 기여하고 있다.

유럽의 경우에는 정보가 적다. Boeri(2010)과 Zimmermann(2005)에 따르면, 일부 국가에서 이민자는 사회부조, 주거편익, 실업급여 등의 수혜 비중은 평균보다 높은 한편, 연금과 질병급여의 수혜 비중은 내국인보다 낮다. 수혜도가 높은 것은, 사회적 이전지출의 대상이 되게 만드는 개인적 특성을 이민자가 내국인보다 더 많이 가졌다는 사실로 설명될 수 있다. 실제로(1994~2001년 대상의 유럽지역가구패널 ECHP에 의한) 회귀분석에서는 비(非)EU 시민의 경우에 "사회이전지출 의존도의 잔여(residual)"의 존재는 거의 확인되지 않았다(Boeri 2010). 달리 말하자면, 일단 (어린 자녀의 수와 같은) 개인적 특성을 고려하고 나면, 이민자라고 해서 수혜자가 되는 관련성은 없다는 것이다.

9.3.3 이민자 노동시장 성과

〈표 9.2〉는 OECD 국가의 경우에 해외출생 남녀의 고용률과 실업률을 보여준다. 대다수 국가에서 국내출생 남자의 고용률은 해외출생 남자보다 높다. 눈에 띄는 예외가 그리스, 이탈리아, 룩셈부르크, 포르투갈, 일부 동유럽 국가 및 미국이다. 여자의 경우에도 해외출생자의 고용률이 더 높은 경우도 몇 있다. 고용률을 기준으로 하면, 국내출생자에 비해 해외출생자의 노동시장 지위가 좋은 경우도 있고 나쁜 경우도 있지만, 실업률을 기준으로 보면 상황이 더 분명해진다. 남자의 경우에 호주, 체코 및 미국을, 여자의 경우는 헝가리를 제외하면, 해외출생자의 실업률이 국내출생자에 비해 항상 더 높다.

이민자의 노동시장 성과를, 특히 내국인 임금 수준으로의 수렴 여부에 초점을 두고 분석한 연구도 있다(Borjas 1999). 이 문헌은 이민의 국가 경제에 대한 기여를 평가하는 데도 관련성을 가진다. 이 문헌의 대부분이 국가간 비교에 기초하고 있지만, 수렴현상을 평가하는 데에는 같은 개인을 시간을 두고 추적하는 장기적(longitudinal) 자료를 사용하는 것이 바람직할 것이다. 여하간에 일반적 결론은, 소득의 수렴 여부는 이민자의 인적자본 특성에 의해 주로 결정된다는 것이다. 비교적 높은 숙련도는 이민자의 노동시장 성과에서도 비교적 우호적으로 작용하는 반면, 저숙련 이민자의 노동시장 성과는 내국인에 비해서 지속적으로 뒤진다. 아쉽게도 이 문헌은 미국에 거의 한정되고 있는데, 유럽에서는 이민자에 관한 추적 시계열 자료를 갖춘 경우가 거의 없기 때문이다.

미국 문헌은 이민자가 국내 여러 지역에 무작위적으로(nonrandom) 배치되는 것이 아니라는 사실도 보여준다. Borjas(2001)에서 지적되었듯이, 이민자는 노동시장의 바퀴에 윤활유 역할을 하는데, 가장 생산적인 지역으로 이민함으로써 노동생산성 격차를 줄이게(arbitraging away) 된다는 것이다. Hunt(2006) 역시, 독일 통일 상황에서의 동서간 이민을 연구하면서, 연령과 숙련도 측면에서 이민자의 이동이 무작위적이지 않았음을 확인했는데, 앞서 살펴봤던 Roy 모형의 예측에 합치되는 결과이다. 특히, 청년의 이주 결정은 출발지와 도착지 간의 임금 격차에 강하게 반응하는 반면, 중장년 노동자는 실업 격차에 더 크게 반응하는 것으로 나타났다.

최근 연구는 이민자의 입지(location)가 중요하다는 점을 보여준다. Edin et al.(2003)은 스웨덴의 난민 이주자의 노동시장 위치를 분석했다. 이들은 거주지를 자유롭게 선택할 수 없고 주거 사정에 따라 배정되었다. 따라서 여기서는 이민자의 내생적 선별(endogenous sorting)에 관련되는 통상적인 문제가 발생하지 않는다. 저숙련 이민자가 집단 거주지(enclave)에 사는 경우, 바깥에 사는 이민자에 비해 더 나은 노동시장 성과를 보인다는 것이 확인되었다.[2)]Damm(2009)은 덴마크에서, 관측되지 않는 부정적 특성을 가진 난민들은 집단거주지로 자기선택(self-select)을 한다는 점을 발견했다. 집단거주지 내에 거주하는 것이 이민자의 임금에 유리하게 작용한다는 점도 확인되었다.

9.3.4 이민가정 아동 노동시장 성과

〈표 9.3〉은 20~29세 연령층을 대상으로, 내국인 자녀와 이민자의 현지 출생 자녀의 실업률과 고용률을 비교함으로써 이민자 자녀의 노동시장 지위에 대한 국가간 개관

2) '집단거주지'(enclave)는 한 이민자 집단의 특정지역 내 비중이 전체적 비중의 2배 이상이 되는 지역으로 정의된다.

을 제공한다. 첫 4개 열이 보여주듯이 국가 간에 실업률 차이는 크다. 하지만 내국인 자녀와 현지출생 자녀(이민 2세) 간의 차이를 보면, 두 유형의 나라들이 있다. 벨기에, 프랑스, 독일 및 영국과 같은 나라에서는 두 집단의 실업률에 상당한 차이가 나는데, 이민자 자녀의 실업률이 내국인 자녀 경우의 2배나 되는 경우도 있다. 호주, 캐나다, 노르웨이 및 미국과 같은 나라에서는 실업률 격차가 작거나 없다. 평균 고용률을 기준으로 해서도 같은 비교를 할 수 있다. 미국, 스위스 및 호주에서는 거의 차이가 없지만, 다른 나라들에서는 차이가 크다. 〈표 9.3〉의 오른쪽은 고용률의 격차가 주로 교육수준이 낮은 사람들 간에 나타난다는 점을 보여준다. 고등교육을 받은 남자의 경우에는 벨기에, 독일, 노르웨이 및 스웨덴 등에서만 상당한 차이가 나타나고, 그 외에는 차이가 작거나 없는 경우도 있다.

표 9.3 내국인 자녀와 현지출생 이민 자녀의 실업률과 고용률, 2007년경

국가	실업률				고용률				교육수준별 고용률											
									남						여					
	남		여		남		여		낮음		중간		높음		낮음		중간		높음	
	(1)	(2)	(1)	(2)	(1)	(2)	(1)	(2)	(1)	(2)	(1)	(2)	(1)	(2)	(1)	(2)	(1)	(2)	(1)	(2)
Australia	6	8	5	5	88	86	76	79	71	65	91	88	96	98	43	42	77	77	92	92
Austria	6	—	5	—	90	81	79	66	87	71	92	90	96	—	56	—	80	74	88	—
Belgium	11	28	12	27	81	61	77	54	68	47	82	69	88	79	49	32	71	57	89	82
Canada	8	7	7	8	85	85	78	83	70	67	86	84	92	90	50	56	76	75	88	88
Denmark	2	6	3	8	85	75	81	72	76	69	88	79	88	86	63	61	85	76	89	84
France	12	21	13	21	83	72	75	62	68	55	86	78	88	85	46	43	73	60	87	80
Germany	18	27	13	20	79	69	73	62	58	54	82	76	90	81	44	43	77	73	86	64
Luxembourg	6	11	11	22	92	86	83	75	90	85	92	—	96	—	70	67	87	—	92	—
Netherlands	5	—	4	—	91	70	87	67	81	53	94	80	96	93	66	48	90	75	94	—
New Zealand	5	—	7	10	92	89	78	80	88	85	95	90	97	94	65	65	83	80	94	93
Norway	3	4	3	3	86	77	82	72	75	72	91	86	92	86	67	62	86	80	92	83
Spain	13	—	13	—	80	76	75	57	76	73	83	92	88	—	62	60	78	—	84	85
Sweden	—	—	—	—	85	73	82	71	63	53	88	79	92	87	53	45	83	75	92	87
Switzerland	4	—	4	—	90	89	90	91	69	—	90	91	94	96	65	—	90	93	94	92
UnitedKingdom	9	15	7	10	82	79	75	66	71	61	89	80	92	90	44	28	77	66	92	86
United States	9	9	7	—	81	80	73	74	60	57	80	80	91	89	43	—	68	70	87	86

출처: OECD(2009).

주: 교육 또는 훈련 중이 아닌 20~29세 인구. (1)=내국인 자녀; (2)=이민자의 현지출생 자녀.

9.4 정책 이슈

지금까지의 논의는, 이민, 특히 미숙련 이민이 내국인의 임금과 소득불평등을 높이고, 이동성이 낮은 내국인 노동력에게 재정비용의 원천으로 작용할 가능성이 있음을 보여준다. 이러한 외부효과가 이민의 경제적 이득을 줄이고 정치적 반대를 유발할 수 있다. 9.1에서 보았듯이, 정부는 이민제한을 강화함으로써 이러한 우려에 대응하기도 한다. 하지만 이민제한이 효과적으로 이민을 완전히 막는 경우는 거의 없다. 주로 미숙련 노동자인 불법 이민만 늘리게 될 수도 있는데, 그러면 이들이 정규 일자리를 갖고 사회보장기여를 부담하는 것을 막는 결과가 된다. 이런 맥락에서 악순환이 작동할 가능성이 큰데, 비현실적 이민제한이 불법적 저숙련 이민을 유발해서, 이민에 반대하는 여론이 강화되고, 정부는 더욱 엄격한(집행하기 어려운) 제한을 채택하게 만드는 것이다. 이런 잠재적 악순환에 대처하기 위한 두 가지 전략은 다음과 같다.

1. 이민자에게 복지의 문호를 폐쇄한다.
2. 숙련 이민을 우대하는 점수제를 도입한다.

9.4.1 복지 문호의 폐쇄?

유럽에서는 이민에 대한 우려가 커지고 있다. 시민들은 이민자가 내국인에게 부정적인 재정 및 급여 외부효과를 끼칠 것을 두려워한다. 부담이 증가하고 있는 복지제도의 재정적 압박으로부터 이민을 분리시키는 전략은 이민자의 복지 접근을 제한하는 것이다(Boeri 2010). 복지 문호의 폐쇄는 유입되는 이민 중 미숙련 노동자의 비율을 감소시키고, 그래서 (절대적 숫자는 아니지만) 숙련 노동자의 비율을 증가시킨다. 하지만 복지문호의 폐쇄는 이미 들어왔거나 여하간에 들어올 이민자의 동화(assimilation)를 지연시킬 것이다. 따라서 많은 이민자를 불법적 활동으로 내몰게 되어 경직적 노동시장에 대한 부정적 외부효과가 역설적으로 심화될 수 있다.

복지문호의 폐쇄를 위한, 다소 미묘한 다른 주장은 정치경제적 고려를 동원한다. 각 EU 국가에서 보다 현실적인 이민정책에 대한 대중적 지지를 얻기 위해서는 이민자의 복지 남용을 명시적으로 방지하는 정책이 필요하다는 것이다. 설문조사에 의한 연구(Boeri and Bruecker 2005; Dustmann and Glitz 2005)에 따르면, 많은 시민이 이민자들에 의한 복지 남용에 대해 실제로 우려하고 있는 것으로 나타난다. 하지만 이민자의 시민권 취득(즉 사회복지에의 접근)을 금지하는 경우에 유권자들이 보다 개방적인 정책을 지지할 것이라는 보장도 없다.

복지문호의 폐쇄는 다수의 이민자가 있는 나라의 경우에 신빙성 있는 정책이 아닐 것이다. 미국의 경험이 시사하는 바가 있다. 1996년 복지제도가 주 단위로 일부 분권화되고, 합법적 이민에 대해서도 복지혜택 접근을 제한하는 조치가 도입되었다. 예를 들어, 1996년 8월 이후에 도착한 합법적인 비난민 이민자에 대해서는 식품교환권(food stamps) 수령 및 Medicaid 이용이 5년간 금지되었다. 이런 개혁의 지지자들은 보다 분권화된 제도가 주 정부로 하여금 이민자에게 값비싼 복지혜택을 제공하는 데 보다 신중해지도록 만들 것이라고 기대했다. 개혁은 실패했다(McCormick 2002). 이민자에게 복지혜택을 배제하는 조항에 대한 법원 제소가 잇따랐다. 1997년 미국 의회는 강화된 조항을 폐지하기 시작했다. 결국 각 주는 연방체제 하에서의 이전 수준으로 혜택을 유지하라는 정치적 압력에 직면하게 된 것이다. 이런 압력은 이민자가 유권자의 15% 이상을 차지하는 캘리포니아와 같은 주에서 특히 강했다. 이처럼 이민자를 강하게 차별하는 분권화 체제는 정치적 저항에 직면할 수 있고, 법원에 제소되기 쉬우며, 결국 이전 수준으로 돌아가게 될 가능성이 크다.

9.4.2 점수제의 채택?

점수제는 영주권 및 노동허가 신청을 평가하는 방법이다. 호주, 캐나다, 뉴질랜드 및 스위스에서 채택되었고, 영국과 다른 유럽 국가에서 도입이 진행 중이다. 신청 건마다 명시적 기준에 따른 점수가 부여되는데, 대개 교육수준, 경험, 언어능력이 우대된다. 노동력이 부족한 직종이나 지역에서의 고용에 대해서는 보너스 점수가 주어질 수 있다. 잘 설계된 점수제는 이민 규제 전반을 포함하는 형태로 단순화할 수 있는데, 예를 들면 고숙련 이민자에 대한 임시조치의 필요성을 없애고 난민정책도 더 넓은 틀에 통합시킬 수 있다. Hatton(2004)은 인도주의적 점수의 도입을 제안한다.

점수제는 이민자의 선택에서 효과적일 수 있다. 이것은, 점수제가 없는 나라(독일)와 점수제를 둔 나라(가령 캐나다) 사이에 이민자와 내국인의 2004 IALS(국제 성인문해율 조사)의 분포를 비교함으로써 알아볼 수 있다([그림 9.9] 참조). 절대적 수준에서나(이민자의 평균점이 250인 독일에 비해 캐나다는 300) 내국인 대비 상대적으로나 차이가 현저하다. 이민자의 기능 분포가 독일에서는 눈에 띄게 왼쪽으로 밀려 있는데 반해 캐나다에서는 내국인의 분포와 거의 완전히 겹치고 있다. 점수제 도입 이후 캐나다의 기능 구성의 변화에 대한 이중차분 분석과 미국의 추이와 비교한 결과 역시 점수제의 효과를 확인해준다. 고등교육을 받은 이민자의 비율이 캐나다에서는 1987~2002년

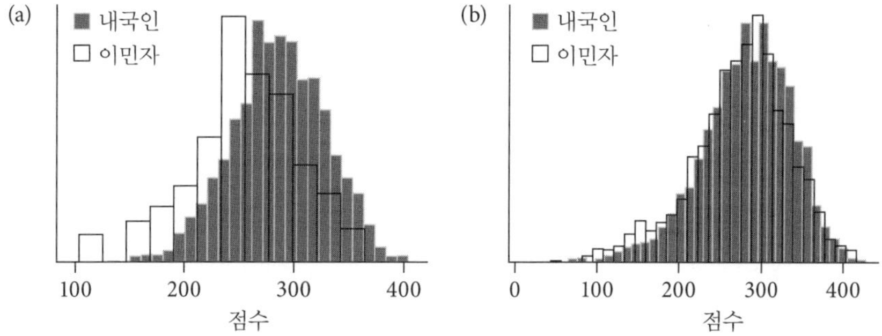

그림 9.9 독일(왼쪽)과 캐나다(오른쪽)의 내국인과 이민자의 IALS 시험성적의 분포

기간에 5%포인트 증가했음에 비해, 미국에서는 감소했다. 하지만 점수제는 단순히 기능수준에 따른 것이라기보다는 특정 출신국에 대한 차별로 작용할 수도 있다(Antecol et al. 2003).

앞서 언급했듯이, 숙련노동자의 이민은 이민국의 소득불평등을 감소시키고 복지제도 접근에 관련된 재정압박을 완화하는 데 도움이 된다. 이처럼 그것은 이민정책의 효율성과 형평성 목표를 조화시킬 수 있다. 또한 숙련의 보완성에 관한 증거도 있는데, 숙련 이민자의 유입이 미숙련 내국인의 일자리 기회를 증가시킬 수도 있다.

하지만 점수제에는 중요한 약점이 있는데, 두뇌유출(brain-drain) 효과를 통해 이민자 출신국의 성장에 부정적 효과를 미칠 수 있다. 표현에서 알 수 있듯이, 두뇌유출은 이민이 출신국에서 최상의 노동자들을 앗아가는 경향이 있다는 주장이다. 하지만 이민의 두뇌유출 효과에 대한 증거는 전혀 확실하지 않다(Docquier and Rapoport 2012). 선택적 이민정책은 출신국에서 개인의 인적자본 투자 유인을 증가시킬 수 있고, 따라서 그 나라의 인적자본 형성에 이민이 미치는 효과는 불분명하다. 이민이 일시적인 경우도 있는 만큼, 이민국에서 획득된 인적자본이 이후에 출신국으로 이전되어 성장을 촉진하게 될 수도 있다. 끝으로 이민자가 숙련에 대해 더 높은 보수를 받을 수 있다면 본국으로 많은 송금을 할 수 있고 따라서 성장을 지원하게 된다.

9.5 다른 제도들과의 상호작용

이민은 규모와 숙련 구성, 양 측면에서 임금 압착(wage compression)과 최저소득에 영향을 받는다. 임금압착이 없는 나라가 있다면 고숙련 이민자는 그쪽으로 이동할 유인이 있는데, 임금압착이 상당한 존재한다면 그럴 가능성은 약해진다. 최저소득은 특히 저숙련 노동자의 이민을 유발할 수 있다. 그러므로 임금압착과 최저소득에 관련되는 제도는 이민정책과 상호작용하게 될 가능성이 크다. 구체적으로, 이민의 흐름은 최저임금법제(2장), 노동조합(3장), 가족정책(7장), 실업급여(11장) 등의 영향을 받을 것이다. 따라서 이민정책의 필요성은 다른 노동시장 제도에 따라서 달라질 수 있다. 다른 노동시장 제도는 이민의 규모와 숙련 구성에 영향을 줄 수 있지만 이민정책이 다른 노동시장 제도의 결과에 영향을 미치지는 않을 것이다. 복지 문호의 폐쇄에 관한 논의(9.4.1)는 드문 예외이다.

9.6 이민정책은 왜 존재하는가?

이민정책은 본질적으로 재분배에 관련된다. 그것은 대체로 미숙련 내국인 노동자를 해외 노동자의 경쟁으로부터 보호함으로써 소득분배의 하층부에서 소득불평등이 심화되는 것을 방지한다. 따라서 숙련 분포에서 하위의 노동자들의 지지를 받는 것이 일반적이다. 이동성이 없는 납세자 역시 엄한 이민정책에서 득을 볼 수 있는데, 사회복지제도의 수혜자가 되는 이민자의 유입과 연관된 재정적 파급효과에 취약하기 때문이다. 고령화는 이런 집단의 정치적 영향력을 증가시키게 되겠지만, 한편으로 국내 노동력의 교육수준이 상승하면 이민 반대 세력이 약화될 수 있다. 이민반대 세력은 정책 결과에 미치는 영향 차원에서 점점 중요해진다. 이 장에서 보았듯이, 전반적인 추세는 이민 제한의 강화 쪽인 것으로 보인다.

하지만 이민 제한은 이들 집단의 우려에 대한 대응책으로는 효과적이지 못할 수 있는데, 이런 제한이 역설적으로 동화와 재정제도에의 통합 차원에서 가장 문제가 있는 바로 그 유형의 이민자를 유치하는 결과를 가져올 수 있기 때문이다. 진지한 정책 평가 차원에서 이민이 없는 상황은 있을 수 없다. 잘해야 이민정책은 그렇지 않으면 거대한 파도처럼 발생하게 될 이민의 흐름을 점진적으로 진행되게 할 수 있을 뿐이다. 여하간에 이민정책이 이민을 완전히 막을 수는 없다.

국내 인구에 부정적인 재정 파급효과를 끼치게 되는 복지제도 압박을 줄이기 위해서는, 이민자의 복지 접근을 제한하거나 점수제를 채택할 수 있다. 두 유형의 조치에 대한 찬반론은 9.4에서 검토되었다.

9.7 심화학습 안내

이민의 역사는 Hatton and Williamson(1998)이 잘 보여준다. Boeri, Hanson and McCormick(2002)은 미국과 유럽 노동시장에 끼친 이민의 효과와 관련된 연구를 정리하였다. Borjas(2001)는 이민자의 자기선택(self-selection)과 소위 '바퀴에 기름칠하기(greasing-the-wheels)' 추정값 등을 이용해서 이민의 임금 및 고용 효과가 작게 나타나는 사실을 설명하고 있다. Burda and Hunt(2001)는 통합 노동시장에서 이민 결정요인을 분석하여 독일 통일 사례를 평가했다. Dustmann and Gitz(2005)는 이민에 대한 내국인의 태도에 관한 조사자료를 활용하여 그 결과를 평가하였다. Boeri and Bruecker(2005)는 동유럽에서 유럽노동시장으로의 이민 증가가 주는 교훈을 도출하였다. Card(2005)는 이민이 미국의 저숙련 내국인의 임금에 미친 결과를 평가하였다. 마지막으로 Docquier and Rapoport(2012)는 이민의 잠재적 두뇌유출 효과를 논의하였다.

복습 질문 및 연습문제

1. 일반적으로 고용주는 이민을 지지하고 노동조합은 지지하지 않는다. 왜 그런가?
2. 이민이 송출국가의 소득분포에 미치는 영향은 무엇인가?
3. 국내적 이주와 국제적 이민 간의 관계는 무엇인가?
4. 경제이론의 예측과는 달리 실증분석에서는 이민이 내국인 임금에 미치는 효과가 강하게 나타나지 않는 경우가 많은데, 그 이유는?
5. Roy 모델은 이민의 숙련구성에 대해 어떻게 예상하는가?
6. 노동수요와 공급 탄력성은 이민의 경제적 효과에 어떠한 영향을 끼치는가?
7. '이민 잉여'란 무엇이며, 어떤 조건에서 나타나는가?
8. (이민) 점수제의 장단점은 무엇인가?
9. 이민자에게 복지혜택을 제공하지 않는 제도의 장단점은 무엇인가?
10. 마리엘 해상수송에 관한 분석의 핵심은 무엇인가? 그리고 "발생하지 않은 마리엘 해상수송"이라 명명된 연구의 시사점은 무엇인가?
11. 남편, 아내, 두 자녀로 구성된 가정이 남부 이탈리아에 거주하고 있다. 남편은 현재 연간 30,000유로를 벌고 있으나 아내는 일하지 않고 있다. 이들은 북부 이탈리아로의 이주를 고려하고 있는데, 거기서 남편은 연 35,000유로의 일자리를 찾을 수 있으며, 아내도 연 15,000유로를 받고 일을 시작할 수 있다. 그렇지만 이들은 남부에서의 삶을 매우 좋아해서, 그 효용이 현재가치로 35,000유로에 해당한다. 그리고 아내가 일을 한다면 이들은 매년 10,000유로의 보육비를 부담해야 할 것이다.

    (a) 만약 이들이 지금 북이탈리아에 있고 이후 3년 더 거주할 것이며 연 할인율은 12%라고 가정해 보자. 이들은 북부로 즉시 이주하는 것이 좋은가?

    $$40(1+a+a^2+a^3)<35\times 4=140,\quad a=.88,\quad 134=40\times 3.34<35\times 4$$

    (b) 보육비가 더 싸진다면(예컨대, 9,000유로), 위의 답은 달라지는가?

    $137=41\times 3.34<35\times 4$

(c) 할인율이 얼마가 되면 북부 이탈리아로의 이주를 선택하게 될까?

$a=.92,\quad 142=40\times 3.55>35\times 4$

12. 연 할인율이 10%인 한 노동자가 네덜란드에 거주하면서, 거기에 머물 것인지 이탈리아로 이주할 것인지 고려하고 있다. 앞으로 3년을 일할 수 있으며, 연금은 소득과 관련이 없다. 만약 네덜란드에 남는다면 3년간 매년 40,000유로를 벌 것이며, 이탈리아로 이주한다면 3년간 매년 44,000유로를 벌 것이다. 이 사람이 이주하기로 한다면, 최대 이주비용은 얼마인가?

13. (고급) 네덜란드에서 이탈리아로 이주할지를 결정해야 하는 청년 노동자가 있다. 만약 네덜란드에 머문다면 매년 45,000유로를 벌게 되고, 이탈리아로 이주한다면 매년 50,000유로를 벌게 된다. 이주비용은 50,000유로이다.

(a) 연 할인율이 5%라면 이탈리아로 이주하는 것이 이익임을 증명하라.

(b) 할인율이 얼마일 때, 머무는 것과 이주하는 것 간에 무차별해지는가?

(c) 이사비용이 얼마일 때, 머무름과 이주함 사이에 무차별해지는가?

(d) 네덜란드에서 연간 실직 가능성은 4%(이탈리아는 2%)이며 실직자는 잔여 생애 동안 매년 10,000유로(이탈리아에서는 5,000유로)의 사회부조를 받을 수 있다. 이러한 조건하에서 이주하겠는가?

(e) 이런 상황에서, 이탈리아에서 실직할 가능성이 얼마일 때 머무는 것과 이주하는 것 간에 무차별해지는가?

제10장

고용보호 제도

고용보호 법제(EPL, employment protection legislation)는 잉여 노동자를 해고하는 경우에 지켜야 할 규범과 절차의 집합이다. EPL은 해고에 대해 법적 제약을 가하며, 정규 고용계약, 즉 무기한(open-ended) 계약을 조기 종료하는 경우에 고용주가 근로자에게 지불해야 할 보상을 정한다. 또한 EPL은 임시계약, 즉 고정기간(fixed-term) 계약하의 근로자 고용에 대해 제약을 가한다. 개별 및 집단 해고의 경우에 따라야 할 절차도 EPL에서 마련된다. 해고의 합법성에 대한 최종적 결정은 대개 법원이 내린다. 경제분석의 관점에서, 해고 결정에는 근로자와 고용주뿐 아니라 해고의 법적 효력에 대한 판단을 요청 받는 경우에 제3자로서 법원도 관여할 수 있다는 점에 유의해야 한다.

EPL은 다차원적인 제도이지만, 경제이론의 관점에서는 이전지출(transfer)과 조세(tax)라는 두 가지 핵심요소로 축약될 수 있다. 이전지출 요소는 고용주로부터 근로자에로의 금전적 이전이며, 성격상 임금과 유사하다. 조세 요소는 근로자-고용주 관계 외부의 제3자에게 이루어지는 지불을 가리킨다. 개념적으로 EPL의 이전지출 요소는 '해직수당'(severance payments)과 의무적인 '사전고지' 기간(advance notice period)으로 구성되는 한편, 조세 요소는(변호사 비용 등) 재판비용과 행정절차에 관련되는 모든 다른 비용으로 구성된다. 해직수당은 기업이 주도한 퇴직(해고)의 경우에 기업이 근로자에게 지불하는 금전적 이전지출을 가리킨다. 사전고지는 해고가 실제로 실행되기 전에 근로자에게 주어져야 할 특정한 기간을 가리킨다. EPL의 구성요소인 해직수당과 사전고지는 법적 최소한(legal minima)의 성격을 가지며, 특정 노동계약에서 정해진 바와 상관없이 모든 고용관계에 적용되는 법정 지불과 강제규칙이다. 기업이 주도한 퇴직의 경우, 의무적 지불 외에 더 많은 해직수당을 단체협약으로 규정할 수 있다. 행정절차는 해고가 실제로 실행되기 전에 준수되어야 한다. 흔히 고용주는 해고 결정에 관해서 근로자 대표와 협의해야 할 의무가 있다. 나아가서 법 조항은 기업(사업장) 규모나 산업 유형과 같이 사업의 특성에 따라 달라지기도 한다.

대다수 국가의 법제에서 개별해고와 단체해고(individual and collective dismissals)가 구분된다. 나아가서 개별 해고는 경제적 해고와 규율적(disciplinary) 해고로 구분되어야 하는데, 대다수 EPL 조항은 전자의 경우에만 적용된다. 규율적 해고(즉 근로자의 비행(非行)에 따른 해고)에는 대개 금전적 이전이 수반되지 않는다. 단체해고 절차는 대규모 기업 구조조정의 경우에 해당되며, 노동력의 적어도 특정 부분이 해고되는 것이다. 단체해고가 유관 당국의 인가를 얻게 되는 경우, 기업은 대상 근로자 모두를 개별 해고하는 경우에 비해 적은 이전지출로 대규모 해고를 실시할 수 있다. 하지만 이 절차에는 근로자 대표와의 긴 협의과정을 비롯해서 훨씬 엄격한 행정적 부담과 절차적 비용이 요구된다.

10.1 국제 비교

상이한 고용보호 체제하에서 평균적인 해고비용을 평가하는 방식으로 국가간에 EPL을 비교해보자. 아쉽게도, 평균임금 대비 해고비용에 대한 동질적인 척도는 거의 찾기 어렵다. 고용보호 체제의 국제적 비교를 위해 경제학자들이 EPL의 엄격성에 대한 종합적 척도를 개발했는데, 0에서 6까지로 값이 커질수록 엄격성이 강해진다. OECD는 다음의 3가지 주요 지표를 사용했다:

1. 정규계약(permanent contracts)에서의 개별 근로자에 대한 해고 규제의 엄격성으로, 고지절차, 고지 이전의 지연, 해직수당, 정당한 및 부당한 해고의 정의, 소송제기 기간, 부당한 해고에 따른 보상, 부당한 해고의 경우 복직 가능성, 부당성 주장이 가능한 최대 기간 등이 포함된다.
2. 단체해고(collective dismissals)의 엄격성은, 단체해고의 정의, 추가적인 고지 요건, 고지 이전의 추가적인 지연, (개별해고가 아닌) 단체해고를 실시하는 고용주의 추가적인 비용 등을 말한다.
3. 임시계약(temporary contracts)에서의 근로자 고용에 대한 규제로서, 먼저 고정기간 계약과 관련하여 그 사용이 정당화되는 경우, 최대 연속 횟수 및 최대 누적기간, 다음으로 임시 파견근로 고용(work agency employment)과 관련하여 그것이 합법적인 유형, 최대 갱신 횟수 및 최대 누적기간, 파견업체 설립이 허가 대상인지 신고 대상인지 여부, 그리고 정규근로자와 파견근로자의 동등 대우가 의무적인지 여부 등이 포함된다.

관련 법제의 엄격성에 대한 전반적 지표를 얻기 위해서는, 정규계약의 엄격성, 임시계약에 대한 규제, 단체해고의 엄격성 등을 함께 고려해야 한다. OECD는 위 3가지 척도의 가중평균치를 EPL의 전반적 지표로 사용한다. OECD의 EPL 지수의 해석과 관련해서 몇 가지 유의점이 있다:

1. OECD의 전반적 지수는 정규고용계약, 임시계약, 단체해고에 대한 하부지표들을 평균한 것이다. 따라서 하부지표의 변동에 따라 달라질 수 있다.
2. EPL 하부지표의 변화는 서로 독립적이지 않다. 예를 들어 고정기간 계약에 의한 고용 비중이 증가하는 경우, 그것이 노동시장 유연성 증가를 나타내는 것이라기보다 정규근로자의 고용보호가 엄격한 상황의 결과(이런 규정이 면제되는 활동

쪽으로 더 많은 투자가 이루어질 것이기 때문)일 수도 있다(Bertola et al. 2000). 바꿔 말하자면, 정규근로자에 대한 EPL의 적용이 내생적(endogenous)이라는 것이다. 정규계약에 대한 EPL 체제가 특히 엄격한 나라에서는 이런 규제가 면제되는 고용의 비율(예를 들어, 임시계약 고용 비율, 비공식부문의 비중, 영세사업장 근로자의 비율 등)이 더 크다. 이것이 의미하는 바는, 정규근로자에 대한 OECD 지수는 이런 규제를 받는 노동자의 비율로 가중치를 두는 것이 바람직하다는 것이다.

3. 경제분석 차원에서 이상적으로는, 이전지출과 조세 요인이라는 EPL의 두 가지 핵심요소에 대한 지표를 얻어야 한다. 하지만 이전지출 요소로부터 조세 요소를 분리해 내는 것은 쉬운 일이 아닌데, 해고의 법적 비용을 측정하는 것은 특히 어렵기 때문이다. 해고의 법적 비용의 크기는 근로자가 소송을 제기할 확률과 법원이 기업의 해고를 무효화할 확률에 따라 달라진다. 예를 들면, 이탈리아에서는 해고 결정이 법원에서 파기되는 경우, 기업은 해고한 근로자의 보수를 보상해야 될 수도 있다. Garibaldi and Violante(2005)의 추정에 따르면, 근로자 15명 이상을 둔 이탈리아 고용주가 내린 해고 결정이 1년 후에 법원에서 파기될 경우, 15개월분 임금에 해당하는 비용을 부담하게 될 수 있다. 이것은 전체 해고비용의 약 20%에 해당한다.

이런 유의점을 염두에 두고, 〈표 10.1〉의 첫 4개 열은 전반적 EPL 지수와 3가지 구성요소를 보여준다(2008년 자료). 두 가지 사실에 유의하자. 첫째, EPL의 엄격성(strictness)에서 국가간 차이가 현저하다. 둘째, 이런 차이는 EPL 지수의 주요 요소들 간에도 다르다. 정규근로자의 개별적 해고에 대한 고용보호는 미국에서 0.6으로 가장 약하고, 포르투갈에서 4.0으로 예외적으로 높다. 임시고용에 대한 규제는 캐나다, 영국, 미국에서 가장 약하지만, 아일랜드와 스웨덴에서도 다소 약한 편이다. 임시고용 규제가 가장 강한 것은 터키인데, 프랑스, 룩셈부르크, 멕시코에서도 매우 강한 편이다. 단체해고 관련 요건에서는 뉴질랜드가 0.4로 예외적으로 약한 반면, 이탈리아와 벨기에에서는 매우 강하다. 정규근로자 및 임시고용에 대한 고용보호가 낮은 편인 영국과 미국에서도 단체해고 요건은 2.9로 비교적 강하다.

[그림 10.1]은 EPL 지수와 그 구성요소가 1998~2008년 기간에 어떻게 변했는지를 보여준다.[1] 모든 OECD 국가에서 정규근로자의 EPL은 해당 기간에 거의 변화가 없다.

1) 1장에서 1985~2008년 기간에 전반적 EPL 지수의 변화에 대한 정보가 제공되었음을 상기하자. [그림 1.8] 참조.

표 10.1 고용보호의 강도(2008)와 임시직 노동자의 비율(2012)

국가	OECD 고용보호 지수				임시 근로자 비율(%)	
	정규	임시	단체	전반적	남	여
Australia	1.4	0.8	2.9	1.4	—	—
Austria	2.2	2.3	3.3	2.4	9.3	9.7
Belgium	1.9	2.7	4.1	2.6	6.6	9.7
Canada	1.2	0.2	2.6	1.0	—	—
Czech Republic	3.0	1.7	2.1	2.3	6.0	9.0
Denmark	1.5	1.8	3.1	1.9	7.8	9.7
Estonia	2.3	2.2	3.3	2.4	3.3	2.8
Finland	2.4	2.2	2.4	2.3	10.3	16.3
France	2.6	3.8	2.1	3.0	13.8	15.2
Germany	2.9	2.0	3.8	2.6	13.8	13.9
Greece	2.3	3.5	3.3	3.0	8.5	11.1
Hungary	1.8	2.1	2.9	2.1	8.7	7.3
Iceland	2.1	1.5	3.5	2.1	9.0	9.9
Ireland	1.7	0.7	2.4	1.4	9.5	10.7
Italy	1.7	2.5	4.9	2.6	12.8	14.2
Japan	2.1	1.5	1.5	1.7	—	—
Korea	2.3	2.1	1.9	2.1	—	—
Luxembourg	2.7	3.9	3.9	3.4	5.9	6.6
Mexico	2.3	4.0	3.8	3.2	—	—
Netherlands	2.7	1.4	3.0	2.2	17.5	20.2
New Zealand	1.5	1.1	0.4	1.2	—	—
Norway	2.2	3.0	2.9	2.7	5.9	9.8
Poland	2.0	2.3	3.6	2.4	27.1	26.0
Portugal	4.0	2.5	1.9	3.2	19.9	20.2
Slovak Republic	2.5	1.2	3.8	2.1	6.5	7.2
Slovenia	3.0	2.5	2.9	2.8	16.4	19.5
Spain	2.4	3.8	3.1	3.1	22.3	25.4
Sweden	2.7	0.7	3.8	2.1	12.1	16.3
Switzerland	1.2	1.5	3.9	1.8	12.9	13.0
Turkey	2.5	4.9	2.4	3.5	8.9	8.2
United Kingdom	1.2	0.3	2.9	1.1	5.4	6.4
United States	0.6	0.3	2.9	0.9	—	—

출처: EPL은 OECD; 임시근로자 비율은 Eurostat.

주: OECD 지수의 값은 0에서 6까지다. 정규직=정규근로자의(개별)해고에 대한 보호; 임시직=임시 유형 근로자에 관한 규제; 단체=단체해고에 관한 특별 요건; 전반적=(5/12)×정규+(5/12)×임시+(2/12)×단체. 임시근로자 비율은 15~64세 전체 피고용자에서의 비율로, 2012년 1분기 현재 수치.

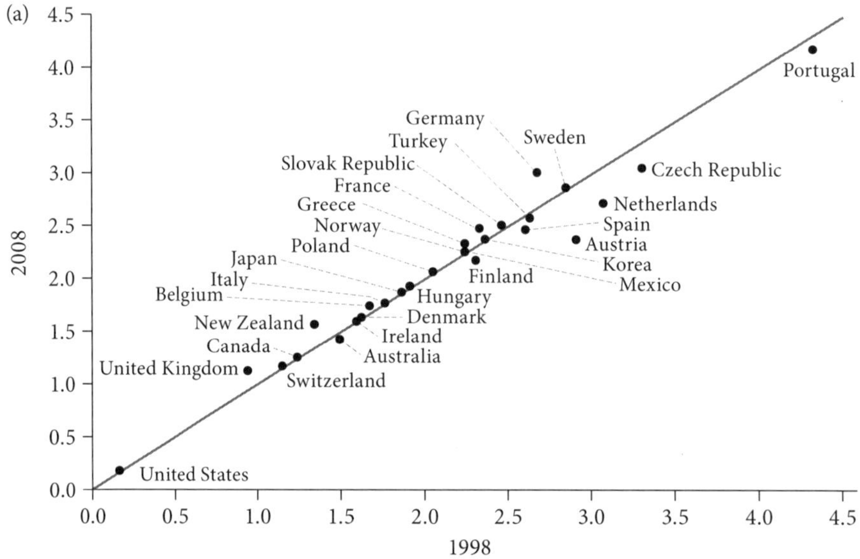
(a)
2008
1998
Portugal
Germany
Sweden
Turkey
Slovak Republic
Czech Republic
France
Netherlands
Greece
Spain
Norway
Austria
Poland
Korea
Japan
Finland
Mexico
Italy
Belgium
Hungary
Denmark
New Zealand
Ireland
Canada
Australia
United Kingdom
Switzerland
United States

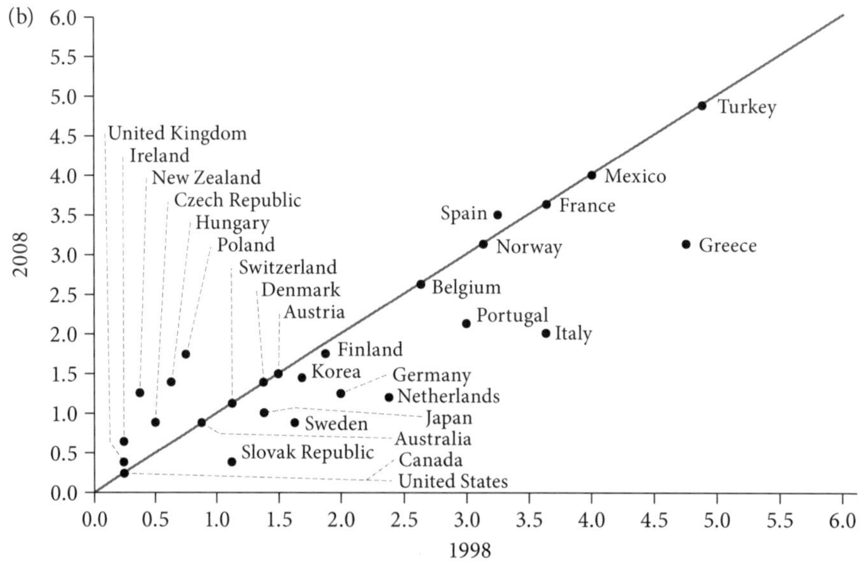
(b)
2008
1998
Turkey
United Kingdom
Ireland
Mexico
New Zealand
Czech Republic
Spain
France
Hungary
Poland
Norway
Greece
Switzerland
Denmark
Belgium
Austria
Portugal
Italy
Finland
Korea
Germany
Netherlands
Sweden
Japan
Australia
Slovak Republic
Canada
United States

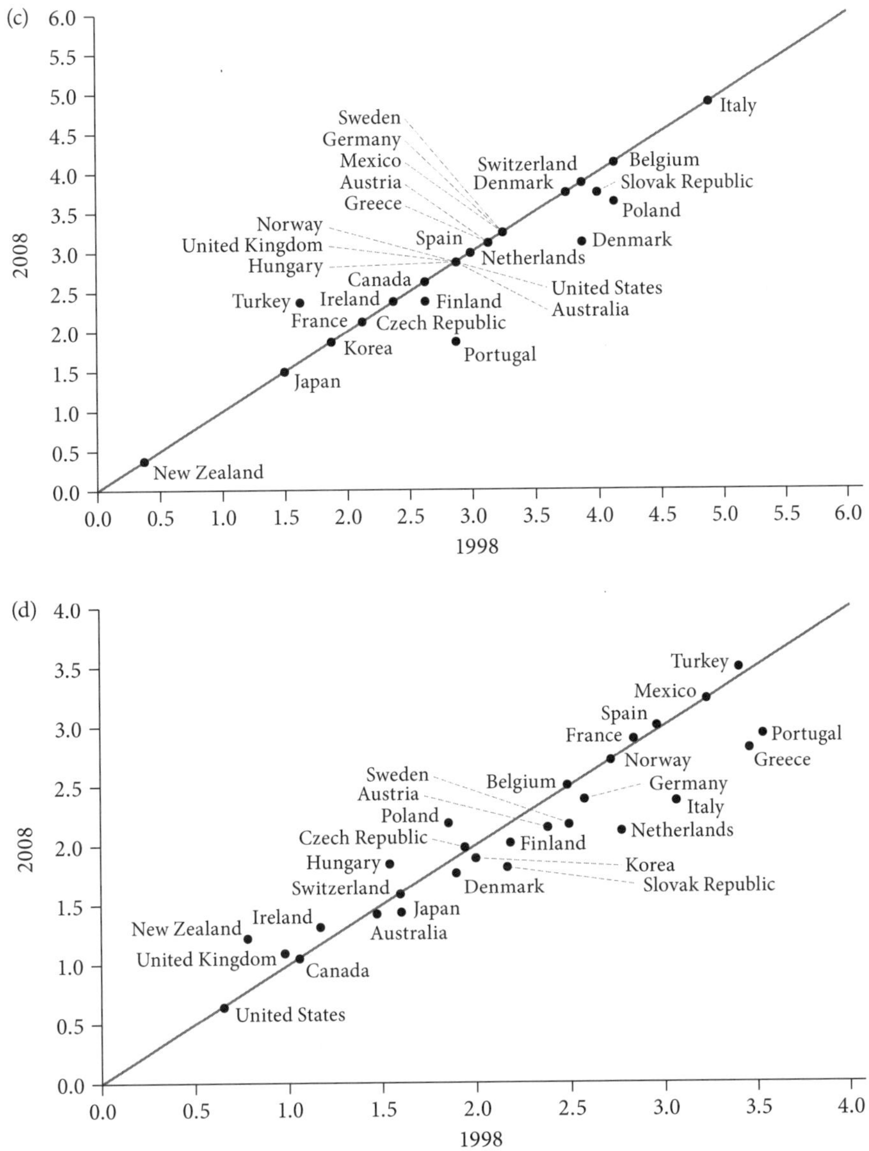

그림 10.1 EPL 요소의 변화, 1998-2008: (a) 정규직, (b) 임시직, (c) 단체해고, (d) 전체

출처: OECD EPL database.

주: 자세한 정의는 〈표 10.1〉 참조.

대조적으로 임시계약의 규제는 많은 유럽 국가에서 완화되었다. 특히 고정기간 계약의 적용이 상당히 확대되었고, 임시 인력 파견업(temporary work agency)이 도입되어 신규 정규계약을 통한 채용 없이도 수요의 일시적 증가에 대응할 수 있게 되었다. 이것은 이중트랙 개혁전략에 해당하는데, 유입 차원에서(on a flow basis) 신규채용에 대해서만 개혁을 도입하고, 기존 근로자의 고용안전 권리는 변함없이 유지하는 것이다. 단체 관련 EPL도 다소 완화된 것으로 보이지만, 단체해고의 요건은 10년 동안 그다지 변하지 않았다. 종합해보면, 1998~2008년 기간에 전반적인 EPL 지수에는 큰 변화가 없다.

〈표 10.1〉의 5~6열은 2012년 1분기 현재 유럽 국가들의 임시근로자 비율을 보여준다. 에스토니아에서는 근로자의 3%만이 임시직에 종사하지만, 스페인과 폴란드의 경우는 전체 일자리의 25%가 임시직이다. 임시근로자가 비교적 높은 비율을 차지하는 나라에는 네덜란드, 포르투갈 및 슬로베니아가 포함된다.

[그림 10.2]는 임시직 근로자 비율이 1998~2008년 기간에 어떻게 변했는지를 국가별로 보여준다. 남녀 모두, 이 기간에 임시계약 근로자의 비율이 증가한 나라가 많다. 폴란드에서는 약 5%에서 25% 이상으로 현저히 높아졌다. 비율이 꽤 떨어진 나라로는 스페인이 유일하지만, 상당히 높은 30~35% 수준에서 약 5% 정도 떨어진 경우이다. 스페인에서의 변화는 아마도 대침체기 동안에 임시직 고용이 상당히 감소했기 때문일 것이며, 또한 정규계약에 대한 EPL 보호를 낮추는 개혁도 일정 역할을 하였을 것이다.

임시계약 외에도 정규계약에 대한 EPL 규정의 적용이 면제되는 다른 경우가 많다. 예를 들어, 소규모 사업체는 복직 의무라든가 기타 절차적 요건에서 면제되는 것이 보통인데, 이런 의무가 고정비용으로 작용해서 특히 소규모 사업체에 영향을 미치기 때문이다. 남부 유럽에서 사업장들이 비교적 소규모이며 비공식부분의 비중이 크다는 사실도 이 지역에서는 정규계약에 대한 보호가 강하다는 사실의 부산물일 것이다.

끝으로 [그림 10.3]은 임시직 근로자의 비율을 정규직 EPL 지수 및 임시직 EPL 지수 각각에 대해서 산포도로 나타낸 것이다. 정규직 해고에 대한 제약과 임시직 근로자의 비율 간에는 강한 양의 관계가 나타나는 반면, 임시직 해고에 대한 ELP 지수와 임시직 근로자의 비율 간의 관계는 상당히 약하게 나타난다. 정규계약에 대한 고용보호의 엄격성이 임시직 고용의 확대를 가져오는 원인인 것으로 보인다.

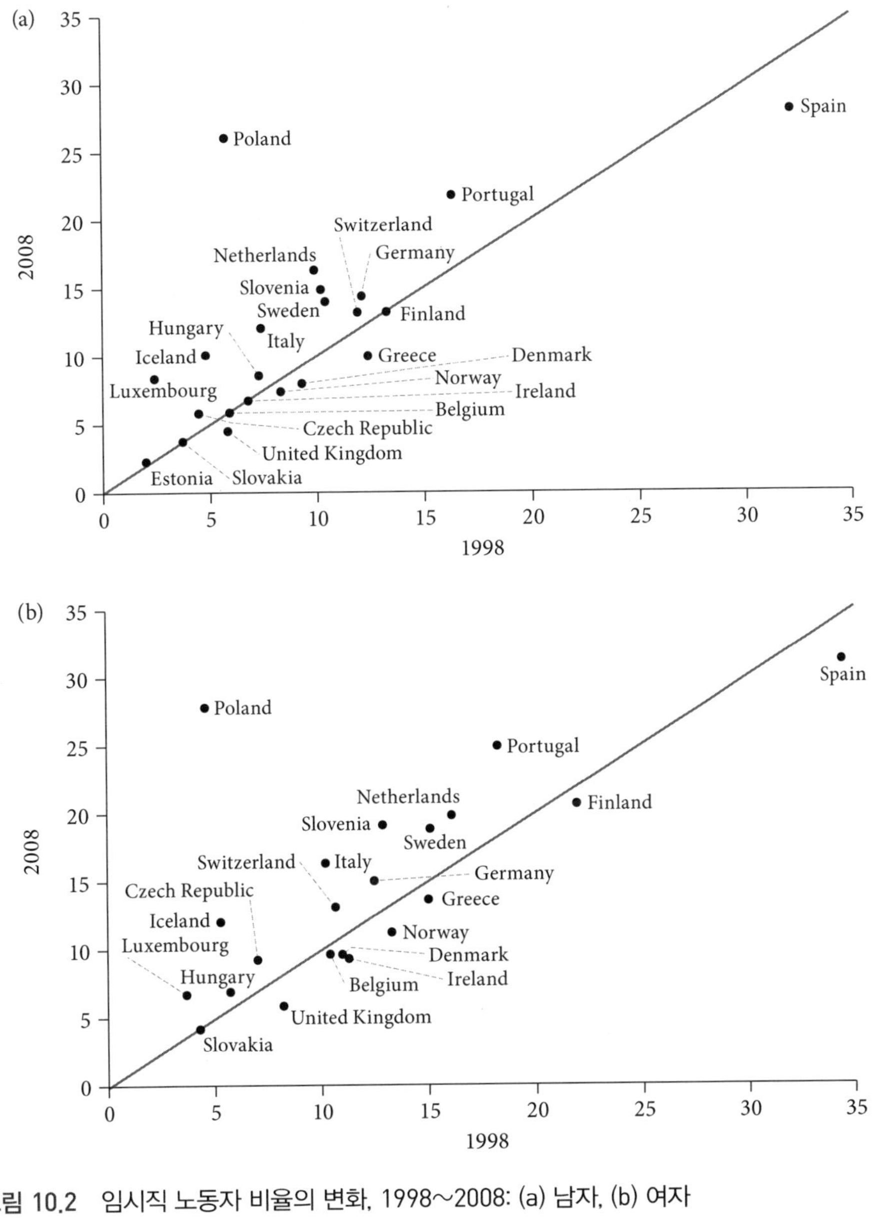

그림 10.2 임시직 노동자 비율의 변화, 1998~2008: (a) 남자, (b) 여자

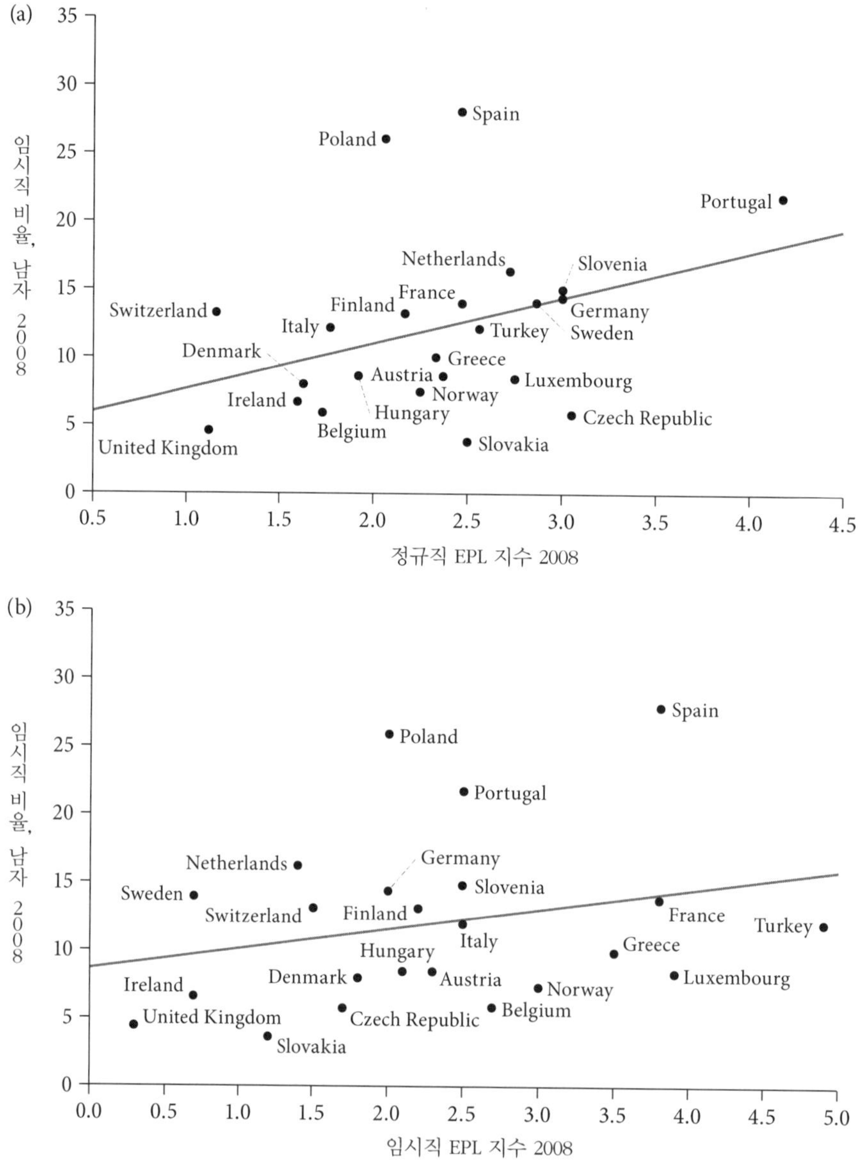

그림 10.3 EPL 지수 요소와 남자 임시직 고용, 2008 (%): (a) 정규직, (b) 임시직

출처: Eurostat 및 OECD EPL database.

주: 자세한 정의는 〈표 10.1〉 참조.

10.2 이론

ELP은 기업의 노동력 조정에 비용을 부담시킨다. 달리 말해서, 고용주는 충격이 오더라도 고용수준의 변동 없이 대응한다면 해직수당과 절차적 비용의 지불을 회피할 수 있다. 충격에 대응하지 않음으로써 이윤이 줄어들 수 있겠지만, 고용주가 EPL 이전지출을 일종의 자발적 보험 방식으로 근로자에게 전가할 수 있다면 이윤의 감소는 임금의 감소로 보상될 수도 있다.

10.2.1 중립성 결과

다소 극단적인 상황에서 EPL은 고용, 근로자 후생 및 이윤에 영향을 미치지 않는다. 이러한 중립성의 경우는 Lazear(1990)가 처음 강조했던 것으로서, 3가지 조건이 충족될 때 성립한다(Box 10.1 참조):

1. 근로자는 위험중립적이다.
2. 임금은 신축적이다. 즉 임금의 하방 조정을 막는 임금 하한(최저임금 또는 단체협약)이 없다.
3. EPL은 고용주가 과잉상태의 근로자에게 지불하는 해직수당과 같은 이전지출 요소만으로 이루어지며, 조세 요소는 없다.

Box 10.1 EPL이 무효화되는 계약의 예

Ed Lazear는 EPL이 고용, 노동자 후생 및 기업 이윤에 어떤 영향을 끼치는지를 분석하는 모형을 제시하였다. 먼저 고용계약은 2기로 이루어지며, 임금은 매 기간 w라고 가정하자. 그리고 노동자는 위험중립적이라고 가정하면, 그 효용함수는 $u(w)=w$이고, 임금 하한은 없다. 이제 해고와 관련된 고용보호제도가 도입되어, 계약이 종료될 때 근로자에게 TR을 지급한다고 하자. EPL이 없는 상황과 노동비용에서 차이가 없도록 고용주는 첫째 기간에 $(w-B)$만큼의 저임금을 주는 계약을 제시한다. 여기서 B는 둘째 기간에 근로자에게 TR을 지급하겠다는 일종의 채권이 된다. 근로자 입장에서 아래 등식이 성립하는 한 후생손실은 없다.

$$w - B + \frac{w + TR}{1+i} = w + \frac{w}{1+i} \tag{10.1}$$

여기서 i는 이자율이다. 이 조건은 $B = \frac{TR}{1+i}$와 같고, 따라서 계약이 끝날 때 (근로자에게) 지급되는 이전지출을 근로자가 기업에게 미리 빌려주는 것이다. 이런 가정하에서 EPL은 고용, 노동자 후생 및 기업 이윤에 어떠한 영향도 미치지 않는다.

위험중립성 가정은 이 맥락에서 매우 중요하다. 노동자가 위험기피적이라고 가정한다면 효용함수 $u(w)$는 다음과 같이 오목함수가 된다.

$$u(w) > \frac{1}{2}[u(w - B) + u(w + B)] \tag{10.2}$$

그리고 이 식은 아래와 같이 변형될 수 있다.

$$u(w) + \frac{u(w)}{1+i} > u\left(w - \frac{TR}{1+i}\right) + \frac{u(w + TR)}{1+i} \tag{10.3}$$

따라서 근로자가 위험기피적일 때는 위의 채권 방식으로 후생 손실을 겪게 될 것이다.

출처: Lazear(1990).

이런 상황에서 중립성 결과가 성립하는 이유는 EPL이 임금의 시간적(intertemporal) 구조에만 영향을 미치며, 근로자와 고용주의 입장에서 일자리의 순할인가치는 불변이기 때문이다. 이러 결과의 요점은 해직수당의 존재가 임금계약에 감안되어 있다는 의미에서 내부화 된다는 것이다. 달리 말해서, 고용주는 근로자가 해고될 경우에 해직수당이라는 이연보상(deferred compensation)을 받을 권리를 갖게 되는 일종의 채권(bond) 또는 보험을 고용주로부터 구입하도록 강요하는 방식으로, 애초에 더 낮은 임금을 지불한다는 것이다.

중립성 결과의 핵심은, 근로자가 EPL 유무에 관계없이 노동에 대해 동일한 할인가치의 지불을 받는다는 것이다. 위험중립적 근로자는 임금의 시간적 구조가 아니라 일자리의 할인가치에만 관심을 두며, 고용주는 일자리를 만들어 제시할지 여부를 결정할 때 EPL 유무에 대해서는 무차별한데, 일자리에 수반되는 순할인비용은 EPL에 관계없이 일정하기 때문이다. 계약에 의해서 EPL의 효과를 무력화시키는 데 성공한 것이다.

Boeri and Jimeno(2005)는 고용보호가(외생적인) 경제적 해고 및 규율적 해고의 확률 모두에 부정적 효과를 미친다는 것을 보였다. 이런 효과는 해고를 실시하기 위해 필요한 법적 절차의 비용을 통해 발생한다. 보통 EPL은 고용주에 의한 해고의 경우에 경제적 또는 규율적 이유가 제시되어야 한다고 규정하는데, 입증 부담은 고용주가 진다. 관계 단절에 대해서 주관적(비행) 근거도 객관적(경제적) 근거도 없는 해고는 부당한 것으로 간주되는 것이 일반적이다. 부당한 해고를 실시하는 고용주에 적용되는 처벌은 두 유형(규율적 및 경제적)의 정당화 간에 차이가 없는데, 비행을 입증하기 어려운 고용주는 항상 경제적 근거를 동원하려고 할 수 있다. 이처럼 규율적 해고의 비용이 경제적 해고의 비용과 상호 연관되는 것은 불가피하다. EPL이 규율적 해고에 부정적인 영향을 준다면, 그것은 효율임금을 상승시키게 된다(Box 10.2 참조). 대신에 EPL이 주로 경제적 해고에 작용한다면, 그것은 효율임금을 낮출 것이다. 이처럼 EPL의 효과는 기업의 감시 기술(monitoring technology)에 따라 달라진다. 감시 기술이 좋을수록, 경제적 해고에 비해서 규율적 해고에 대한 EPL의 효과도 커질 것이다. 소기업은 대기업보다 근로자의 생산성을 더 잘 관찰할 수 있는데, 이것은 소규모 사업체에 대해서는 강한 EPL 조항을 적용하지 말자는 근거가 된다.

Box 10.2

효율임금과 고용보호

효율임금 모형은 EPL이 임금에 미치는 효과를 검토하는 데 유용하다. 고용주는 근로자의 노력에 대해 불완전한 정보를 가지고 있다고 가정하자. 그러면 고용주는 근로자가 태만하지 않도록 시장청산 수준보다 높은 '효율임금'을 지불하게 된다.

노동자는 열심히 일할 것인지 아니면 근무태만을 할지 선택의 문제에 봉착한다. 노력은 노동자의 후생을 감소시키는 한편, 태만은 적발될 가능성이 있고 적발되면 해고를 면할 수 없다. 동태적(dynamic) 틀을 이용해서 효율임금모형을 좀더 자세히 살펴볼 수 있다. 먼저, 태만하지 않는 사람에게 일자리의 유량가치는 다음과 같다.

$$\rho V_e^N = w - e + \delta(V_u - V_e^N) \qquad (10.4)$$

여기서 w는 임금, e는 노력, δ는 (근로자 행태와 무관한) 외생적 실직률, 그리고 V_u는 실업의 자산가치이다. 태만한 노동자의 일자리의 유량가치는 다음과 같다.

$$\rho V_e^S = w + (\delta + \phi)(V_u - V_e^S) \qquad (10.5)$$

여기서 ϕ는 태만이 적발되어 해고될 확률이다. 태만하지 않을 조건은 태만의 자산가치가 태만하지 않을 경우보다 낮거나 같을 때로, 즉 $V_e^S \le V_e^N$를 의미한다. 식 (10.4), (10.5)와 함께 이 조건을 활용하면 효율임금을 도출할 수 있다.

$$w^e \geq \rho V_u + e\left(\frac{\phi+\rho+\delta}{\phi}\right) \tag{10.6}$$

효율임금은 일하는 데 필요한 노력, 할인율, 그리고 외생적 실직률의 증가함수인 한편, 규율적(disciplinary) 해고 확률의 감소함수이다. 이러한 효과는 직관적으로 명확하다. 노력을 더 하고, 할인율이 높고, 외생적 실직률이 높다면 이 모두는 일자리의 가치를 약화시킨다. 이것은 태만이 적발됨(그래서 해고됨)에 따른 불이익이 작다는 것을 의미한다. 그러므로 태만을 방지하기 위해서는 더 높은 임금을 지불해야 한다. 규율적 해고의 확률이 높아지면 태만하지 않음에 비해 태만해서 얻는 가치가 줄어들며, 따라서 고용주는 노동자의 기회주의적 행태를 저지하기 위해 높은 임금을 지불할 필요성도 줄어든다.

효율임금에서 실업이 발생하는 것은 고용주가 시장청산 수준보다 높은 임금을 지불하면서 노동자가 더 많이 노력하도록 규율하는 수단으로 비자발적 실업을 사용하는 게 최적이라고 판단하기 때문이다. 엄격한 EPL은 해고에 따르는 (고용주) 부담을 높여서 규율적 해고의 확률(ϕ)을 낮춘다. 따라서 엄격한 EPL은 효율임금을 높이고 이를 통해 실업을 증가시킨다. 하지만 EPL이 규율적 해고뿐 아니라 경제적 해고(δ)도 줄이게 된다면, EPL이 임금과 고용에 미치는 효과는 약화될 수 있다.

출처: Shapiro and Stiglitz(1984).

10.2.2 위험중립성 배제

EPL이 노동배분에 영향을 미치는 상황은, 위의 3가지 가정(위험중립성, 임금 신축성, 이전지출로서 EPL) 중에 어느 것이든 하나만 완화되면 나타난다. 먼저 근로자가 위험기피적인 경우를 보자. 그러면 근로자는 소득의 변동을 겪을 경우 후생이 줄어들게 되는데, 일자리의 순할인가치는 EPL이 없는 경우와 같더라도 그러하다(Box 10.1 참조).

위험기피적인 근로자는 '채권(보험) 계약'에 따른 소득변동을 보상받기 위해서 더 높은 임금을 요구하게 될 것이다. 노동공급 곡선이 위쪽으로 이동하게 되는 만큼, 채권방식은 고용주에게도 중립적일 수 없게 되며, EPL의 도입은 노동시장 균형에 영향을 줄 수밖에 없다.

10.2.3 임금경직성과 EPL

이제 두 번째 조건을 완화시켜서, 임금이 경직적이고 따라서 EPL이 도입된 후에도 조정되지 않는다고 가정해보자. 해직수당이 도입되어도 임금 하락이 수반되지 않는 만큼 노동공급은 불변일 것이며, 따라서 노동수요만 검토하면 된다(Box 10.3). Box 10.3의 결과를 일반화하면, 결론적으로 임금 불변의 경우에 EPL은

1. 고용 또는 실업의 평균 수준에 영향을 주지 않으며,
2. 경기변동에 따르는 고용의 변동을 줄이게 되며,
3. 이윤을 감소시킨다.

Box 10.3 신축적 노동시장과 경직적 노동시장

경직적 임금하에서의 EPL 효과에 초점을 두고, 각각 호황과 불황에 있는 두 나라만이 있는 상황을 가정하자. 그리고 노동만이 생산요소인 단순 로그생산함수를 상정하면, 신축적 노동시장(flexible regime, 상첨자 F로 표기)에서 기업의 이윤함수는 다음과 같이 쓸 수 있다.

$$\pi^F = A^i \log L - wL \tag{10.7}$$

여기서 L은 고용, A^i는 기업이 판매하는 재화의 가격으로서 경기 상태에 따라 달라진다. 즉 A^i는 호황에서는 A^h, 불황에서는 A^l로 쓸 수 있으며, $A^h > A^l$이다. 가격이 A^h일 확률은 p이며, A^l일 확률은 $(1-p)$이다. 임금은 w로 고정되어 있고 경기변동과는 무관하다.

고용주는 몇 명의 노동자를 채용할지 결정해야 한다. EPL이 없다면 채용과 해고는 아무런 비용도 발생시키지 않는다. 그리고 기업은 경기 수준에 관계없이(노동의 한계생산가치와 한계비용인 임금을 일치시키면서) 이윤극대화를 위한 고용량을 자유롭게 선택할 수 있다. 이 경우 최적 고용량은 한계생산가치 $\frac{A^i}{L}$가 임금과 일치할 때이며, 따라서 고용량에 대해 풀면 다음과 같다.

$$L^F = \begin{cases} \frac{A^h}{w} & p \text{ 확률로} \\ \frac{A^l}{w} & 1-p \text{ 확률로} \end{cases}$$

경제는 평균적으로 p의 호황과 $(1-p)$의 불황을 경험하기 때문에 장기에서의 평균고용은 다음과 같을 것이다.

$$\bar{L}^F = \frac{(1-p)A^l + pA^h}{w} \tag{10.8}$$

이제 EPL이 존재할 때 기업의 행태를 고려해 보자. EPL이 도입되면 침체기에조차도 노동자 해고의 부담이 커지게 된다. 따라서 기업은 단지 기대이윤을 극대화하는 고용량을 선택하고, 시간적으로는 불변 상태로 유지할 것이다. 그러면 경직적 노동시장 R(상첨자 R로 표기)에서 고용주는 다음과 같은 기대이윤을 최대화하게 된다.

$$\pi^R = \max_L\{[(1-p)A^l + pA^h]\log L - wL\} \tag{10.9}$$

이 문제의 1차 조건식을 풀면, 최적 고용량은 경직적 노동시장의 경우와 같다.

$$L^R = \frac{(1-p)A^l + pA^h}{w} \tag{10.10}$$

경직적 체제에서의 최적 고용량 L^R은 EPL이 없을 때 호황 및 불황에서 나타나는 고용수준의 가중평균값이며, 여기서 가중치는 각 경기 상황의 확률이다. L^R은 신축적 노동시장의 장기 고용량 $\bar{L}^F$와 같다는 점에 유의하자. 이처럼 장기의 고용량은 신축적 및 경직적 노동시장 간에 동일하다. 하지만 경기변동 과정에서 경직적 노동시장의 고용량은 신축적 노동시장에서처럼 될 수는 없으며, 호황기에는 더 낮고 불황기에서는 더 높아진다. 결과적으로 장기에서조차 $\pi^R < \pi^F$의 관계가 성립되는데, 경직적 체제에서 기업은 호황이든 불황이든 (최적이 아닌 고용 수준으로) 더 낮은 이윤을 실현하기 때문이다.

앞의 두 가지는 지금까지의 논의에 비추어 직관적으로도 이해할 수 있다. 세 번째 결과는 EPL이 없을 때의 고용수준이 이윤극대화 수준이라는 점에서 나온다. 따라서 매기간마다 이윤은 EPL이 있을 때보다 없을 때 더 크다. 고용 수준이 평균적으로는 동일하지만, EPL이 없을 때의 기업이 더 큰 이윤을 얻게 된다. 달리 말해서 더 효율적이다.

10.2.4 조세로서의 EPL

끝으로 중립성 모형의 세 번째 조건을 완화하여(10.2.1 참조), EPL이 이전지출이 아니라 조세, 특히 변호사와 같은 제3자에 대한 지불이라고 가정해보자. 이제는 근로자가 위험기피적이며 임금이 신축적이라고 하더라도, 고용주의 조세 부담을 보상해주는 새로운 노동계약을 통해서 EPL이 무력화될 수 없게 된다.

EPL이 조세인 경우에 고용보호의 고용 및 임금 효과를 특성화하려면 동태적 모형이 필요하다. 동태분석이 필요한 것은 EPL 조세가 기업에 대한 특이한 유형의 조세이기 때문인데, 즉 기업이 장기적으로 고용 수준을 줄이지 않는다면 부담하지 않을 수 있다. 고용주는 신규 채용을 할 때에 EPL 조세의 존재를 감안하게 되는데, 그 채용으로 인해서 장래에 EPL 조세를 부담해야 할 위험이 커지기 때문이다. 달리 표현하면, EPL 조세는 노동시장의 유출입(즉 채용과 해고)에 주로 작용함으로써 효과가 나타난다. 고용주가 EPL 조세로 인해 신규 채용을 꺼리게 되면 일자리 창출이 줄어드는데, EPL이 도입되면 새 일자리의 순현재가치가 작아진다. 하지만 EPL은 기업의 해고비용을 높이게 되어 일자리 파괴도 감소시키게 된다. 따라서 EPL의 고용 및 실업에 대한 효과는 불확실한데, 일자리 창출 및 파괴에 대한 한계적인 효과의 상대적인 강도에 따라서 증가할 수도 감소할 수도 있다. 하지만 노동시장의 유출입이 고용보호하에서 감소한다는 이론적 예측은 분명한데, EPL 조세하의 상황은 일자리의 창출 및 파괴와 실업의 유입 및 유출 모두가 감소하게 되며 따라서 실업기간도 길어지게 된다(Bentolila and Bertola 1990).

임금이 신축적이라고 한다면, EPL이 도입될 경우에 임금도 반응할 것이다. 앞서 언급했듯이, EPL 조세는 고용주와 근로자 간의 계약 내용에 의해 무력화 되지 않는다. 그렇더라도 임금은 EPL에 영향을 받을 수밖에 없다. 예를 들어, 3장에서 논의되었듯이 임금이 고용주와 근로자 간 교섭과정의 결과로 정해진다고 가정해보자. 이 모형에 따르면 임금은, 근로자의 협상력이 클수록, 또 포기선택(fallback option), 즉 실업상태의 순할인가치가 클수록 높아지게 된다. 이런 맥락에서 EPL은 임금 결정에 두 가지 효과가 있다. 한편으로 EPL은 취업자 즉 '내부자'의 협상력을 증가시키는데, 실업상태에서 일자리를 구하는 '외부자'의 임금인하 제안으로부터 보호받게 되기 때문이다. 이 효과는 EPL이 없을 때에 비해 균형임금을 증가시키게 된다. 다른 한편으로 EPL은 근로자의 포기선택을 줄이게 되는데, 강한 EPL하에서는 실업자가 재고용될 가능성이 낮아지기 때문이다. 이 두 번째 효과는 EPL 조세하에서 임금을 감소시키게 된다. 이 두 가지 상쇄하는 효과 때문에 EPL과 임금 간의 관계는 '혹' 모양이 되는 경향이 있는데, 약한 EPL 수준에서는 내부자의 협상력 증가로 인해 임금이 증가하게 되지만, EPL이 강해지면 실업으로 인한 후생 감소가 매우 커지기 때문에 임금이 내려갈 수 있다.

EPL이 임금을 상승시키지 않는다고 하더라도 내부자는 더 좋아질 수 있는데, 일자리 상실의 위험이 낮아지기 때문이다. 소득분배의 관점에서 보면, EPL은 기업의 이윤을 감소시키며, 실업기간이 길어지는 만큼 실업자의 후생도 감소시키게 되지만, 취업자의 후생은 증가시키게 되는데 특히 장래에 대한 관심이 큰(할인율이 낮은) 근로자의 후생은 높아질 것이다.

10.2.5 이중(two-tier) 체제

EPL의 효과에 대한 이상의 이론적 결과는, EPL의 강도가 모든 근로자에 대해 달라지는 환경에서 노동시장 조정을 예측하는 데는 의미가 있다. 하지만 앞서 언급했듯이, 다수의 EPL 개혁 사례가 전체 근로자의 일부분에 대해서만 규제를 변경하는 것이라는 점에서 비대칭적이다. 신규채용에 대해서만 EPL을 축소하는 이러한 (이중적) 개혁 설계는 개혁에 대한 강력한 정치적 장애물이 있는 경우에 현실적인 정치경제적 전략으로 보인다(Saint-Paul 1997).

Boeri and Garibaldi(2006)가 시사하듯이, 이중적(two-tier) 개혁은 일시적인 일자리 창출 효과(밀월효과)와 생산성 하락을 수반한다. 이것은 [그림 10.4]에 예시되어 있는데, 그 논리는 다음과 같다. 경직적 환경에서 고용주는 순환적인 조건에 따라 고용을 조정하지 않으며(Box 10.3의 경직적 체제의 경우), 고용은 불황기 고용(L_b)와 호황기 고용(L_g)의 중간 수준에서 고정되어 있다. T 시점부터 기업은 임시적으로 채용과 해고를 할 수 있다는 의미에서 신축성을 갖지만, 정규계약의 기존 수량을 임의로 줄이지는 못한다. 그래서 호황기에는 기업이 임시 근로자를 제약 없을 때의 최적 수준 L_g까지 채용할 수 있어서, 고용은 A에서 B로 증가한다. 자연적 소모(퇴직과 사직) 때문에 정규

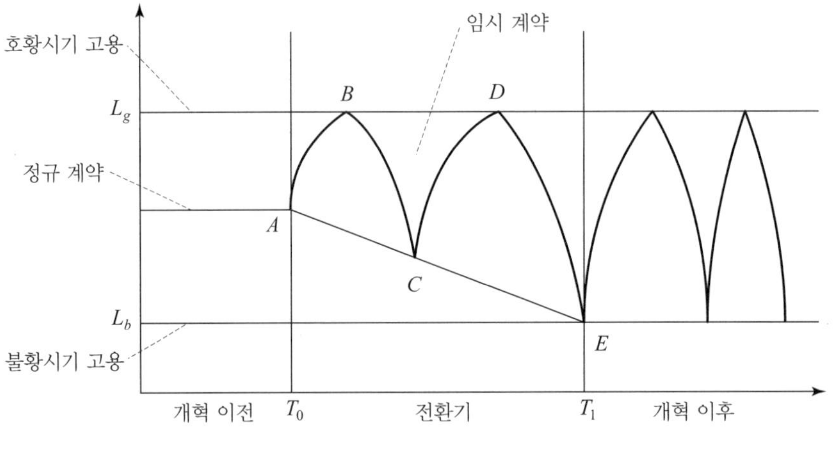

그림 10.4 밀월(honeymoon) 효과

출처: Boeri and Garibaldi(2006).

근로자의 수가 감소하며, 따라서 불황기에는 고용이 *B*에서 *C*로 감소한다. 다음 순환 주기에 고용은 *C*에서 *D*로 늘었다가 *D*에서 *E*로 줄어든다. 이것이 의미하는 바는, 상승기에는 고용이 이중적 개혁 이전보다 높아지는 한편 하강기에는 고용이 신축적 노동시장 상황에서보다 높아질 것이다. 이런 과정이 정규 근로자 수가 L_b 수준에 이를 때까지 계속된다. 따라서 이중 경로(dual-track) 개혁은 평균 고용을 일시적으로 늘리게 된다.

일시적인 밀월효과는 정규 근로자 집단이 신축적 계약으로 점차 대체됨에 따라 사라지게 된다. 이처럼 기업은 신축적 계약 근로자라는 완충 집단을 형성할 수 있고(Bentolila and Dolado 1994), 그래서 T_1 시점부터는 경기 상황에 따라 고용을 조정할 수 있게 된다. 모든 근로자가 대체되는 시점에서 경제는 완전히 신축적인 체제를 갖추게 되어, 앞에서 본 이론적 결과가 적용되게 된다.

밀월기간 내내 기업은 더 높은 이윤과 더 낮은 생산성을 얻게 되는데, 총산출량은 경직적 환경에서와 같지만 고용은 더 높기 때문이다. 이윤은 전환기 내내 높아져서 신축적 체제에서와 같은 수준까지 가게 된다. 이중 체제에서 나타나는 긍정적 고용 효과와 부정적 노동생산성 효과는 일시적이며, 밀월기간이 끝남에 따라 사라지게 된다.

10.3 경험적 증거

10.3.1 국제적 분석

EPL의 효과에 관한 연구는 대개 국가간 비교로 이루어지는데, EPL 엄격성에 대한 일정한 척도를 기준으로 고용보호의 정도가 다른 나라들 간에 고용의 변동을 비교하는 것이다. 고용보호(대개 OECD 국가별 순위로 측정)가 고용 및 실업의 수준(stock)에 상당한 영향을 미친다는 것을 보여주는 연구도 있다. 이런 사실은 경제이론과 합치하는 것인데, 노동조정(또는 기업의 자본화가치)에 대한 조세로서 EPL은 채용과 해고, 따라서 실업의 유출입에 영향을 미치게 되지만, 그것이 고용 및 실업의 수준과 연관될 이유는 없다. 경제이론과 일치해서, 이런 문헌의 일관된 결론은 EPL이 실업의 유출입에 부정적인 영향을 준다는 것인데, 가장 강한 EPL을 가진 나라의 실업자 집단이 가장 정체적이라는 것이다. EPL은 고용 및 실업의 구성에도 영향을 주는 것으로 보이는데(OECD 2004), EPL이 강한 나라가 청년 실업률이 더 높고 주연령층 실업률은 더 낮은 것으로 나타난다. 이것도 경제이론과 합치하는데, 주연령층 집단은 대개(이미 일자리를 갖고 있고 EPL을 통해 노동시장 조정에서 보호받는) 내부자인 반면, 청년은 대개(첫 일자리를 구하는 입장에서 더 긴 실업기간을 겪게 되는) 외부자이기 때문이다.

일부 연구는 EPL이 고용 및 실업의 수준에 미치는 효과만을 조사했다. Lazear(1990)와 DiTella and MacCulloch(2005)에 따르면, EPL이 고용에는 부정적인 효과를, 실업에는 긍정적인 효과를 가진다. Grubb and Wells(1997)는 EPL의 부정적인 고용 효과를 발견했다. 하지만 Belot and van Ours(2001, 2004)는 실업수준에 대한 부정적 효과를 발견한 반면, Addison and Grosso(1996)와 Nickell et al.(2005)은 실업 및 고용 효과가 모두 불확실하다는 결과를 얻었다. 수준(stocks) 및 변동(flows) 양자에 대한 EPL의 효과를 조사한 다른 연구들에 따르면, 실업 유출입에는 부정적인 효과가 있지만, 고용 및 실업의 수준에 대한 효과는 불확실하다(Bertola 1990; Jackman et al. 1996; Garibaldi et al. 1997; Gregg and Manning 1997; Emerson 1998; Boeri 1999). 고용의 유출입에 대한 EPL의 효과에 대해서, Jackman et al.(1996)과 Emerson(1998)은 부정적 효과를 발견했지만, Boeri(1999)와 Kugler and Saint-Paul(2000)은 긍정적 효과를 확인했다.

'노동 회전율'(채용과 해고의 합)과 '일자리 회전율'(일자리 창출과 파괴의 합)에 대한 EPL의 효과에 관해서는 분명한 결과가 없는데, 경제이론의 예측에 따르면 고용보호의 엄격성이 노동시장 흐름에 부정적인 효과를 가진다는 것이 분명하다. 이론과 현실 간의 이러한 격차에 대한 설명은, 가령 Boeri(1996)와 Bertola and Rogerson(1997)에서처럼, EPL과 다른 노동시장 제도 간의 상호작용에서 찾는 경우가 많다. 예를 들어 임금 구조를 압착하는 제도는 노동시장 유출입에 대한 EPL의 부정적 효과를 상쇄하는 경향이 있는데, 그것이 가격을 통한 조정의 범위를 축소시키기 때문이다. 고용주가 수요변동에 직면해서 임금을 조정할 수 없다면 고용을 조정할 수밖에 없게 된다.

10.3.2 기업 및 근로자 자료에 의한 연구

국내적으로 EPL 집행의 변동 및 정책의 변화를 이용하는 경험적 연구가 많아지고 있다. 미국에서 수행된 연구는 '고용의 자유' 원칙에 대해 부당해고 규제를 채택하는 차원에서의 주(州) 간 차이를 이용해 왔다. 유럽에서 수행된 연구는 소규모 사업체의 EPL 적용 면제라는 또 다른 측면의 국내적 차이를 이용해 왔다. 이러한 면제기준과 이중적 체제 전략을 조합해서 이중차분 정책평가 연구를 수행할 수 있다. 예를 들면, Boeri and Jimeno(2005)는 이탈리아 EPL 집행에서의 변동을 이용했는데, 소기업은 가장 강력한 법제의 집행을 면제받는 상황이다(Box 10.4 참조). 이들은 부당해고의 경우에 근로자 15인 미만의 소기업에 대해서도 해직수당 지급이 의무화된 1990년 개혁 사례도 활용했다. 15인 미만 기업을 처치집단, 15~30인 기업을 통제집단으로 두는 이중차분 접근법이 사용되었는데, 1986~1990년을 이전 기간으로, 1991~1995년을 이후 기간으로 두었다. 연구 결과는 EPL로 인해서 고용 지속성(즉 기업이 매년 근로자 수를 변동시키지 않을 확률)이 증가되었다는 것이다.

Box 10.4

EPL 조항과 임시직 노동자

Tito Boeri and Juan Jimeno는 1993~1995년 이탈리아 노동력조사로부터 자료를 추출하여 사업체 규모별 임시직 근로자와 정규(상용직) 근로자를 대상으로 해고율을 분석하였다. 이탈리아에서는 EPL이 15인 이상 근로자를 가진 기업의 정규근로자에 대해 가장 강하게 적용되었다. 아래 표는 15인 이상 및 미만 사업장 간의 차이와 정규근로자와 임시근로자 간의 차이라는 두 가지 측면에서 EPL의 유효성(해고율)을 보여준다.

기업규모	해고율	
	정규근로자	임시근로자
15인 미만	1.7	0.8
15인 이상	0.9	2.2
차분	0.8	−1.4
이중차분	2.2	

임시근로자는 고용계약 종료와 관련하여 EPL이 적용되지 않기 때문에 이들의 해고율은 EPL이 적용되는 정규근로자에 비해서 더 높을 것으로 예상되는데, 표의 자료를 통해 이러한 예측이 확인되었다. 즉 15인 미만 사업장의 경우에 정규근로자의 해고율은 임시근로자보다 높았으나, 이 기준 이상의 사업장에서는 반대의 결과가 나타났다. 이러한 EPL의 이중차분 효과는 표본의 산업, 지역, 성, 연령, 숙련도 등에 따른 각 부분집단들에서도 확인되었고, 이들 모든 특성이 동시에 고려되었을 때에도 유지되었다. Boeri and Jimeno는 15인 미만 사업장의 해고비용이 증가한 1990년 개혁 전후 시기를 이용해서 15인 이상과 미만 사업장 간에 기업규모 성장률을 비교하는 이중차분 분석도 수행하였다. 그에 따르면 개혁 이후에는 15인 미만 사업장의 경우에만 기업규모 변동이 줄어들었는데, EPL이 기업의 고용조정을 억제하는 효과가 있음을 시사한다.

출처: Boeri and Jimeno(2005).

어떤 연구는 연령별 EPL에 초점을 맞추었다. 예를 들어 나이든 근로자가 젊은이보다 더 보호받는다면, EPL에서의 연령별 불연속성을 이용해서 EPL의 노동시장 효과를 알아볼 수 있다. Behaghel et al.(2008)은 이른바 'Delalande 조세'의 효과를 연구했는데, 50세 이상의 근로자를 해고하는 프랑스 기업은 실업보험제도 조세의 부담을 의무화한 것이다. Box 10.5는 Delalande 조세가 채용에 미치는 부정적 효과에 대한 분석을 소개하고 있는데, 그 효과는 상당한 수준인 것으로 나타났다. 또 조세가 나이든 근로자에 대한 해고율에 미친 효과도 조사되었지만, 확인하기는 어려웠다. Schnalzenberger and Winter-Ebmer(2009)는 1996년 오스트리아에서 도입된 나이든 근로자에 대한 해고세(layoff tax)의 효과를 조사했다. 50세 이상의 근로자를 해고하는 경우, 고용주는 월소득의 170%에 해당하는 수준까지 조세를 부담하게 된 것이다. 50세에 근접한 근로자들의 상황을 살펴봄으로써, 해고세 도입이 나이든 근로자의 해고를 상당히 감소시켰음을 확인했다. Boockmann et al.(2012)은 독일에서 나이든 근로자에 대한 채용 보조금의 효과를 조사했다. 이들은 효과의 식별을 위해서 자격기준에 대한 두 가지 정책적 변화를 이용했다. 첫째는 2002년 50세 이상 근로자를 위한 프로그램 참여 대상이 장기실업자에서 모든 근로자로 확장된 정책변화이다. 둘째는 2004년 도입된 반대방향으로의 정책변화인데, 50세 이상에 대해서만 적용되던 것이 종료되고 채용 보조금 수혜 자격이 젊은 층에게도 개방된 것이다. 연구의 결론은, 기업의 채용 행태에 대한 채용보조금의 효과는 거의 없었고, (동부 독일 여성의 경우를 제외하면) 주로 후생손실로 귀결되었다는 것이다.

Box 10.5

고령 노동자의 해고 비용

프랑스에서는 기업이 50세 이상 노동자를 해고하는 경우에 소위 "Delalande 세금"을 실업보험 시스템에 지불해야 한다. 이 세금의 취지는 고령 노동자 해고의 비용을 내부화한다는 것인데, 고령 실업자들의 실업기간이 비교적 장기간이라는 점에서 그 비용은 꽤 높은 편이다. 하지만 이들 고령노동자에 대한 해고비용이 증가함에 따라 기업은 이들을 고용하는 것 자체를 꺼리게 되었다. 이 세금은 실업보험기금으로 징수되기 때문에, 사적인 이전, 즉 임금 감축으로 상쇄될 수는 없었다. 1992년 7월부터 기업은 50세 이후에 채용된 노동자에 대해서는 이 세금을 면제 받았다. Luc Behaghel, Bruno Crepon, and Beatrice Sedillot은 이중차분법을 활용하여 1992년의 정책변화가 특정 연령대

취업에 어떠한 영향을 끼쳤는지 분석하였다. 만약 Delalande 세금이 채용에 역효과를 가졌다면, 1992년 7월 이후 그 효과가 명백해졌을 것이며, 채용에 대한 부정적 유인도 사라졌을 것이다. 저자들은 1992년 7월을 전후로 49세와 50세 무기계약 노동자의 실업에서 고용으로의 월간 이행률을 비교하였다.

월간 실업 → 고용 이행

연령	남자(%)		여자(%)	
	50	49	50	49
1992.7. 이전	1.21	1.43	0.88	1.13
1992.7. 이후	1.25	0.93	0.99	0.93
차분	0.04	−0.50	0.11	−0.20
이중차분	+0.54		+0.31	

49세 남성의 실업 탈출은 0.50%포인트 하락했지만, 50세 남성의 경우에는 0.04%포인트 증가했음이 확인되었다. 따라서 법 개정의 처치효과는 0.54%포인트로, 절대적으로는 적은 상승폭이지만, 실업에서 고용으로의 이행이 약 45%(=0.54/1.21) 증가했다는 점에서 상대적으로는 상당히 개선된 것이다. 여성의 경우 처치효과는 0.31%포인트로 약 35% 증가했다. 대체로 이런 결과는 1992년 법 개정 이전에 Delalande 세금이 채용에 역효과를 미쳤다는 것을 보여주는 증거가 된다.

출처: Behaghel et al.(2008).

고용보호는 수혜 대상 근로자의 행태에도 영향을 미칠 수 있다. 이들이 일할 때 노력을 덜하기 때문에 생산성이 떨어질 수 있다(Box 10.2). EPL과 개인 노동생산성 간의 직접적 관계를 조사한 경험적 연구는 없는데, 개인 노동생산성을 측정하는 것이 사실상 불가능하기 때문일 것이다. 하지만 결근을 기회주의적 행동의 지표로 이용한 연구도 있다. 결근율과 생산성 간에 1대1 관계는 없지만 결근율의 감소가 노동생산성의 증가를 가져올 것임은 분명하다. Ichino and Riphahn(2005)은 이탈리아 기업에서의 고용보호의 불연속성을 이용했는데, 근로자는 12주의 견습기간 이후부터 해고에서 보호되기 시작하는 상황이었다. 12주 이후의 해고는 기업에게 큰 부담이 된다. 해고의 정당한 사유가 입증되지 않는 한 기업은 근로자를 복직시켜야 하고 해당되는 임금을 모두 지불해야 한다. 이에 더해서 지불해야 할 금액의 200%까지 벌금을 물어야 한다. 견습기간인 첫 12주 동안에는 해고가 자유롭다. 연구에 따르면, 견습기간이 끝나서 고용보호가 적용되기 시작하면 결근이 상당히 많아지는 것으로 나타났다.

Olsson(2009)은 스웨덴에서 소기업에 대해 해고에서의 연공(seniority) 기준을 완화시킨 개혁 사례를 조사해서 EPL과 결근의 관계를 연구했다. 이런 정책변화가 소기업에서 근로자의 결근율을 감소시킨 것으로 나타났다(자세한 것은 Box 10.6 참조). Von Below and Thoursie(2010)는 같은 정책변화를 이용해서 고용과 이직(turnover)에 미친 효과를 연구했다. 이 정책변화로 인해 소기업에서의 채용과 해고가 대기업에 비해 5% 증가한 것으로 나타났다. 이것은 EPL과 회전율 간에 음의 관계가 있음을 의미하지만, 한편으로 고용에는 영향이 없음을 의미하기도 한다.

Box 10.6

EPL과 질병휴가

2001년 1월 스웨덴 고용안정법(Employment Security Act)에서는 연공기준으로부터의 면제 제도가 시행되었다. 근로자 10명 이하의 고용주가 노동력 과잉의 경우에 연공기준에서 자유로이 2명을 해고할 수 있게 한 것이다. 따라서 이전에 연공기준에 따라 보호를 받았던 노동자도 기업의 해고 결정에 따라 해고될 위험을 안게 되었다. 약화된 고용보호는 특히 질병휴가가 잦았던 노동자에게는 해고 위험이 가중되는 결과를 가져왔다. 그에 따라 노동자가 해고당할 우려 때문에 질병을 보고하지 못하게 하는 원인이 되었다. Martin Olsson은 완화된 EPL이 실제로 결근율을 하락시킨 원인인지를 밝히기 위해, 이상의 정책 변화에 기초해서 EPL과 결근(absenteeism) 간의 관계를 이중차분법으로 분석하였다.

연도	결근율(%)	
	기업규모	
	처치집단(2~9인)	통제집단(12~5인)
2000	2.8	3.6
2001	2.4	3.6
차분	−0.4	0.0
이중차분	−0.4	

Olsson은 정책변화 이전인 2000년과 정책변화가 시행된 2001년의 특정 수요일의 결근 확률을 비교하였다. 그는 (새로운 정책이 적용된) 근로자 2~9명의 기업과(정책변화

의 영향을 받지 않은) 근로자 12~50명의 기업을 비교했다. 통제집단 기업에서는 결근율의 변화가 없었지만, 처치집단 기업에서는 0.4%포인트까지 결근율이 하락했는데, 거의 15%에 달하는 상당한 하락이었다. Olsson은 질병휴가에 대한 EPL의 효과가 EPL이 노동생산성을 낮추는 데 기여했다는 점에 주목했다. 결근과 생산성 간에는 어떠한 1대 1의 관계가 나타나지 않기 때문에, 생산성에 대한 EPL의 효과는 불분명하다. 그리고 줄어든 결근율이 생산성을 높였는지 여부는 결근의 성격에 따라 달라진다. 만약 대단히 아픈데도 일을 했다면 이는 동료 근로자에게 감염시킬 수 있으며, 그 결과 생산성에 역효과를 야기할 수도 있다. 그러나 Olsson은 결근율의 하락이 정규계약 근로자에게서 단기간에 나타났다는 점도 강조했는데, 결근에 대한 EPL의 효과가 과소추정 되어서는 안 된다는 점을 시사한다.

출처: Olsson(2009).

Kugler and Pica(2008)는 Boeri and Jimeno(2005)의 경우와 동일한 1990년 이탈리아의 개혁 사례를 이용해서 EPL이 근로자 및 일자리의 흐름에 미친 영향을 조사했다. 이 개혁조치가 대기업에 비해 소기업에서의 채용과 해고를 감소시킨 것으로 나타났으며, 고용 변동성이 높은 관계로 해고비용 증가가 해고에 미치는 영향이 큰 부문에서 특히 그러했다. 한편 순고용에 대한 효과는 거의 없었다. 끝으로 Schivardi and Torrini(2008)는 EPL에서의 15인 기준 불연속성이 기업의 성장과 고용 정책에 미친 효과를 연구했다. 기업의 성장에 미친 효과는 약한 것으로 나타났는데, 규모가 15인 기준을 넘어서는 경우에 기업은 고용정책을 조정해서 임시계약에 따른 고용을 늘리기 때문이다.

Van der Wiel(2010)은 네덜란드에서 1999년 입법에 따른 고지 조건의 변화를 이용했다. 구법에서는 고지의 조건이 근로자의 경력에 따라 달랐는데, 해고의 고지기간이 최대 3개월에 달했다. 45세 이상 근로자에 대해서는 고지기간이 최대 6개월이었다. 신법에서는 연령기준이 사라졌고 최대기간은 4개월이 되었다. 길어진 고지기간으로 인해 임금이 높아진 것으로 나타났다.

국내적 연구에서는 일반적으로 EPL이 해고율에 부정적인 효과를 미치는 것으로 나타났다(Miles 2000; Boeri and Jimeno 2005; Autor et al. 2006). Garibaldi et al.(2003)에 따르면, EPL 적용 대상이 되는 기업규모 기준(가령 이탈리아의 근로자 15인)의 존재가 고용에서의 지속성을 증가시키는 것으로 나타난다. 기업이 매년 근로자 수를 바꾸지 않을 확률이 증가한다는 것인데, 근로자 수를 기준 바로 아래로 유지하게 되는 것이다. 이런 효과는 일반적으로 작지만, 경제이론의 예측과 질적으로 일치한다.

10.3.3 EPL의 내생성(endogeneity)

EPL의 효과를 경험적으로 평가함에 있어 중요한 문제는, EPL의 집행에서 법원이 맡는 역할 때문에 이런 규제가 노동시장 조건에 따라 달라지게 되는지 여부이다. 법원은 노동시장이 심각한 침체에 있는 지역 또는 시기에 노동시장이 활발한 상태인 경우에 비해 근로자에 대한 보호가 강화되어야 한다고 생각할 수 있다.

관련 정보를 논의하고 있는 Bertola et al.(1999)에 따르면, EPL 집행의 성격과 엄격성은 실제로 국가간에 그리고 시간적으로 달라지며, 노동시장 차이에 강하게 영향을 받는 것으로 나타난다. 자료가 있는 OECD 국가들을 보면, 특히 장기 실업은 법원에 제소된 사건 수(노동인구 대비 비율)와 양의 관계에 있다. 국가간에서든 시간적으로든 노동시장 조건과 관련 있어 보이는 또다른 법률적 차원은 근로자에게 우호적인 판결의 비율이다. 계약해지 관련 노동분쟁에 따른 재판이 많은 나라에서 근로자에 우호적인 판결의 비율도 높다. 스페인에서는 1995년 관련 사건에서 근로자가 승소한 비율이 72%였던 반면에, 북미 국가 50%에 못 미치는 사정이고 아일랜드는 최저 16% 수준이다. 승소율이 비교적 낮은 나라는 계약해지 관련 노동분쟁에 법원이 개입하는 빈도가 낮은 편이다. 프랑스에서 사법절차의 빈도가 높은 것도 부분적으로는 근로자에 유리한 판결이 많다는(74%) 점으로 설명될 수 있다. 법원 판결이 근로자에 유리한 편이라는 사실이 근로자를 법원에 제소하는 쪽으로 유도하는 요인이 되는데, 그것은 반대로 고용주를 사법절차 외의 합의 쪽으로 유도하게 될 수 있다.

EPL 집행에서의 시간적 변동에 관련하여, Bertola et al.(1999)은 독일의 경우에 재판 건수(노동력에 대한 비율)와 실업률 간에 뚜렷한 동조 현상을 발견했다. 재판 지표와 실업률 간의 동조 현상은 스페인과 이탈리아에서도 나타난다. 스페인에서는 특히 근로자에 유리한 판결의 경우에 그러하며, 이탈리아에서는 판례법에 관한 증거를 보면 법 집행과 지역 노동시장 조건 간에 강한 관련성을 보여준다.

10.4 정책 이슈

10.4.1 EPL에 의한 보호는 어느 정도라야 하는가?

근로자는 일반적으로 위험기피적이며, 자본시장 접근이 가능하더라도 제한적이다. 따라서 평균적으로 같은 임금을 제시하는 두 일자리를 비교할 때 항상 소득의 변동성이 작은 쪽을 선택할 것이다. 반면 고용주는 일반적으로 위험중립적이며, 자본시장 접근이 근로자보다 용이하다. 따라서 기업은 자본시장 투자 및 위험 다변화를 통해서 사업상의 부정적 충격에 대한 보험을 갖출 수 있다.

이런 조건하에서, 고용주가 근로자에게 일정한 보험을 제공해서 소득변동을 완화시킬 수 있게 하는 것은 항상 바람직하다. 이 장에서 논의되었듯이, EPL은 고용주가 그런 보험을 제공하는 가장 보편적인 방식이다. 다음 장에서 논의될 UBs는 다른 대안이다. 만일 UB 제도가 없다면 어느 정도의 보험이 제공되어야 할까? 그로 인한 왜곡을 줄이는 방법이 있을까?

Blanchard and Tirole(2003)은 임금이 고용보호에 영향을 받지 않으며, 비대칭정보가 없으며(따라서 고용주가 근로자의 노력을 완전하게 알 수 있으며), EPL이 이전지출로만 이루어지는 단순한 경우를 고려하는데, 이것은 순수한 해지(severance) 체제이다. 이런 조건하에서 EPL이 제공하는 최적 보험은 '완전 보험'일 수 있는데, 생산성이 근로자의 유보임금보다 높기만 하다면 근로자의 소득변동을 완전히 방지하는 것이다.

하지만 임금은 이런 보험의 제공에 반응하게 된다. EPL은 임금에 대해 두 가지 상쇄적인 효과가 있다. 한편으로 EPL은 내부자의 협상력을 강화해서 임금에 상향 압력을 가한다. 다른 한편으로 EPL은 근로자의 '포기선택'(fallback option)을 축소해서 임금에 억제 효과를 가한다. 근로자가 일자리 상실의 위험에 대해 완전한 보험을 갖게 되면(가령 고용주가 주는 해직수당이 전체 실업기간을 통해 손실을 보상하게 된다면), 근로자의 외부 선택(outside option)과 관련된 두 번째의 임금 완화 효과는 없어진다. 그래서 임금은 EPL의 결과로 확실히 상승하게 되고, 완전보험을 제공하는 기업은 임금 인하를 통해서 보험 비용을 (부분적으로) 회수할 수 없게 될 것이다. 고용주가 규제에 의해서 완전보험을 제공하도록 강요받는다면 고용은 감소할 것이다.

도덕적 해이의 존재도 완전보험의 제공을 배제한다. 근로자는 부정행위로 인해 해고될 가능성이라는 처벌처럼, 태만을 자제하게 하는 유인이 필요한데, 이것은 Box 10.2에 요약된 효율임금 모형에서 강조된다. EPL이 규율적 해고를 보다 어렵게 만든다면 기회주의적 행동이 조장될 것이다.

따라서 일반적인 상황에서는 불완전한 보험을 제공하는 고용보호의 최적 수준이 있을 것이다. 얼마만큼의 보험이 제공되어야 하는지는 몇 가지 요인에 영향을 받는데, 근로자의 위험기피 정도, 자본시장의 깊이, 임금결정 방식 등이 있을 것이다. 특히 UBs(11장)와 같은 다른 제도와의 상호작용도 이런 맥락에서 중요하다.

보호의 수준을 넘어서, EPL의 다른 중요한 설계 요소는 예측불가능성 및 제3자 관련성이다. 조세로 이루어진 EPL은 순수 이전지출로 설계된 EPL보다 항상 더 많은 왜곡을 수반한다. 하지만 제3자에의 일정한 지불은 불가피한데, 해고의 성격(경제적, 규율적, 정당성, 부당성)의 평가에는 판사가 관련되기 때문이다. 사법제도가 관련됨이 불가피한 만큼 고용주와 근로자에게 해고의 비용은 매우 불확실하다. 법원 결정에 관한 불확실성을 줄이는 한 가지 방법은 사법적 개입의 임의성과 기간, 따라서 비용에 일정한 한도를 두는 것이다. 예를 들면, 네덜란드의 이중체제는 해고에 관련된 근로자가 보다 신속하고 예측가능하며 더 많은 해직수당을 받을 수 있는 혜택을 제공한다. 지정된 당국이 정당한 해고로 인정하는 경우 해직수당 지불이 면제되지만, 그런 절차를 기다리는 대신에, 비용은 들더라도 보다 신속한 해고절차의 선택을 선호하는 고용주가 실제로 점점 많아지고 있다(1980년대 말 10% 이하에서 최근에는 50% 이상으로).

1994년 이후 EU 15개국에서 실시되어 온 가계조사인 ISSP의 한 문항이 EPL이 제공하는 보호의 범위와 정도를 밝히는데 매우 유익하다. 정규계약의 근로자에게 직업 안정성의 차원에서 현재 직장 또는 사업에 얼마나 만족하는지를 묻는 것이다. Postel-Vinay and Clark(2006)에서 지적되었듯이, 이 조사는 직업 안정성의 적어도 두 가지 상이한 요소에 대한 응답자의 인식에 관한 정보를 수집했다: (1) 일자리 상실의 확률 및 (2) 일자리 상실의 비용. 응답자의 연령 및 직장 특성을 비교해 보면 첫째 요소가 우세함을 알 수 있는데, 현 직장에 대한 만족도가 낮다고 답한 것은 실제로 일자리 상실의 위험에 대한 보호가 약한 사람들이다(가령 소기업 근로자 또는 젊은 층). 이 점을 염두에 두면서, [그림 10.5] (a)는 2005 ISSP에서 자신의 일자리가 안전하다고 답한 근로자의 비율을 세로축에 측정하고, EPL의 강도에 관한 OECD 지수를 가로축에 나타내고 있다. 놀랍게도, (적어도 OECD 지수상으로) 가장 강한 EPL 규정을 가진 나라들이 자신의 일자리 안정성을 크게 우려하는 근로자의 비율도 가장 높았다. 이런 결과에 대한 한 가지 가능한 해석은 EPL이 일자리 상실에 대한 보호를 제공하는 데 매우 선택적이라는 것인데, 이러한 보호가 노동력의 제한적 부분에 대해서만 제공되며, 적용대상이 아닌 사람들에게 위험이 집중되고 있다. 달리 말하면, 인식된 위험이 높은 것은 앞에서 보았듯이 이중경로 개혁 전략의 결과로 EPL이 정규계약 근로자만을 보호하면서 다른 이들에게 모든 위험을 집중시킨다는 사실의 부산물일 수 있다. EPL의 적용을 받는 근로자의 비율도 중요할 수 있다. 하지만 적용범위에 대해 조정한 EPL 척도를 사용하더라도, 인식된 안전성과 EPL은 음(−)의 상관관계에 있다([그림 10.5] (b)). 다른 해석은 일자리 상실의 확률을 낮게 인식하는 근로자의 경우에도 엄격한 EPL 체제에서는 실업기간이 길어진다는 점에서 일자리 상실의 비용이 더 크다는 사실을 인식한다는 것이다. 또 다른 해석이

Wasmer(2006)에 의해 제시되었는데, 엄격한 EPL하에서 고용주는 근로자가 "자발적으로" 떠나도록 만들기 위해 부추기는(mobbing) 전략을 쓴다는 것이다.

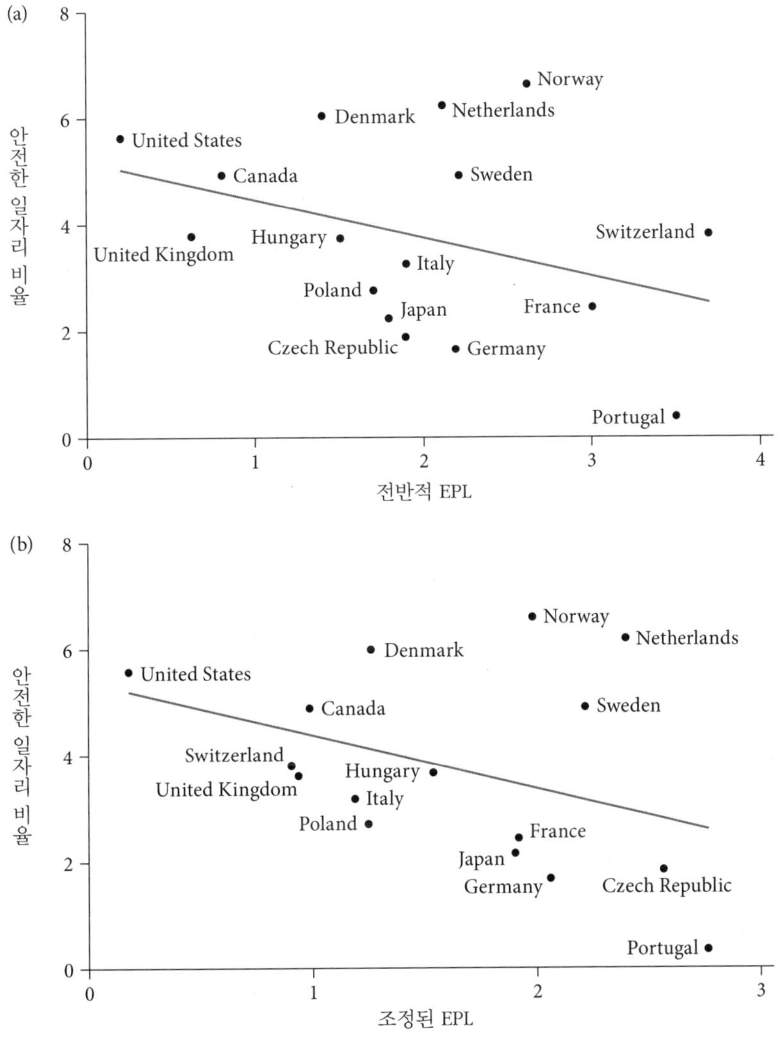

그림 10.5 일자리 안전성의 인식과 EPL의 엄격성: (a) 전반적 지수, (b) 적용범위에 대해 조정된 지수

출처: ISSPC(2005).

주: 세로축은 ISSP 조사에서 자신의 일자리가 안전하나고 응답한 근로자의 비율을 측정한다.

10.4.2 단일의 고용계약이 있어야 하는가?

모든 나라에서 정규계약과 임시계약이 공존하고 있다. 이처럼 일부 노동자는 실업으로부터 강한 보호를 받는 한편 다른 노동자는 거의 보호받지 못하는 이중 노동시장(dual labor market)이 존재한다. 임시직에서 정규직으로의 유입이 상당한 수준이라면 이중 노동시장이 임시계약 노동자에게 지속적인 영향을 미치지는 않을 것이다. 하지만 이중성이 분단화(segmentation)와 일치할 수도 있다. 임시직에서 정규직으로의 이동 가능성이 작은 경우에 그러하다. 임시직 노동자는 주로 실업상태에서 임시 일자리로 유입되며, 그 반대도 있다. 임시계약과 정규계약 간에 큰 격차가 있는 나라에서는 '대침체기'에 실업이 다른 나라보다 크게 증가했다. Bentolila et al.(2012)은 대침체기에 스페인과 프랑스에서의 실업 증가를 두 나라의 고용보호와 관련지었다. 스페인에서는 정규계약과 임시계약 간에 해고비용의 차이가 매우 컸기 때문에 임시 고용에서 실업으로 큰 이동이 있었다는 것이다.

노동시장 분단화를 완화시키기 위해서, 근속기간에 따라 고용보호가 점진적으로 강화되는 방식의 단일 계약을 지지하는 입장이 있어 왔다(Kramarz et al. 2008; Bentolila et al. 2012; Boeri et al. 2013). 해직수당이 근속기간에 따라 달라지는 것처럼 고용보호 요소가 근속기간에 따라 증가하는 나라도 있다. 하지만 그것은 정규계약에만 해당된다. 임시계약에서는 계약이 해지되면 해직수당이 없거나 제한적이다. 단일의 고용계약이라는 개념에서는 임시직과 정규직 간의 구별이 사라진다. 모든 일자리가 무기한적(open-ended)이며, 고용보호는 별다른 단절 없이 근속기간에 따라 점진적이고 지속적으로 증가한다. 그러면 이전에는 정규계약에 의해 보호받았을 노동자라도 근속기간이 짧은 경우에는 해고될 가능성이 더 커진다. 하지만 이전에는 임시직이었을 노동자도 이제는 근속기간이 길어짐에 따라 더 강한 보호를 받게 된다. Garcia Perez and Osuna(2012)는 탐색-매칭 모형을 스페인 경제에 적용시켜서 단일 고용계약 도입의 잠재적 효과에 대한 모의실험을 시도했다. 그에 따르면, 이런 계약은 대다수의 노동자에게 큰 혜택을 주는 것으로 나타났다.[2)]

2) 강한 고용보호하의 경제에서 신축적 계약이 도입되는 경우에 발생하는 밀월효과는 없다는 점에 유의할 필요가 있는데, 정규 및 임시 계약의 이분법 자체가 사라지기 때문이다.

10.5 다른 제도들과의 상호작용

EPL은 실업의 위험에 대한 보험을 제공한다는 점에서 UB 제도(11장)와 밀접한 관련이 있다. EPL은 이미 일자리를 가진 사람만 보호하지만, UBs는 급여세를 재원으로 하며 실업자(적어도 근로 경험이 있는 사람)도 보호한다. EPL의 비용을 해고 주체인 고용주가 부담하는 경우라면, 과잉 노동력에 따른 재정적 외부효과(근로자가 받는 실업급여를 부담하는 자가 잉여를 초래한 사람들이 아니라 모든 노동자와 고용주라는 것)는 내부화된다.

'유연안정성'(flexicurity)이라는 표현이 덴마크처럼 고용보호는 약하고 UBs는 관대한 나라를 나타내는 데 사용되는 경향이 있다. Algan and Cahuc(2009)에 따르면, 노동시장 위험에 대해 보험을 제공하는 제도에 관해서는 시민의 인식이 고용보호와 실업보험 간의 상충관계에 영향을 준다. 정부 급여의 부정수급에 대해서 사회적 제재가 약한 나라에서는 실업보험 제공은 도덕적 해이를 악화시킨다. 그렇다면 설령 그런 선택이 노동시장 효율성을 저해할 수 있다고 하더라도, UBs보다는 고용보호를 제공하는 편이 비용이 적을 수 있다. Boeri et al.(2012)은 유연안정성의 정치경제를 다루면서 두 가지 이해상충을 구분했다. 첫째는 내부자와 외부자 간의 상충으로, 실업과 고용 간의 전환에서 발생하며 고용보호의 강도에 영향을 받는다. 둘째는 고숙련 및 저숙련 노동자 간의 상충으로, 고용보호와 UBs 모두 어느 정도 양자간 재분배를 수반하기 때문이다. Boeri et al.(2012)은 고용보호와 UBs 간의 상충관계가 노동력의 숙련도 분포에 따라서도 달라진다고 한다. 숙련 노동자의 비중이 큰 나라에서는 낮은 고용보호와 높은 UBs로 이루어지는 유연안정성 체제가 나타나는 경향이 강하다.

EPL과 노동조합(3장) 간에도 상호작용이 있다. 노조는 임금을 유보임금보다 높이 올림으로써 고용주로부터 지대를 나누어 가진다. 노조는 대개 평등주의적 임금정책을 추구하기 때문에 임금구조를 압착하는 경향도 있다. 그래서 임금 결정에서의 노조의 영향력이 강해질수록, 임금의 하향 조정이 줄어들고, 기업내, 산업내, 또는 국내 근로자간 임금격차도 줄어들 가능성이 커진다. Bertola and Rogerson(1997)에서 지적되었듯이, 고용주의 임금결정 자유가 제한되는 경우, 고용주는 고용수준의 조정을 통해서 충격에 대응하게 된다. 임금구조가 압착된 상황에서는 노동시장의 회전율이 높아지게 될 것으로 예상된다. 같은 이유로, 임금이 개인마다 시간적으로 완전히 유동적인 경우에는 고용보호는 거의 효과가 없을 것이다. EPL이 노동자를 보호해야 할 노동수요의 충격이 있더라도, 그에 대응해서 임금이 하락한다면 고용은 안정적으로 유지하는 것이 유리해지거나 혹은 자발적인 퇴직을 유발하게 될 것이다. 이처럼 EPL과 노조는 보완적 제도이어야 하는 정치경제적 이유가 있다.

끝으로 EPL은 퇴직제도(6장)와도 상호작용한다. 많은 나라에서 EPL은 연령에 따라 달라진다. 나이든 노동자는 일자리를 잃을 가능성이 작다는 의미에서 노동시장 지위가 강하다. 하지만 그가 일자리를 잃게 되면 노동시장 지위가 약해지는데 새로운 일자리를 찾기가 어려워서 장기실업에 빠질 가능성이 크기 때문이다. 조기퇴직 제도는 나이든 노동자가 장기실업을 피할 수 있도록 돕기 위해 존재한다. 고용주가 근로자를 해고하기 어렵게 되어 있는 배경에는 이런 이유도 있다. 그렇지만 이것이 고용주로 하여금 나이든 노동자의 채용을 꺼리게 만들며(Box 10.5 참조), 어떤 면에서는 장기실업 회피를 위한 고용보호 강화가 문제를 악화시키게 된다. 근속기간에 따라 고용보호가 점차 강화되도록 만드는 것이 나이든 노동자의 보호를 위해서 더 나은 선택이 될 것이다.

10.6 EPL은 왜 존재하는가?

EPL은 노동력의 일부를 실업 위험으로부터 보호하는 제도이다. EPL 적용범위의 선택성 때문에, 규제의 엄격성 척도는 실제 적용범위에 관한 정보를 통해 보완하는 것이 좋다. 어떤 나라에서는 정규계약에 대해서는 매우 강한 EPL이 존재하지만, 그것이 적용되지 않는 고용의 비중도 큰데, 여기에는 비공식부문, 소규모 사업장, 자영업 외에 다수의 임시계약직도 포함된다.

이런 점에서 EPL은 재분배적 성격이 강한 제도이다. 이미 일자리를 가진 (특히 공식부문에서 정규계약을 맺은) 사람은 보호받는다. 정규계약에 대한 강한 EPL 규제 때문에 실업상태의 개인과 임시계약 근로자는 피해를 입는 것이 일반적이다. 실업자는 장기실업을 겪게 될 가능성이 커지고, 임시근로자는 임시계약에 의한 2차 노동시장에 고착되는 경향이 있는데, 여기서 정규계약에 의한 주 노동시장에로의 접근은 제한되어 있다. 고용주 역시 고용보호의 존재 때문에 이윤이 감소하는 피해를 보게 되는데, 보험제공의 비용을 (임금 인하를 통해) 보상하지 못하는 경우에 특히 그러하다.

정치경제적 시각에서 보면, (1) 정규계약 근로자, (2) 실업자, (3) 임시계약 근로자, (4) 고용주 등, 각각의 상대적인 숫자 또는 정치적 영향력에 따라서 EPL이 강화될 수도 완화될 수도 있을 것이다. EPL에 대한 정치적 지지에 영향을 미치는 또 하나 중요한 요소는 다른 제도의 존재인데, 가령 UBs는 실업 위험에 대한 보험 제공 차원에서 EPL을 대체할 수 있다. 제품시장 경쟁이 강한 경우에는 일자리 보호를 좀더 '이동친화적'으로(mobility friendly) 만드는 것이 필요할 수 있다. UBs가 그중 하나이다. 따라서 여러 나라가 자국 UB 제도의 적용범위를 개선시켜 나가게 된다면 EPL의 중요성은 시간을 두고 약화될 것으로 예상된다.

10.7 심화학습 안내

OECD(1999, 2003)의 EPL에 관한 내용은 제도의 측정과 관련한 문제를 잘 개관하고 있다. Venn(2009)은 최근 OECD가 개발한 EPL 지표에 대해 설명하고 있다. 제도의 시행(과 정책의 내생성) 문제는 Bertola et al.(2000)에서 자세히 논의하고 있다. Boeri and Garibaldi(2006)는 밀월효과를 분석하고, 이중노동시장 체계에 대한 문헌에 대해 개관하였다. 마지막으로 Saint-Paul(1993)은 고용안정성의 정치경제학에 대한 좋은 참고자료이다.

복습 질문 및 연습문제

1. 엄격한 EPL 수단의 주요 한계점은 무엇인가?

2. EPL과 실업 간에 비선형 관계(nonmonotonic relationship)가 나타나는 이유는 무엇인가?

3. EPL의 이중적(two-tier) 개혁이 초기에 고용을 증가시키는 이유는 무엇인가?

4. 효율성 차원에서 고용보호를 지지하는 근거는 무엇인가?

5. EPL은 노동시장 성과의 면에서 중립적인 것은 어떤 경우인가?

6. 경제적 관점에서 EPL의 이전소득 요소를 조세 요소와 구분하는 것은 중요한 이유는 무엇인가?

7. 경제이론이 예측하는 EPL과 이직 간에 음의 관계가 실증분석에서 나타나지 않는 이유는 무엇인가?

8. EPL이 강한 나라의 노동자가 신축적 노동시장의 노동자보다 고용에 불안해하는 이유는 무엇인가?

9. EPL의 시행에 있어(판사와 같이) 제3자가 개입하는 이유는 무엇인가?

10. 정규직보다 임시직의 경우에 EPL의 변화를 시행하는 것이 더 쉬운 것은 무엇 때문인가?

11. 노동 L만이 생산요소인 경우를 가정하자. 생산함수는 이며 A_i는 경기변동을 나타내는 파라미터이다. 확률 2/3인 불황 때(b)에는 $A^b=100$이며, 확률 1/3인 호황 때(g)에는 $A^g=300$이 된다. 노동시장에서 임금은 경직적이며 $w=10$으로 고정되었다. 어떤 고용보호제도도 없다고 가정하자. 따라서 기업은 임의로 언제든 채용과 해고를 통해 고용량을 조절할 수 있다. 다음의 생산함수를 이용하여 균형상태에서 고용, 임금, 그리고 호황기와 불황기의 이윤을 계산하라.

    (a) $Y=A_i \log L$

    이제 고용보호제도가 도입되었다고 가정하자. 즉 기업은 고용량 조정에 상당한 비용이 수반된다.

    (b) 고용과 임금은 어떻게 변하는가?

    (c) EPL이 없을 때와 EPL이 있을 때 중에 기업은 언제 더 많은 이윤을 창출할 수 있는가?

    (d) 그렇다면 얼마나 더 많은 이윤을 창출하는가?

    (e) 그 결과를 설명하시오.

12. (고급) 불완전 노동시장에서 조업하는 기업을 가정보자. 각 일자리는 $\delta = y - w^r$만큼의 잉여를 창출한다. 위험중립적 근로자는 유보임금 이상을 받으며, 생산물시장이 경쟁적일 때 기업이윤은 $(y-w)$이다. 여기서 y는 한계생산가치이다. 임금은 지대나누기(rent-sharing) 방식으로 결정되며, 노동자에게는 잉여의 β만큼 할당된다.

(a) 고용주와 노동자의 외부 선택(outside options)의 가중평균값으로서 평균임금을 설명하시오.

이제 고용관계가 종료될 때 고용주가 지급해야 하는 의무 퇴직금 S가 도입되었다고 가정하자.

(b) 이 상황에서 고용주와 노동자의 외부선택을 쓰시오.

(c) 균형임금은 퇴직금에 의해 영향을 받는가? 그렇다면 순 퇴직금은 어떻게 되는가?

(d) 퇴직금 대신에 고용주가 제3자에게 지불하는 해고세가 도입된다면 어떻게 되는가? 균형임금 w는 해고세에 영향을 받는가? 그렇다면 순 해고세는 어떻게 되는가?

13. (고급) 2기간 동안 일을 하는 노동자를 가정하자. 노동자의 할인율은 δ이다. 첫째 기간에 임금은 $w_1 = w(1-\gamma)$이지만 둘째 기간의 임금은 $w_2 = (1+\gamma)$이며, $0<\gamma<1$이다. γ는 근속기간별 임금의 프로파일을 표현하는 파라미터이다. 첫째 기간이 끝날 때, 노동자는 λ의 확률로 비자발적으로 실직 당할 수 있다(λ 충격). λ 충격을 당하면, 둘째 기간의 임금은 없다. λ 충격을 당한 노동자는 α의 확률로 곧바로 새 일자리를 얻을 수 있다. 새 일자리를 구하면 첫째 기간에 $w(1-\gamma)$만큼의 임금을 받는다. 둘째 기간에 외부 선택(outside option)은 실업급여 b이다.

(a) 이 일자리의 할인된 현재가치를 쓰시오.

(b) 노동시장이 작동하기 위해서 어떠한 제약이 필요하나?

이 노동자는 λ 혹은 α가 증가하는 방식으로 이직가능성(mobility)이 높아졌다고 가정하자.

(c) 일자리 파괴가 증가하면 이 일자리의 가치는 어떻게 되는가?

(d) α가 언제 증가하는가?

(e) 이직가능성이 근속 프리미엄 γ과 양의 상관관계를 가진다면, 위의 두 가지 답은 어떻게 변하는가?

제11장

실업급여

실업급여(UBs, unemployment benefits)은 보험의 대상이 못 되는 노동시장 위험에 대해 개인을 보호한다. 고용주에 의한 해고를 어렵게 만듦으로써 취업자를 보호하는 EPL(10장)과는 달리, UBs는 일자리를 잃은 후 실업 상태에 있는 노동자에게 대체소득을 제공한다. 첫 UB 제도는 1911년 영국에서 도입되었다. 일하지 않는 사람이 정부의 이전지출을 받는다는 것을 좋아하지 않는 사람이 많았으며, 수혜자는 풍자적으로 '구호대상자'(people "on the dole")라고 불리게 되었는데, 자선 차원에서 음식이나 돈을 '베푼다'("doling out")는 데서 나온 표현이다. 오늘날에는 모든 OECD 국가를 비롯해서 다수의 중소득 국가와 일부 개도국이 UB 제도를 두고 있다.

UBs는 종종 1차원적인 제도로 취급되지만, 여기에는 몇 가지 핵심 차원이 있는데, '적격성'(eligibility, 수급 자격을 결정하는 기준) 및 '수급권'(entitlement, 수급 기간에 관한 규칙) 조건과 지불 수준이 있다. 단기적인 실업 상태에 빠진 사람은 보험체제와 유사한 소득대체 제도를 이용할 수 있는데, 자신의 과거 기여도에 비례하는(일정한 상한 및 하한과 함께) 급여를 받게 된다. 일반적으로 이러한 기여금은 UBs에 충당되는 의무적 급여세를 징수하는 '실업보험 기금'으로 들어간다. UBs의 이런 '실업보험'(UI, unemployment insurance) 요소는 이전지출의 지불로 나타나는데, 그 수준은 최종 임금소득(따라서 과거 기여금)에 비례하고, 그 기간은 기여 기간에 따라 증가하게 된다. 급여 수준이 과거 기여도, 수급권, 근로기간에 납입된 보험료 등과 긴밀히 연계됨으로써 사회보장 기금에 대한 부담을 회피 또는 포탈하려는 유인을 감소시킨다.

실업기간이 길어진 구직자에 대한 이전지출은 일반적으로 과거 기여금과는 독립적이 되며, 일자리가 없는 사람에 대한 현금 이전, 즉 사회부조(social assistance)와 연계되어 지급된다. 이처럼 '실업부조'(unemployment assistance)라는 UBs의 두 번째 요소에 대한 적격성은 과거 근로기간에 이루어진 지불과는 무관할 수 있다. 실업부조는 (과거 임금과는 무관하게) 단일 수준으로 지급되며 (기여금 부담 기간과는 무관하게) 최대기간이 정해지는 것이 일반적이다. 실업부조는 일반적인 사회부조와 통합될 수도 있으며, 그런 경우에는 기간에는 제한이 없고 '수입 조사'(means testing)의 적용 대상이 되는데, 즉 소득과 가구 자산이 주어진 (빈곤)경계에 못 미치는 실업자에게만 제공되는 것이다. 이전지출을 가구 자산에 연계시킴에 따라 개인과 가족의 노동공급 결정도 연계된다. 수입조사가 가족의 노동공급에 미치는 효과는 다른 차원에서도 살펴볼 것이다(13장).

11.1 국제 비교

UBs는 여러 차원에서 달라질 수 있다. 〈표 11.1〉은 주요 특성에 대한 국가간 요약을 제시한다. 표의 숫자는 오랜 고용기간 후에 실업자가 된 40세 근로자의 경우를 나타낸다. 이전의 소득수준, 가족 특성, 실업기간이 UBs에 미치는 영향에 대해서는 나중에 논의한다.

대기기간이 규정되는 경우도 있는데, 일자리를 잃은 날짜와 실업자가 수급권을 갖게 되는 날짜 사이의 기간을 말한다. 이런 대기기간의 취지는 잠깐일 수도 있는 실업기간에 대해 급여를 신청하는 것을 억제하고 비용을 절감하려는 것이다. 그런 기간의 경우는 행정비용이 상대적으로 크다. 〈표 11.1〉의 제1열은 대기기간이 있는 나라도 있고 없는 나라도 있음을 보여준다. 가장 긴 경우는 캐나다의 14일이다. 실업급여의 최대 기간은 표의 제2열에서 보듯이 나라마다 크게 다르다. 벨기에에서는 무기한인 한편, 스웨덴, 아이슬란드 및 네덜란드는 최장 약 3년이다. 체코, 슬로바키아 및 영국과 같은 나라는 최대 수급기간이 약 반년으로 비교적 짧다.

UBs 수준은 주로 대체율(즉 과거 소득 대비 UB의 비율)로 측정하는데, 역시 국가간에 상당한 차이가 있다. 〈표 11.1〉의 제3열에 있듯이, 과거 소득과 무관한 나라에서 비율이 낮다. UB가 일정률(flat rate) 또는 고정액(fixed amount)으로 지불되는 경우에 대체율은 10%(영국) 또는 17%(핀란드) 수준으로 낮아진다. 하지만 90%(덴마크) 또는 80%(룩셈부르크, 스웨덴)까지 높은 나라도 있다. 끝으로 벨기에, 체코, 에스토니아, 이탈리아, 네덜란드, 폴란드, 슬로베니아, 스페인 및 스웨덴 같은 나라에서는, 대체율이 실업기간 중에 떨어져서 수급기간 종료시기에는 초기에 비해 10%포인트 낮아진다.

〈표 11.1〉은 장기의 지속적 고용 경험을 가진 40세 근로자 집단에 대한 UBs의 복잡성을 보여준다. 다른 집단에 대해서는 급여체제의 관대성이 다를 수 있다. 〈표 11.2〉는 '순대체율'(즉 상이한 소득수준에서의 세후 대체율)을 나타낸 것이다. 세후 대체율은 조(粗)대체율보다 높아지는 경향이 있는데, 소득세가 누진적이며 UBs는 면세인 경우가 많기 때문이다. 〈표 11.2〉는 과거 소득 수준, 가족 상황, 실업 기간, 사회부조 부가금("top-ups") 또는 주거 현금보조(급여) 등의 효과를 보여준다. 제1열은 두 자녀를 둔 평균소득의 외벌이 기혼자에 해당하는 '기준선 가족'의 경우에 실업기간 초기의 순대체율을 나타낸다. 이 기준선 가족의 순대체율은 한국(43%)과 터키(45%)에서 50% 이하 수준인 반면 룩셈부르크(93%)와 덴마크(94%)에서 90% 이상이다. 〈표 11.2〉의 다른 열들은 기준선 가족의 특성 중 하나가 달라지면 순대체율이 어떻게 변하는지를 보여준다.

표 11.1 실업보험 급여, 2010

국가	대기기간 (일)	최대기간 (월)	대체율(%) 초기	대체율(%) 종기	참고
Austria	0	9	55	55	
Belgium	0	Unlimited	60	53.8	
Canada[a]	14	11	55	55	
Czech Republic	—	5	65	50 – 45	
Denmark	0	24	90	90	
Estonia	7	12	50	40	
Finland[b]	7	23	17	17	Bb
France	7	24	57 – 75	57 – 75	
Germany	0	12	60	60	
Greece	6	12	27	27	Fr
Hungary	0	9	60	60	MW
Iceland[c]	0	36	34	34	Fr
Ireland[d]	3	12	32	32	FA
Italy	7	8	60	50	
Japan	7	9	50 – 80	50 – 80	
Korea	7	7	50	50	
Luxembourg	0	12	80	80	
Netherlands	0	38	75	70	
Norway	—	24	62	62	
Poland	7	12	30	23	FA
Portugal	0	24	65	65	
Slovak Republic	0	6	50	50	
Slovenia	—	9	70	60	
Spain	0	24	70	60	
Sweden	7	35	80	70	
Switzerland	5	18	70	70	
Turkey	0	10	40	40	
United Kingdom	3	6	10	10	FA
United States[e]	0	23	53	53	

출처: www.oecd.org/els/social/workincentives

주: UI 급여는 40세 대상(근로 경험 조건부). 대체율은 총소득 대비인데, 호주, 체코, 독일 등은 순소득 대비. AW=평균근로자로, 임금소득이 평균 수준에 해당하는 성인, 풀타임, 민간부문 근로자로 정의됨(OECD Glossary of Statistical Terms); Bb=기초급여의 AW 비율; Fr=AW 대비 일정률(flat rate); FA=AW 대비 고정금액(fixed amount); MW=최저임금 대비 비율.

a. 실업보험 지급기간이 해당 지역에서의 실업률에 따라 달라진다. 47주 기간은 온타리오주의 9% 실업률과 관련된다.

b. AW의 17%인 기초급여에 기초급여를 초과해서 AW 81%까지 부분의 45%를 더한 것으로, 이후는 20%.

c. 10일간 AW의 34%인 일정률, 그 다음 65일간 이전 소득의 70%, 이후는 일정률로 돌아간다.

d. 고용기간 중 주당 소득이 일정 금액에 못 미치면 지급율이 감소한다. 성인 피부양자가 고용되는 경우, 소득수준에 따라서 소득보충은 감소하거나 제외된다.

e. 실업률이 높아서 급여기간이 연장되었던 미시간주 실업급여 제도의 상황을 반영하는 자료이다. 정규 UI(26주)가 끝난 후에는 더 낮은 비율로 긴급 실업보상 및 확대 급여가 지급된다.

표 11.2 순대체율: 소득수준, 가족유형, 실업기간, 주거보조 적용 등에 따른 변동, 2010

국가	(1)	(2)	(3)	(4)	(5)	(6)	(7)	(8)
Australia	58	69	47	51	61	45	58	56
Austria	69	82	54	68	81	56	65	69
Belgium	60	77	47	69	75	57	58	60
Canada	83	77	63	81	80	64	60	82
Czech Republic	70	79	51	73	88	69	57	69
Denmark	94	95	76	75	77	75	64	64
Estonia	59	57	57	60	74	56	41	59
Finland	74	93	57	74	77	61	74	61
France	70	73	67	71	81	67	52	67
Germany	75	77	70	72	88	61	62	72
Greece	61	75	44	58	71	50	4	43
Hungary	64	81	51	66	76	57	34	64
Iceland	75	81	59	74	82	69	67	72
Ireland	85	94	67	80	71	78	85	70
Italy	68	73	53	70	77	62	0	69
Japan	81	90	57	79	76	61	81	56
Korea	43	55	30	45	67	44	50	43
Luxembourg	93	100	70	91	92	82	72	88
Netherlands	85	84	62	76	80	76	72	80
New Zealand	58	74	47	54	55	53	58	52
Norway	71	98	53	86	81	66	71	69
Poland	57	72	41	74	67	53	45	44
Portugal	76	77	75	77	92	75	50	76
Slovak Republic	57	59	61	92	82	58	42	57
Slovenia	89	84	71	89	86	74	72	77
Spain	75	75	53	74	84	60	33	75
Sweden	63	86	48	64	70	53	63	52
Switzerland	90	85	82	88	89	74	68	90
Turkey	45	52	32	46	71	46	0	45
United Kingdom	71	78	51	64	58	45	71	44
United States	52	61	38	50	72	48	37	45

출처: www.oecd.org/els/social/workincentives

주: (1)열 기준선 가족: 평균임금의 100% 수준의 소득, 두 자녀, 외벌이 기혼 가족, 실업초기, 대기기간 제외, 사회부조 "부가금" 및 주거 현금보조 자격. UBs에 대한 소득세는 수급기간이 12개월 미만이더라도 연간 수급규모(월금액 곱하기 12)를 기준으로 정해진다. 평균임금의 비율은 실업자만의 이전소득에 관한 것이다; 다른 가족은 소득이나 고용기록 없이 비경활 상태였다고 가정한다. 사회부조 또는 다른 최저소득 혜택은 경제활동 검증(activity tests, 가령 적극적인 일자리 탐색 또는 근로가능 상태)에 적용을 받는데, 이런 요건이 충족된 것으로 가정한다. 자녀 연령은 4~6세, 육아급여나 육아비용은 고려되지 않는다. 세금을 빼고 실업급여 및 가족급여를 더한 것이다. (2)~(8)열은 각각 한 가지 차원에서만 기준선 가족과 다르다:

(2) 소득이 평균임금의 67%; (3) 평균임금의 150%.

(4) 홀부모; (5) 맞벌이 기혼 가정; (6) 자녀 없는 경우.

(7) 실업기간 5년 이후.

(8) 사회부조 '부가금' 또는 주거 현금보조가 없는 경우.

제2~3열은 이전의 소득에 대한 정보를 제시하고 있다. UBs는 상한과 하한이 있는 경우가 많으므로 평균대체율은 이전 소득에 따라 하락하는데, 그 정도는 국가간에 크게 다르다. 예를 들어, 에스토니아, 프랑스, 독일, 포르투갈 및 스위스에서는 차이가 작지만, 노르웨이와 핀란드에서는 상당한 차이가 있다. 노르웨이의 경우, 평균임금의 2/3를 벌던 실업자는 순대체율이 98%인 반면 평균임금의 1.5배 수준을 벌던 실업자는 순대체율이 53%이므로, 45% 포인트의 차이가 난다. 핀란드에서는 두 유형 간의 차이가 36% 포인트이다.

제4~5열은 가족 유형이 달라지면 순대체율에 어떤 변화가 발생하는지를 보여준다. 제4열은 기혼 배우자 대신에 홀부모인 경우이고, 제5열은 외벌이 대신에 맞벌이인 경우이다. 가족유형의 중요성에서도 나라마다 차이가 있다. 예를 들어, 덴마크에서는 기준선 가족의 순대체율이 94%인 데 비해서 홀부모 가정의 경우는 75%가 된다. 또 미국의 경우에 기준선 가족의 순대체율은 52%이지만 (소득원이 둘인) 맞벌이 가족은 72%를 받을 수 있다. 소득에 따라서, 맞벌이의 순대체율이 더 높아지게 되는 나라도 있고 더 낮아지는 경우도 있다.

자녀가 없으면 순대체율이 낮아지는 것은 거의 모든 나라에 해당된다. 한국, 슬로바키아 및 터키는 예외적인데, 여기서도 차이는 매우 작다(제6열). 실업기간이 순대체율에 영향을 주는 경우도 있지만 실업기간 중에 변화가 없는 나라도 많다(제7열). 이탈리아와 터키에서는 급여가 극적으로 떨어지는데, 실업기간 5년 후에는 더 이상 급여를 받을 수 없다.

〈표 11.2〉의 제8열은 일부 나라의 경우에 사회부조 부가금 또는 주거 현금보조가 UBs의 중요한 부분을 이루고 있음을 보여준다. 예를 들어 덴마크에서는 이 부분이 전체 혜택에서 30%포인트를 차지하는데, 영국의 경우 27% 포인트이다. 하지만 다른 나라에서는 이 혜택의 비중이 한계적이거나 없다.

UBs의 다양한 측면을 모두 단차원 척도로 환원하는 것은 쉬운 일이 아니다. 〈표 11.2〉가 시사하듯이, 대체율을 국가간에 비교하는 것은 어려운데, 소득수준에 따라, 또 실업기간에 따라 상당히 달라지기 때문이다. UB의 관대성에 대한 국제적 비교에서 기준이 될 수 있는 대체율은 어느 정도일까? OECD는 '급여 관대성(benefits generosity)에 관한 요약 척도'를 산출하였는데, 평균적 근로자의 실업기간 첫 5년 동안의 대체율 평균으로 정의된다(〈표 11.3〉 참조). 60개월 경계선은 임의적인 것으로서, 다수 OECD 국가들에서 평균 실업기간이 2년보다 짧으며, 실업기간이 4년을 넘어가면 일자리로부터 단절이 나타난다는 점을 감안한 것이다. 이 요약척도가 상이한 실업기간에 대해 적

표 11.3 순대체율: 수혜자격에 관한 OECD 요약 척도, 2010

국가	OECD 요약 척도 (1)	UBs 적용범위 (2)	조정 요약 척도 (3) = (1) × (2)
Australia	41.2	0.56	23.3
Austria	51.9	0.86	44.8
Czech Republic	20.5	0.25	5.2
Denmark	40.1	1.00	40.1
Finland	44.1	1.00	44.1
Germany	43.9	0.74	32.7
Greece	23.1	0.10	2.4
Hungary	21.8	1.00	21.8
Ireland	56.0	0.67	37.4
Italy	23.4	0.25	5.8
Luxembourg	29.4	0.35	10.2
Norway	38.4	1.00	38.4
Poland	21.9	0.13	2.8
Portugal	52.0	0.30	15.3
Slovak Republic	21.1	1.00	21.1
Spain	42.9	0.35	14.9
United Kingdom	29.3	1.00	29.3

출처: www.oecd.org/els/social/workincentives; EU Statistics on Income and Living Conditions 자료.

주: 순대체율 요약척도는 2가지 소득수준, 3가지 가족 상황, 및 60개월 실업기간에 대한(사회부조 및 주거 현금 보조를 제외한) 순 UB 대체율의 평균으로 정의된다. 적용범위는 실업 노동력에서 UB를 수급한다고 진술한 실업자의 비율이다.

용되는 대체율에 동일한 가중치를 두고 있으며 대체율의 시간적 변화를 무시하고 있음은 분명하다. 예를 들자면 전체 실업기간에 대해 이전 임금의 50%를 지급하는 체제는, 실업기간의 첫 해에 65%, 둘째 해 55%, 셋째 해 45%, 넷째 해 35%를 지급하는 경우와 동일한 수준의 관대성을 지닌 것으로 간주될 수 있다.

OECD 요약척도가 안고 있는 보다 심각한 문제는 적격성(eligibility, 수급자격 기준) 및 수급권(entitlement, 수급기간 규칙) 조건을 무시하고 있다는 점이다. 엄한 적격성 조건과 전형적인 실업기간에 비해서 짧은 수급권 때문에 UBs의 적용범위(UBs를 받는 실업자의 비율)는 매우 낮아질 수도 있다. 아쉽게도 적용범위에 관해 국가간 비교가 가능한 척도를 얻기는 어렵다. EU 국가의 경우는 'EU 소득 및 생활조건 통계' 자료를 이용해서 UB 적용범위를 추산할 수 있다.

〈표 11.3〉은 제1열에 UBs 관대성에 관한 OECD 요약척도를, 제2열에 OECD-ILO 정의에 따른 실업자 중 2010년 'EU 소득 – 생활조건 통계'에서 UBs 수급자라고 진술한 사람의 비율을 표시하고 있다. OECD 척도를 적용범위로 교정한 조정 요약척도가 제3열에 제시되어 있다. 조정 척도는 OECD 요약척도에 적용범위, 즉 적용률(coverage ratio)을 곱해서 얻어진다. 표에 따르면, 이탈리아, 포르투갈 및 스페인은 대체율뿐 아니라 적격성 및 수급권 조건도 고려하는 경우에 UB 제도의 관대성이 훨씬 약한 것으로 나타난다.

이상의 논의로부터, 적용범위로 조정되지 않은 UB 관대성 척도는 상당한 오해를 초래할 수 있음을 알 수 있다. 이와 함께, UBs의 법정 대체율과 적용률은 서로 독립적인 아님을 유념할 필요가 있다. 적용률은 신청 유인과 재정적 제약을 통해서 대체율에 내생적으로 작용하게 되는데, UB 제도가 관대할수록 급여 신청률도 높아질 것이며, 법정 대체율이 관대할수록 정부가 적격성 기준을 강화할 유인이 강해져서 적용범위가 줄어들 것이다. 문제는, 첫째 요인은 (관대한 급여가 신청률을 높이게 되는) 양의 상관관계로 작용하는 반면, 재정적 및 정치경제적 제약에 따른 둘째 요인은 (대체율과 적용범위 간) 음의 상관관계를 나타낸다는 것이다. 정부는 소수의 실업자에게만 매우 관대한 연착륙 수단을 제공하는 한편, 대개 정치적 영향력이 약한 기타 실업자들은 미미한 소득보조만으로 방치하는 형태의 낮은 적용범위 정책을 추구할 수 있다. 이런 조합이 다수의 중소득 국가에서 나타나는 것으로 보이는데, 예컨대 (이전 최고소득의 60%를 대체하는 아르헨티나의 경우처럼) 비교적 높은 명목적 대체율을 제시하면서도, 지급기간은 짧게, 그리고 (소기업 및 농촌지역 근로자들은 제외되는 중국의 경우처럼) 노동력의 일부에 대해서만 적용하는 것이다. 대체율 및 수급기간에서의 이러한 비대칭성은 OECD 국가에서도 다소 모호한 형태이지만 여전히 존재한다. 예를 들어 스페인과 포르투갈에서 UBs는 대체율 측면에서는 비교적 관대하지만 매우 적은 비율의 실업자에만 적용되는데, 〈표 11.3〉에 나타난 바와 같다. 이와 반대로 영국과 특히 미국의 경우, 대체율은 낮지만 거의 모든 실업자에게 보편적으로 적용되며, 선별적인(means-tested) 사회부조와 통합되는 경우에 대개 기한 없이 제공되고 있다.

이상의 논의에서처럼, UBs를 단순한 숫자 형태의 관대성 척도로 환원하는 통상적인 관행에 대해서는 강한 반론이 제기된다. UBs의 내용은 다양한 척도로 나타내는 것이 항상 바람직하다. UBs는 다차원적인 제도인 만큼 개혁도 다양한 차원에서 이루어질 수 있다. 문제는 세부적인 데 있으며, 어떤 차원이라도 무시된다면 UB 제도의 상대적 관대성(및 장기적인 변화)에 대해 잘못된 그림이 나타날 수 있다.

11.2 이론

11.2.1 완전 노동시장

UBs의 효과는 완전 노동시장의 맥락에서만 논의되는 경향이 있다. 이런 논의는 그다지 유용하지 못한데, 실업(따라서 UB 제도)은 완전 노동시장의 균형 상태에서 발생하지 않기 때문이다. 그렇지만 보다 현실적인 환경에서 노동공급에 미치는 부정적 효과를 완화시킬 수 있는 UBs의 설계 요소를 이해하는 데 도움이 된다는 점에서, 경쟁적 시장에서부터 시작하는 것이 유익할 수 있다.

UBs가 경쟁적 노동시장에서 영향을 미치는 경로는 두 가지이다:

1. UBs는 개인의(정태적) 유보임금을 상승시켜서, 주어진 시장임금 수준에서 노동공급을 하지 않겠다는 사람의 수를 증가시킨다(참여 효과, participation effect).
2. UB는 그 재원을 충당하기 위한 과세(일반적으로 급여세)를 증가시킴으로써 노동시장 결과에 영향을 미친다(과세 효과, taxation effect).

두 번째 전달경로는 이 장에서는 다루지 않고 13장에서 자세히 살펴볼 것이다. 하지만 UBs 관대성을 높이려면 상응하는 재원이 필요하며, UBs는 일반적으로 법정 급여 기여금으로 충당된다는 점은 유념해야 할 것이다. 이처럼 보다 관대한 UBs는 대개 소득의 비례적 과세를 증가시키게 된다. UBs가 일반적 소득과세로 충당되는 경우에 UBs 제도는 보다 누진적이 된다.

참여효과를 나타내기 위해서, 1장에서 소개했던 '유보임금' 개념을 사용하자. 개인은 소비 c와 여가 l로 정의되는 효용함수를 가지며, 양자 모두 정상재라고 가정한다. 효용함수는 c에 대해 오목하며(concave), 개인이 위험기피적임을 의미한다. 따라서 가능한 소득/여가 조합에 대한 불확실성을 감소시키는 '(보험통계적으로) 공정한' 보험을 구매할 기회가 주어진다면 후생이 증가할 수 있다. 실제로 이것이 UBs에서 기대하는 보험(소득 안정화) 역할이다.

하지만 단순화를 위해서, 잠재적인 소득 및 여가 수준에 대한 불확실성이 없는 환경을 상정하자. 그러면 개인은 주어진 시간 l_0를, 노동을 해서 돈을 (시간임금 w 곱하기 노동시간 h 만큼) 벌거나 아니면 여가를 갖는데 배분하게 된다($h=l_0-l$). 개인의 비노동 소득(노동시간 0일 때의 소득)을 m이라고 하자. m이 양의 값을 가진다면 예산제약선에는 꺾임이 생기는데, 0의 노동시간에서($l=l_0$) 소득은 m이 된다. 소득은 [그림

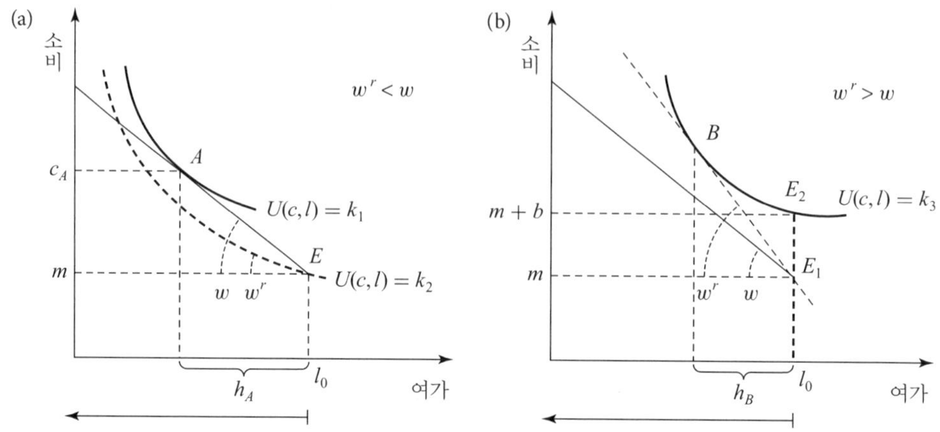

그림 11.1 유보임금: (a) UBs 없는 경우, (b) UBs 있는 경우

11.1] (a)에서처럼 l_0에서 왼쪽 방향으로(노동시간이 증가함에 따라) w이 비율로 증가한다. 효용극대화는 예산제약 안에서 가장 높은 무차별곡선을 선택함으로써 달성되는데, $U(c, l)=k_1$의 무차별곡선이 예산제약선에 접하게 되는 A점이다.(정태적) 유보임금 w_r는 예산제약선이 꺾이는 E점을 지나는 무차별곡선 $U(c, l)=k_2$의 E점에서의 기울기로 주어지는데, 여기서는 비노동소득 m을 소비재 구매에 배분하고 노동을 하지 않는 상황이며, Box 11.1에 수식으로 표현되어 있다.

이제 UB가 도입되어, 일하지 않는 사람에게 m에 더하여 b만큼의 소득을 제공하는데, 이 추가소득은 일하지 않는 경우에만 주어진다고 가정하자. 새로운 예산제약은 [그림 11.1] (b)와 같아지며, 0의 노동시간에서 돌출 형태(spike)가 되는데 이전지출 b는 노동시간이 0인 경우에만 제공되기 때문이다. 이전지출이 충분히 크다면 개인은 전혀 일하지 않음으로써 더 좋아질 수 있다. 실제로 [그림 11.1] (b)의 E_2점에서 UBs가 없을 때의 균형상태보다 더 높은 무차별곡선에 도달할 수 있게 된다($k_3>k_1$). UBs가 존재하는 경우에는, 유보임금은 더 이상 E_2점에서의 무차별곡선 기울기로 나타낼 수 없게 된다. 대신 그것은 개인이 일정 시간을 노동해서 $U(c, l)=k_3$의 무차별곡선에 도달할 수 있게 하는 최저의 시장임금으로 주어진다. 이제는 $w<w^r$이기 때문에 여가의 한계가치가 그 기회비용(시장임금)보다 커지며, 따라서 개인은 일을 하지 않는 것이 더 낫다. 따라서 개인이 노동을 공급하도록 만들려면 시간임금이 상승해야 한다.

Box 11.1

정태적 유보임금과 UBs

1장에서 논의된 바와 같이 유보임금은 예산제약선이 꺾인 점에서의 여가와 소비 사이의 한계대체율로 정의된다.

$$\frac{U_l(m, l_0)}{U_c(m, l_0)} = w^r \tag{11.1}$$

이 꺾임 점에서 무차별곡선의 기울기는 일반적으로 시장임금 w로 주어지는 예산선의 기울기와 다르다는 점에 주목하자. $w > w^r$인, 즉 시장임금이 유보임금보다 큰 경우, 개인은 특정시간 만큼 노동을 공급할 것이다. 이것이 [그림 11.1] (a)에 그려진 상황인데, 개인은 A점에서 효용을 최대화하게 되며 노동공급은 양의 값을 갖는다($h_A > 0$). 그러나 만일 $w < w^r$이라면, 노동공급을 하지 않게 되는데, 시간을 모두 여가에 할애하고 m만큼 소비하는 것이 더 낫기 때문이다.

이제 UB가 b만큼 주어진다고 가정하면, 비근로소득은 $m+b$가 된다. 급여는 일하지 않는 것을 조건으로 제공된다. 따라서 UBs가 주어질 때의 유보임금은 다음과 같이 주어진다.

$$U(m + b, l_0) = U(m + w^r h_B, l_0 - h_B) \tag{11.2}$$

효용이 소득과 여가 모두에 의해 증가함은 분명한 만큼, 유보임금은 실업급여 수준의 증가에 따라 증가하게 된다. 즉 UB 시스템이 도입된 후 b가 커질수록 w^r의 증가도 커질 것이다. 이는 [그림 11.1] (b)에 나타나 있는데, B점에서 여가와 소비의 한계대체율은 유보임금과 같다. UB의 부정적인 노동시장 참여효과는 UB를 근로소득에 결합시킴으로써 적어도 부분적으로 완화될 수 있는데, 급여가 저임금 고용을 조건부로 해서 주어지는 것이다(13장).

요컨대 단순한 정태적 노동공급 모형의 예측에 따르면, UB 제도의 도입은 개인의 유보임금을 상승시키며, 따라서 비참여 선택(노동시간=0)의 가치를 증가시키게 된다. 여가는 정상재이라고 할 때, UBs가 클수록 유보임금은 UB가 없을 때보다 더 많이 상승할 것이며 따라서 수급자가 일하지 않을 가능성이 더 커진다.

유보임금의 상승이 전체 노동시장 결과에 어떤 영향을 미치는가? 노동자들이 노동-여가 선택에서 상이한 선호를 갖고 있다면 유보임금들도 상이할 것이다. 노동공급은

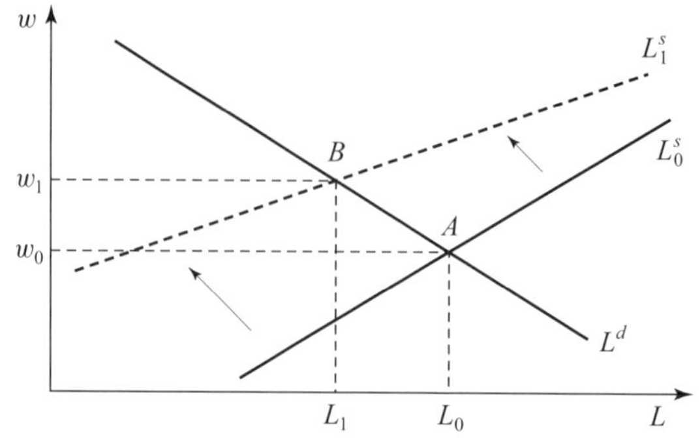

그림 11.2 총노동공급 곡선: UBs가 없을 때(실선)와 UBs가 있을 때(점선)

[그림 11.2]의 L_0^s처럼 시장임금에 따라 증가할 것이다. 시장임금이 높을수록 근로연령 인구 중 노동을 공급하는 사람의 비중이 커질 것이다.

이제 UBs가 도입되었다고 하자. 이것은 모든 유보임금을 상승시켜서, 노동공급 곡선을 [그림 11.2]의 점선 L_1^s 쪽으로 상방 이동시킬 것이다. 유보임금이 더 낮은 개인의 경우에 이 효과가 더 큰 경향이 있고, 따라서 UBs의 유무에 따른 노동공급 곡선의 격차도 왼쪽으로 갈수록 커질 것이다. UBs하의 노동시장 균형에서는 UBs가 없을 때의(쐐기가 없는) 균형에서보다 임금은 더 높고($w_1 > w_0$) 고용은 더 작을 것이다($L_1 < L_0$).

이런 단순 모형에서 UBs는 노동시장 규모를 감소시키지만 실업을 초래하지는 않는다는 점에 유의하자. 달리 말해서, UBs는 의무교육 연장의 경우처럼 작용해서 노동공급을 줄이게 된다. 균형에서 실업이 발생하지 않는다는 사실은 경쟁적 모형이 UBs의 효과를 분석하는 데 그다지 유용하지 않음을 시사한다. 실업이 없는 상황이라면 UB 제도가 왜 있어야 하겠는가?

11.2.2 불완전 노동시장

일자리 창출 과정에서의 마찰, 임금협상, 또는 불완전정보와 같은 불완전성이 존재하는 노동시장에서는, UBs가 3가지 주요 경로를 통해서 노동시장 결과에 영향을 주게 된다:

1. UBs는 수급자의 (동태적)유보임금을 상승시키는데, 일자리 제안에 대해 결정할 때 더 까다로워지기 때문이다. 노동자는 탐색의 강도를 줄이게 되고, 그래서 실업기간이 길어지게 되며 그 과정에서 더 나은 일자리를 찾게 된다('일자리 탐색 효과'). 따라서 탐색기간의 연장은 실업 후 일자리의 질을 높이게 될 수 있다.

2. UB는 노동자의 '포기선택'(fallback option)을 개선시키는데, 임금 결정에서 더 높은 하한을 둔다거나, 협상에서 더 높은 임금을 요구한다거나, 적어도 태만 방지에 필요한 임금을 높이게 된다('임금 효과').
3. UBs는 노동시장 참여자 수를 증가시키는데, 적어도 UBs의 비수급자에 대해서 고용 및 실업의 가치를 비경활(inactivity)의 가치보다 높게 만드는 경우에 그렇다('수급권 효과').

이런 효과에 더해서 '과세효과'(taxation effect)도 있겠는데, 이는 경쟁적 노동시장에서도 존재한다. 이런 효과들은 동태적 분석틀에서 나타낼 수 있다. 여기서 우리의 관심사는 위의 3가지 전달경로의 작동 배경이 되는 직관을 제시하는 데 두기로 한다.

일자리 탐색 효과(job search effect)

개인이 예산제약 하에서 노동과 여가 시간을 최적으로 선택하게 된다는 정태적 노동공급 모형은, UBs가 실업기간에 미치는 효과를 분석하기에는 부적합한데, 거기서는 균형 현상으로서 실업이 나타나지 않기 때문이다. UBs의 효과를 충분히 나타내려면 더 현실적인, 또한 좀더 복잡한 모형이 필요하다. (Lippman and McCall 1979에 의해 개척된) '일자리 탐색 이론'이 그런 분석틀을 제공한다. 여기서는 일자리를 찾는 데 따르는 시간과 비용에 관심을 둔다. 이 과정은 아파트 탐색과 유사하게 모형화 되는데, 개인은 시장을 조사하면서 반드시 첫 제안을 받아들이지는 않으며 기대에 부합하는 무언가를 찾아낼 때까지 탐색을 계속한다. 이론을 노동시장에 더 맞게 가져온다면, 개인은 일자리 탐색에 들이는 노력의 양도 결정할 수 있는데, 예를 들면 좋은 일자리를 찾기 위해 희생되는 여가시간의 측면이다. 탐색 자체를 않기로 결정하면 비경활 상태이다. 적극적으로 일자리를 찾아야 실업(unemployed) 상태이다. 단순히 구직자 수를 세는 것을 넘어 각 개인의 일자리 탐색의 강도를 고려해서 '유효 노동공급'의 척도를 만들어 볼 수도 있다.

일자리를 탐색하면서 개인은 소득 연계 UB 제도에서처럼 임금에 비례하는 UB를 벌게 된다. 이런 분석틀에서 UBs의 관대성이 높아지면(동태적) 유보임금이 상승하고 탐색의 강도는 약해진다(Box 11.2 참조). 이것은 일자리를 가짐, 즉 취업의 기회비용이 증가하기 때문이다. 유보임금 상승과 탐색 강도 하락의 결과로 취업 확률도 감소하게 되어 실업의 기간이 증가하게 된다. 하지만 유보임금의 상승은 실업자가 일단 일자리를 가질 경우에 더 높은 임금을 벌게 됨을 의미하기도 한다. 이처럼 탐색기간이 길어질수록 실업 후 일자리의 질은 더 좋아질 것이다.

Box 11.2

동태적 유보임금과 UBs

개인이 노동시장에 진입하고 일자리를 받아들일지 결정하는 정태적 유보임금에 더해 동태적 유보임금도 있는데, 이에 따라 구직자는 임금분포로부터 제공되는 특정 임금수준을 받아들일 것인지를 결정한다. 몇 가지 표준적 가정이 필요한데, 구직자는 무작위적으로 이루어지는 임금 제안의 분포를 알고 있으므로 수용할 만한 임금수준에 대한 기대를 갖고 있으며, 각 일자리의 임금은 일정하며, 취업 중에는 구직활동을 하지 않으므로 새 일자리를 수용하거나 탐색을 계속하지 않는다는 것이다. 이런 가정하에서 최적 탐색전략은 하나의 중단규칙(stopping rule)으로 나타나는데, 그것은 임금의 일정한 경계수준을 정의하는 것으로서 그보다 더 나은 임금을 제시하는 일자리만을 수용하게 된다. 이런 경계 임금수준은 동태적(dynamic) 유보임금이며 실업의 가치와 같아지는데, 그 임금수준에서 일을 하는 것과 구직을 계속하는 것 간에 무차별하게 되기 때문이다. 그림으로 나타내면 다음과 같다.

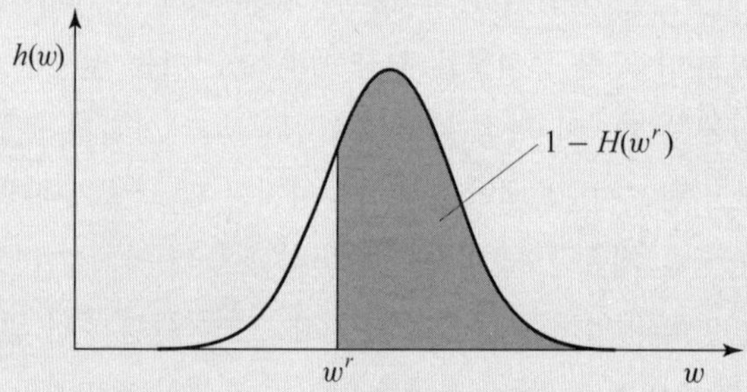

임금분포 $H(w)$가 주어졌을 때 유보임금은 어떤(무작위적) 임금 제안이 수용될 확률, 즉 $1-H(w^r)$(음영부분)을 결정한다. 만약 유보임금이 증가한다면, 음영부분은 축소된다. 그러므로 어떤 임금제안이 수용될 확률은 줄어들고, 실업기간은 늘어나게 된다.

동태적 유보임금의 개념은 Box 11.1에서 설명된 정태적 유보임금과는 분명히 다르다. 정태적 유보임금은 고용 아니면 노동시장 비참여로 구분하게 되지만, 일자리탐색이론에서는 임금제안이 유보임금보다 낮더라도 노동시장 참여를 계속하게 된다. 그저 탐색을 계속할 뿐이다. 따라서 일자리탐색이론의 동태적 유보임금은 고용 아니면 실업으로 구분하게 된다.

UBs는 동학적 유보임금에 영향을 끼치게 되는데, 그 제도가 일자리탐색의 비용을 낮추기 때문이다. 더 높은 UBs는 유보임금을 높이게 되며 따라서 어떤 무작위 임금제안이 수용될 가능성은 낮아진다. 그러므로 수용할 만한 임금제안을 만나는데 더 많은 시간이 걸리며, 실업기간은 늘어난다. 실증연구는 UBs에 대한 유보임금의 탄력성이 대개 양의 값을 갖는다는 것을 발견했다. 예를 들어 Lynch(1983)는 영국 청년의 경우에 탄력성은 0.08~0.11 정도인 것으로 보고하였으며, Holzer(1986)는 미국에서 0.02~0.05의 탄력성을, van den Berg(1990b)는 네덜란드에서 0.04~0.09의 탄력성을 각각 확인하였다.

노동자뿐 아니라 기업도 탐색을 한다. 고용주는 빈 일자리를 제시하고, 이는 구직자에 의해 점차 채워지게 된다. 고용주의 탐색에도 비용이 든다. 더구나 일자리는 영원히 지속되지 않고 일정한 정도로 소멸된다. 이 모형에서는 구직자가 일자리에 적합하거나 아니면 일자리가 소멸되는 경우에 고용 및 실업에서의 노동시장 유출입이 발생한다. 균형은 일정 수준의 실업을 수반하게 된다. 실제로 일정한 실업은 효율적인데, 고용주가 빈 일자리를 채우기 쉬워지기 때문이다. 일자리와 구직자의 매칭에는 외부효과가 수반된다. 채워야 할 일자리가 많을수록 일자리 찾기는 쉬워진다. 이와 유사하게, 일자리를 찾는 실업자가 많을수록 일자리 채우기는 쉬워진다.

임금효과(wage effect)

일자리 탐색과 빈 일자리 제시, 즉 구직과 구인에는 비용이 수반되며 구직자와 일자리의 매칭에는 시간이 소요되기 때문에, 제품시장이 경쟁적(따라서 균형상태에서 일자리 제시의 기대이윤은 0)인 경우라 하더라도 일자리가 채워지면 고용주와 근로자에게 일정한 지대를 창출하게 된다. 이 지대는 고용주와 근로자 간에 분배된다. 특히 (잉여에서 근로자 몫을 결정하는) 임금은 3장에서 살펴본 것과 유사한 Nash 협상규칙에 따라 정해진다. 이 경우에 임금은 근로자의 '포기 선택'에 따라 증가할 것이며, 따라서 실업상태의 소득과 주어진 탐색 강도에서의 취업확률에 따라 증가할 것이다.

그래서 UBs는 탐색 강도를 줄이게 될 뿐 아니라 Nash 협상규칙을 통해 균형 시장임금을 높이게 된다. UBs가 근로자의 포기선택(즉 실업의 가치)에 미치는 효과가 클수록 이 효과도 커질 것이다. 실업의 가치는 UBs의 관대성이 높아짐에 따라 증가하는데, 구직자가 주어진 탐색 강도에서 더 높은 임금을 얻게 되기 때문이다. 하지만 보다 관대한

UBs는 빈 일자리(vacancy rate)도 줄이게 되는데, 구직자의 탐색 강도가 낮아지면 일자리 채우기도 더 어려워지기 때문이다. 임금의 상승 자체는 주어진 탐색 강도에서 취업확률을 감소시킨다.

실업급여의 임금효과는 급여 재원 마련을 위한 세금에 의해 확대된다. 급여의 재원의 급여세를 통해 조달되기 때문에 UBs 기금의 예산의 균형을 맞추는 기여수준은 UB에 총 실업자 수를 곱하고 총 임금소득으로 나눈 것과 같아야 한다:

$$t = \frac{bU}{wL}$$

임금 협상이 UBs가 임금에 영향을 미치는 유일한 경로는 아니다. UBs는 고용주로 하여금 근로자의 태만을 저지하기 위해 더 많이 지불하게 만든다는 점에서도 균형 시장임금을 상승시킬 수 있는데, 효율임금 문헌이 시사하는 바이다. UBs와 효율임금의 관계는 Box 11.3에서 다루어진다.

Box 11.3

효율임금과 UBs

효율임금모형에서는 비자발적 실업이 균형 현상으로서 나타난다. Box 10.2에서 논의한 것처럼 효율임금은 태만하지 않음에 비해서 태만의 가치를 더 낮거나 같게 만든다. 그러므로 효율임금 w^e는 다음을 만족한다.

$$w^e \geq \rho V_u + e\left(\frac{\phi + \rho + \delta}{\phi}\right) \tag{11.3}$$

여기서 ρ는 할인율, e는 노력, ϕ는 태만이 적발되어 해고될 확률, δ는(근로자의 행태와 무관한) 외생적 실직률(job separation rate), V_u는 실업의 가치를 의미한다. 따라서 실업의(유량)가치가 높아져서 실직의 고통이 적어지면 효율임금은 높아진다. 만약 구직률 μ가 일정하고 V_e가 고용의 가치라면, 실업의(유량)가치는 다음과 같다.

$$\rho V_u = b + \mu(V_e - V_u) \tag{11.4}$$

이것은 UBs의 수준 b의 증가함수이다. 균형에서는 실업으로의 유입과 실업으로부터의 유출이 같아진다. 즉, $\mu U = \delta L$인데, 여기서 U는 실업자의 수, L은 근로자 수이다. 이로부터 $\mu + \delta = \delta\frac{(U+L)}{U}$, 혹은 $\mu + \delta = \frac{\delta}{\mu}$가 도출되는데, 여기서 u는 실업률이다. 또한 한계적으로 노력의 비용은 태만의 기대비용과 동일하다.

$$e = \phi(V_e - V_u) \tag{11.5}$$

이런 조건식들을 이용해서, 효율임금을 다음과 같이 나타낼 수 있다.

$$w^e \geq b + e\left(\frac{\rho + \delta/u + \phi}{\phi}\right) \tag{11.6}$$

이처럼 효율임금은 UBs 수준(b)의 증가함수이며 실업률(u)의 감소함수가 된다. 실업률이 높아지면 효율임금은 낮아진다. 이런 의미에서 실업은 노동자 규율 장치(worker-discipline device)가 된다. 높은 실업률은 실직의 부담을 증가시키며, 따라서 노동자가 태만하지 못하게 만든다. UBs는 정반대의 효과를 갖는데, 태만이 적발되어 해고당하는 데 따르는 징벌을 실업급여가 완화시키는 것이다.

출처: Shapiro and Stiglitz(1984).

수급권 효과(entitlement effect)

노동공급은 UBs 관대성 변화의 결과로서도 달라질 수 있다. 고용과 실업 여부 대신에 개인은 아예 노동시장 참여를 포기할 수도 있다. 이 선택 역시 유보적인 성격을 갖는데, 시장임금이 유보임금보다 낮다면 비경활 쪽으로 결정하는 것이다.

UBs가 활동적 구직자에게만 지불되는(즉 비경활 개인은 수급자가 아닌) 경우에, 급여의 관대성 증가는 유보임금을 상승시키지만 비경활의 가치는 전과 동일하다. 그러면 어떤 사람은 비경활에서 실업으로 이동할 것이며, 전체적으로 경제활동 참여가 증가하게 된다. 구직 중의 더 높은 소득에 대한 수급권이 활동적으로 일자리를 탐색하는 사람을 늘리게 된다는 것이다. 따라서 완전 노동시장 모형의 예측과는 반대로 UBs가 참여를 증가시킬 수 있다. 이것이 반드시 유효 노동공급의 증가를 의미하는 것은 아닌데, UBs가 높아지면, 급여를 받는 구직자가 탐색 노력을 줄이기 때문이다.

UBs가 이전에 근로경험이 있는 사람에게만 주어지는 경우에, 비경활 집단에서만이 아니라 구직자 집단에서도 수급권 효과가 있을 수 있다. 수급자격이 이전 근로경험을 요건으로 하는 경우에 실업자에는 두 가지 유형이 있는데, 급여를 받지 않는 최초 구직자와 이전 근로경험이 있어 UBs 자격을 갖는 구직자이다. 전자는 UBs 도입 후에 탐색강도를 증가시킬 것인데 (일자리를 잃으면 수급 자격이 생기는 만큼) 취업의 가치가 증가하기 때문이며, 후자는 탐색에 대한 통상적인 부정적 효과를 겪게 될 것이다.

11.3 경험적 증거

11.3.1 UBs의 실업 기간(duration)에 대한 효과

몇몇 경험적 연구는 집계자료를 이용해서 UBs의 관대성과 실업 수준 간의 관계를 조사했다. Layard et al.(1991)은 OECD 20개국의 횡단면 자료를 이용해서, UB 대체율이 높고 수급기간이 긴 나라가 실업률도 더 높은 경향이 있음을 발견했다. 구체적으로, 대체율의 10% 상승은 약 1.7%의 실업률 증가를 가져오는 것으로 추정되었다. 같은 분석 대상에 대한 좀더 최근의 연구도 비슷한 결과를 보여준다. Scarpetta(1996)는 실업률의 UBs에 대한 탄력성이 0.13 수준인 것으로 추정했고, Nickell(1997)에서는 0.11, Bassanini(2006)에서는 0.12로 나타났다.

UI가 실업 탈출률(exit rate)에 어떤 영향을 미치는지 확인하기 위해서 미시경제적 자료를 이용한 경험적 문헌은 광범위하다. 초기 문헌의 개관은 Atkinson and Micklewright(1991)와 Pedersen and Westergard Nielsen(1993)에서 제시되었다. 대체로 초기 문헌은 개인 수준에서의 횡단면 변동을 이용해서 급여 수준의 효과에 초점을 맞추었다. 급여수준의 효과는 미국과 영국에서는 대체로 유의한 것으로 나타나는 반면, 대다수 유럽 국가에서는 유의성이 없거나 약한 효과가 확인되었다. 미국에 대한 연구에서는 실업기간의 급여수준에 대한 탄력성이 대개 0.3~0.9 영역이었다(Holmlund 1998). 급여수준이 실업 탈출률에 미치는 부정적 유인효과는 실업기간에 따라서도 달라지는데, 단기 실업의 경우에 효과가 컸다(Nickell 1979; Fallick 1991). 급여 기간이 실업 탈출률에 미치는 효과에 관한 연구는 미국에서도 유럽에서도 광범위하게 이루어졌다.[1] 다수 연구가 공통적으로 확인한 바는, 수급 종료에 가까워지면 탈출률이 급증한다는 사실이다(Box 11.4 참조).

---

1) 미국과 캐나다에 대한 다소 오래된 연구에는 Ham and Rea(1987), Meyer(1990), Katz and Meyer(1990) 등이 있다. 유럽을 대한 초기 연구로는 Hunt(1995), Carling et al.(1996), and Winter-Ebmer(1998) 등이 있다.

Box 11.4 수급종료 직전 취업률 급증(End-of-Benefit Spikes)

UBs가 종료되기 직전에 취업률이 증가한다는 것은 그간 실증연구에서 널리 확인된 사실이다. 수급종료 직전의 취업률 급증이 실제의 현상인지 아니면 통계적 산물인지에 대해서는 일부 논쟁이 있다. 수급종료 직전 취업률 급등 현상에 초점을 맞춘 최근 연구에서, Card et al.(2007b)은 실업 탈출률(unemployment exit rate)의 증가가 재고용 탈출률(re-employment hazard rate)의 증가보다 훨씬 더 크다는 것을 발견하였다. 그들의 주요 결론은 실업 탈출률의 급증은 대체로 측정 오류에 기인한다는 것이다. 즉, 연구자들이 실업 등록 취소를 취업으로 잘못 취급했기 때문이라는 것이다.

보통 수급종료 직전 취업률 급증 현상은 UI의 잠재적 수급기간(PBD)과 실업탈출률 간 관계에 초점을 맞춘 분석의 부산물로서 나타난다. Katz and Meyer(1990)에 따르면, UI 수급자의 취업률은 수급이 종료되는 주에 이전에 비해 약 80% 더 높아지는데, 그런 급증 현상이 수급자가 아닌 경우에는 나타나지 않았다. 통계적 처리에 따른 편의가 있을 수 없는 행정자료를 사용한 연구에서, Roed and Zhang(2003)은 노르웨이, Lalive et al.(2006)은 오스트리아, van Ours and Vodopivec(2006)은 슬로베니아, Caliendo et al.(2013)은 독일의 사례에서 수급종료 직전 취업률 급증 현상의 증거를 확인하였다.

이러한 수급종료 직전 취업률 급증 현상은 정태적 노동공급모형과 동태적 일자리탐색모형 모두에서 설명될 수 있다. 정태적 노동공급이론에서는 새 일자리가 언제든 발견될 수 있다고 가정한다(Moffitt and Nicholson 1982; Meyer 1990). 노동자가 실직하게 되면 예산제약하에서 소비와 실업기간에 관해 결정한다. 실업이 끝나는 시점 T에서 예산선은 꺾이게 되고, 따라서 [그림 11.3] (a)에 표현된 것처럼 많은 무차별곡선이 꺾임점에 접할 수 있다. 급여가 없다면 실업기간 동안 소득의 감소는 기울기가 w인 AB 선으로 표현된다. 수급기간에 제한이 없는 급여가 주어진다면 실업기간 동안 소득의 감소는 AC 선으로 나타나며 D점에서 최대 효용을 얻게 된다. T에 수급이 종료되는 경우에는 예산선의 꺾임 점 E에서 최대 효용을 얻게 된다. 선분 EC 상에서 최대효용을 얻던 많은 사람들이 이제는 E점에서 최대효용을 얻게 된다. 그러므로 많은 실업자가 급여수급 종료 시점 T에서 실업 상태를 떠나기로 할 것이며, 그래서 실업탈출률의 T 시점 급증이 설명되는 것이다.

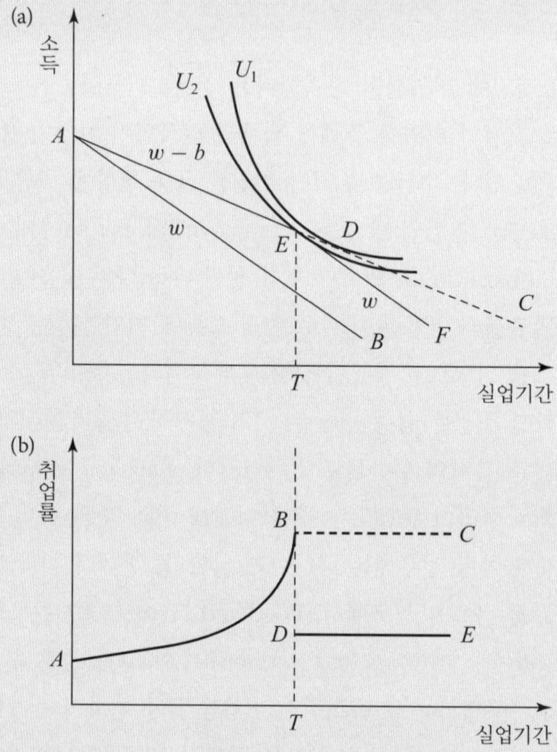

그림 11.3 수급종료기 급증 (Box 11.6 참조)

Mortensen(1977)과 van den Berg(1990a)는 일자리 탐색에서의 비정상성(non-stationarity)을 설명하는 모형을 개발했다. 이에 따르면, UI 급여가(0으로) 감소한다면 실업의 가치가 너무 낮아져서 거의 모든 일자리가 수용될 수 있게 된다. 즉 유보임금이 낮아지고 따라서 일자리 수용률이 높아지는 것이다. [그림 11.3] (b)에서처럼, 실업기간 경과에 따른 취업률 상승을 나타내는 곡선 *AB*와 이후의 높아진 곡선 *BC*는 비정상적 일자리탐색으로 설명되지만, 수급 종료 이후의 하락(*BD*)은 설명하기 어렵다.

Boone and van Ours(2012)는 수급종료 직전 취업률 급증이 실업자의 최적화 행동에 관련된다고 보았는데, 근로자는 새 직장에서 일을 시작하는 것을 늦추더라도 고용주가 수용할 것이라고 합리적으로 예상할 수 있다(특히 그 직장이 정규직인 경우). 따라서 어떤 노동자는 새 직장을 구더라도 당장 일을 시작하지는 않으려는 유인을 갖게 되며, 대신에 급여가 종료될 때까지 기다리는 것이다.

미국 및 유럽의 최근 연구에는 정책에 따른 급여수준의 변동을 이용한 것들도 있다. 이중차분 접근을 사용할 수 있는 처치효과의 준실험적 식별을 사용해서, UI 수급자가 유인에 어떻게 반응하는지를 조사한 것이다. 정책 변화는 전후 비교를 가능하게 하는 첫 번째 차이이다. 그리고 대개 영향을 받는 처치집단과 영향을 받지 않는 통제집단이 있는데 이것이 두 번째 차이이다. 이중차분은 정책변화의 처치효과를 보여준다. 또 급여수준(또는 수급기간)이 연령(또는 이전 근로경험)에 따라 달라지는 관계에서 나타나는 불연속점을 활용하는 '불연속회귀'(regression discontinuity) 방법론을 사용하는 최근 연구도 있다. 여기서는 불연속점 양측의 개인들이 상이한 UI 급여수준 또는 수급기간에 노출된다는 점 외에는 차이가 미미하다고 가정하는 것이다. 불연속점 양측에 근접해 있는 개인들의 행동의 차이는 UI의 차이가 행동에 어떻게 작용했는지를 드러낸다. UI가 실업 탈출에 미치는 효과에 관한 최근 연구의 개관이 〈표 11.4〉의 상단에 제시되어 있다.[2] 각 연구는 국가, 해당 기간, 표본 크기, 처치집단, 식별 전략, 및 실업기간과 효과지표에 미친 영향 등으로 정리되었는데, 여기서 효과지표는 효과의 크기를 비교하기 위해 만든 '용량－작용'(dose-response) 관계의 두 가지 지표를 가리킨다.

Card and Levine(2000)은 1996년 뉴저지 주에서의 UI 급여 확대 사례를 연구했다. 노동시장 상황과는 무관한 정치적 이유로, UI 급여가 일시적으로 13주 연장되어 25주가 되었다.[3] 급여 연장 도입의 이전, 도중, 이후의 실업 탈출률을 비교한 결과, 탈출률이 15%가량 감소한 것으로 나타났다. 급여 연장의 장기적 효과에 대한 모의실험에서는, 13주의 추가 급여가 정규 UI 신청의 평균기간을 1주 정도 증가시켰을 것이라는 결론이 나왔다.

Carling et al.(2001)은 스웨덴에서 1996년 1월에 UI 대체율이 최고 80%에서 75%로 삭감된 사례의 효과를 연구했다. 급여수준에 대한 상한 때문에 실제 대체율은 최고 수준보다 낮아질 수 있지만, 고임금 소득자의 경우는 대체율에 전혀 영향을 받지 않는다. 대체율 삭감에 영향을 받은 실업자의 취업률을 그렇지 않는 사람의 경우와 비교한 것이다. 연구에서는 두 가지 처치집단을 구분했는데, 하나는 대체율이 이전에 정확히 80%이다가 75%로 변경된 집단이고, 다른 하나는 이전에 75～80% 구간에 있다가 75%로 변

2) 이 표와 관련 논의는 Tatsiramos and van Ours(2013)를 참고했다.

3) 미국에서는 주 수준에서 실업률이 특정 수준보다 높아지면 UI 수급기간이 자동적으로 연장된다. 이런 점도 수급기간의 실업률 효과 추정을 어렵게 할 수 있다. 이런 '정책 내생성'(policy endogeneity) 또는 '역인과관계'(reverse causality)가 작용한다면, 높은 실업률이 정부로 하여금 보다 관대한 급여체제를 채택하게 만드는 것이며, 반대방향은 아닐 것이다(Holulund 1998). Card and Levine(2000) 연구는 이러한 편향 문제가 없다.

표 11.4 UI가 실업기간 및 실업 이후 성과에 미치는 효과에 관한 최근의 경험적 연구 개관

출처	실업기간						
	국가	기간	표본수	처치집단	처치 내용	PBD 효과[a]	급여탄력성[b](%)
Card and Krueger(2000)	United States	1995~1997	56,262	New Jersey	PBD ↑	0.08	
Carling et al.(2001)	Sweden	1994~1996	18,429	Age<55	RR 삭감(소득기준)		1.6
Røed and Zhang(2003)	Norway	1990s	100,499	Age<55	RR의 외생적 변동		남 0.95, 여 0.35
Van Ours and Vodopivec(2006)	Slovenia	1997~1999	20,049	Age 19~43	PBD ↓ (경험기준)	남 0.18[c], 여 0.58[c]	
Lalive et al.(2006)	Austria	1987~1991	225,821	Age 35~54	PBD ↑, RR ↑ (연령별)	0.04~0.10	0.2
Card et al.(2007a)	Austria	1981~2001	650,922	Age 20~50	PBD ↑ (경험기준)	0.10~0.18[d]	
Lalive(2008)	Austria	1986~1998	27,555	Age 46~53	PBD ↑ (연령별)	남 0.08, 여 0.42	
Uusitalo and Verho(2010)	Finland	2002~2004	17,783	Age<55	RR ↑ (경험기준)[e]		0.8
Schmieder et al.(2012a)	Germany	1987~1999	329,680	Age 40~49	PBD ↑ (연령별)	0.10~0.13	

출처	실업 후 성과						
	국가	기간	표본수	처치집단	PBD 연장의 근거	PBD 확장의 효과	
						소득	직장 안정성
Card et al.(2007a)	Austria	1981~2001	650,922	Age 20~50	경험: 20~30월	No	No
Centeno and Novo(2007)	Portugal	1998~2004	9,675	Age 30~39	연령: 15~18월	작음	—
Van Ours and Vodopivec(2008)	Slovenia	1997~1999	17,701[f]	Age 19~43	경험: 다양함	No	No
Caliendo et al.(2013)	Germany	2001~2006	7,216	남자 44~46 여자 43.5~46.5	연령: 12~18월	No	No[g]

주: PBD=잠재적 수급기간; RR=대체율.

a. 한계효과: 실제 실업기간 또는 PBD의 변화.

b. 급여탄력성=실업기간 변화율(%) / 급여대체율의 변화율(%).

c. 직업학교 교육, 근로 경험 10~15년, 부양가족 없는, 건강 양호한 30세 중위 근로자가, PBD의 12개월에서 6개월로의 삭감에 직면한 경우에 대한 모의실험 결과.

d. 첫 20주; PBD의 50% 연장에 따라 취업률이 5~9% 증가한 결과를 근거로 산정됨.

e. RR의 경험기준 증가는 실업기간 초기 150일에 적용되며, 해직수당 폐지에 대한 보상 차원임.

f. 임금 추정치는 8,393 관측치를 사용한 결과임.

g. 급여 종료시점에 임박해서 또는 종료 후에 취업한 실업자는, 이후 고용에서 이탈하는 경향이 강하고 임금도 수급기간이 연장된 사람의 경우에 비해서 낮은 경향이 있음.

경된 집단이다. 통제집단은 소득이 경계수준을 초과하는 관계로 급여 삭감이 적용되지 않는 사람들이었다. 표본은 55세 미만의 UI 수급자로 구성되었다. 연구의 결과는 UI 급여 삭감이 실업 탈출을 상당히 증가시켰다는 것인데, 위험률(hazard rate)의 급여 탄력성은 약 1.6 수준으로 추정되었다.

Roed and Zhang(2003)은 노르웨이에서 1990년대에 실업상태가 되어 UBs 수급자격을 가진 60세 미만 근로자의 실업기간을 분석하였다. 연구에서는 노르웨이 급여체제의 2가지 특징적 요소가 활용되었다. 첫째, UBs는 실업 첫 달에 따라 달라지는데 직전 1년의 소득을 기반으로 산정되기 때문이다. 둘째, 급여는 최초 월에 따라서 지수화 된다. 또 소득 상한 때문에, 대체율은 소득이 상한을 초과하는 근로자의 경우에 낮아진다. 이러한 대체율의 독립적 변동 요인들을 사용해서 급여탄력성을 추정한 결과, 남자 0.95에서 여자 0.35까지인 것으로 나타났다. 이것은 급여가 10% 감소할 경우에, 실업기간을 10개월로 볼 때 남자는 약 1개월, 여자는 1~2주가량 줄어든다는 것을 의미한다.

Van Ours and Vodopivec(2006)는 슬로베니아에서의 정책 변동 사례를 활용했는데(Box 11.5 참조), 4개 집단의 경우에 UBs의 잠재적 수급기간(PBD, potential benefit duration)이 상당히 삭감되는 한편, 다른 한 집단에는 영향이 없어서 자연적 통제집단이 되는 상황이었다. 4개 집단의 구분은 이전 근로경험에 따른 것인데, PBD는 각 집단의 경험수준에 따라서, 6 → 3, 9 → 6, 12 → 6, 18 → 9개월로 각각 줄어들게 된다. 최대 수급기간 삭감의 효과는 삭감의 규모뿐 아니라 근로자의 연령 및 성별에 따라서도 달라진다. 모수 추정치를 근거로 한 모의실험에 따르면, 건강이 양호한 30세 남자 근로자의 PBD가 12에서 6개월 삭감되는 경우에 실업기간의 중위값은 1.1개월 줄어드는 한편, 여자의 경우는 3.5개월 줄어드는 것으로 나타난다.

Box 11.5

수급기간의 단축

슬로베니아는 실업의 증가에 직면해서 1998년 10월에 UI 잠재 수급기간(PBD)을 급격히 줄였다. 이 변화는 근로 경험에 따라 달라진다.

예를 들어 개혁 전, 10~15년 근로 경험을 가진 노동자는 12개월까지 수급 자격을 가졌지만(4그룹), 정책 변화 이후에는 수급기간이 최대 6개월로 줄어들었다. 다음 표에서 볼 수 있듯이 이 그룹의 남성 노동자는 실업기간이 2.1개월 감소했다. 기준 그룹 (1)의 실업기간은 0.3개월 감소했으므로, PBD 6개월 단축에 따른 처리효과는 실업기간 중위값의 1.8개월 감소이다.

집단	경험(년)	PBD(개월)		차이(개월)
		전	후	
1	1~2.5	3	3	0
2	2.5~5	6	3	−3
3	5~10	9	6	−3
4	10~15	12	6	−6
5	15~20	18	9	−9

Jan van Ours and Milan Vodopivec는 PBD 단축의 효과를 분석했는데, 취업률이 상당히 증가하였고 실업기간도 전반적으로 축소된 점을 확인하였다. 수급 종료 시점에서 취업률이 급증하는 현상도 확인되었다. 아래 그림에서 보듯이, 취업률의 급증(왼쪽)과 실업 잔존율의 변화(오른쪽)가 PBD 단축에 따라 나타났다.

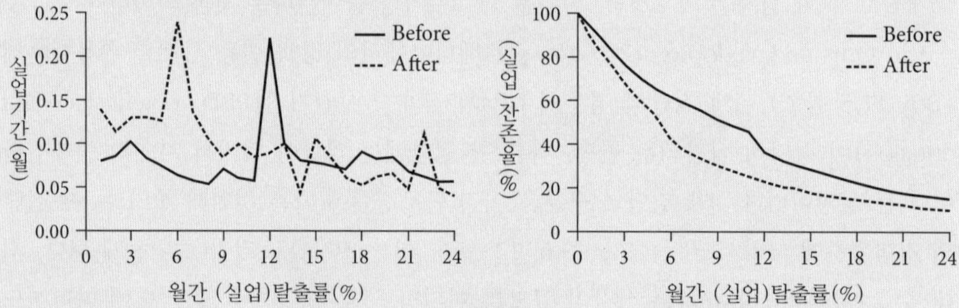

취업확률은 수급기간이 축소된 그룹들에서 대체로 증가했지만, 수급기간이 변치 않은 그룹에서는 사실상 변화가 없었다. 이것은 취업률 개선의 주된 원인이 실업자의 탐색 노력의 증가임을 시사한다. 후속연구에서 van Ours and Vodopivec(2008)는 PBD의 축소가 실업 이후 일자리의 질에 미친 효과를 분석하였다. 그룹별 평균효과는 다음의 표와 같다.

집단	기간(개월)				1년 내 실직(%)				임금 변화(%)			
	B	A	Δ	ΔΔ	B	A	Δ	ΔΔ	B	A	Δ	ΔΔ
1	3.8	3.5	−0.3		51.2	48.8	−2.4		12.5	9.0	−3.5	
2	4.2	3.7	−0.5	−0.2	47.2	46.1	−1.1	1.3	17.2	11.4	−5.8	−2.3
3	5.8	4.2	−1.6	−1.3	43.2	44.4	1.2	3.6	16.3	12.8	−3.5	0.0
4	7.0	4.9	−2.1	−1.8	46.6	43.0	−3.6	−1.2	16.1	12.7	−3.4	0.1
5	9.2	5.6	−3.6	−3.3	42.1	43.0	0.9	3.3	16.6	13.6	−3.0	0.5
2−5	6.0	4.5	−1.5	−1.2	44.8	44.1	−0.7	1.7	16.5	12.6	−3.9	−0.4

주: B=정책변화 전, A=정책변화 후, Δ=차분, ΔΔ=이중차분.

실업 이후의 일자리 질에 대한 측정에서는, 1년 내 (재)실직할 가능성과 실업 이전 및 이후 일자리에서의 임금 차이라는 두 가지 지표를 활용하였다. 결과를 보면, 빠른 취업이 실업 이후 일자리의 질에 부정적 영향을 끼치지 않은 것으로 나타나는데, 즉 노동자는 취업을 빨리 한다고 해서 고용안정성이나 임금 차원에서 질이 낮은 직장을 감수하는 것은 아니라는 것이다. 종합해 보면, PBDs가 더 길었던 상황은 실업 후 일자리의 질을 개선시키지는 못하면서 수급자의 실업기간만 확대시켰던 것으로 보인다. 이런 결과는 수급자들이 탐색을 더 하더라도 한계생산성이 없었다거나 아니면 수급자들이 기회주의적으로 행동해서 탐색을 더하지 않았을 것임을 의미하는데, 장래 고용주와 공모하는 상황이었을지도 모른다.

출처: Van Ours and Vodopivec(2006, 2008).

Lalive et al.(2006)은 오스트리아에서 다양한 실업자 집단에 대해 상이한 효과를 미치게 되는 UI 급여 구조의 정책적 변화 사례를 연구했다(Box 11.6 참조). 첫째 집단은 대체율이 증가했고, 둘째 집단은 PBD가 연장되었으며, 셋째 집단은 두 가지 모두 해당되고, 넷째 집단은 정책 변수에 변동이 없었다. 모수 추정치를 이용한 위험률 모형 추정을 통해 모의실험 결과가 도출되었다. PBD가 30주에서 39주로 연장되면 실업기간이 0.4주 증가하게 되는데, PBD가 30주에서 52주로 연장되는 경우에는 실업기간이 2.3주 증가하는 것으로 나타났다. 대체율이 41%에서 4.6%포인트 증가하면 실업기간은 약 18주 수준에서 0.4주 증가하게 된다. 대체율이 11.2%(=4.6/41) 증가함에 따라 실업기간이 2.2%(=0.4/18) 길어졌다는 것으로서, (실업기간의) 급여 탄력성은 약 0.2 수준이라는 의미다.

Box 11.6

오스트리아의 (소득)대체율과 최대 수급기간

1989년 오스트리아는 다양한 실업자에게 상이한 영향을 끼치는 방식으로 UB 시스템을 개혁하였다. 첫째 그룹에게는 대체율을 높였으며, 둘째 그룹에게는 최대 수급기간을 확대하였다. 셋째 그룹은 대체율을 높이고 수급기간도 확대했으며, 넷째 그룹은 정책 변화가 없었다.

월 소득	40세 미만 근로경험		40세 이상 근로경험	
	적음	많음	적음	많음
낮음	RR↑	RR↑	RR↑	PBD+RR↑
높음	통제	통제	통제	PBD↑

주: RR=대체율.

최대 수급기간의 확대는 나이와 근로경험에 따라 결정되었다. 즉 40세 이하이며 근로경험이 거의 없는 노동자는 수급기간에 변화가 없었으며, 이전 근로경험이 길었던 노동자는 수급기간이 연장되었는데, 40~49세 그룹은 30주에서 39주로, 50세 이상 그룹은 30주에서 52주로 길어졌다. Rafael Lalive, Jan van Ours, and Josef Zweimuller는 이런 자연실험을 활용하여 이처럼 상이한 정책변화에 따른 UB 시스템의 실업기간 변화 효과가 주는 교훈을 도출하였다.

분석된 자료는 정책 변화 2년 전부터 변화 후 2년까지 노동자의 실업력(history)에 관한 것이었다. 저자들은 상이한 실업기간 별로, 그리고 수급기간과 대체율이 상이한 노동자 별로, 조건부 실업탈출 확률을 추정하였다. 아래 표는 다양한 정책 변화에 관련된 그룹들(처치집단)과 그렇지 않은 그룹(통제집단)의 실업기간을 비교해서 단순 이중차분 분석을 한 결과를 요약하고 있다.

월 소득	실업 기간(주)		차분	이중차분
	전	후		
PBD	16.3	18.7	2.4	1.1
RR	17.8	20.0	2.2	0.9
PBD and RR	19.0	23.5	4.6	3.3
통제집단	15.2	16.5	1.3	

주: 전=1989.8. 이전; 후=1989.8. 이후; RR=대체율.

대체율의 확대와 수급기간의 연장 모두 실업기간의 상당한 증가를 가져왔다. 이런 효과는 대체율 확대에 비해 수급기간 연장의 경우에 더 강했으며, 대체율과 수급기간 모두 증가시켰을 때 특히 그러했다. [그림 11.4] (a)는 실업 탈출률을, [그림 11.4] (b)는 실업 잔존율을 나타낸다.

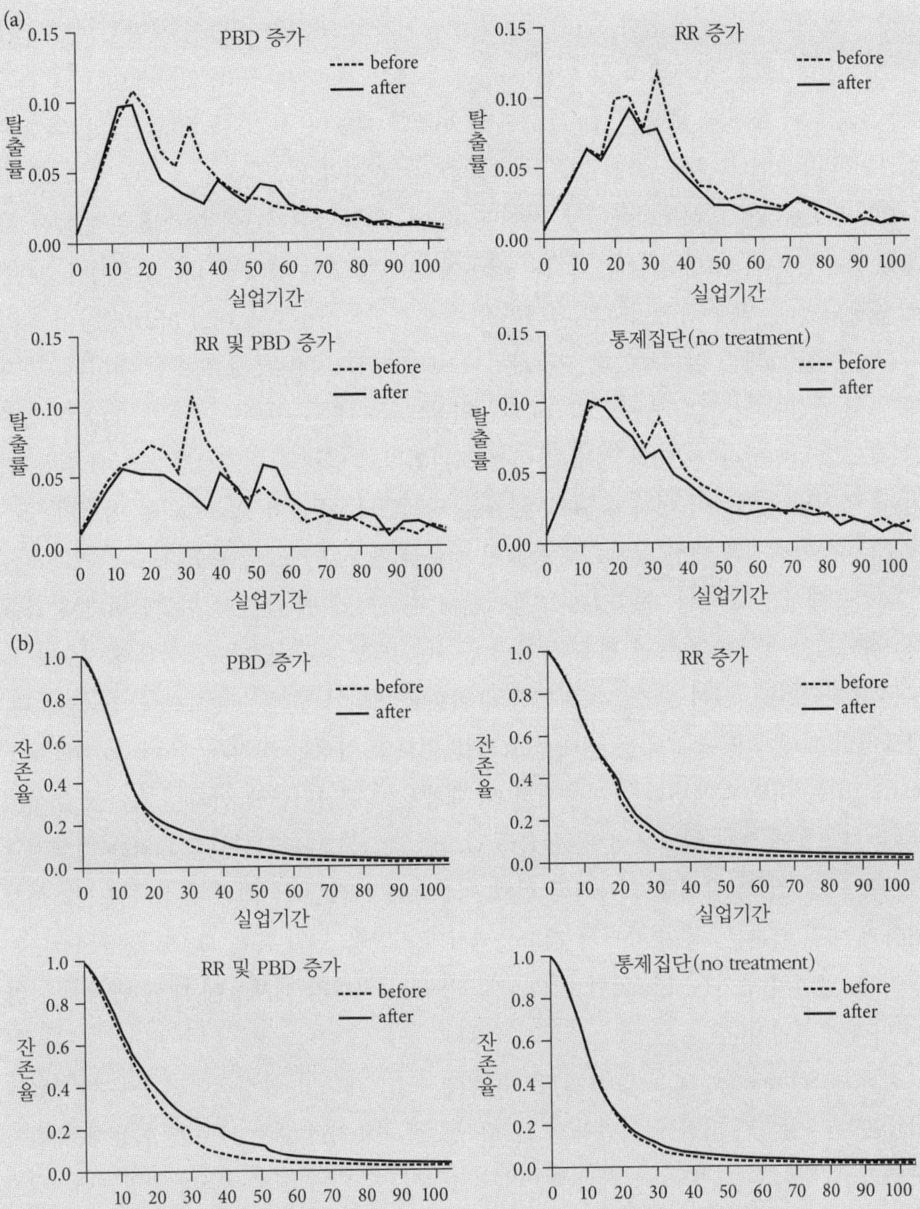

그림 11.4 실업 탈출률(a)과 실업 잔존율(b). 대체율(RR) 및 PBDs 변화의 다양한 처치 조합들

출처: Lalive et al. (2006).

Card et al.(2007a)은 오스트리아 근로자의 근로경험과 UI 수급권 간의 관계에서 나타나는 불연속성을 활용했다. 과거 5년간 고용기간이 36개월 미만인 사람은 수급기간이 20주인데 비해, 36개월 이상 일한 사람은 수급기간이 30주였다. 20～50세 근로자의 표본으로부터 확인된 사실은, UI 수급권이 30주인 사람이 첫 20주 중에 취업할 확률은 수급권이 20주인 사람에 비해서 5～9% 더 낮다는 것이다.

Lalive(2008)는 오스트리아에서 1988년 6월에 최대 급여기간이 연령별로 변화한 사례를 활용했는데, 50세 이상 근로자의 경우에 PBD가 일부 지역에서만 30주에서 209주로 연장되었다. UI 수급권에서의 이러한 연령별 불연속성을 이용해서 PBD 연장이 실업기간에 미친 효과를 살펴보았다. 자료는 46～53세 근로자를 대상으로 한 것이다. 일자리 탐색 기간이 남자의 경우에 약 14.8주 연장되었는데, 여자의 경우에는 74.8주 연장된 것으로 나타났다. 이러한 성별 차이는 조기퇴직의 연령 요건에서의 차이에 따른 것이다. 조기퇴직 연령이 여자는 54세, 남자는 59세였다. 중년의 오스트리아 여성의 경우에 UI는 조기퇴직에 대한 양적으로 중요한 경로를 제공한 것으로 보인다.

핀란드에서는 2003년 1월1일에 고용기간이 긴 근로자에 대해서 실업급여가 증가했다. 실업기간 첫 150일 동안 평균 급여의 증가는 15% 수준이었다. 동시에 해직수당 제도는 폐지되었다. 급여 증가는 UB 기금의 비용에 변화가 없는 수준으로 산정되었는데, 근로자의 기대에 영향을 주는 행태적 효과는 없다고 가정한 것이다. Uusitalo and Verho(2010)는 이런 정책변화를 이용해서 UI 대체율이 실업기간에 미치는 효과를 분석했는데, 재고용에 의한 탈출률이 평균 17% 감소한 것으로 나타났다. 그 효과는 실업기간 초기에 가장 컸고, 급여증가 자격의 만료 이후에는 사라졌다. 이런 추정치에 근거해서 저자가 내린 결론은, 급여 증가가 재고용까지의 시간을 33일 혹은 11.9% 연장시켰다는 것이다. 급여의 증가는 15%였던 만큼, 재고용까지 기간의 대체율에 대한 탄력성은 약 0.8이라는 의미이다.

끝으로 Schmieder et al.(2012a)은 독일에서 UI 제도가 안정적이던 1987년 7월에서 1999년 3월까지 기간에 실업자가 된 40～49세 근로자에 관한 자료를 이용해서 회귀불연속 설계를 수행했다. 이 기간에 PBD에는 뚜렷한 연령 경계가 3개 있었는데, 42세(12～18개월), 44세(18～22개월) 및 49세(22～26개월)이다. 연구 결과에 따르면, UI 기간이 1개월 늘어날 때마다 실업기간은 평균 0.10에서 0.13개월 증가하였다.[4)]

〈표 11.4〉에 제시된 개관으로부터 얻을 수 있는 주된 결론은 대체율이나 PBD가 달

4) Schmieder et al.(2012b)에서는 42세 경계만을 사용해서 재분석한 결과, 한계효과가 0.20임을 발견했는데, 실업기간 5년 이상의 경우를 고려한다면 이것은 0.15로 내려간다.

라지면 고용기간에 상당한 효과가 발생한다는 것이다. 효과의 크기는 나라마다, 또 정책 변화의 유형에 따라서 차이가 있지만 큰 차이는 아니다. PBD의 연장은 그것의 20% 정도로 실제 실업기간을 증가시킨다. 예외적인 경우도 있는데, 슬로베니아의 여성과 오스트리아의 여성의 경우이다. 전자는 노동시장 소속성과 관련될 수 있고, 후자는 조기 퇴직 혜택에의 근접성과 관련된다. (실업기간의) 급여 탄력성은 0.4에서 1.0까지 구간에 속하는 것으로 보이는데, Carling et al.(2001)의 스웨덴 사례는 예외이다. 조사된 근로자의 연령에 차이가 있지만 처치효과가 연령별로 다르다는 증거는 없으며, 오스트리아의 중년 여성의 경우는 예외적이다. 실업 근로자의 취업 행태는 UI 급여의 수준 및 기간에 따라 달라진다.

UI의 최적 설계에서 한가지 중요한 점은, 급여수준과 급여기간이라는 두 가지 요소가 실업 근로자의 행태에 미치는 영향이 다르며, 어느 한쪽이 더 중요한 것인지 여부를 이해하는 것이다. 기존의 증거에 따르면, UI 제도의 관대성에서 두 가지 유형의 증가는 모두 실업기간 연장을 가져오는 것으로 나타난다. 이론적 논의에서처럼, 급여수준 증가의 효과는 대부분 실업기간 초기에 나타나는 한편, 급여기간 연장의 효과는 대부분 종료일 근처에서 발생한다. Lalive et al.(2006)은 PBD와 대체율의 증가가 전체 급여부담의 증가에 미치는 효과를 조사하는 방식으로, 양자의 부정적 유인(disincentive) 효과를 비교하였다. 대체율의 증가는 개인이 행동을 바꾸지 않더라도 급여지급을 증가시킬 것인데, 주어진 실업기간에 대해서 더 높은 급여를 지불해야 하기 때문이다. 또한 대체율 증가는 개인이 실업 상태를 더 오래 지속하게 유도한다는 점에서 급여 부담이 더욱 커질 수 있다. PBD와 대체율을 비교하는 직관적인 방법은 전체 급여비용의 증가를 (행태 변화 없이 발생하는) 직접적 비용 부분과 (행태 변화로부터 발생하는) 간접적 비용 부분으로 분해하는 것이다. 연구 결과에 따르면, PBD 증가로 인한 행태적 비용이 대체율 증가의 경우보다 훨씬 크다는 것이다. 바꿔 말하자면, 개인은 (급여수준보다) 급여기간의 변동에 상대적으로 더 강하게 반응하며, 이러한 행태적 변화가 정책변화의 비용과 편익에 영향을 주는 주 요인이라는 것이다. 대체율의 변동이 행태 변화에 미치는 영향은 상대적으로 약한데, 수급 종료에 근접한 실업자만이 아니라 모든 실업자에게 영향을 미치기 때문이다.

급여기간 변동의 효과가 급여수준 변동에 비해 더 강하다는 사실은 유인에 영향을 주는 데는 급여기간이 보다 효과적인 수단임을 의미한다. 한 가지 우려는 실업 이후 (재취업) 일자리의 질도 영향을 받는다는 점이다. 실업 탈출률이 높아지는 것은 일자리의 질이 낮아지고, 실업으로 재진입 하는 확률이 높아지는 것과 관련될 수 있다. PBD

와 실업 이후 일자리의 질과의 관계에 대한 경험적 결과들은 아래에서 살펴본다.

11.3.2 UBs의 실업 이후(post-unemployment) 결과에 대한 효과

UBs가 실업 이후의 결과(임금 및 직장 안정성)에 미치는 효과에 관한 증거는 분명치 않다. 이전의 연구에서는 임금 효과가 약하게 긍정적이었다. 하지만 효과가 없다는 결과와 긍정적 효과가 있다는 결과가 뒤섞여 있다.[5]

Addison and Blackburn(2000)에 따르면, (급여수준 또는 급여기간에서) 보다 관대한 UI가 재고용 임금을 증가시키는 효과는 거의 없다. UI 제도가 고용기간에 미치는 효과에 대한 증거도 다소 애매하다. 캐나다(Belzil 2001) 및 미국(Centeno 2004)에 관한 결과를 보면, 수급 종료에 임박해서 취업한 경우에 이탈의 가능성이 크지만, 급여수준이 높아지면 고용기간의 길이로 측정한 일자리 매칭의 질은 높아지는 것으로 나타난다.[6] 〈표 11.4〉 하단에는 UI가 실업 이후 결과에 미치는 효과를 이중차분 또는 회귀불연속 접근법으로 분석한 최근 연구의 개관이 제시되어 있다.

Card et al.(2007a)의 결과는 앞에서 언급되었지만, 일자리 매칭의 질적 수준을 평균임금이나 고용기간으로 측정할 때, 수급기간 연장이 일자리의 질에 영향을 미치지 않는 것으로 나타난다. Centeno and Novo(2007)은 포르투갈에서 1999년 7월에 도입된 연령별 수급권 변동 사례를 활용했다. 30~34세 집단의 경우 최대 수급기간이 15개월에서 18개월로 증가했지만, 35~39세 집단에 대해서는 18개월로 유지되었다. 이 변화는 재고용 임금에 작지만 긍정적인 효과를 미친 것으로 나타나는데, 수급기간 3개월 연장이 임금을 2.8% 상승시켰다. 이런 효과는 재고용 분포의 저위 집단에서 다소 더 강하게 나타났다. Van Ours and Vodopivec(2008)은 PBD를 상당히 단축시킨 슬로베니아의 정책 변화 사례를 이용해서 실업 이후 일자리의 질을 조사했다(Box 11.5 참조). 이에 따르면, PBD의 감소는 노동자가 정규직 대신 임시직에 취업할 가능성에 영향을 주지 않았고, 실직율에도 거의 효과가 없었으며, 실업 이후 임금도 변화시키지 않았다.

끝으로 Caliendo et al.(2013)은 독일 UI 제도에서의 불연속성에 초점을 맞추었는

5) Burgess and Kingston(1976), Ehrenberg and Oaxaca(1976), Hoelen(1977) 및 Blau and Robins(1986) 참조. Classen(1977)은 UI 급여수준과 재고용 임금 간에 관계가 없다는 결과를 얻었다.

6) Tatsiramos(2009)은 ECHP 자료를 사용해서 유럽 8개국을 대상으로 UI가 실업의 기간 및 이후 고용안정성에 미친 효과를 조사했다. 이에 따르면, 수급자는 더 긴 실업기간을 겪게 되지만, UI가 실업 이후 고용안정성에는 긍정적 효과를 미친다. UI의 고용안정성 효과는, 보다 관대한 UI 제도를 가진 나라(덴마크, 독일, 프랑스, 스페인 등)에서 제도 발전단계가 뒤진 나라(그리스, 이탈리아 등)에 비해 더 현저하게 나타난다.

데, 45세가 되면 최대 수급기간이 6개월에서 12 및 18개월로 늘어나는 사정이었다. 2001~2003년 기간의 실업 유출입에 대한 표본이 사용되었으며, 남자는 44~46세, 여자는 43.5~46.5세에 해당하였다. 실업 탈출률이 수급기간 연장 때문에(14%) 감소한 것으로 나타났다. 수급기간 연장이 이후의 고용 이탈률에 미친 전반적 효과는 음수이지만 크기가 작아서 통계적 유의성이 없었다. 실업 이후의 임금에 대해서도 사정은 유사하다. 수급종료 직전 또는 직후에 취업한 실업자는 이후 고용상태에서 이탈할 가능성이 높았고, 수급기간이 연장된 경우에 비해서 임금도 낮은 것으로 나타났다.

대체율과 PBD가 취업률에 영향을 준다는 증거는 모든 연구에서 공통적이지만, 실업 이후 효과에 대한 연구 결과는 훨씬 잡다하다. 실업 이후 일자리의 질에는 아무런 효과가 없다는 연구가 많지만, 다소 효과가 있다는 연구도 없지는 않다.

11.4 정책 이슈

11.4.1 UBs의 관대성은 경기변동에 따라 달라져야 하는가?

UI의 부정적 유인효과는 경기변동에 민감해서, (탐색비용이 높고 노동수요가 약한) 불황기에는 약해지고, (탐색비용이 낮고 노동수요가 강한) 호황기에는 강해질 것이다. 불황기에는 실업기간이 길어지는 경향 때문에 보다 관대한 급여의 필요성이 높아지게 되는데, 소비 안정화와 도덕적 해이 간의 상충관계가 실업이 적고 노동시장이 호황인 경우와는 다르기 때문이다.

이것이 미국의 제도에서 순환적 하강기에 급여가 연장되는 이유이다. 통상적으로는 급여가 26주까지 제공된다. 하지만 Federal-State Extended Benefits Program에 의해서 실업률이 비교적 높은 주에서는 급여가 13주까지 더 연장된다. 나아가서 과거 몇 차례의 불황기에 "긴급" 연장 조치가 마련된 바 있다(Kiley 2003). 2008~2009년의 대침체기에 대한 대응으로, 미국의 최대 UI 기간은 99주까지 연장되었다.[7] UI 급여 관대성이 경기순환적으로 변동하는 미국의 제도는 다른 OECD 국가에게는 다소 특이한 것이다.

UI 급여 관대성의 순환적 변동을 지지하는 최근의 경험적 증거가 있다. Kroft and

---

7) Rothstein(2011)가 Current Population Survey 자료의 분석에서 얻은 결론에 따르면, 급여 연장의 실업탈출 효과는 제한적이다. 실업률의 0.1-0.5%포인트만이 수급기간 연장에 따른 것으로 볼 수 있다는 것이다.

Notowidigdo(2010)에 따르면, 미국의 경우에 실업기간의 UI 급여수준에 대한 탄력성은 실업률에 따라 달라진다. 이론적으로 이 탄력성은 탐색노력과 유보임금의 상대적 중요성에 따라 정해진다. 유보임금과 관련해서 실업기간 탄력성과 실업률 간에 양의 상관관계가 있는 반면에, 탐색노력과 관련해서는 음의 상관관계가 될 것이다. 경험적으로는 이 탄력성과 실업률 간에 음의 상관관계가 나타난다. 따라서 도덕적 해이는 실업률이 높을 때 약해진다. Schmieder et al.(2012a)은 독일의 경우에 유사한 결과를 얻었다. 이런 사실은 불황기에 UI 기간을 연장함으로써 후생을 증대시킬 수 있음을 시사한다.

경기변동에 따른 최적 UI에 관해서 이론적인 관점의 연구도 있다. Andersen and Svarer(2010)과 Landais et al.(2010)은 반(反)경기적(countercyclical) 최적 급여를 제시했다. Andersen and Svarer(2010)에서 정부는 시점간 예산제약에 직면하여 소비를 경기변동 주기에 걸쳐 안정시키기 위해서 UI를 사용한다. Landais et al.(2010)에서는 실업을 두 유형으로 구분하는데, 매칭 마찰에 따른(호황기) 실업과 일자리 부족에 따른(불황기) 실업이 있다. 불황기에는 일자리 수가 제한적이므로 호황기 때보다 도덕적 해이 문제가 작지만, 소비 안정화의 가치는 경기에 관계없이 일정하다. 일자리(부족에 따른) 할당으로 인해서, 개인의 취업 노력은 다른 구직자에게 부정적 외부효과를 끼친다. 이런 상황에서 최적 UI 규칙은, 불황기에는 호황 때보다 급여가 관대해져서 일자리 탐색 노력을 완화시켜 부정적 외부효과를 교정한다는 의미이다. Mitman and Rabinovich(2011)도 일반균형 탐색 모형을 통해 경기순환 주기에 걸친 UI의 최적 제공 문제를 연구했는데, 여기서는 전반적인 생산성 충격도 고려된다. 급여의 수준과 기간 모두에 대한 최적 설계를 고려한 결과에 따르면, 급여의 최적 경로는 친(親)경기적(procyclical)인 것이다. 기존 연구와의 주된 차이는 여기서는 임금협상이 고려된다는 점인데, 임금경직성을 가정하는 대신에 UI 급여의 변동이 임금에 영향을 미치는 것이다.

경기에 따라 조정되는 UBs를 지지하는 주된 논거는 불황기에는 도덕적 해이가 호황기에 비해 큰 문제가 아니라는 것이다. 불황기에는 급여를 보다 관대하게 하더라도, 특히 PBD를 연장하는 경우에, 노동시장의 기능을 저해하지 않을 것이다. 경기에 의존하는 UBs에 반대하는 주된 논거는 불황기에 관대해진 UBs 때문에 노동자가 실업에 진입할 가능성이 커진다는 것이다.

11.4.2 도덕적 해이가 그렇게 중요한가?

노동자는 급여가 후해질수록 더 오래 실업 상태에 있게 된다. 도덕적 해이(moral hazard) 효과 때문일 것이다. 대안적 설명으로, 유동성 제약(liquidity constraints) 때문일 수도 있다. UBs가 도덕적 해이를 유발하는 한, 사회후생 차원에서 UBs의 관대성을 낮추자는 주장이 제기될 수 있는데, UBs가 실업의 사적 비용과 사회적 비용 사이에 쐐기를 박기 때문이다. 하지만 실업기간의 연장이 유동성 제약에서 기인한다면 이 문제는 약해지는데, 수급기간이 길어져도 유인을 왜곡하는 것이 아니라 오히려 다른 시장 불완전성을 교정하게 되기 때문이다. 유동성 제약은 신용 및 보험 시장이 불완전해서 개인이 소비를 안정화하지 못하는 상황이다. 이런 경우에는 UBs가 시장 불완전성을 교정하는데 도움이 된다.

유동성 제약의 중요성을 확인하기 위해서, 일부 노동자가 해직수당(severance payment), 즉 퇴직 때 일정 금액을 받을 수 있다는 사실을 활용한 연구가 있다.[8] Chetty(2008)는 유동성 제약의 효과를 확인하기 위해서 미국 내 기업들 간에 해직수당 정책에서의 차이를 이용한다. 해직수당은 고용이 단절될 때 주어지는 고정액의 지불인데(10장), 여가와 노동의 상충관계에 영향을 주지 않으며, 행동의 변화는 유동성 제약과 관련해서만 나타나게 된다. Chetty의 분석은 2,441명 중에서 해직수당을 받았다고 하는 471명(18%)을 대상으로 하며, 지불 규모에 대한 정보는 없다. 분석의 결과는, UI 급여로 인한 실업기간 증가에서 60%는 한계적인 탐색 유인에서의 왜곡(도덕적 해이 효과)이 아니라 유동성 효과에 기인한다는 것이다. Chetty는 두 가지 증거를 제시한다. 첫째, 급여의 증가에 따른 실업기간 효과가 유동성 제약이 없는 가구에 비해서 제약을 받는 가구의 경우에 훨씬 더 크다는 점이다. 둘째, 고정액의 해직수당이 제약을 받는 가구의 실업기간을 상당히 증가시켰다는 점이다.

Uusitalo and Verho(2010)가 대체율의 실업기간 효과를 조사하기 위해 이용한 핀란드 UI 제도에서의 변화 사례는 1대1의 성격이 아니다. 제도 변화로 해직수당 수급 자격이 약간 달라졌는데, 새로운 수당의 수급자격은 얻지 못하면서 기존의 자격을 잃은 사람도 있고(1,420명), 기존의 자격은 없었지만 새 수당의 자격을 얻게 된 사람도 있었다(681명). 이런 소수 집단들을 이용해서 해직수당 폐지의 효과와 실업 초기의 대체율 상승의 효과를 분석한 결과, 해직수당 상실의 효과는 유의하지 않은 수준인 것으로 나타났다.

Card et al.(2007a)은 앞의 연구들보다 훨씬 많은 관측치를 이용해서 해직수당의 효과를 추정했다(〈표 11.4〉 참조). 해직수당 자격의 경계선인 36개월의 직전과 직후에 해고된 사람들의 탐색행동을 비교한 결과, 고정액의 해직수당이 실업기간에 유의한 효

8) 이러한 연구에 대한 대표적 비판은 해직수당이 선택적이라는 점이다.

과를 가진다는 것을 확인했다. 오스트리아에서는 실업기간 20주가 되어야 정규 UBs의 자격이 주어지는데, 해직수당 수급자격을 갖게 된 사람의 첫 20주 동안의 취업률을 보면, 간발의 차이로 자격 미달이 된 경우에 비해서 8~12% 낮았다. UBs 연장에 대한 행태적 반응 중에서 상당 부분이 도덕적 해이보다는 유동성 제약 때문인 것으로 보인다. 그렇지만 종합해 보자면, 유동성 제약의 중요성이 잘 확립된 것은 아직 아니다.

11.5 다른 제도들과의 상호작용

UBs는 단체교섭제도(3장)와 적극적 노동시장정책(12장)과 같은 다른 제도와의 상호작용을 수반하는 여러 경로를 통해서 경제활동참여, 고용, 실업 등에 영향을 미친다. UBs의 재원을 마련하기 위해서 급여세가 부과되어야 하는 만큼, UBs를 제대로 이해하려면 노동 과세(13장)가 노동시장 균형에 미치는 효과를 고려해야 한다.

UBs와 고용보호는 보험이 불가능한 노동시장 위험으로부터 노동자를 보호한다는 점에서 유사하다고 볼 수 있다. 두 제도는 2가지 핵심적인 차이도 있다:

1. EPL은 이미 취업한 노동자만 보호하면서 해고 저지수단으로 작용하지만, UBs는 노동연령 인구 전체를 보호한다(대체로 일정 수준의 근로경험이 UBs 수급의 요건이 되기는 한다).
2. EPL은 노동자에게 어떤 조세 부담을 부과하지는 않지만, UBs는 취업 노동자에 부과되는 급여세를 통해서 재원을 조달한다.

UBs와 EPL의 설계에서 적절히 조정된다면 이런 주요 차이점도 줄어들 수 있다. 예를 들어, UBs에 미국에서처럼 '경험 평가'(experience-rated) 방식이 도입될 수 있는데, 이것은 이탈리아와 독일에서는 STW에 한정되어 적용되고 있다(5장). 이 경우에는 노동력 과잉에 책임이 있는 고용주가 더 높은 급여세를 부담해야 한다.

하지만 경험평가 방식의 UB 제도조차도 다른 고용주와 근로자에게 일정한 재정적 외부효과를 끼치게 된다. 노동력 회전율이 높은 고용주만 남게 되는 역선택을 피하기 위해서 UBs는 부담을 모든 고용주에게 의무화한다. 따라서 과잉 인력의 비용을 분담하는 상황이 발생한다. EPL과 UBs가 완전대체적일 수 없는 또 다른 이유는 EPL이 실제로 해고 당사자인 고용주에게 항상 세금이 부과되도록 한다는 점이다. 근로자로부터 노력을 유도하기 위해서, 고용주는 규율적 해고에 대한 제재를 경제적 해고의 경우보다 강하게 만든다. 법률 용어로, 주관적 정당 사유는 객관적 정당 사유와 달리 취급하게 되는데, 이런 차별적 처리는 대개 노동법 판사의 역할 없이는 이행될 수 없다. 그래서 EPL은 UBs와는 달리, 법조인과 같은 제3자에 대한 지불 형태로 후생비용을 수반할 수밖에 없다.

이처럼 UBs와 EPL 간의 부분적인 차이는 불가피하며, 이런 차이를 실업상태의 개인은 인식한다. 10장에서 기술했듯이, EPL은 노동력의 회전을 줄여서 실업 탈출을 어렵게 만든다. 대신에 UBs는 이동과 고용에 보다 친화적이며, EPL과는 달리 실업기간 중에 소득을 지원한다. 따라서 실업상태의 개인은 항상 EPL보다 UBs를 선호하는 경향이 있다. 대신에 고용주는 UBs보다 EPL을 선호할 것인데, 특히 할인율이 높은 경우에 그렇다. 노동시장 제도에 관한 정치경제적 모형(가령 Wright 1986)에 따르면 엄격한 EPL의 상황은 중위투표자가 내부자(즉 정규계약 근로자)일 때 발생한다. UBs와 EPL의 불완전한 대체성 때문에 두 제도 중 하나만을 가진 나라는 거의 없다. 두 제도를 모두 갖게 되는 또 하나의 정치경제적 이유는, 도덕적 해이의 문제 때문에 둘 중 어느 제도도 실직에 대한 완전한 보험을 제공하지 못하기 때문이다. 그래서 한 제도가 압도적인 나라에서는 다른 제도도 강화하라는 정치적 압력이 항상 있을 것이다.

'유연안정성'이란 용어가 EPL은 낮으면서 UBs는 관대한 덴마크와 같은 나라를 지칭하는데 사용되어 왔다. 이러한 상충관계의 맥락에서 각 나라가 차지하는 위치는 내부자(EPL 지지)와 외부자(UBs 지지)의 상대적인 정치적 영향력을 반영하는 것일 수 있다. 두 집단 간 힘의 균형의 변동이 이런 차원에서의 제도적 조합을 어떻게 변화시키는지를 보여주는 예가 스페인인데, 정규계약에 대한 EPL을 축소시킨 소수의 나라 중 하나이다. 의미심장하게도, 개혁이 입법화 된 1994년은 실업자 및 임시계약 근로자의 수가 정규계약 근로자 수를 넘어서게 된 직후이다. [그림 11.5]는 국가간 개관을 제시한다. 실업급여의 관대성과 고용보호의 엄격성이 음의 관계에 있음은 분명하다.

UBs와 ALMPs 간에도 겹치는 부분이 있다. UBs 제공에서 관건은 일자리 탐색에 대한 부정적 유인에 관련되는데, UBs 수급자의 탐색 노력에 대한 확인은 불완전할 수밖에 없기 때문이다. 12장에서 서술하는 정책들이 이러한 정보비대칭을 부분적으로 줄여준다. 끝으로 UBs와 조세 간에 상호작용이 있다. 노동에 대한 조세는 UBs를 포함해서 다양한 사회프로그램의 재원을 마련하기 위해서 부과된다.

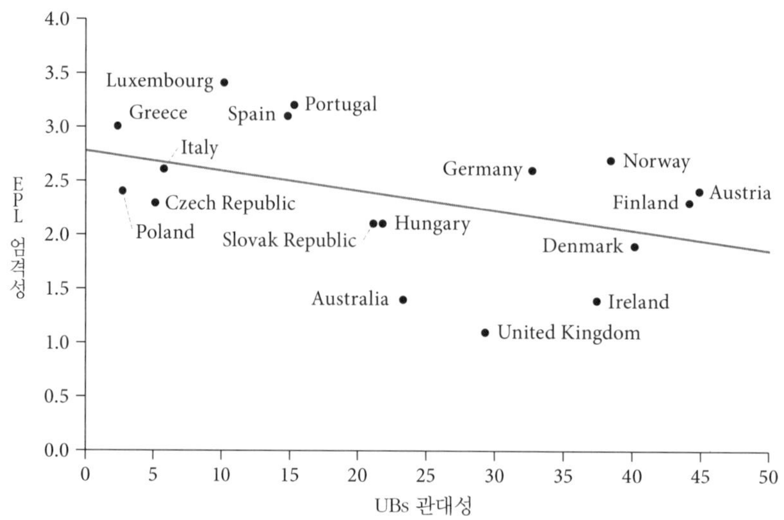

그림 11.5 UBs의 관대성과 EPL의 엄격성

주: 사용된 지수의 정의는 〈표 10.1〉과 〈표 11.3〉을 참조.

11.6 UBs는 왜 존재하는가?

이 장에서 살펴본 이론과 경험적 증거에 따르면, UBs가 노동자의 유보임금을 높이고 실업기간을 늘리게 된다. UBs는 급여세를 통해 재원이 마련되는데, 13장에서 논의하듯이 급여세는 노동시장 규모를 줄인다는 점에서 왜곡을 수반한다. 그렇다면 왜 UI가 공적으로 제공되는가? 실업 위험에 대한 보험은 UBs 외에는 제공할 수 없기 때문이다. 세상의 어떤 민간회사도 실업자가 되거나 실업상태로 남는 위험에 대해 보험을 제공하지 않는데, 도덕적 해이와 역선택이 그러한 잠재적 계약장치를 막기 때문이다. 도덕적 해이가 발생하는 것은, 노동자가 주어진 시장가격으로 보험을 구매함으로써 부정적 결과로부터 보호받게 된다면 실업을 피하고 새 일자리를 찾기 위해 열심히 노력하지 않기 때문이다. 역선택이 발생하는 것은, 이질적인 특성을 가진 실업상태 노동자의 집합에서 일부가 실직의 가능성을 높이는 (관측 불가능한) 특성을 갖기 때문이다. 이런 조건에서, 자신의 실업 위험이 특히 높은 줄을 아는 노동자의 존재 때문에 민간 보험업자는 수익을 얻을 수 없어서 가격을 인상시킬 수밖에 없는데, 그로 인해서 평균적 위험의 노동자는 보험 가입을 꺼리게 되는 것이다.

최선을 다하더라도 실업상태에 빠질 수 있는 노동자에 대한 노동시장의 불형평성 또는 불공정성을 교정하는 것이 UBs의 공적 제공이다. UBs의 공적 제공이 역선택 문제를 해결하는 것은, 보험제도에의 가입이 모두에게 의무적이기 때문이다. 하지만 그것이 도덕저 해이 문제를 해결하지는 않는데, 노동자가 민간보험 대신 공적 보험의 적용을 받는다고 해서 탐색 노력을 게을리 할 유인이 줄어들지는 않기 때문이다. 실업상태의 노동자는 일하든 않든 효용수준이 별로 다르지 않다면 새 일자리를 열심히 찾지는 않을 것이다. 이 장에서 살펴본 증거에 따르면, UB 제공에 따른 일자리 탐색에의 부정적 유인은 실로 상당한 수준일 수 있다. 나아가서 부당한 상황으로부터의 보호는 실업의 기간을 증가시킴으로써 노동시장의 조정속도를 불가피하게 줄이게 된다. 보다 넓은 맥락에서, 부당한 상황 전개로부터 노동자를 보호하는 노동시장 제도는 경쟁을 약화시킬 수밖에 없는데, 사전적인 분배적 형평성을 위해서 생산효율성을 낮추게 되는 상충관계(trade-off) 때문이다. 이런 상충관계는 사전적인 관점에서 보면 민간보험을 막는 정보비대칭성을 감안할 때 바람직하지만, 사후적으로는 생산효율성을 저해할 수밖에 없게 된다.

이 장의 첫 부분에서 서술한 UBs의 설계는 최적보험의 맥락에서 합리화될 수 있다. 탐색 노력이 입증될 수 없는 것이며 따라서 주인(국가)은 대리인(실업자)에게 노력의 유인을 제공해야만 하는 경우에, 최적 UI 모형(Hopenhayn and Nicolini 1997; Pavoni 2007, 2009)은 시간적으로 체감하는 대체율을 제공하는 소득연계 UBs를 처방한다. 급여체제의 또다른 특성(길어지는 실업기간에 대해 고정률의 개방형 급여를 제공하는 것)은 경제이론의 결론과 합치한다. 인적자본은 실업기간 중에 가치가 감소하는 만큼, 길어지는 실업기간에 대해 탐색노력을 끌어내는 것은 실업자에 대한 지원을 제공하는 것에 비해서 비용이 더 커질 수 있다(Pavoni and Violante 2007). 끝으로 소극적인 소득이전을 ALMPs(12장)와 결합하는 근로복지(welfare-to-work) 방식은 상이한 실업기간에 대해 일련의 행동과 제재를 수반하게 된다.

UBs 제공과 관련해서 최근 강조되어 온 또하나의 상충관계는 일자리의 질(quality of jobs)과 UBs가 구조적 변화에 미치는 효과에 관한 것이다. Acemoglu and Pischke(1999), Acemoglu et al.(2000) 및 Marimon and Zilibotti(1999)는 산출 극대화를 위해서는 일정 수준의 UBs가 필요하다고 주장하는데, 그렇지 않을 경우에 구직자 특히 가난한 구직자는 성공가능성이 희박한 고생산성 일자리에 지원할 의욕을 잃게 되며, 따라서 기업은 그런 유형의 일자리를 만들지 않을 것이기 때문이다. 이런 모형에서는 UBs가 유발하는 실업은 효율성을 증대시키는 기능이 있는데, 그것이 일자리 매치의 개선을 통해서 고생산성 일자리를 창출한다는 의미이다. 역사적으로 UBs의 도입이 일자리 재배분 및 구조적 변화의 증가와 실제로 관련된다는 증거도 있다(Boeri and Macis 2010). 중앙계획에서 체제전환을 한 나라들의 경험 역시 UBs가 일자리 재배분 및 구조적 변화를 증가시킨다는 점과 합치한다(Boeri and Terrell 2002). 한편으로, UBs가 너무 관대한 경우에는 효율성을 높이는 일자리 재배분이 약화될 수 있는데, 실업기간이 길어지고 정체된 실업자 집단이 형성되기 때문이다. 또 앞에서 논의되었듯이, UBs의 관대성과 실업 이후 일자리의 질은 관계가 없다는 경험적 연구 결과도 있다.

11.7 심화학습 안내

비록 일부 연구가 다소 과거에 수행된 것이지만 여전히 유익하다. *Journal of Economic Literature*에 수록된 Atkinson and Mickewright(1991)와 Devine and Kiefer(1991)의 조사를 특히 추천한다. 기간분석 결과에 관해서는 Kiefer(1988), 그리고 관련한 최근 연구는 (주로 미국 사례를 담은) Meyer(1995)와 Krueger and Meyer(2002)의 연구를 추천한다. Tatsiramos and van Ours(2013)는 UI 설계의 잠재적 노동시장효과에 관해 개관하고 있다.

복습 질문 및 연습문제

1. (급여) 대체율이 UBs 관대성의 척도로 불완전한 이유는?

2. UBs는 저숙련 노동자에 친화적인 재분배를 가져오는가?

3. 급여가 이전의 근로 경험에 조건부로 제공된다면, UBs는 구직을 처음 시작하는 사람들에게 어떠한 효과를 기대할 수 있나?

4. UB 시스템의 도입은 노동시장 참여에 어떠한 영향을 끼치는가?

5. UBs의 관대함과 구조적 변화 사이에는 어떠한 종류의 관계를 기대할 수 있는가?

6. 민간 보험사는 왜 UI를 제공하지 않는가?

7. 사회적으로 최적의 대체율은 왜 존재하는가?

8. 정태적 유보임금과 동태적 유보임금의 주된 차이는 무엇인가?

9. UI 급여가 증가될 때, 정태적 유보임금은 어떻게 되는가? 주요 메커니즘을 설명하시오.

10. UI 급여가 증가될 때, 동태적 유보임금은 어떻게 되는가? 주요 메커니즘을 설명하시오.

11. 어떤 노동자의 일자리 탐색으로부터의 한계수입은 $MR=50-1.5w$이다(w는 제안된 임금). 한편 (UBs가 있을 때) 일자리 탐색의 한계비용은 $MC=5+w$이다.
    (a) 이들 MR과 MC 곡선을 해석하시오. 왜 MR은 임금에 대해 음의 관계를 갖는가? MC의 절편과 기울기가 의미하는 바는 무엇인가?
    (b) 노동자의 유보임금은 얼마인가?
    (c) UBs가 삭감되었다고 가정하자. 따라서 탐색의 한계비용이 $MC=20+w$로 변했다. 새로운 유보임금은 얼마인가? 노동자는 15유로의 일자리 제안을 받을 것인가?

12. 마이크의 소비 C와 여가 l의 효용함수는 $U(c,l)=cl$이다. 주당 168시간이 있으며, 시간당 15유로를 번다.
    (a) 예산선을 쓰고, 그래프로 나타내시오.
    (b) 최적 소비와 여가는 얼마인가?
    (c) 주당 320유로의 UBs를 받게 된다면, 고용과 소비는 어떻게 되는가?
    (d) 일을 하는 것과 일하지 않는 것이 무차별하게 되는 UBs의 값은 얼마인가?

13. (고급) 일자리탐색 모형에서 고용의 유량가치는 다음과 같다.

$$\rho V_e(w) = w + q(V_u - V_e(w))$$

여기서 ρ는 할인율, w는 임금, q는 실직률, 그리고 V_e와 V_u는 각각 고용과 실업의 가치이다. 실업의 유량가치는 다음과 같다.

$$\rho V_u = z + \lambda \int_x^{\infty} [V_e(w) - V_u]\, dH(w)$$

여기서 z는 여가의 유량가치, λ는 일자리 제안이 올 가능성, $H(w)$는 임금 분포, x는 유보임금을 의미한다.

(a) 이들 가치함수가 의미하는 바를 설명하시오.

(b) 유보임금 식을 도출하시오.

(c) 평균 실업기간을 도출하시오.

(d) 유보임금이 일자리 제안 확률의 증가함수임을 보이시오.

(e) 이론적으로 일자리 제안 확률과 실업기간 간의 관계가 모호한 이유를 논의하시오.

제12장

적극적 노동시장 정책

적극적 노동시장 정책(ALMPs)에 대해서 긴 전통을 가진 나라가 많다. 20세기 초부터 고용행정기관(employment offices)이 설립되기 시작했다. 양차 대전 사이의 침체기에는 실업자 고용을 위한 정부 프로그램들이 도입되었다. 이후, 직종간 및 지역간 이동을 조장해서 구조조정을 촉진한다는 목적으로 노동시장 재훈련 조직이 만들어졌다. 보다 최근에는 UB 수급자가 공적 이전지출에 장기간 의존하게 되는 상황을 피하도록 압력을 가하는 활성화 체제를 실험하는 경우도 적지 않다.

현재 OECD 국가에서 시행되는 ALMPs는 노동시장의 이동성과 조정과정을 강화해서 노동자의 재배치 및 인적자본 투자를 촉진함으로써 노동시장 기능을 향상시키는 것을 주목적으로 한다. 또한 UI의 도덕적 해이 문제를 완화시켜서 관대한 UB 및 복지혜택에서 기인하는 시장실패를 극복하는 것도 정책이 의도하는 바이다. 이 모든 것이 유효 노동력의 규모를 유지하고 일자리에 대한 경쟁을 유지하는 데 기여한다(Calmfors 1995).

ALMPs에는 4가지 주요 유형이 있는데, (1) 훈련, (2) 고용 보조, (3) 공공고용서비스, (4) 활성화이다. 노동시장 훈련(training)은 실업 상태의 성인, 실업 위험에 처한 성인, 고용 상태의 성인에 대한 훈련에 관한 것이다. 고용 보조(subsidized employment)는 실업자 또는 여타 우선순위 집단에 대해 고용을 촉진하거나 제공하는 표적형(targeted) 조치로 이루어진다. 여기에는 표적집단 노동자의 충원, 실업 위기에 처한 사람의 지속적 고용, 실업자의 창업 지원 등을 장려하는 목적으로 민간 기업에게 지불되는 임금 보조(wage subsidies)와 공공기관 또는 비영리조직에서의 직접적 일자리 창출도 포함된다. 공공고용서비스(public employment services)에는 일자리 알선(placement), 상담(counseling), 직업 지도(vocational guidance), 일자리 탐색 교육과정, UBs의 관리 등이 포함된다. 활성화(activation) 조치는 직접적인 급여 제재(benefits sanctions), 의무적 훈련 참여, 또는 고용 보조 등을 통해서, 실업자가 구직활동을 강화하도록 유인을 제공하는 것이다. 활성화 프로그램의 주요 예를 들자면, 고용상담사와의 집중적 면담에 참여하고, 고용상담사의 지도에 따라 채용에 지원하며, 스스로 채용 기회를 찾아서 지원하고, 적당한 일자리 제의에 응하며, 개인 활동계획 작성에 임하고, 훈련 또는 일자리 창출 프로그램에 참여하는 것 등이 있다. 실업상태의 노동자가 활성화 프로그램에 참여하지 않는다면(급여 제재의 경우) 영구적 또는 일시적으로 급여를 잃게 될 수 있다. 실업자를 바쁜 상태로 유지하는 것 외에 다른 서비스는 제공하지 않는다는 의미에서 '근로복지'(workfare)인 활성화 프로그램도 있다. 이 방식의 주된 관심은 비자발적 실업자와 자발적 실업자의 구분이 가능해진다는 데 있다. 달리 말해서, 당국은 개인의 실제 일하려는 의사를 평가하는 '경제활동(경활) 검증'(work test)을 수행할 수 있다.

다수 OECD 국가에서 활성화 전략의 원칙은 근로복지는 사용하지 않는다는 것이며, 모든 프로그램은 고용서비스 기능을 목적으로 하고 있다(OECD 2005b).

ALMPs는 노동시장에서의 미스매치 상황을 줄이고, 구직자에게는 보다 적극적인 탐색행위를 장려하며, 정식 근로경험을 대신해서 고용 적합성에 대한 고용주의 불확실성을 줄이는데 도움이 되는 만큼 선별의 기능도 한다. 노동시장 프로그램에서의 일자리 알선은 UBs 자격에 대한 대안으로서 '경활 검증'를 제공할 수 있는데, 진정한 근로 의사가 없는 사람은 프로그램에 참여하는 대신 포기하는 쪽을 선택할 수 있기 때문이다. ALMPs의 부작용은 근로자가 훈련 및 일자리 창출 프로그램에 고착된다는 점인데, 참여로 인해서 탐색 강도를 줄이게 될 수 있다.

12.1 국제 비교

ALMPs는 비용이 커질 가능성이 적지 않다. 금액 규모에 따라서, 고비용 프로그램에 소수 노동자가, 또는 저비용 프로그램에 다수 노동자가 참여할 수 있다. 따라서 국가 수준에서 ALMPs의 중요성을 나타내는 데에는 두 가지 척도가 사용된다. 첫째는 노동력 대비 ALMPs 참여 노동자 수이고, 둘째는 GDP 대비 ALMPs 지출액이다.

ALMPs 참여자의 노동력 비율은 나라마다 차이가 큰데, 2010년에 낮게는 영국의 0.2%에서 높게는 스페인의 12.8%까지 나타난다. 〈표 12.1〉에서 보듯이 ALMPs 지출의 GDP 비율도 나라마다 크게 다르다. 노동시장 훈련에 대해서 멕시코는 0.01%밖에 지출하지 않지만 핀란드는 0.53%를 지출한다. 공공고용서비스에서는, 한국이 0.01% 지출하고 있고, 미국, 일본 및 룩셈부르크도 크게 다르지 않지만, 덴마크와 네덜란드는 0.40% 이상을 지출한다. 고용보조에 대한 지출에서도 국가간 차이가 꽤 큰 편인데, 이탈리아, 멕시코, 뉴질랜드, 미국 및 영국은 GDP의 0.01%를 지출하는 반면, 벨기에와 헝가리는 0.30% 이상을 지출한다.

〈표 12.1〉에서는 일부 OECD 국가의 경우에 제재율(UB 신청자 수 대비 비율)도 개관하고 있다.[1)] 제재는 수급기간 중 행동에 대한 것이다. 제재율은 벨기에, 일본, 스웨

1) 일자리 상실을 피하려는 노력의 부재(자발적 실업)에 대한 다른 제재도 있을 수 있다. 급여 신청자 규모를 기준으로 할 때, 이 제재율은 핀란드 3.4%에서 미국 13.5%까지에 걸쳐 있다. Grubb(2000) 참조.

표 12.1 ALMPs: 참여, 공적 지출, 제재율

국가	ALMP						제재율 (%)
	참여 노동력 (%)	공적 지출(GDP 대비 %)					
		합	훈련	PES	일자리 창출	기타	
Australia	1.7	0.32	0.03	0.17	0.03	0.09	3.30
Austria	3.9	0.84	0.52	0.18	0.04	0.10	—
Belgium	11.9	1.47	0.16	0.22	0.36	0.73	0.80
Canada	1.3	0.31	0.13	0.14	0.02	0.02	6.10
Czech Republic	1.1	0.32	0.04	0.11	0.04	0.13	—
Denmark	6.5	1.91	0.42	0.51	0.00	0.98	2.10
Finland	4.0	1.05	0.53	0.18	0.09	0.25	10.20
France	5.8	1.13	0.38	0.30	0.22	0.23	—
Germany	3.6	0.95	0.31	0.38	0.05	0.21	1.10
Greece	1.8	0.23	0.02	—	0.00	0.21	—
Hungary	4.0	0.62	0.05	0.09	0.39	0.09	—
Ireland	4.9	0.97	0.46	0.18	0.26	0.07	—
Italy	5.1	0.46	0.18	0.11	0.01	0.16	—
Japan	—	0.27	0.07	0.05	0.05	0.10	0.02
Korea	—	0.41	0.07	0.01	0.28	0.05	—
Luxembourg	8.0	0.55	0.04	0.05	0.13	0.33	—
Mexico	—	0.02	0.01	0.00	0.00	0.01	—
Netherlands	4.5	1.22	0.13	0.43	0.17	0.49	36.00
New Zealand	2.1	0.34	0.14	0.12	0.01	0.07	0.40
Norway	2.4	0.50	0.22	—	0.04	0.24	7.30
Poland	4.0	0.69	0.04	0.09	0.04	0.52	—
Portugal	3.6	0.72	0.40	0.14	0.05	0.13	—
Slovak Republic	3.8	0.33	0.01	0.10	0.01	0.21	—
Spain	12.8	0.90	0.20	0.17	0.10	0.43	—
Sweden	3.1	1.14	0.09	0.34	0.00	0.71	0.60
Switzerland	1.5	0.44	0.22	0.13	0.00	0.09	38.50
United Kingdom	0.2	—	—	—	—	0.00	5.50
United States	—	0.13	0.04	0.04	0.01	0.04	35.40

출처: OECD Online Statistics 2012; 제재율 자료는 Boone and van Ours(2009), Grubb(2000).

주: 2010년(영국 2009년) 적극적 노동시장 지출; PES=공공고용서비스. 급여기간 중 행동에 대한 제재와 급여 거부는 1997~1998년 급여 신청자 수 평균에 대한 비율. 제재는 (행정적 위반이 아닌) 노동시장 행동 조건에 관한 것임.

덴 및 뉴질랜드의 매우 낮은 수준에서 네덜란드와 스위스의 꽤 높은 수준까지 널리 퍼져있다. 스웨덴의 경우, 실업자에게 일자리를 찾고 적당한 일자리 제의를 수용하도록 압력을 (급여 거부를 포함해서) 가하는 것으로 알려지기도 한다. 하지만 Bjorklund and Holmlund(1991)에 따르면, 매년 급여 거부 건은 실업급여 수급자 전체의 약 1~2% 수준에 그치고 있으며, 그 비율도 하락 추세에 있다고 한다. 따라서 스웨덴 방식은 급여 제재의 관점에서 보면 〈표 12.1〉에 나타난 OECD 국가 중 엄격성이 가장 약한 편이다. 원칙적으로 한 나라의 제재율이 낮게 나타나는 데는 2가지 이유가 있다. 첫째, 제도가 느슨하고 신뢰성이 약해서 제재가 부과되는 경우가 드물 수 있다. 둘째, 낮은 제재율은 탐색 지침을 준수하려는 노동자의 (균형적) 대응에 따른 것일 수 있는데, 제재는 기회주의적 행동에 대한 억지수단이라는 점에서 최적의 제재란 결코 실시되지 않는 (잠재적인) 것이어야 한다는 Becker식의 최적 억지(optimal deterrence) 이론과 같은 맥락이다. 스웨덴의 경우는 첫째 이유에 해당한다는 기미가 보인다. 제재가 UB의 100% 감축을 의미하기 때문에 관리 당국으로서는 이런 제재의 부과를 매우 꺼리게 될 것이다(Bjorklund and Holmlund 1991 참조).

12.2 이론

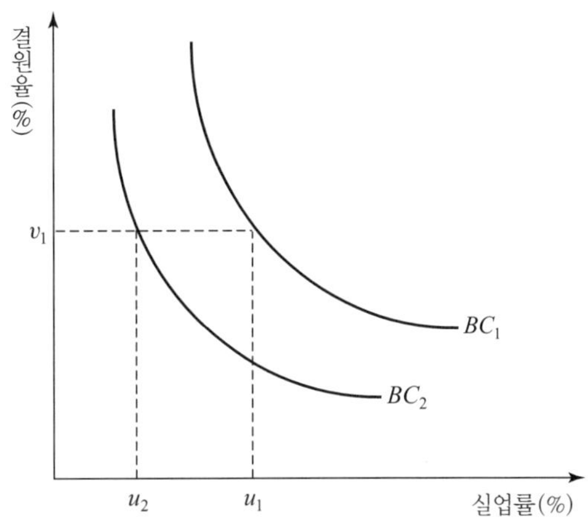

그림 12.1 베버리지 곡선

[그림 12.1]은 잘 알려진 베버리지 곡선(Box 12.1 참조)을 사용해서 ALMPs가 노동시장의 기능에 미치는 효과를 예시하고 있는데, 곡선은 실업률과 공석률 또는 결원율(vacancy rates, 노동력 대비 빈 일자리 비율) 간의 경험적 관계를 나타낸다. 그림의 곡선 BC_1은 우하향하는데, 호황기에는 빈 일자리가 많고 실업자는 적으며, 불황기에는 실업자가 많고 빈 일자리는 적기 때문이다. 경제가 순환적 변동을 겪어감에 따라 실업–결원 조합은 곡선 BC_1 상에서 오르내리게 된다. 한 시점에서 노동시장이 u_1의 실업률과 v_1의 결원율

을 보일 수 있다. 베버리지 곡선의 정확한 위치는 노동시장의 효율성에 따라 달라진다. ALMPs가 노동시장 효율성을 개선시킬 수 있는데, 그러면 베버리지 곡선이 안쪽으로(예를 들어 BC_1에서 BC_2로) 이동하게 된다. 그런 상황이라면, 결원율이 v_1이라고 할 때 실업률은 u_1에서 u_2로 낮아지게 될 것이다.

Box 12.1

베버리지 곡선과 매칭 함수

다수의 노동시장에서 실업률과 공석률 간에는 역의 관계가 나타난다. 이 관계의 그래프는 이들 변수 간의 규칙적 패턴을 (1944년에) 처음으로 찾은 영국의 경제학자 William Beveridge(1879~1963)의 이름을 따서 베버리지 곡선이라 부른다. 그는 이러한 관계가 산업간 노동자의 재배치, 경기적 효과, 그리고 측정상의 문제 때문에 나타난다고 설명하였다. 나중에 베버리지 곡선의 이론적 근거로 제시된 것은, 노동시장에는 구직자와 공석(빈 일자리) 간의 매칭을 지연시키고 어렵게 만드는 마찰이라는 특징이 있다는 것이다. 이러한 매칭과정을 통해서 빈 일자리는 채워지고 실업자는 일자리를 잡게 된다. 이 과정은 '총매칭함수'(aggregate matching function)라고 표현된다(Pissarides 1979; Blanchard and Diamond 1994).

$$m = A(U)^{1-\alpha}V^{\alpha} \tag{12.1}$$

여기서 m은 단위기간 당 매칭의 수, U와 V는 단위기간 초기의 실업자 및 공석의 수, A는 매칭과정의 효율성, 그리고 α는 통상 0.5와 같다고 가정한다. 만약 실업자가 없거나 공석이 없다면, $m=0$이 됨은 자명하다. 또 실업의 유출(탈출)은 U 및 V에 따라 증가하는데 증가율은 체감한다. 동태적 노동시장에서 개인의 지위는 자주 바뀐다. 실업자가 취업하기도 하지만, 많은 취업자가 실직하기도 하는데, 기업이 단기적으로 혹은 장기적으로 노동력을 줄이기 때문이다. 기업들 간 노동력의 재배치를 통해서 실업에(서)의 규칙적인 유출입이 나타난다. 대개 고용에서 실업으로의 유입은 총고용의 일정 비율로 주어진다고 가정한다.

$$F_{in}^{u} = \delta L \tag{12.2}$$

여기서 F_{in}^{u}은 실업으로의 유입, δ는 실직률(job separation rate), L은 취업된 노동자의 수이다. 정상 상태의 노동시장에서는 실업자와 공석의 수준(저량)이 일정하다. 즉 실업으로의 유입 F_{in}^{u}은 실업으로부터의 유출 m과 동일하게 된다.

$$\delta L = AU^{1-\alpha}V^{\alpha} \tag{12.3}$$

$$\frac{\delta}{A} = \left(\frac{U}{L}\right)^{1-\alpha}\left(\frac{V}{L}\right)^{\alpha} \approx u^{1-\alpha}v^{\alpha} \tag{12.4}$$

여기서 u는 실업률, v는 공석률이다. δ와 A가 일정하다면, 실업률과 공석률 간에는 안정적인 쌍곡선 관계 즉, [그림 12.1]에서 묘사된 베버리지 곡선이 된다. 매칭과정이 가령 ALMPs에 의해 더 효율적으로 된다면, 매개변수 A가 커져서 베버리지 곡선은 원점 방향으로 이동하게 된다.

Boone and van Ours(2009)은 이론적 탐색-매칭 모형을 설정하면서, ALMPs를 실업자 훈련, 고용 보조, 공적 고용서비스 등 3가지 유형으로 구분했다. 먼저 훈련은 실업자 훈련비용에 대한 보조금으로 파악한다. 여기서 일자리 알선 담당자(placement worker)는 실업 노동자가 가장 적합한 훈련을 선택함으로써 효과 적은 교육과정에 시간과 노력을 낭비하지 않도록 도와준다고 본다. 나아가서 정부가 특정 집단의 실업자에게 직접적 관련성이 높은 교육과정을 개설하기도 한다. 이것은 실업자가 약간씩 관련되는 여러 과정들에 조금씩 참여하는 경우에 비해서 비용이 적게 든다. 고용서비스의 효과는 노동자의 탐색비용에 대한 보조금으로 파악한다. 여기서 알선 담당자는 모든 일자리 정보를 여과해서 실업 노동자에게 가장 적합한 일자리만 검토하도록 도와주기 때문에 실업자의 탐색비용을 줄일 수 있다. 끝으로 고용보조는 저생산성 일자리에서의 매칭가치에 대한 보조금으로 파악한다.

이 모형에서 ALMPs가 잠재적으로 실업을 줄일 수 있는 경로는 2가지이다. 첫째로 취업률이 증가될 수 있고, 둘째로 실업자 훈련으로 더 좋은(임금이 높고 지속적인) 일자리를 얻게 될 수 있다. ALMPs가 고숙련 일자리를 얻게 되는 실업 노동자의 수를 늘릴 수 있다면, 고용에서 실업으로의 유입을 줄임으로써 실업률을 낮추게 된다. ALMPs가 취업률에 미치는 효과는 이론적으로 명확하지는 않다. 하지만 일자리의 질과 실업으로의 유입을 연관시키는 과정 차원에서 상이한 ALMPs가 구분될 수 있다. Boone and van Ours(2009)에 따르면, 실업을 줄이는 측면에서 훈련은 효과가 매우 큰 반면에 고용 보조와 공적 고용서비스는 효과가 작을 수 있다. 또한 UBs와 훈련 간에는 상호작용이 있을 수 있는데, UBs가 관대해지면 훈련의 효과가 커지며, 고품질 일자리의 채택을 도와준다는 점에서 두 정책은 상호보강적으로 작용하게 된다.[2)]

2) 유사한 결과로, Bassanini(2006) 참조.

Boone and van Ours(2006)는 급여 제재(benefit sanctions)의 효과를 분석하는 이론적 틀을 제시하는데, 급여제재는 UBs 수급자의 취업률을 증가시키기 위한 활성화(activation) 조치이다. 이들의 탐색-매칭 모형에서 급여제재가 실업자의 일자리탐색 정도에 영향을 주는 경로는 2가지인데, 첫째는 사후적으로, 둘째는 사전적으로 작용한다. 먼저 급여제재는 제재 받는 실업자의 탐색 강도를 증가시킬 것인데, 실업상태의 가치가 감소하기 때문이다. 이 경로는 사후적(ex post) 효과이며, 실제의 급여 감소가 노동자의 탐색 노력을 자극하는 것이다. 나아가서 제재 대상자가 아닌 노동자도 탐색 강도를 높이게 될 수 있는데, 탐색 요건의 집행이 강화되기 때문이다. 이것은 사후적(ex ante) 효과이며, 제재 받을 가능성이 제재 대상이 아닌 실업자의 탐색행동에도 영향을 주는 것이다.

12.3 경험적 증거

[그림 12.2]는 독일, 노르웨이, 스웨덴 및 영국의 경우에 베버리지 곡선의 경험적 사례를 제시하고 있다.[3] 이들 나라에서 실업자 수와 빈 일자리 수의 관계는 쌍곡선 형태를 보여준다. 곡선의 변동도 있는데 바깥쪽으로 이동하고 있다.

많은 경험적 문헌이 한편으로 실업 및 빈 일자리와 다른 한편으로 실업으로부터의 유출(탈출) 간의 관계를 추정하고 있다. 이 관계가 베버리지 곡선, 따라서 '총매칭함수'(aggregate matching function)의 토대가 된다(Petronglo and Pissarides 2001). 이 문헌에 따르면, 실업유출이 빈 일자리 수와 실업자 수에 따라 증가하는데, 증가율은 체감하는 것으로 나타난다. 하지만 이 관계는 장기적으로 불안정한 것으로 나타나는데, Box 12.1에 서술된 기술적 매개변수 A가 장기적으로 매칭함수(그리고 베버리지 곡선)를 안팎으로 이동시키는 것과 같은 맥락이다. Boeri and Burda(1996)는 이러한 매칭함수 이동요인의 결정변수를 찾아서 그것이 실제로 ALMPs 규모와 관련된다는 점을 확인했다.

그렇지만 베버리지 곡선의 이동을 근거로 해서 ALMPs의 유효성에 대한 결론을 도출하기는 어려운데, 베버리지 곡선은 결국 균형조건에 해당하며 따라서 일자리 형성과

3) 많은 OECD 국가에서 '결원에 대한 장기 시계열자료가 없기 때문에' 몇 나라 외에는 베버리지 곡선을 도출하기 어렵다.

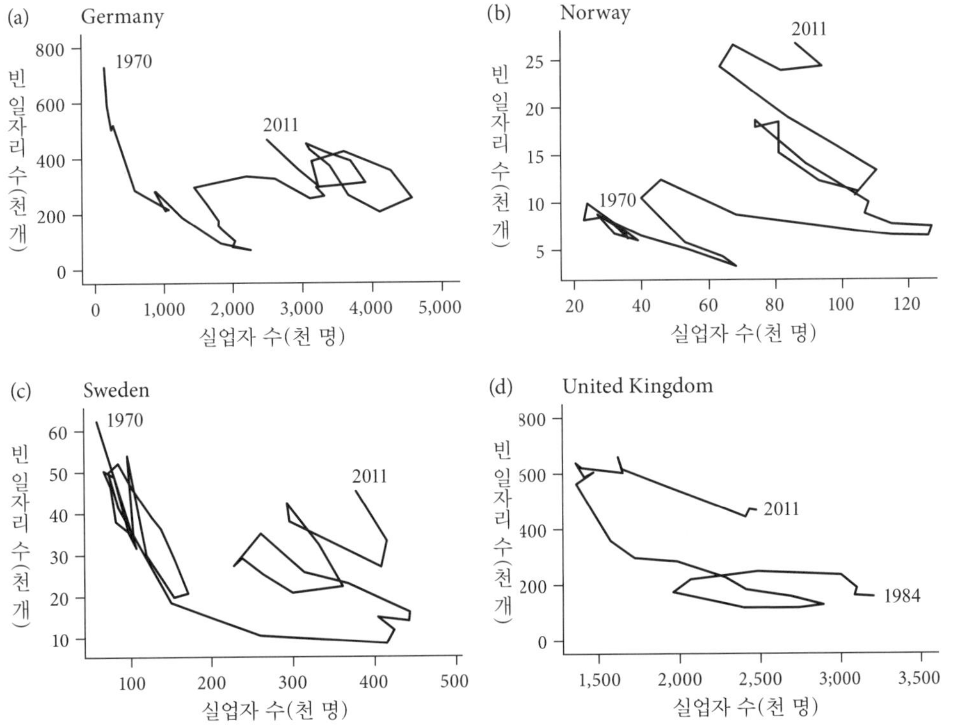

그림 12.2 베버리지 곡선: (a) 독일, (b) 노르웨이, (c) 스웨덴, (d) 영국

출처: OECD Labor Force Statistics.

탐색, 노동 수요와 공급 등의 변화가 반영될 수 있다. 더구나 ALMPs의 직접적 효과 외에도 상당히 중요한 간접적 효과가 있다(Calmfors 1994). 첫째가 전치(轉置)효과(displacement effect)인데, 어떤 프로그램으로 창출된 일자리는 다른 일자리를 대신한 것일 수 있다. 둘째로 순손실효과(deadweight effect)가 있는데, 노동시장 프로그램이 없었더라도 여하간에 발생하였을 채용을 (헛되이) 보조하는 경우이다. 셋째는 대체효과(substitution)로서, 특정 범주 노동자를 위해 창출된 일자리가 상대임금의 변동을 통해서 다른 범주의 일자리를 대신하게 되는 것이다. 끝으로 사회구성원 모두의 행동에 영향을 미치는 재정적 대체효과(fiscal substitution effect)가 있다(프로그램 재원 조달을 위한 과세). 따라서 ALMPs가 실업 유출을 증가시키는 것으로 나타난다고 하더라도 그것이 반드시 노동시장 조건의 개선을 의미하는 것은 아닐 것이다.

효과적인 공적 고용서비스는 취업률을 증가시킬 뿐 아니라 일자리 매치의 질도 높일 수 있다. 공적 고용서비스가 매치의 질을 개선시키는 역할은 사적인 접촉과 공식 경로를 통한 취업 간에 임금 차이를 비교함으로써 평가해 볼 수 있다. 이런 유형의 연구가 보여주는 결과는 크게 차이가 나는데, 어떤 나라에서는 공식 경로를 통한 일자리의 경우에 임금이 더 높게 나타나지만, 다른 나라에서는 더 낮은 것으로 나타난다. 공식적 일자리 중개의 유효성을 개선시키는 조치가 공식경로의 임금 할증을 증가시킨다는 조사 결과도 있다(Pellizzari 2010).

12.3.1 실험적 연구

ALMPs는 실험이 계속되고 있는 영역이다. 따라서 ALMPs의 유효성에 관한 실험적 상황을 활용하는 경험적 문헌이 많은 것은 자연스런 현상이다. 이런 실험적 연구에 따르는 문제는 그 결론이 충분히 일반적인 것인지 아니면 실험이 진행된 특정한 제도적 맥락에서만 성립하는 것인지 여부, 즉 외부적 타당성에 관한 것이다. 하지만 그런 연구의 결과도 ALMPs 실시에서 발생할 수 있는 몇 가지 문제점을 강조하고 있고 효과의 유무에 관한 이해를 돕는다는 점에서는 매우 흥미로운 것이다.

Gorter and Kalb(1996)은 집중적인 상담 및 관리(intensive counseling and monitoring)의 효과를 분석했다. 실험 차원에서, 네덜란드의 고용사업소 7곳에서 일부 실업자가 통상적인 경우보다 강화된 상담과 관리를 받게 되었다. 해당 실업자는 실험의 일부임을 모르는 상황이었다. 이런 처치는 실업기간의 초기에 무작위적으로 실시되었고, 취업이 되는 경우에만 실험이 끝나게 된다. 처치집단과 통제집단 모두 매달 고용사무소 직원과 접촉했다. 통제집단의 경우는 취업 진척상황을 상담하고 실업 노동자가 제시하는 정보를 확인하는 통상적인 면담이었다. 처치집단의 면담은 더 길었는데, 지원 내용에 관해서 더 철저한 의논이 이루어졌고 적합해 보이는 일자리와 탐색 방향에 관해서 더 많은 조언이 주어졌다. 또 고용사무소 직원은 실업자가 제시하는 정보를 점검하는 데 더 많은 시간을 썼다. 지원 노력이 불충분한 사람이나 탐색노력의 부족을 감추려고 가짜 지원서를 제출하는 사람은 적발되어 처벌받게 될 확률이 높아졌다. 연구 결과에 따르면, 처치집단 쪽이 지원율이 더 높았고 매칭 확률이 다소 낮기는 하지만 취업률도 더 높았는데, 이전 정규직을 가졌던 실업자의 경우에 지원율이 20% 증가했고 취업률은 15% 증가했다. 이처럼 강화된 상담 및 관리가 실업자의 지원활동을 자극한 것이다. 이에 따라 취업률이 증가했는데, 이것은 추가적인 지원이 가짜 지원은 아님을 보여준다.

Dolton and O'Neill(1996)은 영국의 'Restart program'을 분석했는데, 실업자가 실업 등록 후 6개월이 되면 시작해서 6개월마다 의무적으로 상담하는 내용이었다. 이런 의무적 면담에서 상담자는 노동자의 최근 실업상황을 평가하고 탐색활동 및 훈련과정에 대해 조언하며 경우에 따라 고용주와 직접 접촉하기도 한다. 실업자는 처치집단과 통제집단에 무작위적으로 배정되었는데, 통제집단은 수급 자격은 갖지만 면담 의무는 없었다. 처치집단은 면담에 불참하거나 취업노력이 부족하다고 간주되는 경우에 급여가 삭감될 수도 있는 상황이었다. 연구 결과에 따르면, Restart 면담은 실업기간을 현저히 줄인 것으로 나타났다. 어떤 사람은 취업하지도 않고 실업 등록에서 빠졌는데, 이런 경우는 여성 외에 진정한 근로의사가 없어 보이는("most likely not to be genuinely available for work") 기타 집단에서 흔히 나타났다. 이런 유형의 실업유출은 첫 면담 시점에서 특히 높았는데, 일종의 위협효과(threat effect)를 시사하는 것이다. 하지만 18개월에 걸친 측정에 따르면, 취업에 따른 유출에서도 처치집단과 통제집단 간에 유의한 차이가 있었다. 이 프로그램의 장기적 효과를 조사한 후속 연구인 Dolton and O'Neill(2002)에 따르면, Restart 면담은 5년 후 남자 실업률을 (첫 면담이 6개월 늦게 이루어진) 통제집단에 비해서 6%포인트 감소시켰다. Klepinger et al.(2002)은 미국 메릴랜드 주에서 대안적인 일자리탐색 요건의 효과를 조사했는데, 추가적인 탐색 요건을 부과한 경우에 취업과정의 속도가 빨라진 것으로 나타났다(Box 12.2 참조).

Box 12.2

미국의 ALMPs

Daniel Klepinger, Terry Johnson, and Jutta Joesch는 메릴랜드 주의 실업급여 수급자에 부과된 대안적인 일자리탐색 요건에 대해 실험적 평가 결과를 제시했다. 처치집단과 통제집단은 사회보장번호(Social Security Number)에 따라 무작위로 배정되었다. 통제집단은 실업급여 자격을 유지하기 위해 매주 2명의 고용주(구인자)에게 연락해야 하고 이를 보고해야 할 기본 의무가 부여되었다. 메릴랜드 주 실험에서는 처치집단이 4개 그룹으로 구분되었으며, 이들 집단은 급여신청 후 1주일 내에 그들의 의무가 주어졌다. 첫째 그룹은 매주 4명의 고용주에게 연락해야 했으며, 둘째 그룹에게는 접촉해야 하는 횟수를 특정하지 않고 적극적으로 탐색활동을 해야 한다는 지시가 주어졌다. 셋째 그룹은 실업 초기에 16시간 진행되는 4일간의 일자리탐색 연수에 참석해야만 했다. 그리고 넷째 그룹은 그들이 보고한 고용주 접촉을 증명해야만 했다. 본문에서 논의되었듯이, 일자리탐색 요건의 강화는 2가지 효과를 가졌다. 첫째 처리효과인데, 실업자의 탐색이 증가할 수 있고 따라서 취업률이 증가한다. 둘째 위협효과로서, 추가된 요건이 실업상태에 대한 비금전적 비용을 증가시키고, 따라서 일자리탐색이 강화되거나 유보임금이 낮아진다. 4개 그룹을 비교해 보면 이 2가지 효과의 구분이 가능해진다. 실업상태가 된 이후 1년이 지난 시점에서 이들의 성과는 다음과 같다.

성과척도	통제집단	처치집단 효과			
		접촉 확대	접촉 보고 면제	연수 참여	접촉 입증
UI 급여 총액($)	2,085	−116*	34	−75*	−113*
수급 기간	11.9	−0.7*	0.4*	−0.6*	−0.9*
급여 소진(%)	28.3	−2.5*	1.5*	−1.1	−2.8*
취업률	80.0	1.1	0.8	−0.8	1.3
소득($)	8,407	54	347*	−163	124

주: *는 5%수준에서 통제집단과 통계적으로 유의하게 다르다는 것을 의미한다.

탐색요건의 강화에 따른 비금전적 비용은 급여신청기간에 중요한 효과를 미치는 것으로 나타났다. 고용주 접촉에 대한 요건이 주당 2회에서 4회로 늘어나고, 고용주 접촉을 증명해야 하는 경우에는 거의 1주까지(−0.9) 실업급여 수혜기간이 줄어들었는데, 평균 실업급여 기간이 약 12주라는 점을 감안하면 효과는 상당한 것이었다. 고용주 접촉 요건에서 횟수를 없앤 경우에는 수급기간이 늘어났다(0.4). 끝으로 일자리탐색 연수의 참석 요건 또한 수급기간을 단축시켰다(−0.6). 적어도 부분적으로는, 연수 계획이 정해지기 전에 실업상태를 벗어나는 실업자가 많았기 때문이다. 고용과 소득 면에서 실업 이후의 일자리 질에 대한 효과는 미미하거나 없었다.

출처: Klepinger et al. (2002).

최근에는 실업자 '특성 분석'(profiling)에 관한 문헌이 많아졌는데, 실업기간이 길어질 것으로 예상되거나 실업기간의 비교적 초기에 UB가 소진될 가능성이 높을 것으로 예상되는 신청자를 대상으로 고용 및 훈련 서비스 참여를 강화하는 것이다. 특성분석은 노동시장에 재진입하는 여성과 같이 특정 범주의 노동자들에게는 효과가 있고 다른 경우에는 효과가 약한 것으로 보인다. Box 12.3은 미국 켄터키 주에서 특성분석과 재고용 서비스에 관련하여 수행된 실험의 주요 결과를 요약하고 있다.

Box 12.3 미국의 특성분석과 재고용

Dan Black, Jeffrery Smith, Marsh Berger, and Brett Noel은 캔터키 주에서 의무적 재고용 서비스의 일환으로 제공되는 실업보험 신청자에 대한 특성분석과 관련하여 자연실험 분석 결과를 제시하였다. 실업자는 예상 실업기간에 기초한 특성분석 점수에 따라

20개 등급으로 구분되었다. 예상 실업기간은 개인 특성뿐 아니라 지역노동시장의 여건을 포착하는 변수들을 기초로 추정되었다. 지역의 재고용서비스 예산은 특성분석 점수가 높은(즉 예상 실업기간이 긴) 순서대로 배분되었다. 예산이 충분하지 않아서 한계집단이 완전히 적용되지 못하는 경우, 한계집단의 실업자에 대해서는 재고용서비스를 무작위로 배분하였다. 그림은 시간대별 처치 내용을 나타낸다.

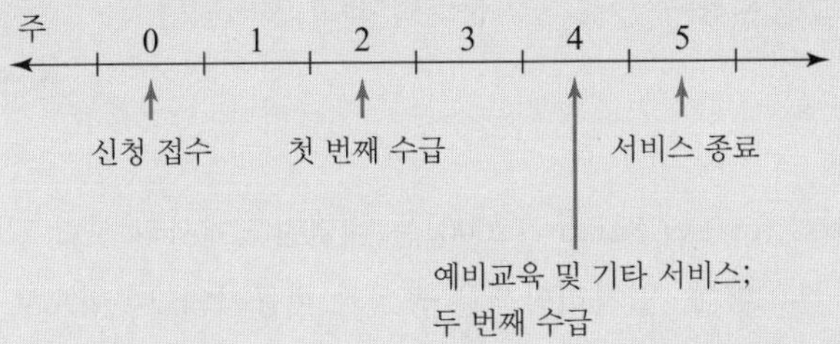

첫 실업급여는 실업기간 중 2주차에 지급된다. 이후 두 번째 급여를 받기 전에, 즉 3주 또는 4주차에 처치집단은 아래처럼 시작되는 편지를 받게 된다.

> 귀하는 실직 사실이 확인되었고, '실업보험 신청자 특성분석 프로그램'에 따라 일자리탐색 지원서비스의 참여자로 선택되었습니다. 관련법에 따라 귀하는 참여할 의무가 있습니다. 정당한 사유 없이 보고를 하지 않거나 재고용서비스에 참여하지 않을 경우, 귀하의 실업보험 급여는 지급되지 않을 수 있습니다.

해당되는 신청자는 프로그램에 대한 공지가 나간 후 10일(공휴일 제외) 내에 지역사무소에 예비교육을 위한 신고를 하게 되며, 여기서 프로그램에 대한 설명을 듣고 질문지를 작성한다. 고용서비스 상담원은 이 정보를 활용하여 신청자를 평가한 후, 일자리탐색 지원, 고용상담, 일자리탐색 연수 및 재훈련 프로그램과 같은 특정 서비스에 연계시킨다. 신청자는 3주 또는 4주차에 UI 사무소에 연락을 해서 자격이 유효한지를 확인해야 하며, 이후에 두 번째 급여를 받게 된다. 따라서 편지 및 그에 따른 의무 재고용서비스로 인한 억지효과(deterrence effect)는 2주에서 4주 사이에 나타나게 된다. 처치집단과 처치가 없었던 집단을 비교함으로써, 저자는 재고용서비스로 인해 노동자의 실업탈출이 앞당겨졌음을 확인하였다. 실업탈출이 빠르다고 임금이 낮은 것은 아니었으며, 이런 사실은 "프로그램이 제공하는 처치로부터 장기적인 해악은 없다"는 것을 의미한다. 의무 재고용서비스에 의해 발생한 주요 행태는 실업기간의 초기에 나타났다. 재고용서비스 프로그램 참석이 의무적임을 알게 된 실업자들은 프로그램 참여를 피하려고 더 빨리 실업상태를 벗어난 것이다. 달리 말해서 위협효과가 결과를 견인한 것이다. 많은 실업자가 재고용서비스 프로그램을 제재로 여기고 피하려고 한다는 것은 분명해 보인다. 또한 저자는 특성분석이 효과가 가장 큰 집단을 대상으로 한다는 점에서 성공적인지 여부를 검토하면서 배분방식으로서의 특성분석을 평가하였다. 저자의 결론은 이런 관점에서 그다지 고무적이지 않은데, "증거에 따르면, 예상되는 실업보험 기간을 지원 배분의 수단으로 활용하는 것은 의문스럽다"고 지적했다.

출처: Black et al. (2003).

Van den Berg and van der Klaauw(2006)는 네덜란드에서의 상담 및 관리에 관한 소규모 실험 결과를 분석했다. 일자리탐색은 공식과 비공식의 2유형으로 구분되었다. 공식적 탐색은 인력채용 광고와 공적 고용사무소를 통해서 수행되는 경우다. 비공식 탐색은 고용주와의 직접적 접촉이나 친지 또는 취업자를 통한 탐색을 가리킨다. 저자에 따르면, 상담 및 관리는 공식적 일자리 탐색에만 영향을 미친다는 것이다. 관리를 통해서 비공식 탐색으로부터 공식적 탐색으로 노력이 대체되면, 관리의 유효성이 줄어들게 된다. 네덜란드의 실험 당시에, 실업자는 객관적 특성과 주관적 평가에 기초한 4가지 유형 중에 하나로 분류되었다. 제2, 3, 4유형에 대해서는 취업 지원이 제공되는 반면, 제1유형의 개인은 지원 없이도 취업하기에 충분한 숙련을 갖춘 것으로 기대되었다. 실험은 1유형 실업자에 한정되었는데, 처치집단과 통제집단의 배정은 무작위로 이루어졌다. 통제집단은 매주 탐색활동을 보고해야 했다. 처치집단은 이에 더해서 상담자와 규칙적으로 면담해야 하는데, 이 과정에서 지원서와 이력서를 검토하고 계획을 수립하며, 이후에는 계획의 검토와 수정이 반복되었다. 요건을 준수하지 않는 실업자는 급여 제재(2개월 간 UBs의 10% 삭감)로 처벌받을 수 있었다. 기본적 추정 결과에서는, 유의한 처치 효과가 나타나지 않았는데, 즉 상담 및 관리가 실업자가 더 빨리 취업하는 데 도움이 되지 않았다. 하지만 상담 및 관리가 탐색의 유형에는 영향을 미친다는 점도 확인되었는데, 관리 대상이 된 실업자는 비공식 경로에서 공식적 경로로 탐색을 이동한 것이다. 연구자의 결론은, 관리의 초점을 보다 불리한 특성을 가진 실업자에 맞추는 것이 합리적일 수 있다는 것인데, 이런 실업자일수록 탐색 경로를 대체할 수 있는 여지가 적을 것이기 때문이다. 끝으로 Graversen and van Ours(2008)는 덴마크의 의무적 프로그램이 실업 노동자의 취업을 가속화했다는 점을 발견했다(Box 12.4 참조).

Box 12.4

덴마크의 ALMPs

Brian Graversen and Jan van Ours는 실업자를 생일에 따라 통제집단과 처치집단으로 무작위 할당한 덴마크 사례를 분석하였다. 처치집단은 의무적 활동이 주어졌지만, 통제집단은 그렇지 않았다. 처치집단의 실업자는 실업 후 첫 1~2주 내에 의무사항이 기재된 편지를 받게 되는데, 편지에는 프로그램에 포함된 다양한 활동들에 대한 짧은 안내가 수록되었다. 실업기간 5~6주 이후 참여자는 2주간의 일자리탐색 프로그램에 참여해야 한다. 그 후 참여자들은 매주 또는 격주마다 실시하는 모임에 참석해야 한다. 그 목적은 참여자의 일자리탐색을 돕고 또한 본인의 노력을 점검하는 데 있다. 참여자는 또한 공적 고용서비스가 중재한 일자리 제안도 받을 수 있다. 이들은 실업기간이 4개월이 되기 전에 적어도 3개월이 소요되는 활성화 프로그램(activation program)에 참여해야 한다. 이 단계에서는 더 긴 훈련과정은 제공되지 않는다. 6~7개월이 경과한 후에도 취업을 못한 이들은 사회복지사(case-worker)와의 장시간 심층 면담에 참여해야 하며, 새로운 구직계획도 수립해야 한다. 이 계획에는 취업 가능성을 개선시킬 수 있는 활동에 대한 설명도 포함된다. 한편 통제집단에 대해 실업 초기에 제공되는 서비스는 처치집단에 비해 한결 느슨한 것이었다. 통제집단의 실업자는 이상의 활동 중 일부에 자발적으로 참여할 수 있지만, 실제 참여도가 높지는 않았다. 통제집단의 참여자들도 대개 실업기간 1년 후에는 활성화 프로그램에 참여해야 한다. Graversen and van Ours는 일자리탐색 프로그램이 시작하기도 전에 처치집단의 취업률이 통제집단에 비해 높다는 것을 발견했다. 아래 그림은 두 집단의 잔존함수(survival function)를 구분해서 보여준다.

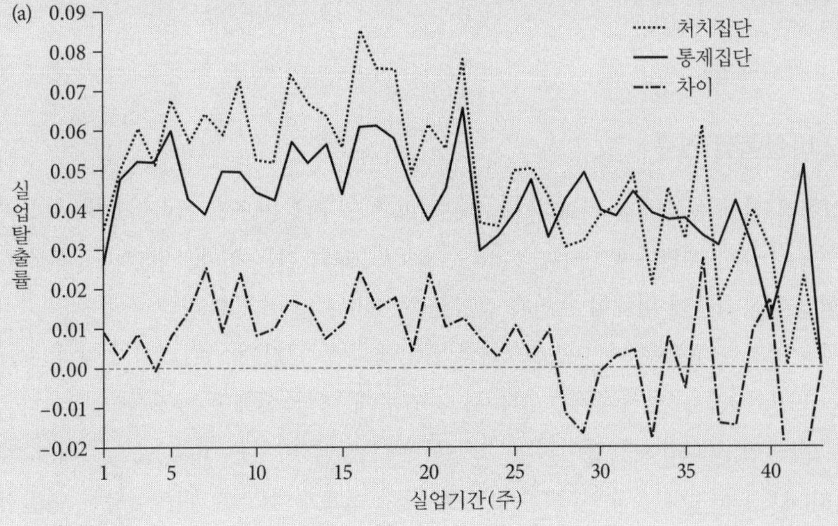

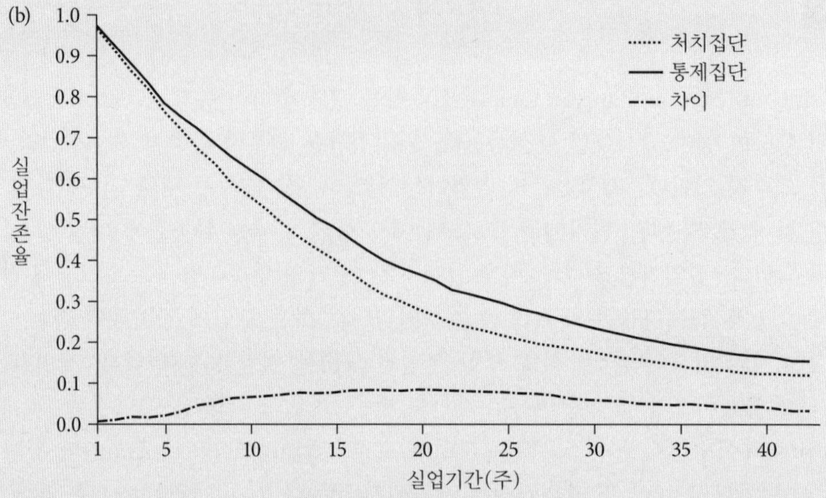

그림에서처럼 처치집단은 통제집단에 비해 좀 더 빨리 실업상태에서 이탈하는 것으로 나타났다. 3개월 후 통제집단의 47%와 처치집단의 54%가 실업을 탈출했다. 6개월 후 통제집단에서는 28%가 여전히 실업상태였는 데 반해 처치집단은 21%만이 실업상태였다. 잔존함수의 집단간 차이는 실업기간이 13주가 될 때까지 증가하다가 이후 26주까지는 일정하게 유지되었으며, 그 후에는 다시 하락하는 것으로 나타났다. 그림은 통제집단의 실업기간 중위값이 약 14주인 데 반해 처치집단은 11.5주이라는 것도 보여준다. 상당한 처치효과가 있음은 분명하다.

출처: Graversen and van Ours(2008).

12.3.2 비실험적 연구

비실험적 연구는 국가간 비교나 미시적인 평가 연구에 기초한 것다. 실험적 및 비실험적 연구에 대한 개관에서 내려진 Card et al.(2010)의 결론에 따르면, "비실험적 평가가 실험설계의 기준에 비해서 유의한 편의를 보이지는 않는다"고 한다.

최근의 평가 연구들은 이런 프로그램의 편익에 대해 그다지 낙관적이지 않다. Heckman et al.(1999)은 미시계량경제적 평가 연구에 대한 상세한 개관을 제공한다. 그 결론에 따르면, ALMPs가 참여자의 노동시장 전망에 미치는 효과는 기껏해야 약소한(modest) 수준이라는 것이다. 나아가서 이런 프로그램의 효과는 상당히 이질적이

표 12.2 ALMPs의 추정 효과의 요약

효과 추정	표본 크기	추정치의 비율		
		유의하게 긍정적	유의성 없음	유의하게 부정적
단기	183	39.3	32.8	27.9
중기	108	50.0	39.8	10.2
장기	50	54.0	40.0	6.0

출처: Card et al.(2010).
주: 단기=12개월; 중기=24개월; 장기=36 개월 이상.

어서, 어떤 집단에는 효과적이지만 다른 집단에는 그렇지 않은 경우가 많다. Card et al.(2010)은 1995~2007년 기간에 수행된 97개 연구로부터 인용한 199개 프로그램의 추정치를 분석한 결과, 단기적 평가에 비해 장기적 평가가 보다 우호적임을 확인했다. 〈표 12.2〉가 보여주듯이, 많은 프로그램의 경우에 1년 기간에는 유의하지 않거나 심지어 부정적인 효과가 나타나지만 2~3년 기간에는 긍정적 효과가 나타난다. 끝으로 프로그램이 대규모로 실시되는 경우에는 전치효과 및 일반균형효과가 상당한 수준이 될 수 있다. 따라서 거시적 차원의 고려 없이 미시적 처치효과를 평가하는 것은 공공정책에 대한 지침으로는 부적합할 것이다. Calmfors et al.(2001)은 스웨덴의 ALMPs 유효성에 대한 증거는 비교적 실망스럽다는 결론을 내렸다. 예를 들어 노동시장 재훈련은 고용효과가 없거나 부정적이다. Martin and Grubb(2001)도 OECD 국가의 ALMPs의 효과에 대한 개관에서 유사한 결론을 내리고 있다. 고용 보조와 직접적 일자리 창출은 실업자가 정규 일자리를 갖도록 지원하는 데 효과가 없었다는 것이다.

미시적 자료를 이용한 경험적 연구로부터 일반적 결론을 도출할 수 있다면 그것은 ALMPs의 취업률 효과는 비교적 작은 편이라는 것이다.[4] 많은 ALMPs에서 공통적인 중요한 약점은 그것이 노동자로 하여금 탐색노력을 늘리기보다는 줄이게 만들어서 이른바 고착효과(locking-in effect)를 유발한다는 것이다(van Ours 2004). 다른 효과도 중요하다. 실업자 개인 차원에서 효과적인 것이 전체 실업 수준에는 효과가 없을 수 있다. 한가지 이유는 구축효과일 것이다. 어떤 훈련 프로그램으로 인해 한 사람의 재취업이 빨라졌더라도 그것이 다른 이의 취업을 늦춤으로써 빨라진 것이라면, 그 프로그램은

4) Kluve and Schmidt(2002)와 Kluve(2010)는 유럽의 ALMPs에 관한 평가 연구들에 대한 개관을 제시한다. 그에 따르면, 일자리탐색 지원의 제공과 상담 및 관리는 적절한 제재조치가 뒷받침될 때 특히 효과적이며, 이런 방법들은 비용이 크게 들지 않는다는 점에서 비용-효과적일 수 있다는 것이 결론이다.

별로 효율적이지 않다. 개인과 전체 간에 효과의 차이가 생기는 다른 이유는 훈련 프로그램이 노동자를 기업이 보기에 매력적으로 만들어서 일자리 창출을 조장하는 경우이다. 훈련 프로그램이 노동자와 일자리 간에 매칭을 개선시킬 수도 있는데, 이 경우에는 근속기간이 길어질 것이며 실업으로의 유입이 줄어들어서 실업이 감소하는 것이다.

활성화 조치는 훈련프로그램이나 고용보조보다 더 효과적인 것으로 보인다. 네덜란드 노동시장에서의 급여제재의 효과에 관한 미시적 연구에 따르면, UBs의 삭감이 실업탈출에 대해 상당한 효과를 가질 수 있는 것으로 보인다. Abbring et al.(2005)은 급여삭감에 직면한 개인의 실업기간을 그렇지 않은 유사한 경우와 비교함으로써 금전적 유인의 효과를 조사했다. 네덜란드에서는 UBs 수급자가 급여에 관련된 규칙을 지키지 않는 경우 급여가 삭감된다. UBs 관련법에 따르면, 수급권을 얻기 위해서는 3가지 의무를 준수해야 한다. 첫째, 근로자는 불필요한 일자리 상실을 피해야 한다. 둘째, 근로자는 실업상태 지속을 피하기 위한 행동을 취해야 한다(일자리를 탐색하고, 적절한 제안은 수용하며, 공적 고용사무소에 탐색자로 등록하고, 교육과 훈련에 참여하는 등). 셋째, 근로자는 UB 수급에 관련된 모든 정보를 행정기관에 보고해야 한다. 이런 의무와 연관해서, 급여제재가 부과될 수 있는 위반에는 4가지 범주가 있는데, (1) 해고 후의 유책성 실업, (2) 일자리탐색 노력의 부재(너무 적은 탐색활동, 일자리 거부 등), (3) 행정적 위반(보고 지연), (4) 기타 위반(사기, 부정확한 정보 등). 제재는 일시적이거나 영구적인 급여수준의(전부 또는 일부) 삭감. 실제로 일시적 부분적 삭감은 4주간 5%에서 13주간 25~30%까지 실시된다. Abbring et al.(2005)은 급여제재가 실업 탈출에 미치는 영향을 분석한 결과, 58~67%의 제재 부과를 통해서 재고용률이 상당한 수준으로 증가했음을 확인했다.

Van den Berg et al.(2004)은 네덜란드 로테르담에서 제재가 실업부조 수혜자의 행태에 미치는 효과에 대해 유사한 분석을 수행했다. 급여제재는 복지수혜에서 취업으로의 이행률을 현저히 상승시켰는데, 취업률은 2배 이상으로 높아졌다. 급여제재를 받은 사람과 아닌 사람을 직접 비교하는 것은 옳지 않다. 그럴 경우, 제재 부과의 선택효과가 고려되지 않게 되는데, 가령 의욕이 약해서 취업률이 잠재적으로 낮은 노동자는 제재 받을 확률이 높을 것이다. 그러면 추정된 제재효과는 심각하게 과소평가된다. 급여제재 자체는 일시적인 것이지만 효과는 장기 지속적인 것으로 나타난다. 제재 기간이 만료된 이후에도 복지에서 근로로의 이행률은 제재 부과 이전보다 높다.

급여제재의 유사한 효과는 스위스 노동시장에서도 확인된다. Lalive et al.(2005)은 급여제재 부과가 실업기간을 약 3주 정도 단축시킴을 확인했는데, 사전적 효과가 존재한다는 증거도 발견되었다. Arni et al.(2013)은 제재가 실업 이후 결과에 미치는 효과를 평가했다. 이에 따르면 PBD에 관한 경고가 이후 일자리 안정성에는 영향이 없지만 실업 이후 소득은 줄이는 것으로 나타났다.

12.4 정책 이슈

1994년 OECD *Jobs Study*에서는 정부가 ALMPs에 무게를 두고 유효성을 강화할 것을 권고했다. OECD(2006)는 일자리 전략을 재평가하면서 "잘 설계된 프로그램은 긍정적 효과를 거둘 수 있는데 … 기존의 많은 프로그램이 그렇지를 못했다"라고 요약했다(OECD 2006b, p.72). 하지만 같은 OECD 보고서는 "잘 설계된 ALMPs의 적절한 조합은 일자리 매칭 과정의 효율성을 개선시키고 참여자의 경험과 숙련을 제고함으로써 실업을 줄일 수 있음을 확인한 것으로 알려진 성공적인 프로그램도 충분히 많다"는 결론도 제시했다(OECD 2006b, p.74). 이 절에서는 고용 서비스와 활성화 정책에 관한 주요 쟁점을 살펴본다.

12.4.1 공적 고용서비스는 필요한가?

고용서비스는 민간의 고용서비스도 있지만, 보통 정부기관이 제공한다. 공적 서비스는 실업자의 취업을 돕기 위해 제공된다. 적절한 일자리 찾기를 돕는 것부터 실업자의 기술 갱신을 위한 훈련 프로그램으로 취업을 돕는 것까지 다양하다. 일부 국가는 시장기구를 활용한다는 차원에서, 공적 고용서비스와 여타 ALMPs의 제공에서도 준시장적 장치를 마련하고 있다. OECD(2005b)는 준시장적 공적 고용서비스를 실시하는 경우, 공적 권한과 다수의 고용서비스 제공자를 분리해야 한다고 지적한다. 공적 당국은 급여 및 서비스의 수혜자격 결정, 특정 서비스제공자에로의 실업자 배정, 서비스 제공의 성과 측정을 책임지게 된다. 지역의 고용서비스 제공자는 고객인 실업자를 일자리로 복귀시키기 위해 자체적인 전략을 선택할 수 있다. 기본 착상은, 비록 그것이 왜 성공적인지를 확인하기는 어렵다고 하더라도 성공적인 전략은 적자생존을 통해서 지속될 것이라는 점이다. 공적 고용서비스에서는 실업자의 특성분석 문제가 중요하다. 자원의 최적배분을 위해, 급여 수혜기간이 길 것으로 예상되는 실업자는 더 많은 또는 뭔가 다른 고용서비스를 받을 필요가 있다. 실업자의 특성분석이라는 측면에서, 공적 고용서비스의 기능에는 개선의 여지가 있다. 결과는 담당 인력, 즉 사회복지사(caseworkers)의 질에 따라 민감하게 달라진다. 예를 들어 Lechner and Smith(2007)에 따르면, 스위스의 경우에 담당자의 특성분석이 무작위 배정보다 나을 게 없었던 반면, 스웨덴에서는 담당 인력이 ALMPs의 성공에 상당한 기여를 한 것으로 나타난다.

12.4.2 활성화 정책은 필요한가?

활성화 정책은 UB 수급자에게 요건과 의무를 부과하는데, 예를 들면 고용상담사와의 집중적 면담에 참여하고, 새 일자리를 적극적으로 탐색하고, 일자리가 나오면 수용할 의무 등이다. 활성화 프로그램은 UBs 수급의 지속을 원하는 실업자에게는 참여가 의무적이라는 점에서 공적 고용서비스와는 다르다. 따라서 활성화 정책은 실업자에게 급여 수혜의 매력을 줄이게 된다. 이것은 급여 수혜의 유입(실업자의 일부는 급여 신청을 안 할 것임)과 유출(실업자가 취업을 하거나 혹은 급여 신청을 철회하는 경우) 모두에 영향을 미칠 수 있다. 근로복지 프로그램의 경우는 실업자에게 UBs 지급의 대가로 임시 일자리를 제공하는데, 다른 추가 서비스는 없다. 이것은 선별장치의 역할을 할 수 있지만 실업자의 탐색활동을 장려하지는 않는다. 급여제재는 실업급여와 실업 이후 임금 간의 격차를 늘리기(그래서 후자의 매력을 높이기) 위해서 UBs를 일시적 또는 영구적으로 삭감하는 것인데, 이는 탐색활동을 자극하게 될 것이다. 일자리탐색의 매력을 높이기 위해서는 채찍(예컨대 급여제재) 대신에 당근(예컨대 비교적 저소득의 일자리를 수용하는 실업자에게 제공되는 임금 보조나 ECI(고용조건부 유인))이 사용될 수도 있다. 활성화와 ECI는 모두 임금과 유보임금 간의 격차를 확대하는 것이다. 전자는 순임금을 높이고 후자는 유보임금을 낮춘다.

전반적으로, 활성화 프로그램을 지지하는 증거는 꽤 많다. 불황기에는 이런 정책의 역할에 대해 의문이 제기될 수도 있는데, UBs 수급에 관련된 도덕적 해이 문제가 일자리가 부족한 상황에서는 약해질 것이기 때문이다.

12.5 다른 제도들과의 상호작용

지금까지의 논의는 ALMPs가 실업 또는 비경활에서 취업으로 이행하는 것을 돕고 직장 이동을 용이하게 하는 포괄적 전략의 일부라는 것을 시사한다. 이런 역할 때문에 ALMPs와 급여세 및 근로조건부 급여 간에는 강한 연관성이 생긴다(13장).

ALMPs는 실업자에 대한 "소극적인" 소득지원 정책에 대한 반론으로 정의되어 왔다.

하지만 앞에서 논의되었듯이, UBs 제공에 관련된 주된 문제는 UBs 수급자의 탐색노력에 대한 감시가 불완전하기 때문에 일자리탐색에 대한 부정적 유인이 존재한다는 것이다. ALMPs가 이러한 정보비대칭을 부분적으로 줄여준다. 구체적으로(고용보조, 훈련제도, 공공근로 등) ALMP에서 제시되는 조건은 '경활 검증'(work test)을 실시하는 장치로 사용될 수 있는데, UB 수급자가 실제로 일할 의사가 있으며 적극적으로 일자리를 찾고 있는지를 알아내는 것이다. 급여 제재는 UB 수급자의 기회주의적 행동을 억제하는 수단으로도 사용될 수 있다(Pavoni and Violante 2007).

ALMPs가 UBs 제공에 따르는 도덕적 해이를 감소시킨다면, UI의 효율성 비용을 줄이는데 도움이 되고, 11장에서 논의한 바와 같이, 보험과 실업기간 간의 상충관계를 개선시킬 수 있다. 따라서 다른 조건이 같다면, UBs의 관대성은 UB 수급자의 근로 복귀를 조장하는 정책 및 하부구조(가령 공적 고용서비스)에 대한 투자와 양의 상관관계를 보여줄 것으로 예상할 수 있다. [그림 12.3]은 ALMPs 지출의 상대적 규모(GDP 비율)와 UB 관대성의 요약 척도(급여를 받는 실업자의 비율로 조정한 지수)를 대비해서 보여준다. 두 제도는 국가간에 양의 상관관계에 있는 것으로 보이는데, 앞의 이론적 추론과 합치한다.

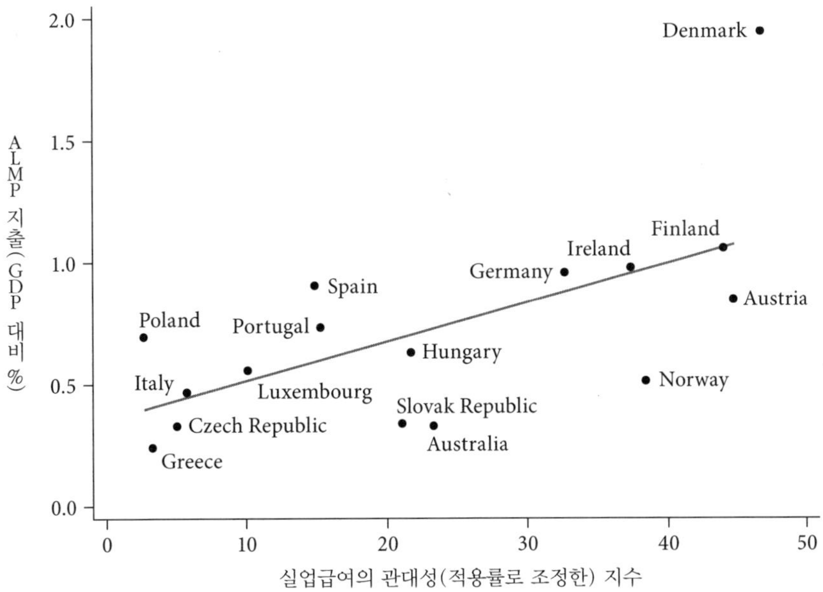

그림 12.3 ALMPs와 UBs

출처: 지수들은 OECD; 적용률은 ECHP.

주: 세로축은 GDP 대비 ALMPs 지출; 가로축은 OECD의 UB 관대성 요약 척도(수급자 비중을 곱해서 조정함). 〈표 12.1〉과 〈표 11.3〉 참조.

12.6 ALMP는 왜 존재하는가?

ALMPs는 UBs가 실업자의 취업에 부정적 유인을 주기 때문에 존재한다. 이런 부정적 유인이 몇 가지 함정을 초래한다(OECD 2005b). '실업의 함정'(unemployment trap)은 실업자 및 그 가족에 지급되는 편익이 근로에 의한 순소득에 비해서 높기 때문에 발생한다. 이것이 일자리탐색의 유인을 줄이고 임금에 상향 압력을 가한다. '비경활의 함정'(inactivity trap)은 실업의 함정과 유사하지만, UBs 수급자가 아닌 근로연령의 개인에 관한 것이다. 소득에 연관된 편익은 취업해서 소득이 생기면 사라지는 경우가 적지 않으며, 따라서 근로의 순이득이 줄어들게 된다. '빈곤의 함정'(poverty trap)은 '저임금의 함정'(low-wage trap)이라고도 하는데, 저임금 일자리의 근로자가 근로시간을 늘리거나 고임금 일자리로 이동하려는 유인이 줄어들기 때문이다. 총소득의 증가해도 그로 인해 소득기준 편익이 취소됨에 따라 순소득의 증가로 이어지지 못한다. 비교적 관대한 UBs 제도를 갖춘 나라가 ALMPs 지출도 큰 편이다. ALMPs는 자발적 실업자로 하여금 더 빨리 취업하게 유도한다.

하지만 UBs가 없다고 하더라도 ALMPs는 노동시장 효율성을 개선시킬 수 있다. 실업상태에 너무 오래 머물게 되면 가진 기술의 일부 또는 전부를 잃게 될 수도 있다. 비자발적 실업자가 취업에 필요한 기술의 습득에 투자하고 싶더라도 자금을 조달하기가 쉽지 않을 수 있다. 자본시장의 불완전성이 실업자에 대한 공적 훈련과 창업에 대한 신용 제공의 근거가 된다. 이런 모든 경우에 정부가 개입해서 재정적 지원을 제공할 수 있다.

12.7 심화학습 안내

Calmfors(1994)는 ALMPs가 어떻게 작동하는지 이해하는 데 도움이 될 이론적 근거를 제시하였다. Heckman et al.(1999)은 ALMPs의 효과성 측정에 대한 자세한 논의를 하였다. Kluve and Schmidt(2002)는 ALMPs의 효과성을 분석한 많은 연구들을 개관하였다. OECD의 Employment Outlook은 수년에 걸쳐 ALMP 주제에 대해 개관하고 논의하고 있다. 마지막으로 Card et al.(2010)은 ALMPs의(1995년부터 2007년까지 수행된 연구를 기초로 상반되거나 일치하는 결과에 대한) 메타분석을 실시하였다.

복습 질문 및 연습문제

1. 실업자를 취업하게 만드는 정책수단으로서 '보조된 일자리'(subsidized jobs)를 비판한다면 이유는 무엇인가?

2. 훈련이 보조된 일자리나 공적 고용서비스에 비해서 실업을 줄이는 데 더 효과적이라면 이유는 무엇인가?

3. 급여 제재는 어떤 과정을 통해서 실업에 영향을 미치는가?

4. ALMPs는 어떻게 베버리지 곡선에 영향을 미치는가?

5. 노동총량설은 ALMPs의 유효성에 관한 논의에 어떤 식으로 작용하는가?

6. 직업상담원과의 심층인터뷰는 실업자의 행동에 어떻게 영향을 미치는가?

7. 특성분석(profiling)이란 무엇이며, 실업기간 단축에 대한 유효성은 어떤 것으로 알려져 있는가?

8. '실업의 함정'과 임금수준의 상방압력 간 관계는 무엇인가?

9. UBs가 높은 나라에서 훈련이 더 효과적이 되는 이유는 무엇인가?

10. 급여 제재의 핵심요소는 감시(점검)의 강도(monitoring intensity)와 처벌의 크기이다. 두 요소가 실업자의 행태에 영향을 미치는 방식의 차이를 설명하시오. 사전 효과와 사후 효과의 개념을 사용해서 답하시오.

11. 다음과 같은 매칭함수를 가정해보자. $M=AU^{\alpha}V^{1-\alpha}$. 여기서 M은 단위기간당 매칭의 수, U는 실업자 수(저량), V는 공석 수(저량), A는 매칭 과정의 효율성을 의미한다. 실직률은 δ이고, 노동력은 일정하며 편의상 1로 정규화하자.

    (a) δ가 증가할 때, 베버리지 곡선이 바깥쪽으로 이동하는 것을 보여라.

    (b) 매칭 효율성을 증가시키기 위해 정부가 투자를 할 때, 베버리지 곡선이 안쪽으로 이동하는 것을 보여라.

12. (고급) 실업자가 급여제제에 직면한 상황에 대해 아래와 같은 연립방정식을 고려하자.

$$\rho V_u = \max_{0 \le s \le 1} \left[b - \gamma(s) + \mu s (V_e - V_u) + \phi(1-s)(V_s - V_u) \right] \qquad (12.5)$$

$$\rho V_s = \max_{0 \le s \le 1} \left[(1 - p_s)b - \gamma(s) + \mu s(V_e - V_s) \right] \tag{12.6}$$

여기서 ρ는 할인율, V_n은 실업의 가치, b는 급여 수준, s는 일자리 탐색 강도, $\gamma(s) = \frac{1}{2}s^2$는 탐색비용 함수, μs는 취업률, V_e는 취업의 가치, V_s는 급여제재 후 실업의 가치, $\phi(1-s)$는 감시의 강도, p_s는 처벌(급여삭감), s_u와 s_s는 각각 급여제재 전과 후의 탐색강도를 의미한다. 일자리는 영원히 지속된다고 가정하자.

(a) 두 방정식을 설명하시오.

(b) 급여제재의 사전적 효과는 얼마나 크나?

(c) 급여제재의 사후적 효과는 얼마나 크나?

(d) 어떤 조건에서 $s_u > s_s$가 되는가?

(e) 이 결과의 시사점을 무엇인가?

13. (고급) 12번 문제의 연립방정식을 사용하여 다음의 조건을 나타내시오.

(a) s_u는 p_s의 증가함수

(b) s_s는 p_s의 증가함수

(c) s_u는 ϕ의 증가함수

(d) s_s는 ϕ의 증가함수

제13장

급여세

역사적으로 볼 때, 조세는 전쟁과 같은 특별한 일시적 조건에 발생했을 때 왕이 그에 대처하기 위해 임시적 수입을 얻는 주권적 장치에서 출현했다. 이런 임시적 수입으로부터 시작된 중세의 과세가 결국에는 정부 지출의 재정적 기반이 된 것이다(Ames and Rapp 1977). 이후로 과세의 역사는 임시적 사건에 대처하기 위해 도입되는 징수의 하나였지만 그런 상황이 사라진 이후에도 여전히 존속하게 되었다. 1783년 Benjamin Franklin이 했다는 말에는 대체로 논쟁의 여지가 없음이 여전하다: "이 세상에 확실하다고 말할 수 있는 것은 죽음과 세금뿐이다."

급여세의 과세 대상은 임금(wage bill)이다. 그것은 소득세와 사회보장 기여(social security contributions)로 구성된다. 소득세는 비노동소득에도 과세되지만 가구의 주 소득원은 노동소득이다. 사회보장기여의 세원은 임금소득이다. 급여세는 기업의 노동비용과 근로자의 순임금 간에 쐐기를 박는(격차를 내는) 것이며, 따라서 노동시장 규모를 감소시킨다. 세금이 있기(또는 오르기) 전에 비해서 근로자는 더 적은 노동시간을 공급할 것이며, 고용주는 더 적은 일자리를 창출할 것이다. 하지만 급여세가 노동자가 인식하는 소득을 반드시 줄이는 것은 아니다. 사회보장기여는 일종의 지연된 소비로 이해할 수도 있다. 예를 들어, 6장에서 논의한 공적 연금 프로그램에 대한 기여의 경우에, 개인은 더 높은 미래소득을 위해서 현재소득을 포기하는 것이다. 사회보장기여는 소득변동에 대한 보험을 제공하기도 한다(가령 UBs).

과세의 귀착(incidence)은 급여세가 노동시장 행동에 미치는 영향을 평가하는 데 중요하다. 조세가 행동에 미치는 효과는 시장의 (수요 혹은 공급) 어느 쪽이 조세를 직접 부담하는지 여부와 반드시 일치하지는 않다. 고용주에게 부과된 세금이 실제로는 주로 노동자의 행동에 영향을 줄 수도 있는데, 조세 부담이 임금 하락의 형태로 노동자에게 전가되는(shifted) 경우에 그렇다.

급여세가 이 책의 마지막 논의 주제가 되는 것은, 세금이 근로자와 기업의 행동에 미치는 효과는 조세수입이 쓰이는 용처와 관련되기 때문이다. 이 책에서 제시된 많은 노동시장 제도(예컨대 단시간근로 보조, 퇴직제도, 교육, UBs, ALMPs 등)가 급여세를 통해 재원을 마련해야 하기 때문이다. 또한 조세감면은 UBs와 최저임금, 그리고 부정적 근로 유인을 억제하기 위한 여타 이전지출 등과 조합을 이루어 실시된다. 그러므로 이 장에서는 가구에 대한 사회적 이전지출과 근로자 및 기업에 대한 세금공제(tax credit), 그리고 급여세와 사회이전지출이 근로유인에 미치는 영향 등도 다루게 된다.

13.1 국제 비교

고용주는 근로자의 보수에서 급여세를 공제(원천징수)해야 한다. 이 세금은 '세율'(tax rate)로 불리는 총소득의 비율로 징수되는 것이 보통이다. 평균세율은 지불된 세금 총액을 과세대상 소득의 총액으로 나눈 것이며, 한계세율은 추가적인 소득에 대해 부과되는 세금의 비율이다. 누진세(progressive tax) 제도에서는 소득에 따라 평균세율이 증가하는데, 즉 한계세율이 평균세율보다 높다. 한계유효세율(marginal effective tax rate)은 한계세율과 다를 수 있는데, 납세자의 소득 구간에서 면제, 공제, 사회이전지출 등이 단계적으로 소멸됨에 따라(phaseout) 소득의 증가가 이전지출의 소멸이라는 형태로 사실상 과세되기 때문이다. 일부 사회적 프로그램의 수혜자격은 실제로 소득 및 자산 조사 또는 '수입조사'(means test)를 통과하는 것이 요건이다. 앞서 지적했듯이, 급여세는 2가지 요소로 이루어지는데, 조세와 사회보장기여이다. 나아가서 사회보장기여에서 근로자와 고용주가 부담하는 부분도 구분되지만 그것은 경제적 관점에서 볼 때 중기적으로는 의미가 없어지는데, 조세 부담이 부분적으로(혹은 완전히) 다른 당사자에로 전가되기 때문이다. 조세제도는 복잡하며, 그것을 하나의 숫자로 요약하는 것은 불가능하다. 따라서 조세수준은 보통 상황에 따라서 산정된다.

〈표 13.1〉은 평균임금을 버는 개별 노동자의 조세 및 사회보장기여에 관해서 국가간 개관을 제시하고 있다.[1] 전반적인 조세부담뿐 아니라 그 구성에서도 국가간에 차이가 크다. 평균 급여세는 낮게는 뉴질랜드의 15.9%에서 높게는 독일의 59.8%까지 광범위한 분포를 보인다. 사회보장기여가 비교적 큰 나라들이 많지만, 호주, 덴마크, 아이슬란드 및 뉴질랜드의 경우는 소득세가 압도적인 비중을 차지한다. 사회보장기여의 국가간 차이에서는 민간 연금제도의 상대적 중요성이 중요한 역할을 한다. 〈표 13.1〉의 제5열은 한계조세쐐기(marginal tax wedge)를 보여주는데, 나라마다 상당히 다른 수준이다. 가장 낮은 것은 멕시코(18.7%)이며 가장 높은 것은 벨기에(66.3%)이다. 거의 모든 나라에서 한계세율이 평균세율보다 상당히 더 높다. 하지만 독일이나 폴란드 같은 나라에서는 차이가 작은데, 조세가 비례세에 가깝다는 것을 의미한다. 부가가치세(VATs)가 전체 조세부담 계산에 포함되기도 한다.[2] 〈표 13.1〉은 부가가치세에서도 차이가 크다는 것을 보여주는데, 낮게는 5%인 캐나다와 일본에서, 높게는 25% 이상인 덴마크, 헝

1) 평균임금은 민간부문의 성인 정규직 근로자의 연간 총임금수입의 평균값이다.

2) 예를 들어, Nickell and Layard(1999)는 총 조세쐐기에 소비세(VATs)도 포함되어야 한다고 주장하는데, 그 격차가 노동시장 행동에서 중요하게 작용하기 때문이다.

표 13.1 급여세와 VAT 세율, 2011

국가	평균조세쐐기(%)				한계조세쐐기 (%)	VAT(%)
	소득세	근로자 SSC	고용주 SSC	합계		
Australia	22.3	0.0	6.0	26.7	35.4	10
Austria	15.3	18.1	29.1	48.4	60.6	20
Belgium	28.2	14.0	30.0	55.5	66.3	21
Canada	15.5	7.3	11.7	30.8	40.8	5
Czech Republic	12.0	11.0	34.0	42.5	48.6	20
Denmark	28.0	10.7	0.0	38.7	42.3	25
Estonia	16.8	2.8	34.4	40.1	42.9	20
Finland	22.7	7.2	22.5	42.7	57.2	23
France	14.3	13.7	42.3	49.4	51.3	20
Germany	19.0	20.9	19.7	59.8	60.4	19
Hungary	17.5	17.5	28.5	49.4	63.5	27
Iceland	27.8	0.5	8.7	34.0	43.5	26
Ireland	14.9	4.0	10.8	26.8	56.7	23
Italy	21.3	9.5	32.1	47.6	54.1	21
Japan	7.6	13.4	14.2	30.8	35.8	5
Korea	4.3	8.1	10.1	20.3	28.8	10
Luxembourg	15.0	13.1	12.3	36.0	54.9	15
Mexico	4.9	1.4	11.8	16.2	18.7	16
Netherlands	16.0	15.4	10.2	37.8	47.0	19
New Zealand	15.9	0.0	0.0	15.9	30.0	15
Norway	21.5	7.9	13.1	37.5	51.2	25
Poland	6.8	17.8	14.8	34.3	36.1	23
Portugal	13.5	11.0	23.8	39.0	50.7	23
Slovak Republic	9.5	13.4	26.2	38.9	44.4	20
Slovenia	11.3	22.1	16.1	42.6	51.0	20
Spain	15.6	6.4	29.9	39.9	48.1	18
Sweden	17.8	7.0	31.4	42.8	47.9	25
Switzerland	10.0	6.2	6.2	21.0	27.7	8
Turkey	12.4	15.0	16.5	37.7	42.2	18
United Kingdom	15.6	9.5	11.0	32.5	40.2	20
United States	17.2	5.7	9.5	29.5	41.8	—

출처: OECD tas database, 2012.

주: 평균세율 및 한계세율은 평균임금의 100%를 버는 피부양자 없는 독신자의 경우이다. 총 평균조세쐐기는 중앙 및 지방 정부 소득세와 근로자 및 고용주 사회보장기여의 합을 노동비용(총 임금소득과 고용주 사회보장기여의 합)을 나눈 것이다. 조세쐐기에는 현금 이전지출이 포함된다. 호주, 캐나다, 뉴질랜드에서는 VAT를 GST(재화용역세)라고 하고, 미국은 VAT가 없고 대신에 판매세가 있다. SSC=사회보장기여.

$$\text{총 조세쐐기} = 100 \times \frac{\text{소득세} + \text{근로자 SSC} + \text{고용주 SSC}}{100 + \text{고용주 SSC}}$$

가리, 아이슬란드, 노르웨이 및 스웨덴까지 있다.

〈표 13.2〉는 조세-편익 제도가 가구 유형별로 근로자의 순소득 지위에 영향을 미치는 경로에 관해서 정보를 준다. 숫자는 평균적 근로자의 경우에 평균임금 대비 순소득을 나타낸다.[3)] 제1열의 숫자를 100에서 뺀 값이 조세쐐기인데, 최저인 16%의 뉴질랜드에서 최고인 56%의 벨기에까지 다양하다. 한 부모 가구, 유자녀 가구, 외벌이 가구 등에 대한 특별 편익 또는 조세감면으로 인해서 이들 가구의 조세쐐기는 독신 근로자에 비해 낮은데, 뉴질랜드의 경우에 이들 가구의 순소득은 총소득보다 커진다(순소득이 100보다 크면 음의 조세쐐기를 의미함, 제2열). 대조적으로 맞벌이 유자녀 가구는 무자녀 독신 근로자에 비해 약간의 조세감면을 받는데, 그 정도는 외벌이 가구에 비해 작다.

두 자녀 맞벌이 가구의 경우, 비고용 상태에 대비한 순소득은 낮게는 52%(벨기에)에서 높게는 86%(스위스)까지로 나타난다. 외벌이 가구가 비경활 상태에서 평균임금의 67% 수준으로 이동하게 되는 경우(표의 H1 열), 한계유효세율은 100%가 넘거나(슬로바키아) 거의 100%수준인 나라도 있다(오스트리아, 체코, 스웨덴, 스위스). 이런 나라에서는 일할 때 예상되는 임금이 평균임금의 2/3 정도인 사람이라면 비고용 상태에서 일자리를 구할 유인이 없다. 이런 상황은 이탈리아의 경우와는 대조적인데, 이탈리아는 보편적인 UBs나 사회부조가 없는 관계로 한계유효세율이 음수이다. 소득기준이 가구 수준에서 정해지는 경우에 유효세율과 가족 구성 사이에 관련성이 생긴다. 〈표 13.2〉에는 배우자 한쪽이 평균의 67%를 벌면서 다른 쪽이 비경활에서 평균임금 33%의 취업으로 이동하는 경우에 한계유효세율도 나와 있는데(H2 열), 최고 89%(덴마크)에서 최저 7%(한국)까지 달라진다. 이탈리아와 미국을 제외하고는 모든 나라에서, H1의 한계유효세율이 H2 경우보다 높다. 조세-편익 제도의 이러한 특성이 부유한 가구와 빈곤한 가구 모두에서 양극화를 유발한다. 배우자 양쪽이 모두 일하지 않는 경우에 한쪽의 일자리 수용에 대한 부정적 유인은 상당하지만, 한쪽이 이미 일하고 있는 경우에 다른쪽의 일자리 수용에 대한 부정적 유인은 훨씬 약하다.

끝으로 〈표 13.2〉(H3 열)는 외벌이 가구가 평균임금의 67%에서 100%로 이동하는 경우의 한계유효세율을 보여주는데, 한국의 11%에서부터 슬로바키아의 89%까지에 걸쳐 있다. 많은 나라의 경우에, 가구 중 한 사람이 이미 일하고 있다면 그 사람이 더 일하는 것보다는 다른 사람이 취업하는 것이 재정적으로 더 유리하다는 것은 분명하다. 예외는 덴마크, 일본 및 네덜란드 정도이다.

---

3) 소득, 사회부조, 가족수당, 주거수당, 소득세, 사회보장기여, 근로조건부 급여 등이 모두 포함된 것이다.

표 13.2 소득자별 순소득과 한계유효세율

국가	순소득(%)			한계유효세율(%)		
	T1	T2	T3	H1	H2	H3
Australia	73	85	76	69	63	66
Austria	52	63	60	99	21	41
Belgium	44	60	52	71	44	51
Canada	69	81	73	54	53	65
Czech Republic	57	78	65	99	31	37
Denmark	62	73	66	94	89	61
Estonia	60	69	64	—	—	—
Finland	57	62	62	94	50	77
France	51	58	55	89	36	43
Germany	50	66	58	76	54	54
Greece	—	—	—	16	16	17
Hungary	51	67	62	38	18	37
Iceland	66	79	69	89	45	45
Ireland	73	93	81	88	34	42
Italy	52	61	57	−8	38	52
Japan	69	77	74	86	53	52
Korea	80	82	82	75	7	11
Luxembourg	64	87	77	84	62	62
Mexico	84	84	85	—	—	—
Netherlands	62	69	69	88	42	41
New Zealand	84	101	87	77	56	62
Norway	63	69	66	87	27	36
Poland	66	72	69	87	65	68
Portugal	61	71	64	55	51	52
Slovak Republic	61	75	67	125	83	89
Slovenia	57	77	66	—	—	—
Spain	60	66	63	62	16	19
Sweden	57	63	61	100	34	47
Switzerland	79	92	86	99	14	22
Turkey	62	64	62	—	—	—
United Kingdom	67	74	72	72	67	77
United States	70	82	75	46	52	52

출처: OECD(2005b); OECD online statistics, 2012.

주: 가족 유형(2011): T1=평균임금을 버는 독신자;
T2=외벌이(평균임금 100%), 기혼 배우자, 2 자녀.
T3=맞벌이(평균임금 100% 및 67%), 기혼 배우자, 2 자녀.
변화 유형(2005): H1=외벌이, 비경활에서 평균임금 67%로 이동.
H2=주 소득자 평균임금 67%, 부 소득자 비경활에서 평균임금 33%로 이동.
H3=외벌이, 평균임금 67%에서 100%로 이동.

13.2 이론

경제이론에 따르면, 노동시장 결과에 대한 영향 차원에서는 과세의 수준보다 과세의 구조가 더 중요할 수 있다. 먼저 경쟁적 노동시장에서 개인의 소비-여가에 대한 노동공급 유인에 대해 과세구조가 어떤 영향을 주는지를 예시해 보자. 그 다음에 불완전 노동시장에서 과세와 다른 제도와의 상호작용을 살펴본다.

13.2.1 완전 노동시장

〈표 13.1〉과 〈표 13.2〉에 나타난 조세, 사회보장기여, 이전지출의 상호작용은 개인의 예산제약이 비선형임을 의미하는데, 즉 (일직선이 아니라) 상이한 선분들로 구성된다는 것이다. 따라서 조세는 외연적 차원의(취업 여부) 선택만이 아니라 근로시간을 얼마나 공급할 것인지에 대한 결정에도 크게 영향을 미칠 수 있다. 조세와 사회보장기여는 여러 제도의 재원 조달을 위해 필요한 만큼, 이런 정책이 내포적 차원에서 어떤 추가적인 효과를 미칠 수 있는지를 감안하는 것도 중요하다.

[그림 13.1] (a)는 전형적인 소득세제를 나타내고 있는데, 개인의 소득은 일정 수준 y_0 미만에서는(소득창출에 관련된 비용을 처리한다고 간주되는 이른바 면세 영역) 과세되지 않으며, 그 이상 y_1 미만에서는 세율 τ_0으로 과세되고, $y>y_1$ 영역에서는 세율 $\tau_1>\tau_0$ 으로 과세된다. 이런 조세제도는 여러 선분으로 구성되는 볼록한 예산제약선을 가져오는데 F점에서 세로축과 만난다. 이 예산제약은 다음과 같이 나타낼 수 있다:

$$C = \begin{cases} wh & \text{if } h \leq h_0 \\ wh_0 + w(1-\tau_0)(h-h_0) & \text{if } h_0 < h \leq h_1 \\ wh_0 + w(1-\tau_0)(h_1-h_0) + w(1-\tau_1)(h-h_1) & \text{if } h > h_1 \end{cases}$$

여기서 $h_0 = \frac{y_0}{w}, h_1 = \frac{y_1 - y_0}{w(1-\tau_0)} - h_0$

조세가 없는 경우에 예산제약선은 h_0 왼쪽으로 세로축과 C_{notax}에서 만나는 점선으로 주어질 것이다([그림 13.1] (b) 참조). 완전히 비례적인(세율 τ_0) 조세제도의 경우에 예산제약선은 세로축과 C_{prop}에서 만나는 점선이 된다. 따라서 조세의 존재 및 구조는 주어진 선호하에서의 근로시간 선택에 영향을 줄 수밖에 없다. 이 예에서, 조세가 없는 경우에는 A점이, 누진세제에서는 B점이, 그리고 비례세제에서는 C점이 선택될 것이다. 이처럼 조세의 존재와 구조는 노동공급 결정에서 중요하다. 완전 비례세제는 여가 선호가 강한 개인으로 하여금 누진세제에서보다 덜 일하게 만들 수 있는데([그림 13.1]

(b)에서처럼), 비례세제는 면세 영역이 없기 때문이다. 하지만 일반적으로 누진세제는 외연적 차원보다는 내포적 차원에 작용하게 되는데, 근로시간을 줄임으로써 세금을 상당히 낮출 수 있기 때문이다.

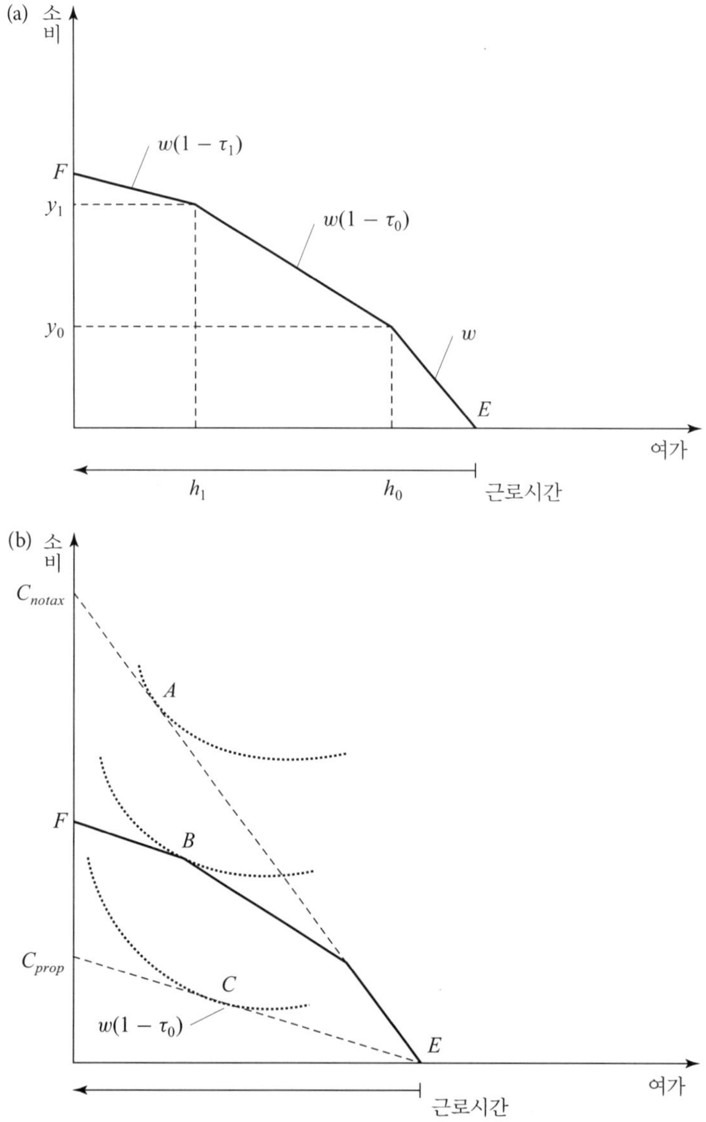

그림 13.1 (a) 누진세제, (b) 상이한 세제에서의 여가-노동 선택

근로시간의 줄어드는 것은 예산제약선의 비교적 평탄한 구간 때문인데, 여기서는 근로시간이 늘어나도 소비가 별로 증가하지 않는다. [그림 13.2]는 예산제약에 완전히 수평인 부분이 있는 경우를 보여준다. 이것은 최저 보장소득(MGI) 제도의 존재로 인해 발생하며, 적어도 $y_{\min}$과 같은 주어진 최저생활(subsistence) 수준의 소득을 보장하기 위해 소득을 보전해 주는 사회부조 제도를 의미한다. MGI의 존재 때문에 소비가 $y_{\min}$ 이하로 떨어질 수는 없으며, 따라서 MGI가 없었더라면 최저생활에 필요한 수준보다 적은 근로시간을 선택하였을 사람이 이제는 아예 일을 안 하게 되는데, A점 대신에 B점을 선택하게 된다는 것이다. 이와 같은 근로 감축 유인 때문에 MGI 제도는 '소득무시'(earnings disregards)나 고용조건부 유인(ECI)과 통합되는 것이 보통인데(13.4에서 논의함), 취지는 예산제약선이 근로시간에 따라서 기울기를 갖도록 한다는 것이다.

대체로 조세가 외연적 차원에서 노동공급에 영향을 줄 때에는, 항상 노동시장 참여를 감소시키게 되며, 그래서 개인은 조세 구조와 관계없이 일을 하지 않게 되는데, 대체효과만이 중요하기 때문이다. 대신에 조세가 (내포적 차원에서) 근로시간에 영향을 줄 때에는, 조세의 구조와 대체효과 및 소득효과의 상대적 크기에 따라 효과가 달라지는 것이 일반적이다. (보통의 경우처럼) 대체효과가 더 크다면 누진세제는 비례세제보다 노동공급을 더 많이 줄일 것이다. 소득효과가 더 큰 경우에는 반대가 된다.

노동공급에의 영향 외에, 급여세는 노동비용을 증가시켜서 노동수요에 영향을 미칠 수도 있다. 급여세를 누가 부담하는지 여부는 노동공급과 노동수요의 탄력성에 따라 달라진다(Box 13.1).

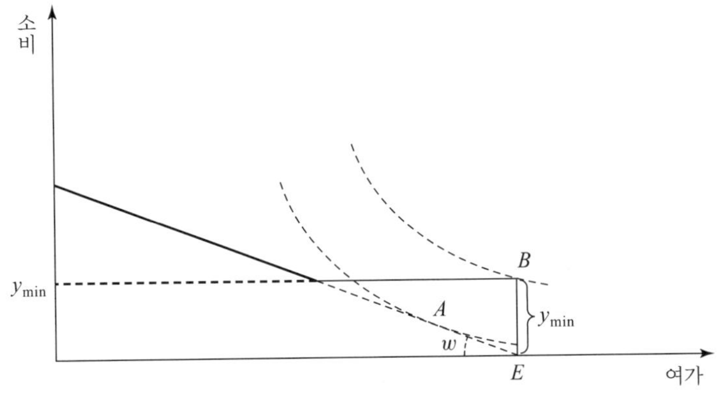

그림 13.2 최저보장 소득

Box 13.1

노동공급과 급여세의 평가

순수 조세모델에서 노동자는 세금으로부터 이익을 얻을 수 없지만, 현실에서 급여세(예를 들어 사회보장기여금)는 노동자들에게 유익한 프로그램의 재원으로 사용된다. 그런 경우에는 증세가 노동자에게도 이익을 줄 수 있다. 정태모형에서 급여세는 아래와 같은 방식으로 노동공급(L^s)과 노동수요(L^d)에 영향을 끼친다.

$$L^d = L^d(w(1+t_f)) \tag{13.1}$$

$$L^s = L^s(w(1-\rho_w t_e) + \rho_e w t_f) \tag{13.2}$$

여기서 w는 세전 임금, t_f는 고용주가 부담하는 급여세 부분, t_e는 노동자가 부담하는 부분, ρ_w는 근로자 기여분의 할인율, ρ_e는 고용주 기여분에서 근로자가 누리는(현금소득 대비) 가치를 나타낸다. 두 가지 극단적 경우로 구분해 볼 수 있다. 첫째, 순수 조세모형에서는 $\rho_w=1$이고 $\rho_e=0$이며, 노동자는 조세로부터 어떠한 편익도 얻지 못한다. 둘째, '완전가치'(*full valuation*) 모형에서는 $\rho_w=0$이고 $\rho_e=1$로 노동자는 세금의 모든 편익을 누리며, 그것은 현금소득과 동일하다. 균형조건 $L^d=L^s$와 음함수를 활용하면, 고용주가 부담하는 급여세가 $t_f=0$에서 소폭 인상될 경우에 노동공급에 미치는 효과를 구할 수 있다.

$$\frac{dw/w}{dt_f} = -\frac{\varepsilon - \eta\rho_e}{\varepsilon - \eta(1-\rho_w t_e)} \tag{13.3}$$

여기서 ε은 노동공급 탄력성의 역수이고, η는 노동수요 탄력성의 역수이다. 여기서 급여세의 변화가 임금에 완전히 전가되는($\frac{dw/w}{dt_f}=-1$) 상황은 다음 3가지 경우이다.

1. $\varepsilon=\infty$; 완전비탄력적 노동공급, 즉 수직의 노동공급곡선;
2. $\eta=0$; 완전탄력적 노동수요, 즉 수평의 노동수요곡선;
3. $\rho_w=0$ 및 $\rho_e=1$; '완전가치' 모형으로, 모든 조세는 편익으로 간주된다.

3가지 경우 모두에서 세금 변화는 전적으로 임금 변화를 통해 보상되며, 따라서 세금 변화는 고용량(L)에 영향을 줄 수 없다. 즉 $\frac{dL/L}{dt_f}=0$이다.

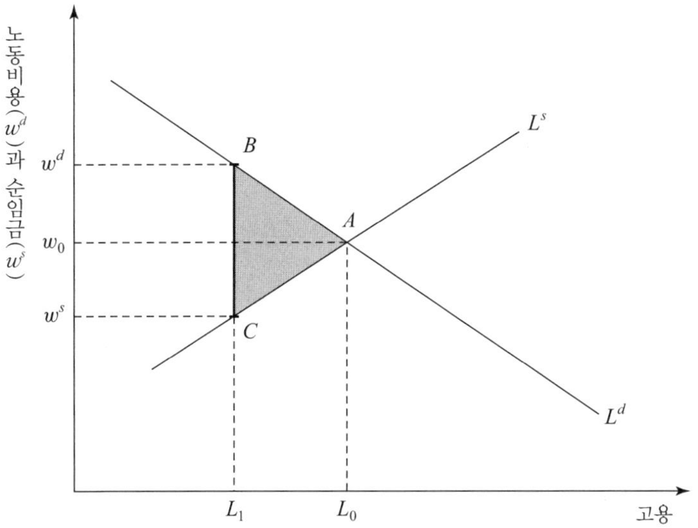

그림 13.3 경쟁적 노동시장에서의 급여세

고용주와 근로자 간의 조세 분담은 [그림 13.3]에 나타나 있다. 처음에 노동시장 균형은 (L_0, w_0)였다. 조세의 도입 이후에 고용은 L_1로 감소하며 기업의 임금비용은 w^d, 근로자의 순임금은 w^s가 된다. 총 조세쐐기는 $(w^d - w^s)$와 같아지며, 고용주가 $(w^d - w_0)$를 부담하고 근로자가 $(w_0 - w^s)$를 부담한다. 공급곡선이 가파를수록 근로자의 부담 비율이 커질 것이고, 수요곡선이 가파를수록 기업의 부담 비율이 커질 것이다. 부담은 시장에서 탄력성이 낮은 쪽으로 전가된다. 노동공급이 임금 변동에 크게 반응하지 않는다면(주연령층 남자의 경우처럼), 근로자가 급여세의 큰 부분을 부담하게 된다. 조세가 고용주의 임금비용을 높이고 근로자의 순임금을 낮추는 한, 조세는 고용을 감소시킬 것이다. 세후 균형은 비효율적일 것인데, 고용 수준이 노동서비스의 '거래로부터의 이익'을 극대화하는 수준이 아니어서 후생손실(삼각형 ABC)이 초래되기 때문이다.

13.2.2 불완전 노동시장

조세가 고용과 임금에 미치는 영향은 균형상태에서 실업이 수반되는 불완전 노동시장의 경우에 살펴보는 것이 더 적절할 것이다. 완전 노동시장에서는 조세가 노동력 참여의 조정과 고용 감소만을 수반하며 실업은 나타나지 않는다. 구체적으로, 11장과 12장에서 다룬 상황처럼 마찰이 존재하는 노동시장에서, 빈 일자리를 만난 노동자가 마찰로 인해 발생하는 지대의 분배에 관해서 고용주와 협상을 하는 경우를 상정해보자.[4] 이런 맥락에서 조세의 효과는 UBs와 임금의 관계에 따라 달라진다. 먼저 UBs가 근로자의 (순)임금 w^s에 연동되었다고 가정하자. 여기서 비례세인 급여세가 상승한다면 구직자의 유보임금 w^r(일자리를 수용하게 되는 최저 수준의 임금)과 실제 임금 w^s의 동등한 하락을 의미한다. 임금 제시와 임금 요구가 똑같은 정도로 내려가는 만큼 노동공급에는 변동이 없다. 그림으로 표현하자면, 노동공급 곡선이 수직 형태이며, 세금은 순임금의 하락으로 완전히 흡수되어 노동비용에는 아무 효과도 없다는 것이다. 따라서 고용과 실업에도 아무 변화가 없다.

그렇지만 조세 구조의 변화는 실업에 영향을 준다. 조세수입은 동일한 상황에서 조세 누진성이 높아지게 되면 고용은 증가하고 실업은 감소하는데, 노동-여가 상충관계가 노동(증가)에 우호적이 되기 때문이다. 노동공급의 증가는 임금을 하락시키고 따라서 노동수요량과 균형 고용수준을 증가시키게 된다. 실업급여가 임금에 연동된 상황에서 비례세는 양측이 분배하게 되는 전체 지대에만 영향을 미치게 되지만, 누진세는 분배의 규칙 자체를 근로자 쪽에 불리하게 만들기 때문이다.

고용 근로자 수만이 아니라 근로시간의 조정까지 감안한다면, 좀더 적절한 분석이 가능하다(Cahuc and Zylberberg 2004). 그러면 누진세는 고용을 외연적으로 증가시키고 (낮은 세율에서) 근로자의 근로시간을 전보다 줄이게 된다.

UBs가 순임금이 아니라 (세전) 조(粗)임금에 연동되는 상황이라면, 비례세의 경우에도 고용에 영향을 미치게 된다. 그것은 외부 선택지의 변화가 잉여(지대)만이 아니라 분배 규칙에도 영향을 주기 때문이다. 달리 말하자면, UBs가 세전 임금에 연동되는 경우, 노동공급은 양의 기울기를 가지며 따라서 고용주는 과세로 인한 노동비용 상승에 직면하게 된다.

결과적으로 조세의 고용 및 임금 효과는 임금결정함수의 기울기에 따라 달라진다. 이 함수가 비교적 완만한 경우, 세금 인상은 고용을 크게 감소시킬 것이며, 비교적 가파르다면(주연령층 남자의 노동공급에서처럼) 세금 인상은 임금에 흡수되고 고용 변동은 작을 것이다. 이 두 가지 상황이 [그림 13.4]에 그려져 있다. 고용주의 사회보장기여가 증가해서 주어진 임금에서 근로자에게 지불되는 노동비용이 상승한 경우의 효과가 나타나 있는데, 세금 인상은 수요곡선을 L_0^d에서 L_1^d로 이동시킨다. [그림 13.4] (a)는 고용 감소가 크고($L_0 \rightarrow L_1$) 임금 하락은 작은 반면, [그림 13.4] (b)는 고용 감소는 작

4) 이 모형의 문제는 노동력 참여의 변화를 고려하지 않는 점이다. 하지만 불완전 노동시장에서의 노동력 참여에 대한 조세의 효과는 경쟁적 시장의 경우와 같은 방향이므로, 그 경우를 참고할 수 있다.

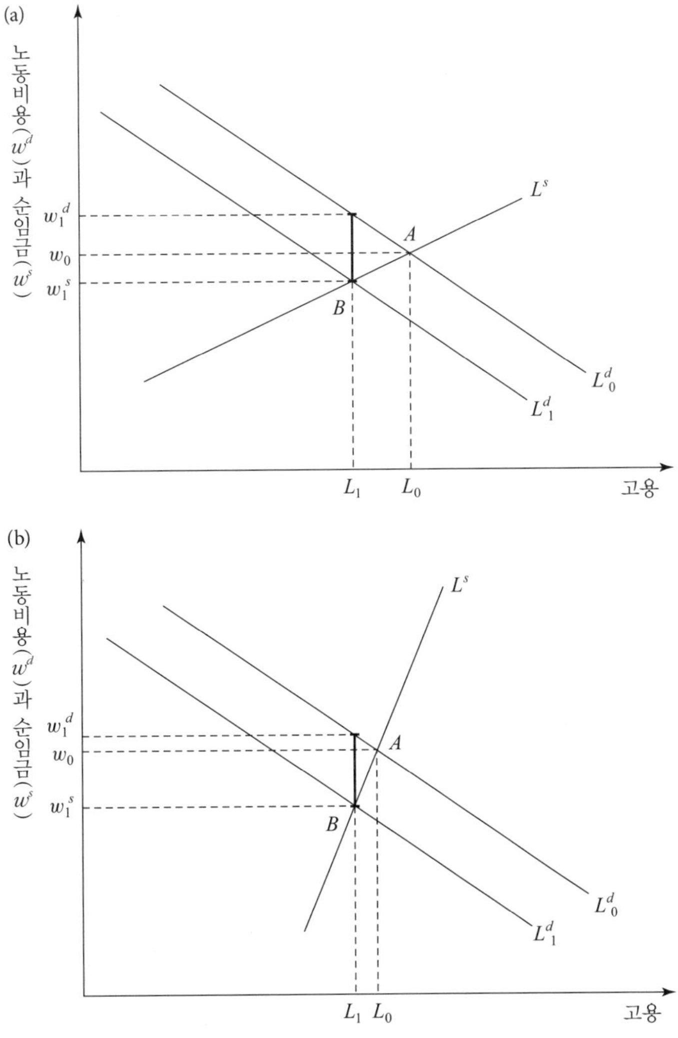

그림 13.4 고용주의 사회보장기여의 증가: (a) 비교적 탄력적 노동공급(완만한 임금결정 곡선), (b) 비교적 경직적 노동공급(가파른 임금결정 곡선)

고 임금 하락이 큰($w_0 \rightarrow w_1$) 경우이다.

위의 결과는 임금 협상이 개인적 수준에서 진행되지 않고 노동조합에 의해 조직되는 경우에도 성립한다. 임금이 단체교섭으로 정해지는 경우, 실업은 노조의 임금 요구를 제한할 수 있다. 조세는 노조의 임금 곡선에 영향을 주는데, 노조와 기업은 세금이 균형임금 수준에 따라 달라진다는 것을 인식하기 때문이다. 기업과 노조가 세금을 고려하기 때문에, 누진 과세는 실업을 줄이게 되는 한편, 역진 과세는 실업을 늘리게 된다. 세금은 비례세이고 UBs는 순임금에 연동되는 경우, 노동수요와 임금곡선은 부과된 세금만큼 하방 이동하게 되며, 세금은 임금에 흡수되어 고용에는 영향이 없다는 점에서 개별적 임금 결정의 경우와 같다.

Pissarides(1998)는 효율임금 모형에서 조세의 효과를 검토했다. 이 맥락에서 실업의 역할은 노동자를 규율하고 태만을 방지하는 것이다. 실업수당이 주어진 경우에, 조세는 임금 제시에 영향을 주지 않는다. 그리고 경쟁적 모형에서처럼 중요한 것은 과세 수준이지 과세 구조가 아니다. 과세구조의 효과는 협상규칙에서 나오는데, 효율임금 환경에서는 협상이 없고 고용주가 일방적으로 임금을 정하기 때문이다.

그러므로 과세구조의 변화가(즉 누진성의 차이가) 고용에 영향을 주는지 여부는 노동시장의 특성에 달려 있다. 임금이 경쟁적 모형 또는 효율임금 모형 상황에서 결정되는 경우에는 과세의 구조는 무관하며, 과세의 수준만이 중요하다. 하지만 마찰과 그로 인해 창출되는 지대에 대한 협상(개별적 또는 집단적)이 있는 시장에서는 과세구조가 매우 중요하다.

13.3 경험적 증거

13.2에서 논의했듯이, 급여세의 효율성 비용을 평가하는 데에는 임금 및 조세의 변화에 대한 노동공급의 반응이 관건이 된다. 노동공급과 조세 및 이전지출에 대한 행태적 반응에 대해 연구한 경험적 문헌은 많다(개관을 위해서는 Blundell and MaCurdy 1999; Kean 2011 참조). 남자의 노동공급은 세율 변동에 크게 영향을 받지 않는 반면, 여자의 노동공급은 순임금이 상승하면 상당히 증가하는 경향이 나타난다.

Eissa(1995)는 기혼 여성의 노동공급이 세율 변동에 대한 어떻게 반응하는지 확인하기 위해서 미국의 1986년 조세개혁법을 자연실험으로 이용했다. 조세개혁은 최고 한계세율을 (50%에서 28%로) 44% 낮추었는데 아래 범주들에 대한 인하율은 더 작았다. 제99 백분위 이상의 기혼 여성의 반응을 제75 백분위를 통제집단으로 해서 분석하였다. 세율인하가 큰 여성과 작은 여성 간에 노동공급 변화에서의 차이를 통해 조세효과를 확인한다는 것이다. 연구 결과는 고소득 기혼 여성의 노동공급이 조세개혁으로 증가했다는 것을 확인하였으며, 노동공급의 세후 임금에 대한 탄력성은 약 0.8 수준으로 추정되었다. 이 탄력성 중에서 적어도 절반은 외연적 차원에서의 노동공급 변화, 즉 노동력 참여의 변동에 기인하는 것이었다.

세금 삭감이 홀부모의 노동력 참여에 비교적 강한 효과를 가진다는 연구도 있다(Eissa and Liebman 1996). 급여세로 인해 고용을 줄어드는 것은 그것이 임금 하락의 형태로 근로자에게 전가되지 않는 경우이다. (임금 하락으로) 충분히 보상되는 경우에는 고용주가 노동비용 상승을 겪지 않으며, 세금 인상이 고용 감소로 이어지지 않는다. 문제는 세금 부담이 모두 공식적 납세 의무자에게 귀착되는지 여부이다.

Gruber(1997)는 칠레의 사회보험 재원에서의 변화를 이용해서 급여세의 귀착 문제를 평가했다. 기업의 급여세 비용의 하락은 임금 상승의 형태로 근로자에게 모두 전가되어 고용수준의 변화는 거의 없었던 것으로 나타났다.

조세의 노동시장 효과에 대한 개관에서, Disney(2000)는 정규직 풀타임 근로자의 노동공급이 세금 변동에 대체로 비탄력적이라는 결론을 얻었다. 그는 세율 상승에 영향을 받을 수 있는 근로자를 4개 집단으로 구분하였는데, 고소득 근로자, 근로조건부 급여(IWBs, in-work benefits) 수혜자인 저소득 근로자, 퇴직이 임박한 근로자, 노동력 진입을 고려하는 사람 등이다. 임금분포의 상단에서는 높은 한계세율이 노동공급과 근로 노력을 감소시킬 수 있다.[5] 소득분포의 하단에서는 수입조사에 따른 편익이 노동시장 참여를 억제한다. 이 때문에 대다수 OECD 국가는 IWBs를 도입해 왔다(13.4에서 논의함). 연령분포의 상단에서는 높은 세율이 조기퇴직을 유도했지만, 하단에서는 높은 유효한계세율이 젊은이의 노동시장 진입에 부정적으로 작용할 수 있다. 이런 문제에도 IWBs로 대처해 왔다. 일부 연구는 왜곡을 최소화 하는 급여세의 최적 구조를 노동공급 탄력성으로부터 추정하려고 시도했다. Mirrlees(1971)가 선도했던 '최적과세' 문헌에 대한 주요 기여에는 Saez et al.(2009), Brewer et al.(2010), Atkinson et al.(2011) 등이 있다.

13.4 정책 이슈

조세-편익 제도의 구조가 저소득 실업자의 구직 유인에 부정적으로 작용할 수도 있다. '일하는 게 득이다'(making work pay)를 지향하는 정책은 고용의 금전적 유인을 도입한다. 이런 제도의 구체적인 설계 요인도 매우 중요하다. 여기서는 MGI와 ECI의 관계, 세금공제와 임금보조 간의 선택, 가족의 개인소득 표적화(targeting) 등을 설명한다.

5) 하지만 Disney에 따르면, 그 효과는 (세금 인하가 재정수입을 증가시킨다는) 래퍼곡선 식의 효과를 내기에는 충분하지 않다. 이른바 래퍼곡선은 세율과 세수입 간에 종 모양의 관계를 보여준다.

13.4.1 어떻게 일하는 게 득이 되게 만들 것인가?

수입조사형(means-tested) 복지제도에서 소득이 없는 개인은 복지급여, 즉 MGI (minimum guaranteed income, 최저보장소득)를 받는데, 이것은 수혜자가 돈을 벌기 시작하면 그에 대응해서 감소하게 된다. MGI는 소득이 주어진 빈곤 경계선까지 갈 수 있게 보전하는 것이기 때문이다. 이런 제도에서 개인은 복지급여 금액 이상을 벌 수 있는 경우에만 노동시장에 진입하려고 할 것이다. 이것은 [그림 13.2]에서 본 것처럼, 예산제약선에 수평 부분을 초래한다.

MGI의 부정적 유인효과를 억제하기 위해서 '소득 무시'(earning disregards)가 허용되는 경우도 있다.[6] 다시 말해서, 근로에 대한 금전적 유인이 유지될 수 있도록, 근로소득 증가의 일정 비율만큼만 급여를 삭감하는 것이다. 실제로 근로자 보수의 일부는 보전 금액을 산정할 때 고려하지 않는다. '소득무시' 요소를 가진 MGI는 "부(負)"의 소득세(negative income tax)처럼 작용하는데([그림 13.5] 참조), 개인소득이 증가함에 따라 이전지출이 점진적으로 감소하는 것이다. [그림 13.5]에서 *A*는 '보장' 수준으로서 소득이 없는 개인(또는 가족)에 지급되는 급여이며, 선분 *AB*의 기울기는 소득이 증가함에 따라 급여가 감소하는 비율을 나타낸다.

근로조건부 급여 IWBs(in-work benefits)는 부의 소득세와는 달리 근로자에게만 지

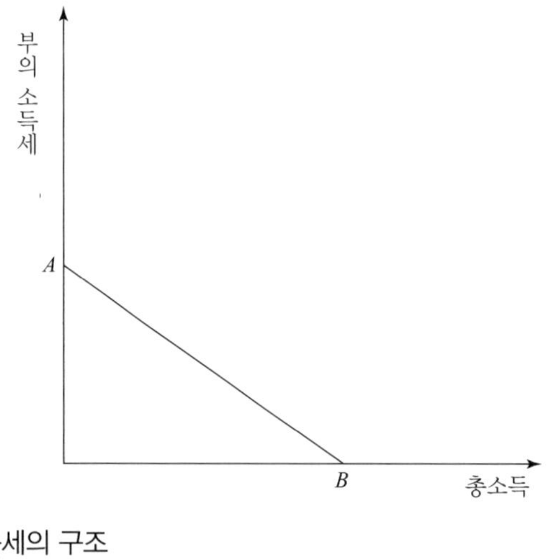

그림 13.5 부의 소득세의 구조

6) 1960년 말 미국에서의 MGI 실험에 따르면, 남자의 경우에 노동공급의 외연적 및 내포적 차원에서의 반응은 작았다. 여자, 특히 여성 가장 및 젊은 여성의 경우에는 행태적인 반응이 더 컸으며, 주로 외연적 차원에서 나타났다. 노동참여 탄력성은 0.5~1.0이었다.

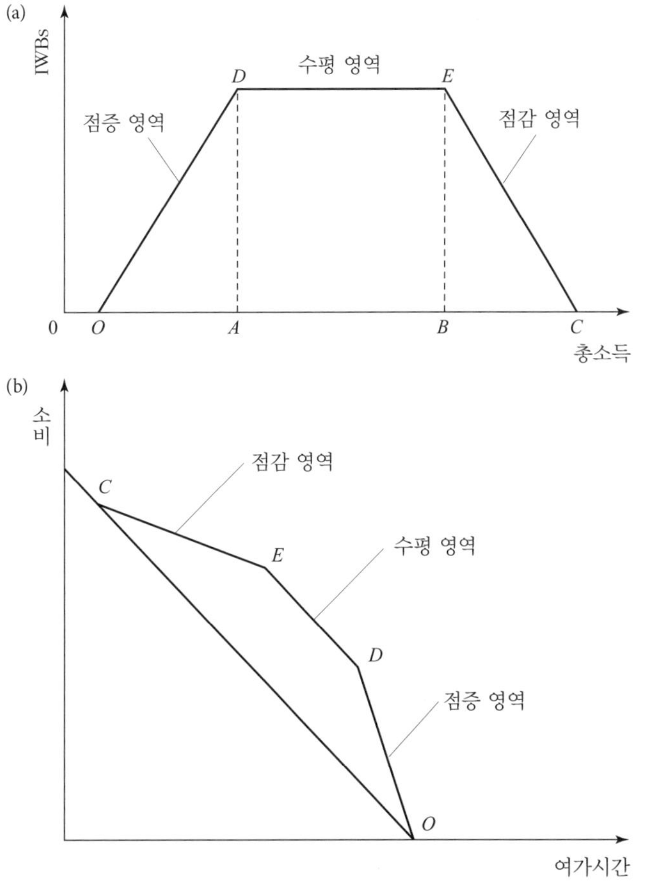

그림 13.6 근로조건부 급여 (IWBs): (a) 구조 (b) 예산선과의 관계

급된다. 목적은 일하는 근로자의 빈곤을 줄이는 것이다. IWBs의 설계는 [그림 13.6] (a)에 나타나 있다. 개인은 일을 하는 경우에 한해서 급여를 받는다. 급여 규모는 근로자의 총소득에 따라 달라진다. 소득구간 OA는 급여가 최대수준(D점)까지 증가하는 점증(phase-in) 영역이다. 이후 수평영역 *AB*에서는 급여가 일정하게 유지된다. 끝으로 소득구간 *BC*는 급여가 점차 감소하는 점감(phase-out) 영역으로, 부의 소득세처럼 작동한다. [그림 13.6] (b)는 예산제약선 전반에 상응하도록 IWBs를 달리 표현한 것이다.

금전적인 근로유인은 IWBs를 통해 커진다. Card and Hyslop(2005)는 복지급여 장기수혜자의 경우에도 소득보조가 고용률에 긍정적 효과가 있음을 보였다. 하지만 일시적 임금보조는 영구적인 효과가 없다(Box 13.2 참조).

Box 13.2

근로조건부 급여의 실제

1990년대 초반 캐나다에서는 장기 복지수혜자를 위한 한시적인 소득보조제도가 도입되었다. 자활프로젝트(SSP, Self-Sufficiency Project)라는 이 제도는 복지수급자의 제도 의존성을 완전히 끊을 의도로 도입되었다. 이 보조금 제도는 풀타임 일자리를 수용하는 개인에게만 적용되며, 3년까지 지속될 수 있고, 일단 대상자가 되면 반드시 1년 이내에 일을 시작해야 한다. SSP는 무작위 설계를 통해 평가되었다. 장기 복지수혜자의 절반은 SSP에 참여하지만, 나머지 절반은 통상의 복지제도에 남게 된다. 이 제도의 장단기 효과를 측정하기 위해서 6년 동안의 자료를 이용하였다. Card and Hyslop(2005)는 SSP가 단기적으로 큰 효과가 있다는 것을 확인하였다. 무작위 배정 이후 소득지원 대상자의 비율의 시간대별 추이는 다음과 같다.

제도의 경과 시기	통제집단	처치집단	제도의 효과
6	90.8	83.1	7.7
12	83.7	72.4	11.3
24	73.0	63.3	9.7
36	65.4	58.8	6.6
48	56.7	53.5	3.2
60	50.6	48.4	2.2
69	45.0	45.0	0.0

사업이 시작된 첫 6개월 후, 처치집단과 통제집단 간에는 7.7%포인트의 차이가 나타났으며, 1년 후에는 그 차이가 11.3%포인트로 확대되었다. 하지만 그 이후로 효과는 점차 사라졌다. 3년 후에는 집단 간 차이가 6.6%포인트, 5년 후에는 2.2%포인트로 감소했다. 69개월 후에 보조금 지급은 모두 종료되었고 두 집단의 복지급여 참여율은 같아졌다. 풀타임 일자리 구직에 대한 금전적 유인이 소멸되고 나자 SSP 참여자와 비참여자 간에 행동 차이는 더 이상 존재하지 않았다. 저자의 결론은, 일시적 임금보조가 복지급여 수혜자의 노동시장 지위에 항구적인 효과를 가질 수 있다는 가설은 SSP 실험에 의한 지지를 받지 못했다는 것이다.

출처: Card and Hyslop(2005).

많은 나라가 정액을 지불하는 일종의 IWBs를 도입해 왔다. Blundell(2001)은 캐나다, 영국 및 미국의 IWBs를 비교하고 있다. 가장 초기 방식이 1975년 미국에서 도입된 근로소득세금공제(EITC, Earned Income Tax Credit)이다. 제도의 관대성은 1986, 1990, 1993년 등 여러 차례 확대되었다. EITC의 자격은 결혼 여부와 관계없이 모든 저소득 유자녀 가정에 주어진다.

급여 수준, 철회율(withdrawal rates), 기간 제한(time limits), 시간 제한(hours limits) 및 표적성(targeting) 등에서 나라마다 큰 차이가 있다. 수급자격 기준도 나라마다 다르다. 호주, 벨기에 및 아일랜드에서는 장기실업자에게 한정되는 반면에, 캐나다, 네덜란드 및 뉴질랜드에서는 취업한 수급자 모두가 고용조건부 급여의 자격을 가진다. 캐나다를 제외하고는 근로시간 요건이 따르는데, 호주와 아일랜드의 경우 풀타임 고용이 요건이지만 다른 모든 나라에서는 파트타임 근로가 요건이다. 급여 수준은 프로그램마다 크게 차이가 있는데, 영국의 WFTC(유자녀 저소득 가정에 대해 평균소득의 30~35% 지급)와 아일랜드의 IFIS(유자녀 근로 가정에 대해 평균임금의 32.5% 지급)가 가장 관대한 편이다. 미국은 덜 관대한 편으로, 2자녀 가정에 대해 평균임금의 13%까지 지급한다. 하지만 급여 철회에서는 영국(55%)이 미국(20%)보다 빠르다.

MGI 제도와 마찬가지로, IWBs는 점감 영역에서 근로의욕을 감퇴시킬 수 있다. IWBs는 급여 제공을 고용상태에 연계시킴으로써 노동소득이 없는 개인의 취업을 장려하려는 목적으로 도입되었다. 그런데, 한편으로 취업의 압력을 가하게 되지만, 다른 한편으로 장시간(혹은 고임금) 근로의 유인을 저하시키는 경향이 있다. 그것은 소득분포에서 일정 지점에 달하면 급여가 과세 대상이 되며, 따라서 점감 영역에서는 노동공급을 내포적으로 (근로시간) 줄이게 하는 효과가 있기 때문이다. 그러므로 IWBs는 외연적 차원에서 노동공급을 장려하지만 내포적 차원의 노동공급 유인은 줄이게 된다. 나아가서 IWBs는 무소득자에게는 소득지원을 제공하지는 않는데, 반면에 MGI는 지원이 가장 필요할 최저소득자에게 가장 많은 이전지출을 제공한다. MGI에 비해서 IWBs는 노동력 진입의 유인을 높이는 한편으로 소득이 없는 가장 곤궁한 사람을 희생시키는 면이 있다.

Saez(2002)에 따르면, 개인의 행태적 반응이 노동공급의 내포적 차원에서 나타나는 경우에는 보장소득 수준이 높고 세율도 높은 MGI가 최적의 복지프로그램이다. 행태적 반응이 노동공급의 외연적 차원에 쏠려 있는 경우에는 보장소득 수준은 더 작고 저소득 수준에서 소득에 따라 이전지출이 증가하는 IWBs가 최적 프로그램이 된다. 두 방식이 상호 배타적인 것이 아님은 유의해야 할 것이며, 재원이 충분하다면 결합된 형태로 잘 작동할 수도 있다.

13.4.2 지급 방식과 지급 대상 결정

13.4.2.1 세금 공제(tax credits)냐 임금 보조(wage subsidies)냐

기업의 채용 결정에는 고용주에 대한 지불이 영향을 미칠 수 있다. 이것은 고용주에 대한 직접적 이전지출(임금 보조) 형태로 이루어질 수도 있고 세금 공제의 형태를 띨 수도 있다. 임금보조는 기업이 고용을 늘리도록 하는 유인으로서(한계적 임금보조) 제공될 수 있다. 세금공제는 특정 범주의 근로자를 채용하도록 제공되기도 한다. 세금공제와 임금보조 사이의 상충관계는 지불에 수반되는 비용에 영향을 받는다. 세금공제는 공공지출을 증가시키지 않으며, 조세제도를 통해 관리되는 만큼 별도의 행정관리가 필요 없지만, 임금보조의 경우에는 그것이 필요할 수 있다.[7] 특정 유형 근로자에 대한 노동비용의 하락은 고용주로 하여금 그 근로자를 더 채용하게 만들 것이다.

미국에서 1979년에 시작된 Targeted Jobs Tax Credit 프로그램은 불우한 청년, 장애인, 복지수급자를 표적집단으로 해서 고용주에게 1년 간 세금공제를 제공하는 것이었는데, 1995년 중단되었다. 이 유형의 세금공제는 잠재적 참여자에게 낙인효과(stigmatizing effect)를 미칠 수 있다는 증거가 있다. Burtless(1985)는 세금공제가 불우한 복지수급자에 대해서 제공되는 경우에, 이들 근로자가 채용될 확률이 세금공제가 없을 경우에 비해 오히려 더 낮아진다는 것을 확인했다. 임금보조는 흔히 저임금 근로자를 표적으로 해서, 고용주에 대한 고용보조금이나 사회보장기여금 삭감의 형태로 제공된다. 임금 수준이 유일한 자격조건이기 때문에 시간임금이 높은 근로자가 파트타임으로 일하려는 유인이 될 수도 있다. 그런 임금보조의 예로 네덜란드의 SPAK(Specifieke Afdrachtskorting)를 들 수 있는데, 1996년에 저임금에 대한 고용주 기여의 삭감 형태로 도입된 후, 비용 문제로 4년에 걸쳐 점차 축소되어 2003년에 폐지되었다. 임금보조가 저숙련 근로자의 고용을 1~5% 증가시킨 것으로 평가된다. 프랑스와 벨기에에서도 유사 프로그램이 시행되어 상당한 고용효과를 거두었다(상세한 것은 Boeri 2005 참조).

기업에 대한 세금공제와 이전지출이 어차피 존재하였을 기존의 일자리를 보조하게 되는 경우, 많은 후생손실을 초래할 수 있다. 후생손실을 줄이기 위해서 정부는 신규 일자리 창출만을 보조할 수 있다. 하지만 일자리의 일부는 어차피 생겼을 것이다. 따라서 후생손실은 적어도 상대적 차원에서는 여전히 상당한 수준일 수 있다. 후생손실을 피하는 더 나은 방법은, 보조금이 임금으로 이전되기 어려운 경우처럼 보조가 없다면 사라지게 될 일자리를 표적으로 하는 것이다. 하지만 이러한 이론적 해결책도 실행하기

7) 세금공제는 탈세율이 높은 상황에서는 효과가 없어질 수 있음에 유의하자.

쉬운 것은 아니다.

13.4.2.2 개인 대상이냐 가구 대상이냐

다른 핵심적 과제는 조세와 편익의 표적을 개인으로 할 것인지 가구로 할 것인지에 관한 것이다. 개인소득에 근거한 조세-편익 제도는 세금공제를 받는 가족소득과 관련하여 분배적 문제를 야기한다. 예를 들어 부유한 개인의 배우자의 파트타임 근로를 지원하게 될 수도 있다. 하지만 그것은 기혼여성 근로의 보수를 높여서 여성 노동공급을 증가시키는 효과가 크다. 가구소득에 근거한 소득기준 세금공제는 빈곤층을 표적으로 하기에는 적합하지만 가구의 다른 구성원의 근로의욕을 저하시킬 수 있는데, 추가소득으로 인해서 가구의 세금공제가 부분적으로 혹은 전적으로 철회될 수 있기 때문이다.

행정적 편의 때문에, 일반적으로 세금공제의 표적은 각국에서 사용되는 과세 단위이다. 예를 들어 프랑스에서는 가족이, 이탈리아에서는 개인이 과세단위이다. 하지만 영국은 WFTC 자격을 결정할 때 개인의 세금신고서와 가족소득 평가를 채택한다. 자격 결정을 위한 소득평가를 어떤 수준에서 실시할 것인가에 관한 선택은, 정부 전략에서 빈곤 해소와 노동력참여 장려가 차지하는 상대적 중요성에 따라 달라진다. 빈곤 해소의 표적은 가족이며, 노동력참여를 장려하는 표적은 개인이다. 자격 여부가 가족소득에 따라 정해진다면 지원의 필요성이 큰 가족에게 편익이 제공되겠지만, 가구내 2차 소득원의 노동력 참여 결정에는 부정적으로 작용할 수 있다. 자격 여부가 개인소득에 따라 정해진다면 이런 부정적 유인의 문제는 사라지겠지만, 편익의 일부가 고소득 가정에로 가게 될 것이다.

13.5 다른 제도들과의 상호작용

급여세는 대부분의 노동시장 제도와 상호작용하며, 다른 유형의 과세와도 관련된다. 실제로 교육, 퇴직제도, UBs 등 공적 재원으로 운영되는 모든 제도와 상호작용하게 된다. 마찬가지로(예컨대 부가가치세나 자본소득세 등) 다른 유형의 과세와도 상호작용하게 된다. 일자리 창출을 지원한다는 차원에서 급여세를 낮추고 부가가치세를 높임으로써 과세를 노동에서 소비로 전환하자는 권고도 있지만, 이에 관한 거시경제적 증가는 약한 편이다(Lee and Gordon 2005).

이러한 '회계적인' 효과 외에도, 급여세는 유인을 변화시켜서 다른 제도의 효과에 영향을 주게 된다. 예를 들면 ECI와 같은 급여세 공제가 최저임금(2장)과 연계해서 사용되기도 하는데, 근로자 해고를 방지하려는 취지이다. 동시에 최저임금은 세금공제가 모두 고용주에게로 이전되는 것을 방지한다. 노동조합(3장)도 중요한데, 노조의 교섭이 조세, 과세 구조 및 급여세의 귀착 간의 관계에 영향을 주기 때문이다.

조기퇴직 제도(6장)가 급여세의 영향을 받는 것은, 높은 세율이(특히 고소득층) 근로자의 조기퇴직을 유발하기 때문이다. 급여세가 퇴직제도나 UBs(11장)의 재원으로 연결되는 경우에, 근로자가 그것을 일종의 미루어진 소비 또는 보험으로 인식한다면 왜곡효과는 완화될 것이다. 이런 상황이라면 근로자는 현재의 순임금 감소를 좀더 쉽게 수용할 수 있는데, 그것이 장래의 생활수준을 개선시킨다는 것을 알기 때문이다. 따라서 사회보장기여 수준에 대한 노동공급의 반응을 줄이게 된다(Box 13.1 참조). 국가간 비교를 통해서, 노동에 대한 총조세쐐기와 UBs 적용률 간에 양의 상관관계가 존재함을 알 수 있다([그림 13.7] 참조). 이 상관관계는 회계적인(더 관대한 UBs의 재원으로 더 높은 기여가 필요함) 성격의 것일 수도 있지만, 많은 근로자가 기여를 보험으로 인식함에 따라 왜곡효과가 줄어드는 것이 포착되었을 수도 있다.

끝으로 급여세와 ALMPs(12장) 간에도 중요한 상호작용이 있는데, 유인이 실업자의

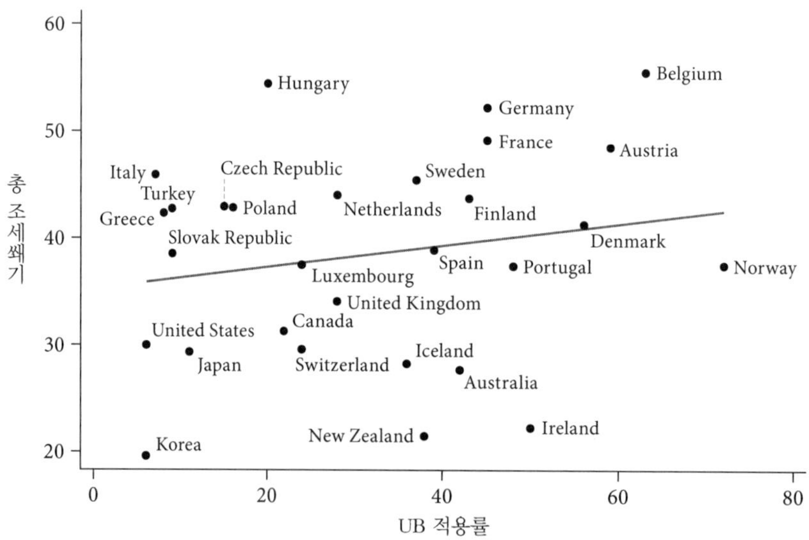

그림 12.7 조세와 UBs

출처: OECD(2007).

주: 세로축은 이 장에서 논의된 총 조세쐐기를 보여준다; 가로축은 11장에서 논의된 UB 관대성에 관한 OECD 요약 척도를 나타낸다. 직선은 자료에서 도출된 회귀선이다.

탐색 행동에 영향을 미치고, 임금보조가 ECI의 대안이 될 수 있다는 점에서 그러하다(13.4.2 참조).

13.6 급여세는 왜 존재하는가?

급여세는 정부지출의 재원이 된다. 조세로 가는 사회보장기여는 노동시장 기능과 직접 관련되는데, 예를 들어 근로자에게 실업에 대한 보험을 제공한다. 근로자의 근무 유인 또는 실업상태에서의 탐색 유인을 충분히 제공하기 위해서는 급여세 구조가 중요하다.

공적 연금제도에의 기여는 조세쐐기의 일부로 이해되지만, 그것이 조세인지, 저축인지, 보험료인지는 선험적으로 명확하지 않다. Disney(2004)에 따르면, 연금 기여에서 조세 및 저축의 비중은 여성의 경우에 특히 중요하다. 조세 비중이 높으면 여성의 고용률은 낮아지는 한편, 퇴직저축 비중이 높다면 그 반대의 효과가 있다. 남자의 고용률은 대체로 세율에 민감하지 않다.

하지만 급여세도 왜곡을 수반하게 됨은 불가피하다. 그것은 외연적으로나 내포적으로나 고용을 줄인다. 실제로 세율은 근로연령 인구가 수행하는 시장근로 규모에서 국가 간에 차이가 나는 것을 설명하는 데 중요한 요인이다. 하지만 세율 차이는 시장 결과의 차이의 일부만을 설명할 뿐이며, 더 많은 부분은 다른 노동시장 제도에 의해서 설명된다(Nickell 2006).

13.7 심화학습 안내

Pissarides(1998)은 임금 형성에 관한 상이한 가정들하에서 조세가 노동시장의 기능에 미치는 영향을 분석하였다. Blundell and MaCurdy(1999)는 노동공급과 조세 및 이전지출에 대한 행태적 반응에 관한 실증연구를 개관하였다. OECD(2005b)의 3장은 여러 나라의 근로조건부 급여체계의 특징을 자세히 살펴보았다. Boeri(2005)는 사회보장제도 활성화를 위한 요건에 대해 논의했는데, 근로조건부 급여와 세금공제 혹은 기업에의 이전이 중요하다는 점을 밝혔다. Keane(2011)은 조세가 노동공급에 미치는 효과에 관해 개관하고 있다.

복습 질문 및 연습문제

1. 일정한 평균세금을 전제로, 한계세율의 변화는 노동 수요와 공급에 어떤 영향을 미치는가?
2. 근로조건부 급여는 실업자의 인센티브에 어떤 영향을 미치는가?
3. 근로조건부 급여의 점증(phase-in) 및 점감(phase-out) 단계에서는 어떤 일이 벌어지는가?
4. 노동 공급과 수요의 탄력성은 노동자와 기업 간 조세쐐기의 분담에 어떤 영향을 미치는가?
5. 급여세 구조는 노동시장의 기능에 어떤 영향을 미치는가?
6. 조세의 충격이 노동시장의 성격에 따라 달라지는 이유는 무엇인가?
7. MGI 제도와 근로조건부 급여의 주된 목표는 무엇이며, 두 제도의 본질적 차이점은 무엇인가?
8. 임금보조와 세액공제 간의 상충관계는 무엇인가?
9. 공적연금 프로그램에 대한 기여는 조세쐐기의 일부로 보아야 하는가?
10. 한 개인의 효용함수는 $U(c, l)=\sqrt{cl}$이다. 소비재의 가격은 p, 임금률은 w, 그리고 비근로소득은 m이다. 전체 시간 T는 노동에 h, 여가소비에 l만큼 배분된다.
    (a) 효용최대화 문제를 풀어라. $p=1$, $w=5$, $m=20$, $T=16$일 때, 최적 노동공급은 몇 시간인가? 최적 여가소비는 몇 시간인가?
    (b) m이 $m=30$으로 증가했다고 가정하자. 새로운 노동공급과 여가소비 시간은 각각 몇 시간인가?
    (c) 1시간 일할 때마다 $1를 지불하는 ECI 프로그램이 도입되었다. 유효 임금률은 이제 $w=5+1=6$이다. 이 제도하에서 최적 노동공급과 여가소비를 계산하고 그 결과를 설명하시오.
11. 생산직 근로자 시장에서 노동공급은 $w=20+8L$이고 노동수요는 $w=80-12L$이다.
    (a) 조세가 없을 때 노동시장의 균형을 나타내시오(임금 w, 고용 L, 실업 U).
    (b) 가처분소득의 50%만큼의 급여세를 고용주가 지불하는 제도가 도입된다면, 균형은 어떻게 변하는가?
    (c) 노동공급이 보다 경직적이 되었다고 가정하자. 고용주가 지불하는 급여세의 임금 효과는 강해지는가 약해지는가? 고용량에 대한 효과는 어떠한가?
    (d) 공급은 변화가 없고 대신에 수요는 보다 경직적이 되었다면, 어떻게 되는가?

12. 패스트푸드 근로자의 노동공급은 $w=10+5L$이고, 수요곡선은 $w=50-3L$이다.

(a) 임금 w, 고용 L, 실업 U의 균형 수준을 구하시오.

(b) 고용주에게 25%의 급여세를 부과한다면 이 수준은 어떻게 변하는가?

(c) 같은 급여세가 근로자의 임금에 대해 부과된다면 이 수준은 어떻게 변하는가?

참고문헌

Abbring, J. H., G. J. van den Berg, and J. C. van Ours (2005). The effect of unemployment insurance sanctions on the transition rate from unemployment to employment. *Economic Journal 115,* 602–30.

Abowd, J., F. Kramarz, T. Lemieux, and D. Margolis (1999). Minimum wage and youth employment in France and the United States. In *Youth employment and the labor market,* ed. D. Blanchflower and R. Freeman. Chicago: University of Chicago Press.

Acemoglu, D. (1997). Training and innovation in an imperfect labor market. *Review of Economic Studies 64,* 445–64.

——— (2001). Good jobs versus bad jobs: Theory and some evidence. *Journal of Labor Economics 19,* 1–22.

Acemoglu, D., and D. Autor (2011). Skills, tasks and technologies: Implications for employment and earnings. In *Handbook of labor economics 4B,* ed. D. Card and O. Ashenfelter. Amsterdam: Elsevier.

Acemoglu, D., and J. Pischke (1998). Why do firms train? Theory and evidence. *Quarterly Journal of Economics 113,* 79–119.

——— (1999). Beyond Becker: Training in imperfect labor markets. *Economic Journal 109,* F112–F142.

Acemoglu, D., P. Aghion, and G. Violante (2000). Deunionization, technical change, and inequality. *Carnegie-Rochester Conference Series on Public Policy 44 (1),* 229–64.

Adams, S. J. (2004). Age discrimination legislation and the employment of older workers. *Labour Economics 11,* 219–41.

Addison, J., and M. Blackburn (1999). Minimum wages and poverty. *Industrial and Labor Relations Review 52 (3),* 393–409.

——— (2000). The effects of unemployment insurance on post-unemployment earnings. *Labour Economics 7,* 21–53.

Addison, J., and J.-L. Grosso (1996). Job security provisions and employment: Revised estimates. *Industrial Relations 35 (4),* 585–603.

Agell, J. (1999). On the benefits for rigid labour markets: Norms, market failures and social insurance. *Economic Journal 109,* 143–64.

——— (2000). On the determinants of labor market institutions: Rent-sharing vs. social insurance. Working Paper 16, Uppsala.

——— (2001). On the determinants of labor market institutions: Rent-sharing vs. social insurance. *Research Papers in Economics 1001:12,* Stockholm University, Department of Economics.

Agell, J., and K. E. Lommerud (1992). Union egalitarianism as income insurance. *Economica 59,* 295–310.

Ahmed, A., L. Andersson, and M. Hammarstedt (2011). Are homosexuals discriminated against in the hiring process? IFAU Discussion Paper 2011: 21.

Aigner, D. J., and G. G. Cain (1977). Statistical theories of discrimination in labor markets. *Industrial and Labor Relations Review 30,* 175–87.

Akerlof, G. A. (1980). A theory of social customs, of which unemployment may be one consequence. *Quarterly Journal of Economics 94 (4),* 749–75.

Alderman, H., L. Haddad, and J. Hoddinott (1994). Intrahousehold resource allocation: An overview. Policy Research Working Paper Series 1255, World Bank, Washington, DC.

Alesina, A., and R. Perotti (1997). The welfare state and competitiveness. *American Economic Review 87,* 921–39.

Algan, Y., and P. Cahuc (2005). Theory roots of low European employment: Family culture? In *NBER macroeconomics annual,* ed. C. Pissarides and J. Frankel. Cambridge, MA: MIT Press.

——— (2009). Civic virtue and labor market institutions. *American Economic Journal: Macroeconomics 1,* 111–45.

Alogoskoufis, G., C. R. Bean, G. Bertola, D. Cohen, J. J. Dolado, and G. Saint-Paul (1995). Unemployment: Choices for Europe. CEPR Report. London: Centre for Economic Policy Research.

Altonji, J., and R. Blank (1999). Race and gender in the labor market. In *Handbook of labor economics,* ed. O. Ashenfelter and D. Card. Amsterdam: Elsevier.

Ames, E., and R. T. Rapp (1977). The birth and death of taxes: A hypothesis. *Journal of Economic History 37,* 161–78.

Andersen, T. M., and M. Svarer (2010). State dependent unemployment benefits. *Journal of Risk and Insurance 78,* 325–44.

Andrews, M. J., T. Schank, and R. Simmons (2005). Does worksharing work? Some empirical evidence from the IAB-establishment panel. *Scottish Journal of Political Economy 52,* 141–76.

Angrist, J. D. (1990). Lifetime earnings and the Vietnam era draft lottery: Evidence from social security administrative records. *American Economic Review 80,* 313–36.

——— (1991). Instrumental variables estimation of average treatment effects in econometrics and epidemiology. Technical Working Paper 0115. Cambridge, MA: National Bureau of Economic Research.

Angrist, J. D., and A. B. Krueger (1991). Does compulsory school attendance affect schooling and earnings? *Quarterly Journal of Economics 106 (4),* 979–1014.

——— (1999). Empirical strategies in labor economics. In *Handbook of labor economics,* ed. O. Ashenfelter and D. Card. Amsterdam: Elsevier.

Antecol, H., D. Cobb-Clark, and S. Trejo (2003). Immigration policy and the skills of immigrants to Australia, Canada and the United States. *Journal of Human Resources 38 (1),* 192–218.

Antón, J., and R. Muñoz de Bustillo (2011). The impact of the minimum wage on Spanish youth: Evidence from a natural experiment. Munich Personal RePEc Archive Paper 33488.

Arni, P., R. Lalive, and J. van Ours (2013). How effective are unemployment benefit sanctions? Looking beyond unemployment exit. *Journal of Applied Econometrics,* doi: 10.1002/jae.2289.

Arrow, K. (1973). The theory of discrimination. In *Discrimination in labor markets,* ed. O. Ashenfelter and A. Rees. Princeton: Princeton University Press.

Ashenfelter, O. C., and J. N. Brown (1986). Testing the efficiency of employment contracts. *Journal of Political Economy 94 (3),* 541–87.

Ashenfelter, O. C., and D. Card (2002). Did the elimination of mandatory retirement affect faculty retirement flows? *American Economic Review 92,* 957–80.

Ashenfelter, O. C., and G. E. Johnson (1969). Bargaining theory, trade unions, and industrial strike activity. *American Economic Review 74,* 35–49.

Ashenfelter, O. C., and C. Rouse (1998). Income, schooling, and ability: Evidence from a new sample of identical twins. *Quarterly Journal of Economics 113,* 253–84.

Ashenfelter, O. C., H. Farber, and M. R. Ransom (2010). Labor market monopsony. *Journal of Labor Economics 28,* 203–10.

Atkinson, A., and J. Micklewright (1991). Unemployment compensation and labor market transitions: A critical review. *Journal of Economic Literature 29,* 1679–1727.

Atkinson, A., T. Piketty, and E. Saez (2011). Top incomes in the long run of history. *Journal of Economic Literature 49 (1),* 3–71.

Aubert, P. (2003). Productivity, wage and demand for elder workers: An examination of French matched employer-employee data. Paris: Institut National de la Statistique et d'Études Economiques.

Autor, D. (2001). Why do temporary help firms provide free general skills training? *Quarterly Journal of Economics 116 (4),* 1409–48.

Autor, D., J. Donohue, and S. Schwab (2006). The costs of wrongful discharge laws. *Review of Economics and Statistics 88 (2),* 211–31.

Avolio, B. J., D. A. Waldman, and M. A. McDaniel (1990). Age and work performance in nonmanagerial jobs: The effects of experience and occupational type. *Academy of Management Journal 33 (2),* 407–22.

Bacache-Beauvallet, M., and E. Lehmann (2008). Minimum wage or negative income tax: Why skilled workers may favor wage rigidities. *Spanish Economic Review 10 (1),* 63–81.

Baker, M., and K. Milligan (2010). Evidence from maternity leave expansions of the impact of maternal care on early child development. *Journal of Human Resources 45 (1),* 1–32.

Banks, J., and S. Smith (2006). Retirement in the UK. *Oxford Review of Economic Policy (Spring),* 40–56.

Barth, M. C., W. McNaught, and P. Rizzi (1993). Corporations and the aging workforce. In *Building the competitive workforce: Investing in human capital for corporate success,* ed. P. H. Mirvis. New York: John Wiley and Sons.

Bassanini, A. (2006). Training, wages and employment security: An empirical analysis on European data. *Applied Economics Letters, 13 (8),* 523–27.

Bauer, T. K., R. Flake, and M. G. Sinning (2011). Labor market effects of immigration: Evidence from neighborhood data. IZA Discussion Paper 5707. Bonn: Institute for the Study of Labor.

Baum, C. L. (2003). Does early maternal employment harm child development? An analysis of the potential benefits of leave taking. *Journal of Labor Economics 21,* 409–48.

Bean, C. (1994). European unemployment: A survey. *Journal of Economic Literature 32 (2),* 573–619.

Becker, G. (1968). Crime and punishment: An economic approach. *Journal of Political Economy 76 (2),* 169–217.

——— (1971). *The economics of discrimination* (2nd ed.). Chicago: University of Chicago Press.

Becker, G. S. (1964). *Human capital: A theoretical and empirical analysis, with special reference to education.* New York: Columbia University Press.

Behaghel, L., B. Crépon, and B. Sédillot (2004). Contribution Delalande et transitions sur le marché du travail. *Economie et Statistique 372,* 61–88.

——— (2008). The perverse effects of partial employment protection reform: The case of French older workers. *Journal of Public Economics 92,* 696–721.

Bell, L. A. (1997). The impact of minimum wages in Mexico and Columbia. *Journal of Labor Economics 15,* S102–S135.

Belot, M., and J. C. van Ours (2001). Unemployment and labor market institutions: An empirical analysis. *Journal of the Japanese and International Economies 15,* 403–18.

——— (2004). Does the recent success of some OECD countries in lowering their unemployment rates lie in the clever design of their labor market reforms? *Oxford Economic Papers 56,* 621–42.

Belzil, C. (2001). Unemployment insurance and subsequent job duration: Job matching versus unobserved heterogeneity. *Journal of Applied Econometrics 16,* 619–36.

Ben-Porath, Y. (1967). The production of human capital and the life cycle of earnings. *Journal of Political Economy 75 (4),* 352–65.

Bentolila, S., and G. Bertola (1990). Firing costs and labour demand: How bad is eurosclerosis? *Review of Economic Studies 57,* 381–402.

Bentolila, S., and J. Dolado (1994). Labor flexibility and wages: Lessons from Spain. *Economic Policy 18,* 55–99.

Bentolila, S., J. Dolado, P. Cahuc, and L. Barbanchon (2012). Two-tier labor markets in the Great Recession: France versus Spain. *Economic Journal 122,* F155–F187.

Bertola, G. (1990). Job security, employment, and wages. *European Economic Review 34 (4),* 851–79.

Bertola, G., and T. Boeri (2002). EMU labour markets two years on: Microeconomic tensions and institutional evolutions. In *EMU and economic policy in Europe,* ed. M. Buti and A. Sapir. Cheltenham, UK, and Northampton, MA: Edward Elgar.

Bertola, G., and R. Rogerson (1997). Institutions and labour reallocation. *European Economic Review 41,* 1147–71.

Bertola, G., T. Boeri, and S. Cazes (2000). Employment protection in industrialized countries: The case for new indicators. *International Labor Review 139 (1),* 57–72.

Bertola, G., J. F. Jimeno, R. Marimon, and C. Pissarides (1999). EU welfare systems and labor markets: Diverse in the past, integrated in the future? In *Welfare and employment in Europe,* ed. G. Bertola, T. Boeri, and G. Nicoletti. Cambridge, MA: MIT Press.

Bertrand, M. (2010). New perspectives on gender. In *Handbook of labor economics 4B,* ed. D. Card and O. Ashenfelter. Amsterdam: Elsevier.

Bertrand, M., and S. Mullainathan (2004). Are Emily and Greg more employable than Lakisha and Jamal? A field experiment on labor market discrimination. *American Economic Review 94,* 991–1013.

Biddle, J., and D. S. Hamermesh (1994). Beauty and the labor market. *American Economic Review 84,* 174–94.

Bils, M., and P. Klenow (2000). Does schooling cause growth? *American Economic Review 90,* 1160–83.

Binmore, K., A. Rubinstein, and A. Wolinsky (1986). The Nash solution in economic modelling. *Rand Journal of Economics 17 (2),* 176–88.

Björklund, A., and B. Holmlund (1991). The economics of unemployment insurance: The case of Sweden. *Labour market policy and unemployment insurance,* ed. A. Bjorklund, R. Haveman, R. Hollister, and B. Holmlund. Oxford: Clarendon Press.

Black, D. A. (1995). Discrimination in an equilibrium search model. *Journal of Labor Economics 13,* 309–34.

Black, D. A., J. Smith, M. C. Berger, and B. L. Noel (2003). Is the threat of training more effective than training itself? Evidence from random assignments in the UI system. *American Economic Review 93,* 1313–27.

Blanchard, O. J. (2004). The economic future of Europe. *Journal of Economic Perspectives 18,* 3–26.

——— (2006). European unemployment: The evolution of facts and ideas. *Economic Policy 22,* 5–59.

Blanchard, O. J., and P. A. Diamond (1994). Ranking, unemployment duration, and wages. *Review of Economic Studies 61 (3),* 417–34.

Blanchard, O. J., and L. H. Katz (1992). Regional evolutions. Brookings Papers on Economic Activity. Washington, DC: Brookings Institution.

Blanchard, O. J., and J. Tirole (2003). Redesigning the employment protection system. *De Economist 152,* 1–20.

Blanchard, O. J., and J. Wolfers (2000). The role of shocks and institutions in the rise of European unemployment: The aggregate evidence. *Economic Journal 110,* 1–33.

Blanchflower, D. (2007). A cross-country study of union membership. *British Journal of Industrial Relations 45 (1),* 1–28.

Blau, D. (2000). Child care subsidy programs. Working Paper 7806. Cambridge, MA: National Bureau of Economic Research.

——— (2001). *The child care problem: An economic analysis.* New York: Russell Sage Foundation.

Blau, D. M., and P. K. Robins (1986). Job search, wage offers, and unemployment insurance. *Journal of Public Economics 29,* 173–97.

Blau, F., M. A. Ferber, and A. E. Winkler (2010). *The economics of women, men and work* (6th ed.). Boston: Pearson.

Blau, F. D., and R. G. Ehrenberg (1997). *Gender and family issues in the workplace.* New York: Russell Sage Foundation.

Blau, F. D., and A. Grossberg (1992). Maternal labor supply and children's cognitive development. *The Review of Economics and Statistics 74 (3),* 474–81.

Blau, F. D., and L. M. Kahn (1996). The gender earnings gap: Some international evidence. Working Paper 4224. Cambridge, MA: National Bureau of Economic Research.

Blinder, A. S. (1973). Wage discimination: Reduced form and structural estimates. *Journal of Human Resources 8,* 436–55.

Blundell, R. (2001). Welfare reform for low income workers. *Oxford Economic Papers 53,* 189–214.

Blundell, R., and M. Dias (2000). Evaluation methods for non-experimental data. *Fiscal Studies 21,* 427–68.

Blundell, R., and T. MaCurdy (1999). Labor supply: A review of alternative approaches. *Handbook of labor economics,* ed. O. Ashenfelter and D. Card. Amsterdam: Elsevier.

Blundell, R., A. Bozio, and G. Laroque (2011). Extensive and intensive margins of labour supply: Working hours in the US, UK and France. IZA Discussion Paper 6051. Bonn: Institute for the Study of Labor.

Böckerman, P., and R. Uusitalo (2006). Erosion of the Ghent system and union membership decline: Lessons from Finland. *British Journal of Industrial Relations 44 (2)*, 283–303.

Bodvarsson, Ö. B., H. F. van den Berg, and J. J. Lewer (2008). Measuring immigration's effect on labor demand: A reexamination of the Mariel Boatlift. *Labour Economics 15*, 560–74.

Boeri, T. (1996). Is job turnover countercyclical? *Journal of Labor Economics 14 (4)*, 603–25.

——— (1999). Enforcement of employment security regulations, on-the-job search and unemployment duration. *European Economic Review 43*, 65–89.

——— (2005). An activating social security system. *De Economist 153 (4)*, 375–97.

——— (2010). Immigration to the land of redistribution. *Economica 77*, 651–87.

——— (2011). Institutional reform and dualism. In *Handbook of labor economics 4B*, ed. D. Card and O. Ashenfelter. Elsevier.

——— (2012). Setting the minimum wage. *Labour Economics 19*, 281–90.

Boeri, T., and H. Bruecker (2005). Why are Europeans so tough on migrants? *Economic Policy 44*, 629–704.

——— (2011). Short-time work benefits revisited: Some lessons from the Great Recession. *Economic Policy 26 (68)*, 697–765.

Boeri, T., and A. Brugiavini (2008). Pension reform and women's retirement plans. *Journal of Population Ageing 1*, 7–30.

Boeri, T., and M. C. Burda (1996). Active labour market policies, job matching and the Czech miracle. *European Economic Review 40*, 805–17.

——— (2009). Preferences for collective versus individualized wage setting. *Economic Journal 119*, 1440–63.

Boeri, T., and P. Garibaldi (2006). Two tier reforms of employment protection: A honeymoon effect? *Economic Journal 17*, 357–85.

Boeri, T., and J. Jimeno (2005). The effects of employment protection: Learning from variable enforcement. *European Economic Review 49*, 2057–77.

Boeri, T., and M. Macis (2010). Do unemployment benefits promote or hinder structural change? *Journal of Development Economics 93 (1)*, 109–25.

Boeri, T., and K. Terrell (2002). Institutional determinants of labor reallocation in transition. *Journal of Economic Perspectives 16 (1)*, 51–76.

Boeri, T., G. Hanson, and B. McGormick, eds. (2002). *Immigration policy and the welfare system*. Oxford: Oxford University Press.

Boeri, T., D. Del Boca, and C. Pissarides (2005). *Women at work: An economic perspective*. Oxford: Oxford University Press.

Boeri, T., M. Burda, and F. Kramarz, eds. (2008). *Working hours and job sharing in the EU and USA: Are Europeans lazy? Or Americans crazy?* Oxford: Oxford University Press.

Boeri, T., P. Garibaldi, and M. Ribeiro (2011). The lighthouse effect and beyond. *Review of Income and Wealth 57*, 54–78.

Boeri, T., J. I. Conde-Ruiz, and V. Galasso (2012). The political economy of flexicurity. *Journal of the European Economic Association 10*, 684–715.

Boeri, T., P. Garibaldi, and E. Moen (2013). The economics of severance pay. IZA Discussion Paper 7455. Bonn: Institute for the Study of Labor.

Boldrin, M., J. J. Dolado, J. F. Jimeno, and F. Peracchi (1999). The future of pension systems in Europe: A reappraisal. *Economic Policy 29*, 289–323.

Boockmann, B., T. Zwick, A. Ammermüller, and M. Maier (2012). Do hiring subsidies reduce unemployment among older workers? Evidence from natural experiments. *Journal of the European Economic Association 10*, 735–64.

Boone, J., and J. C. van Ours (2006). Modelling financial incentives to get unemployed back to work. *Journal of Institutional and Theoretical Economics 162 (2)*, 227–52.

——— (2009). Bringing unemployed back to work: effective active labor market policies. *De Economist 157 (04-87)*, 293–313.

——— (2012). Why is there a spike in the job finding rate at benefit exhaustion? *De Economist 160*, 413–38.

Boone, J., P. Fredriksson, B. Holmlund, and J. C. van Ours (2007). Optimal unemployment insurance with monitoring and sanctions. *Economic Journal 117*, 399–421.

Booth, A. (1995). *The economics of the trade union*. Cambridge: Cambridge University Press.

Booth, A., and J. C. van Ours (2008). Job satisfaction and family happiness: The part-time work puzzle. *Economic Journal 118*, F77–F99.

Booth, A., and J. C. van Ours (2009). Hours of work and gender identity: Does part-time work make the family happier? *Economica 76,* 176–96.

——— (2013). Part-time jobs: What women want? *Journal of Population Economics 26,* 263–83.

Booth, A. L., and L. Bryan (2005). Testing some predictions of human capital theory: New training evidence from Britain. *Review of Economics and Statistics 87,* 391–94.

Booth, A. L., and A. Leigh (2010). Do employers discriminate by gender? A field experiment in female-dominated occupations. *Economics Letters 107,* 236–38.

Booth, A. L., and M. Ravallion (1993). Employment and length of the working week in a unionized economy in which hours of work influence productivity. *Economic Record, Economic Society of Australia 69 (207),* 428–36.

Borghans, L., B.H.H. Golsteyn, J. J. Heckman, and J. E. Humphries (2009). Identification problems in personality psychology. NBER Working Paper 16917. Cambridge, MA. National Bureau of Economic Research.

Borjas, G. J. (1999). The economic analysis of immigration. In *Handbook of labor economics,* ed. O. Ashenfelter and D. Card. Amsterdam: Elsevier.

——— (2001). Does immigration grease the wheels of the labor market? *Brookings Papers on Economic Activity 1,* 69–133.

——— (2003). The labor demand curve is downward-sloping: Reexamining the impact of immigration on the labor market. *Quarterly Journal of Economics 18 (November),* 1335–74.

——— (2009). *Labor economics (5th ed.)* Cambridge: McGraw-Hill.

Börsch-Supan, A., and H. K. Jürges (2006). Early retirement, social security and well-being in Germany. NBER Working Paper 12303. Cambridge, MA: National Bureau of Economic Research.

Bratberg, E., T. H. Holmås, and Ø. Thøgerson (2004). Assessing the effects of an early retirement program. *Journal of Population Economics 17,* 387–408.

Brewer, M., E. Saez, and A. Shephard (2010). Means-testing and tax rates on earnings. In *Dimensions of tax design, the Mirrlees review,* ed. Institute for Fiscal Studies. Oxford: Oxford University Press.

Brown, C. (1999). Minimum wages, employment, and the distribution of income. In *Handbook of labor economics,* ed. O. Ashenfelter and D. Card. Amsterdam: Elsevier.

Browning, M., F. Bourguignon, P. Chiappori, and V. Lechene (1994). Income and outcomes: A structural model of intrahousehold allocation. *Journal of Political Economy 102,* 1067–96.

Brugiavini, A., M. C. Burda, L. Calmfors, D. Checchi, R. Naylor, and J. Visser (2001). The future of collective bargaining in Europe. In *The role of unions in the twenty-first century,* ed. T. Boeri, A. Brugiavini, and L. Calmfors. Oxford: Oxford University Press.

Brunello, G., P. Garibaldi, and E. Wasmer (2007). *Education and training in Europe.* Oxford: Oxford University Press.

Brusentsev, V., and W. Vroman (2012). *Stabilizing employment: The role of short-time compensation.* Kalamazoo, MI: Upjohn Institute Press.

Buddelmeyer, H., G. Mourre, and M. Ward (2005). Part-time work in EU countries: Labour market mobility, entry and exit. IZA Discussion Paper 1550. Bonn: Institute for the Study of Labor.

Burda, M. (1995). Migration and the option value of waiting. *Economic and Social Review 27,* 1–19.

Burda, M., and J. Hunt (2001). From reunification to economic integration: Productivity and the labor market in Eastern Germany. *Brooking Papers on Economic Activity 2,* 1–92.

Burda, M. C., and P. Weil (2008). Blue laws. *Working hours and job sharing in the EU and USA: Are Europeans lazy? Or Americans crazy?,* ed. T. Boeri, M. Burda, and F. Kramara. Oxford: Oxford University Press.

Burda, M., D. Hamermesh, and P. Weil (2008). *Understanding transatlantic differences in working hours.* Oxford: Oxford University Press.

Burdett, K., and R. Wright (1989). Unemployment insurance and short-time compensation: The effects on layoffs, hours per worker and wages. *Journal of Political Economy 97,* 1479–96.

Burgess, P. L., and J. L. Kingston (1976). The impact of unemployment insurance benefits on reemployment success. *Industrial and Labor Relations Review 30,* 25–31.

Burtless, G. (1985). Are targeted wage subsidies harmful? Evidence from a wage voucher experiment. *Industrial and Labor Relations Review 39,* 105–14.

Cahuc, P., and S. Carcillo (2011). Is short-time work a good method to keep unemployment down? CEPR Discussion Paper 8214. London: Centre for Economic Policy Research.

Cahuc, P., and J. Michel (1996). Minimum wage, unemployment and growth. *European Economic Review 40,* 1463–82.

Cahuc, P., and A. Zylberberg (2004). *Labor economics*. Cambridge, MA: MIT Press.

Caliendo, M., K. Tatsiramos, and A. Uhlendorff (2013). Benefit duration, unemployment duration and job match quality: A regression discontinuity approach. *Journal of Applied Econometrics 28 (4),* 604–27.

Calmfors, L. (1994). Active labor market policy and unemployment—A framework for the analysis of crucial design features. *OECD Economic Studies 22 (1),* 7–47.

——— (1995). What can we expect from active labor market policy? *Konjunkturpolitik 43,* 11–30.

——— (2001). The Future of Collective Bargaining in Europe. In *The role of unions in the twenty-first century,* ed. T. Boeri, A. Brugiavini, and L. Calmfors. Oxford: Oxford University Press.

Calmfors, L., and J. Driffil (1988). Bargaining structure, corporatism, and macroeconomic performance. *Economic Policy 6,* 12–61.

Calmfors, L., and M. Hoel (1989). Work sharing, employment and shiftwork. *Oxford Economic Papers 41,* 758–73.

Calmfors, L., A. Forslund, and M. Hemström (2001). Does active labor market policy work? Lessons from the Swedish experiences. *Swedish Economic Policy Review 85,* 61–124.

Cameron, A. C., and P. K. Trivedi (2005). *Microeconometrics: Methods and Applications*. Cambridge: Cambridge University Press.

Card, D. (1990). The impact of the Mariel Boatlift on the Miami labor market. *Industrial Labor Relations Review 43,* 245–57.

——— (1992). The effects of unions on the distribution of wages: Redistribution or relabelling. NBER Working Paper 4195. Cambridge, MA: National Bureau of Economic Research.

——— (1995). Using geographic variation in college proximity to estimate the return to schooling. In *Aspects of labour market behaviour: Essays in honour of John Vanderkamp,* ed. L. N. Christofides, E. K. Grant, and R. Swidinsky. Toronto: University of Toronto Press.

——— (1999). The causal effect of education on earnings. In *Handbook of labor economics,* ed. O. Ashenfelter and D. Card. Amsterdam: Elsevier.

——— (2001). The effects of unions on wage inequality in the U.S. labor market. *Industrial and Labor Relations Review 54,* 296–315.

——— (2005). Is the new immigration really so bad? *Economic Journal 115,* 300–24.

——— (2012). Comment: The elusive search for negative wage impacts from immigration. *Journal of the European Economic Association 10,* 211–15.

Card, D., and D. R. Hyslop (2005). Estimating the effects of a time-limited earnings subsidy for welfare-leavers. *Econometrica 73,* 1723–70.

Card, D., and A. Krueger (1994). Minimum wage and employment: A case study of the fast food industry in New Jersey and Pennsylvania. *American Economic Review 84,* 772–93.

——— (1995a). *Myth and measurement: The new economics of the minimum wage*. Princeton, NJ: Princeton University Press.

——— (1995b). Time-series minimum-wage studies: A meta-analysis. *American Economic Review, AEA Papers and Proceedings 85,* 238–43.

——— (2000). Minimum wages: A case study of the fast food industry in New Jersey and Pennsylvania: Reply. *American Economic Review 90,* 1397–1420.

Card, D., and P. Levine (2000). Extended benefits and the duration of UI spells: Evidence from the New Jersey Extended Benefit Program. *Journal of Public Economics 78,* 107–38.

Card, D., R. Chetty, and A. Weber (2007a). Cash-on-hand and competing models of intertemporal behavior: New evidence from the labor market. *Quarterly Journal of Economics 122,* 1511–60.

——— (2007b). The spike at benefit exhaustion: Leaving the unemployment system or starting a new job? *American Economic Review 97,* 113–18.

Card, D., J. Kluve, and A. Weber (2010). Active labor market policy evaluations: A meta-analysis. *Economic Journal 120,* 452–77.

Card, D., C. Dustmann, and I. Preston (2012). Immigration, wages, and compositional amenities. *Journal of the European Economic Association 10,* 78–119.

Carling, K., P. Edin, A. Harkman, and B. Holmlund (1996). Unemployment duration, unemployment benefits, and labor market programs in Sweden. *Journal of Public Economics 59,* 313–34.

Carling, K., B. Holmlund, and A. Vejsiu (2001). Do benefit cuts boost job findings? Swedish evidence from the 1990s. *Economic Journal 111,* 766–90.

Carlsson, M., and D. Rooth (2007). Evidence of ethnic discrimination in the Swedish labor market using experimental data. *Labour Economics 14,* 716–29.

Carrington, W., and P. de Lima (1996). The impact of the 1970s repatriates from Africa on the Portuguese labor market. *Industrial and Labor Relations Review 49 (January),* 330–47.

Centeno, M. (2004). The match quality gains from unemployment insurance. *Journal of Human Resources 34,* 839–63.

Centeno, M., and A. Novo (2007). *Unemployment insurance generosity and post-unemployment wages: Quantile treatment effects.* Lisbon: Bank of Portugal.

Chan, S., and A. H. Stevens (1999). Employment and retirement following a late-career job loss. *American Economic Review 89,* 211–16.

——— (2001). Job loss and employment patterns of older workers. *Journal of Labor Economics 19,* 484–521.

Chetty, R. (2008). Moral hazard vs. liquidity and optimal unemployment insurance. *Journal of Political Economy 116,* 173–234.

Chiappori, P.-A., and F. Bourguignon (1992). Collective models of household behavior: An introduction. *European Economic Review 36,* 355–65.

Clark, X., T. J. Hatton, and J. G. Williamson (2007). Explaining U.S. immigration, 1971–1998. *Review of Economics and Statistics 89,* 359–73.

Classen, K. (1977). The effect of unemployment insurance on the duration of unemployment and subsequent earnings. *Industrial and Labor Relations Review 30,* 438–44.

Contensou, F., and R. Vranceanu (2000). *Working time: Theory and policy implications.* Cheltenham, UK: Edward Elgar.

Corneo, G. (1997). The theory of the open shop trade union reconsidered. *Labour Economics 4,* 71–84.

Crépon, B., and F. Kramarz (2002). Employed 40 hours or not employed 39: Lessons from the 1982 mandatory reduction of the workweek. *Journal of Political Economy 110,* 1355–89.

Crépon, B., N. Deniau, and S. Pérez-Duarte (2003). Wages, productivity, and worker characteristics: A French perspective. Working paper, CREST-INSEE. Paris: Institut National de la Statistique et d'Études Economiques.

Crépon, B., M. Leclair, and S. Roux (2005). The shorter working week, productivity and employment: New estimates based on business data. *Economie et Statistique, Institut National de la Statistique et des Études Economiques 376,* 55–89.

Damm, A. P. (2009). Ethnic enclaves and immigrant labor market outcomes: Quasi-experimental evidence. *Journal of Labor Economics 27,* 281–314.

D'Amuri, F., G.I.P. Ottaviano, and G. Peri (2010). The labor market impact of immigration in western Germany in the 1990s. *European Economic Review 54,* 550–70.

Daniel, K., and J. S. Heywood (2007). The determinants of hiring older workers. *Labour Economics 14,* 35–51.

Daniels, R. (2002). *Coming to America: A history of immigration and ethnicity in American life* (2nd ed.). New York: Harper Perennial.

De Henau, J., D. Meulders, and S. Padraigin O'Dorchai (2007). Making time for working parents: Comparing public childcare provision. ULB Institutional Repository 2013/7708, Université Libre de Bruxelles, Brussels.

De Silva, D. G., R. P. McComb, Y. Moh, A. R. Schiller, and A. J. Vargas (2010). The effect of migration on wages: Evidence from a natural experiment. *American Economic Review: Papers and Proceedings 100,* 321–26.

Del Boca, D., and C. Wetzels, eds. (2008). *Social policies, labour markets and motherhood.* Cambridge: Cambridge University Press.

Devine, T., and N. Kiefer (1991). *Empirical labor economics: The search approach*. Oxford: Oxford University Press.

Di Nardo, J., N. Fortin, and T. Lemieux (1996). Labor market institutions and the distribution of wages: A semi-parametric approach. *Econometrica 64*, 1001–44.

Di Tella, R., and R. MacCulloch (2005). The consequences of labor market flexibility: Panel evidence based on survey data. *European Economic Review 49*, 1225–59.

Disney, R. (2000). The impact of tax and welfare policies on employment and unemployment in OECD countries. IMF Working Paper 164. Washington, DC: International Monetary Fund.

——— (2004). Are contributions to public pension programs a tax on employment? *Economic Policy 19 (39)*, 267–311.

Docquier, F., and H. Rapoport (2012). Quantifying the impact of highly skilled emigration on developing countries. In *Brain Drain and Brain Gain*, ed. T. Boeri, H. Brücker, F. Docquier, and H. Rapoport. Oxford: Oxford University Press.

Dolado, J., F. Kramarz, S. Machin, A. Manning, D. Margolis, and C. Teulings (1996). The economic impact of minimum wages in Europe. *Economic Policy 23*, 317–72.

Dolton, P., and C. R. Bondibene (2011). The international experience of minimum wages in an economic downturn. *Economic Policy 65*, 99–142.

Dolton, P., and D. O'Neill (1996). Unemployment duration and the restart effect: Some experimental evidence. *Economic Journal 106*, 387–400.

——— (2002). The long-run effects of unemployment monitoring and work-search programs: Experimental evidence from the United Kingdom. *Journal of Labor Economics 20*, 381–403.

Dorn, D., and A. Sousa-Poza (2005). Early retirement: Free choice or forced decision? CESifo Working Paper 1542. Munich: Center for Economic Studies, Ifo Institute.

Dostie, B. (2006). Wages, productivity and aging. *De Economist 159 (2)*, 139–58.

Doucouliagos, H., and T. D. Stanley (2009). Publication selection bias in minimum-wage research? A meta-regression analysis. *British Journal of Industrial Relations 47*, 406–28.

Draca, M., S. Machin, and J. van Reenen (2011). Minimum wages and firm profitability. *American Economic Journal: Applied Economics 3*, 129–51.

Dunlop, D. M. (1944). The karaits of East Asia. *Bulletin of the School of Oriental and African Studies 11 (2)*, 276–89.

Dustmann, C., and A. Glitz (2005). Immigration, jobs and wages: Theory, evidence and opinion. CREAM-CEPR technical report. London: Centre for Economic Policy Research.

Dustmann, C., and U. Schönberg (2011). Expansion in maternity leave coverage and children's long-term outcomes. *American Economic Journal: Applied Economics 4*, 190–224.

Dustmann, C., T. Frattini, and I. P. Preston (2013). The effect of immigration along the distribution of wages. *Review of Economic Studies 80*, 145–73.

Duval, R. (2003). The retirement effects of old-age pension and early retirement schemes in OECD countries. Working Paper 370. Paris: OECD Economics Department.

Dygalo, N. N., and J. M. Abowd (2005). Estimating experience-productivity profiles from earnings over employment spells. Working paper. London, University of Western Ontario.

Edin, P., P. Fredriksson, and O. Åslund (2003). Ethnic enclaves and the economics success of immigrants—Evidence from a natural experiment. *Quarterly Journal of Economics 118*, 329–57.

Ehrenberg, R., and R. L. Oaxaca (1976). Unemployment insurance, duration of unemployment, and subsequent wage gain. *American Economic Review 66*, 754–66.

Ehrenberg, R. G., and R. S. Smith (2006). *Modern labor economics* (9th ed.). New York: Addison Wesley.

Eissa, N. O. (1995). Taxation and labor supply of married women: The tax reform act of 1986 as a natural experiment. NBER Working Paper W5023. Cambridge, MA: National Bureau of Economic Research.

Eissa, N. O., and J. Liebman (1996). Labor supply responses to the Earned Income Tax Credit. *Quarterly Journal of Economics 111*, 605–37.

Elmeskov, J., J. P. Martin, and S. Scarpetta (1998). Key lessons for labor market reforms: Evidence from OECD countries' experience. *Swedish Economic Policy Review 5 (2)*, 205–52.

Emerson, M. (1998). Regulation or de-regulation of the labour market: Policy regimes for the recruitment and dismissal of employees in industralised countries. *European Economic Review 32,* 775–817.

Estevão, M., and F. Sá (2008). The 35-hour workweek in France: Straightjacket or welfare improvement? *Economic Policy 23,* 417–63.

Eurostat (2010). Eurostat labor force survey.

——— (2013). Percentage of part-time employment of adults by sex, age groups, number of children and age of youngest child. European Union.

Falch, T. (2010). The elasticity of labor supply at the establishment level. *Journal of Labor Economics 28,* 237–66.

Fallick, B. C. (1991). Unemployment insurance and the rate of re-employment of displaced workers. *Review of Economics and Statistics 2,* 228–35.

Farber, H. S. (1993). The incidence and costs of job loss: 1982–1991. Brookings Papers on Economic Activity: Microeconomics. Washington, DC: Brookings Institution.

Fernandez, R. (2004). Mothers and sons: Preference formation and female labor force dynamics. *Quarterly Journal of Economics 119,* 1249–99.

Flanagan, R. (1999). Macroeconomic performance and collective bargaining: An international perspective. *Journal of Economic Literature 37 (3),* 1150–75.

Flinn, C. (2007). Minimum wage effects on labor market outcomes under search, matching and endogenous contact rates. *Econometrica 74,* 1013–62.

Fogli, A. (2011). Nature or nurture? Learning and the geography of female labor force participation. *Econometrica 79,* 1103–38.

Fortin, B., and G. Lacroix (1997). A test of the unitary and collective models of household labour supply. *Economic Journal 107,* 933–55.

Frazis, H., and M. A. Loewenstein (2005). Reexamining the returns to training: Functional form, magnitude, and interpretation. *Journal of Human Resources 40,* 453–76.

Freeman, R., and R. Schettkat (2005). Marketization of household production and the EU-US gap in work. *Economic Policy 20,* 6–50.

Freeman, R. B. (1999). Demand for education. In *Handbook of labor economics,* ed. O. Ashenfelter and D. Card. Amsterdam: North-Holland.

——— (2005). What do unions do? *Journal of Labor Research 26,* 641–68.

Freeman, R. B., and J. L. Medoff (1984). *What do unions do? The 2004 M-Brane Stringtwister edition.* New York: Basic Books.

Friedberg, R. M., and J. Hunt (1995). The impact of immigrants on host countries' wages, employment, and growth. *Journal of Economic Perspectives 9,* 23–44.

Fryer, R. G. (2010). Racial inequality in the 21st century: The declining significance of discrimination. In *Handbook of labor economics 4B,* ed. D. Card and O. Ashenfelter. Amsterdam: Elsevier.

Fryer, R. G., and G. C. Loury (2005). Affirmative action and its mythology. *Journal of Economic Perspectives 19,* 147–62.

Galasso, V. (2006). *The political future of social security in aging societies.* Cambridge, MA: MIT Press.

García Pérez, J. I., and V. Osuna (2012). The effects of introducing a single open-ended contract in the Spanish labor market. Working paper, Universidad Pablo de Olavide, Sevilla.

Garibaldi, P., and P. Mauro (2002). Anatomy of employment growth. *Economic Policy 17 (34),* 67–114.

Garibaldi, P., and G. Violante (2005). The employment effects of severance payments with wage rigidities. *Economic Journal 115,* 799–832.

Garibaldi, P., J. Konings, and C. Pissarides (1997). Gross job reallocation and labor market policy. In *Unemployment policy: Government options for the labour market,* ed. D. J. Snower and G. de la Dehesa. Cambridge: Cambridge University Press.

Garibaldi, P., A. Borgarello, and L. Pacelli (2003). Employment protection legislation and the size of firms: A close look at the Italian case. *Giornale degli Economisti e Annali di Economia 63 (1),* 33–68.

Garibaldi, P., J. O. Oliveira-Martins, and J. C. van Ours (2008). *Ageing, health, and productivity: The economics of increased life expectancy.* Oxford: Oxford University Press.

Gertler, M., and A. Trigari (2009). Unemployment fluctuations with staggered Nash bargaining contract. *Journal of Political Economy 117,* 38–86.

Gibson, J., and D. McKenzie (2011). The microeconomic determinants of emigration and return migration of the best and brightest: Evidence from the Pacific. *Journal of Development Economics 95,* 18–29.

Gielen, A., and J. C. van Ours (2006). Age-specific cyclical effects in job reallocation and labor mobility. *Labour Economics 13,* 493–504.

Gindling, T. H., and K. Terrell (2004). Minimum wages and the wages of formal and informal sector workers in Costa Rica. Working Paper 04-102. Ann Arbor, MI: University of Michigan.

Godard, J. (2011). What has happened to strikes? *British Journal of Industrial Relations 49,* 282–305.

Goldin, C. (1988). Marriage bars: Discrimination against married women workers, 1920's to 1950's. NBER Working Paper 2747. Cambridge, MA: National Bureau of Economic Research.

Goldin, C., and C. Rouse (2000). Orchestrating impartiality: The impact of "blind" auditions on female musicians. *American Economic Review 90,* 715–41.

González, L., and F. Ortega (2011). How do very open economies adjust to large immigration flows? Evidence from Spanish regions. *Labour Economics 18,* 57–70.

Goos, M., B. M. Fraumeni, A. Manning, and A. Salomons (2009). Job polarization in Europe. *American Economic Review 99,* 58–63.

Gornick, J. C., and M. K. Meyers (2003). Support for working families: Work and care policies across welfare states. *CESifo DICE Report 4,* 13–18.

Gorter, C., and G. Kalb (1996). Estimating the effect of counselling and monitoring the unemployed using a job search model. *Journal of Human Resources 31,* 590–610.

Gramlich, E. (1976). Impact of minimum wages on other wages, employment and family incomes. *Brooking Papers on Economic Activity 2,* 409–51.

Graversen, B. K., and J. C. van Ours (2008). How to help unemployed find jobs quickly: Experimental evidence from a mandatory activation program. *Journal of Public Economics 92,* 2020–35.

Gregg, P. (2000). The use of wage floors as policy tools. *OECD Economic Studies 31,* 133–46.

Gregg, P., and A. Manning (1997). Skill-biased change, unemployment and inequality. *European Economic Review 41,* 1173–1200.

Gregg, P., and J. Waldfogel (2005). Symposium on parental leave, early maternal employment and child outcomes. *Economic Journal 115,* F1–F6.

Grout, P. (1984). Investment and wages in the absence of binding contracts: A Nash bargaining approach. *Econometrica 52,* 449–60.

Grubb, D. (2000). Eligibility criteria for unemployment benefits. In *OECD Employment Outlook.* Paris: Organisation for Economic Co-operation and Development.

Grubb, D., and W. Wells (1997). Employment regulations and patterns of work in EC countries. *OECD Economic Studies* 21: 7–58.

Gruber, J. (1997). The incidence of payroll taxation: Evidence from Chile. *Journal of Labor Economics 15 (3),* S72–S101.

Gruber, J., and D. A. Wise (1997). Social security programs and retirement around the world. NBER Working Paper 6134. Cambridge, MA: National Bureau of Economic Research.

——— (1999). Social security programs and retirement around the world. *Research in Labor Economics 18,* 1–40.

——— (2010). *Social security programs and retirement around the world: The relationship to youth employment*. Cambridge, MA: National Bureau of Economic Research.

Hairault, J., F. Langot, and T. Sopraseuth (2010). Distance to retirement and older workers' employment: The case for delaying the retirement age. *Journal of European Economic Association 8,* 1034–76.

Hall, R. E. (1995). Lost jobs. *Brookings Papers on Economic Activity* 1.

Hall, R. E., and E. Lazear (1984). The excess sensitivity of layoffs and quits to demand. *Journal of Labor Economics 2,* 233–57.

Ham, J., and S. Rea (1987). Unemployment insurance and male unemployment duration in Canada. *Journal of Labor Economics 5,* 325–53.

Hamermesh, D. S. (2011). *Beauty pays: Why attractive people are more successful*. Princeton, NJ: Princeton University Press.

Hanel, B. (2010). Financial incentives to postpone retirement and further effects on employment—

Evidence from a natural experiment. *Labour Economics 17*, 474–86.

Hanushek, E., and L. Woessmann (2011). How much do educational outcomes matter in OECD countries? *Economic Policy 26*, 427–91.

Hanushek, E. A., S. Machin, and L. Woessmann, eds. (2011). *Handbook of the Economics of Education* (vols. 3 and 4). Amsterdam: Elsevier.

Hatton, T. J. (2004). Seeking asylum in Europe. *Economic Policy 19*, 5–32.

Hatton, T. J., and M. Tani (2005). Immigration and inter-regional mobility in the UK, 1982–2000. *Economic Journal 115*, F342–F358.

Hatton, T., and J. Williamson (1998). *The age of mass migration: Causes and economic impact.* New York: Oxford University Press.

Heckman, J. J. (1998). Detecting discrimination. *Journal of Economic Perspectives 12*, 101–16.

Heckman, J. J., R. J. Lalonde, and J. A. Smith (1999). The economics and econometrics of active labor market programs. In *Handbook of labor economics*, ed. O. Ashenfelter and D. Card. Amsterdam: Elsevier.

Hellerstein, J. K., D. Neumark, and K. R. Troske (1999). Wages, productivity and worker characteristics: Evidence from plant-level production function and wage equations. *Journal of Labor Economics 17*, 409–46.

Hicks, J. R. (1932). *The theory of wages*. London: Macmillan.

Hijzen, A., and D. Venn (2011). The role of short-time work schemes during the 2008–09 recession. OECD Social, Employment and Migration Working Paper 115. Paris: OECD.

Hirsch, B. T. (2008). Sluggish institutions in a dynamic world: Can unions and industrial competition coexist? *Journal of Economic Perspectives 22*, 153–76.

Hirsch, B. T., and D. A. Macpherson (2003). Union membership and coverage database from the current population survey: Note. *Industrial and Labor Relations Review 56*, 349–54.

Hirsch, B. T., T. Schank, and C. Schnabel (2010). Differences in labor supply to monopsonistic firms and the gender pay gap: An empirical analysis using linked employer-employee data from Germany. *Journal of Labor Economics 28*, 291–330.

Hirschman, A. O. (1970). *Exit, voice, and loyalty: Responses to decline in firms, organizations, and states*. Cambridge, MA: Harvard University Press.

Hoelen, A. (1977). Effects of unemployment insurance entitlement on duration and job search outcome. *Industrial and Labor Relations Review 30*, 45–50.

Hoffman, S., and S. Averett (2010). *Women and the economy*. Boston: Addison-Wesley.

Holden, S., and O. Raaum (1991). Wage moderation and union structure. *Oxford Economic Papers 43*, 409–23.

Holmlund, B. (1998). Unemployment insurance in theory and practice. *Scandinavian Journal of Economics 100 (1)*, 113–41.

Holzer, H. (1986). Reservation wages and their labor market effects for black and white male youth. *Journal of Human Resources 21*, 157–77.

Holzer, H., and D. Neumark (2000). Assessing affirmative action. *Journal of Economic Literature 38*, 483–568.

Holzmann, R., and E. Palmer (2006). Pension reform: Issues and prospects for non-financial defined contribution (NDC) schemes. Washington, DC: World Bank.

——— (2012). *Nonfinancial defined contribution pension schemes in a changing pension world.* Washington, DC: World Bank.

Hopenhayn, H. A., and J. P. Nicolini (1997). Optimal unemployment insurance. *Journal of Political Economy 105*, 412–38.

Hosios, A. J. (1990). On the efficiency of matching and related models of search and unemployment. *Review of Economic Studies 57*, 279–98.

Hoxby, C. M. (2000). Does competition among public schools benefit students and taxpayers? *American Economic Review 90*, 1209–38.

Hunt, J. (1992). The impact of the 1962 repatriates from Algeria on the French labor market. *Industrial and Labor Relations Review 45*, 556–72.

——— (1995). The effect of unemployment compensation on unemployment duration in Germany. *Journal of Labor Economics 13*, 88–120.

——— (1999). Has work-sharing worked in Germany? *Quarterly Journal of Economics 114*, 117–48.

——— (2006). Staunching emigration from East Germany: Age and the determinants of migration. *Journal of the European Economic Association 4*, 1014–37.

Hutchens, R. (1986). Delayed payment contracts and a firm's propensity to hire older workers. *Journal of Labor Economics 4,* 439–57.

Hyslop, D., and S. Stillman (2007). Youth minimum wage reform and the labour market in New Zealand. *Labour Economics 14,* 201–30.

Ichino, A., and R. T. Riphahn (2005). The effect of employment protection on worker effort: Absenteeism during and after probation. *Journal of the European Economic Association 3,* 120–43.

Ilmakunnas, P., and M. Maliranta (2005). Technology, labor characteristics and wage-productivity gaps. *Oxford Bulletin of Economics and Statistics 67,* 623–45.

Isacsson, G. (1999). Estimates of the return to schooling in Sweden from a large sample of twins. *Labour Economics 6,* 471–89.

ISSPC (2005). International Social Survey Programme, 2005 module, Work Orientations III, no. 4350.

Jackman, R., R. Layard, and S. Nickell (1996). Combating unemployment: Is flexibility enough? CEP Discussion Paper 0293. London: Centre for Economic Performance.

James-Burdumy, S. M. (2005). The effect of maternal labor force participation on child development. *Journal of Labor Economics 23,* 177–211.

Jaumotte, F. (2003). Female labor force participation: Past trends and main determinants in OECD countries. OECD Economics Department Working Paper 376, Paris: Organisation for Economic Co-operation and Development.

Johnson, P. (1993). Ageing and European economic demography. In *Labour markets in an ageing Europe,* ed. P. Johnson and K. F. Zimmermann. Cambridge: Cambridge University Press.

Jones, P. (1997). The impact of the minimum wage legislation in developing countries where coverage is incomplete. WP/98-2. Oxford: Institute of Economics and Statistics.

Jones, S., and C. J. McKenna (1994). A dynamic model of union membership and employment. *Economica 61,* 179–89.

Kahn, L. M. (1998). Collective bargaining and the interindustry wage structure: International evidence. *Economica 65,* 507–34.

——— (2000). Wage inequality, collective bargaining, and relative employment from 1985 to 1994: Evidence from fifteen OECD countries. *Review of Economics and Statistics 82 (4),* 564–79.

Kaitz, H. (1970). *Experience of the past: The national minimum, in youth unemployment and minimum wages.* Bulletin 1657, 30–54, Washington, DC: U.S. Department of Labor, Bureau of Labor Statistics.

Kapteyn, A., A. Kalwij, and A. Zaidi (2004). The myth of work-sharing. *Labour Economics 11,* 293–313.

Katz, L. F., and B. D. Meyer (1990). Unemployment insurance, recall expectations, and unemployment outcomes. *Quarterly Journal of Economics 105,* 973–1002.

Kaufman, B., and J. Hotchkiss (2006). *The economics of the labor market.* Mason, OH: Thomson South-Western.

Kawaguki, D., L. Jungmin, and D. S. Hamermesh (2012). A gift of time. IZA Discussion Paper 6700. Bonn: Institute for the Study of Labor.

Keane, M. P. (2011). Labor supply and taxes: A survey. *Journal of Economic Literature 49,* 961–1075.

Kennan, J. (1986). The economics of strikes. In *Handbook of labor economics 2,* ed. O. C. Ashenfelter and R. Layard. Amsterdam: Elsevier.

——— (1995). The elusive effects of minimum wages. *Journal of Economic Literature 33,* 1950–6

Kerr, S. P., and W. R. Kerr (2011). Economic impacts of immigration: A survey. *Finnish Economic Papers 24,* 1–32.

Kiefer, N. (1988). Economic duration data and hazard functions. *Journal of Economic Literature 26,* 646–79.

Kiley, M. T. (2003). How should unemployment benefits respond to the business cycle? *Topics in Economic Analysis and Policy 3,* 1–30.

Klepinger, D. H., T. R. Johnson, and J. M. Joesch (2002). Effects of unemployment insurance work-search requirements: The Maryland experiment. *Industrial and Labor Relations Review 56,* 3–22.

Kluve, J. (2010). The effectiveness of European active labor market programs. *Labour Economics 17,* 904–18.

Kluve, J., and C. M. Schmidt (2002). Can training and employment subsidies combat European unemployment? *Economic Policy 35,* 411–48.

Kramarz, F., P. Cahuc, B. Crépon, T. Schank, O. Nordstrom Skans, and G. van Lomwel (2008). Work sharing. In *Working hours and job sharing in the EU and USA*, ed. T. Boeri, M. C. Burda, and F. Kramarz. Oxford: Oxford University Press.

Kroft, K., and M. J. Notowidigdo (2010). Should unemployment insurance vary with the local unemployment rate? Theory and evidence. NBER Working Paper 17173. Cambridge, MA: National Bureau of Economic Research.

Krueger, A. (1993). How computers have changed the wage structure: Evidence from microdata, 1984–89. *Quarterly Journal of Economics 108*, 33–61.

Krueger, A., and B. Meyer (2002). Labor supply effects of social insurance. In *Handbook of public economics*, ed. A. Auerbach and M. Feldstein. Amsterdam: Elsevier.

Kugler, A., and G. Pica (2008). Effects of employment protection on worker and job flows: Evidence from the 1990 Italian reform. *Labour Economics 15*, 78–95.

Kugler, A., and G. Saint-Paul (2000). Hiring and firing costs, adverse selection and long-term unemployment. Working Paper 447. Barcelona: Universitat Pompeu Fabra.

Laing, D. (2011). *Labor Economics*. New York: Norton.

Lalive, R. (2008). How do extended benefits affect unemployment duration? A regression discontinuity approach. *Journal of Econometrics 142*, 785–806.

Lalive, R., and J. Zweimüller (2009). How does parental leave affect fertility and return to work? Evidence from two natural experiments. *Quarterly Journal of Economics 124*, 1363–1402.

Lalive, R., J. C. van Ours, and J. Zweimüller (2005). The effect of benefit sanctions on the duration of unemployment. *Journal of the European Economic Association 3*, 1386–1417.

——— (2006). How changes in financial incentives affect the duration of unemployment. *Review of Economic Studies 73*, 1009–38.

Lalive, R., A. Schlosser, A. Steinhauer, and J. Zweimüller (2011). Parental leave and mothers' careers: The relative importance of job protection and cash benefits. IZA Discussion Paper 5792. Bonn: Institute for the Study of Labor.

Landais, C., P. Michaillat, and E. Saez (2010). Optimal unemployment insurance over the business cycle. NBER Working Paper 16526. Cambridge, MA: National Bureau of Economic Research.

Lang, K., and J.-Y. K. Lehmann (2012). Racial discrimination in the labor market: Theory and empirics. *Journal of Economic Literature 50*, 959–1006.

Layard, R., S. Nickell, and R. Jackman (1991). *Unemployment*. New York: Oxford University Press.

Lazear, E. (1979). Why is there mandatory retirement? *Journal of Political Economy 87*, 1261–84.

——— (1990). Job security provisions and unemployment. *Quarterly Journal of Economics 105 (3)*, 699–726.

Leamer, E., and J. Levinsohn (1995). International trade theory: The evidence. In *Handbook of International Economics*, ed. G. Crossman and K. Rogoff. Amsterdam: Elsevier.

Lechner, M., and J. Smith (2007). What is the value added by caseworkers? *Labour Economics 14*, 135–48.

Lee, Y., and R. Gordon (2005). Tax structure and economic growth. *Journal of Public Economics 89*, 1027–43.

Legros, F. (2006). NDCs: A Comparison of the French and the German Point System. In *Pension reform: Issues and prospects for non-financial defined contribution (NDC) schemes*, ed. R. Holzmann and E. Palmer. Washington, DC: World Bank.

Lemos, S. (2004). Minimum wage policy and employment effects: Evidence from Brazil. *Economia 5*, 219–66.

Lester, R. 1947. Marginalism, minimum wages, and labor markets. *American Economic Review 37*, 135–48.

Leuven, E. (2005). The economics of private sector training: A survey of the literature. *Journal of Economic Surveys 19*, 91–111.

Lewis, E. (2005). Immigration, skill mix, and the choice of technique. Working Paper 05-8. Philadelphia: Federal Reserve Bank of Philadelphia.

Lindbeck, A., and D. J. Snower (1988). Cooperation, harassment, and involuntary unemployment: An insider-outsider approach. *American Economic Review 78*, 167–88.

Lippman, S. A., and J. J. McCall (1979). *Studies in the economics of search*. Amsterdam: North-Holland.

Ljungqvist, L., and T. J. Sargent (2003). European unemployment and turbulence revisited in a matching model. CEPR Discussion Paper 4183. London: Centre for Economic Policy Research.

Lochner, L. (2004). Education, work, and crime: A human capital approach. NBER Working Paper 10478. Cambridge, MA: National Bureau of Economic Research.

Loewenstein, M. A., and J. R. Spletzer (1998). Dividing the costs and returns to general training. *Journal of Labor Economics 16,* 142–71.

——— (1999). General and specific training: Evidence and implications. *Journal of Human Resources 34,* 710–33.

Lundberg, S. J., R. A. Pollak, and T. J. Wales (1997). Do husbands and wives pool their resources? Evidence from the U.K. child benefit. *Journal of Human Resources 32,* 463–80.

Lynch, L. (1983). Job search and youth unemployment. *Oxford Economic Papers 35,* 271–82.

Malcomson, J. M. (1999). Individual employment contracts. In *Handbook of labor economics,* ed. O. Ashenfelter and D. Card. Amsterdam: Elsevier.

Manacorda, M., A. Manning, and J. Wadsworth (2012). The impact of immigration on the structure of wages: Theory and evidence from Britain. *Journal of the European Economic Association 10,* 120–51.

Manning, A. (2003). *Monopsony in motion.* Princeton, NJ: Princeton University Press.

——— (2004). Monopsony and the efficiency of labour market interventions. *Labour Economics 11,* 145–63.

——— (2011). Imperfect competition in the labor market. In *Handbook of labor economics,* ed. O. Ashenfelter and D. Card. Amsterdam: Elsevier.

Manning, A., and B. Petrongolo (2005). The part-time pay penalty. CEP Discussion Paper 679. London: Centre for Performance.

Marimon, R., and F. Zilibotti (1999). Unemployment vs. mismatch of talents: Reconsidering unemployment benefits. *Economic Journal 109,* 266–91.

——— (2000). Employment and distributional effects of restricting working time. *European Economic Review 44,* 1291–1326.

Martin, J. P., and D. Grubb (2001). What works and for whom: A review of OECD countries' experience with active labor market policies. Working Paper 2001 14. Paris: Organisation for Economic Co-operation and Development.

Mayhew, H. (1851). *London labour and the London poor: The condition and earnings of those that will work, cannot work, and will not work.* London: Charles Griffen and Company.

McConnell, C. R., S. L. Brue, and D. Macpherson (2008). *Contemporary labor economics*. Boston: McGraw-Hill Irwin.

McCormick, B.E.A. (2002). Managing migration in the European welfare state. In *Immigration policy and the welfare state,* ed. T. Boeri, G. Hanson, and B.E.A. McCormick. Oxford University Press.

MaCurdy, T. E., and J. Pencavel (1986). Testing between competing models of wage and employment determination in unionized markets. *Journal of Political Economy 94,* S3–S9.

McDonald, I. M., and R. M. Solow (1981). Wage bargaining and employment. *American Economic Review 71,* 896–908.

McIntosh, M. F. (2008). Measuring the labor market impacts of Hurricane Katrina migration: Evidence from Houston, Texas. *American Economic Review, Papers and Proceedings 98,* 54–57.

Metcalf, D. (2004). The impact of the national minimum wage on the pay distribution, employment and training. *Economic Journal 114,* C84–C86.

Meyer, B. D. (1990). Unemployment insurance and unemployment spells. *Econometrica 58,* 757–82.

——— (1995). Lessons from the U.S. unemployment experiments. *Journal of Economic Literature 33,* 91–131.

Miles, T. (2000). Common law exceptions to employment at will and US labor markets. *Journal of Law, Economics and Organization 16,* 74–101.

Mincer, J. (1974). Unemployment effects of minimum wages. *Journal of Political Economy 84,* 87–104.

Mirrlees, J. A. (1971). An exploration in the theory of optimum income taxation. *Review of Economic Studies 38,* 175–208.

Mitman, K., and S. Rabinovich (2011). Pro-cyclical unemployment benefits? Optimal policy in an equilibrium business cycle model. PIER Working Paper 11-01. Philadelphia: Penn Institute for Economic Research.

Moffitt, R., and W. Nicholson (1982). The effect of unemployment insurance on unemployment: The case of federal supplemental benefits. *Review of Economics and Statistics 64,* 1–11.

Montizaan, R., F. Cörvers, and A. De Grip (2010). The effects of pension rights and retirement age on training participation: Evidence from a natural experiment. *Labour Economics 17 (1),* 240–47.

Mortensen, D. (1977). Unemployment insurance and job search decisions. *Industrial and Labor Relations Review 30,* 505–517.

Mortensen, D., and C. Pissarides (1999). *New developments in models of search in the labor market*. Amsterdam: Elsevier.

Mueller, G., and E. Plug (2006). Estimating the effect of personality on male and female earnings. *Industrial and Labor Relations Review 60,* 3–22.

Myers, R. J. (1964). What can we learn from European experience? In *Unemployment and the American economy,* ed. A. M. Ross. New York: John Wiley and Sons.

Nash, J. (1950). The bargaining problem. *Econometrica 18,* 155–62.

——— (1953). Two-person cooperative games. *Econometrica 21,* 128–40.

Naylor, R., and M. Cripps (1993). An economic theory of the open shop. *European Economic Review 37,* 1599–1620.

Naz, G. (2004). The impact of cash-benefit reform on parents' labor force participation. *Journal of Population Economics 17,* 369–83.

Neumark, D. (2012). Detecting discrimination in audit and correspondence studies. *Journal of Human Resources 47,* 1128–57.

Neumark, D., and W. Stock (1999). Age discrimination law and labor market efficiency. *Journal of Political Economy 107,* 1081–1125.

Neumark, D., and W. Wascher (2000). Minimum wages: A case study of the fast food industry in New Jersey and Pennsylvania—Comment. *American Economic Review 90,* 1362–96.

——— (2007). Minimum wages and employment. IZA Discussion Paper 2570. Bonn: Institute for the Study of Labor.

Neumark, D., M. Schweitzer, and W. Wascher (2004). Minimum wage effects throughout the wage distribution. *Journal of Human Resources 39,* 425–50.

Nickell, S. (1979). The effects of unemployment and related benefits on the duration of unemployment. *Economic Journal 89,* 34–49.

——— (1997). Unemployment and labor market rigidities: Europe versus North America. *Journal of Economic Perspectives 11 (3),* 55–74.

——— (2006). Work and taxes. In *Tax policy and labor market performance,* ed. J. Agell and P. B. Sørensen. Cambridge, MA: MIT Press.

Nickell, S., and M. Andrews (1983). Unions, real wages and employment in Britain, 1951–79. *Oxford Economic Papers 35 (1),* 183–206.

Nickell, S., and R. Layard (1999). Labor market institutions and economic performance. In *Handbook of labor economics,* ed. O. Ashenfelter and D. Card. Amsterdam: Elsevier.

Nickell, S., L. Nunziata, and W. Ochel (2005). Unemployment in the OECD since the 1960s: What do we know? *Economic Journal 115,* 1–27.

Oaxaca, R. (1973). Male-female wage differentials in urban labor markets. *International Economic Review 14 (3),* 693–709.

OECD (Organisation for Economic Co-operation and Development) (1994). *Jobs study*. Paris: OECD.

——— (1998). *Employment outlook.* Paris: OECD.

——— (1999). *Employment outlook*. Paris: OECD.

——— (2001). *Employment outlook*. Paris: OECD.

——— (2002). *Employment outlook.* Paris: OECD.

——— (2003). *Employment outlook.* Paris: OECD.

——— (2004). *Employment outlook*. Paris: OECD.

——— (2005a). *Education at a glance*. Paris: OECD.

——— (2005b). *Employment outlook*. Paris: OECD.

——— (2006a). *Boosting jobs and incomes: Policy lessons from reassessing the OECD jobs strategy.* Paris: OECD.

——— (2006b). *Employment outlook*. Paris: OECD.

——— (2006c). *Live longer, work longer*. Paris: OECD.

——— (2007). *Employment outlook.* Paris: OECD.

——— (2008). *Employment outlook*. Paris: OECD.

——— (2009). *Labor market performance of immigrant children*. Paris: OECD.

——— (2010). *Employment outlook*. Paris: OECD.

——— (2011a). *International migration outlook*. Paris: OECD.

——— (2011b). *Employment outlook.* Paris: OECD.

——— (2012a). *OECD Factbook 2011–2012: Economic, environmental and social statistics.* Paris: OECD.

——— (2012b). OECD family database. Paris: OECD.

——— (2013). *Employment outlook*. Paris: OECD.

Ohanian, L., A. Raffo, and R. Rogerson (2006). Long-term changes in labor supply and taxes: Evidence from OECD countries 1956–2004. NBER Working Paper 12786. Cambridge, MA: National Bureau of Economic Research.

Okkerse, L. (2008). How to measure labor market effects of immigration: A review. *Journal of Economic Surveys 22,* 1–30.

Olsson, M. (2009). Employment protection and sickness absence. *Labour Economics 16,* 208–14.

Oreopoulos, P. (2006). Estimating average and local average treatment effects of education when compulsory schooling laws really matter. *American Economic Review 96,* 152–75.

Osborne, M., and A. Rubinstein (1990). *Bargaining and markets*. San Diego: Academic Press.

Ottaviano, G.I.P., and G. Peri (2012). Rethinking the effect of immigration on wages. *Journal of the European Economic Association 10,* 152–97.

Pacheco, G. (2011). Estimating employment impacts with binding minimum wage constraints. *Economic Record 87,* 587–602.

Pavoni, N. (2007). On optimal unemployment compensation. *Journal of Monetary Economics 54,* 1612–30.

——— (2009). Optimal unemployment insurance, with human capital depreciation, and duration dependence. *International Economic Review 50,* 323–62.

Pavoni, N., and G. Violante (2007). Optimal welfare-to-work programs. *Review of Economic Studies 74 (1),* 283–318.

Pedersen, P., and N. Westergård Nielsen (1993). Unemployment: A review of the evidence from panel data. *OECD Economic Studies 20,* 65–114.

Pellizzari, M. (2010). Do friends and relatives really help in getting a good job? *Industrial and Labor Relations Review 63,* 494–510.

Pencavel, J. (2003). The surprising retreat of union Britain. NBER Working Paper 9564. Cambridge, MA: National Bureau of Economic Research.

Pereira, S. C. (2003). The impact of minimum wages on youth employment in Portugal. *European Economic Review 47,* 229–44.

Persson, T., and G. Tabellini (2000). *Political economics: Explaining economic policy*. Cambridge, MA: MIT Press.

Pestieau, P. (2003). Ageing, retirement and pension reforms. *World Economy 26,* 1447–57.

Petrongolo, B., and C. Pissarides (2001). Looking into the black box: A survey of the matching function. *Journal of Economic Literature 39 (2),* 390–431.

Picchio, M., and J. C. van Ours (2011). Market imperfections and firm-sponsored training. *Labour Economics 18,* 712–22.

——— (2013). Retaining through training; Even for older workers. *Economics of Education Review 32,* 29–48.

Piketty, T. (1998). L'impact des incitations financières au travail sur les comportements individuels: Une estimation pour le cas français. *Economie et Prévision 132–133,* 1–36.

Pissarides, C. (1979). Job matchings with state employment agencies and random search. *Economic Journal 89,* 818–33.

——— (1998). The impact of employment tax cuts on unemployment and wages: The role of unemployment benefits and tax structure. *European Economic Review 42,* 155–83.

Portegijs, W., M. Cloïn, S. Keuzenkamp, A. Merens, and E. Steenvoorden (2008). *Verdeelde tijd; waarom vrouwen in deeltijd werken [Divided time; Why women work part-time]*. The Hague: Sociaal en Cultureel Planbureau.

Portugal, P., and A. R. Cardoso (2001). Disentangling the minimum wage puzzle: An analysis of job accession and separation from a longitudinal matched employer-employee data set. CEPR Discussion Paper 2844. London: Centre for Economic Policy Research.

Postel-Vinay, F., and A. Clark (2006). Job security and job protection. IZA Discussion Paper 1489. Bonn: Institute for the Study of Labor.

Prescott, E. C. (2004). Why do Americans work so much more than Europeans? *Federal Reserve Bank of Minneapolis Quarterly Review 28,* 2–13.

Rangazas, P. (2002). The quantity and quality of schooling and U.S. labor productivity growth (1870–2000). *Review of Economic Dynamics 5,* 932–64.

Ransom, M. R., and D. P. Sims (2010). Estimating the firm's labor supply curve in a "new monopsony" framework: Schoolteachers in Missouri. *Journal of Labor Economics 28,* 331–55.

Rebitzer, J. B., and L. J. Taylor (1995). The consequences of minimum wage laws: Some new theoretical ideas. *Journal of Public Economics 56 (2),* 245–55.

Reid, F. J. (1985). Reductions in work time: An assessment of employment sharing to reduce unemployment. In *Work and pay: The Canadian labour market,* ed W. C. Riddell. Toronto: University of Toronto Press.

Remery, C., K. Henkens, J. Schippers, and P. Ekamper (2003). Managing an aging workforce and a tight labor market: Views held by Dutch employers. *Population Research and Policy Review 22,* 21–44.

Riach, P. A., and J. Rich (2002). Field experiments of discrimination in the market place. *Economic Journal 112,* F480–F518.

Robinson, C. (1989). The joint determination of union status and union wage effects: Some tests of alternative models. *Journal of Political Economy 97,* 639–67.

Robinson, J. V. (1933). *Economics of Imperfect Competition.* London: Macmillan.

Rodrik, D. (1998). Why do more open economies have bigger governments? *Journal of Political Economy 106,* 997–1032.

Røed, K., and T. Zhang (2003). Does unemployment compensation affect unemployment duration? *Economic Journal 113,* 190–206.

Rogerson, R. (2009). Market work, home work, and taxes: A cross-country analysis. *Review of International Economics 17,* 588–601.

Rønsen, M., and M. Sundström (2002). Family policy and after-birth employment among new mothers—A comparison of Finland, Norway and Sweden. *European Journal of Population 18,* 121–52.

Rothstein, J. (2007). Does competition among public schools benefit students and taxpayers? A comment on Hoxby (2000). *American Economic Review 97,* 2026–37.

——— (2011). Unemployment insurance and job search in the Great Recession. *Brookings Papers on Economic Activity 43,* 143–213.

Roy, A. D. (1951). Some thoughts on the distribution of earnings. *Oxford Economic Papers 3,* 314–17.

Ruffle, B. J., and Z. Shtudiner (2010). Are good-looking people more employable? Working Paper 1006. Beer-Sheva, Israel: Ben-Gurion University of the Negev.

Ruhm, C. J. (1998). The economic consequences of parental leave mandates: Lessons from Europe. *Quarterly Journal of Economics 1,* 285–317.

Saez, E. (2002). Optimal income transfer programs: Intensive versus extensive labor supply responses. *Quarterly Journal of Economics 117,* 1039–73.

Saez, E., J. Slemrod, and S. H. Giertz (2009). The elasticity of taxable income with respect to marginal tax rates: A critical review. NBER Working Paper 15012. Cambridge, MA: National Bureau of Economic Research.

——— (1993). On the political economy of labor market flexibility. CEPR Discussion Paper 803. London: Centre for Economic Policy Research.

——— (1997). *Dual labor market: A macroeconomic perspective*. Cambridge, MA: MIT Press.

——— (2000). *The political economy of labor market institutions*. Oxford: Oxford University Press.

Scarpetta, S. (1996). Assessing the role of labor-market policies and institutional factors on unemployment: A cross-country study. *OECD Economic Studies 26,* 43–98.

Schivardi, F., and R. Torrini (2008). Identifying the effects of firing restrictions through size-contingent differences in regulation. *Labour Economics 15,* 482–511.

Schmieder, J. F., T. von Wachter, and S. Bender (2012a). The effects of extended unemployment insurance over the business cycle: Evidence from regression discontinuity estimates over 20 years. *Quarterly Journal of Economics 127,* 701–52.

——— (2012b). The long-term effects of UI extensions of employment. *American Economic Review: Papers and Proceedings 102,* 514–19.

Schnalzenberger, M., and R. Winter-Ebmer (2009). Layoff tax and employment of the elderly. *Labour Economics 16,* 618–24.

Shannon, M. (2011). The employment effect of lower minimum wage rates for young workers: Canadian evidence. *Industrial Relations 50,* 629–55.

Shapiro, C., and J. Stiglitz (1984). Equilibrium unemployment as a worker discipline device. *American Economic Review 74,* 433–44.

Smith, A. 1776. *An Inquiry into the Nature and Causes of the Wealth of Nations* [*The Wealth of Nations*]. Reprinted in 1998 by Oxford: Oxford University Press.

Smith, J. P., and B. Edmonston (1997). *The new Americans: Demographic and fiscal effects of immigration*. Washington, DC: National Academy Press.

Snower, D., and G. de la Dehesa (eds.) (1996). *Unemployment policy*. Cambridge: Centre for Economic Policy Research and Cambridge University Press.

Sobel, R. S. (1999). Theory and evidence on the political economy of the minimum wage. *Journal of Political Economy 107,* 761–85.

Sociaal en Cultureel Planbureau (1998). *Sociaal and Cultureel Rapport, 1998.* The Hague: Staatsuitgeverij.

Soskice, D., and T. Iversen (2000). The nonneutrality of monetary policy with large price or wage setters. *Quarterly Journal of Economics 115,* 265–84.

Spence, M. (1973). Job market signaling. *Quarterly Journal of Economics 87,* 355–74.

Staiger, D. O., J. Spetz, and C. S. Phibbs (2010). Is there monopsony in the labor market? Evidence from a natural experiment. *Journal of Labor Economics 28,* 211–36.

Stewart, M. (2004). The employment effects of the national minimum wage. *Economic Journal 114,* 110–16.

Stigler, G. (1946). The economics of minimum wage legislation. *American Economic Review* 36: 535–43.

Stock, J. H., and D. A. Wise (1990). Pensions: The option value of work and retirement. *Econometrica 58,* 1151–80.

Swinkels, J. M. (1999). Education signalling with preemptive offers. *Review of Economic Studies 66,* 949–70.

Tanaka, S. (2005). Parental leave and child health across OECD countries. *Economic Journal 115,* F7–F28.

Tatsiramos, K. (2009). Unemployment insurance in Europe: Unemployment duration and subsequent employment stability. *Journal of the European Economic Association 7,* 1225–60.

Tatsiramos, K., and J. C. van Ours (2012). Labor market effects of unemployment insurance design. Discussion paper. Tilburg, Netherlands: CentER, Tilburg University.

——— (2013). Labor market effects of unemployment insurance design. *Journal of Economic Surveys 27,* forthcoming.

Topel, R. H. (1986). Local labor markets. *Journal of Political Economy 54,* 111–43.

US Office of Immigration Statistics (2011). *2011 Yearbook of immigration statistics.* Available at www.dhs.gov/yearbook-immigration-statistics-2011-1.

Uusitalo, R., and J. Verho (2010). The effect of unemployment benefits on re-employment rates: Evidence from the Finnish unemployment insurance reform. *Labour Economics 17,* 643–54.

Van Audendrode, M. A. (1994). Short-time compensation: Job security, and employment contracts: Evidence from selected OECD countries. *Journal of Political Economy 102,* 76–102.

Van den Berg, G. J. (1990a). Nonstationarity in job search theory. *Review of Economic Studies 57,* 255–77.

——— (1990b). Search behavior, transitions to nonparticipation and the duration of unemployment. *Economic Journal 100,* 842–65.

Van den Berg, G. J., B. van der Klaauw, and J. C. van Ours (2004). Punitive sanctions and the transition rate from welfare to work. *Journal of Labor Economics 22,* 211–41.

Van den Berg, G. J., and B. van der Klaauw (2006). Counseling and monitoring of unemployed workers: Theory and evidence from a controlled social experiment. *International Economic Review 47,* 895–936.

Van der Wiel, K. (2010). Better protected, better paid: Evidence on how employment protection affects wages. *Labour Economics 17,* 16–26.

Van Lomwel, A.G.C., and J. C. van Ours (2005). On the employment effects of part-time labor. *De Economist 153,* 451–60.

Van Ours, J. C. (2004). The locking-in effect of subsidized jobs. *Journal of Comparative Economics 32 (1),* 37–52.

Van Ours, J. C., and M. Vodopivec (2006). How shortening the potential duration of unemployment benefits affects the duration of unemployment: Evidence from a natural experiment. *Journal of Labor Economics 24,* 351–78.

Van Ours, J. C., and M. Vodopivec (2008). Does reducing unemployment insurance generosity reduce job match quality? *Journal of Public Economics 3 (4),* 684–95.

Venn, D. (2009). Legislation, collective bargaining and enforcement: Updating the OECD employment protection indicators. OECD Social, Employment and Migration Working Papers 89. Paris: Organisation for Economic Co-operation and Development.

Visser, J. (2011). Data base on institutional characteristics of trade unions, wage setting, state intervention and social pacts, 1960–2010, version 3.0. Amsterdam: Amsterdam Institute for Advance Labor Studies (AIAS), University of Amsterdam.

Von Below, D., and P. S. Thoursie (2010). Last in, first out? Estimating the effect of seniority rules in Sweden. *Labour Economics 17,* 987–97.

Von Wachter, T. (2002). The end of mandatory retirement in the US: Effects on retirement and implicit contracts. Center for Labor Economics Working Paper 49. Berkeley: University of California, Berkeley.

Wacziarg, R., and K. Welch (2003). Trade liberalization and growth: New evidence. NBER Working Paper 10152. Cambridge, MA: National Bureau of Economic Research.

Walker, A. (1998). Adjusting to an aging workforce in Europe—Policy and practice. In *Aging of the Workforce workshop,* Brussels, March 23–24.

Warr, P. (1998). Aging, competence and learning at work. In *Aging of the Workforce workshop,* Brussels, March 23–24.

Wasmer, E. (2006). The economics of Prozac: Do employees really gain from strong employment protection? IZA DP 2460. Bonn: Institute for the Study of Labor.

Weiss, A. M., and A. M. Ching-to (1993). A signaling theory of unemployment. *European Economic Review 37,* 135–57.

Welch, F. (1976). Minimum wage legislation in the United States. In *Evaluating the labor market effects of social programs,* ed. O. Ashenfelter and J. Blum. Princeton, NJ: Princeton University Press.

Whitehouse, R. E. (2011). Decomposing notional defined-contribution pensions. OECD Social, Employment and Migration Working Paper 109. Paris: Organisation for Economic Cooperation and Development.

Williamson, O. E. (1975). *Markets and hierarchies, analysis and antitrust implications: A study in the economics of internal organization.* New York: Free Press.

Winter-Ebmer, R. (1998). Potential unemployment benefit duration and spell length: Lessons from a quasi-experiment in Austria. *Oxford Bulletin of Economics and Statistics 60,* 33–45.

World Bank (2011). Database.

Wright, R. (1986). The redistributive roles of unemployment insurance and the dynamics of voting. *Journal of Public Economics 31,* 377–99.

Zavodny, M. (2000). The effect of the minimum wage on employment and hours. *Labour Economics 7,* 729–50.

Zimmermann, K. F. (2005). *European migration—What do we know?* Oxford: Oxford University Press.

찾아보기

ㅇ

저자 약력

Tito Boeri

이탈리아 Bocconi University 경제학과 교수
Fondazione Rodolfo Debenedetti 과학 이사

Jan van Ours

네덜란드 Erasmus University 응용경제학과 교수
호주 University of Melbourne 연구교수

역자 약력

박병형

미국 뉴욕주립대학교(버팔로) 경제학 박사
현재 동아대학교 경제학과 교수
전 공정거래위원회 비상임위원

오민홍

미국 미주리주립대학교 경제학 박사
현재 동아대학교 경제학과 교수
전 한국고용정보원 연구위원

제 2 판
노동경제학 불완전노동시장의 경제학

제2판 인쇄 2020년 8월 21일
제2판 발행 2020년 8월 31일

지은이 Tito Boeri · Jan van Ours
옮긴이 박병형 · 오민홍
펴낸이 박노일

총괄기획 김중용 · 최준규
편 집 심성보

펴낸곳 pnc publishing and culture 피앤씨미디어
경기도 고양시 일산동구 강송로 153 310-1501
등록 제396-2012-000203호
전 화 070)7550-3758 팩 스 02)718-8554
홈페이지 www.pncmedia.co.kr 이메일 pnc@pncmedia.co.kr
ISBN 979-11-5730-237-6 93320

정 가 25,000원